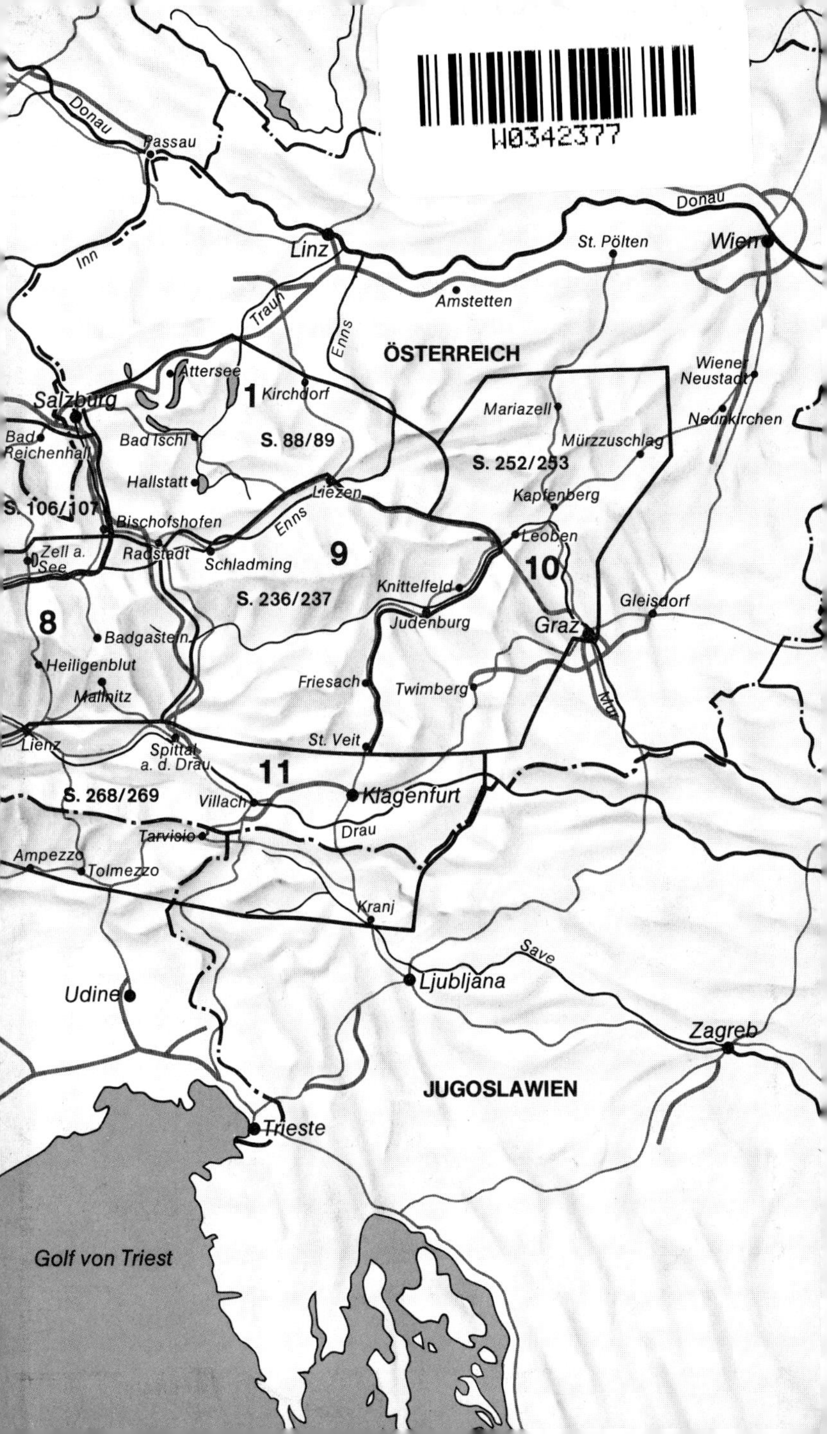

Donau
Passau
Inn
Linz
Donau
St. Pölten
Wien
Amstetten
Traun
Enns
ÖSTERREICH
Wiener Neustadt
Neunkirchen
Attersee
1
Kirchdorf
Salzburg
Bad Reichenhall
Bad Ischl
S. 88/89
Mariazell
Mürzzuschlag
S. 252/253
Hallstatt
Liezen
Kapfenberg
S. 106/107
Bischofshofen
Enns
Leoben
Zell a. See
Radstadt
Schladming
9
10
Knittelfeld
S. 236/237
Gleisdorf
8
Judenburg
Graz
Badgastein
Heiligenblut
Friesach
Twimberg
Mallnitz
Mur
Lienz
Spittal a. d. Drau
St. Veit
11
S. 268/269
Villach
Klagenfurt
Tarvisio
Drau
Ampezzo
Tolmezzo
Kranj
Save
Ljubljana
Udine
Zagreb
JUGOSLAWIEN
Trieste
Golf von Triest

KNAURS ALPENFÜHRER IN FARBE

Ostalpen

Mit 250 farbigen Fotos
und 37 Seiten Karten

Droemer Knaur

AUTOREN: RUDOLF UND MARGA GRAUBNER

1. bis 50. Tausend

Für Hinweise auf Veränderungen und Ergänzungen ist die Redaktion dankbar
Zuschriften an Postfach 800480, 8000 München 80
Fotos: Rudolf Graubner, Wiesbaden; Ernst Höhne, München;
Georg Hofmann, Finsterwald; Hans Wagner, Graz
Reproduktion: Findl, Baumann und Semmler, Martinsried; Krammer, Linz
Umschlaggestaltung: Franz Wöllzenmüller, München
Einbandfoto: Ernst Höhne, München
Karten: Huber & Oberländer, München
Satz und Druck: Appl, Wemding
Aufbindung: Großbuchbinderei Sigloch, Künzelsau
Printed in Germany
ISBN 3-426-26006-9

Inhalt

Einführung 7

Die Landschaft 11
Charakter und Akzente

Landschaftsformen 11
Die höchsten und markantesten Gipfel der Ostalpen 14
Gletscher 22
Die Paßstraßen in den Ostalpen 28

Das Gebirge 32
Ursprung und Gefüge

Die Entstehungsgeschichte der Alpen 32
Geologische Gliederung der Ostalpen 34
Die Gesteine 39
Minerale des Alpenraumes 42

Der Lebensraum 51
Klima, Wetter, Pflanzen, Tiere

Klima, Wetter und Vegetationszonen 51
Lebensräume für Pflanze und Tier 59

Alpinismus 69
Wegbereitung und Tourismus

Die Geschichte des Alpinismus in den Ostalpen 69
Hochtouren und Hüttenwanderungen 81

Die Ostalpen in sechzehn Regionen 85

1 Vom Dachstein gekrönt 86
Gebiete nördlich der Enns

Das Ennstal zwischen Stainach und Hieflau 94
Grimming, Totes Gebirge und Trauntal 95
Dachsteingebiet – Hallstatt, Gosau, Ramsau und Filzmoos 98
Das Seengebiet des Salzkammergutes – Wolfgangsee – Mondsee – Attersee – Fuschlsee 100
Das Salzachtal von Bischofshofen bis Salzburg 102

2 Steinernes Meer 104
Zwischen Salzach und Inn

Berchtesgadener Land 111
Chiemgauer Berge 113
Kaisergebirge 115
Loferer und Leoganger Steinberge 116
Steinernes Meer, Pinzgauer Saalachtal 118
Hochkönig, Hagengebirge und Dientner Berge 119

3 Vom Wendelstein zur Zugspitze 121
Gebiete nördlich des Inntales

Im Gebiet der Schlierseer und Tegernseer Berge 130
In der Umgebung der Walchenseeberge 133
Achensee und Rofangebirge 134
Karwendelgebirge 136
Wettersteingebirge, Mieminger Kette 138

4 Vom Weideland zur Gipfelfluh 141
Allgäuer und Lechtaler Alpen

Allgäuer Alpen 148
Tannheimer Gruppe, Tannheimer Tal 152
Lechtaler Alpen 153
Ammergebirge 158

5 Anstieg vom Bodensee 159
Vorarlberg, Rätikon, Silvretta

Bregenzer Wald, Großes Walsertal und Walgau 168
Klostertal, Montafon und Paznauntal 172
Liechtenstein 173
Rätikon, Prättigau, Flüelapaß, Unterengadin und Samnaun 174

6 Gletschergerahmt 178
Ötztaler und Stubaier Alpen

Inntal, Reschenpaß bis Nauders 186
Langtauferer Tal (Vallelunga) und Radurscheltal 189
Kaunertal 190
Pitztal 190
Passeiertal, Schnalstal und Matscher Tal 192
Ötztal 193
Stubaier Alpen – Östliche Seitentäler des Ötztales und Sellraintal mit Kühtai 195
Stubaital 196
Wipptal, Eisacktal und westliche Seitentäler 197

7 Weite Täler, höchste Höhen **198**
Zillertaler, Tuxer, Kitzbüheler Alpen

Zillertal 206
Das Tuxer Tal und die »Gründe« 207
Gerlostal 208
Seitentäler östlich der Brennerstraße 210
Zillertaler Alpen, Tauferer Tal, Ahrntal 212
Das Inntal zwischen Brennerstraße und Wörgl 212
Brixental, Kitzbühel und Paß Thurn 214

8 Glocknerblick **215**
Hohe Tauern und Rieserfernergruppe

Pinzgau und Pongau mit den südlichen Seitentälern 223
Felbertauernstraße und Seitentäler 227
Großglockner-Hochalpenstraße und Mölltal 231
Maltatal und Gmünd 233
Rieserfernergruppe und Stallersattel 234

9 Sanfter Gipfelanstieg **235**
Niedere Tauern und Gurktaler Alpen

Niedere Tauern – Ennstal, Palten- und Liesingtal 243
Das Murtal vom Lungau bis St. Michael in Obersteiermark 246
Gurktal, Nockgebiet, Metnitzer und Wimitzer Berge 248

10 Fels und Hügelland **251**
Die östlichen Randgebiete

Hochschwab, Eisenerzer Alpen und Salzatal 257
Das Gebiet um Ötscher und Dürrenstein 260
Schneealpe, Raxalpe, Schneeberg und Semmering 260
Gleinalpe und Umgebung von Graz 262
Seetaler Alpen, Saualpe, Packalpe und Koralpe 264

11 Grenzgebirge **267**
Der Südosten

Karawanken, Rosental, Jauntal 275
Gebiet von Klagenfurt und Villach (mit Wörther und Ossiacher See) 277
Julische Alpen, oberes Savetal 278
Karnische Alpen, Lesach- und Gailtal, Gailtaler Alpen 280
Drautal, Kreuzeckgruppe und Millstätter See 282
Lienzer Dolomiten, Pustertal 284

12 Phantastische Felsgestalten **286**
Die Dolomiten

Östliche Dolomiten, Cadore, Pustertal von Innichen bis Bruneck 295
Zentrum der Dolomiten 298
Westliche Dolomiten und Eisacktal 302

13 Gegensätze in Landschaft und Klima **306**
Sarntaler Alpen, Brenta, Gardasee

Sarntaler Alpen 315
Etschtal, Überetsch, Nonsberg, Nonstal 316
Gardasee und unteres Sarcatal 317
Brenta-Dolomiten 318

14 Unberührte Bergwelt **321**
Presanella-Adamello-Gruppe

Presanella-Adamello-Gruppe – Val Rendena, Val di Genova, Val di Fumo, Val di Sole 329
Val Camonica, Seitentäler u. Lago d'Iseo 331
Bergamasker Alpen 332

15 Der Ortler **335**
Vom Vintschgau zum Val di Sole

Ortlergruppe, Vintschgau und Seitentäler 343
Val di Rabbi, Valle di Peio 351
Valtellina von Bormio bis Tirano und Gaviapaß 352

16 Ein Viertausender **354**
Bernina, Sesvenna, Disgrazia, Albula

Engadiner und Rätische Alpen – Östliches Graubünden, Livigno und Seitentäler des Veltlins 363
Oberengadin – Zernez bis Maloja – und Bergell 369
Splügen-, Julier- und Albulapaß, Chur – Arosa 370

Übersichten

Freilichtmuseen in Österreich 203
Schauhöhlen und Schaubergwerke in Österreich 239
Naturschutzgebiete und Naturparks in den italienischen Ostalpen 311
Naturparks, Wildgehege und Naturschutzgebiete in Österreich 325
Einrichtungen für Sommerskilauf 339
Schweizer Nationalpark 359
Register 377

Einführung

Die Großartigkeit und unermeßliche Vielfalt einer Hochgebirgswelt, die im Westen aus den Fluten des Mittelmeeres aufsteigt, zunächst nach Norden gerichtet, um sich in weitem Bogen über 1100 Kilometer den östlichen Randgebieten bei Wien, Graz und Maribor zuzuwenden, lockt Jahr für Jahr einen großen Besucherstrom aus den europäischen Ländern und aus Übersee an. Von den Dichtern des Abendlandes besungen, von Malern auf Leinwand und Kupfer projiziert, üben die Alpen den unwiderstehlichen Reiz des Verborgenen, den Zauber eines fast unbegrenzt variablen Landschaftsbildes aus.

Sieben Länder haben gebietsmäßig Anteil an den Bergregionen, doch darf nicht eines davon behaupten, die schönste Alpenlandschaft zu besitzen. Schönheit und Größe sind Begriffe, zu individuell geprägt, ein vom Weltenschöpfer mit so vielen Gesichtern ausgestattetes Gebilde zu umschreiben. Unzulänglich ist deshalb jede isolierte Betrachtung eines Teilgebietes, mag sie noch so sorgfältig und »vollkommen« sein.

Nur wer den Alpenraum in seiner gesamten Ausdehnung bereist hat, vermag etwas von der Vielfalt zu erahnen, die dieses großräumige Gebiet für seine Besucher bereit hält. Wenigen Menschen nur mag eine solche sich über Jahrzehnte erstreckende, von Mühe und Strapazen, aber auch von vielen großartigen Erlebnissen geprägte Unternehmung, wie sie die Autoren in unzähligen Einzelexkursionen durchführen konnten, vergönnt sein.

Daher will dieses Werk Eindrücke und erworbenes Wissen weitervermitteln, umfassend informieren und mithelfen, das Feriengebiet persönlicher Wunschvorstellungen zu finden. Darüber hinaus sollte es dem Leser möglich sein, Zusammenhänge zu ergründen, Erinnerungen aufzufrischen und Anregungen für eine ausgewogene Urlaubsgestaltung zu gewinnen – auch zur Überbrückung vom Wetter weniger begünstigter Tage. Oft bedarf es nur eines geringen Anstoßes, eine Landschaft bewußt zu erleben, an der man in Ermangelung eines Wegweisers bisher vielleicht vorbeigefahren war, vom Diktat der Ankunftszeit gedrängt. Alle Wege zu den sonnigen Küsten Italiens oder Jugoslawiens führen über hundert und mehr Kilometer durch die Alpen, die zum Verweilen einladen, sei es auch nur für kurze Zeit.

Ungezählte Menschen arbeiten ständig daran, dieses Feriengebiet dem Tourismus immer mehr zu erschließen und ihren Gästen den Aufenthalt so angenehm wie möglich zu gestalten. Qualifizierte Bergführer stehen bereit, Interessierte unter den Feriengästen über unwegsames Gelände sicher zu den höchsten Regionen zu geleiten, dem Vermächtnis jener frühen Pioniere folgend, die mit Wagemut und Forscherdrang die Wege zu den Gipfeln erkundeten.

Als Begegnungsstätte der Völker von frühgeschichtlicher Zeit bis heute sind die Alpen das europäischste aller Gebirge, geprägt von der Vielfalt in Sprache und Brauchtum, Wiege Europas und Schlachtfeld zugleich. Als es galt, die höchsten Berge zu bezwingen, geschah dies im Zusammenwirken von Engländern, Franzosen, Schweizern, Österreichern, Italienern und Deutschen. Im Streit um nationale Vorrechte, besonders aber im Ersten Weltkrieg, war der Alpenraum zum Teil heiß umkämpft, um jeden Berg wurde verbissen und mit großen Opfern gerungen. Der Tourismus schließlich baute wieder eine Brücke auf, die Menschen und Völker verbindet.

Dieser Band befaßt sich ausschließlich mit dem Ostalpenraum, der sich geologisch wie geographisch von den westlichen Gebieten unterscheidet. Dominieren in den westlichen Alpengebieten die Hochlagen der Viertausender mit den höchsten Erhebungen – Montblanc, 4807 m, Monte Rosa, 4634 m, und viele andere –, so ist es im Osten

die Vielfalt alpiner Erscheinungsformen, die Akzente setzt. Damit soll und darf keinerlei Wertung verbunden werden, jede Region in den Alpen besitzt einen nur ihr eigenen Reiz der Einmaligkeit.
Zwar ist man geneigt, die eine oder andere Landschaft schöner zu finden, doch entspricht eine sogeartete Beurteilung dem persönlichen Empfinden, das von anderen nicht unbedingt geteilt werden muß.
Die Trennungslinie zwischen Ost- und Westalpenraum verläuft vom Bodensee aus durch das Rheintal bis Chur und Reichenau, dann mit dem Hinterrhein abzweigend und über den Splügenpaß zum Comer See.
Als Nachschlage- und Informationswerk liegt dem Buch eine gewisse Systematik zugrunde, die zum besseren Verständnis nachfolgend kurz erläutert werden soll.
Die Abhandlung naturwissenschaftlicher Thematik und die Beschreibung einzelner Gebiete in einem Band gestattet dem Leser, sich über Zusammenhänge und Wechselbeziehungen eingehend zu informieren und, soweit er als Mineralienfreund, Tier- oder Pflanzenliebhaber ein Hobby betreibt, seine Kenntnisse zu erweitern.
Die Beschreibung des in 16 Regionen aufgeteilten Ostalpenraumes erfolgt jeweils in drei einander ergänzenden Abschnitten.
Zuerst werden landschaftliche Besonderheiten und der allgemeine Charakter der Region vorgestellt. Sehr schnell wird der Leser herausfinden, ob die jeweilige Gegend seinen Vorstellungen eines idealen Ferienzieles entgegenkommt. Mitteilungen über etwaige Abweichungen im Wettergeschehen und geologisch wie geschichtlich bedeutsame Vorgänge schließen sich an.
Die folgende Übersicht vermittelt auf einen Blick kurzgefaßte Angaben über Urlaubsorte und touristische Zentren mit entsprechender Höhenlage. Die Ausflugsziele sind ihrer Bedeutung entsprechend ausgewählt und tragen der unterschiedlichen Belastbarkeit des einzelnen Rechnung. Daher wurden Wanderungen, Bergbahneinrichtungen und Autozufahrten in einem ausgewogenen Verhältnis berücksichtigt.
Stundenlange Wanderungen und teure Bergbahnfahrten werden nicht selten in der Absicht unternommen, einen bestimmten Gipfel zu schauen. Bleibt der gewünschte Erfolg aus, so ist man enttäuscht. In der Übersicht sind deshalb nicht nur die höchsten oder markantesten Berge nach ihrer Höhe geordnet aufgeführt, man kann dieser Aufstellung auch entnehmen, von welchem Ort oder Ausflugsziel der jeweilige Gipfel zu sehen ist.
Der Übersicht schließt sich eine ausführliche Betrachtung der Teilgebiete mit besonderen Ausflugszielen, landschaftlichen Höhepunkten und – für weniger schöne Tage – Sehenswürdigkeiten am Ort an. Dabei ist es im Rahmen dieses umfassenden Werkes aus Platzmangel leider nicht möglich, auf Einzelheiten sehenswerter Kunst- und Kulturstätten näher einzugehen, doch wird man die wichtigsten Daten an Ort und Stelle erfragen oder einen Prospekt zu Rate ziehen können.
So wird sich dieses Buch nach einer grundsätzlichen Orientierung sehr bald als zuverlässige Hilfe bei der Urlaubsplanung, als Nachschlage- und Informationsband und zur willkommenen Lektüre an verregneten Ferientagen empfehlen.

◁ Königsspitze, 3859 m, a. d. Suldental

Die Landschaft Charakter und Akzente

Landschaftsformen

Die Hochregionen mit majestätisch aufragenden, firngekrönten Gipfeln, eingebettet in die endlose Weite ausgedehnter Gletscherfelder, gehören ebenso zum Landschaftsbild des Ostalpenraumes wie sanftgeschwungene Hügel, von grünen Weideflächen gerahmt, und wildzerklüftete Kalkberge mit wüstenähnlichen, von steinernem Geröll bedeckten Hanglagen. Liebliche Seen mit flachen Ufern und solche, deren »Steilküsten« an Nordlandfjorde erinnern, wildromantische Schluchten, gewaltige Wasserfälle, daneben auch blütengezierte Wiesen, von gemächlich dahinplätschernden Bächen durchzogen, sind weitere Spielarten der Natur – ein Quentchen des Reichtums, den die Bergwelt birgt.
Landschaftsformen sind geprägt von geologischen und klimatischen Verhältnissen. So trifft man in den Ostalpen drei Gebirgslandschaften an, die sich in ihrer Wesensart grundsätzlich unterscheiden.
Die Nördlichen Kalkalpen, die vom Bodensee bis nach Niederösterreich reichen, bilden eine durchlaufende Kette, deren höchste Gipfel bis an die Dreitausendmetermarke heranreichen. Nach Norden zur Ebene hin abgedacht, steigt das Gebirge allmählich von der Hügellandschaft zur alpinen Region an. Liebliche Gefilde und romantische Partien prägen das Landschaftsbild dieser Gebiete.
Der Alpenhauptkamm als zweite Gebirgslandschaft schließt sich den Nördlichen Kalkalpen im Süden an, durch breite Flußtäler von jenen getrennt. Diese Täler markieren zugleich den Verlauf eiszeitlicher Gletscherströme. Im Osten betragen die Gipfelhöhen zwischen 2000 und 2500 m. Weniger von Steilheit als durch sanften Anstieg gekennzeichnet, weisen die Berge hier je nach Höhenlage Wald- und Wiesen-

bestand auf. In den Hohen Tauern überschreitet der Alpenhauptkamm deutlich die Dreitausendmetermarke. Firn und Gletscherfelder umschließen die Gipfellagen. In der Silvrettagruppe endet diese Hochregion, um sich jenseits des Rheintales in den Westalpen fortzusetzen und in den Viertausendern des Berner Oberlandes, des Wallis und des Montblanc-Gebietes fortzusetzen und höchste Höhen zu erreichen.

Zwar weist der Großglockner im Osten des Alpenhauptkammes mit 3797 m die höchste Höhe auf (Westalpen, Ortler und Bernina hier nicht berücksichtigt), die Ötztaler Alpen jedoch stellen die größte Massenerhebung dar.

Die südliche Alpenlandschaft ist weniger einheitlich ausgebildet. Wenn man von den steilen und zerklüfteten Kalkgipfeln der Julischen Alpen, Karawanken, Karnischen Alpen und den Dolomiten ausgeht, so scheinen die Landschaftsbilder einander angeglichen zu sein. Ortler, Presanella, Adamello und Bernina erreichen nicht nur hochalpine Dimensionen, sie unterscheiden sich zudem auch in Bergform und Tallagen deutlich von den östlichen Gebieten. Als einzig echter Viertausender der Ostalpen überschreitet der Piz Bernina sogar diese Höhenmarke.

Die Abdachung der Südlichen Kalkalpen ist nicht so ausgeprägt wie an der Nordseite des Hochgebirges; so fehlt hier die eigentliche Hügellandschaft ganz und der Übergang zur Ebene ist eher abrupt zu nennen.

Man würde es sich sicher zu leicht machen, wollte man aufgrund vorerwähnter Charakteristiken die Landschaftsbilder des Ostalpenraumes in ein vereinheitlichendes Schema pressen. So wie kein Hochgebirgstal im Alpenhauptkamm dem anderen gleicht – besonders deutlich in der Gegenüberstellung von Zillertal und Pitztal –, weisen die Berge östlich des Rofangebirges andere Merkmale auf als etwa die hohen Gipfel des Karwendel- oder Wettersteingebirges. Wo sich Vergleiche anbieten, beispielsweise in der Voralpenlandschaft des Allgäus zum Bregenzer Wald, ist dies durch die geologische Parallele auch hinreichend begründet.

Die Alpenseen dürfen als weitere Komponente alpiner Landschaftsformen angesehen werden. Viele sind deutlich vom Eiszeitgeschehen geprägt. So sind Bodensee und Chiemsee – im eigentlichen Sinne keine Alpenseen – Hinterlassenschaften des Rhein- und des Inntalgletschers. Der Gardasee, im Norden von den Trentiner Alpengipfeln gerahmt, weist sich schon eher als Alpensee aus und entstand im Mündungsbereich des Etschtalgletschers. Selbst der Achensee, hoch über dem Inntal gelegen, entstammt der Eiszeit.

Auch die Seenlandschaften sind so verschieden, daß sich eine vereinheitlichende Betrachtung verbietet.

Von der fortschreitenden Technisierung blieb auch das Landschaftsbild nicht verschont, und es grenzt fast schon an Wunder, wenn man irgendwo ein Stückchen unberührter Natur zu entdecken glaubt. So wurden ganze Talstufen zum Zwecke der Energiegewinnung überflutet, ohne jedoch – und das darf man ohne ironischen Unterton anerkennend bemerken – das Landschaftsbild zum Negativen hin entscheidend zu beeinträchtigen, von einigen Ausnahmen abgesehen, wo man in der Wahl der Mittel nicht so wählerisch war.

Viel störender wirken sich da schon die großen Hotelkomplexe in exponierter Lage aus, die in Höhen- oder Längenausdehnung, meist in beidem zugleich, die gewachsenen Proportionen durcheinandergeraten lassen. Da hilft dann auch ein über mehrere Stockwerke abgeschlepptes, langgezogenes Dach nichts mehr.

Schlimm wirkt sich die Bestückung der Gletscher mit einer Vielzahl von Masten für Schlepplifte aus. Solange dies Einzelfälle bleiben, hat man sicherlich nichts einzuwenden, denn der Hochleistungssport bedarf eines ununterbrochenen Trainings. Sollte das Beispiel jedoch in zunehmendem Maße

Palpuognasee gegen Albulapaß ▷

Schule machen, dann, liebe Hochgebirgslandschaft, ade ... Im modernen Straßenbau gibt es sehr positive Beispiele der Anpassung, leider aber auch negative Entwicklungen. Eine Europabrücke verdient so lange uneingeschränkte Bewunderung, als sie den Vorzug der Einmaligkeit besitzt. In der Häufung, Ausdehnung oder gar im Bestreben, Vorhandenes unbedingt zu überbieten, steckt ein für das Landschaftsbild teuflischer Gedanke.
Mit diesen kritischen Bemerkungen soll der »Rühr mich nicht an«-Theorie keinesfalls Vorschub geleistet werden, vielmehr geht es darum, jene Eigentümlichkeit einer Landschaft zu bewahren, die den Alpenraum zu einem der schönsten Gebiete Europas werden ließ, zum Lebensraum und Ferienziel für Millionen.

Die höchsten und markantesten Gipfel der Ostalpen

Überwältigt von der Vielzahl steinerner Monumente des Schöpfungsaktes, wird sich der Besucher beim Durchwandern des Alpenraumes frei nach

Obersee mit Teufelshörnern (2363 m)

Schiller fragen: Wer zählt die Gipfel, nennt die Namen ...? Und wirklich, jeder Berg wurde mit einem individuellen Eigennamen bedacht.
In den Höhenangaben sind, je nach Quellenauswahl, Abweichungen festzustellen. Dies mag verschiedene Ursachen haben, die hier im einzelnen nicht angesprochen werden können. Das Datum der Vermessung ist dabei von besonderer Bedeutung.
Sicherlich wird es dem Leser bei der nach Tausenden von Metern zu bemessenden Höhe nicht auf eine Differenz im Meterbereich ankommen, dennoch möchte man die Relation der Gipfel untereinander gewahrt sehen.
Die Schönheit eines Berges oder die Eigentümlichkeit seiner Form ist gewiß nicht von der Höhe abhängig, doch wird z. B. durch die klimatische Schneegrenze der – auch im Sommer – weiße Gipfelschmuck vorgegeben.
Im gesamten Alpenraum weisen alle über 3500 m aufragenden Gipfel heute noch Gletscherfelder auf. Für das Ausmaß der Vergletscherung ist jedoch weniger die Höhe eines einzelnen Berges ausschlaggebend als vielmehr die flächenmäßige Ausdehnung der jeweiligen Massenerhebung.
Nicht alle sechs Nationen mit gebietsmäßigem Anteil am Ostalpenraum dürfen sich der hochalpinen Gipfelwelt rühmen. Keinesfalls darf jedoch daraus eine Wertung landschaftlicher Vorzüge abgeleitet werden, da jede Alpenlandschaft in ihrer Eigenart gleichermaßen schön und einmalig ist. Über den höchsten Gipfel und einzigen echten Viertausender der Ostalpen, den 4049 m hohen Piz Bernina, verläuft die Grenze zwischen der Schweiz und Italien. Österreichs höchster Berg ist der Großglockner, 3797 m. Deutschland besitzt in der 2962 m hohen Zugspitze einen Nahezu-Dreitausender. Jugoslawien muß sich mit dem 2863 m hohen Triglav in den Julischen Alpen begnügen, Liechtenstein mit dem 2574 m hohen Hinteren Grauspitz an der Grenze zur Schweiz.

Großglockner 3797 m ▷

Die höchsten Berggipfel der Ostalpen (über 3500 m)

4049 m *Piz Bernina* – Berninagr.
3996 m Piz Zupo – Berninagr.
3971 m Piz Scerscen – Berninagr.
3945 m Piz Argient – Berninagr.
3937 m Piz Roseg – Berninagr.
3927 m Bellavista – Berninagr.
3905 m Piz Palü – Berninagr.
3902 m *Ortler* – Ortlergr.
3869 m Crast Agüzza – Berninagr.
3859 m Königsspitze (Gran Zebru) Ortlergr.
3797 m *Großglockner* – Hohe Tauern
3778 m Monte Cevedale – Ortlergr.
3772 m *Wildspitze* – Ötztaler A.
3764 m u. 3687 m Zufallspitzen – Ortlergr.
3751 m Piz Morteratsch – Berninagr.
3740 m Monte Zebru – Ortlergr.
3739 m Weißkugel – Ötztaler A.
3713 m Hofmannsspitze – Hohe Tauern
3704 m Palon della Mare – Ortlergr.
3684 m Punta S. Matteo – Ortlergr.
3678 m *Monte Disgrazia* – Disgraziagr.
3674 m Großvenediger – Hohe Tauern
3652 m Thurwieserspitze – Ortlergr.
3644 m Monte Vioz – Ortlergr.
3635 m Hinterer Brochkogl – Ötztaler A.
3628 m Hintere Schwärze – Ötztaler A.
3615 m Cima Taviela – Ortlergr.
3610 m Piz Prievlus – Berninagr.
3606 m Similaun – Ötztaler A.
3603 m Piz Cambrena – Berninagr.
3602 m Pizzo Tresero – Ortlergr.
3596 m Punta Pedranzini – Ortlergr.
3594 m Piz Glüschaint – Berninagr.
3584 m La Sella – Berninagr.
3575 m Vorderer Brochkogl – Ötztaler A.
3564 m Gr. Wiesbachhorn – Hohe Tauern
3563 m Trafoier Eiswand – Ortlergr.
3560 m Rainerhorn – Hohe Tauern
3559 m Monte Pasquale – Ortlergr.
3557 m Innerer Bärenbartkogl – Ötztaler A.
3556 m *Presanella* – Presanellagr.
3556 m Ötztaler Urkund – Ötztaler A.
3555 m Cima Dosegu – Ortlergr.
3555 m Marzellspitze – Ötztaler A.
3554 m *Adamello* – Adamellogr.
3552 m Schuchtkogl – Ötztaler A.
3551 m Gr. Ramolkogl – Ötztaler A.
3546 m Piz Tschierva – Berninagr.
3544 m Vertainspitze (Cima Vertana) – Ortlergr.
3540 m Schalfkogl – Ötztaler A.
3539 m Hochvernagtspitze – Ötztaler A.
3537 m Monte Mantello – Ortlergr.
3533 m Wazespitze – Ötztaler A.
3529 m Langtauferer Spitze – Ötztaler A.
3528 m Mutmalspitze – Ötztaler A.
3526 m Punta S. Caterina – Ortlergr.
3526 m Weißseespitze – Ötztaler A.
3524 m Punta Cadini – Ortlergr.
3520 m Hoher Angelus (l'Angelo) – Ortlergr.
3516 m Finailspitze – Ötztaler A.
3516 m Innere Quellspitze – Ötztaler A.
3511 m Piz Sella – Berninagr.
3511 m Romariswandkopf – Hohe Tauern
3511 m Teufelskamp – Hohe Tauern
3511 m Schwarze Wand – Hohe Tauern
3510 m *Hochfeiler (Gran Pilastro)* – Zillert. A.
3507 m *Zuckerhütl* – Stubaier A.
3504 m Hohes Aderl – Hohe Tauern
3501 m Firmisanschneide – Ötztaler A.
3500 m Fluchtkogl – Ötztaler A.
3500 m Ils Dschimels – Berninagr.
3499 m Dreiherrenspitze – Hohe Tauern

Neben den höchsten Gipfeln der Ostalpen sind in dem nachfolgenden alphabetischen Verzeichnis auch solche Berge aufgenommen, die sich als

Zugspitze v. Biberwier

höchste Erhebungen niederer Gipfelgruppen ausweisen oder als vorgeschobene Eckpfeiler Bedeutung besitzen. Erstbesteigungen finden dann Erwähnung, wenn sie entweder von besonderer Bedeutung in der Geschichte des Alpinismus sind oder durch spezielle Eigenarten des Gipfels – Schwierigkeit, Höhe und nationales bzw. regionales Prestige – Beachtung verdienen.

Die höchsten und markantesten Gipfel der Ostalpen von A–Z

Ackerlspitze 2329 m – Kaisergebirge
Adamello 3554 m –
E: 1864 J. Payer
Alpspitze 2620 m – Wettersteingebirge
Ameringkogel 2186 m – Packalpe
Antelao, Monte 3263 m – Dolomiten
E: 1863 – P. Grohmann m. Ossi u. Fr. u. A. Lacedelli
Argient, Piz 3945 m – Berninagruppe
Aroser Rothorn 2980 m – Plessurgr.

Baldo, Monte – Cima Valdritta 2218 m – Gardasee
Bärenbartkogl, Innerer 3557 m – Ötztaler A.
Bellavista 3927 m – Berninagr.
E: 1868 – E. Burckhardt
Bernina, Piz 4049 m –
E: 1850 – J. Coaz / J. u. L. R. Tscharner
Birkkarspitze 2749 m – Karwendelgeb.
E: 1870 – Hermann v. Barth
Birnhorn 2634 m – Leoganger Steinberge
Bischofsmütze, Gr. 2455 m – Gosaukamm
E: 1879 – Fr. Auhäusler / J. Steiner
Bleikogel 2412 m – Tennengebirge
Bösenstein, Gr. (Pölsenstein) 2449 m – Rottenmanner Tauern
Braunarlspitze 2649 m – Bregenzer Wald
Brenta, Cima 3150 m –
E: 1871 – F. F. Tuckett / D. W. Freshfield m. Fr. Devouassoud
Brochkogl, Hinterer 3635 m – Ötztaler A.
E: 1858 – A. Wachtler m. L. Klotz
Brochkogl, Vord. 3575 m – Ötztaler A.
Buchstein, Gr. 2224 m – Gesäuseberge
Buin, Piz 3312 m – Silvrettagruppe
E: 1865 – J. A. Specht / J. J. Weilenmann / Fr. Pöll / J. Pfitscher

Cadini, Punta 3524 m Ortlergruppe
Calderas, Piz 3397 m – Albulagruppe
Cambrena, Piz 3603 m – Berninagruppe
E: 1868 – E. Burckhardt
Caré Alto 3462 m – Adamellogruppe
Castello, Cima di 3392 m – Disgraziagr.
Caterina, Punta S. 3526 m – Ortlergr.
Cevedale, Monte 3778 m – Ortlergr.
E: 1865 – J. Payer m. J. Pinggera
Coca, Pizzo di 3053 m – Alpi Orobie
Civetta, Monte 3218 m – Dolomiten
Crast Agüzza 3869 m – Berninagr.
E: 1865 – J. J. Weilenmann / J. A. Specht m. Fr. Pöll
Cristallo, Monte 3216 m – Dolomiten
E: 1865 – P. Grohmann m. A. Dimai u. S. Siorpaes
Crozzon di Brenta 3135 m – Brentagr.

Dachstein, Hoher 2995 m –
E: 1832 – P. Gappmayr / 1834 P. C. Thurwieser
Disgrazia, Monte 3678 m –
E: 1862 – L. Stephen u. E. S. Kennedy m. M. Anderegg
Dobratsch 2166 m – Villacher Alpe
Dosegu, Cima 3555 m – Ortlergruppe
Dreiherrenspitze 3499 m – Hohe Tauern
E: 1866 – B. Ploner
Dreischusterspitze 3152 m – Sextener Dolomiten

Drei Zinnen 2998 m – Sextener Dolomiten
E: 1869 P. Grohmann m. Fr. Innerkofler u. P. Salcher
Dürrenstein 1878 m –

Eisenhut 2441 m – Nockgebiet
Ellmauer Halt 2344 m – Kaisergebirge
E: 1826 St. Unterrainer
Err, Piz d' 3378 m – Albulagr.

Fluchthorn 3399 m – Silvrettagruppe
E: 1861 J. J. Weilenmann m. Fr. Pöll
Fluchtkogl 3500 m – Ötztaler A.
Finailspitze 3516 m – Ötztaler A.
Firmisanschneide 3501 m – Ötztaler A.

Gartnerkofel 2195 m – Karnische A.
Geislerspitzen 3026 m – Dolomiten
Gertrusk 2044 m – Saualpe
Glüschaint, Piz 3594 m – Berninagr.
Grauspitz, Hint. 2574 m – Rätikon
Grimming, Gr. 2351 m –
Großglockner 3797 m – Hohe Tauern
E: 1800 – Pfarrer Horrasch / Gebr. Klotz
Großvenediger 3674 m – Hohe Tauern
E: 1841 – A. v. Ruthner, J. v. Kürsinger u. 22 Begleiter

Habicht 3211 m – Stubaier A.
E: 1836 P. C. Thurwieser
Hafner 3076 m – Hohe Tauern
Heukuppe 2007 m – Raxalpe
Hochalmspitze 3360 m – Hohe Tauern
E: 1855 – Pfarrer M. Krall m. 7 Malteinern
Hocharn 3254 m – Hohe Tauern
E: 1779 – durch einen Bergbeamten
Hochfeiler (Gran Pilastro) 3510 m – Zillert. A.
E: 1865 – P. Grohmann / G. Samer / P. Fuchs
Hochgall 3436 m – Rieserfernergruppe
E: 1854 – Oberleutnant H. v. Ackern

Hochgolling 2863 m – Schladm. Tauern
E: 1791 – 4 Einheimische aus Tamsweg / 1817 Erzherzog Johann m. P. Grill u. J. Puchsteiner
Hochhaide 2363 m – Rottenm. Tauern
Hochiß 2299 m – Rofangebirge
Hochkalter 2607 m – Berchtesgad. A.
Hochkönig 2941 m –
E: 1826 – P. C. Thurwieser u. Begl.
Hochkreuz 2708 m – Kreuzeckgruppe
Hochreichart 2416 m – Seckauer Tauern
Hochschober 3240 m – Hohe Tauern
E: 1853 – Fr. Keil m. 3 Begl. u. 4 Führern, Unfall Keils b. Abstieg
Hochschwab 2277 m –
Hochstadel 2680 m – Lienzer Dolomiten
Höchstein 2548 m – Schladm. Tauern
Hochstuhl 2238 m – Karawanken
Hochtor 2365 m – Gesäuseberge
Hochvernagtspitze 3539 m – Ötztaler A.
Hochwildstelle 2747 m – Schladm. Tauern
Hofmannsspitze 3713 m – Hohe Tauern
E: 1869 – C. Hofmann
Hohe Gaisl 3139 m – Dolomiten
Hoher Angelus (l'Angelo) 3520 m – Ortlergr.
Hohes Aderl 3504 m – Hohe Tauern
Hohe Warte 2780 m – Karnische A.
Höllkogel, Gr. 1862 m – Höllengebirge

Ils Dschimels 3500 m – Berninagruppe
Johannisberg 3460 m – Hohe Tauern

Kahlersberg 2350 m – Hagengebirge
Kaiserschild 2085 m – Eisenerzer A.
Kaiserstein 2061 m – Schneeberg
E: 1574 – Clusius (Charles de l'Ecluse)
Karwendelspitze, Westl. 2385 m –
Kesch, Piz 3417 m – Albulagruppe
E: 1846 – J. Coaz / J. Rascher u. 2 Führer
Kilnprein 2410 m – Nockgebiet
Kitzsteinhorn 3203 m – Hohe Tauern

Berninagruppe von Monte Padrio

Knallstein, Gr. 2599 m – Schladm. Tauern
Köllenspitze 2240 m – Tannheimer Gr.
Königsspitze (Gran Zebru) 3859 m – Ortlergruppe
E: 1854 – St. Steinberger
Koppenkarstein 2865 m – Dachstein
Kreuzkofel 2694 m – Lienzer Dolomiten
Krottenkopf, Gr. 2657 m – Allgäuer A.
Krottenkopf 2086 m – Walchenseeberge
Kuchenspitze 3170 m – Verwallgruppe
E: 1877 – A. Madlener / F. Volland

Langkofel 3181 m – Dolomiten
E: 1869 – P. Grohmann / F. Innerkofler / P. Salcher Grohmannspitze 1880 – M. Innerkofler
Langtauferer Spitze 3529 m – Ötztaler A.
Languard, Piz 3262 m – Engadiner A.
E: 1846 W. Rey (?), 1857 G. Studer
Lares, Crozzon di 3354 m – Adamellogr.
Latemar 2846 m – Dolomiten
Linard, Piz 3411 m – Silvrettagruppe
E: 1450 – Erwähnung e. Erstbest. 1835 – O. Heer m. J. Madutz
Löffler, Gr. 3376 m – Zillertaler A.

Mädelegabel 2649 m – Allgäuer A.
E: 1818/19 – Geometer m. Einheimischen
Mantello, Monte 3537 m – Ortlergruppe
Marmarole – Crosta del Vanedel 2961 m – Dolomiten
Marmolada – Punta Penia 3342 m – Dolomiten
E: 1864 – P. Grohmann
Marzellspitze 3555 m – Ötztaler A.
Matteo, Punta S. 3684 m – Ortlergr.
E: 1865 F. F. Tuckett / D. W. Freshfield / J. H. Backhouse / H. Fox m. Fr. Devouassoud u. P. Michel
Morteratsch, Piz 3751 m – Berninagr.
E: 1858 – Dr. Brugger u. Begl.
Moschelitzen 2310 m – Nockgebiet

Möseler, Gr. 3478 m – Zillertaler A.
E: 1865 – F. F. Tuckett / D. W. Freshfield m. Fr. Devouassoud u. P. Michel
Mosermandl 2680 m – Radstädter Tauern
Muntanitz 3232 m – Hohe Tauern
Mutmalspitze 3528 m – Ötztaler A.
Muttler 3294 m – Samnaungruppe

Naafkopf 2571 m – Rätikon
Nebelhorn 2224 m – Allgäuer A.

Obir (Hochobir) 2139 m – Karawanken
Ochsenhorn, Gr. 2511 m – Loferer Steinbge.
Olperer 3480 m – Zillertaler A.
E: 1867 P. Grohmann / G. Samer / J. Gainer
Ortler 3902 m –
E: 1804 J. Pichler / J. Leitner / J. Klausner
Ötscher 1893 m –
E: 1574 – Clusius (Charles de l'Ecluse)
Ötztaler Urkund 3556 m – Ötztaler A.

Pala, Cimone della 3185 m – Dolomiten
Palon della Mare 3704 m – Ortlergruppe
Palü, Piz 3905 m – Berninagruppe
E: 1868 – Edw. N. Buxton
Paradisino, Piz 3307 m – Engadiner A.
Parseierspitze 3036 m – Lechtaler A.
E: 1869 – J. A. Specht m. P. Sieß
Pasquale, Monte 3559 m – Ortlergruppe
Pedranzini, Punta 3596 m – Ortlergr.
Pelmo, Monte 3168 m – Dolomiten
Penegal 1742 m – Nonsberg
Petzeck 3283 m – Hohe Tauern
Pfannspitze 2678 m – Karnische A.
Piazzi, Cima delle 3439 m – Livignobge.
E: 1867 – J. J. Weilenmann m. Fr. Pöll
Plose (Telegraph) 2504 m – Dolomiten
Polinik 2784 m – Kreuzeckgruppe
Prankerhöhe 2169 m – Metnitzer A.
Predigtstuhl 2545 m – Schladm. Tauern

Presanella 3556 m –
E: 1864 – D. W. Freshfield / H. A. Beachcroft / H. Walker m. Fr. Devouassoud
Priel, Gr. 2523 m – Totes Gebirge
Prievlus, Piz 3610 m – Berninagruppe
Pyhrgas, Gr. 2244 m – Haller Mauern

Quellspitze, Innere 3516 m – Ötztaler A.

Ramolkogl, Gr. 3551 m – Ötztaler A.
E: 1862 – J. J. Weilenmann
Rainerhorn 3560 m – Hohe Tauern
E: 1859 – F. Keil u. Dr. Wagl-Graz
Raucheck 2431 m – Tennengebirge
Reichenspitze 3303 m – Zillertaler A.
Reichenstein 2166 m – Eisenerzer A.
Reißkofel 2371 m – Gailtaler A.
Riffler, Hoher 3168 m – Verwallgruppe
E: 1864 – J. A. Specht m. Fr. Pöll
Riffler 3228 m – Zillertaler A.
E: 1875 – H. Weber m. G. Samer
Ringkamp 2153 m – Hochschwab
Rinsennock 2334 m – Nockgebiet
Rittner Horn 2260 m – Sarntaler A.
Romariswandkopf 3511 m – Hohe Tauern
Roseg, Piz 3937 m – Berninagruppe
E: 1865 – A. W. Moore m. J. Anderegg
Rosengartenspitze 2981 m – Dolomiten
Rosennock, Gr. 2440 m – Nockgebiet
Roter Knopf 3281 m – Hohe Tauern

Sandspitze, Gr. 2772 m – Lienzer Dolomiten
Saualpe, Gr. 2079 m
Scerscen, Piz 3971 m – Berninagruppe
E: 1877 – P. Güßfeldt m. H. Graß
Schafberg 1783 m – Salzkammergut
Schalfkogl 3540 m – Ötztaler A.
E: 1830 – Frédéric Mercey
Schareck 3122 m – Hohe Tauern
Scheiblingstein 2200 m – Haller Mauern
Schesaplana 2965 m – Rätikon
E: 1730 – Pfarrer Nikolaus Sererhard aus Seewis
Schlern – Monte Pez 2564 m – Dolomiten
Schneeberg s. Kaiserstein
Schoberspitze 2423 m – Wölzer Tauern
Schönfeldspitze 2653 m – Stein. Meer
Schrankogl 3496 m – Stubaier A.
E: 1840 – Pfarrer J. B. Schöpf
Schuchtkogl 3552 m – Ötztaler A.
Schwärze, Hint. 3628 m – Ötztaler A.
E: 1867 – E. Pfeiffer m. B. Klotz u. J. Schreiber
Schwarze Wand 3511 m – Hohe Tauern
Seckauer Zinken 2398 m – Seck. Tauern
Seekarspitze 2350 m – Radst. Tauern
Selbhorn 2655 m – Steinernes Meer
Sella, La 3584 m – Berninagruppe
Sella, Piz 3511 m – Berninagruppe
Sellagruppe – Piz Boé 3151 m – Dolomiten
E: 1864 – P. Grohmann
Sesvenna 3207 m
Similaun 3606 m – Ötztaler A.
E: 1834 – Pfarrer Kaserer m. J. Raffeiner
Škrlatica 2738 m – Julische A.
Sonntagshorn 1961 m – Chiemgauer Berge
Sonnwendjoch, Hint. 1986 m – Schlierseer Bge.
Sorapis 3205 m – Dolomiten
E: 1864 – P. Grohmann m. A. Dimai u. Fr. Lacedelli
Speikkogel, Gr. 2141 m – Koralpe
Speikkogel 1988 m – Gleinalpe
Steir. Kalkspitze 2455 m – Schladm. Tauern
Stella, Pizzo 3163 m – Bergell
Süßleiteck 2509 m – Schladm. Tauern

Tagewaldhorn 2706 m – Sarntaler A.
Taviela, Cima 3615 m – Ortlergruppe
Teufelskamp 3511 m – Hohe Tauern
Thurwieserspitze 3652 m – Ortlergr.
Tofana di mezzo 3244 m – Dolomiten
E: 1863 – P. Grohmann m. Fr. Lacedelli
Torstein 2948 m – Dachsteinmassiv
Tosa, Cima 3173 m – Brentagruppe
E: 1865 – John Ball u. R. Forster
Trafoier Eiswand 3563 m – Ortlergr.
Traunstein 1661 m – Salzkammergut
Tresero, Pizzo 3602 m – Ortlergruppe
Triglav 2863 m – Julische A.
E: 1778 – L. Willonitzer m. 3 Begl.
Tschierva, Piz 3546 m – Berninagr.

Vajolettürme 2813 m – Dolomiten
Valluga 2809 m – Lechtaler A.
Vermiglio, Cima di 3458 m – Presanella
Vertainspitze 3544 m – Ortlergruppe
Vioz, Monte 3644 m – Ortlergruppe

Warscheneck 2389 m – Totes Gebirge
Watzmann 2713 m – Berchtesgadener A.
E: 1801 (?) V. Stanig, 1832 P. C. Thurwieser
Wazespitze 3533 m – Ötztaler A.
E: 1869 – L. Ennemoser
Weißhorn 2795 m – Sarntaler A.
Weißkugel 3739 m – Ötztaler A.
E: vor 1846 J. Huschler m. J. Weithalm aus Schnals (?), 1861 J. A. Specht m. L. u. N. Klotz
Weißseespitze 3526 m – Ötztaler A.
Wendelstein 1838 m – Schlierseer Bge.
E: im 16. Jahrhundert
Wenzelalpe 2146 m – Seetaler A.
Wiesbachhorn, Gr. 3564 m – Hohe Tauern
E: 1798 – Zanker u. Zorner, 2 Bauern aus Fusch
Wildspitze 3772 m – Ötztaler A.
E: 1833 P. C. Thurwieser (?), 1857 J. A. Specht m. d. 3 Brüdern Klotz
Windberg 1903 m – Schneealpe

Zebru, Monte 3740 m – Ortlergruppe
E: 1866 – J. Payer m. J. Pinggera
Zeiritzkampel 2126 m – Eisenerzer A.
Zirbitzkogel 2396 m – Seetaler A.
Zuckerhütl 3507 m – Stubaier A.
E: 1863 – J. A. Specht m. A. Tanzer
Zufallspitzen 3764 u. 3687 m – Ortlergr.
Zugspitze 2962 m – Wettersteingebirge
E: 1820 – Vermess.-Offizier Ltnt. Karl Naus m. d. Meßgehilfen Maier u. Deuschl aus Partenkirchen
Zupo, Piz 3996 m – Berninagruppe
E: 1863 L. Enderlin, Pfarrer Serardi u. d. Jäger Badrutt

E: = Erstbesteigung, Jahreszahl und Namen der Ausführenden.

Bernina 4049 m ▷

Gletscher

Der Besucher hochalpiner Regionen ist beeindruckt von den gewaltigen Eisströmen, die von den höchsten Höhen bis in die Hochtäler herabreichen, und dennoch wird er vom optischen Eindruck allein die wirklichen Dimensionen nicht ermessen können. Wie anders wäre es sonst zu verstehen, daß vielerorts Touristen ohne jede sichernde Vorsorge die Oberfläche betreten. Erst der Blick in abgrundtiefe Spalten mag sie von ausgedehnten »Spaziergängen« zurückhalten.
Wer die Alpen von Westen nach Osten bereist, wird feststellen, daß die Gletscher überall anders bezeichnet werden. Nicht nur die Sprachgrenzen der einzelnen Alpenländer markieren die Verschiedenheit, allein im deutschsprachigen Alpenraum gibt es unterschiedliche Bezeichnungen.
Dem lateinischen Wort »glacies« entstammt nicht nur die französische Bezeichnung »glacier« oder die italienische »ghiacciaio«, sondern auch das deutsche Wort. In der ersten Urkunde, die von einem Gletscher zeugt, wurde 1146 der »glacies inferior« (der untere Gletscher) von Grindelwald erwähnt. Die rätoromanische Sprache Graubündens kennt in naher Anlehnung an das Latein den Begriff »glac« (glatsch gesprochen), was Eis bedeutet und als Ursprung des deutschen Wortes Gletscher gelten kann. Die Tiroler Bezeichnung »Ferner« ist aus der altdeutschen Sprache abgeleitet. Im Sinne von »alt« besteht der Wortstamm schon im gotischen »fairneis«. Vom althochdeutschen »firni« und mittelhochdeutschen »virne« abgewandelt, besagt das Wort Ferner (früher Verner geschrieben) soviel wie »alter Schnee«. So wird die Bezeichnung Firn heute wieder im ursprünglichen Sinne gebraucht. »Kees«, im östlichen Ostalpenraum verwendet, entstammt ebenfalls der althochdeutschen Sprache, wo »ches« Eis bedeutete. »Vadret, Vedretta« im rätoromanischen bzw. ladinischen Sprachgebrauch, ist wahrscheinlich auf die romanische Vokabel »veider« für alt zurückzuführen.
Es muß schon etwas Besonderes an dieser Naturerscheinung sein, daß sie mit so vielen Namen belegt wurde. Die Gletscher sind Bestandteil einer Entwicklung, die sich bis in die Zeit vor ca.

Gletscher des Piz Cambrena (3603 m)

1 Mill. Jahre zurückverfolgen läßt. Eiszeiten und wärmere Zwischeneiszeiten wechselten sich ab. Die Alpengletscher, wie man sie heute sieht, sind Reste der letzten Eiszeit, der Würmeiszeit, die vor ca. 20000 Jahren zu Ende ging.

Gegenüber den mächtigen Eisströmen dieser Zeit, die weit ins Alpenvorland vorgedrungen waren, nimmt sich die heutige Vergletscherung der Alpen recht bescheiden aus. So erstreckte sich beispielsweise der Rheintalgletscher über das gesamte Bodenseegebiet hinaus bis zum heutigen Ravensburg, und bei Wasserburg etwa lag die Zunge des Inntalgletschers.

Dennoch sind auch heute noch große Gebiete des Alpenhauptkammes mit Gletschereis bedeckt, das im Bereich des Großen Aletschgletschers bis zu 700 m, im Hintereisferner (Ötztal) bis zu 300 m Stärke aufweist. Der in den letzten Jahrhunderten beobachtete starke Schwund der Gletscher muß nicht auf eine endgültige und vollständige Schrumpfung hindeuten, zumal in den letzten Jahren bei einigen dieser Eisströme wieder ein Vordringen zu verzeichnen war. Ob es sich dabei um mehr lokal begrenzte Erscheinungen handelt, kann infolge der kurzen Beobachtungszeit nicht beurteilt werden. Im allgemeinen nimmt man an, daß geringe Schwankungen der Jahresdurchschnittstemperaturen Ursache für Rückgang und Vorstoß der Gletscher sind.

Wenn im allgemeinen Sprachgebrauch von Regionen des »ewigen Eises« gesprochen wird, so sind damit jene Hochgebirgslagen gemeint, die seit Menschengedenken noch nie eisfrei waren; das Eis der Gletscher erneuert sich ständig, die Redewendung ist deshalb ein wenig irreführend.

Unterschiedliche Vorgänge unterteilen den Gletscher in zwei Bereiche. Oberhalb der klimatischen Schneegrenze (auf die Sommermonate bezogen) fallen nahezu alle Niederschläge als Schnee, der sich ansammelt und in der Nährzone den Gletscher speist. Unterhalb der Schneegrenze beginnt das Eis abzutauen, diesen Bereich nennt man demzufolge Zehrgebiet. Die jährlichen Schneehöhen betragen je nach Lage bis zu 19 Meter. Durch den Auflagedruck werden die locker gefügten Schneemassen zu kristallinen Aggregaten des Eises umgewandelt, das in der Tiefe immer grobkörniger

Vernagtferner, Vent

wird. Eine Druckentlastung ist nur nach der Seite hin möglich, die nicht von Bergwänden umschlossen ist, also zum Tale hin. Die Gleit- und Fließbewegung des Gletschers wird somit in erster Linie durch die Menge der neu hinzukommenden Schneemassen und den zunehmenden Druck ausgelöst. Die Geschwindigkeit der Bewegung ist abhängig von der Flächenausdehnung des Nährgebietes, dem Gefälle und der Beschaffenheit des Untergrundes. Dabei muß man berücksichtigen, daß die Bodenfläche und seitlich begrenzenden Bergwände dem Bewegungsablauf einen Widerstand entgegensetzen, so daß die Geschwindigkeit an der Oberfläche und in der Mitte des Gletschers größer ist als am Rande oder am Boden.

Durch ungleiche Geschwindigkeiten und den Gleitfluß hemmende Widerstände werden im Eis starke Spannungen erzeugt; es bilden sich Risse, die als Spalten offen zutage treten. So wird verständlich, daß an den Rändern der Gletscher eine Häufung von Spalten festzustellen ist – sogenannte Randspalten. Unebenheiten des Untergrundes und eine stärkere Neigung führen ebenfalls zur Spaltenbildung, die meist als Querspalten (quer zur Fließrichtung) mit oben weit klaffender Öffnung, nach unten enger werdend, zu erkennen sind. Senkt sich die Sohle plötzlich mit starkem Gefälle, so entsteht ein Gletscherbruch mit einem dicht beieinanderliegenden Spaltenlabyrinth oder riesigen Eistürmen, den sogenannten Séracs. Felsvorsprünge des Untergrundes, die längs der Fließrichtung verlaufen, lassen Längsspalten entstehen, oft mit geringer Breite an der Oberfläche, die sich in der Tiefe dann jedoch stark verbreitern (nach der Form A-Spalten genannt, im Gegensatz zu V-Spalten, wie sie zuvor beschrieben wurden). Um große, durch Steinschlag auf die Oberfläche gelangte Gesteinsbrocken herum schmilzt das Eis in der Zehrzone ab, während die Steine auf einem Eissockel ruhen, der so weit über die Oberfläche hinausragt, wie diese durch Sonneneinstrahlung abgeschmolzen wurde. Diese Gebilde nennt man Gletschertische. Die Zunge als vordere Begrenzung des Eisstromes weist in den meisten Fällen eine nach unten verlaufende Rundung auf, deutliches Zeichen für die größere Geschwindigkeit der Oberfläche gegenüber der Sohle. Einer gerundeten Öffnung der Zunge, dem Gletschertor, entspringt der Gletscherbach. Strahlungswärme der den Gletscher seitlich begrenzenden Felswände oder Schuttmassen lassen die tückische Randkluft entstehen, oben oft nur ein zentimeterbreiter Spalt, der sich jedoch nach unten je nach Situation beträchtlich verbreitern kann.

Auf seinem Wege dient der Gletscher als Transportmittel für Massen lockeren Gesteins und auch Gerölls. Diese Schuttmassen werden vor allem seitlich und an der Stirnseite des Eisstromes abgelagert und bilden die Seiten- (Ufer-) und Stirnmoränen, die den Gletscher, ist er im Schwinden begriffen, hoch überragen. Bei der Vereinigung zweier Gletscherströme entsteht die Mittelmoräne, die nichts anderes ist als die Verbindung von zwei Seitenmoränen.

Alle großen Alpengletscher sind Muldengletscher, ihre Eisdicke ist beträchtlich und nur mit dem Echolot zu messen. An steilen Bergflanken haftende Eisströme werden als Hängegletscher bezeichnet. In den Hochregionen sind außerdem vergletscherte Gipfel und Grate keineswegs mehr eine Seltenheit.

Stark vergletscherte Gebiete in den Alpen sind jene Regionen des Alpenhauptkammes und vorgelagerter Berggruppen, die als Massenerhebung die Dreitausendmetermarke ganz deutlich überragen. In den Ostalpen sind dies die Ötztaler, Stubaier und Zillertaler Alpen, die Hohen Tauern, das Ortlergebiet und die Berninagruppe, sowie – von geringerer Flächenausdehnung – die Silvrettagruppe. In den Südlichen Kalkalpen weist die Marmolada einen ausgedehnten Gletscher auf.

Dachstein, Hochkönig und Zugspitze, deren Gipfelhöhen ca. 3000 m betragen, weisen Kargletscher auf, freilich weder in der Abmessung noch in ih-

rer Eisdicke mit den Eisströmen des Alpenhauptkammes zu vergleichen. Selbst am Hochkalter, der gerade die 2600-m-Marke überschreitet, befindet sich das Blaueis als »Miniaturausgabe«.
Im Vergleich mit den größten Alpengletschern, dem Großen Aletschgletscher im Berner Oberland mit 22 km Länge und 115 km² Flächenausdehnung und dem Gornergletscher im Wallis 13 km/67 km², nehmen sich die Vertreter des Ostalpenraumes Morteratschgletscher (Bernina) 8,5 km/ 21 km² und Pasterze 10 km/30 km² recht bescheiden aus.

Bedeutende Gletscher der Ostalpen

In der Folge werden die bedeutenden Gletscher des östlichen Alpenraumes vorgestellt. Zur besseren Orientierung werden als Lagebezeichnung hinter dem Namen die Täler genannt, von denen die Gletscherströme ohne schwierige Traverse zu erreichen sind und zu denen die Eismassen ihre Schmelzwässer entlassen.

1. Die kleineren Kargletscher

Dachstein

Gr. Gosaugletscher	Gosausee / Gosautal
Hallstätter Gletscher	Hallstätter See
Schladminger Gletscher	Hallstätter See

Hochkönig

Übergossene Alm	Blühnbachtal

Hochkalter

Blaueis	Hintersee / Ramsau

Zugspitze/Wettersteingebirge

Höllentalferner	Höllentalkar
Schneeferner	Platt / Reintal

Schesaplana/ i. Rätikon

Brandnergletscher	Brandner Tal

Verwallgruppe

Fasulferner	Fasultal
Gr. Küchelferner	Moostal

2. Gletscher der Hochregionen

Silvrettagruppe

Silvrettagletscher	Verstanklatal / Prättigau
Vermuntgletscher	Ochsental
	Silvretta-Stausee

Tuxer Ferner

Ochsentaler Gletscher	Ochsental Silvretta-Stausee
Jamtalferner	Jamtal / Paznaun
La Cudera	Val Lavinuoz Unterengadin

Ötztaler Alpen

Weißkamm

Gepatschferner	Kaunertal
Weißseeferner	Kaunertal
Mittelbergferner	Pitztal
Taschachferner	Pitztal
Hintereisferner	Rofental / Ötztal
Kesselwandferner	Rofental / Ötztal
Großer Vernagtferner	Rofental / Ötztal
Guslarferner	Rofental / Ötztal
Hochjochferner	Rofental / Ötztal
Tiefenbachferner	Venter Tal / Ötztal
Rettenbachferner	Rettenbachtal / Ötztal
Langtauferer Ferner	Langtauferer Tal am Reschensee
Bärenbartferner	Langtauferer Tal a. Reschensee
Matscherferner	Matschertal Vintschgau

Schnalskamm u. Gurglerkamm

Niederjochferner	Niedertal / Ötztal
Marzellferner	Niedertal / Ötztal
Schalfferner	Niedertal / Ötztal
Diemferner	Niedertal / Ötztal
Spiegelferner	Niedertal / Ötztal
Gurglerferner	Gurglertal / Ötztal
Langtaler Ferner	Gurglertal / Ötztal
Rotmoosferner	Gurglertal / Ötztal
Gaisbergferner	Gurglertal / Ötztal

Stubaier Alpen

Sulztaler Ferner	Sulztal / Ötztal
Sulzenauferner	Mutterberger Tal Stubaital
Schaufelferner	Mutterberger Tal Stubaital
Fernauferner	Mutterberger Tal Stubaital
Grüblerferner	Langental Stubaital
Alpeiner Ferner	Oberbergtal Stubaital
Sommerwandferner	Oberbergtal Stubaital
Lisenser Ferner	Lisenser Tal Sellraintal
Gleirschferner	Gleirschtal / Sellraintal
Simmingerferner	Gschnitztal
Feuersteinferner	Pflerschtal
Übeltalferner	Ridnauntal

Zillertaler Alpen

Tuxer Hauptkamm

Tuxer Ferner	Tuxer Tal
Olpererkees	Valser Tal a. Brenner
Wildlahnerkees	Schmirntal a. Brenner
Alpeiner Ferner	Valser Tal

Zillertaler Hauptkamm

Schlegeisferner	Schlegeisgrund Zamser Grund
Waxeckkees	Zemmgrund
Hornkees	Zemmgrund
Schwarzensteinkees	Zemmgrund
Floitenkees	Floitengrund
Löfflerkees	Stilluppgrund
Grasleitenkees	Sondergrund
Wildgerloskees	Wildgerlostal
Schönachkees	Schönachtal
Neveser Ferner	Lappachtal / Tauferer Tal
Frankenbachkees	Ahrntal / Tauferer Tal
Trippbachkees	Ahrntal / Tauferer Tal
Glider Ferner	Pfitscher Tal
Weißkarkees	Pfitscher Tal

Rieserfernergruppe

Rieser Ferner	Bachertal
Tristenkees	Raintal
Lenksteinkees	Ursprungtal / Raintal
Fleischbachkees	Defereggental

Hohe Tauern

Venedigergruppe

Krimmler Kees	Krimmler Achental
Obersulzbachkees	Obersulzbachtal
Käferfeldkees	Untersulzbachtal
Habachkees	Habachtal
Viltragenkees	Matreier Tauerntal i.O.T.
Schlatenkees	Matreier Tauerntal i.O.T.
Frößnitzkees	Frößnitztal i.O.T.
Umbalkees	Umbaltal / Virgental
Simonykees	Maurertal / Virgental
Maurerkees	Maurertal / Virgental
Dorferkees	Dorfertal / Virgental
Rainerkees	Dorfertal / Virgental
Mullwitzkees	Dorfertal / Virgental

Glocknergruppe

Pasterzenkees	Mölltal
Südl. Bockkarkees	Pasterze / Mölltal
Ködnitzkees	Ködnitztal / Kalser Tal
Teischnitzkees	Teischnitz Eben Kalser Tal

Fruschnitzkees	Dorfer Tal
Laperwitzkees	Dorfer Tal Kalser Tal
Ödenwinkelkees	Stubachtal
Karlingerkees	Kapruner Tal (Mooserboden)
Schwarzköpflkees	Kapruner Tal (Mooserboden)
Westl. Bärenkopfkees	Kapruner Tal (Mooserboden)
Klockerinkees	Kapruner Tal (Mooserboden)
Wielingerkees	Kapruner Tal
Schmiedingerkees	Kapruner Tal
Fuscherkarkees	Käfertal / Ferleitental
Nördl. Bockkarkees	Käfertal / Ferleitental
Hochgruberkees	Ferleitental
Sandbodenkees	Ferleitental

Schobergruppe

Schoberkees	Lesachtal / Kalser Tal
Glödiskees	Lesachtal / Kalser Tal

Granatspitzgruppe

Sonnblickkees	Stubachtal
Landeckkees	Dorfer Öd / Stubachtal

Goldberggruppe

Weißenbachkees	Seidlwinkltal Rauristal
Hocharnkees	Hüttwinkeltal Rauristal
Goldberggletscher	Hüttwinkeltal Rauristal
Wurtenkees	Fraganttal / Mölltal

Ankogelgruppe

Großelendkees	Maltatal / Kölnbreinsee
Kleinelendkees	Maltatal / Kölnbreinsee
Hochalmkees	Maltatal

Dolomiten

Ghiacciaio della Marmolada (Fedaiasee)	Fassatal

Brentagruppe

Vedretta del Crozzon	Val Brenta alta
Vedretta dei Camosci	Val Brenta alta

Presanellagruppe

Vedretta d. Presanella	Val Vermiglio
Vedretta d. Cornisello	Valle di Nambrone
Vedretta del Nardis	Val di Genova

Adamellogruppe

Vedretta del Mandrone	Val di Genova
Vedretta della Lobbia	Val di Genova
Vedretta di Lares	Val di Genova
Vedretta del Pisgana	Valle Narcanello Val Camonica

Ortlergruppe

Ebenferner	Trafoier Tal
Madatschferner	Trafoier Tal
Trafoier Ferner	Trafoier Tal
Unterer Ortlerferner	Trafoier Tal
Suldenferner	Suldental
Langenferner	Martelltal
Zufallferner	Martelltal
Zufrittferner	Martelltal
Vedretta di Monte Cristallo	Valle del Braulio
Vedretta del Zebru	Valle dello Zebru
Vedretta della Mare	Val Venezia Val della Mare
Vedretta del Careser	Val Venezia Val della Mare
Ghiacciaio del Forno	V. di Cedec Val del Forno

Berninagruppe

Vadret da Morteratsch	Morteratschtal
Vadret Pers	Morteratschtal
Vadretta del Cambrena	Lago Bianco, a. Berninapaß/Alp Palü
Vedretta di Palü	Alp Grüm
Vedretta Poschiavo	Val Poschiavo
Vedretta di Fellaria	Val di Campo Moro Val Laterna
Vedretta di Scerscen inferiore	Val di Scerscen Val Laterna
Vadrece da Fedoz	Val Fedoz
Vadret dal Tremoggia	Val Fex
Vadret da Roseg	Val Roseg
Vadret da Tschierva	Val Roseg

Disgraziagruppe

Vadrets dal Forno	Val Forno
Vadrets dal Albigna	Lago dal Albigna / Bergell
Vedretta Disgrazia	Val Malenco
Vedretta della Ventina	Val Malenco

Albulagruppe

Vadret Porchabella	Val Tuors
Vadret da Grialetsch	Val Grialetsch
Vadret da Sarsura	Val Sarsura

Die Paßstraßen in den Ostalpen

Als Paßstraßen im engeren Sinne sind Verkehrswege zu bezeichnen, die – über Einsattelungen langgestreckter Gebirgszüge geführt – zwei gegenüberliegende Tallagen miteinander verbinden.

Da man von den Höhen oft eine bessere Aussicht auf die Berge genießt, werden die Paßstraßen gelegentlich in den Routenverlauf von Ausflugsfahrten einbezogen. In der Regel ist die Überquerung von Alpenpässen unvermeidlich, wenn man einen Zielort in den Alpen erreichen oder zu einem Ferienziel jenseits des Hochgebirges gelangen will. Soweit Witterungsbedingungen und Straßenzustand es zulassen, wird man die Gelegenheit eines besonderen Ausblicks mit der Notwendigkeit einer Paßfahrt verbinden.

Die Untertunnelung des Alpenhauptkammes an verschiedenen Stellen ermöglicht es, auch in den Wintermonaten oder bei ungünstigen Bedingungen Zielorte anzusteuern, die jenseits des Alpenhauptkammes gelegen sind. Dennoch ist die Zufahrt zu den Tunnelstrecken bei Witterungsunbilden mit Erschwernissen verbunden oder durch zeitweilige Sperre unmöglich. Will man keine Verzögerung in Kauf nehmen, bleibt dann oft nur die Möglichkeit, den eigenen Wagen an einer der Verladestellen der Bahn anzuvertrauen.

Jede Ausnahmesituation schafft ihre eigenen Gesetze. Da das Hochgebirge in vielerlei Hinsicht eine Ausnahme darstellt, gelten auch für das Befahren von Bergstraßen besondere Regeln.

Ungeachtet aller gesetzlichen Verordnungen muß leider immer wieder darauf hingewiesen werden, daß die Alpenstraßen für sogenannte »Herrenfahrer« oder Egozentriker unter den Autofahrern völlig ungeeignet sind. Sie sind es, die durch ihr unmanierliches Verhalten, in Ausübung der Macht vermeintlicher PS oder durch rücksichtslose Gemächlichkeit mit einer endlosen Blechschlange als Anhängsel, Unfälle heraufbeschwören und das Fehlverhalten anderer herausfordern. An besonderen Aussichtsstellen sind meist deutlich markierte Parkplätze angelegt. Bis dorthin sollte der Bergauffahrende zügig durchfahren.

Oft wird auch die Vorfahrtsregel miß-

Umbrailpaßstraße

verstanden, denn dort heißt es – sinngemäß und vereinfacht wiedergegeben: Unter *gleichartigen* Fahrzeugen ist dem bergauffahrenden Vorfahrt einzuräumen. Notfalls muß *der* Fahrer sein Fahrzeug zurücksetzen, dem es unter Würdigung der jeweiligen Situation am ehesten zuzumuten ist bzw. der einem möglichen Ausweich am nächsten ist. Autobusse besitzen absoluten Vorrang. An unübersichtlichen Stellen, die das Passieren durch Fahrbahnenge oder Kurvenverlauf erschweren, muß akustisches Signal (Hupe) gegeben werden, nicht jedoch innerhalb von Ortschaften. Im Falle eines Unfalls ist die Schuldfrage so kompliziert, daß eine objektive Beurteilung durch Beteiligte in der Regel ausgeschlossen werden kann. (Unterschiedliche, wenn auch angeglichene Gesetze in den einzelnen Staaten.) Die Fahrweise sollte von Rücksichtnahme und Verständnis geprägt sein.

Daß jedes Fahrzeug sich in einwandfrei verkehrssicherem Zustand befinden muß, braucht nicht besonders erwähnt zu werden. Doch auch dies schließt nicht aus, daß irgendwann einmal die Bremsen versagen. Wenn man, wie es die Vorschrift verlangt, den dem Gefälle entsprechend niedrigsten Gang eingelegt hat, besteht kein Grund zur Panik. Bisweilen sind an steilen Gefällestrecken sogenannte Auslaufwege angelegt – das sind Abzweigungen mit leichtem Gegengefälle –, auf denen man den Wagen zum Stehen bringen kann. Im äußersten Notfall hilft die »Karosseriebremse«. Dazu muß man, möglichst frühzeitig, in ganz flachem Winkel eine Böschungsmauer oder Felswand ansteuern und versuchen, den Wagen durch Entlangschleifen zum Stehen zu bringen, keinesfalls jedoch auf der Gegenfahrbahn!

Neben den hohen Alpenpässen sind in den Wintermonaten auch solche in niedrigeren Lagen gesperrt. Meist, weil diese besonders lawinengefährdet sind, denn für den modernen Maschinenpark bereitet die Schneeräumung keine Schwierigkeit. Auch im Sommer kann in Höhen über 1500 m – gelegentlich, je nach Wetterlage, auch darunter – Schneefall einsetzen, der die Sperrung von Straßen oder die Ausstattung der Fahrzeuge mit Schneeketten zwingend erforderlich macht. In jedem Falle aber ist erhöhte Vorsicht geboten.

Am Ofenpaß

Erläuterungen zur nachfolgenden Übersicht

1. Dem Namen des Passes folgt die Angabe der Scheitelhöhe, bezogen auf Meereshöhe.

2. Die Wintersperre wird mit den Monaten (in römischen Ziffern) angegeben, in denen die Straße nicht zu befahren ist. Nach Witterungsbedingungen möglicherweise auch länger gesperrt. Teilstrecken zu Orten oder Wintersportgebieten können auch im Winter geöffnet bleiben.

3. Angaben, welche Orte oder Gebiete durch die Paßstraße miteinander verbunden sind – Länderangaben nach Kfz-Kennzeichen:

A	Österreich
CH	Schweiz
I	Italien
D	Bundesrepublik Deutschland
FL	Liechtenstein
YU	Jugoslawien

4. Schwierigkeitsgrad differenziert:

leicht	= auch mit wenig Bergerfahrung
mäßig	= ein wenig Erfahrung sollte vorhanden sein
schwierig	= Bergerfahrung wird vorausgesetzt
schwer	= überdurchschnittliches fahrerisches Können erforderlich

5. Angabe der maximalen Steigung in %

6. Verkehrsdichte:
gering, mittel, stark
zeitw. = saisonal bedingt

7. Landschaftliche Besonderheiten:

+	= von der Aussicht her lohnend
++	= besonders reizvolle Strecke
+++	= hervorragende Strecke
( )	= Seitenstraßen

Wesentliche Paßstraßen der Ostalpen von A–Z

Achenpaß 940 m – Tegernsee/Inntal D/A leicht 20% mittel ++
Albulapaß 2312 m XI–V Tiefencastel/La Punt CH mäßig 10% gering ++
– Ausweich Julierpaß –
Apricapaß 1176 m – Tresenda/Edolo I leicht 9% zeitw. mittel +
Arlberg 1802 m – St. Anton am A./Stuben A leicht 12% zeitw. stark +
Balderschwang 1410 m – Obermaiselstein/Balderschwang D leicht–mäßig 15% gering +
Bernina 2323 m XI–V Samedan/Madonna di Tirano CH leicht 10% gering–mäßig ++
Bieler Höhe s. Silvrettastraße
Brenner-Autobahn 1374 m – Innsbruck/Sterzing A/I leicht--zeitw. stark
– Maut –
Brenner-Paßstraße 1374 m – Innsbruck/Sterzing A/I leicht 10% zeitw. stark (++)
Buchener Sattel 1262 m – Leutasch/Telfs A mäßig--gering +
Campo Carlo Magno 1682 m – Dimaro/Pinzolo I leicht 11% gering ++
Campolungo 1875 m – Corvara/Arabba I mäßig 8% gering +
Ceredapaß 1369 m XII–III Agordo/Fiera di Primiero I mäßig 15% gering
Cimabanche 1529 m – Schluderbach/Cortina I leicht 6% zeitw. stark
Eira 2208 m XI–V Bormio/Livigno I mäßig 10% gering
Falzaregopaß 2105 m – Andraz/Cortina I mäßig 8% zeitw. stark ++
Fedaiapaß 2057 m XI–V Caprile/Canazei I mäßig 10% mittel ++
Felbertauernstraße 1650 m – Mittersill/Matrei i.O. A leicht 99. mittel
Fernpaß 1209 m – Biberwier/Nassereith A leicht 10% mittel--stark ++
Filzensattel 1292 m XII–III Saalfelden/Dienten A leicht 8% gering ++
Flexenpaß 1784 m – Alpe Rauz/Warth A mäßig 10% zeitw. mittel ++
– Wintersperre Lech-Warth –
Flüelapaß 2383 m XI–V Davos/Susch CH mäßig 12% gering +
Foscagno 2291 m XI–V Bormio/Livigno I mäßig 12% gering +
Furkajoch 1789 m XI–IV Damüls/Laterns A mäßig 12% gering ++
Gaberl 1551 m XI–III Weißkirchen/Köflach A mäßig (22%) gering
Gaichtpaß 1165 m – Tannheim/Weißenbach A mäßig 7% gering +
Gailbergsattel 982 m – Oberdrauburg/Kötschach A leicht 10% gering +
Gampenjoch 1518 m – Meran/Fondo I leicht 9% gering +
Gaviapaß 2621 m X–VI Bormio/Ponte di Legno I schwierig 16% gering ++
– (Schwindelgef.) –
Gerlos 1628 m – Mittersill/Zell am Ziller A leicht 9% zeitw. mittel ++
– Maut –
Gerlosstraße, alte 1507 m XII–IV Wald/Zell am Ziller A mäßig 16% gering +
Giaupaß 2236 m XI–V Pocol/Selva di Cadore I schwierig 14% gering ++
Grödner Joch 2121 m – Wolkenstein/Corvara I mäßig 12% zeitw. stark ++
Großglockner – Hochalpenstraße 2505 m XII–V Bruck/Heiligenblut A mäßig 12% zeitw. stark +++
– Maut – Ausweich Felbertauern –
Hochtannbergpaß 1679 m XI–IV Warth/Schröken A leicht 12% gering ++
Holzleitensattel 1126 m – Telfs/Nassereith A leicht 10% gering +
Iselsberg 1204 m – Winklern/Lienz A leicht 10% mittel ++
Jaufenpaß 2094 m XII–III Sterzing/St. Leonhard i. P. I mäßig 14% gering–mittel ++
Julierpaß 2284 m – Silvaplana/Tiefencastel CH leicht 10% mittel +
Karerpaß 1753 m – Bozen/Vigo di Fassa I mäßig 15% zeitw. stark ++

Katschberg 1641 m – St. Michael i. L./Rennweg A mäßig 18% gering
Koppensattel 692 m XII–III Bad Aussee/Obertraun A schwierig 28% gering +
Kreuzberg 1077 m – Greifenburg/Hermagor A mäßig 20% gering +
Kreuzbergsattel 1638 m – Innichen/S. Stefano di C. I leicht 8% gering +
Kühtai 2017 m – Gries im Sellrain/Ötz A mäßig 20% gering +
Lenzerheide 1549 m – Chur/Tiefencastel CH leicht 10% zeitw. stark +
Leutasch-Sattel 1252 m – Leutasch/Seefeld A leicht--gering +
Livigno, Forcola di 2315 m XI–V La Motta/Livigno CH/I mäßig--gering
Loiblpaß 1368 m XII–V Klagenfurt/Tržič A/YU mäßig 29% gering +
Loibltunnel 1070 m – Klagenfurt/Tržič A/YU leicht 20% mittel +
S. Lugano 1100 m – Auer/Cavalese I leicht 9% mittel +
Maloja 1815 m – Silvaplana/Castasegna CH leicht 9% zeitw. stark ++
Mauriapaß 1298 m – Cima Gogna/Ampezzo I mäßig 10% zeitw. mittel +
Mendel 1363 m – Bozen/Fondo I leicht 12% zeitw. mittel ++
Misurina 1756 m – Schluderbach/Auronzo di C. I leicht 12% zeitw. mittel ++
Möserer Sattel 1251 m – Seefeld/Telfs A mäßig 13% gering +
Naßfeld 1552 m XI–V Tröpolach/Pontebba A/I mäßig 20% gering +
Nigerpaß 1689 m XII–III Tiers/Karerpaß I schwierig 24% gering +
Oberjoch 1180 m – Hindelang/Schattwald D/A leicht 7% zeitw. mittel +
Ofenpaß 2149 m – Zernez/S. Maria CH leicht 10% zeitw. mittel ++
S. Osvaldo 827 m – Longarone/Cimolais I mäßig 13% gering +
Packsattel 1166 m – Köflach/Twimberg A leicht 10% zeitw. mittel +
Paß Gschütt 964 m XII–II Gosau/Abtenau A mäßig 18% zeitw. mittel (++)
Paß Thurn 1273 m – Kitzbühel/Mittersill A leicht 8% zeitw. stark (++)
S. Pellegrino 1918 m XII–IV Moena/Falcade I leicht 10% gering
Penser Joch 2211 m XII–IV Sterzing/Sarnthein I mäßig 13% gering ++
Perchauer Sattel 1005 m – Scheifling/Friesach A leicht 9% zeitw. stark
Piano delle Fugazze 1159 m – Rovereto/Schio I mäßig 12% gering +
Plätzwiese 1992 m XI–IV Außerprags/Schluderbach I schwierig 16% gering ++
Plöckenpaß 1362 m XII–III Mauthen/Paluzza A/I mäßig 13% gering +
Pordoijoch 2239 m – Canazei/Arabba I mäßig 8% zeitw. stark ++
Pötschenpaß 982 m – Bad Goisern/Bad Aussee A leicht 9% mittel ++
Präbichl 1227 m – Hieflau/Donawitz A mäßig 20% gering +
Predilpaß 1156 m – Tarvis/Bovec I/YU mäßig 9% gering +
Presolana 1289 m – Dezzo/Clusone I mäßig 18% gering +
Pyhrnpaß 945 m – Windischgarsten/Liezen A leicht 10% zeitw. stark
Rabischsattel 1206 m – Mallnitz/Obervellach A leicht 12% zeitw. mittel +
Radstädter Tauern 1738 m – Radstadt/Mauterndorf A mäßig 17% gering +
Reschenpaß 1510 m – Landeck/Mals A/I leicht 10% zeitw. stark + (++)
Rollepaß 1970 m – Predazzo/Fiera di Primiero I leicht--mittel
Scharflingsattel 608 m – Scharfling/St. Gilgen A leicht 6% mittel +
Schoberpaß 850 m – Liezen/St. Michael A leicht – mittel
Seebergsattel 1218 m XII–II Eisenkappel/Kranj A/YU leicht 16% mittel +
Seefelder Sattel 1220 m – Scharnitz/Zirl A leicht 12% zeitw. stark ++
Sellajoch 2214 m – Wolkenstein/Canazei I mäßig 11% zeitw. stark ++
Semmering 980 m – Gloggnitz/Mürzzuschlag A leicht 6% stark +
Serrada-Sattel 1248 m – Rovereto/Folgaria I leicht 7% gering
Silvrettastraße 2032 m XI–V Partenen/Galtür A mäßig 11% mittel ++
– Maut – Ausweich Arlberg –
Sölkerpaß 1790 m XI–IV Gröbming/Schöder A mäßig 12% gering +
– Maut –
Spitzingsattel 1128 m – Schliersee/Spitzingsee D leicht 15% gering +
Splügen 2115 m XI–V Splügen/Chiavenna CH/I mäßig 9% gering ++
Stallersattel 2048 m XI–V Antholz/Defereggen I/A mäßig 12% gering ++
Staulanza, Forcella 1773 m XII–IV Selva di C./Dont I leicht 10% gering +
Stilfser Joch 2757 m XI–VI Spondinig/Bormio I mäßig 12% zeitw. mittel +++
Tauernautobahn 1340 m Flachau/Rennweg A leicht--mittel ++
– Maut –
Timmelsjochstraße 2483 m XI–V Untergurgl/St. Leonhard i. P. A/I mäßig 11% gering ++
– Maut –
Tonalepaß 1883 m – Fucine/Ponte di Legno I leicht 12% mittel +
Tre Croci-Paß 1809 m – Cortina/Misurina I leicht 14% mittel ++
Triebener Tauern 1265 m – Trieben/Möderbrugg A mäßig 20% gering +
Turracher Höhe 1763 m – Predlitz/Reichenau A mäßig 28% gering +
Ubaldopaß 706 m – Trichiana/Tovena I mäßig 11% gering ++
Umbrail 2502 m XI–V S. Maria/Bormio CH/I mäßig 14% gering +
Ursprungpaß 849 m – Bayrischzell/Thiersee D/A leicht 9% gering
Valles 2033 m XI–V Paneveggio/Falcade I mäßig 15% gering +
Valparolajoch 2192 m XI–V Stern/Falzaregopaß I mäßig 12% gering +
Vršičpaß 1616 m XII–III Kranjska gora/Na Logu YU mäßig 14% gering ++
St.-Wolfgang-Paß 1633 m – Klosters/Davos CH leicht 12% gering +
Wurzenpaß 1073 m – Riegersdorf/Podkoren A/YU mäßig 18% mittel +

Das Gebirge
Ursprung und Gefüge

Die Entstehungsgeschichte der Alpen

Mit menschlichen Zeitvorstellungen kaum zu begreifen, erweist sich die Entstehungsgeschichte der Alpen als kurze Episode eines Gestaltungsprozesses, der das Antlitz unserer Erde fortwährend verändert.
Das im Montblanc-Gipfel bis 4807 m Seehöhe aufsteigende Gebirge ist Teil der alpidischen Faltung, die unter anderem auch Pyrenäen, Apenninen, Dinariden, Heleniden und Karpaten entstehen ließ. Nicht nur in den Ausmaßen – Atlasgebirge in Afrika und Himalaja in Asien müssen einbezogen werden – dürfte diesem Vorgang besondere Bedeutung im Laufe der Erdgeschichte zukommen, auch das Geschehen selbst ist, im Zeitraffertempo betrachtet, an Dramatik kaum zu überbieten. Mächtige Schollen der Erdkruste versinken, werden gegeneinander gedrängt, verfaltet, verformt, angehoben und überschoben, ein Inferno unbändiger Naturgewalten.
Auf die realen Zeitabläufe von ...zig Millionen Jahren mit der Aneinanderreihung verschiedener Entstehungsphasen bezogen, verliert das aufgezeigte Bild jedoch seinen sensationellen Charakter. Allein schon mit der gegenwärtigen Höhenzunahme der Alpen von ca. 10 mm jährlich, was 10000 Metern in 1 Million Jahren entspräche, lassen sich die zeitlichen Dimensionen klar verdeutlichen. Dieser Sachverhalt beweist allerdings auch, daß die Gebirgsbildung heute noch nicht abgeschlossen und ein kontinuierliches Höhenwachstum im gegenwärtigen Tempo über eine Zeit von 60–80 Millionen Jahren undenkbar ist. Die Hebung muß also in Intervallen erfolgt sein, wie auch die Entstehungsgeschichte verschiedene Phasen aufweist.
Seit ca. 1 Million Jahren hat sich die

Oberflächengestalt der Alpen durch Abtrag und Anlagerungen als Folge der Eis- und Zwischeneiszeiten grundlegend verändert. In diesem Zusammenhang wäre die Frage nach beweisfähigen Fakten für eine Entstehungstheorie durchaus verständlich. Tatsächlich waren bis vor nicht allzulanger Zeit die in mächtige Sedimentblöcke eingelagerten versteinerten Lebewesen der einzige Ansatzpunkt für Rückschlüsse auf zeitliche Abläufe. Inzwischen wurde jedoch die Form der Altersbestimmung ausgeweitet und die Genauigkeit durch Anwendung neuer Techniken wesentlich verbessert.

Unter anderem konnten Meßergebnisse mit Mond-Laser-Reflektoren den Beweis liefern, daß in der Erdkruste Bewegungsabläufe stattfinden, wie sie auch anläßlich des Internationalen Geologenkongresses 1974 in Zürich verbindlich festgestellt wurden. Die Plattentektonik als Erklärung weltweiter Vorgänge ergänzt und ersetzt gewissermaßen die frühe Deckentheorie führender Alpengeologen, die hiermit seinerzeit auch die Überlagerung jüngerer Gesteinsschichten durch ältere zu deuten versuchten.

In unermüdlicher Kleinarbeit entstanden an allen Orten des Alpenraumes genaue Aufzeichnungen über das Gefüge der verschiedenen Gesteinsarten, die ein lückenloses geologisches Bild des Gebirges ermöglichten.

Gestützt auf all diese Grundlagen konnten die Theorien über die Alpenentstehung aus dem frühen Stadium der Spekulation heraus der Forschungsarbeit zugeführt werden. Nicht nur die Gebirgsbildungen stehen im Zusammenhang mit weltweiten Bewegungsabläufen in der Erdkruste, auch Drift und Annäherung der Kontinente sind mit einzubeziehen. Manche Theorie, die isolierter Betrachtungsweise entspricht, muß den neueren Erkenntnissen angepaßt werden.

Auch hinsichtlich des Ablaufs einzelner Phasen in der Entstehungsgeschichte der Alpen dürfte die wissenschaftliche Forschung künftig noch präzisere Aussagen ermöglichen. Daher sollte es genügen, an dieser Stelle die Grundzüge der Orogenese (Gebirgsbildung) aufzuzeigen.

Der eigentlichen Gebirgsbildung geht die Anlagerung mächtiger Sedimentschichten in sogenannten Geosynklinalräumen voraus. Zu jener Zeit ist der heutige Alpenraum Meeresboden. Durch Absinken von Gesteinsmassen in größere Tiefe werden diese verformbar und unter Einwirkung seitlicher Schübe verfaltet. Im anderen Falle erfahren Gesteine magmatischen und sedimentären Ursprungs bei unterschiedlich hohen Temperaturen und Druckeinwirkungen mit Um- und Neukristallisation ihrer Bestandteile und deren Einregelung eine Umwandlung. Dieser Vorgang, den man als Regionalmetamorphose bezeichnet, bestimmt, zusammen mit der Faltung, auch den weiteren Verlauf der Gebirgsbildung.

Am Ende der Kreidezeit, vor etwa 80 Millionen Jahren, erfolgt die erste Auffaltung der Kernzone der Alpen und Dinariden. Unmittelbar nach der ersten Hebungsphase setzt bereits ein Abtrag ein, und die Anlagerung der aus Gesteinsschutt bestehenden Sedimente in den Trögen des jungen Gebirges führt zu frühen Flyschbildungen. Im Tertiär, vor ca. 60 Millionen Jahren beginnend, erreicht die alpidische Faltung mit der Hebung der Alpen, Karpaten, Pyrenäen, Apenninen, Dinariden und Heleniden ihren Höhepunkt. Während der Gebirgsbildung werden, wie schon erwähnt, mächtige Schollen der Erdkruste übereinandergeschoben.

Während die Gesteinsmassen verschiedener Gebirgsregionen, zum Beispiel im Montblanc-Massiv, autochthon (am heutigen Ort entstanden) einzustufen sind, weisen andere einen Transportweg bis zu 100 und mehr Kilometern auf. So liegt die Wurzelzone der Nördlichen Kalkalpen südlich des Alpenhauptkammes, und die Kalkberge im Osten der Stubaier Alpen markieren möglicherweise einen Transportweg. Die spätalpidische Entstehungszeit einiger Plutone, so im Adamello-Presanella-Gebiet, legt die Vermutung nahe, daß hier Magma in

Bruchstellen oder Fugen eingedrungen ist, die während der Gebirgsbildung entstanden.
Seit einer Million Jahren erfährt die Oberflächengestalt des Alpenraumes im Wechsel von Eis- und Zwischeneiszeiten, mit ausgedehnter Vergletscherung einerseits und teilweise nahezu tropischen Klimaten zum anderen, durch Abtrag und Anlagerung von Gesteinsschutt starke Veränderungen. Schmelzwässer und Flüsse fräsen enge Schluchten in die Felsmassive, riesige Moränenwälle formen die Hügellandschaft des Alpenvorlandes, Bodensee, Gardasee und auch andere entstehen als Hinterlassenschaften eiszeitlicher Gletscherströme, die Verwitterungskrume bereitet den Boden für alpines Pflanzenwachstum.
So entsteht das vielfältige Landschaftsbild, das uns heute überall im Alpenraum begegnet, gekrönt von hochaufragenden Gipfeln, Zeugen eines kurzen Abschnittes der Erdgeschichte, einer jedoch für menschliche Maßstäbe schier unermeßlichen Zeitspanne.

Geologische Gliederung der Ostalpen

Der geologische Aufbau des östlichen Alpenraumes ließe sich sicherlich stark vereinfacht in einer dreigeteilten Gliederung darstellen. Der nördliche Teil der Alpen, so müßte man dann folgern, besteht wie der südliche Teil aus mächtigen Sedimentablagerungen, während der dazwischenliegende Alpenhauptkamm eine durch Metamorphose stark veränderte kristalline Beschaffenheit aufweist.
Diese Betrachtungsweise ist freilich zu einfach, wenig geeignet, den tatsächlichen Gegebenheiten Rechnung zu tragen, und fehlerhaft dazu, denn wie in den Südalpen Gebirgsteile auf magmatischen Ursprung zurückzuführen sind, so gibt es im Alpenhauptkamm »Inseln« aus Kalksedimenten. Am ehesten wäre eine solche Vereinfachung noch in den Nördlichen Kalkalpen anzuwenden. Nichts wäre aber beispielsweise über den Entstehungsort einzelner Komplexe ausgesagt.
Andererseits ist es im Rahmen dieses Buches nicht möglich, den Aufbau der Alpen so darzustellen, wie er sich aus den zu einem Mosaik gefügten, unzähligen Untersuchungs- und Forschungsergebnissen erweist. Der Leser wird sich mit einer Aussage begnügen müssen, die sich auf bedeutende und herausragende Wesensmerkmale beschränkt.
Der nördliche Alpenraum, der vom Vorland bis zu den breiten Flußtälern des Inns, der Salzach und der Enns reicht, ist in drei von Ost nach West verlaufende Zonen aufzuteilen. Dem eigentlichen Hochgebirge vorgelagert, erstreckt sich eine durchgehende, von hügeligen Bergen geprägte Molassezone klastischer Sedimente, die aus dem Abtragungsmaterial des zu jener Zeit bereits in der Auffaltung begriffenen Gebirges besteht. Die Entstehungszeit reicht in das Tertiär, also bis in eine Zeit vor ca. 70 Millionen Jahren, zurück. Südlich schließt sich daran als schmaler Streifen die Flyschzone an, die etwa zur gleichen Zeit entstanden ist. Die aus Kalk und Dolomit bestehenden Gesteinsmassen der Nördlichen Kalkalpen entstanden nicht am heutigen Ort, sie sind vielmehr während der Gebirgsbildung im Tertiär über hundert und mehr Kilometer von Süden aus dorthin gelangt. Die Sedimentablagerung geschah in einem Meer vor 200 bis 100 Millionen Jahren im Mesozoikum (Trias, Jura und z. T. auch noch in der Kreidezeit). Alle vorgenannten Zonen waren mehr oder weniger in den Auffaltungsvorgang einbezogen, wobei gerade die Kalkmassive eine starke Faltung, Überlagerung und Durchdringung aufweisen. Im Berchtesgadener Raum und im Salzkammergut sind Schichten des sogenannten »Haselgebirges« eingelagert, die ebenfalls der Trias entstammen und Steinsalz (Halit), Gips, Anhydrit und tonige Bestandteile enthalten.
Zwischen den Nördlichen Kalkalpen

Bergkristall ▷

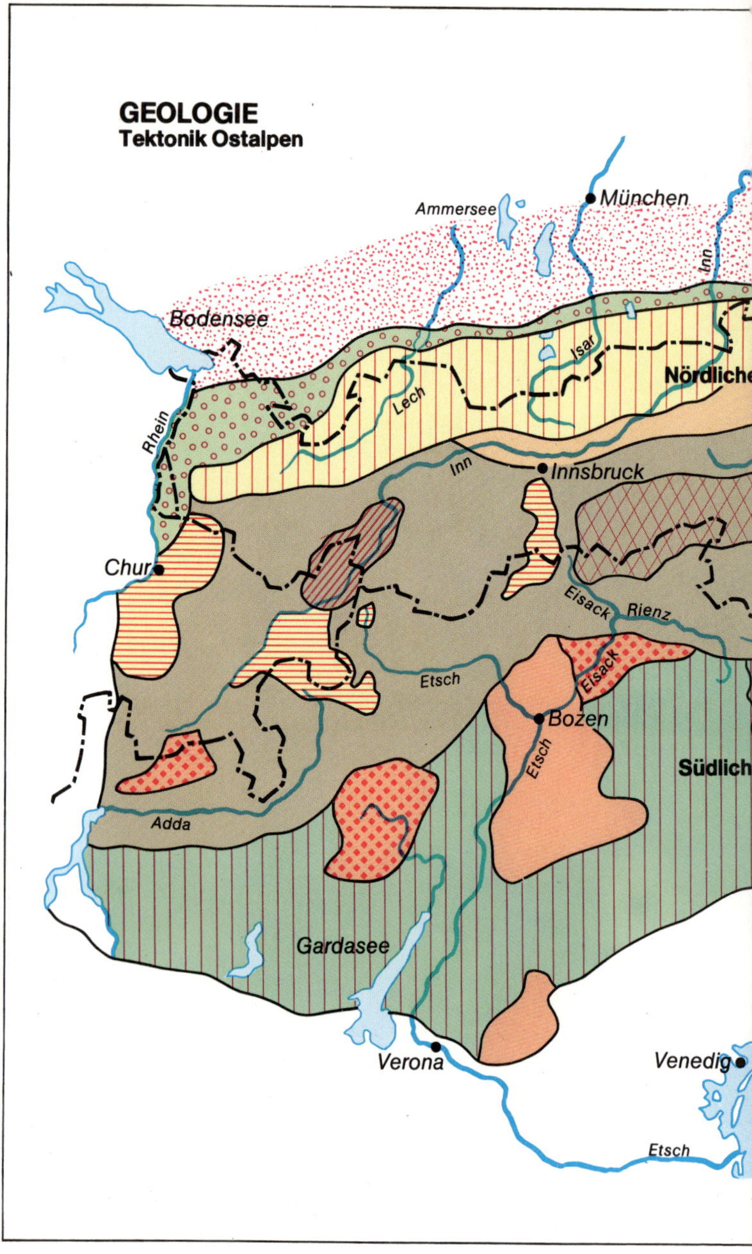
GEOLOGIE
Tektonik Ostalpen
Ammersee
München
Inn
Bodensee
Isar
Lech
Nördliche
Rhein
Inn
Innsbruck
Chur
Eisack
Rienz
Etsch
Eisack
Bozen
Etsch
Südliche
Adda
Gardasee
Verona
Venedig
Etsch

hiemsee
Salzburg
Enns
Kalkalpen
Salzach
Mur
Drau
Villach
Klagenfurt
Drau
Kalkalpen
Triest
GOLF VON TRIEST
ZEICHENERKLÄRUNG
Flyschzone
Sedimente der nördlichen Kalkalpen
Tauernfenster
Sedimente der südlichen Kalkalpen
Vulkanite
Kristalline Schiefer des Alpenhauptkammes
Plutonite
Sedimente
Engadin-Fenster
Molasse des Alpenvorlandes
Grauwackenzone

und dem Alpenhauptkamm erstreckt sich in unterschiedlicher Breitenausdehnung eine Grauwackenzone, die im Bereich des oberen Ennstales zu fehlen scheint, weshalb man von einer westlichen und einer östlichen Grauwackenzone (Steirische Grauwackenzone) sprechen kann.

Die kristallinen Deckenkörper oder Platten des Alpenhauptkammes weisen deutliche Merkmale der Regionalmetamorphose auf, die mehr oder weniger stark ausgeprägt erscheinen. Im »Engadiner Fenster«, das sich im Gebiet der Samnaungruppe öffnet, mehr noch im »Tauernfenster«, das sich, nahe der Brennerlinie beginnend, bis zum Katschberg bzw. zum Radstädter Tauern erstreckt, sind im Artenreichtum der Gesteine die unterschiedlichen Metamorphosestufen abzulesen. An diesen Stellen trifft man an der Oberfläche auf ursprünglich tiefer gelegene Deckenteile. Inwieweit die obere Schieferhülle durch Abtragung entfernt oder durch die Sprengwirkung vertikal gerichteter Schübe nach der Seite hin verdrängt wurde, läßt sich mit Sicherheit im nachhinein nicht mehr feststellen und wird noch lange Zeit Gegenstand spekulativer Vermutungen bleiben.

Regelabweichungen vom allgemeinen Bild der kristallinen Schieferzone ergeben sich scheinbar mit inselgleich aufgelagerten Kalksedimenten der Trias in den Stubaier Alpen und in geringerer Ausdehnung am Jockel in der Nähe des Reschensees. Auch die Granite des Brixener Plutons und der Tonalit der Rieserfernergruppe scheinen nicht recht in das Schema zu passen. Wenn man sich im ersten Fall des Transportweges der nordalpinen Kalksedimente erinnert und bezüglich der Intrusionen feststellt, daß in den Südalpen ähnliche Plutone anzutreffen sind, so werden die Zusammenhänge vielleicht verständlicher.

Die Südalpen unterscheiden sich in Aufbau und Gliederung deutlich vom Nordalpenraum. Sieht man einmal davon ab, daß der Entstehungsort der Kalksedimente des nördlichen Gebirgskammes an der Trennungslinie der südlichen Kalkalpen zum Alpenhauptkamm vermutet werden darf, so verbietet sich eine weitergehende parallele Betrachtungsweise. Auch die umfangreichen Deckenanteile magmatischen Ursprungs in den südlichen Gebieten würden einem direkten Vergleich entgegenstehen. Insgesamt stellen die Südalpen ein tektonisches Gebäude dar, das an der Nordseite – also zum Alpenhauptkamm hin – am stärksten emporgehoben wurde, so daß dort der kristalline Sockel gelegentlich offen zutage tritt, während im südlichen Bereich permische, mesozoische und tertiäre Sedimente oder auch Vulkanite teilweise unter späteren Bildungen der Poebene zu liegen kommen. Anders als im Alpenhauptkamm hat eine Metamorphose in den Südalpen mit Ausnahme der westlichsten Gebietsteile nicht stattgefunden, so daß die Eruptiva unverändert geblieben sind. Adamello- und Presanellagruppe werden durch ein Pluton geprägt, das sowohl tertiäre als auch voralpidische Tonalitgesteine enthält. Zwischen Presanella und dem südlich Bozen verlaufenden Etschtal sind Kalksedimente des Perms (vor ca. 225 bis 280 Millionen Jahren) und des Mesozoikums vorherrschend. Einer breiten Zone aus Quarzporphyr westlich der Rosengartengruppe und des Latemar im Gebiet von Bozen schließen sich nach Osten hin die Kalksedimente und Dolomitgesteine der Trias an. Diese sind im Gebiet der Dolomiten von Vulkaniten aus der mittleren Trias durchsetzt. Die Karnischen Alpen bestehen überwiegend aus Sedimenten des Paleozäns (vor etwa 55 Millionen Jahren). Während die Kalksteine der Lienzer Dolomiten der Trias zugeordnet werden, reichen die Sedimente im Süden der Karnischen Alpen in ihrer Entstehung bis zum Perm zurück.

Die östlichen Randgebiete und die Region westlich des Engadins lassen die großräumige Trennung zwischen den aus Sedimenten bestehenden Gebirgslagen und jenen, die eine kristalline Beschaffenheit aufweisen, nicht zu, da sie ineinander verzahnt sind. Eine diesbezügliche Aussage müßte natur-

Muskovit in Kalkglimmerschiefer

gemäß im Detail münden, was die Übersicht nicht gestattet.

Die Gesteine

Das Geschichtsbuch der Erde ist in Stein geprägt; die Buchstaben werden dabei von den Mineralien vertreten, die Zeilen durch das Gefüge dokumentiert. Jede Gesteinsart hat ihre eigene Entstehungsgeschichte, die sie, obgleich mit anderen Arten verwandt, deutlich von diesen unterscheidet. So berichtet – stumm und doch beredt – jedes Gesteinsstück dem Kundigen über Vorgänge, die sich in einem Zeitraum von hundert und mehr Millionen Jahren ereigneten.
Die Alpen gleichen einer großartigen Gesteinssammlung, deren Vielfalt sich manches geologische Museum gerne rühmen würde, ohne je die hierzu notwendigen Räume schaffen zu können. Was macht es, wenn dabei die zeitlichen Abläufe gelegentlich umgekehrt oder der ursprüngliche Standort gewechselt wurden, eine besondere Eigenart des Erfinders.
Nach der Art ihrer Entstehung werden die Gesteine der Alpen – wie anderenorts – in Magmatite, Sedimentite und Metamorphite unterteilt.

Magmatite: Zu ihnen werden die in der Tiefe eingedrungenen und dort aus dem Magma gebildeten *Plutonite, Ganggesteine* und zur Oberfläche gelangten Effusivgesteine oder *Vulkanite* gerechnet.

Sedimentgesteine. Sie werden in *klastische Sedimente* (Ablagerung von Verwitterungs- und Abtragungsprodukten), *biogene* bzw. *organogene* Sedimente (aus pflanzlichen oder tierischen Organismen entstanden) und *chemische* Sedimente (Ausfällung aus Lösungen) unterteilt.

Metamorphite oder metamorphe Gesteine bilden sich sowohl aus Sedimentgesteinen wie aus magmatischen Gesteinen. Sie entstehen durch Umwandlung der mineralischen Bestandteile, ausgelöst durch höhere Drücke und Temperaturen. Umwandlungsgesteine, die in der Umgebung von Intrusionskörpern entstehen, nennt man *kontaktmetamorphe* Gesteine, die durch Absenkung in tiefere Zonen der Erdkruste und Verlagerung entstehenden *regionalmetamorphe* Gesteine.

Alle Gesteinsarten der vorgenannten Entstehungsweise sind auch im Ostalpenraum vertreten.

Plutonite oder Intrusivgesteine, wie sie in den Ostalpen hauptsächlich im Brixener Gebiet, in der Rieserfernergruppe und in der Adamellogruppe vorkommen, sind an der grob- bis riesenkörnigen (Pegmatitstufen) Textur (Gefüge) zu erkennen und als *Granite* oder auch *Tonalite* vertreten. Syenit, wie er in den Westalpen gelegentlich anzutreffen ist, unterscheidet sich wie die beiden anderen Arten durch einen veränderten Mineralbestand, wobei Granit und Tonalit höhere Quarzanteile aufzuweisen haben. Weitere Hauptbestandteile der Plutonite sind Hornblende, Feldspäte, Glimmer – teils als Muskovit, teils Biotit. Daneben kommt eine ganze Reihe von Nebenbestandteilen vor: Apatit, Titanit, Zirkon, Magnetit, Turmalin und viele andere mehr.

Vulkanite oder Ergußgesteine sind hauptsächlich im Raum um Bozen und in den westlichen Dolomitbergen vertreten. Die basaltischen Gesteine lassen in der Regel keine Unterscheidung in der Zusammensetzung mit dem bloßen Auge zu und sind dicht gefügt. In den Hohlräumen (Blasenräumen) sind nicht selten schöne Mineralstufen anzutreffen: Amethyst, Achat, Zeolithe der verschiedensten Art und Analcim. Im Bozener Raum ist Quarzporphyr recht häufig. Die feinkörnige Struktur läßt unter der Lupe deutlich die Mineralzusammensetzung erkennen.

Sedimentgesteine: Der nördliche Alpenraum besteht fast ausschließlich, der südliche überwiegend aus *Sedimentgesteinen.* Im Alpenvorland nördlich der eigentlichen Kalkalpen dominiert die *Molasse,* ein klastisches Sedi-

Talkschiefer

ment in konglomeratischer, sandiger oder mergeliger Ausbildung. Im westlichen Allgäu und in Gebietsteilen des Bregenzer Waldes ist die Nagelfluh, ein grobkörniges Konglomerat aus Kalk- oder Metamorphitgeröll in kalkig sandige Grundmasse eingebettet, anzutreffen. *Flysch* ist ein klastisches Sedimentgestein mit wechselnden Anteilen von Grauwacke, Sandstein, Kalk und Tonschiefer.

Die eigentlichen Kalkalpen im Süden wie im Norden bestehen aus *organogenen Sedimentgesteinen* – Kalk und Dolomitgestein, teilweise noch fossilführend, aus der Trias- bis Juraformation, vor ca. 140–200 Millionen Jahren in einer gewaltigen Meeresablagerung entstanden. Die *chemischen Sedimente* des Haselgebirges im Salzkammergut und im Berchtesgadener Raum bestehen vor allem aus Steinsalz, Anhydrit und Gips.

Metamorphite: Die größte Vielfalt weisen die Metamorphite des Alpenhauptkammes auf. Die in der Regionalmetamorphose zu kristallinen Schiefern umgewandelten Gesteinsarten sind teils auf Magmatite, zum anderen auf Sedimente zurückzuführen. Eine Unterscheidung dieser Art ist dem Laien kaum möglich und auch für die Fachwelt gelegentlich recht schwierig. Die kristallinen Schiefer weisen verschiedene Metamorphosestufen auf und waren unterschiedlich hohen Temperaturen und Drücken ausgesetzt. Für den Grad der Metamorphose ist darüber hinaus das Vorkommen ganz bestimmter Minerale typisch.

Typomorphe Minerale der sich durch relativ niedrige Temperaturen, jedoch sehr hohen richtungsorientierten Druck auszeichnenden *Epizone* sind Albit, Sericit, Talk, Chlorit, Aktinolith und Anatas. Im Übergangsbereich zur nächsten Stufe stehen Epidot, Granat, Hornblende und Biotit. Mittlere Temperaturen und große richtungsorientierte Drücke der *Mesozone* führen zu folgenden Mineralbildungen: Staurolith, Muskovit, Plagioklas und andere. Minerale des Überganges zur Katastufe sind Granat (Almandin und Pyrop) und Disthen. Die *Katazone* äußert sich in hohen Temperaturen und allseitig auftretenden starken Drücken. Typische Minerale sind Sillimanit, Ortho- und Klinopyroxene, Cordiertit, Spinell, Anorthit, Orthoklas und Wollastonit. Quarz, Rutil, Magnetit und Calcit sind als sogenannte Durchläufer überall vertreten.

Die kristallinen Schiefer sind in der Regel an der lagemäßig eingeregelten schiefrigen Struktur und Beschaffenheit zu erkennen. Diese Texturmerkmale sind mehr oder weniger deutlich ausgeprägt. Die Ursprungsgesteine und die daraus resultierenden Metamorphite können unter Umständen unmerklich ineinander übergehen, z. B. Granit und Gneis.

Gneis kann sowohl magmatischen als auch sedimentären Ursprungs sein. *Orthogneise* sind Abkömmlinge magmatischer Gesteine und weisen den gleichen Mineralbestand auf; *Paragneise* sind auf Sedimentgesteine zurückzuführen. Die Gneise lassen sich an der parallel eingeregelten Textur erkennen. Besondere Merkmale des Gefüges werden durch die Bezeichnungen Augen-, Flaser- oder Stengelgneis charakterisiert. Höhere Anteile einzelner Haupt- oder Nebengemengeteile führen zu Beinamen wie Glimmergneise (Muskovit-, Biotit- oder Zweiglimmergneis), Cordierit-, Sericit-, Hornblende-, Pyroxen-, Granat-, Sillimanit-, Disthen- und Staurolithgneis. Wie die anderen kristallinen Schiefer ist der Gneis *das* Gestein des Alpenhauptkammes. Eine nähere Ortsbestimmung erübrigt sich, da die Vorkommen sehr verbreitet sind.

Amphibolit ähnelt dem Hornblendegneis, besitzt jedoch wesentlich geringere Feldspatanteile – gewöhnlich nur Plagioklas. Hornblenden überwiegen als Hauptgemengeteil. Aktinolith, zu strahligen Aggregaten gefügt, verleiht dem

Garbenschiefer das spezifische Aussehen. Granatamphibolite enthalten

Fluorit

meist Almandinkristalle (Zillertaler Alpen).

Eklogit besteht aus einem grünen Augit, dem Omphacit. Zu diesem Mineral gesellt sich Granat als typischer Bestandteil. Weiterhin sind als mögliche Nebenbestandteile unter anderem Zoisit, Disthen und Spinell zu nennen.

Glimmerschiefer ist wieder als Sammelbegriff zu verstehen, der durch das Hervortreten von Glimmeranteilen und die Verminderung des Feldspatgehaltes geprägt ist. Diese Gesteine zeichnen sich durch eine deutlich schiefrige Ausbildung aus. Quarz und Calcit als Hauptgemengeteile führen zur Kennzeichnung als Quarz- bzw. Kalkglimmerschiefer. Auch andere Minerale können vermehrt auftreten, so Granat, Turmalin, Hornblende, Staurolith, Zyanit, Epidot und andere mehr. Besondere Vorkommen in den Ötztaler Alpen, den Hohen Tauern u. a. (siehe Abb. S. 39).

Chloritschiefer bestehen fast ausschließlich aus Chlorit. Daneben können die grünlichen oder grauen Gesteine schöne Kristalle von Turmalin, Magnesit oder, wie im Zillertal, Magnetit enthalten.

Talkschiefer bestehen aus dem weißlich oder hellgrün fettig bis glänzenden Talk als schiefrig-massigem Grundmaterial, in das Aggregate anderer Minerale, z. B. Hornblenden, eingelagert sein können (siehe Abb. S. 40).

Phyllit ist ein sehr feinkörniges, schiefrig ausgebildetes Gestein, das Sericit, Quarz und Feldspat sowie Nebengemengeteile enthält. Je nach den vorherrschenden Bestandteilen unterscheidet man z. B. Quarz- oder Kalkphyllit. In den Tuxer Voralpen, in der Gegend um Innsbruck und im Gebiet der Kitzbüheler Alpen ist Quarzphyllit verbreitet anzutreffen.

Quarzit oder Quarzitschiefer besteht gelegentlich nur aus Quarz, hat sich aus Sandstein gebildet und ist u. a. im Schneeberger Zug, der sich von Sterzing zu den Ötztaler Alpen hin erstreckt, anzutreffen. In diesem Rahmen können freilich nur einige Vertreter der artenreichen kristallinen Schiefer angesprochen werden.

Marmor ist eine typisch kontaktmetamorphe Gesteinsart und in bedeutenden Mengen im Gebiet von Laas im Vintschgau vertreten. Hierbei handelt es sich um eine Umkristallisation sedimentären Kalkes.

Minerale des Alpenraumes

Mit einer Fülle von Gesteinsarten unterschiedlicher Entstehung präsentiert sich der Alpenraum als ein schier unerschöpfliches Reservoir schöner Mineralienfunde. Bekannte Fundstätten sind heute oft zum Teil oder ganz aus-

Aktinolith

Almandin

gebeutet, andere warten noch auf ihren Entdecker. Kristallsucher, in verschiedenen Gebieten Strahler genannt, durchklettern steile Wände und dringen zu den entlegensten Winkeln vor, um Schätze zu bergen, die als Sammelobjekte einen hohen Wert besitzen. Doch auch als Hobby findet das Suchen und Sammeln von Mineralien großen Anklang. Dazu ist es nicht notwendig, den oben erwähnten gefahrvollen Wegen zu folgen und waghalsige Kletterpartien zu unternehmen. Wenn der Winter seinen Rückzug angetreten hat, hinterläßt er am Fuße von Felswänden und Steilhängen vielfach Gesteinsmaterial, das durch Frost und spätere Sonneneinstrahlung losgelöst wurde. Auch alpine Straßenbaustellen fördern solche Bruchstücke zutage. Kristalle sind in der Regel nur dort vollkommen entwickelt, wo sie im Wachstum nicht behindert waren, in Hohlräumen wie Gesteinsklüften und Blasenräumen. Auch hier bedarf es keiner riskanten Unternehmungen, um gute Funde aufzuspüren, denn schon kleine Hohlräume in Fels- und Gesteinstrümmern weisen Kristallformen auf. Um Kristallgruppen aus dem gewachsenen Fels herauszulösen, muß man vorsichtig zu Werke gehen und nach Möglichkeit Teile des Gesteins, auf dem sie aufsitzen, mitentfernen.

Neben den Kristallen sind schöne Spaltstücke aus Anhäufungen gut oder vollkommen spaltbarer Minerale recht reizvoll. Darüber hinaus zeigt Geröll aus dem Bachbett mitunter Einschlüsse von Mineralien, die des Anschauens wert sind; ein Stück Garbenschiefer zum Beispiel, das strahlige Aggregate von Aktinolith enthält, oder die besonders bei Kindern so beliebten rundgeschliffenen, glitzernden Glimmerschieferstücke, gelegentlich mit Einschlüssen von dunkelrotem Almandin (Granatvarietät).

Wer ernsthaft Mineraliensuche betreibt, wird ein Bestimmungsbuch, ge-

gebenenfalls auch ein Fundortverzeichnis zu Rate ziehen, und mit ordentlichem Werkzeug ausgestattet den Weg ins Gebirge antreten.
In der Folge wird eine Auswahl der im Alpenraum anzutreffenden Minerale vorgestellt. Damit soll der Leser in die Lage versetzt werden, einen möglichen Fund der vergleichenden Betrachtung zu unterziehen, oder eine erworbene Mineralstufe richtig einzuordnen. Erläuternd ist dazu folgendes kurz zu bemerken:
Minerale werden heute nach ihrer chemischen Zusammensetzung in neun Klassen eingeteilt, wobei die chemische Formel in Verbindung mit dem Namen eine hervorragende Bedeutung erhält – 1 Elemente, 2 Sulfide und verwandte Verbindungen, 3 Halogenide, 4 Oxide, Hydroxide, 5 Nitrate, Karbonate, Borate, 6 Sulfate, Chromate, Molybdate, Wolframate, 7 Phosphate, Arsenate, Vanadate, 8 Silikate, 9 Organische Verbindungen.
Jedes Mineral kristallisiert immer in der gleichen Systematik: kubisch, tetragonal, rhombisch, monoklin, triklin, trigonal und hexagonal. Das jeweilige Kristallsystem (= X-System) wird durch die Neigungswinkel und Länge der Symmetrieachsen bestimmt. Für den Laien ist mit Ausnahme des kubischen und hexagonalen Systems eine Zuordnung recht schwierig, da die Kristalle in den seltensten Fällen eine ideale Form aufweisen. So ist zum Erkennen eine vereinfachte Formenbeschreibung recht hilfreich.
Ein weiteres Unterscheidungsmerkmal der Minerale ist die Härte (Ritzhärte). Hier orientiert man sich an 10 Härtegraden: 1. Talk, 2. Gips, 3. Calcit, 4. Fluorit, 5. Apatit, 6. Orthoklas, 7. Quarz, 8. Topas, 9. Korund, 10. Diamant – wobei jedes dieser Minerale das vorangehende ritzt bzw. vom nachfolgenden geritzt wird. Eine grobe Härtebestimmung läßt sich mit einfachen Hilfsmitteln bei den geringeren Härtegraden durchführen. Minerale bis zum Härtegrad 2 lassen sich mit dem Fingernagel ritzen, Härte 3 mit einer Kupfermünze und bis zur Härte 6 mit der Stahlklinge eines Taschenmessers. Fensterglas wird von Mineralen geritzt, die eine größere Härte als 6 aufweisen.
Die Farbe des Minerals ist für die Bestimmung von untergeordneter Bedeutung, da hier große Abweichungen vorkommen können; auch die Transparenz ist nicht einheitlich ausgeprägt.

Turmalin

Adular, $KAlSi_3O_8$, (Silikat), ist ein farbloser bis weißer Kalifeldspat, der als Mineral alpiner Klüfte nur in aufgewachsenen Kristallen prismatischer, rhomboedrischer oder tafeliger Form auftritt. Durchsichtig oder durchscheinend wird er dem monoklinen X-System zugerechnet und besitzt Härte 6. Funde hauptsächlich in Hohlräumen kristalliner Schiefer – im Gebiet des Großvenedigers/Hohe Tauern (siehe Abb. S. 46).

Aktinolith, $Ca_2(Mg,Fe)_5Si_8O_{22}(OH)_2$, auch Strahlstein genannt, als Silikat der Amphibolgruppe (Hornblenden) zugerechnet, tritt meist in Form strahliger Aggregate, in kristalline Schiefer eingewachsen, auf. Besonders schöne Exemplare von hell- oder dunkelgrüner Farbe, deutlich spaltbar und in der Regel durchscheinend, finden sich u. a.

in den Zillertaler Alpen am Greiner. Härte 5–6, X-System monoklin (siehe Abb. S. 43).

Albit, Na [$AlSi_3O_8$], als Natriumfeldspat den Silikaten zugerechnet, ist Bestandteil von Plutoniten und kristallinen Schiefern, und so meist als weißgelblicher Gemengeteil zu finden. Härte 6–6,5.

Almandin, $Fe_3Al_2Si_3O_{12}$, als roter Granat den Silikaten zugerechnet, tritt, in kristalline Schiefer eingewachsen, immer als Einzelkristall des kubischen Systems mit 12 oder 24 Flächen, durchsichtig oder durchscheinend, auf. Die Kristallflächen zeigen oft matten Glanz. Diese in Exemplaren von guter Qualität als Edelsteine geschätzten Kristalle (Härte 7,5) findet man hauptsächlich in den Ötztaler und Zillertaler Alpen (bei Obergurgl und im Zemmgrund). Siehe Abb. S. 43.

Amethyst ist eine violette Varietät des Quarzes (s. dort) und in Geoden (Blasenräumen in Vulkaniten) im Dolomitenraum, besonders in der weiteren Umgebung des Fassa- und Grödnertales sowie der Seiser Alm noch vereinzelt zusammen mit Achatrinden anzutreffen.

Anhydrit, $CaSO_4$, (Sulfat), kommt meist in Verbindung mit Gips in Steinsalzlagerstätten massig oder körnig vor, würfelähnliche Kristalle sind selten. Von grauer, rötlicher oder gelblicher Farbe, unterscheidet sich das Mineral durch seine Härte (3,5) von den mitgenannten. Fundstätten im Salzkammergut und im Berchtesgadener Raum.

Bergkristall ist die farblos glasklare Varietät des Quarzes (s. dort) und in Form aufgewachsener Kristalle in alpinen Klüften zu finden. Die unverwechselbare Kristallform besteht aus einem sechsseitigen Prisma mit einer pyramidenähnlichen, aus Rhomboedern gebildeten Endung. X-System trigonal, Härte 7 (siehe Abb. S. 35).

Beryll, $Be_3Al_2Si_6O_{18}$, (Silikat) kommt in verschiedenen Farbvarietäten vor, durchsichtig oder durchscheinend als Einzelkristall meist eingewachsen in Pegmatiten von Granit oder in kristallinen Schiefern. Das X-System der prismatischen Kristalle ist hexagonal

Pyrit

(sechsseitig), die Härte beträgt 7,5–8. Früher wurde Smaragd, als grüne Varietät des Beryll, im Habachtal/Pinzgau in Stollen abgebaut, die jedoch heute verfallen sind.

Biotit, $K(Mg,Fe)_3AlSi_3O_{10}(OH,F)_2$, ein Silikat der Glimmergruppe, kommt in Form tafeliger, hexagonaler Kristalle und blättriger Aggregate in kristallinen Schiefern, sowie als Gemengeteil in magmatischen Gesteinen vor. Die Farbe ist goldgelb bis schwarz, die Härte 2,5–3. Biotit ist von metallähnlichem Aussehen und in dünnen Blättchen durchscheinend.

Byssolith ist eine feinfaserige Varietät der Amphibolgruppe, in den physikalischen und chemischen Eigenschaften dem Aktinolith (s. dort) sehr ähnlich. Alpine Funde besonders in den kristallinen Schiefern der Venedigergruppe/Hohe Tauern.

Calcit, $CaCO_3$, (Karbonat), besitzt in kristalliner Ausbildung einen Formenreichtum wie kein anderes Mineral, spaltet sich jedoch immer in Rhomboedern. Fast alle Farben kommen vor, die Transparenz reicht von durchsichtig bis nahezu undurchsichtig. Erkennungsmerkmale sind die vollkommene Spaltbarkeit, die relativ geringe Härte 3 und die Löslichkeit unter Aufbrausen in verdünnter Salzsäure. Die Kalkberge der nördlichen und südlichen Alpengebiete bestehen aus Calcit, daher ist dort auch das Auftreten kristalliner Formen nicht selten (siehe Abb. S. 50).

Chalkopyrit, $CuFeS_2$, Kupferkies, (Sulfid), besitzt einen messinggelben bis rötlichen, metallischen Glanz und zeichnet sich durch bunte Anlauffarben aus. Meist feinkörnig, aber auch tetraedrische Kristalle oder Aggregatbildungen im tetragonalen X-System; Begleiter anderer Erze und Nebengemengeteil vieler Gesteine. Die Härte 3,5–4 unterscheidet dieses Mineral von Pyrit (Härte 6–6,5).

Cyanit, Disthen, Al_2SiO_5, (Alumosilikat), tritt meist in Form plattstengeliger Kristalle oder blättriger Aggregate auf, ist farblos, weiß-blau gezont, durchsichtig bis durchscheinend, und besitzt eine hervorragende Spaltbarkeit mit unterschiedlicher Härte (4 + 7) in zwei rechtwinklig zueinander ver-

Adular, Venedigergebiet

Zoisit

laufenden Richtungen. Die Vorkommen erstrecken sich auf kristalline Schiefer und Pegmatite. Schöne Funde stammen u. a. aus den Zillertaler Alpen.

Diaspor, AlO(OH), (Aluminiumhydroxid), kommt meist in Form blättriger oder stengeliger Aggregate, aber auch als tafelige Kristalle im rhombischen X-System in kristallinen Schiefern vor. Die verschiedenen Färbungen von farblos, weiß, grau, bräunlich und bläulich können zonenartig verlaufen. Die Härte beträgt 6,5–7.

Dolomit, $CaMg(CO_3)_2$, (Calcium-Magnesium-Karbonat), ist als Mineral kristallin im trigonalen X-System, teilweise mit gekrümmten Rhomboederflächen, ausgebildet. Von farblos über weiß, gelblich und rötlich sind Farbschattierungen möglich, die Transparenz reicht von durchsichtig bis durchscheinend. Zwischen Dolomit und Ankerit (braune Farbe) besteht eine Mischreihe, in der bei letzterem das Magnesium durch Eisen (Fe) ersetzt wird. Die größere Härte (3,5–4) unterscheidet Dolomit von Calcit, auch ist die Löslichkeit in verdünnter Salzsäure nicht so deutlich ausgeprägt.

Epidot, $Ca_2(AlFe)_3Si_3O_{12}(OH)$, (Silikat), kommt in Form langgestreckter, prismatischer Kristalle und strahliger Aggregate im monoklinen X-System vor. Von grüner bis schwarzer Farbe, ist das Mineral durchscheinend oder nahezu durchsichtig. Sehr gute Spaltbarkeit und Härte 6–7 zeichnen den in metamorphen Gesteinen u. a. in den Hohen Tauern vorkommenden Epidot aus.

Feldspäte sind zusammen mit Quarz die Hauptvertreter gesteinsbildender Minerale. Nach ihrer chemischen Zusammensetzung unterscheidet man Kalifeldspäte (siehe z. B. Adular) und Kalk-Natronfeldspäte oder Plagioklase (s. Albit u. a.)

Fluorit, Flußspat, CaF_2, wird zur Gruppe der Halogenide gerechnet. Das kubische X-System wird deutlich erkennbar in den würfeligen oder oktaedrischen, durchsichtigen bis durchscheinenden Kristallen von grüner, gelber, rötlicher, bläulicher oder violetter Farbe (seltener auch farblos). Die Spaltbarkeit ist ausgezeichnet und erzeugt stets Oktaeder als Spaltform. Die Härte beträgt 4. Fluorit kommt in Erzgängen und alpinen Klüften vor. Besondere Fundorte u. a. am Weißeck/Hohe Tauern (siehe Abb. S. 42).

Fuchsit ist ein chromhaltiger Muskovit (s. dort) von blaß- bis intensivgrüner Farbe.

Galenit, Bleiglanz, PbS, (Sulfid), tritt kristallin in Kombinationen von Würfeln und Oktaedern des kubischen X-Systems auf, bleigrau, metallisch glänzend (auch matt) und undurchsichtig. Die Spaltbarkeit in Würfel ist vollkommen. Galenit weist als Bleierz unterschiedlichen Silbergehalt auf. Fundstätten sind u. a. bei Bleiberg/Kärnten registriert.

Gips, $CaSO_4 \cdot 2H_2O$, (wasserhaltiges Calciumsulfat), kommt meist in massigdichter Form, weiß und in anderen Farbtönungen, in der Umgebung von Steinsalzlagerstätten vor (Salzkammergut u. a.). Die schönen, farblosen, stengeligen oder tafeligen Selenit-Kristalle – X-System monoklin – sind meist als späte Kristallbildungen aus Lösungen entstanden. Die Spaltbarkeit ist gut bis vollkommen; Härte 2 (siehe Abb. S. 49).

Glimmer s. Muskovit und Biotit

Granat s. Almandin

Halit, Steinsalz, NaCl, wird zu den Halogeniden gerechnet und ist aufgrund seiner Wasserlöslichkeit nur in Abbaustätten (Salzkammergut u. a.) zu finden. Kristalline Bildungen – X-System kubisch – meist nur als Würfel, bei guter Spaltbarkeit und Härte 2 durchsichtig, farblos, aber auch rötlich, bläulich, gelb. Halit wird von Anhydrit und Gips begleitet.

Hämatit, Eisenglanz, Fe_2O_3, (Oxid), ist in tafeligen oder würfelähnlichen Kristallen, meist jedoch in Form blättriger Aggregate mit metallischem Glanz, stahlgrau mit gelegentlich bunten, auch blutroten Anlauffarben, anzutreffen. Hämatit besitzt Härte 5–6 und kristallisiert im trigonalen X-System. Funde sind im gesamten Alpenraum möglich.

Hornblende ist ein der Amphibolgruppe angehörendes Silikat und gesteinsbildendes Mineral von grüner bis schwarzer Farbe mit Härte 5–6, durchscheinend bis undurchsichtig, mit kurz- oder langprismatischen Kristallen im monoklinen X-System. Als Bestandteil vieler magmatischer und metamorpher Gesteine ist Hornblende nur in Pegmatitstufen großkristallin ausgebildet.

Klinochlor, $Mg_6Al_2[(OH)_8Al_2Si_2O_{10}]$, ein Silikat der Chloritgruppe, bildet flächenreiche Kristalle im monoklinen X-System, auch blättrige Aggregate von grüner Farbe oder graupulvriger Beschaffenheit in kristallinen Schiefern. Schöne Kristallgruppen mit Härte 2 kommen in Drusen und Klüften vor. Fundorte u. a. in den Zillertaler Alpen.

Rauchquarz

Magnesit, $MgCO_3$, (Magnesiumkarbonat), ist im Alpenraum meist nur in Form dichter, körniger Massen anzutreffen. Die seltenen Kristalle – X-System trigonal – sind, wie die Spaltstükke, nur schwer von Calcit zu unterscheiden; die Härte beträgt 3,5–4,5.

Magnetit, $Fe_3O_4(FeO \cdot Fe_2O_3)$ ist ein Oxid, der Spinellgruppe zuzuordnen. Die Kristalle – X-System kubisch – sind undurchsichtige Oktaeder von schwarzer Farbe mit Härte 5,5–6,5. Magnetit kommt auch derb, körnig dicht vor. Die Kristalle weisen unterschiedlich starken Magnetismus auf. Funde in alpinen Klüften, u. a. in den Zillertaler Alpen.

Mikroklin, ein Kalifeldspat, $KAlSi_3O_8$, kommt in Form aufgewachsener, prismatischer Kristalle – X-System triklin, (Unterschied zu den monoklinen anderen Feldspäten) – mit oft quadratischem Querschnitt in Drusen und Hohlräumen von Granitpegmatiten und metamorphen Gesteinen vor. Härte 6, Farbe weiß oder gelb. Amazonit ist eine grüne Varietät des Mikroklin.

Morion, Bezeichnung für besonders dunkel gefärbten Rauchquarz.

Muskovit, $KAl_2(OH,F)_2(AlSi_3O_{10})$, ein Blattsilikat der Glimmergruppe, ist meist in Form blättriger Aggregate anzutreffen. X-System monoklin, pseudohexagonal; Härte 2–3. Das Mineral ist farblos, weiß oder silbrig schimmernd, vollkommen spaltbar in Blättchen. Als Bestandteil von Plutoniten und metamorphen Gesteinen sind im gesamten Alpenraum, besonders in Kalkglimmerschiefern, auch größere Aggregate anzutreffen. Die grüne, chromhaltige Varietät wird als Fuchsit bezeichnet (siehe Abb. S. 39).

Periklin, ein Silikat der Kalk-Natronfeldspat-Mischreihe (Plagioklase), das nur in Form aufgewachsener, meist weißer, dicktafeliger oder säuliger Kristallgruppen in alpinen Klüften vorkommt. Härte 6–6,5.

Pyrit, Schwefelkies, FeS_2, (Eisensulfid), X-System kubisch, kommt in Form würfeliger oder mehrflächiger Kristalle von messing- bis goldgelber Farbe, undurchsichtig, metallisch glänzend, auch als Aggregatbildung vor. Die Kristallflächen weisen oft Zwillingsstreifung auf. Bei länger andauernder Feuchtigkeitseinwirkung graumatter Überzug. Mit Härte 6–6,5 ist Pyrit deutlich von Chalkopyrit zu unterscheiden. Das Mineral ist im Ostalpenraum kaum in großen Einzelmengen anzutreffen (siehe Abb. S. 45).

Quarz, SiO_2, (Siliziumoxid), ist das verbreitetste gesteinsbildende Mineral und als Gangmineral häufig anzutreffen. Im X-System trigonal, sind deutlich ausgeprägte Kristallformen nur in Hohlräumen zu finden, teils als sechsseitige, pyramidenähnliche Drusenauskleidung oder in prismatischen Kristallgruppen. Besonders begehrte Varietäten sind der farblos durchsichtig aufgewachsene Bergkristall, der durch Strahlung bräunlich bis schwarz verfärbte Rauchquarz, der violette Amethyst und der gelbliche Citrin. Quarz – Härte 7 – ist nicht spaltbar und zeigt muschelige Bruchflächen.

Rauchquarz ist die durch Strahlung rauchgrau, braun bis schwarz verfärbte Varietät des Quarzes mit der dem Bergkristall eigenen Kristallform. Die Kristalle sind durchsichtig, durchscheinend und bei der tiefdunklen, als Morion bezeichneten Spielart nahezu undurchsichtig. Rauchquarz ist weit seltener als Bergkristall und im Ostalpenraum z. B. in Klüften in der Umgebung des Rauristales anzutreffen (siehe Abb. S. 48).

Rutil, TiO_2, fast immer mit Eisenanteilen, ist die häufigste der drei Titanoxid-Modifikationen. Die roten bis bräunlichschwarzen Kristalle sind prismatisch, dicksäulig und knieförmig abgewinkelt verzwillingt; auch stengelige Aggregate sind häufig. X-System tetragonal, Härte 6–6,5, durchscheinend bis undurchsichtig mit starkem, metallischem Glanz.

Serpentin, $Mg_3[(OH)_4Si_2O_5]$, ein Blattsilikat, Verwitterungsprodukt aus

Gipskristalle, Altaussee

Calcit

Olivin oder Pyroxenen, ist meist in Form feinkristalliner Aggregate oder in massig dichter Form anzutreffen. Härte 2,5–4, X-System monoklin.

Siderit, Eisenspat, $FeCO_3$, (Eisenkarbonat), Härte 4–4,5, kommt im trigonalen X-System in durchscheinend bis undurchsichtigen, rhomboedrischen Kristallen, radialstrahligen Aggregaten oder in dichter Form vor. Dieses Mineral von gelber, brauner bis braunschwarzer Farbe zeichnet sich durch eine vollkommene rhomboedrische Spaltbarkeit und gelegentlich bunte Anlauffarben aus. Ähnlich dem Dolomit, weisen die Kristalle teilweise gekrümmte Flächen auf. Von den Vorkommen sei hier besonders der steirische Erzberg erwähnt, der fast ganz aus Spateisenstein besteht.

Smaragd s. Beryll

Steinsalz s. Halit

Titanit $CaTi[O/SiO_4]$, ein Inselsilikat mit Härte 5–5,5, X-System monoklin, kommt in Form keilförmiger, tafeliger, briefkuvertartiger, meist aufgewachsener Kristalle von gelblicher, grünlicher, rötlich bis schwarzer Farbe, durchsichtig bis undurchsichtig mit starkem Glanz, vor. Das gut spaltbare Mineral ist im Alpenraum verbreitet anzutreffen, jedoch kaum in größeren Mengen. Bekannte Fundorte der Ostalpen sind im Pfitschtal/Zillertaler Alpen und in den Sulzbachtälern/Hohe Tauern gelegen.

Turmalin, ein Magnesium-Aluminium-Borsilikat wechselnder Zusammensetzung, Härte 7, kommt in den Alpen meist als schwarzer, undurchsichtiger Schörl, seltener als grünlicher oder bräunlicher, durchscheinender Dravit vor. Die Kristalle – X-System trigonal – sind meist prismatisch lang gestreckt, mit abgerundeten Flächen und Längsstreifung. Fundorte des Dravit sind in den Zillertaler Alpen und an wenigen Orten in Kärnten registriert (siehe Abb. S. 44).

Zeolithe sind eine Gruppe von Silikaten, die hauptsächlich in Blasenräumen von Vulkaniten vorkommen (Dolomiten: Fassatal u. a.) und dort im jeweiligen X-System kristallin ausgebildet sind. Nach ihrer Form unterscheidet man Faserzeolithe wie Natrolith oder Laumonit, Blätterzeolithe wie Desmin oder Heulandit und Würfelzeolithe, Chabasit u. a. Die meist farblosen oder weißen Kristalle variieren in der Härte zwischen 3,5 und 5,5. An wenigen Stellen im Fassatal ist der Heulandit leuchtend rot gefärbt.

Zoisit, $Ca_2Al_3Si_3O_{12}(OH)$, ein Gruppensilikat mit Härte 6, X-System rhombisch, kommt in Form prismatischer, durchscheinender Kristalle oder auch dicht vor. Die Farbe variiert zwischen blaßgrün, grau und bräunlich. Das Mineral ist in einer Richtung vollkommen spaltbar. Funde in kristallinen Schiefern sind im Ostalpenraum u. a. in den Hohen Tauern registriert (siehe Abb. S. 46).

Der Lebensraum
Klima, Wetter, Pflanzen, Tiere

Klima, Wetter und Vegetationszonen

Die klimatischen Verhältnisse in den einzelnen Gebieten der Ostalpen sind durch unterschiedliche Einflüsse geprägt und werden von Lage, Höhe und Flächenausdehnung der Bergregionen bestimmt. Sowohl die gemäßigte Zone Mittel- und Westeuropas mit ihren ausgesprochenen Westwetterlagen als auch mediterrane Einflüsse von Süden her und das östliche Festlandklima sind mit von entscheidender Bedeutung für die Klimate in den Alpen.
Die eigentlich alpine Komponente mit höhenabhängigem Temperaturgefälle, Kälte- und Wärmeabstrahlung, Luftbewegung etc. bestimmt nicht nur die Vorgänge im Alpenraum, sondern beeinflußt in nicht unerheblichem Maße auch die angrenzenden Gebiete.
Gegen ein vereinheitlichendes Schema sprechen somit die unterschiedliche Lage, Häufigkeit und Ergiebigkeit von Niederschlägen, die Besonnungsdauer einzelner Regionen und die Höhenstufungen. Niedrigere Jahresdurchschnittstemperaturen als in den angrenzenden Gebieten und eine erhöhte Niederschlagsneigung sind jedoch allgemeingültige Merkmale. Das Temperaturgefälle bei zunehmender Höhe und die Kälteabstrahlung weiter, eis- und schneebedeckter Flächen sind Fakten, die durch den frühen Einzug des Frühlings in die südlichen Gebietsteile nicht aufgewogen werden können. So ist denn auch der Sommer in den Alpen kürzer als in den benachbarten Gebieten.
Von hohen Jahresdurchschnittstemperaturen ist im Ostalpenraum besonders das Gebiet um Bozen und Meran begünstigt. Die geringsten Niederschläge sind im Vintschgau, Engadin und Oberinntal zu verzeichnen.
Eine einfache Regel veranschaulicht das Temperaturgefälle bei zunehmen-

der Höhe: Bei je 170 m Höhe nimmt die Temperatur um ein Grad ab. Diese vereinfachte Formel berücksichtigt jedoch weder die Kälte- und Wärmeabstrahlung im Gelände, noch den Einfluß der Winde, die im Wettergeschehen und somit auch im Klima einen besonderen Rang einnehmen.

Föhn. Der Föhn, ein trockener Fallwind, darf als extremes Beispiel gelten. Seine Entstehung verdankt er einer aufwärtsgerichteten Luftmassenbewegung feuchtigkeitsgesättigter Warmluft, die von Süden her gegen den Alpenhauptkamm vordringt. Beim Aufsteigen der Luftmassen kühlen sich diese stark ab und verlieren durch Abregnen einen großen Teil ihrer Feuchte. Mit der abwärtsgerichteten Luftbewegung an der Nordseite wird bei gleichzeitigem starken Temperaturanstieg die Luftfeuchtigkeit weiter abgebaut. Über die Kammlagen ziehende Wolkenfelder beginnen sich rasch aufzulösen. Auf seinem Weg durch die Täler nimmt der trockenwarme Fallwind noch an Geschwindigkeit zu und erreicht selbst Orte, die den Alpen weit vorgelagert sind. Nicht selten treten dabei mitten im Winter frühlingshafte Temperaturen auf, verbunden mit vorzeitiger Schneeschmelze und erhöhter Lawinengefahr. Ist diese, das Wohlbefinden unterschiedlich stark beeinträchtigende Wetterlage weithin bekannt, so wird vom gleichartigen Fallwind in umgekehrter Richtung – dem Nordföhn – kaum gesprochen. Dies ist in erster Linie darauf zurückzuführen, daß an der Alpensüdseite an und für sich schon höhere Temperaturen vorherrschen und die Luftbewegung eher kühl empfunden wird.

Wettergeschehen. Mit dem Föhn ist zugleich eine der typischen Wetterlagen in den Alpen angesprochen. Dennoch ist diese von Luftdruckgegensätzen geprägte Wetterentwicklung, bei der subtropische Warmluft von Süden herangeführt wird, weit weniger häufig als beispielsweise Kaltlufteinbrüche polaren Ursprungs, die im Nordstau der Alpen zu ergiebigen Niederschlägen führen. Hiervon wird dann der gesamte nördliche Alpenraum, besonders aber Hochlagen des Bregenzer Waldes und des Allgäus betroffen. Ist in den Sommermonaten die Kaltluftzufuhr an der Westseite eines nahezu stationären Tiefdruckgebietes über Skandinavien anhaltend und intensiv, so daß sie bis zum Mittelmeer vordringt, bedeutet dies für den gesamten Alpenraum ergiebige und über Tage andauernde Niederschläge, die bis in Höhen von 1500 m und darunter in Schnee übergehen können. Länger anhaltende Schönwetterperioden sind meist auf ein sich bis nach Mitteleuropa ausbreitendes »Azorenhoch« zurückzuführen.

Um die geschilderten Vorgänge besser zu verstehen, sollte man wissen, daß die Luftmassenbewegung (Windrichtung) am Rande eines Tiefdruckgebietes (Zyklone) auf der nördlichen Erdhalbkugel entgegen dem Uhrzeigersinn verläuft. An der Vorderseite eines Tiefs gelangt warme Luft zunächst von Süd, dann von Südwest zu uns. Im weiteren Verlauf dreht die Windrichtung langsam von Südwest über West auf Nordwest. An der Rückseite des vorbeiziehenden Tiefdruckgebietes gelangt mit nördlichen Winden meist Kaltluft polaren Ursprungs nach Mitteleuropa. Die Auswirkungen dieser Luftmassenbewegung sind von Zugbahn und Geschwindigkeit sowie von der Intensität eines Tiefdruckgebietes geprägt. Verläuft die Zugbahn sehr weit nördlich, handelt es sich zudem noch um weniger stark ausgeprägte Randtiefs, meist im Gefolge eines ortsfesten Tiefdruckgebietes über Island, so wird Mitteleuropa nur von schwachen Störungsausläufern erreicht, die jedoch selten bis zum Alpenhauptkamm vordringen. Die Folge ist Schauerneigung an der Alpennordseite, in den Zentralalpen allenfalls in abgeschwächter Form.

So ist es nicht erstaunlich, wenn in den Alpen von schönwetterbegünstigten und weniger begünstigten Lagen gesprochen wird. Von einigen Ausnahmen abgesehen, sind die Zentralalpengebiete gegenüber dem Alpenvorland

Vegetationszonen

Das Pflanzenwachstum der verschiedenen Höhenregionen variiert je nach klimatischen und geologischen Bedingungen. In der Regel kann man jedoch von folgenden Orientierungsdaten ausgehen:

Laubwaldgrenze	1200–1400 m
Baumgrenze (Nadelbäume)	1800–1900 m an der Nordseite
	1900–2100 m an der Südseite
Krummholzgürtel	bis 2400 m
Almwiesen und Matten	bis 2500 m
Polsterpflanzen und Kryptogamen	bis zur Schneegrenze

Hirsche und Rehe nicht oberhalb der Baumgrenze
Gemsen vom Nadelwald bis zur Schneegrenze
Steinböcke in der Regel nicht unterhalb 2000 m
Murmeltiere bevorzugen Krummholzgürtel oberhalb 2000 m

Die Vergletscherung ist heute auf Massenerhebungen beschränkt, deren Gipfel deutlich die Dreitausendmetermarke überschreiten. Gletscherzungen reichen im Ostalpenraum bis in eine Höhe von 2200–2400 m herab.

aufgrund verminderter Niederschlagsneigung schon begünstigt. Wintersportler bevorzugen jedoch eher Gebiete, die eine gewisse Niederschlagshäufigkeit vermelden können, da diese als schneesicher gelten.
Der Wechsel allein ist das Beständige. Mit Recht darf man deshalb darauf vertrauen, daß schlechtem Wetter sonnige Tage folgen. Noch gibt es keine absolut verbindlichen Wetterregeln, und langfristigen Vorhersagen sollte man mit Skepsis begegnen.

Wetterbeobachtung. Die Wetterbeobachtung dagegen bietet die Möglichkeit, erste Anzeichen einer Wetteränderung richtig zu deuten. In der Regel setzt dies jedoch jahrelange Erfahrung voraus. Einheimische sind nicht selten gute Wetterbeobachter; deshalb sollte man ihren Aussagen Beachtung schenken, besonders wenn sie von ausgedehnten Unternehmungen im Hochgebirge abraten. Der Wetterbericht in Rundfunk und Fernsehen ist oft schon einige Stunden alt und nur so zuverlässig, wie die Großwetterlage eine längerfristige Vorhersage zuläßt. Abweichende lokale Witterungsabläufe sind dabei keinesfalls ausgeschlossen.

Für den interessierten Bergtouristen, der sich aufgrund eigener Beobachtungen ein Bild von dem zu erwartenden Wettergeschehen machen möchte, können nachfolgende Hinweise nützlich sein. Der Barometerstand allein läßt noch keine Rückschlüsse auf das Wetter zu, lediglich dem Zeigerausschlag in zeitlich bestimmten Abständen sollte man Bedeutung beimessen. Darüber hinaus ist es wichtig, Wolkenzug und Wolkenbilder zu beobachten. Die Windrichtung in den Tälern kann infolge lokaler Gegebenheiten deutlich von der Höhenströmung abweichen.
Federwolken, die von Süden oder Südwesten her aufziehen und sich allmählich zu einem Schleier verdichten, sind Schlechtwetterboten. Im weiteren Verlauf erscheinen dann sogenannte Aufzugs-, Schicht- und Regenwolken, ein Geschehen, das sich über Stunden hinzieht und in der Regel von einem Luftdruckabfall begleitet wird.
In umgekehrter Folge deutet die Auflockerung einer geschlossenen Wolkendecke bei von West auf Nord drehenden Winden auf eine Wetterbesserung hin. Am Barometer ist dann ein Ansteigen des Luftdruckes abzulesen.

Krokus

Gemswurz

Erfolgt der Anstieg schnell, so handelt es sich meist nur um eine kurzfristige Wetterbesserung zwischen zwei Störungsausläufern, ausgenommen dabei eine Gewitterfront, der oft ein ebenso rascher und starker Druckabfall vorausging.
Haufenwolken aus östlicher Richtung bei schwacher Windbewegung sind in der Regel Anzeichen anhaltenden Schönwetters, selbst bei einer Verdichtung im Laufe des Tages, die sich am Abend meist wieder auflöst. Der Barometerstand ist dabei gleichbleibend, oder der geringfügige Zeigerausschlag zeigt eine wechselnde Tendenz an, die aber nichts zu bedeuten hat.
Als Vorboten nahender Gewitter sind hochgetürmte Quellwolken allgemein bekannt. Sind solche Quellwolken schon am Morgen zu erkennen und läßt sich eine Häufung und deutliche Zunahme in der Höhe und Breitenausdehnung tagsüber beobachten, so ist nachmittags oder abends mit Gewittern zu rechnen. Quellwolken, die sich erst am Nachmittag bilden, sind in den seltensten Fällen Vorboten eines Gewitters. Oft lösen sie sich am späten Abend wieder auf. Eine solche Wetterlage kann in den Sommermonaten unter Umständen mehrere Tage andauern.
Im Sommer ist das Absinken der Schneegrenze mit dem Durchzug einer Kaltfront verbunden, die in zeitlich unterschiedlichem Abstand einer Warmfront folgt. Zwischen den Fronten ist mit schauerartigen Niederschlägen zu rechnen, während sich mit der Bewölkungsauflockerung nach Durchzug der Kaltfront meist eine Wetterbesserung einstellt. Auch in den Tälern ist die Temperatur dann merklich abgesunken, die schneebedeckten Flächen an den Hängen reichen tiefer herab. Morgendlicher Nebel und der Wechsel der Windrichtung von West auf Nord sind weitere Merkmale. Danach sind in der Regel ausgezeichnete Sichtverhältnisse mit nahezu wolkenlosem Himmel zu erwarten. Die Richtung des Wolkenzuges läßt sich jedoch nur am freien Himmel, nicht aber an den Berghängen verfolgen.
Es ist im Rahmen dieser Abhandlung nicht möglich, auf alle Aspekte, die das Wetter im Alpenraum betreffen, auch nur andeutungsweise einzugehen. Doch soll nicht versäumt werden, die möglichen Auswirkungen witterungs-

Alpenmohn

Alpenhasenlattich

bedingter Begleitumstände deutlich zu machen. Viele Unfälle im Hochgebirge sind darauf zurückzuführen, daß man die Folgen des normalen Wetterablaufes in den Hochregionen unterschätzt. Wolken und Nebel beeinträchtigen gleichermaßen das Orientierungsvermögen. Regen und Wind bedeuten immer erhöhte Steinschlaggefahr, aber auch die Sonneneinstrahlung vermag von Eis durchsetzte Gesteinsbrocken zu lösen. In Höhenlagen über 2000 m können die Temperaturen in kurzer Zeit weit unter den Gefrierpunkt sinken; wer nicht durch entsprechende Kleidung geschützt ist, wird dann von Unterkühlung und Erfrierungen bedroht. Überfrierende Nässe und Schneeglätte sind weitere Gefahrenmomente.

Bei den vorgenannten Folgeerscheinungen handelt es sich um Begleitumstände eines normalen Wetterablaufs. Gewitterregen verwandeln normale Bergbäche in reißende Fluten und Muren – das sind Stein- und Schlammlawinen –, bedrohen den Wanderer im Gebirge. Blitzschlaggefahren werden im Kapitel Hochtouren ausführlich behandelt, wie auch Hinweise für Schutzmaßnahmen.

Über Unwetter zu sprechen, erübrigt sich an dieser Stelle, denn sie bedrohen den Talbewohner gleichermaßen wie den Bergtouristen und sind in ihren Auswirkungen nicht abzuschätzen.

Lawinen. Auf sie soll noch ausführlich eingegangen werden, da es sich um regelmäßig wiederkehrende Naturereignisse handelt, deren Wirkung oft unterschätzt wird. Lawinen – regional auch Lahnen, Lähnen oder Lauenen genannt – geben oft genug Anlaß, die Wege der Touristen in den Wintermonaten und bis in den späten Frühling hinein zu begrenzen. Von den Ausmaßen früherer Katastrophen, bei denen ganze Dörfer unter meterhohen Schneemassen begraben wurden, ist dank intensiver Forschung und kostspieliger Verbauungen heute nur noch selten zu berichten. Trotzdem sollte der Beiname »Weißer Tod« all jenen zu denken geben, die sich allzu sorglos über warnende Hinweise hinwegsetzen möchten. Zeitpunkt des Niedergangs und Ausmaß der Lawinen sind oft unberechenbar, obgleich heute in einzelnen Fällen eine Vorhersage präzise, auf die Stunde genau, erfolgen kann.

Wohlriechende Händelwurz

Spinnweben-Hauswurz

Die auslösenden Fakten können ihrer Vielfalt wegen nicht alle erörtert werden, doch es hat schon Fälle gegeben, da ein lauter Schrei genügte, labile Schneeschichten in Bewegung zu versetzen, ein Windstoß oder ein herabstürzender Stein.
Je nach Beschaffenheit des Schnees spricht man von Trocken- oder Naßschneelawinen. Staublawinen bestehen aus Trockenschnee, der, mit Luft vermischt und von orkanartigem Luftstrom begleitet, zu Tale donnert. Die Druckwelle kann starke Verwüstungen, nicht nur im Forst, hervorrufen. Grund- oder Schlaglawinen entstehen durch abrutschende, durchweichte und auf ihrem Weg sich verdichtende Schnee- und Firnmassen. Sie treten häufig in den Frühjahrsmonaten auf und folgen über die sogenannten Lawinengänge meist gleichen Bahnen. Ihre Zerstörungskraft ist besonders groß. Ergiebige Neuschneefälle führen nicht selten zu Schneebrettlawinen, bei denen, schollengleich, ausgedehnte Schneefelder in Bewegung geraten. Auslösender Faktor kann hier unter anderem ein einzelner Skiläufer sein, der die sichere Piste verläßt.
Lawinenwarnsystem und Notdienst sind in allen Alpenländern so gut organisiert, daß sich die Besucher dieser Regionen absolut sicher fühlen können, sofern sie den Hinweisen folgen.
Überhängende Wächten an Gipfeln und Berggraten, durch Schneeverwehungen entstanden, stellen für sich allein schon eine Gefahr dar, als Ursache für Lawinenabgänge sind sie in ihrer Wirkung und bezüglich des Zeitpunktes des Niederganges nicht kalkulierbar und werden daher gelegentlich von Lawinendiensten gesprengt oder abgeschossen. Wenn mit solchen Vorhaben zu rechnen ist, sollte man markierte Pisten und Wege nicht verlassen. Leichtsinnig ist es, die im Frühjahr wegen Lawinengefahr gesperrten Wege zu begehen oder zu befahren, in der Annahme, es handle sich um Überbleibsel vom Winter her; grüne Wiesen in den Tallagen dürfen nicht darüber hinwegtäuschen, daß auf den hohen Berghängen noch ungeheure Schneemassen lagern, die durch Sonneneinstrahlung, Regen oder Sturm in Bewegung gesetzt werden und als Naßschneelawinen die Tallagen erreichen können. Besonders in der Mittagszeit und in den frühen Nachmit-

Alpenrosen

Zwergalpenrosen

tagsstunden sind solche Lawinenabgänge häufig.
Winteroffene Straßen sind streckenweise durch Verbauungen und Galerien geschützt. Die Wintersperre von Paßstraßen ist in der Regel nicht auf die Unmöglichkeit einer Schneeräumung zurückzuführen, vielmehr wäre dort die Sicherung gegen Lawinenabgänge mit zu großem Aufwand verbunden, zumal in den meisten Fällen ein niedriges Verkehrsaufkommen diese Kosten nicht rechtfertigen würde.
Trotz aller Vorsicht und Vorbeuge kann es vorkommen, daß im Einzelfall der Wanderer mit und ohne Ski von einer Lawine überrollt wird. In diesem Fall dürfte es hilfreich sein, sich einiger Tips zu erinnern, die von Experten ausgearbeitet wurden, wobei selbstverständlich eingestanden werden muß, daß so etwas leichter gesagt als getan ist: Nur die wenigsten wissen, daß man, ähnlich wie im Wasser, auch in einer Lawine schwimmen kann. Zwar wird es dabei trotz erhöhter Kraftanstrengung nicht immer gelingen, sich an der Oberfläche zu halten, doch vermeidet die Schwimmbewegung das Absinken in dichtere Schneemassen. Panik ist, wie in allen anderen Gefahrensituationen, das größte Übel. Hat man in der Unterkunft sein Wegziel angegeben, so darf man sicher sein, daß schon sehr bald ein Suchtrupp mit Hunden und Sonden unterwegs sein wird. Wenn die Lawine zum Stillstand gekommen ist, sollte man Atemluft sparen und jede Kraftanstrengung vermeiden. Viele sind durch überlegte Verhaltensweise schon dem Lawinentod entgangen. Sicherer ist es jedoch, einer Gefahrensituation auszuweichen, als sie zu meistern.

Vegetationszonen. Sie werden von den klimatischen Verhältnissen und dem Wettergeschehen im Alpenraum bestimmt und sind je nach Lage recht verschieden. So besitzt auch die Baumgrenze, die in der Regel im Norden bei 1800 m Seehöhe liegt und an der Südseite bis 2000 m ansteigt, keine absolute Verbindlichkeit, denn es werden noch in weit größeren Höhen einzelstehende Nadelbäume – Wetterbäume im allgemeinen Sprachgebrauch – angetroffen. Dem Pflanzenwachstum sind durch die kürzere schneefreie Zeit bei zunehmender Höhe jedoch Grenzen gesetzt. Dennoch haben sich manche Pflanzenarten im Laufe der Zeit in erstaunlicher Weise den veränderten Bedingungen angepaßt. So trifft man noch in den Schnee- und Eisregionen Flechtengewächse und Algen an. Der Übergang der einzelnen Zonen ist gleitend. Saftiggrüne Wiesen werden von Almmatten und Polsterpflanzen abgelöst, hochaufragende Kiefern durch Krummholz und Strauchwerk ersetzt. Nadelhölzer sind widerstandsfähiger gegen langandauernde Winter und sind in größerer Höhe anzutreffen als Laubbäume. Der Bergahorn dringt als einziger Laubbaum in größere Höhen vor. Die obere Baumgrenze markiert zugleich das Gebiet der eigentlichen Alpenflora. Nicht die Höhenlage und das Temperaturgefälle allein zeitigen Auswirkungen auf das Pflanzenwachstum, sondern auch die verschiedenartigsten Witterungseinflüsse, denen die Pflanzenwelt je nach Lage ausgesetzt ist. Bergwinde, die in den Höhenregionen oft Orkanstärke erreichen, behindern das Baumwachstum, nicht zu vergessen die Gefährdung freistehender Bäume durch Blitzschlag und das geringe Haftvermögen der Wurzeln in Schutt und Geröll. Streichhölzern gleich werden starke Stämme von Lawinen abgeknickt. Man sieht, daß das Zusammenwirken vieler Kräfte die Vegetation beeinflußt. Deshalb kann eine schematische Darstellung sich nur auf den Regelfall beziehen und keine uneingeschränkte Allgemeingültigkeit besitzen.
Die Kulturlandschaft muß in dieser Betrachtung ausgespart werden. Nicht etwa, weil sie abweichenden Gesetzen unterliegt; die Landwirtschaft wurde schon sehr früh auf Viehhaltung ausgerichtet, so daß eine objektive Beurteilung für die Möglichkeit des Getreideanbaues nicht gegeben ist. Kleine Kornfelder, Schrebergärten ähnelnd,

Silberdistel

Alpenkratzdistel

sind in den Westalpen noch in 2000 m Höhe angelegt. Was für das Pflanzenwachstum gilt, hat gleichermaßen für die Tierwelt Bedeutung. So wird man Hirsch und Reh selten oberhalb der Baumgrenze antreffen, Murmeltier, Steinbock und Gemse kaum in tieferen Regionen.

Lebensräume für Pflanze und Tier

Über lange Zeiten der Anpassung haben sich Tiere und Pflanzen Lebensräume in den Alpen erobert, die allein der Mensch ihnen streitig machen kann. Leider hat er diese Vorrangstellung weidlich ausgenutzt. Keine Tiergattung oder Pflanzenart der Alpen ist in geschichtlicher Zeit der natürlichen Auslese zum Opfer gefallen, und wo dies drohte, war die Störung des Gleichgewichtes eigentliche Ursache. Gerade das Verdrängen des Wolfes aus dem Alpenraum beispielsweise war für die Verhinderung einer Ausbreitung artgefährdender Seuchen von großem Nachteil.

Das notwendige Gleichgewicht ist auch durch die Anlage von Naturparks und Schutzgebieten, sowie durch den Erlaß strenger Naturschutzgesetze nicht wiederherzustellen. Trotzdem sind diese Maßnahmen unumgänglich, um die wenigen typischen Tierarten vor dem Aussterben zu bewahren.

Jede Pflanzenart und jede Tiergattung hat ihren eigenen, begrenzten Lebensraum, den sie mit anderen Lebensformen teilt. Dieser Raum weist besondere Bedingungen auf, die den artbezogenen Bedürfnissen entsprechen.

Für das Pflanzenwachstum in den Alpen sind nicht nur die einzelnen Vegetationszonen als klimatische Stufen ausschlaggebend, auch Bodenbeschaffenheit – physikalisch und mit dem Gehalt an besonderen mineralischen

Stengelloser Enzian

Stoffen – und Wasserhaushalt sind Kriterien für das Vorkommen bestimmter Arten. So sind bestimmte Pflanzen auf kalkhaltigen Böden selten oder gar nicht anzutreffen, während andere gerade dort vorzüglich gedeihen. Einige Arten benötigen die wasserspeichernde Eigenschaft bindiger Böden; in hochalpinem Fels und Geröll muß anderen dagegen ein Minimum gelöster Stoffe im Niederschlagswasser genügen.

Der kurze Alpensommer gewährt nur wenig Zeit für Blüte und Samenbildung, während in den Tallagen Frühling und Herbst diesen Vorgang zusätzlich begünstigen.

Die gleichfalls eng abgegrenzten Lebensräume der Tierwelt orientieren sich über das Nahrungsangebot und den Schutz vor natürlichen Feinden hinaus an den besonderen Eigenschaften jeder Art: Witterung, Gesichtsfeld, Gehör und Fluchtvermögen prägen unter anderem den jeweils bevorzugten Bereich. Einige wenige haben sich sogar dem Nachbarschaftsverhältnis zum Menschen angepaßt und wählen die Nähe von Siedlungen für den dauernden Aufenthalt.

Die extremen Bedingungen hochalpiner Lagen haben dazu geführt, daß in einem langen Anpassungsprozeß bestimmten Pflanzen- und Tierarten diese Regionen zum Lebensraum wurden. Ihre typischen Vertreter sollen in der Folge vorgestellt werden. Daneben sollen jene Pflanzen Erwähnung finden, die im Grenzbereich zu den tieferen Vegetationszonen anzutreffen sind, sowie Tiere, die im jahreszeitlichen Wechsel in den Sommermonaten bis zu den Hochregionen aufsteigen.

Viele Pflanzen des Mittelgebirgsraumes und der Ebene sind in den Alpen durch eigene Varianten der gleichen Art vertreten. Diese können jedoch aufgrund ihres Artenreichtums in der Folge ebensowenig Erwähnung finden wie Gehölze, die verbreitet den Bestand dichter Wälder bilden. So wird sich das Augenmerk auf jene Pflanzen richten, die von der Baumgrenze aufwärts Matten, Fels und Geröll zieren. Dabei werden die geschützten Arten einen besonderen Rang einnehmen.

Von den Laubbäumen erreichen der *Bergahorn* (Acer pseudoplatanus) und die *Eberesche* (Sorbus aucuparia), bis 1900 bzw. 2400 m Meereshöhe aufsteigend, die Baumgrenze und sind auch darüber noch als strauchige Gewächse anzutreffen. Alte Bergahornbäume beleben das Landschaftsbild der Ahornböden im Karwendelgebirge und sind dort als einzigartige, 400–500 Jahre alte Bestände unter Naturschutz gestellt.

Außer der *Fichte* oder Rottanne (Picea abies), die einzelnstehend wie andere Gehölze auch noch höher angetroffen wird, markieren *Lärche* (Larix decidua), mit büschelartig aufsitzenden Nadeln, die im Herbst unter Gelbfärbung abgeworfen werden, *Bergkiefer,* Latschenkiefer (Pinus montana) und *Zirbelkiefer* oder Arve (Pinus cembra) den Bestand nahe der Baumgrenze. Als einzelstehende Bäume werden

Anemone Vernalis

Edelweiß

Lärche und Arve in Höhen auch über 2200 m angetroffen, während die Latschenkiefer mit der Unterart *Pinus pumilio* das verbreitete Gehölz des Krummholzgürtels darstellt.
Ausgedehnte Strauchbestände dieser sich oberhalb der Baumgrenze anschließenden Zone bildet der *Zwergwacholder* (Juniperus nana), der sich durch breitere, kürzere und enganliegende Nadeln vom Gemeinen Wacholder unterscheidet. Als gleichfalls verbreitetes Strauchgewächs ist die *Grünerle* (Alnus viridis) auf reinen Kalkböden nicht zu finden, tritt jedoch auf Schiefer- und Lehmböden auch in Kalkalpengebieten auf.
Eine besonders auffällige Erscheinung des Alpenraumes stellen die Alpenrosenarten dar. Während die *Grünblättrige Alpenrose,* Gewimperte A. oder Almenrausch (Rhododendron hirsutum), erkennbar an den am Rande gewimperten Blättern, Kalk und kalkhaltige Böden bevorzugt, weist sich die *Rostrote Alpenrose* (Rhododendron ferrugineum) als Strauchgewächs des Alpenhauptkammes aus. Ihre Blätter sind unterseitig rostrot gefärbt. Häufiger Begleiter der Gewimperten Alpenrose ist im Ostalpenraum die *Zwergalpenrose* (Rhodothamnus chamaecistus), die in ihrem Wuchs den anderen Arten ähnlich ist, sich jedoch durch die Blütenform deutlich unterscheidet. Von den Kleinsträuchern verdienen zwei Heidekrautarten Erwähnung, die ebenfalls bis zur Krummholzzone vordringen. Das *Gemeine Heidekraut,* Besenheide (Calluna vulgaris), kommt mit seiner spätsommerlichen Blüte vor allem auf kalkfreien Böden vor, dagegen gedeiht die *Schneeheide,* Alpenheide (Erica carnea), in den Frühlingsmonaten blühend, auf Kalk und Kalkschiefer.
Während die Alpenrosen als verbreitete Strauchpflanzen oft ganze Berghänge in leuchtendes Rot hüllen, verwandeln die Bergblumen Matten und

Fels in einen bunten Teppich von unvergleichlicher Vielfalt. Geradezu legendärer Beliebtheit erfreut sich allen voran das *Edelweiß* (Leontopodium alpinum), das – streng geschützt – kalkige Felspartien bevorzugt, an einigen Stellen im Alpenraum jedoch auch auf Almwiesen anzutreffen ist.

Wer im Frühlingsmonat Mai und im Juni dem zurückweichenden Schnee in die Hochregionen folgt, wird den bezaubernden Anblick der überall zwischen den Schneeresten hervorbrechenden Blütenpracht nicht vergessen. Dem in Vielzahl aufblühenden weißen Krokus (Crocus albiflorus) folgt unter den ersten Blütenpflanzen das Alpenglöckchen, auch Troddelblume genannt, in gleich mehreren Arten: *Echtes Alpenglöckchen* (Soldanella alpina), mit mehreren tiefeingeschlitzten, hängend glockenförmigen, rotvioletten Blüten, *Kleines Alpenglöckchen* (Soldanella pusilla), dessen Krone weniger tief geschlitzt ist, und *Kleinstes Alpenglöckchen,* Zwergalpenglöckchen (Soldanella minima), mit etwa zu $^1/_3$ gespaltener Krone und blasser, fast weißer Blüte. Die *Frühlingsküchenschelle* (Anemone vernalis) öffnet sich als außen violett-bronzefarbige Knospe zu großer, weißer Blüte, die ganze Pflanze ist bräunlichgelb behaart. Etwas später im jahreszeitlichen Verlauf schließt sich das artverwandte *Schwefelgelbe Windröschen* (Anemone sulphurea) an. Zu den ersten Frühlingsblumen sind auch die verschiedenen Primelarten zu rechnen: die gelbblütige *Aurikel* (Primula auricula), die *Mehl-Schlüsselblume* (Primula farinosa), mit fleischroter Blütendolde, die rot-lila blühende *Ganzrandige Primel* (Primula integrifolia) und andere. Als erste Vertreter ihrer Art im Jahr erscheinen der *Frühlingsenzian* (Gentiana verna), mit schlanken, blauen auf kurzen, blattgezierten Stengeln aufsitzenden Blüten, und die tiefblauen Kelche des *Stengellosen Enzian,* Erd-Enzian (Gentiana acaulis), mit den Arten (Clusii), auf kalkhaltigen Böden, und (Kochiana), mit olivgrünen Flecken im Innern und mehr die kalkarmen Böden bevorzugend. Außerdem ist an einigen Gipfellagen der Niederen Tauern eine weiße Abart, der *Firnenzian* (Gentiana frigida) anzutreffen. Als charakteristische Pflanze des Alpenraumes weisen die Enziangewächse ein weites Spektrum vom Frühjahr bis zum Herbst auftretender Unterarten

Krainer Kreuzkraut

Holunderorchis

auf: den *Bayerischen Enzian* (Gentiana bavarica), eine tiefblau blühende, stengelige Form, kleine Rasen bildend, den im August und September aufblühenden, verzweigten *Feldenzian* (Gentiana campestris), die langstengelige Form des *Gefransten Enzians* (Gentiana ciliata), von August bis Oktober blühend, und den *Österreichischen Enzian* (Gentiana austriaca) mit rot-violett verzweigten Blüten von Juni bis September, um nur einige zu nennen. *Punkt-Enzian* (Gentiana punctata), gelbblühend und giftig, sowie *Gelber Enzian* (Gentiana lutea) sind hoch aufwachsende Arten.

Die frühsommerliche Flora wird unter anderem durch drei Orchideenarten bereichert, von denen nur die streng geschützte *Braunelle,* Brändlein, Kohlrösl (Nigritella nigra), mit stark nach Vanille duftender, schwarzpurpurner Blüte, auch in größeren Höhen anzutreffen ist. Das *Gefleckte Knabenkraut* (Orchis maculatus), hell-lila, und das *Kugel-Knabenkraut* (Orchis globosus) bevorzugen mehr die Almwiesen, sind jedoch auch noch in Höhen bis 2000 m aufzufinden.

In steinigen Matten, Fels und Geröll dominieren die verschiedenen Steinbrecharten und verwandten Hauswurzgewächse; *Gelbe Hauswurz* (Sempervivum Wulfenii), mit sternförmigen Blütchen, und die rotblühende *Spinnweben-Hauswurz* (Sempervivum arachnoideum) sollen als geschützte Pflanzen besonders erwähnt werden. Das *Stengellose Leimkraut* (Silene acaulis) bildet oft dichte, rosenrote Polster und überzieht die mit Steinen durchsetzten Matten. An den vom Schmelzwasser durchfeuchteten Geröllen der Gletschermoränen gedeiht der weiße oder rosenrote *Gletscherhahnenfuß* (Ranunculus glacialis). *Alpenmannsschild* (Androsace alpina) und *Roter Mannsschild* (Androsace carnea) sind rotblühende, verzweigte, niedere Gewächse der Hochregionen und wie das weißblühende *Zwergmannsschild* (Androsace chamaejasme) und das *Schweizer Mannsschild* (Androsace helvetica) geschützt.

Eine besondere Eigentümlichkeit als Hochgebirgspflanze weist die *Silberdistel,* Wetterdistel, stengellose Eberwurz (Carlina acaulis) auf, deren silbrigweiße, den Blütenkorb umhüllende, schlankspitze Blütenblättchen sich bei feuchter Witterung schließen.

Vorzugsweise in höheren Lagen trifft

Bergaster

Alpenheckenrose

Steinböcke

Dohle

man die violett-blaue Korbblüte der *Alpenaster* (Aster alpinus) an. Auch das violette *Gespornte Veilchen* (Viola calcarata), das *Gelbe Veilchen* (Viola lutea) und das *Zweiblütige Veilchen* (Viola biflora) gehören zum sommerlichen Blütenschmuck der Hochregionen.

Schönste Erscheinungen im sommerlichen Bergwald sind die seltenen, streng geschützten Exemplare der weinroten *Türkenbundlilie* (Lilium martagon) und des eigenartigen *Frauenschuhs* (Cypripedium calceolus). Die orangegelbe *Feuerlilie* (Lilium bulbiferum) dagegen ist nicht so selten, sie tritt in Almwiesen auf.

Gleich den Anemonen gehören die sehr formenreichen, im August und September blühenden Eisenhutarten zu den Hahnenfußgewächsen. Der *Echte Eisenhut,* Sturmhut (Aconitum napellus), mit tiefblauen, helmförmigen, in dicht endständiger Traube stehenden Blüten, wuchert oft in großen Mengen in der Umgebung von Almhütten, wird jedoch als äußerst giftig vom Weidevieh gemieden.

Zuletzt soll noch auf einige geschützte Pflanzenarten eingegangen werden, die nur an einer oder ganz wenigen Stellen im Alpenraum anzutreffen sind. So gedeiht die tiefblau blühende *Wulfenia,* Kärntner Kühtritt (Wulfenia carinthiaca) nur am Gartnerkofel bei Hermagor in Kärnten. Sie gilt als Reliktpflanze und kommt in ihrer speziellen Art sonst nur noch in Montenegro vor. Verwandte Arten gedeihen unter anderem in Syrien und im Himalaja. Auch der gelbe *Echte Speik* (Valeriana celtica) ist eine Pflanze von beschränkter Verbreitung und kommt an einigen bestimmten Stellen in den Gurktaler Alpen, den Niederen Tauern, der Kor- und Gleinalpe vor. Als Frühlingspflanze findet die *Dichternarzisse* (Narcissus poeticus var. stelliflorus) in den Wiesen des Ennstales und weiter östlich bis Mariazell ebenfalls nur ein be-

Murmeltier

Gemse mit Jungen

grenztes Verbreitungsgebiet und tritt außerdem noch in den französischen Alpen, im Schweizer Jura und im Tessin auf.

Auch die Fauna des Alpenraumes weist einen großen Artenreichtum auf. Daher ist es hier gleichfalls geboten, den Schwerpunkt auf eigentlich alpine Tiergattungen zu legen und nur insoweit auf andere Arten einzugehen, als sie auf dem Wege der Anpassung aus den tieferen Lagen zur Hochregion aufsteigen, oder in anderen Gegenden Mitteleuropas nur noch vereinzelt vorkommen. Bei den Säugetieren sind die typisch alpinen Arten, von einigen Ausnahmen abgesehen, nicht sehr stark ausgeprägt. Während Hirsch und Reh die Schutzzone des Bergwaldes nicht verlassen, um zu höheren Regionen aufzusteigen, ist die *Gemse* (Rupicapra rupicapra) schon als ausgesprochenes Hochgebirgswild anzusehen. Die im Sommer rötlichbraunen, im Winter braunschwarzen Tiere leben in Rudeln und besiedeln die Felsregionen der Alpen vom oberen Bergwald aufwärts, steigen jedoch im Winter häufig zu den tieferen Waldregionen herab. Deutliches Merkmal ist das kurze, hakenförmig nach hinten gekrümmte Gehörn. Die Tiere sind sehr scheu und flüchten beim geringsten Zeichen der Annäherung. Der *Steinbock,* oder richtiger Alpensteinbock (Capra hircus ibex), war bis auf ganz wenige Exemplare im Gran-Paradiso-Gebiet der Westalpen bereits ausgestorben. Bei allen heute in Naturparks und -schutzgebieten vorkommenden Exemplaren handelt es sich um Neuansiedlungen, die meist dem vorgenannten Restbestand entstammen. Der natürliche Lebensbereich ähnelt dem der Gemsen, wobei sich die im Sommer rötlichgrauen, im Winterkleid gelblichgrauen, ca. 1,45 m großen Tiere als großartige Kletterer erweisen. Im Gegensatz zum Gemswild verlassen sie jedoch auch im

Winter selten die Hochregionen, weshalb es zum Beispiel im Gran-Paradiso-Gebiet in sehr strengen Wintern immer wieder zu Verlusten kommt. Nur die männlichen Tiere tragen das bis zu 80 cm lange, mit starken Querwülsten ausgestattete Gehörn. Die Hörner der Geiß sind wenig gekrümmt und nur 15–18 cm lang.

Der *Braune Bär* (Ursus arctos) kommt nur noch in ganz wenigen, streng geschützten Exemplaren im Trientiner Gebiet der Brenta-, Adamello- und Presanellagruppe vor. Die Färbung des Felles wechselt zwischen braunschwarz und silberglänzend-braun, die Körpergröße beträgt bis zu 1,90 m. Die Tiere bevorzugen wenig zugängige Wälder und sind sehr scheu, es dürfte daher kaum einem Touristen gelingen, dort eines der Tiere zu Gesicht zu bekommen. Das *Alpenmurmeltier* (Marmota marmota) bewohnt die Matten bis zur Schneegrenze und ist vereinzelt noch in Höhen von 3000 m anzutreffen. Die Körpergröße der grauen bis gelblichbraunen Tiere beträgt bis zu 55 cm. Sie leben gesellig, finden in selbstgegrabenen Erdlöchern Schutz und halten familienweise Winterschlaf von Oktober bis April/Mai. Bei Annäherung vernimmt man oft ihren schrillen Warnpfiff. Der *Schneehase* (Lepus timidus) bewohnt den Krummholzgürtel und darüberliegende Zonen und ist nur im Winter gelegentlich unter 1300 m anzutreffen. Das graubraune Sommerfell färbt sich im Winter weiß, die Körpergröße beträgt bis 65 cm. Während das *Große Wiesel,* Hermelin (Mustela erminea), sein rötlichbraunes Sommerkleid im Winter durch ein weißes ersetzt, findet der Wechsel beim kleineren *Mauswiesel* (Mustela nivalis) nur in Hochlagen statt. Es ist in Höhen bis weit über die Krummholzzone hinaus anzutreffen. Die *Schneemaus* (Chionomys nivalis) bevorzugt die Nähe von Alpenrosenbüschen als Standort. Als Wühlmaus mit einer Körpergröße bis zu ca. 14 cm und hellbraungrauem Fell wurde sie schon in Höhen weit über 3000 m beobachtet. Von den Fledermäusen steigt die *Alpenfledermaus* (Pipistrellus savii) am höchsten, bis weit über die Baumgrenze, auf. Am Tage ruht sie unter den Dächern von Almhütten und Bergkapellen oder in Felsklüften.

Unter den Vögeln der Bergwälder verdienen das *Auerhuhn* (Tetrao urogallus) und der *Uhu* (Bubo bubo) Erwäh-

Steinadler

Hirsch

nung, da sie außerhalb des Alpenraumes in Mitteleuropa nur noch selten vorkommen. Recht selten ist auch der *Kolkrabe* (Corvus corax) geworden. Er nistet im Alpenraum bevorzugt in Waldschluchten und Felsfluren. Mit 63,5 cm Körpergröße ist er der größte aller Rabenvögel. Sein Gefieder ist metallisch glänzend schwarz, der Schnabel sehr groß, das Schwanzende keilförmig. Die geselligsten und zutraulichsten Vögel der Hochregionen sind die *Alpendohlen* (Pyrrhocorax graculus). Sie besitzen einen gelben, geraden Schnabel und blauschwarzes Gefieder, bevölkern Matten und Felspartien und halten sich gern in der Umgebung von Berghütten auf. Dort kann man sehen, wie sie manchmal in meisterhaft schwebendem Flug ein von Touristen und Berggängern geworfenes Brotstückchen auffangen. Die taubengroßen Vögel sind besonders im Alpenhauptkamm recht häufig. Die rotschnäbelige *Alpenkrähe* (Pyrrhocorax pyrrhocorax) ist ein wenig größer, jedoch recht selten. Von den oberhalb der Baumgrenze lebenden Vogelarten trifft man den weißen, recht geselligen, bis 18 cm großen *Schneefink* (Montifringilla nivalis) und das im winterlichen Federkleid weiße *Alpenschneehuhn* (Lagopus mutus), etwa in Rebhuhngröße, bis zur Schneegrenze und darüber an. Unter den Raubvögeln wurde in den vergangenen Jahrhunderten besonders dem *Steinadler* (Aquila chrysaëtos) nachgestellt, so daß dieser königliche Vogel heute nur noch an relativ wenigen Stellen des Alpenraumes vereinzelt horstet. Der am Körper einfarbig dunkelbraun gefiederte, 75–90 cm große Greifvogel mit auffällig weißer Schwanzwurzel und ebensolchen Handschwingenwurzeln, ist in der Aufzucht von Nachkommen sehr bescheiden. Sein Flug ist meist schwebend, die Flügelspannweite beträgt bis zu 2 Metern. Der früher im östlichen Alpenraum nicht seltene Bartgeier, Lämmergeier (Gypaetus barbatus) ist dort ganz verschwunden. Inwieweit die versuchte Wiederansiedelung des *Gänsegeiers* (Gyps fulvus) in den Hohen Tauern gelingen wird, ist heute noch nicht abzuschätzen.

Von den Reptilien und Amphibien sind einige typisch für die Gebiete oberhalb der Baumgrenze, andere wechseln nur gelegentlich zu den Hochregionen über. Unter den ungiftigen Nattern ist die 1,0 bis 1,5 m lange

Uhu

Alpenbock

Waldohreule

Ringelnatter (Tropidonotus natrix), bis 2000 m ansteigend, mit einer schwarzen Spielart im gesamten Alpenraum verbreitet. Außerdem kommen die *Schlingnatter* (Coronella austriaca) bis 1900 m und die *Äskulapnatter* (Elaphe longissima), letztere jedoch nur im Süden, bis 1600 m ansteigend, in den Alpen vor. Unter den Giftschlangen ist besonders die *Kreuzotter* (Vipera berus), ca. 75 cm lang, mit der schwarzen, etwas kleineren Abart, der sogenannten Höllenotter (var. prester) und der rotbraunen Kupferotter (var. charsea) bis über 2000 m ansteigend im gesamten Alpenraum verbreitet. In den Schweizer und italienischen Alpen kann man die *Aspisviper* (Vipera aspis) bis in 2000 m Höhe antreffen. In die gleiche Höhe steigt auch die in Kärnten und der Steiermark auftretende *Sand-* oder *Hornviper* (Vipera ammodytes) an. Alle Natternarten stehen unter Naturschutz, die Giftschlangen dagegen nicht. Da keine der Vipern oder Ottern den Menschen ohne Bedrängnis angreift, sondern schon beim ersten spürbaren Zeichen der Annäherung flüchtet, seien auch diese Tiere dem persönlichen Schutz jedes Alpenbesuchers empfohlen.

Die braungestreifte, 15–18 cm lange *Bergeidechse* (Lacerta vivipara) steigt bis zu den Hochlagen auf, in einer dunklen Variante sogar bis 3000 m. Sie bringt lebendige Junge zur Welt. In den Tallagen Südtirols, Kärntens, der Steiermark u. a. findet sich die wärmeliebende *Smaragdeidechse* (Lacerta viridis), bis 40 cm lang, lebhaft grün, das männliche Tier zur Paarungszeit mit einem tiefblauen Kehlfleck ausgestattet. Der *Alpen-* oder *Bergmolch* (Triturus alpestris) wird an Gewässern der Hochregionen, bis 2500 m, angetroffen. Typisch für das Hochgebirge ist der schwarze *Alpensalamander* (Salamandra atra), an und über der Baumgrenze bis 2700 m aufsteigend.

Unter den Insekten finden sich zahlreiche typische Vertreter der Hochregionen. Der *Gletscherfloh,* Springschwanz (Isotoma saltans), bis 2,5 mm groß, dicht kurz behaart und mit kräftiger Springgabel ausgestattet, ist ganz auf die Schnee- und Eisregion beschränkt. Er tritt oft in so gewaltigen Mengen auf, daß weite Schneeflächen wie rußgeschwärzt erscheinen. Der hellbraungraue, mit breiten Saumbinden und Augenflecken gezierte *Gletscherfalter* (Oeneis aëllo) und der *Eismohrenfalter,* Eisalpenschwärzling (Erebia glacialis), fast einfarbig dunkelbraun, treten nicht oder selten in Höhen unter 2000 bzw. 2300 m auf. Oft umspielen die *Alpenbläulinge* (Lycaena pheretes und Albulina orbitulus) in Vielzahl die Matten der Hochregionen bis zur Schneegrenze. Von seiner Schönheit her verdient der *Alpen-Apollofalter* (Parnassius phoebus), weißschwarz mit rot-schwarzen Augenflecken, besondere Erwähnung. Er kommt als Hochgebirgsfalter in den Schweizer und österreichischen Alpen von Juli bis August vor.

Der lateinische Name erleichtert das Auffinden in spezieller Bestimmungsliteratur.

Alpinismus
Wegbereitung und Tourismus

Die Geschichte des Alpinismus in den Ostalpen

Wenn Touristen heute unter kundiger Leitung erfahrener Bergführer die höchsten Höhen ersteigen oder stundenlange Gletscherüberschreitungen unternehmen können, so verdanken sie dies jenen Pionieren unter den Bergsteigern, die mit ihrem Wagemut und Forscherdrang den Alpinismus begründeten.

All dieser Männer und Frauen zu gedenken, die irgendwann einmal einen Alpengipfel zuerst erstiegen haben, würde Bände füllen. Vielerorts ist nicht einmal der Name eines Erstbesteigers überliefert und der Zeitpunkt oft in Vergessenheit geraten. So wird sich diese Abhandlung darauf beschränken müssen, einzelne Stationen des langen Weges aufzuzeigen (Daten über die Erstbesteigung hoher und markanter Gipfel, soweit sie bekannt sind, können auch der alphabetischen Aufstellung Seite 17 entnommen werden). Sicherlich sind nicht nur die Daten der Erstbesteigungen von Interesse, vielmehr sollen alle Ereignisse, die für die Erschließung der Bergwelt von besonderer Bedeutung sind, Erwähnung finden. In diesem Zusammenhang ist es leider nicht möglich, auf die Historie im allgemeinen einzugehen, sieht man einmal von der ersten bekannten großen Pionierleistung der Karthager ab, die als »Ortsfremde« bereits im 3. vorchristlichen Jahrhundert unter Hannibal mit 30000 bis 50000 Mann und mehr als 30 Elefanten die südwestlichen Regionen der Alpen überquerten.

Es ist zu vermuten, daß schon in frühgeschichtlicher Zeit Einsattelungen zwischen den Bergen als Übergänge benutzt wurden, worauf unter anderem Funde am Brenner hindeuten – wann jedoch der Mensch sich zum ersten Male an der Steilheit der Berge versuchte, um zu den höchsten Höhen aufzusteigen, wird wohl für immer im Dunkel der Geschichte verborgen bleiben. Sensationell erschienen in diesem Zusammenhang Funde aus dem Hallstätter Gräberfeld, als man auf vierzackige Steigeisen aus der Zeit um 400 v. Chr. stieß, doch ist nicht auszuschließen, daß diese im Salzbergbau Verwendung fanden. Steigeisen aus Bronze, die man am Wörther See in Kärnten fand, dürften noch älter sein. Hier ist eine Anwendung im heutigen Sinne schon eher anzunehmen.

Mit dem Ausbau der Alpenübergänge zu Heerstraßen und Handelswegen war der erste Schritt zur Erschließung der Bergregion getan. Bereits im Jahre 7 v. Chr. wurden Plöckenpaß und Gailbergsattel von den Römern unter Augustus ausgebaut. Diese Entwicklung setzte sich mit der Fertigstellung der Straße über das Reschenscheideck und die Fortführung über den Fernpaß in den Jahren 46 und 47 n. Chr. unter Claudius bis hin zum Ausbau des Brennerpasses und der Radstädter Tauernstraße am Beginn des 3. Jahrhunderts kontinuierlich fort.

Schon in der zweiten Hälfte des 4. Jahrhunderts wurde eine kartographische Darstellung des Alpenraumes mit detaillierten Angaben gefertigt. Das älteste ostalpine Itinerar (römisches Straßen- und Stationenverzeichnis) belegt die Reise des Geographen Benantius Fortunatus durch Gailtal, Pustertal und über den Brenner im Jahre 567.

Zu allen Zeiten hatten die Bewohner der Alpen unter den Naturgewalten zu leiden, sicherlich eine Begründung für den langewährenden Dämonenglauben. So wurde das heutige Meran, damals eine römische Siedlung, im Jahre 830 durch Bergsturz zerstört, eine ähnliche Katastrophe ereignete sich 883 bei Rovereto.

Sehr früh sind einzelne Namen für Berge und Berggruppen dokumentarisch belegt. Um 1000 wurden die Stubaier Alpen als »alpes ad Stupeia« ausgewiesen und der Widderstein (2536 m) im Allgäu im Jahre 1059 als »Widerostein« erwähnt. 1046 überschritt Papst Leo IX. im Winter den Brenner. Am Neujahrstage 1128 mußte der Bischof von Lüttich eine Überquerung des Gr. St. Bernhard in den Westalpen teuer bezahlen: 10 Menschen verunglückten in einer Lawine. In diesem Zusammenhang wird der Begriff Bergführer erwähnt und der Gebrauch von Bergstöcken und Steigeisen erstmals literarisch nachgewiesen.

1180 wurden Menschen mit der Unberechenbarkeit der Gletscher konfrontiert, als man in Grindelwald (Westalpenraum) eine erst 40 Jahre zuvor erbaute Kirche wegen des Vordringens der Gletscherzunge abbrechen mußte. 1218 fand der Theodulpaß als vergletscherter Übergang erstmals Erwähnung.

1248 erschütterte eine gewaltige Naturkatastrophe den westlichen Alpenraum. Bei Champery wurde die Stadt St. André mit 4 Orten, 16 Weilern und 5000 Menschen durch Bergsturz verschüttet. Im Ostalpenraum führte 100 Jahre später ein durch Erdbeben ausgelöster Bergsturz am Dobratsch (bei Villach) zu einem noch größeren Unglück. 17 Dörfer, 3 Schlösser und 9 Kirchen wurden dabei zerstört.

Die Besteigung des Mont Ventoux (1912 m) in der Provence, die Francesco Petrarca in Begleitung seines Bruders im Jahre 1336 unternahm, leitete die endlose Reihe von Gipfelbesteigungen ein, der nur zwölf Jahre später die der Benediktenwand, des Kirchsteins und anderer Gipfel in den Ostalpen durch einen Mönch des Klosters Benediktbeuern folgten.

Den Gipfel der Rocciamelone (3537 m) bei Susa, die zu jener Zeit als höchster Alpengipfel galt, erstieg 1388 Bonifacio Rotario aus Asti.

Im Jahre 1401 bildete sich durch Bergsturz der Kummersee im oberen Passeiertal, dessen Ausbrüche fast vier Jahrhunderte lang zu schlimmen Überflutungen bis nach Meran hinab führten.

Wenn die Berichte über die 1450 erfolgte Besteigung des Piz Linard (En-

Langkofelgruppe ▷

gadin) durch Jäger zutreffen, so wäre damit der erste Dreitausender der Ostalpen »geschafft« gewesen.
Auf Befehl des französischen Königs Karl VIII. erstieg 1492 Antoine de Ville den Mont Aiguille, 2097 m (Dauphiné), mit acht Begleitern und der Hilfe von Leitern und Seilen. Der Bericht über diese Besteigung wird als »magna charta des Alpinismus« bezeichnet.
Um 1500 erreichte Kaiser Maximilian einen vergletscherten Gipfel der Stubaier Alpen.
In einer Beschreibung des Grenzverlaufs aus dem Jahre 1523 wurde die »Pastertzen« (Gletscher im Glocknergebiet) erstmals erwähnt. Ein Grenzschauprotokoll läßt die Besteigung der Hohen Fürlegg, 3244 m, in der Venedigergruppe um 1533 vermuten.
Mit Katharina Botsch und Regina von Brandis stiegen 1552 zum ersten Male Damen erfolgreich zu einem Gipfel auf. Die Laugenspitze, 2433 m, wurde damit zum ältesten »Damenberg« in den Alpen.
Bereits 1561 lag in der »Typi chorographici prov. Austriae« eine erste vollständige kartographische Ausarbeitung der Ostalpen vor.
Der erste Alpenpflanzengarten entstand um 1570 in Zusammenarbeit des Hofbotanikers Maximilians II., Charles de l'Ecluse (Clusius), mit dem Arzt Dr. Eichholz in Wien. Clusius erstieg Schneeberg, Ötscher, Wechsel, Dürrenstein und Rax.
Um 1579 bestieg Hans Georg Ernstinger verschiedene Berge der Umgebung Innsbrucks, darunter Patscherkofel und Frau Hitt. 1583 fand der Großglockner als »Glogger« erstmals Erwähnung.
Oberhalb von Kitzbühel wurde schon 1594 die erste Wetterstation der Alpen eingerichtet.
Die Beschreibung eines Überganges über den Splügen im Jahre 1599 enthält Hinweise auf ortskundige Führer, die mit Eishauen ausgerüstet waren. Im gleichen Jahr berichten die »Fuggerschen Korrespondenzen« über ein Anwachsen des Vernagtferners in den Ötztaler Alpen.
Überlieferungen besagen, daß bis 1600 mehr als 45 hohe Alpengipfel namentlich benannt und zwölf davon bestiegen waren. Von den vergletscherten Alpenübergängen sollen 20 vor dieser Zeit begangen worden sein. Die Überschreitung des Ötztaler Hochjochs durch Einheimische wurde 1601 beurkundet. Im Jahre 1611 entstand Burglechners Karte von Tirol, 23 Jahre später die Gygerssche Karte der Schweiz.
1635 kamen im Ortlergebiet beim Versuch der Gletscherüberschreitung (Vedretta di Monte Cristallo) viele Musketiere in den Spalten um. Freiherr von Valvasor berichtete im Jahre 1689 über die Verwendung von Schneeschuhen durch krainische Bauern – früheste Erwähnung von Skiern in den Alpen.
1703–1707 führte Scheuchzer in sechs großen Alpenreisen erstmals barometrische Höhenmesssungen in der Schweiz durch.
Der Oberjäger A. Schöttl errichtete 1704 ein Kreuz auf der Westl. Karwendelspitze (über Mittenwald).
1718 wurde eine Prozession zum »Steinernen Tisch« (heute Standort der Karlsruher Hütte bei Obergurgl) unternommen, um den Ausbruch des Gurgler Eissees abzuwenden.
Noch um 1720 galt der Titlis, 3239 m, als höchster Berg der Erde, zuvor der Gotthard, ab 1745 der Chimborasso, 6272 m, in den Kordilleren.
Trigonometrische Messungen des Nic. Fatio um 1729 ergaben für den Montblanc (Montagne Maudite) 4275 m Seehöhe (umgerechnet aus 12800 Fuß über Genf).
Vor 1740 – das genaue Datum ist nicht bekannt – bestieg Pfarrer Nikolaus Sererhard aus Seewis nach langer Pause bergsteigerischer Aktivitäten im Alpenraum den Gipfel der Schesaplana, 2965 m, und beschrieb in der »Einfalten Delineation von 3 Bündten« (erst 1871 gedruckt) die Besteigung. Auch andere Gipfel des Rätikons wurden von ihm erreicht.
1744 (zuweilen auch auf 1739 datiert) gelang Jg. Heß und Jos. Eugen Waaser mit zwei Klosterleuten aus Engelberg

die Erstbesteigung des Titlis, 3239 m. Dies war die erste bekannte »touristische« Besteigung eines vergletscherten Gipfels in den Alpen.
Am höchsten der Alpengipfel, dem Montblanc mit seinen 4807 m, sollte eine neue Epoche in der Geschichte des Alpinismus eingeleitet werden. Horace Bénédict de Saussure äußerte 1760 erstmals den Wunsch, den weißen Riesen zu ersteigen. Trotz einer hohen Belohnung, die für die Erkundung der Aufstiegsroute in Aussicht gestellt war, vergingen 26 Jahre, ehe es Jacques Balmat und Dr. Michel Paccard 1786 gelang, den Berg zu bezwingen. Im Jahr danach gelangte schließlich auch de Saussure mit der von ihm geleiteten Expedition auf den Gipfel. Die Kunde von diesem Erfolg des Gelehrten verbreitete sich schnell.
In den Ostalpen waren es – wie in der Schweiz – Gelehrte, die in der Folgezeit den Anstoß zu alpinen Unternehmungen gaben, doch auch Kaiserhaus und Adel förderten die Entwicklung. Zudem war Erzherzog Johann selbst ein passionierter Bergsteiger und leitete 1828 den ersten Versuch zur Besteigung des Großvenedigers.
Mit der zweiten Hälfte des 18. Jahrhunderts beginnt auch in den Ostalpen der Hochtourismus allmählich an Bedeutung zu gewinnen, wenngleich erst hundert Jahre später sich englische Touristen an dem Wettlauf der Gipfelerstbesteigungen im östlichen Alpenraum beteiligen. In der Folge können bei weitem nicht alle herausragenden Ereignisse im alpinen Bereich Erwähnung finden. So muß sich der chronologische Ablauf an jenen Daten orientieren, die für die weitere Entwicklung jeweils von ausschlaggebender Bedeutung sind.

1762 Mit der Ersteigung des Ankogels, 3246 m, durch Einheimische wird der erste vergletscherte Hauptgipfel der Ostalpen seit Maximilians I. um 1500 bestiegenem Stubaier Eisgipfel erreicht.

1772 Der Saumweg über den Brenner wird zur Straße ausgebaut. Bei einem Bergsturz werden am Fuße der Civetta drei Dörfer verschüttet und ein Bergsee entsteht.

1773 findet in Landeck die letzte Hexenverbrennung in Tirol statt.

1774 Der »Atlas Tyrolensis« von Peter Anich und Blasius Huber mit 23 Blättern erscheint.

1777 Belsazar Hacquet, der »Saussure der Ostalpen«, führt erste alpine Unternehmungen in den Julischen Alpen durch. Im gleichen Jahr werden physikalische Studien am Vernagtferner durchgeführt.

1778 Lorenz Willonitzer ersteigt als erster den Triglav, 2864 m.

1779 Beim Aufenthalt an der Pasterze regt Hacquet die Besteigung des Großglockners an und wird von Willonitzer im gleichen Jahr auf den Triglav geführt.

1781–83 untersuchen die Prättigauer Pfarrherren Pool und Catani die Sulzfluhhöhlen.

1782–83 Hacquet unternimmt eine große Reise im gesamten Ostalpenraum von Kärnten bis zur Bernina.

1783 In den Berchtesgadener Alpen werden Seehorn, Schneibstein (2275 m), Reinersberg und die Watzmannscharte (2100 m) von dem Botaniker F. v. P. Schrank erstiegen.

1786 Ersteigung des Montblanc, 4807 m, durch Jacques Balmat mit Michel Paccard.

1787 Horace Bénédict de Saussure auf dem Montblanc-Gipfel.

1787 wird die neue Arlbergstraße eröffnet.

1788 Der französische Geologe de Dolomieu unternimmt eine Reise in die später nach ihm benannten Dolomiten.

1791 Vier Bewohner von Tamsweg ersteigen den Hochgolling, 2863 m, in den Niederen Tauern.

1796 Im Krieg zwischen Österreich und Frankreich erfolgt Rückzug österreich. Truppenteile über das 2573 m hohe Hochtor an der heutigen Glocknerstraße ins Rauristal mit 4000 Mann.

1798 Zwei Bauern aus Fusch ersteigen erstmals das Gr. Wiesbachhorn, 3564 m.

1799 Im zweiten Koalitionskrieg überschreiten österreich. Truppen das Weißseejoch, 2944 m, ins Kaunertal. Fürstbischof Graf Salm-Reifferscheid läßt eine Unterkunftshütte am Großglockner in 2620 m Höhe errichten (erste der Ostalpen). Dabei erreichen die Brüder Klotz aus Heiligenblut wahrscheinlich erstmals den Hauptgipfel des Großglockners, 3797 m.

1800 Eine neue Glocknerexpedition durch Fürstbischof Salm; die Brüder Klotz erreichen als erste den Gipfel (28. 7.); am 29. 7. ersteigt der Theologiestudent und spätere Domherr von Görz, Valentin Stanig, als erster Tourist den Gipfel.

Valparolajoch

1801 –02 Stanig ersteigt als erster den Hohen Göll und den Watzmann-Hauptgipfel in den Berchtesgadener Alpen. In den nächsten Jahren unternimmt er Gipfeltouren zum Großglockner und Triglav.

1804 Erstbesteigung des Ortlers, 3902 m, durch Josef Pichler, Gemsjäger aus dem Passeier, mit den Zillertalern Joh. Leitner und Joh. Klausner, nachdem andere in sechs Versuchen gescheitert waren. Da Zweifel aufkommen, muß Pichler die Besteigung 1805 wiederholen und eine Fahne auf dem Gipfel anbringen. Im selben Jahr erfolgt erste touristische Besteigung.
Beim Versuch, die Marmolada zu besteigen, verunglückt Pfarrer Terza tödlich in einer Gletscherspalte.

1805 Erzherzog Johann besteigt den Hochschwab.

1806 wird die Straße über den Hirschbichlpaß (Ramsau – Lofer) ausgebaut.

1808 Alleinbesteigung des Triglavs durch Valentin Stanig.

1809 Tiroler Freiheitskrieg und Andreas Hofer. Gefangennahme im Passeier. Erschießung in Mantua am 20. 1. 1810.

1820 Erstbesteigung des Zugspitzgipfels, 2962 m, durch den Vermessungsoffizier K. Naus.

1822 Professor Peter Karl Thurwieser, geb. 1789 in Kramsach, gest. 1865, besteigt als erster Tourist den Ankogel und führt barometrische Messungen durch. Von den zahlreichen weiteren Gipfelbesteigungen Thurwiesers, darunter einige Erstbesteigungen, sind hervorzuheben: 1823 Hochpfeiler im Tennengebirge, 1826 Hochkönig (Ebstg.), 1830 Schönfeldspitze im Steinernen Meer (Ebstg.), und Südl. Watzmannspitze, 1833 Erstbesteigung des Strahlkogels (Stubaier A.) und Mitterhorns in den Loferer

Steinbergen, 1834 Dachstein (Ebstg.), 1836 Habicht und Lisenser Fernerkogel (Stubaier A.), 1840 Ahornspitze (Zillertaler A.), 1846 Gr. Mörchner, 3270 m (Zillertaler Alpen), 1847 Schrammacher, 3416 m (Ebstg.).

1828 Vergeblicher Versuch der Besteigung des Großvenedigers durch Erzherzog Johann.

1834 Erstbesteigung des Dachsteins durch P. K. Thurwieser.

1837 Der englische Gelehrte Forbes in den Dolomiten.
Im gleichen Jahr wird in Kreuth der letzte Wolf in Bayern erlegt.

1838 Als erste Frau besteigt Henriette d'Angeville den Montblanc.

1838 Erste Frau auf dem Ortler ist Marie Karner aus Prad.

1841 A. v. Ruthner und I. v. Kürsinger erreichen zusammen mit 22 Begleitern den Gipfel des Großvenedigers.

1842 erscheint der erste Baedeker unter Einschluß des Ostalpengebiets.

1846 Gottlieb Studer, der ca. 700 Alpenpanoramen gezeichnet hat, arbeitet in den Ostalpen.

1847 Dreimalige Winterbesteigung des Dachsteins durch Professor Friedr. Simony (1804–1890).

1848 Erstbesteigung der Ötztaler Wildspitze, 3774 m, durch Leander Klotz.
Im gleichen Jahr Baubeginn der Semmeringbahn (Fertigstellung 1854).

1847–49 Physikalische Beobachtungen und Messungen an der Pasterze und Ötztaler Gletschern durch Brüder Schlagintweit.

1850 Erstbesteigung des Piz Bernina durch J. Coaz. Im gleichen Jahr wird im Untersulzbachtal (Hohe Tauern) der letzte Steinbock in den österreichischen Alpen erlegt.

1853 Karoline Pitzner erreicht als erste Frau den Zugspitzgipfel.

1854 Mit John Ball am Großglockner beginnen sich die ersten englischen Touristen auch für den Ostalpenraum zu interessieren.

Piz Palü

Großglockner mit Pallavicini-Rinne

1855 werden im Stubaital die letzten Bären geschossen.

1857 Gründung des engl. Alpine Club in London – Vorsitzender John Ball, der im gleichen Jahr den Monte Pelmo in den Dolomiten als erster ersteigt.

In den Westalpen erfolgen Erstbesteigungen von Eiger und Dom 1858 – Bietschhorn und Gr. Combin 1859 – Gran Paradiso 1860 – Weißhorn 1861 – Barre des Ecrins (Pelvoux) 1864

1859 Paul Grohmann (†1908) ersteigt als erster den Hauptgipfel der Hochalmspitze, 3360 m. Zu seinen weiteren Erstbesteigungen zählen u. a. 1863 Tofana di Mezzo, 1864 Marmolada, 1865 Hochfeiler, 3510 m (Zillertaler A.) und Monte Cristallo (Dolomiten), 1866 Reichenspitze, 1867 Olperer, 1868 Dreischusterspitze und Langkofel.

1860 John Ball ersteigt die Punta di Rocca der Marmolada.

1860 Gründung der Société des Touristes Savoyards.

1862 Paul Grohmann gründet zusammen mit Ed. v. Mojsisovics und Guido Freiherr v. Sommaruga den Österreichischen Alpenverein – Präsident Anton v. Ruthner.

1863 Gründung des Schweizer Alpenclubs SAC und des Club Alpino di Torino in Italien, später CAI.

1864 wird am Wettersteingebirge der letzte Bär in Bayern geschossen.

1865 Bei der Erstbesteigung des Matterhorns, 4477 m (Wallis), durch Edward Whymper mit den Bergführern Taugwalder kommen beim Abstieg vier Menschen ums Leben: Lord Douglas, Rev. Ch. Hudson, Hadow und Michel Croz.

1869 wird in Anwesenheit von Franz Senn und Joh. Stüdl der Deutsche Alpenverein gegründet – Präsident Gustav v. Bezold. Im gleichen Jahr entstehen Führervereine in Kals (am Großglockner) durch Joh. Stüdl und in den Ötztaler Alpen durch Franz Senn (Pfarrer und Kurat in Vent). Hermann v. Barth (geb. 1845) besteigt zahlreiche Allgäuer Gipfel, darunter Erstbesteigungen des Gr. Krottenkopfs und Hohen Lichts; führt 1870 gleiche Unternehmungen im Karwendelgebirge und 1871 im Wettersteingebirge durch; gest. 1876 nach Expedition in Luanda (Angola).

1871 Lucy Walker besteigt als erste Frau das Matterhorn.

1871 Erste Winterbesteigung des Watzmanns.

1873 Verschmelzung des Deutschen und Österreichischen Alpenvereins zum DÖAV.
Im gleichen Jahr wird das Gepatschhaus als erste AV-Hütte in Nordtirol errichtet (Sektion Frankfurt).

1874 erscheint die erste Alpenvereinskarte 1:50000 der Ötztaler und Stubaier Alpen in 9 Blättern.
Eröffnung der Bahnlinie München – Holzkirchen – Tölz.
Bau der Gisela-Bahn Salzburg – Inntal.

1875 Bahn Bischofshofen – Selztal.

1876 Erste Winterbesteigung des Montblanc durch Isabella Straton.

Cima d'Ambrizzola ▷

C. d'Ambrizzola
2716 m
Ago da Lago
Croda da Lago
2709 m

1876 Erschließung der Liechtensteinklamm durch AV-Sektion Pongau.

1880–84 Bau der Arlbergbahn.

1880 Der Pfarrer von Lech benutzt als erster in den Ostalpen Ski.

1881 Die Watzmann-Ostwand wird von Otto Schück und Kederbacher (J. Grill) durchstiegen.

1882 Erbauung des Wendelsteinhauses (privat), dort auch Einrichtung eines Alpenpflanzengartens im Jahre 1884.
Gewaltiger Bergsturz im Gebiet der Brenta am Crozzon.

1884 Eröffnung der Arlbergbahn.

1885 Hochwasser-Katastrophe in den östlichen Alpenländern.

1893 Erstes Skirennen Mitteleuropas in Mürzzuschlag – erster 3-m-Skisprung.

1896 Erste Telefonverbindung mit Zugspitzhaus, Berliner Hütte und Furtschagelhaus.

1898 Erste elektrische Bergbahn Österreichs auf den Pöstlingberg b. Linz.
Eröffnung der Pinzgauer Lokalbahn Zell am See–Krimml/Wald.

1899 Direkte Omnibusverbindung Meran–Trafoi und Landeck–Meran
Bau der Zillertalbahn (Eröffnung 1902).

1900 Ludwig Purtscheller (geb. 1849) stirbt an den Verletzungen, die er an der Aiguille Dru (Montblanc-Gebiet) erlitt. In den Ost- und Westalpen wie in fernen Landen bestieg er insgesamt ca. 1700 Gipfel, davon Hunderte zum ersten Male oder auf neuen Routen.
Eröffnung der meteorologischen Station auf der Zugspitze.
Baubeginn der Flexenstraße.

1903 Eröffnung der Mendelbahn.

1905 Skibesteigungen des Ankogels, des Similauns und der Finailspitze.
Montafoner Bahn Bludenz–Schruns und Karawankenbahn (1906) werden eröffnet.

1907 Erste Winterbesteigung des Ortlers durch Leutnant Rabitsch. – Rittner-Bahn bei Bozen fertiggestellt.

1908 Mit dem Ballon wird der Alpenhauptkamm von Innsbruck

Marmolada mit Fedaiasee

nach Brixen von Dr. Bröckelmann und Hauptmann Härtel überflogen.
Die erste Seilbergbahn Österreichs wird in der Nähe Bozens eröffnet.
Der Bergort Zirl wird durch Feuer vollständig vernichtet.

1909 Entdeckung der Dachstein-Mammuthöhle.
Erster alpiner Abfahrtslauf vom Hochobir.

1910 Ballonüberquerung der Alpen von Innsbruck bis zur Po-Ebene.
Der Peruaner Geo Chavez überfliegt als erster mit einem Flugzeug den Simplonpaß von Brig nach Domodossola, verunglückt bei der Landung tödlich (1913 wiederholt der Peruaner Bielovucic den Flug).

1913 wird der erste Naturschutzpark im Stubachtal (Hohe Tauern) eingerichtet.

1916 Der Col-di-Lana-Gipfel, von österreichischen Truppen verteidigt, wird von Italienern gesprengt.

1921 Der Maler Hans Koch, an beiden Beinen amputiert, ersteigt mit Prothesen die Zugspitze.

1922 landet Major Hailer auf dem Zugspitzplatt.

1924 Erste Winterdurchsteigung der Watzmann-Ostwand durch J. Aschauer und J. Kurz.

1925 Erste Flugverkehrslinie in den Alpen München–Innsbruck.
Ernst Udet überfliegt die Alpen von München bis Graz in 3 Stunden und von München bis Verona in 2 Stunden 35 Minuten.

1926 W. Welzenbach und K. Wien durchsteigen die Großglockner-Nordwand.

1927 Eröffnung der Seilschwebebahnen Pfänder und Schmittenhöhe.

1928 Baubeginn der Zugspitzbahn.

1929 Erste Auto-Bergstraße in den Alpen von Salzburg zum Gaisberggipfel eröffnet.

1930 Eröffnung der Zugspitzbahn.
Ein raupenbestücktes »Schneeauto« erreicht mit zehn Insassen das Kitzbüheler Horn.

Seewis mit Schesaplana

Baubeginn der Großglockner-Hochalpenstraße.

1931 Forschungsstation auf dem Jungfraujoch (3500 m) eröffnet.

1933 Emilio Comici ersteigt mit zwei Seilgefährten in 3 Tagen und 2 Nächten die Große Zinne in den Dolomiten.

1934 Großglockner-Hochalpenstraße mit Straßentunnel in 2505 m Höhe fertiggestellt.

1936 Olympische Winterspiele in Garmisch-Partenkirchen.

1938 Erstersteigung der Eiger-Nordwand durch F. Kasparek, Heinr. Harrer, A. Heckmair und L. Vörg.

1938 Winterdurchsteigung der Nordwand der Gr. Zinne in den Dolomiten.

1942 Bis zu diesem Jahr wurden vom Deutschen und Österreich. Alpenverein 709 Berghütten errichtet.

1950 Bau des Tauernkraftwerks bei Kaprun mit zwei Stauseen. Fertigstellung 1956.

1956 Olympische Winterspiele in Cortina d'Ampezzo.

1958 Bei der Beobachtung von 239 Alpengletschern wird bei 227 Rückgang festgestellt.
Dieter Hasse bezwingt mit drei Seilgefährten die »Direttissima« in der Nordwand der Gr. Zinne und fordert Kritik an der Sportlichkeit des modernen Alpinismus heraus.

1959 Baubeginn der Brenner-Autobahn.

1963 Rainer Kauschke, Peter Siegert und Gerd Uhnert bezwingen in 16 Tagen bei Temperaturen zwischen −30 ° und −40 ° die »Superdirettissima« an der Gr. Zinne. Fertigstellung und Eröffnung der Europabrücke (Brenner-Autobahn).
Durch einen Bergsturz in den Vaiont-Stausee wird das Piavetal überflutet, Longarone vollständig zerstört, mehr als 2000 Menschen kommen ums Leben.

1964 Der erste große Autostraßentunnel am Gr. St. Bernhard wird fertiggestellt (5,855 km).

1964 Olympische Winterspiele in Innsbruck.

1965 Ein Gletscherabbruch im Saastal bei Saas-Fee fordert 88 Tote unter den Arbeitern einer Baustelle.
Fertigstellung des derzeit längsten Straßentunnels der Welt am Montblancmassiv (11,96 km).

1965 Bei einem internationalen Symposium in Davos werden wissenschaftliche Aspekte der Schnee- und Eislawinen erörtert. Jährlich kommen 40 bis 80 Menschen durch Lawinen ums Leben.
Ein Lawinenunglück am Schneefernerhaus fordert 10 Tote.
Überschwemmungskatastrophe in Österreich und Norditalien mit mehr als 60 Toten.

1966 Der Schweizer Gletscherpilot Hermann Geiger (geb. 1914) stürzt ab; er rettete über 600 Menschen aus Bergnot.
Unwetterkatastrophe im Alpenraum.

1967 Felbertauerntunnel eröffnet (5,2 km).

1976 Olympische Winterspiele in Innsbruck.
Bei Erdbeben in der Provinz Friaul kommen ca. 1000 Menschen um.

1978 Überschwemmungskatastrophe im Tessin und in Norditalien.

Stilfser Joch, Tibet-Hütte

Hochtouren und Hüttenwanderungen

Jahr für Jahr nimmt die Zahl derer zu, die im Bergwandern einen Ausgleich für den Streß des Alltags suchen. Hochtouren sind Unternehmungen oberhalb der Baumgrenze in Höhen von 2000 m an aufwärts, außerhalb markierter Wege und Pfade, gleichgültig, ob es sich um Übergänge, Gipfelbesteigungen oder Gletscherüberschreitungen handelt. Auf Kletterpartien soll in diesem Zusammenhang nicht näher eingegangen werden, da diese eine besondere Ausbildung oder zumindest tagelange Vorbereitung unter sachkundiger Anleitung eines Bergführers voraussetzen.

Mit wenigen Ausnahmen sind die Alpenvereinshütten auf markierten Wegen ohne besondere Schwierigkeit zu erreichen, soweit normale Witterungsverhältnisse dies gestatten und Kleidung und Schuhwerk den alpinen Bedingungen angepaßt sind. Wenig Sachverstand lassen jene Touristen erkennen, die sich mit Halbschuhen bis an die Gletscherregionen heranwagen. Die gute Erschließung des Alpenraumes gestattet solch leichtfertiges Unternehmen wenige Schritte von den Bergstraßen entfernt. Meist ist die Sorglosigkeit auf Unkenntnis möglicher Gefahrensituationen zurückzuführen, daher sollen auch in diesem Buch die Voraussetzungen für Exkursionen im Hochgebirge Erwähnung finden.

Zu den wichtigsten Ausrüstungsgegenständen für Wanderungen im Hochgebirge gehört ordentliches Schuhwerk – das sind wasserdichte Schnürstiefel mit gleitsicherer Sohle. Warme Kleidung, die zugleich Schutz gegen Regen und Schnee bietet, sollte auf jeden Fall mitgenommen werden, da in den Hochregionen auch im Sommer die Temperaturen binnen kurzer Zeit un-

ter den Gefrierpunkt absinken können – Unterkühlung und Erfrierungen wären die Folge (in der Regel liegt die Frostgrenze im Hochsommer zwischen 2500 und 3000 m, außerhalb der eigentlichen Sonnenstunden). Die ultraviolette Strahlung ist im Hochgebirge besonders intensiv, deshalb gehören Sonnenschutzbrille und eine gute Hautcreme, nicht allzu sparsam verwendet, zu den wichtigen Hilfsmitteln bei Unternehmungen in unmittelbarer Umgebung stark reflektierender Flächen aus Schnee und Eis, sonst drohen Schneeblindheit und Gletscherbrand.
Proviant und alle Gegenstände, die man außerdem benötigt, sollten in einem Rucksack untergebracht werden.
Für alle weiterführenden Unternehmungen eignet sich am ehesten der Eispickel. Dabei ist keineswegs an die leichten Ausführungen gedacht, wie sie etwa in Souvenirläden angeboten werden.
Hochtouren außerhalb vielbegangener Routen sind als Einzelunternehmungen mit Risiken verbunden. Jederzeit können Zwischenfälle eintreten, die ein Weiterkommen aus eigener Kraft unmöglich machen – eine geringfügige Beinverletzung etwa, Verlust der Orientierung in Wolken- und Nebelbänken, von anderen Vorkommnissen ganz zu schweigen. Wenn man markierte Pfade und Saumwege auf der Suche nach einer Abkürzung verläßt, endet der Abzweig nicht selten an einem steilen Abhang. Gefährlich können solche Eskapaden auf lockerem Geröll oder nassen Almmatten werden. Gipfel, die sich nicht auf markiertem Bergpfad erreichen lassen, und Gletscherübergänge setzen fast immer die Inanspruchnahme eines Bergführers oder zumindest die Begleitung eines anderen Ortskundigen voraus.
Beim Anblick unbekümmerter Touristen, die ohne Sicherung einen Gletscher betreten, befällt den sachkundigen Beobachter ein ungutes Gefühl. Oft tollen sie dort auf einem Schneefeld herum, ohne sich der Tatsache bewußt zu sein, daß sie sich auf bis zu mehrere hundert Meter dicken Eismassen bewegen. Ohne Seil ist das Betreten eines Gletschers frevelhafter Leichtsinn. Die Gefahren beginnen bereits an der Randkluft zwischen Fels oder Seitenmoräne und dem Eis. Gelegentlich ist diese Randkluft an der Oberfläche kaum zu erkennen.
Die Eisstärke am Rand beträgt oft nur

Vernagthütte mit Kreuzkamm

wenige Zentimeter und ist keinesfalls so beschaffen, daß sie das volle Körpergewicht trägt. Es gilt daher der Grundsatz: Der erste Schritt auf den Gletscher soll der größte sein. Spalten sind im Winter und Frühjahr, nicht selten sogar bis in den Sommer hinein, von Schneebrücken überdeckt, deren Belastbarkeit recht unterschiedlich ist. Aber auch beim Überschreiten offener Spalten, die zunächst recht harmlos anmuten, ist man rasch in ein Labyrinth geraten, aus dem es keinen Ausweg zu geben scheint. Engen plötzlich auftretende Nebel- oder Wolkenbänke die Sicht ein, so ist der Unkundige gefangen, selbst wenn er sich in Gesellschaft befindet. Früh am Morgen ist die Schneedecke noch hart gefroren und man kann sich recht gut vorwärts bewegen; der aufgeweichte Schnee am Nachmittag läßt den Fuß unter Umständen einen halben Meter tief einsinken. Einige Stellen des Gletschers sind dann so sumpfig, daß das Wasser seitlich des Fußeindruckes hervorquillt. Dies ist unter anderem der Grund, warum bei planmäßig durchgeführten Gletscherüberquerungen die Eismassen weit über der Zunge betreten werden. Eine geordnete Gruppe besteht aus mindestens einer Seilschaft von drei bis vier Personen oder zwei Zweierseilschaften. Bricht einer von diesen in eine Spalte ein, so haben zwei schon große Mühe, ihn hochzuziehen, einer allein würde dies kaum schaffen. Der ortskundige Bergführer kennt die Gefahrenstellen und weiß sie zu umgehen.

Die Gipfel des Alpenhauptkammes liegen nahezu alle über der Schneegrenze. Bei Bergbesteigungen ist deshalb auch im Sommer mit Beeinträchtigung durch Schnee zu rechnen. Gelegentlich überdecken Schneefelder die markierten Pfade meterhoch. Besonders an Gipfelgraten sind Schneeverwehungen als überhängende Wächten anzutreffen, die im Anstieg nur schwer zu erkennen sind. Ehe man sich in Gefahr begibt, sollte man lieber umkehren und die Besteigung gegebenenfalls mit einem Führer wiederholen.

Natürlich kostet die Inanspruchnahme eines Führers eine angemessene Gebühr. Sie ist Entlohnung für zeitlichen Aufwand und ein Höchstmaß an Verantwortung. Wenn man – bei einfachen Touren – sich zu zweit eines Führers bedient, ist der Preis für jeden bestimmt erschwinglich. Demjenigen,

Coldai-Hütte gegen Pelmo

dem dieser Hilfsdienst zu teuer erscheint, muß gesagt werden, daß ein Rettungseinsatz der Bergwacht um ein Vielfaches teurer werden kann, das unkalkulierbare Risiko dabei nicht einmal berücksichtigt.

Die Gefahr von Lawinenabgängen im Frühjahr wurde im Kapitel über das Wetter ausführlich dargestellt. Vom Frühling bis in den Herbst hinein kann der Berggänger von einem Gewitter überrascht werden. Für den Touristen, der sich zum ersten Mal solchen Unbilden der Witterung ausgesetzt sieht, dürfte daher die Kenntnis einiger Verhaltensregeln von Nutzen sein. Daß eine aufgerichtete Person im freien Gelände geradezu als »Blitzfänger« fungieren kann, ist sicher allgemein bekannt. Doch auch der auf dem Boden ausgestreckte Mensch ist durch ein ausgedehntes Induktionsfeld bei nahem Blitzeinschlag gefährdet. Die gekrümmte Hockestellung ist die sicherste. Nach Möglichkeit sollte man beim ersten Anzeichen eines nahenden Gewitters offenes Gelände verlassen und sich in den Schutzbereich von Steilhängen oder Felswänden begeben. Anders als im Flachland sind jedoch die Bergwände auch von seitlichem Blitzeinschlag bedroht, deshalb sollte hier gleichfalls die Hockestellung der aufrechten Haltung vorgezogen werden. Das Wichtigste ist, alle metallischen Gegenstände in einiger Entfernung vom eigenen Standort zu deponieren.

Steinschlag wird nicht nur durch Sturm und Regen ausgelöst, auch die Strahlungswärme der Sonne kann lockeres, von Eis durchsetztes Gestein lösen, Hochgebirgswild, ein unachtsamer Berggänger Verursacher sein. Kündigt sich durch erste, einzeln herabrollende oder -stürzende Steine eine solche Situation an, sollte man sich mit über dem Kopf angewinkelten Armen schützen, nahe an die Felswand lehnen, dabei jedoch versuchen, Felsrinnen als bevorzugte Bahnen zu meiden.

Wer erfahrene Bergsteiger auf ihrem Weg beobachtet, wird sich über deren »gemächliche« Gangart, auch bei geringer Steigung, wundern. Er kann jedoch sicher sein, daß sich dieses Tempo auch an der steilsten Stelle und nach stundenlanger Wanderung kaum ändert. Sie wissen, daß jeder Stop zum Erholen überbeanspruchter Muskeln und Atemorgane Zeit und Kraft kostet. Warum sollte man sich also die Erfahrung dieser Leute nicht zu eigen machen, denn nichts schmälert das große Erlebnis so sehr, als schlapp oder atemlos das Ziel zu erreichen.

Die dünnere Luft der Höhe kann eine erhebliche Beschleunigung des Pulsschlags auch ohne besondere Kraftanstrengung bewirken; Touristen mit erhöhtem Blutdruck oder einer leichten Herzschwäche dürfen daher ihr Leistungsvermögen nicht überschätzen.

Individuell verschieden sind die Belastungen bei An- oder Abstieg. So ist der Abstieg nicht selten mit fast ebensoviel Kraftaufwand verbunden wie das Aufsteigen. Deshalb sollte man bei jeder Wanderung gleichzeitig an den Rückweg denken. Oft wundern sich Besucher des Hochgebirges über zeitlich bemessene Entfernungsangaben von Hinweisschildern und Wanderführern. Da diese jedoch durchschnittliche Kondition und einige Übung voraussetzen, kann im Einzelfall ein erheblich größerer Zeitaufwand erforderlich sein und bei ungünstigen Wegeverhältnissen oder Wetterumschlag ein Vielfaches betragen.

Nur wer über alle Eventualitäten im Hochgebirge ausreichend informiert ist und das eigene Leistungsvermögen richtig einzuschätzen vermag, wird auf Dauer Freude am Urlaubsaufenthalt in den Alpen gewinnen und muß nicht befürchten, daß ihn der erste unprogrammgemäße Verlauf einer Unternehmung von weiteren Vorhaben gleicher Art abschreckt.

Sollte man sich im Gebirge in einer Notsituation befinden, ist es wichtig, die Regeln für eine Verständigung zu kennen (vgl. Notsignal S. 91).

Der Ostalpenraum in sechzehn Regionen

1
Vom Dachstein gekrönt
Gebiete nördlich der Enns

Um die Reihe der Landschaftsdarstellungen im Ostalpenraum zu eröffnen, scheint kein anderes Gebiet geeigneter als jene Region im Osten der Nördlichen Kalkalpen, die nahezu alle Wesensmerkmale alpiner Erscheinungsformen aufweist – sei es nur andeutungsweise oder deutlich ausgeprägt. So begegnet man dort dem waldreichen Hügelgelände des Voralpenlandes wie den steil aufragenden Felsmassiven der Hochregionen, breiten, wiesengesäumten Flußtälern und schluchtartigen Engstellen. Das Seengebiet des Salzkammergutes bildet einen reizvollen Gegensatz zum herben Massiv des Dachsteins, dessen Gletscher schon auf die Gipfellagen des Alpenhauptkammes hindeuten.

Im Westen trennt die Salzach das Gebiet vom Berchtesgadener Land, im Süden und Osten wird die Abgrenzung durch den Flußlauf der Enns bestimmt.

Aus der waldbedeckten Hügellandschaft im Osten aufsteigend, prägen die Gesäuse-Berge ein Landschaftsbild, das eine eigene Charakteristik aufweist. Windungsreich durchbricht die Enns den Gebirgszug in der Enge einer langgestreckten Schlucht. Felswände und Berghänge lassen kaum Raum für den Flußlauf, Straße und Schiene, die dicht aneinandergedrängt parallel verlaufen und durch die Vielzahl der Brücken miteinander verknotet erscheinen. Der Große Buchstein, 2224 m, im Norden und das Hochtor, 2365 m, südlich des Flusses sind die höchsten Erhebungen dieser Berggruppe.

Folgt man der Enns flußaufwärts, so gelangt man in ein breites, versumpftes Talbecken. Die Torfgewinnung deutet in diesem Teil des Gebietes auf ein ausgedehntes Hochmoor hin. Im Norden umschließen die »Haller Mauern« mit dem Großen Pyhrgas, 2244 m, und dem Scheiblingstein, 2200 m, als höchsten Gipfeln halbkreisförmig das Tal,

Erläuterung und Orientierungshilfe

zu den einzelnen Gebietsabhandlungen

Der gesamte Ostalpenraum ist in 16 Regionen aufgeteilt. Diese Regionen erstrecken sich über mehrere Gebietsteile mit gelegentlich recht unterschiedlichen Landschaftsformen.

I. In einer allgemeinen Einführung werden die Besonderheiten jeder Region hervorgehoben und die einzelnen Landschaftsbilder einander gegenübergestellt.

II. Die Zusammenfassungen auf schwarzem Hintergrund mit weißer Schrift sind als Übersichten und zum Nachschlagen gedacht und enthalten:

1. Touristische Zentren und Urlaubsziele Nr. 1.01 und folgende.
2. Ausflugsziele und Berghütten etc. Nr. 2.01 und folgende.
3. Die höchsten oder markantesten Berggipfel jeder Region. (Die Zahl hinter der jeweiligen Höhenangabe gibt an, von welchem Ort – 1.01 und folgende – oder Ausflugsziel – 2.01 und folgende – der Gipfel zu erblicken ist. In Klammern vermerkte Zahlen besagen, daß die Sicht eingeschränkt ist.)

III. Der Übersicht folgt eine ausführliche Darstellung der einzelnen Teilgebiete.

in das die breite Bergkuppe des Pleschberges eingebettet zu sein scheint. Jenseits des Pyhrnpasses, 945 m, der Liezen und das Ennstal mit dem Alpenvorland verbindet, beginnen die östlichen Ausläufer des Toten Gebirges, das sich zum Salzkammergut hin erstreckt und dessen höchste Erhebung, der Große Priel, 2523 m, weit in die nördliche Hügellandschaft hineinragt. Nordöstlich vorgelagert, erreichen das Sengsengebirge mit der Hohen Nock, 1963 m, und im Nordwesten sich anschließend das Höllengebirge ebenfalls alpine Dimensionen.
Das Ennstal weitet sich bei Irdning zu einer ausgedehnten Ebene, die vom Großen Grimming, 2351 m, einem markanten Eckpfeiler, überragt wird.
Grundlsee mit Toplitzsee und Altausseer See sind in das Tote Gebirge eingebettet. Als östlichster der großen Seen des Salzkammergutes erstreckt sich der Traunsee von der Ebene bis zu den Ausläufern des Höllengebirges. An seinem Ostufer ragt der Traunstein, 1661 m, auf und prägt entscheidend das Landschaftsbild.
Die westlichen Ausläufer des Höllengebirges erstrecken sich zum Attersee hin, dem größten aller Seen dieses Gebietes. Mondsee und Wolfgangsee sind um den 1783 m hohen Schafberg gruppiert, der von St. Wolfgang mit einer Zahnradbahn zu erreichen ist. Vom Gipfel eröffnet sich ein wohl einmaliger Ausblick über die Seengruppe und zu den Bergregionen bis zum Dachsteinmassiv, gute Sichtverhältnisse vorausgesetzt.
Eher romantische denn ausgesprochen liebliche Eindrücke vermittelt der Hallstätter See, von hohen, steilen Berghängen gerahmt. Hallstatt selbst ist eng am Hang errichtet und kann nur eine schmale Uferzone beanspruchen, die keine Ausdehnung zuläßt.

(Fortsetzung auf Seite 92)

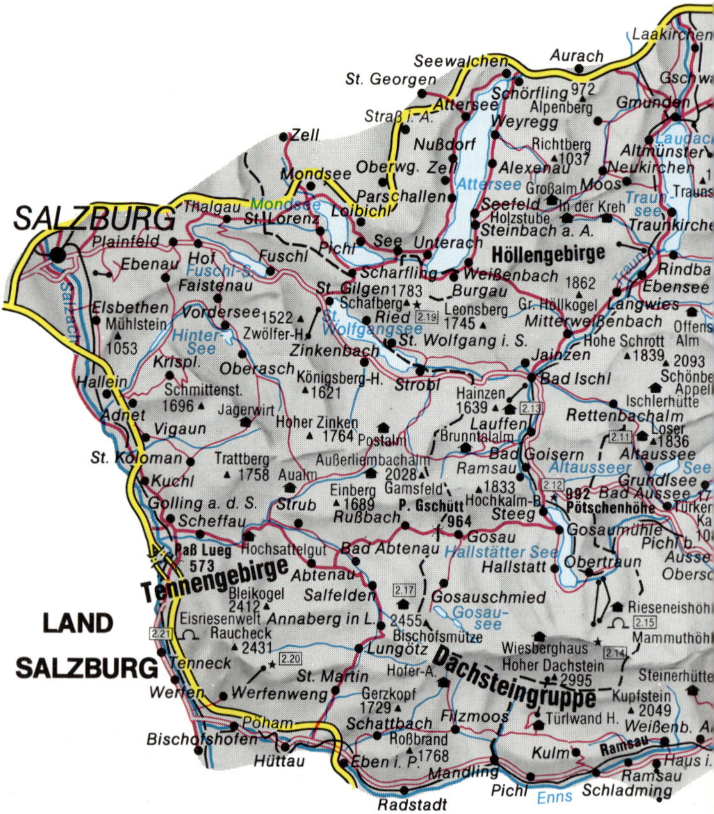
SALZBURG
LAND SALZBURG
Salzach
Plainfeld
Ebenau
Hof
Fuschl
Fuschl-S.
Faistenau
Thalgau
Mondsee
St. Lorenz
Zell
Mondsee
Oberwg. Zell
Parschallen
Loibichl
Pichl
See
Unterach
St. Georgen
Seewalchen
Aurach
Straß i. A.
Attersee
Schörfling
972
Alpenberg
Weyregg
Nußdorf
Richtberg
1037
Alexenau
Attersee
Großalm
Seefeld
Holzstube
In der Kreh
Steinbach a. A.
Höllengebirge
Laakirchen
Gmunden
Altmünster
Neukirchen
Moos
Traunsee
Traunkirchen
Traun
Rindbach
Ebensee
Langwies
Gr. Höllkogel
1862
Mitterweißenbach
Offensee
Alm
Hohe Schrott
1839
2093
Schönberg
Appel
Ischlerhütte
Elsbethen
Mühlstein
1053
Hinter-See
Vordersee
1522
Zwölfer-H.
Krispl.
Oberasch
Schmittenst.
1696
Jägerwirt
Hallein
Adnet
Vigaun
St. Koloman
Kuchl
Golling a. d. S.
Scheffau
Paß Lueg
573
Tennengebirge
Bleikogel
2412
Eisriesenwelt
Raucheck
2431
Tenneck
Werfen
Werfenweng
Bischofshofen
Pöham
Hüttau
Scharfling
Weißenbach
St. Gilgen
1783
Schafberg
Burgau
Ried
2.19
Leonsberg
1745
St. Wolfgangsee
St. Wolfgang i. S.
Zinkenbach
Königsberg-H.
1621
Strobl
Jainzen
Bad Ischl
Hainzen
1639
2.13
Lauffen
Rettenbachalm
Loser
1836
2.11
Brunntalalm
Bad Goisern
Altausseer See
Altaussee
Hoher Zinken
1764
Postalm
Trattberg
1758
Aualm
Außerliembachalm
2028
Ramsau
1833
Hochkalm-B.
Grundlsee
Bad Aussee
2.12
992
Pötschenhöhe
Strub
Einberg
1689
Gamsfeld
P. Gschütt
964
Rußbach
Steeg
Gosaumühle
Gosau
Hallstätter See
Hallstatt
Obertraun
Hochsattelgut
Bad Abtenau
Abtenau
Salfelden
2.17
Gosauschmied
Gosausee
Rieseneishöhle
2.15
Mammuthöhle
Annaberg in L.
2455
Bischofsmütze
Wiesberghaus
2.14
Lungötz
Hoher Dachstein
2995
Dachsteingruppe
2.20
St. Martin
Hofer-A.
Steinerhütte
Gerzkopf
1729
Kupfstein
2049
Filzmoos
Türlwand H.
Schattbach
Roßbrand
1768
Weißenb. A.
Eben i. P.
Mandling
Kulm
Ramsau
Haus i.
Ramsau
Radstadt
Pichl
Enns
Schladming
2.21

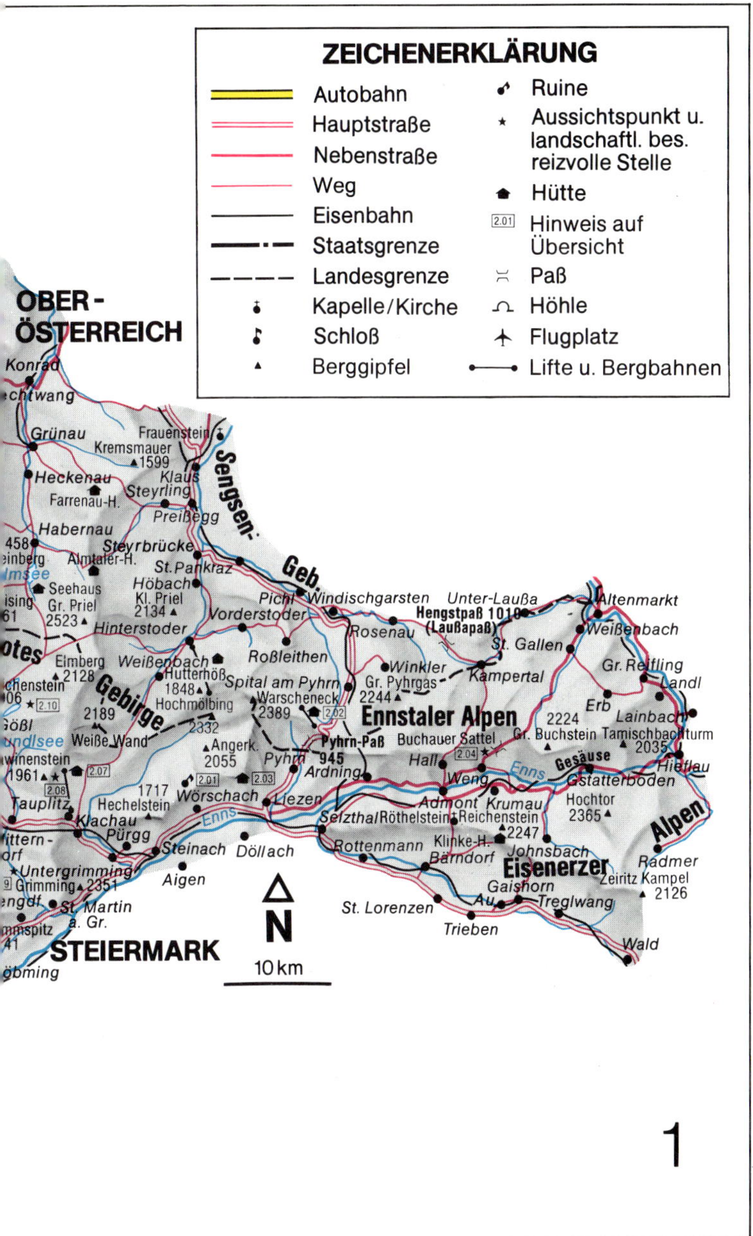
ZEICHENERKLÄRUNG
Autobahn
Hauptstraße
Nebenstraße
Weg
Eisenbahn
Staatsgrenze
Landesgrenze
Kapelle/Kirche
Schloß
Berggipfel
Ruine
Aussichtspunkt u. landschaftl. bes. reizvolle Stelle
Hütte
2.01
Hinweis auf Übersicht
Paß
Höhle
Flugplatz
Lifte u. Bergbahnen
OBER-ÖSTERREICH
STEIERMARK
Sengsen-Geb.
Ennstaler Alpen
Gesäuse
Eisenerzer Alpen
Enns
Grünau
Frauenstein
Kremsmauer 1599
Heckenau
Klaus
Steyrling
Farrenau-H.
Preißegg
Habernau
Steyrbrücke
Almtaler-H.
St. Pankraz
Seehaus
Höbach
Gr. Priel 2523
Kl. Priel 2134
Hinterstoder
Vorderstoder
Pichl
Windischgarsten
Unter-Laußa
Hengstpaß 1010 (Laußapaß)
Altenmarkt
Weißenbach
St. Gallen
Rosenau
Roßleithen
Elmberg 2128
Weißenbach
Hutterhöß 1848
Spital am Pyhrn
Winkler
Gr. Pyhrgas 2244
Kampertal
Gr. Reifling
Landl
Erb
Lainbach
Hochmölbing 2189
Warscheneck 2389
2332
Weiße Wand
Angerk. 2055
Pyhrn-Paß 945
Buchauer Sattel
2224
Gr. Buchstein
Tamischbachturm 2035
Hieflau
Pyhrn
Ardning
Hall
Weng
Gstatterboden
1717
Wörschach
Liezen
Admont
Krumau
Hochtor 2365
Hechelstein
Klachau
Pürgg
Selzthal
Röthelstein
Reichenstein 2247
Tauplitz
Steinach
Döllach
Rottenmann
Klinke-H.
Bärndorf
Johnsbach
Radmer
Untergrimming
Grimming 2351
Aigen
Gaishorn
Zeiritz Kampel 2126
St. Martin a. Gr.
St. Lorenzen
Au
Treglwang
Trieben
Wald
N
10 km
1

1. Ferienorte und touristische Zentren

Ennstal:

1.01 **Stainach,** 650 m, Erholung, Wandern
1.02 **Wörschach,** 645 m, Schwefelbad
1.03 **Liezen,** 660 m, Erholung, Wandern
1.04 **Admont,** 640 m, Erholung, Bergwandern, Wintersport, Kultur
1.05 **Johnsbach im Gesäuse,** 773 m, Erholung, Bergwandern, Hochtouren
1.06 **Gstatterboden,** 580 m, Erholung, Spaziergänge, Bergwandern
1.07 **Hieflau,** 510 m, Erholung, Bergwandern

Grimming, Totes Gebirge und Trauntal:

1.08 **Pürgg-Trautenfels,** 790 m, Erholung, Spaziergänge, Wandern
1.09 **Tauplitz,** 890 m, Wintersportzentrum, Erholung, Wandern
1.10 **Bad Mitterndorf,** 810 m, Kur, Erholung, Spaziergänge
1.11 **Bad Aussee,** 660 m, Heilbad, Wandern, Wassersport, (Alpengarten)
1.12 **Altaussee,** 720 m, Kur, Erholung, Wassersport, Wandern
1.13 **Bad Goisern,** 500 m, Heilbad, Spaziergänge, Bergwandern
1.14 **Bad Ischl,** 470 m, Kur- und Tourismuszentrum, Spaziergänge, Bergwandern
1.15 **Ebensee,** 429 m, Wassersport, Bergwandern
1.16 **Gmunden,** 425 m, Kur, Wassersport
1.17 **Grünau im Almtal,** 527 m, Erholung, Bergwandern, (Cumberland-Wildpark)

Dachsteingebiet:

1.18 **Hallstatt,** 511 m, touristisches und kulturelles Zentrum
1.19 **Gosau,** 779 m, Erholung, Wandern, Bergtouren
1.20 **Abtenau,** 715 m, Erholung, Wandern
1.21 **Annaberg,** 777 m, Erholung, Bergtouren
1.22 **St. Martin am Tennengebirge,** 950 m, Erholung, Wandern
1.23 **Filzmoos,** 1057 m, Erholung, Bergwandern
1.24 **Ramsau,** 1075–1300 m, Erholung, Bergtouren, (Sommerskilauf)

Seengebiet Salzkammergut:

1.25 **Mondsee,** 482 m, Erholung, Wassersport
1.26 **St. Lorenz,** 482 m, Erholung, Wassersport
1.27 **St. Gilgen,** 554 m, touristisches Zentrum, Wasser- und Wintersport
1.28 **Strobl,** 543 m, Kur, Erholung, Wassersport, (Wintersportgebiet Postalm)
1.29 **St. Wolfgang,** 560 m, Erholung, Wassersport, Spaziergänge, Wandern
1.30 **Weißenbach,** 494 m, Erholung, Wassersport, Spaziergänge, Wandern
1.31 **Steinbach am Attersee,** 514 m, Erholung, Wassersport, Wandern
1.32 **Unterach,** 479 m, Wassersport, Spaziergänge, Erholung
1.33 **Fuschl am See,** 669 m, Erholung, Spaziergänge, Wassersport

Salzachtal:

1.34 **Bischofshofen,** 550–600 m, touristisches Zentrum, Wintersport
1.35 **Pfarrwerfen,** 553 m, Erholung, Spaziergänge, Bergwandern
1.36 **Werfenweng,** 901 m, Erholung, Spaziergänge, Bergwandern
1.37 **Werfen,** 548 m, touristisches Zentrum (Eisriesenwelt), Wintersport
1.38 **Golling,** 476 m, Erholung, Bergwandern
1.39 **Kuchl,** 470 m, Erholung, Bergwandern
1.40 **Hallein,** 450 m, Heilbad und touristisches Zentrum
1.41 **Salzburg,** 425 m, Landeshauptstadt, kulturelles und touristisches Zentrum von internationalem Rang.

2. Besondere Ausflugsziele und Berghütten

Ennstal:

2.01 **Ruine Wolkenstein** bei Wörschach, Blick auf das Ennstal und auf die Wölzer Tauern.
2.02 **Linzer Haus,** 1400 m, Gondelseilbahn zum Filzenboden, ca. 2 km nordöstl. der Pyhrnpaßhöhe; Blick auf Warscheneck, 2389 m (Totes Gebirge) und auf die Gipfel der Haller Mauern.
2.03 **Hintereggerhütte,** 1220 m, Fahrstraße von Liezen; Ausblick auf die Gipfel des Toten Gebirges und das Ennstal.
2.04 **Buchauer Sattel,** 872 m, Fahrstraße von Weng bei Admont; Blick auf Faller Mauern, Gesäuseberge und Ennstal; Weg z. Grabneralmhaus, 1395 m, ca. 2 Stunden.
2.05 **Gesäuse,** 16 km lange, enge Talstufe von wildromantischem Charakter; Spazierweg von Whs Bachbrücke bis Ennsstau ca. 1½ Stunden.
2.06 **Johnsbach im Gesäuse,** am Ende des engen Seitentales, Fahrstraße von Whs Bachbrücke; Ausgangspunkt für Hochtouren in den Gesäusebergen.

Totes Gebirge und Trauntal:

2.07 **Tauplitzalm,** 1640 m, Sessellift von Tauplitz und Mautstraße von Bad Mitterndorf; Ausblick auf Grimming und Totes Gebirge.
2.08 **Lawinenstein,** 1937 m, Sessellift von Tauplitzalm oder 1½ Std. Fußweg; hervorragender Ausblick bis zum Dachstein.
2.09 **»Durch den Stein«,** Verbindungsstraße zwischen Bad Mitterndorf und Gröbming durch enge Salzaschlucht mit Stausee.
2.10 **Toplitzsee,** 721 m, stiller Bergsee in landschaftlich reizvoller Umgebung; Fahrstraße bis Grundlsee, 712 m, von dort ½ Std. zu Fuß.
2.11 **Loserhütte,** 1540 m, mautpflichtige Panoramastraße von Altaussee.
2.12 **»Simonyaussicht«,** ½ Std. zu Fuß von Pötschenpaßstraße; hervorragender Ausblick auf Dachstein und Hallstätter See.
2.13 **Katrinalm,** 1419 m, Gondelseilbahn von Bad

Erläuterung Seite 87

Ischl; hervorragende Aussicht auf Trauntal und Dachstein, Gipfelbesteigung Katrin 1542 m, 1/2 Std.

Dachsteingebiet:

2.14 **Krippenstein,** 2079 m, Kabinenseilbahn von Obertraun. Ausgangspunkt für Hochtouren im Dachsteingebiet.

2.15 **Rieseneishöhle und Mammuthöhle,** Mittelstation (1350 m) der Gondelbahn Obertraun – Krippenstein; Teil des riesigen Dachsteinhöhlensystems.

2.16 **Vorderer Gosausee,** 933 m, Fahrstraße von Gosau; ausgezeichneter Blick zum Dachsteinmassiv mit Gr. Gosaugletscher und Hohem Dachstein, 2995 m, sowie zum Gosaukamm. Talstation der Kabinenseilbahn zur Gablonzer Hütte, 1471 m mit noch umfassenderer Aussicht.

2.17 **Mahdalm,** 1539 m, Zugang von Annaberg über Theodor-Körner-Hütte, 1466 m, Panoramaweg unter den Steilhängen der Gr. Bischofsmütze, 2450 m, 4 Stunden, von Annaberg direkt 2 Stunden.

2.18 **Hunerkogel,** 2694 m, Kabinenseilbahn von Türlwandhütte bei Ramsau; hervorragende Aussicht, Sommerskigebiet.

Seen des Salzkammergutes:

2.19 **Schafberg,** 1783 m, Zahnradbahn von St. Wolfgang; herrliche Aussicht, umgeben von Mond-, Atter- und Wolfgangsee.

Salzachtal und Seitentäler:

2.20 **Bischlinghöhe,** 1883 m, Sessellift von Werfenweng oder 3 Std. zu Fuß über Ladenbergalm; hervorragende Aussicht auf Dachstein mit Gosaukamm, Tauernkette und Tennengebirge.

2.21 **Eisriesenwelt,** größte ständig eisführende Höhle, Gondelseilbahn von Rasthaus Wimmerhütte, 1080 m, bis dort Fahrstraße und 10 Gehminuten, auch Kleinbus-Taxipendelverkehr von Werfen.

2.22 **Blühnbachtal,** schmale Fahrstraße, nur teilweise öffentlich; Ausgangspunkt für ausgedehnte Wanderungen mit Ausblick auf das Hochkönigmassiv.

2.23 **Unterjochalm,** 1172 m, im Talschluß des Bluntautales, landschaftlich hervorragend gelegen am Fuße des Schneibsteins, 2276 m; 2 1/2 Stunden von Whs Bärenhütte, bis dort Fahrstraße.

3. Die höchsten und markantesten Berge

Gesäuseberge:
Hochtor, 2365 m, 1.04, 1.05, 2.05
Gr. Ödstein, 2355 m, 1.05, 2.05
Reichenstein, 2247 m, 2.04, 2.05
Sparafeld, 2245 m, 1.04, 2.04
Gr. Buchstein, 2224 m, 1.04, 2.04
Tamischbachturm, 2035 m, 1.06

Haller Mauern:
Gr. Pyhrgas, 2244 m, 1.04, 2.02
Scheiblingstein, 2200 m, 1.04
Natterriegel, 2063 m, 1.04, 2.02

Totes Gebirge:
Gr. Priel, 2523 m, 1.17
Spitzmauer, 2446 m, (Stodertal)
Schermberg, 2398 m
Warscheneck, 2389 m, 2.02
Hochmölbing, 2332 m, 2.08
Hebenkas, 2284 m, (Stodertal)

Grimming:
Gr. Grimming, 2351 m, 1.08, Irdning, 2.07, 2.08

Dachsteinmassiv:
Hoher Dachstein, 2995 m, 1.23, 1.24, 1.34, 2.08, 2.11, 2.12, 2.16
Torstein, 2948 m, 1.24, 2.16, 2.20
Niederer Dachstein, 2934 m, 2.11, 2.12, 2.16
Koppenkarstein, 2865 m, 1.24, 2.08, 2.11, 2.12
Hohes Kreuz, 2837 m, 2.16
Gr. Bischofsmütze (Gosaukamm), 2455 m, 1.21, 1.23, 2.17, 2.20

Tennengebirge:
Raucheck, 2431 m, 1.34
Bleikogel, 2412 m, (1.20), 2.17
Hochthron, 2360 m, 2.20
Eiskogel, 2321 m, 1.36
Scheiblingkopf, 2290 m, 1.20
Tauernkogel, 2249 m, 1.36

Salzkammergut:
Gamsfeld, 2028 m, 1.20
Gr. Höllkogel (Höllengebirge), 1862 m, 1.14
Rinnkogel, 1823 m, 1.28, 1.29
Schafberg, 1783 m, 1.25, 1.27, 1.28, 1.31
Traunstein, 1661 m, 1.15, 1.16

Alpines Notsignal: In regelmäßigen Abständen (10 Sek.) während der Zeitdauer einer Minute akustisches oder optisches Signal geben und nach 1minütiger Pause wiederholen, bis man Antwort erhält.

Antwort auf alpines Notsignal: Dreimaliges akustisches oder optisches Signal in regelmäßigen Abständen während einer Minute (20 Sek.). Nach 1minütiger Pause so oft wiederholen, bis der Hilfesuchende seine Signale einstellt oder erkennbar ist, daß er die Antwort vernommen hat.

Akustische Signale sind: Schreien, lautes Rufen oder lautes Anschlagen metallischer Gegenstände.

Optische Signale: Farbig auffälliges Kleidungsstück, möglichst fest an einen Stock gebunden, hin- und herschwenken oder heben und senken, bei Dunkelheit Lichtzeichen mit Taschenlampe.

Erläuterung Seite 87

Unweit des nördlichen Seeufers, von Bad Goisern aus, eröffnet sich wenige Minuten von der Straßenschleife zum Pötschenpaß an der Simonyaussicht der Ausblick zum Dachsteinmassiv mit dem Hallstätter Gletscher, unmittelbar – so scheint es – am Südufer des Sees aufsteigend. Eine wundervolle Aussicht zu den Fast-Dreitausendern der Gebirgsgruppe bietet sich vom vorderen Gosausee. Über dem Großen Gosaugletscher ragen Torstein, 2948 m, und Hoher Dachstein, 2995 m, auf. Westlich schließt sich die Gipfelreihe des zerklüfteten Gosaukammes an und flankiert die Seengruppe. Der markanteste Berg dieses Gebirgszuges, die 2455 m hohe Bischofsmütze, beherrscht das Oberfritztal mit Filzmoos, 1057 m.

Zwischen Gosaukamm und Saalachtal ist das Tennengebirge gelegen, mit Raucheck, 2431 m, und Bleikogel, 2412 m, als höchsten Erhebungen. Zum Salzachtal hin, bei Werfen, birgt das Gebirge die sogenannte Eisriesenwelt, eine Reihe eisdurchsetzter Höhlen, ähnlich den Eishöhlen der Dachsteingruppe (Mammut- und Eisgrubenhöhle). Der Aufstieg zu diesen sehenswerten Naturgebilden wird wie bei Obertraun im Dachsteingebiet so auch bei Werfen im Tennengebirge durch eine Seilbahn erleichtert.

Das Salzachtal – in seinem Oberlauf, dem Pinzgau, eine breite Talmulde – verändert seinen Charakter grundlegend im nördlich zur Ebene hin gerichteten Abschnitt. Hier rücken die Berghänge des Hochkönigs und des Hagengebirges an der westlichen Seite und des Tennengebirges im Osten so dicht aneinander, daß die neue Autobahn streckenweise durch Tunnel geführt werden muß.

Die Berge zwischen Tennengebirge und dem Seengebiet des Salzkammergutes erreichen nur östlich, im Gamsfeld, die Zweitausendmetermarke und treten auch nur dort als ausgesprochene Felsgipfel in Erscheinung.

Geschichte. Vielfältig wie das Landschaftsbild und voller Höhepunkte ist die Geschichte dieser Region. Die frühgeschichtliche Bedeutung konzentriert sich im wesentlichen auf das Gebiet zwischen Salzach und Totem Gebirge und erfaßt darüber hinaus den gesamten Voralpenraum.

Am Mondsee weisen Funde aus der jüngeren Steinzeit auf eine Pfahlbau-

Dachsteingruppe

kultur im Salzkammergut in der Zeit vor 2000 v. Chr. hin. Im 2. vorchristlichen Jahrtausend, zur Zeit der Aunjetitzer Kultur (frühe Bronzezeit), wird im Raume des heutigen Bischofshofen bereits der Kupferabbau betrieben. Weitere, jüngeren bronzezeitlichen Kulturen zugeordnete Funde deuten auf eine Ausbreitung der Lausitzer Kultur 1200–1000 v. Chr., die den Veneto-Illyrern zugeschrieben wird. Ein Zweig dieses Kulturkreises führt mit Beginn der Eisenzeit zur Hallstatt-Kultur – so benannt nach den zahlreichen Funden aus dem dort freigelegten vorgeschichtlichen Gräberfeld. Schon für die Früh-Hallstattzeit ist der Salzbergbau an dieser Stelle belegt, das Salzbergwerk bei Hallstatt gilt als das älteste der Welt. Die Funde aus dem großen Gräberfeld mit annähernd 2000 Bestattungen weisen in die Zeit um 750–500 v. Chr. und charakterisieren deutlich die Abkehr von der Brandbestattung in Urnenfeldern. Mit dem Vordringen keltischer Stämme wird die Hallstatt-Kultur von der La Tène-Kultur abgelöst. Um die Zeitenwende wurde die Region Teil der römischen Provinz Noricum, die sich von der Linie Kufstein–Toblach über den östlichen Alpenraum erstreckte. Entlang der römischen Heerstraßen und Handelswege entstanden Befestigungsanlagen und Siedlungen, deren Bedeutung zum größten Teil bis ins Mittelalter und in die Neuzeit erhalten blieb. Um 500 n. Chr. besiedelten die Bajuwaren den nördlichen Alpenraum. Die geschichtlichen Vorgänge vom Mittelalter bis zur Gegenwart sind so weitreichend und differenziert, daß sie in diesem Rahmen, sei es auch nur fragmentarisch, nicht erwähnt werden können. Besser als in jeder Niederschrift spiegeln sich die einzelnen Epochen in den zahlreichen religiösen und weltlichen Baudenkmälern dieses Gebietes. So wird ein Gang durch Salzburg oder der Besuch von Museen an vielen anderen Orten dem interessierten Touristen Aufschluß über den mehr an lokalen Ereignissen orientierten Geschichtsablauf geben.

Geologisch unterscheidet sich die Region von anderen des nördlichen Alpenraumes vor allem durch die Gesteinsschichten des sogenannten Haselgebirges, die während der Gebirgsbildung in Transport und Faltung einbezogen waren und daher eine starke

Durchdringung und Durchmischung von Steinsalz (Halit), Gips, Anhydrit und Ton aufweisen. Diese Zone erstreckt sich vom Grundlsee über Bad Aussee, Hallstatt, Bad Ischl nach Hallein und darüber hinaus bis ins Berchtesgadener Land. Der südliche Gebietsteil wird vom Dachsteinkalk und -dolomit geprägt. Die Werfener Schuppenzone durchzieht Teile des Salzachtales, wo u. a. Eisen- und Kupfererze schon in frühgeschichtlicher Zeit abgebaut wurden. Entlang des Ennstales erstreckt sich die Grauwakkenzone. Im Höllengebirge dominiert Wettersteinkalk, die Totengebirgsdekke vereinigt Hauptdolomit, Plattenkalk und Juraformationen.

Wettergeschehen. Die Region wird weniger stark von den Westwetterlagen beeinträchtigt als weiter westlich gelegene Gebiete. So wirkt sich auch der Nordstau mit seinen langanhaltenden, ergiebigen Niederschlägen in weit geringerem Maße aus, dagegen gewinnt die östliche Klimazone an Bedeutung.

Pflanzen. In beschränktem Maße wirkt sich dies auch auf das Pflanzenwachstum und die Höhenbegrenzung der Vegetationszonen aus. Der Artenreichtum der auf Kalkböden anzutreffenden Alpenblumen ist jedoch der gleiche wie in anderen Gebieten der Nördlichen Kalkalpen.

Alpentiere in mehr als 60 Arten kann man im Cumberland-Wildpark nahe Grünau im Almtal antreffen, der von Gmunden am Traunsee in weniger als einer Fahrstunde mit dem Pkw zu erreichen ist. Ein weites Gebiet im Toten Gebirge wurde unter besonderen *Naturschutz* gestellt.

Mineralien. Für Mineralienfreunde sollen einige Fundstellen erwähnt werden. Halit und andere Halogenide in den Salzbergwerken sind von Natur aus meist massig wie Gips und Anhydrit.
Kristalline Stufen haben sich in der Regel aus Lösungen gebildet, so zum Beispiel schlanke Selenitkristalle (Gips) bei Altaussee. Salzbergwerke befinden sich bei Hallstatt, Bad Aussee, Bad Ischl und Hallein.
Außer Eisen- und Kupfererzen, die man vereinzelt noch findet, kommen bei Werfen Wagnerit, Lazulith und Ferromagnesit vor. Bei Schladming sind Nickelinvorkommen nachgewiesen.

Das Ennstal zwischen Stainach und Hieflau

Das Landschaftsbild des breiten Ennstales zwischen Stainach und Liezen verrät zunächst nichts von den Wesensmerkmalen einer typischen Alpenlandschaft. Dazu weichen die hohen Berge des Toten Gebirges zu weit nach Norden, die der Niederen Tauern gleichermaßen nach Süden zurück. Erst östlich der Stadt Liezen beleben die Haller Mauern als rahmende Bergkulisse die Szenerie des weiten Talbeckens. Bei Admont tritt plötzlich und unvermittelt ein entscheidender Wandel im Landschaftsbild ein. Dort, wo die Ennstaler Alpen sich zu großartigen Gipfelgruppen auftürmen, durchzieht die Enns das von einer schluchtartigen Enge und steil aufragenden Felswänden geprägte Gesäuse, einen sich über 16 (Straßen-)km erstreckenden Talabschnitt.

Stainach, 650 m, ist als Sommerfrische im Ennstal, nur wenige Kilometer von dem Straßenknotenpunkt der Bundesstr. 308 u. 145, an der Strecke Salzburg–Graz gelegen. Sehenswert sind Schloß Stainach und Schloß Friedstein in der näheren Umgebung. An der Südseite des breiten Tales liegen die Orte *Irdning* und *Aigen,* die im Zusammenhang mit den Niederen Tauern/Wölzer Tauern (s. dort) Erwähnung finden.

Wörschach, 645 m, Schwefel-Heilbad und Ferienort, erreicht man von der Straße nach Liezen links abzweigend. Der Besuch der sehenswerten *Ruine*

Wolkenstein eröffnet einen schönen Ausblick auf das Ennstal und die in südlicher Ferne aufsteigenden Gipfel der Wölzer Tauern. Eindrucksvoll ist auch die Wörschacher Klamm.

Liezen, 660 m, Bezirkshauptstadt, vermittelt den Eindruck eines modernen Stadtbildes und stellt den Verkehrskreuzungspunkt der Straßen über den Pyhrnpaß, nach Graz über Trieben, und weiter durch das Ennstal nach Admont–Hieflau dar.
Der 945 m hohe *Pyhrnpaß* ist nicht nur als direkte Straßenverbindung nach Linz von Bedeutung, die Strecke vermittelt auch schöne Ausblicke auf die Gipfel der Haller Mauern und des Toten Gebirges. Etwa 2 km nordöstlich des Scheitelpunktes befindet sich die Talstation der Gondelseilbahn zum Filzenboden und Linzer Haus, 1400 m. Dort eröffnet sich eine hervorragende Aussicht zum Warscheneck, 2389 m, zum Toten Mann, 2131 m, im Toten Gebirge und zum 2009 m hohen Bosruck als weit vorgelagertem Gipfel der Haller Mauern. Schöne Aussichtsstellen auf das Ennstal und die Tauern erreicht man auch von der Straße zur *Hintereggerhütte,* 1220 m.

Admont, 640 m, Luftkur- und Wintersportort, ist eine der ältesten Siedlungen in der Steiermark. Sehenswert ist die Pfarrkirche St. Blasius, auf den romanischen und gotischen Resten des ehemaligen Münsters im 19. Jahrhundert in neugotischem Stil errichtet. Einen Besuch wert ist vor allem die berühmte Stiftsbibliothek der Benediktinerabtei. Wohnhäuser aus dem 17. und 18. Jahrhundert schmücken das Ortsbild. Eine Wanderung zum Schloß Röthelstein eröffnet eine schöne Aussicht auf die das Tal im Norden überragenden Haller Mauern und die sich im Osten auftürmenden Gesäuseberge. Die in der Nähe des Ortes in nordöstlicher Richtung abzweigende Straße über den *Buchauer Sattel,* 872 m, stellt als Abkürzung der weiten Ennsschleife die kürzeste Verbindung mit *Altenmarkt* dar.

Unmittelbar hinter *Krumau* tritt die Straße nach Hieflau in die Talenge des *Gesäuses* ein. Der »Gesäuseeingang« wird durch die Steilhänge des Himbersteins im Norden und der Haindlmauer im Süden geprägt. Auf einer Streckenlänge von 16 km führen Straße und Bahnlinie durch einen wildromantischen Talabschnitt. Nur gelegentlich eröffnet sich ein Durchblick zu den hohen Gipfeln der Gesäuseberge, von denen der Gr. Buchstein, 2224 m, im Norden und Hochtor, 2365 m, Gr. Ödstein, 2355 m, sowie Reichenstein, 2247 m, im Süden die höchsten Erhebungen darstellen. Nach etwa 1/4 der Strecke zweigt beim Whs Bachbrücke eine Fahrstraße durch ein enges Seitental nach *Johnsbach,* 773 m, ab. Das einzige Dorf an Bahnlinie und Straße im Gesäuse ist *Gstatterboden,* 580 m. Als Spazierweg im landschaftlich schönsten Teil empfiehlt sich der Streckenabschnitt von der Bahnhaltestelle Johnsbach bis zu dem auf den Bahnhof Gstatterboden folgenden Haltepunkt am Ennsstau. In diesem Bereich verläuft ein Spazierweg an der jeweils dem Straßenverlauf gegenüberliegenden Flußseite, so daß keine Beeinträchtigung durch Kraftfahrzeuge erfolgt.

Hieflau, 510 m. Hier weitet sich das Tal wieder. Im Ort stößt die Straße auf die Bundesstr. 115, die nordwärts dem Flußlauf der Enns bis Steyr folgt und in östlicher Richtung Hieflau mit Eisenerz und über den Präbichlpaß mit Graz verbindet (s. auch »Östliche Randgebiete«).

Grimming, Totes Gebirge und Trauntal

Die Landschaft entlang der österreichischen Bundesstr. 145 von Pürgg über Bad Aussee, Bad Ischl zum Traunsee ist abwechslungsreich und von besonderen Höhepunkten geprägt – sei es der eindrucksvolle, die Gegend bei Pürgg beherrschende und bis 2351 m aufragende Grimming, der in die Gebirgslandschaft des Toten Gebirges eingebettete Grundlsee oder der Flußlauf der Traun, die, von den Osthängen des Höllengebirges flankiert, bei Ebensee in den Traunsee mündet.

Pürgg-Trautenfels, 790 m, abseits des Verkehrsknotenpunktes Salzkammergut/Ennstal über dem Tal, in unmittelbarem Gegenüber zum Felsmassiv des Grimming gelegen, ist ein beliebter Urlaubsort und zählt zu den ältesten Siedlungen dieser Region. Sehenswert sind Pfarrkirche z. hl. Georg, Johanneskapelle sowie Schloß Trautenfels (Jugendherberge) mit Landschaftsmuseum, ½ Stunde vom Ort entfernt.
Die Bundesstraße steigt bis zur Klachauer Höhe 830 m an. Dort zweigt eine Nebenstraße zum Spechtensee ab.

Tauplitz, 890 m, ist ein aufstrebendes Wintersportzentrum. Von hier führt ein Sessellift in 1640 m Höhe zur Tauplitzalm, einem Seengebiet mit Großsee, Steirer See und Schwarzensee. Die Tauplitzalm ist auch auf einer Mautstraße zu erreichen, die bei Bad Mitterndorf abzweigt. Vom Endpunkt der Straße gelangt man mit einem Sessellift zum Lawinenstein in 1937 m Höhe. Hier eröffnet sich ein hervorragender Ausblick, der von den hohen Gipfeln des Toten Gebirges bis zum Dachstein reicht.

Bad Mitterndorf, 810 m, Kur- und Wintersportort mit sehenswerter Pfarrkirche und einer heimatkundlichen Sammlung. Hier zweigt die landschaftlich reizvolle Straße zum Salzaspeicher und weiter ins Ennstal ab. Diese zeitweilig gesperrte Straße durch die Salzaschlucht, die den Namen »Durch den Stein« trägt, ist zugleich eine wesentlich kürzere Verkehrsverbindung zwischen Bad Mitterndorf, dem Salzkammergut und Gröbming im Ennstal.

Bad Aussee, 660 m, Kurort und Heilbad, liegt nur jeweils 4 km von Grundlsee und Altausseer See entfernt in der landschaftlich reizvollen Umgebung des Toten Gebirges. Sehenswert sind Pfarrkirche (gotisch), Kammerhof (gotisch), Spitalkirche, Heimatmuseum und ein Alpengarten mit großem Artenreichtum. Der *Grundlsee,* 712 m, mit dem gleichnamigen Ort und der Gemeinde *Gößl* am Ostufer,

Fuschlsee mit Schloß Fuschl

ist von den Gipfeln des Toten Gebirges gerahmt und durch eine schmale Landbrücke vom *Toplitzsee,* 721 m, getrennt, der als ausgesprochen stiller Bergsee Erwähnung verdient.

Altaussee 720 m, mit den Ortsteilen *Fischerndorf* und *Puchen* unmittelbar am Altausseer See gelegen, ist ein bekannter Kurort, der auf eine lange Geschichte der Salzgewinnung zurückblicken kann. So verdient auch die Besichtigung des Schaubergwerkes, von Mai bis Oktober, besondere Erwähnung. Außerdem ist das Heimatmuseum sehenswert. Die Fahrt auf der 10 km langen Panoramastraße (mautpflichtig) zur *Loserhütte,* 1540 m, eröffnet eine Reihe hervorragender Aussichtsstellen.
Über den Pötschensattel, 992 m, gelangt man nach Bad Goisern im Tal der Traun. Etwa 2 km hinter der Paßhöhe zweigt ein Weg zur »Simonyaussicht« ab. Dort eröffnet sich der einmalige Ausblick auf den Hallstätter See und zum vergletscherten Dachsteinmassiv.

Bad Goisern 500 m, Heilbad, Luftkur- und Wintersportort am Oberlauf der Traun, unweit des Hallstätter Sees. Das Ortsbild weist zwei Kirchen und Bürgerhäuser aus dem 15.–17 Jahrhundert auf. Eine umfassende Aussicht, unter anderem zum Hallstätter See und Dachstein, gewinnt man von der 979 m hoch gelegenen Sessellift-Bergstation unterhalb des Predigtstuhls, 1278 m.

In **Bad Ischl,** 470 m, Solbad und Luftkurort mit Volkskunde- und Heimatmuseum, Salzbergwerk (Besichtigung) und anderen Sehenswürdigkeiten, zweigt die Straße nach Salzburg ab. Die Katrin-Gondelseilbahn (Bergstation, 1419 m) führt zu einem hervorragenden Aussichtspunkt.

Traunsee, 422 m hoch gelegener See mit den Orten *Ebensee, Traunkirchen* und *Gmunden,* der sich am Fuße des Traunsteins zum Alpenvorland hin erstreckt. Bei Ebensee führt die Feuerkogelbahn bis in eine Höhe von 1580 m hinauf und erschließt eine Reihe von Höhenwegen im Höllengebirge.

Gmunden, 425 m, Bezirkshauptstadt am Nordufer des Traunsees, weist als

Salzburg mit Feste Hohensalzburg

besondere Sehenswürdigkeiten Rathaus, Kammerhof-Gebäude, Seeschloß, Spitalkirche, Pfarrkirche und Kapuzinerkirche auf.
Zu den hohen Gipfeln des Toten Gebirges, dessen höchste Erhebung mit 2523 m der Gr. Priel darstellt, erstrekken sich von Norden her das Almtal mit dem Ort *Grünau* und dem ausgedehnten Cumberland-Wildpark, sowie das von der Steyr durchflossene Stodertal mit dem Hebenkas, 2284 m, und Almkogel, 2122 m, am Talschluß.

Dachsteingebiet – Hallstatt, Gosau, Ramsau und Filzmoos

Das an die Dreitausendmetermarke heranreichende Dachsteinmassiv gehört mit den vergletscherten Gipfelpartien, seinen steilen Südabstürzen und dem dolomitenähnlichen Gosaukamm im Nordwesten zu den markantesten Berggruppen der Nördlichen Kalkalpen und darüber hinaus des gesamten Alpenraumes. Die Kalkberge sind von einem noch weitgehend unerforschten Höhlensystem durchzogen. Jede der das Massiv umschließenden Tallandschaften weist einen eigenen Charakter auf, der sie deutlich von den übrigen unterscheidet. So ist die romantische, zu manchen Stunden des Tages je nach Standort sogar düstere Atmosphäre des Hallstätter Sees nicht mit dem trotz steil aufragender Gipfelrahmung lieblichen Landschaftsbild der Gosauseen zu vergleichen, und das unterhalb der Dachstein-Südwand verstreute Ramsau unterscheidet sich recht deutlich von der Tallage bei Filzmoos; die Salzburger Dolomitenstraße schließlich, das Radstädter Gebiet mit dem Salzachtal verbindend, ist in respektvollem Abstand zu den zerklüfteten Gipfellagen angelegt, so daß Wiesen und Wälder vordergründig in Erscheinung treten.

Hallstatt, 511 m, am steilen Westufer des Hallstätter Sees gelegen, touristisches und kulturelles Zentrum, führt seine Bedeutung als Siedlungsraum auf den frühgeschichtlichen Salzbergbau zurück. Zu keiner Zeit bot die Lage des Ortes die Möglichkeit einer räumlichen Ausdehnung. Außer dem malerischen Ortsbild sind Pfarrkirche, Michaelskapelle mit Beinhaus, das prähistorische Museum und das Heimatmuseum sehens- und besuchenswert. Gleichermaßen interessant ist die Besichtigung des Salzbergwerkes, das mit der Salzbergbahn erreicht wird. Als Ausflugsziele bieten sich *Rieseneis- und Mammuthöhle* an, die von der Mittelstation der Dachstein-Kabinenseilbahn mühelos zu erreichen sind (Talstation bei Obertraun). Von der Bergstation Krippenstein, 2079 m, eröffnet sich eine Reihe hervorragender Wanderwege und Hochtouren im Dachsteinmassiv.

Gosau, 779 m, Ferien- und Wintersportort in schöner landschaftlicher Lage, der über die Abzweigung beim Whs Gosaumühle am westlichen Ufer des Hallstätter Sees zu erreichen ist. Der vordere *Gosausee,* 933 m, mit überwältigendem Ausblick auf das vom Gr. Gosaugletscher gezierte Dachsteinmassiv (Hoher Dachstein, 2995 m) und den dolomitenähnlich gegliederten Gosaukamm, ist durch eine Fahrstraße erschlossen. Die Kabinenseilbahn zur Gablonzer Hütte 1471 m erschließt einen hervorragenden Aussichtspunkt. Den hinteren Gosausee, 1154 m, erreicht man in ca. 1¾ stündiger Wanderung vom Ende der Fahrstraße.
Die Straße über den Paß Gschütt, 964 m, verbindet Gosau mit der als »Salzburger Dolomitenstraße« bezeichneten Verkehrsverbindung Golling–Abtenau–Radstadt.

Abtenau, 715 m, Luftkurort, liegt am Nordrand des Tennengebirges, dessen höchste Erhebung der 2431 m hohe Raucheck-Gipfel darstellt. Von hier aus steigt die Straße über *Annaberg,* 777 m, einen Ferien- und Wintersportort in reizvoller Lage zwischen dem zerklüfteten Gosaukamm und dem

Gesäuse-Eingang gegen Hochtorgruppe ▷

Hochtor
2365 m

Tennengebirge, mäßig an. Von der *Theodor-Körner-Hütte,* 1466 m, die in 2stündiger Wanderung von Annaberg zu erreichen ist, führt eine Teilstrecke des »Austriaweges« als aussichtsreicher Panoramaweg unmittelbar unter den Steilhängen der Gr. Bischofsmütze, 2455 m, in 2 Stunden zur Mahd-Alm, 1539 m (Rückweg nach Annaberg 1½ Stunden).
Über *Lungötz,* 840 m, Ortsteil der Gemeinde Annaberg, und *St. Martin a. Tennengebirge,* 950 m, Luftkur- und Wintersportort, erreicht die Bundesstr. 166 das Unterfritztal und trifft dort auf die Bundesstr. 99 Radstadt–Bischofshofen.

Filzmoos, 1057 m, Luftkur- und Wintersportort in besonders schöner Lage im Oberfritztal, vom Dachsteinmassiv im Nordosten und der Gr. Bischofsmütze im Norden überragt, bietet Gelegenheit für eine Reihe schöner Wanderungen und Hochtouren. Einen ausgezeichneten Überblick über Dachsteinmassiv und Gosaukamm gewinnt man von der Radstädter Hütte am Roßbrand, 1770 m, zu Fuß in 2¼ Stunden zu erreichen.

Ramsau, 1075–1300 m, Luftkur- und Wintersportort, erstreckt sich als weitverstreute Siedlung über ein Hochtal unterhalb der Dachstein-Südwand. Sehenswert ist die Pfarrkirche St. Ruppert im Ortsteil Kulm. Eine Mautstraße erschließt die Türlwandhütte, 1702 m, Talstation der Kabinenseilbahn zum Hunerkogel, 2694 m, Sommerskigebiet auf dem Schladminger Gletscher und hervorragender Aussichtspunkt.

Das Seengebiet des Salzkammergutes – Wolfgangsee – Mondsee – Attersee – Fuschlsee

Seit frühester Zeit als Ferien- und Erholungsgebiet beliebt, erfreut sich die Landschaft des Salzkammergutes internationaler Anerkennung. Das Seentrio Wolfgangsee – Mondsee – Attersee gruppiert sich um den 1783 m hohen Schafberg als Dominante im Landschaftsbild mit herrlicher Aussicht. Als größter der Seen des Salzkammergutes erstreckt sich der Attersee bis weit in das Alpenvorland und wird im Süden von der Bergkulisse des Höllengebirges und des Schafbergs gerahmt. Auch der Mondsee weist von den Talniederungen am Nordwestufer bis zur Bergrahmung im Südosten ein differenziertes Landschaftsbild auf. Zwar besitzt auch der Wolfgangsee im Südosten eine ausgedehnte Flachuferzone, ist jedoch ringsum von einer Berg- und Hügellandschaft umgeben. Ein umfassender Eindruck von den großartigen Landschaftsbildern dieses Gebietes eröffnet sich im Rahmen einer Autorundtour, die folgenden Streckenverlauf aufweist, wobei ein beliebig zu wählender Ort an der Route als Ausgangs- und Zielpunkt dienen kann:
Mondsee – Scharfling – St. Gilgen – Strobl – St. Wolfgang (Fahrt mit der Zahnradbahn auf den Schafberg) – Bad Ischl – Weißenbachsattel – Weißenbach am Attersee – Unterach – am Nordufer des Mondsees zum Ausgangsort zurück.

Mondsee, 482 m, Bade- und Ferienort am Nordwestufer des gleichnamigen Sees, besitzt ein schönes Ortsbild mit Barock- und Rokokofassaden am Marktplatz und in der ehemaligen Stiftskirche, sowie mit dem Heimatmuseum und dem Freilichtmuseum »Mondseer Rauchhaus« besondere Sehenswürdigkeiten.

Der Badeort **St. Lorenz,** 482 m, mit den Resten eines Pfahlbaudorfes und den Ortsteilen *Plomberg* unter der Drachenwand und *Scharfling,* erstreckt sich am Westufer des Mondsees.

St. Gilgen, 554 m, Luftkur- und Badeort am Westende des Wolfgangsees mit sehenswerter Pfarrkirche und Friedhofskapelle, besitzt einen kilometerlangen Strand. Es besteht eine Schiffsverbindung zwischen St. Wolfgang, St. Gilgen und Strobl. Die Kabinenseilbahn zum Zwölferhorn (Bergstation 1477 m) erschließt einen hervorragenden Aussichtspunkt.

Strobl, 543 m, Ferien-, Badeort und Moorbad, liegt am Ostufer des Wolfgangsees. Das gut erschlossene Postalmgebiet bietet ideale Wintersportmöglichkeiten in 1200–1600 m Höhe.

St. Wolfgang, 560 m, ist als beliebter Luftkur- und Badeort landschaftlich reizvoll am Fuße des Schafberges gelegen. Sehenswert: Ortsbild, Wallfahrtsbrunnen, Schloß (früher Pfarrhof), Pfarrkirche mit gotischem Flügelaltar (Pacher) und Friedhofskapelle. Zum Schafberg, dem Aussichtsgipfel par excellence, führt eine Zahnradbahn (Bergstation 1732 m).

Nußdorf, 497 m, *Attersee,* 480 m, *Seewalchen,* 497 m, *Kammer-Schörfling,* 497 m, mit sehenswertem Schloß und *Weyregg,* 470 m, sind die wichtigsten Ferien- und Badeorte im nördlichen Teil des Attersees. *Weißenbach,* 494 m, und *Steinbach,* 514 m, sind Ferien- und Badeorte am Ost- bzw. Südostufer des Attersees unter den Ausläufern des Höllengebirges.

Unterach, 479 m, Ferien- und Badeort am Südwestufer des Attersees, liegt an der Straße zum Mondsee. Der Ortsteil *Au* am östlichen Ende des Mondsees gehört ebenfalls der Gemeinde Unterach an. Ein schöner Spazierweg führt am Ufer entlang zur Burggrabenklamm (45 Minuten).
Die Bundesstr. 158 nach Salzburg führt am Fuschlsee entlang mit dem Luftkur- und Badeort *Fuschl am See,* 669 m. Die Ufer des landschaftlich reizvollen Sees sind unter Naturschutz gestellt.

Das Salzachtal von Bischofshofen bis Salzburg

Die Tallandschaft der Salzach verengt sich hinter Bischofshofen merklich. Hochkönigmassiv und Hagengebirge im Westen, sowie das Tennengebirge im Osten reichen mit ihren Ausläufern so nahe an die Talstufe heran, daß für Straße, Bahn und Flußlauf an manchen Stellen kaum noch Raum bleibt. Nicht nur der geradlinigere Verlauf zwingt deshalb die neue Autobahn durch einige Tunnelabschnitte. Seit Bestehen dieser Schnellverbindung wurde die Bundesstr. 159 spürbar entlastet, was vor allen Dingen den Stellenwert der Talorte als Ferien- und Erholungsgebiete erhöht. Einige landschaftlich sehr reizvolle Seitentäler zweigen zu den Bergregionen links und rechts der Straße ab. So erstrekken sich das Tal von Werfenweng und das Lammertal zum Tennengebirge hin. Das Blühnbachtal ist zwischen Hochkönigmassiv und Hagengebirge eingebettet. Bei Golling zweigt aus dem sich nunmehr merklich verbreiternden Salzachtal das Bluntautal zum Hagengebirge ab und endet an den Hängen von Schneibstein, 2277 m, und Hohem Brett, 2341 m.

Bischofshofen, 550–600 m, touristisches Zentrum und Wintersportort am Fuße des Hochkönigmassivs; in der

Im Gesäuse

Nähe des Ortes münden die Bundesstr. 311 und 99 in die 159 ein.

Bei **Pfarrwerfen,** 553 m, Ferienort an der Salzach, zweigt die Straße nach Werfenweng ab. Sehenswert sind Kirche, Heimatmuseum und alte Wassermühlen am Ortsrand.

Werfenweng, 901 m, Luftkur- und Wintersportort mit sehenswerter Kirche, ist in sehr reizvoller Landschaft in einem Hochtal am Südrand des Tennengebirges gelegen, überragt von Hochthron, 2360 m, Eiskogel, 2321 m und Tauernkogel, 2249 m. Der Sessellift zur *Bischlinghöhe,* 1883 m, eröffnet eine großartige Aussicht auf Tennengebirge, Dachstein mit Gosaukamm und die Tauernkette. Außerdem ist eine Reihe aussichtsreicher Höhenwege vorhanden.

Werfen, 548 m, touristisches Zentrum, Ferien- und Wintersportort im Salzachtal mit sehenswerter Kirche und der großartigen Burganlage Hohenwerfen außerhalb des Ortes, weist eine Vielzahl lohnender Ausflugsziele aus. An der Spitze steht die sogen. »Eisriesenwelt«, die mit 42 km langem Gangsystem als größte ständig eisführende Höhle der Welt gilt. Besichtigung vom 1. 5. bis 15. 10., warme Kleidung, festes Schuhwerk und die notwendige Ausdauer für eine 2stündige Führung vorausgesetzt. Zufahrt über Bergstraße, vom Parkplatz in 10 Gehminuten zur Talstation der Eisriesenwelt-Seilbahn beim Rasthaus Wimmerhütte, 1080 m, 4 Minuten Gondelfahrt zum Dr.-Friedrich-Oedl-Haus, 1575 m, dem Ausgangspunkt der Führungen. (Kleinbus-Taxiverkehr Werfen – Parkplatz Wimmerhütte).
Von **Tenneck** mit der Eisenhütte Konkordia zweigt eine kleine Fahrstraße ins Blühnbachtal ab. Nur auf einem Teilstück ist öffentlicher Kfz-Verkehr zugelassen. Steigt man jedoch über den nördlichen Hang in Richtung Schoberkopf auf, so eröffnet sich eine hervorragende Aussicht auf das Hochkönigmassiv mit dem Gletscher »Übergossene Alm«.

Über den Paß Lueg, 573 m, wird die Straßenabzweigung ins Lammertal erreicht, ein sehr reizvolles Tal, mit *Abtenau,* 715 m, als touristischem Zentrum am Nordrand des Tennengebirges. Sehenswert sind die an der Strecke gelegenen, als »Lammeröfen« bezeichneten Auswaschungen.

Golling, 476 m, Ferien- und Luftkurort an der Salzach in schöner Lage, birgt im Ortsbild zahlreiche alte Häuser und andere Sehenswürdigkeiten. Das Schloß entstand aus einer Burg des 13. Jahrhunderts. Von vielen lohnenden Ausflugszielen sei das *Bluntautal* mit seinen Waldseen und Wasserfällen sowie die Wanderung zur Unterjochalm, 1172 m, über dem von steil aufragenden Gipfeln gerahmten Talschluß, 2½ Stunden vom Whs Bärenhütte (bis dort Straße), empfohlen.

Kuchl, 470 m, Luftkur- und Wintersportort mit sehenswerter Pfarrkirche, leitet seine Entstehung von der römischen Siedlung Cuculus ab.

Hallein, 450 m, ist Bezirkshauptstadt, touristisches Zentrum und Heilbad. Besonders sehenswert sind Griestor, Rathaus, Pfarrkirche, Peterskapelle und Heimatmuseum. Ebenfalls einen Besuch wert ist das Salzbergwerk auf dem Dürrnberg; mit Kabinenseilbahn zu erreichen. Es gilt als das größte Salzbergwerk in ganz Österreich.

Salzburg, 425 m, dem Alpenraum vorgelagerte Landeshauptstadt, erstreckt sich entlang der Salzach, als Kulturzentrum Österreichs gleichrangig mit Wien. Für den Besuch der an Baudenkmalen, Kunstschätzen und historischen Stätten überaus reichen Mozart- und Festspielstadt empfiehlt sich die Benutzung eines Kulturführers. Als alpines Ausflugsziel und lohnender Aussichtspunkt soll der Besuch des Geierecks, 1776 m, Bergstation der von St. Leonhard, 456 m, ausgehenden Untersberg-Kabinenseilbahn, Erwähnung finden.

Kalbling und Reichenstein ▷

2
Steinernes Meer
Zwischen Salzach und Inn

Das Gebiet zwischen Salzach und Inn birgt eine Fülle landschaftlicher Höhepunkte, sei es die Berchtesgadener Bergwelt, die sich bei Reichenhall unvermittelt aus der Ebene erhebt oder die Einmaligkeit des Königssees am Fuße des Watzmanns, umschlossen von den Massiven des Steinernen Meeres und Hagengebirges. Die Chiemgauer Berge, allmählich zu den Loferer Steinbergen hin ansteigend, mit ihrem Wald- und Wiesenreichtum, die zerklüfteten Felsgipfel des Kaisergebirges und das breite Tal der Saalach, das zwischen Saalfelden und Maishofen von den Gebirgszügen der Kitzbüheler Alpen und Dientener Bergen flankiert wird, dominieren gleichermaßen in ihrer besonderen Eigenart. Welcher Variante alpenländischer Landschaftsformen man auch immer den Vorzug geben mag, ein dichtes Straßennetz, durch fruchtbare Talniederungen oder über Wiesenhänge geführt, ermöglicht den Wechsel von einem Charakteristikum zum anderen.

Die Deutsche Alpenstraße und die landschaftlich reizvolle Höhenstraße von Bad Reichenhall über Bischofswiesen erschließen das Berchtesgadener Gebiet von deutschem Boden aus. Mit 2713 m überragt der Watzmann alle Gipfel der Umgebung, von denen der Jenner als Aussichtsberg, der Hochkalter, 2607 m, und der Hohe Göll, 2522 m, besonders hervorzuheben sind. Hochstaufen und Predigtstuhl markieren die Pforte zum Saalachtal, das bei Bad Reichenhall in die weite Ebene mündet. Ramsau mit Hintersee und Taubensee, Schönau an den Hängen des Grünsteins, Strub und Bischofswiesen sind ausgedehnte Urlaubs- und Erholungsgebiete vor den Toren Berchtesgadens. Der Königssee, zweifellos der schönste deutsche Alpensee und einer der reizvollsten im gesamten Alpenraum, ist nur wenige Kilometer vom Zentrum entfernt. Mit

dem Malerwinkel, St. Bartholomä unter der gewaltigen Watzmann-Ostwand und dem stillverträumten Obersee werden landschaftliche Höhepunkte vorgestellt. Das Steinerne Meer schließt sich unmittelbar dem Watzmannmassiv an, während die steilen Berghänge und Felswände am östlichen Seeufer dem von einem Gipfelkranz umschlossenen Hochplateau des Hagengebirges angehören.
Den Eindruck einer anderen Eigenart alpiner Landschaftsformen vermitteln die wald- und wiesengesäumten Chiemgauer Berge mit den Zentren Inzell, Ruhpolding und Reit im Winkl. Die Felsgipfel erreichen hier selten 1800 m Seehöhe, nur das Sonntagshorn im Gebiet von Inzell und Ruhpolding reicht mit 1967 m nahe an die Zweitausendmetermarke heran.
In zwei parallel zueinander verlaufenden Bergkämmen, dem Zahmen Kaiser im Norden und dem Wilden Kaiser südlich davon, erscheint das Kaisergebirge als zerklüfteter Gipfelgrat – höchste Erhebung Ellmauer Halt, 2344 m. Der schönste Überblick eröffnet sich vom Kitzbüheler Horn oder dem Hahnenkamm. Beide sind von Kitzbühel aus (siehe dort) mit einer Kabinenseilbahn zu erreichen.
Die Straße über den nur 677 m hohen Paß Strub verläuft nördlich der Loferer Steinberge und verbindet das Tal der Kössener Ache mit Lofer. Die höchsten Erhebungen, Gr. Ochsenhorn, 2511 m, und Hinterhorn (Mitterhorn), 2508 m, überragen deutlich die anderen Berge. Südöstlich schließen sich die Leoganger Steinberge mit dem 2634 m hohen Birnhorn an. Das breite Talbecken der Saalach zwischen Saalfelden und Maishofen wird im Norden von den Gipfeln des Steinernen Meeres überragt, während die Tauernkette auf der gegenüberliegenden Seite eine großartige Bergkulisse bildet.
Dem Steinernen Meer südöstlich vorgelagert, erhebt sich der Hochkönig mit 2941 m als gewaltiges Bergmassiv entlang des Blühnbachtales. Während man von den Hochlagen dieses Tales Einblick in das vergletscherte Gipfelplateau »Übergossene Alm« gewinnt, eröffnen sich vom südlich des Massivs gelegenen Filzensattel, dem Birgkarhaus und von Mühlbach Ausblicke zur steil aufragenden Südwand. In vielerlei Hinsicht bietet sich der Vergleich mit dem Dachsteinmassiv an.
Im südlichen Gebiet dieser Region bilden die Dientner Berge gewissermaßen die Fortsetzung der »Pinzgauer Grasberge«, die im Zusammenhang mit den Kitzbüheler Alpen beschrieben werden. Nur die höchsten Gipfel – Hundstein, 2117 m, Hochkasern, 2015 m, und Schwalbenwand, 2011 m, – überschreiten die Zweitausendmetermarke. Dientener Tal und Mühlbachtal sind waldreiche, enge und wildromantische Haupttäler dieses Gebietes. Von Mühlbach aus ist eine Fahrstraße zum Arthurhaus, 1502 m, am Fuße der Mandlwand angelegt.
Das weite Inntal zwischen Wörgl im Süden und Neubeuern im Norden markiert die westliche Begrenzung der Region. Zwischen Kufstein und Kiefersfelden verläuft die Staatsgrenze Deutschland–Österreich.

Geschichte. Die Trennungslinie der Region folgt zugleich *geschichtlichen* Grenzen, denn der Flußlauf des Inns trennte in diesem Abschnitt die römischen Provinzen Noricum und Rätien.
Die frühe Geschichte darf, wie die des Mittelalters, nicht isoliert gesehen werden, bezogen auf das eng begrenzte Gebiet einer Region. Sie ist vielmehr orientiert an einer Entwicklung, die sich auch in den angrenzenden Gebietsteilen vollzog. Waren die neolithischen Kulturen in der Regel nur bis zum Alpenrand vorgedrungen, so lassen Funde im eigentlichen Alpenraum auf die im zweiten vorchristlichen Jahrtausend einsetzende Besiedelung schließen. Die Art der Leichenbestattung gibt Auskunft über die zeitliche und räumliche Abgrenzung der einzelnen Kulturen, von den Hügelgräbern über die Brandbestattung in Urnenfeldern und Gebräuche, wie sie durch

(Fortsetzung auf Seite 110)

Zeichenerklärung auf Seite 88/89
Chiemsee
Herrenchiemsee
Erlstätt
Wolkersdorf
Grabenstät
Stephanskchn.
Prien
Rosenheim
Riedering
Söllhuben
BUNDESREPUBLIK
Wildenwart
Übersee
Siegs
Bernau
Bergen
Raubling
Frasdorf
G. Rottau
Neubeuern
Samerbg.-Grainbach
Chiemgauer Berge
Aschau
Grassau
Ruhpold
Inn
Hochfelln 1671
Nußdorf
Hochries 1569
2.29
Raiten
Marquartstein
R.
Fuchs
Degerndorf
Heuberg 1399
Sachr.-Hainbach
Hochgern 1744
Windshsn.
Ache
Unterwössen
Spitzstein 1598
Geigelstein 1808
Schleching
R.-Seeha
Sachrang
Rauhe Nadel 1360
Oberwössen
Erl
Kössen
Reit i. Winkl
Dürrenbachh. 1776
Ober-Nd.-Audorf
Niederndorf
Walchsee
Seegatterl
2.28
Ebbs
Kaiser-
Schwendt
Kiefersfelden
Bühel
Fellhorn 1765
Steinplatte 1871
Pyramidensp. 2002
Kufstein
Wohlmuthing
Strub
Griesenau
2.30
2.32
Waidring
TIROL
Endach
Ellmauer Haltspitze 2344
Erpfendorf
Loferer
Kirchdorf
Kirchbg. 1678
Hintersteiner See
Gebirge
St. Ulrich a. Pillersee
Scheffau
Weitau
Kirchbichl
Going
St. Johann in Tirol
Hauning
Ellmau
St. Jakob
Brugghäusl
Söll
2.33
Oberndorf
Angeralm
Wörgl
Zinsberg 1674
Kitzbüheler H. 1998
Hohe Salve 1829
2.34
Fieberbrunn
Hochfilzer
Brixen im Thale
Kirchberg in Tirol
Grießenpaß 952
Hopfgarten
Kitzbühel
2.37
Burger A.
Westendorf
Wildseeloder 1996
Spielbergh 2045
N
Aurach b. Kitzbühel
Kohlmai 1794
10 km
Saalbac
Jochberg
Hinterglemm
Lengau
Kitzbüheler
Gaißstein 2366
2249 Hochkogel
Paß Thurn 1273
Stuhlfelden
Uttendorf
Mittersill

Surberg
Oberteisendorf
aunstein
Teisendorf
T.-Straß
Freilassing
Neukrchn.
Ainring
Hammer
Teisenberg
1333
Kreßbhn
SALZBURG
Piding
Inzell
Zwiesel
1781
2.24
Bad
Reichenhall
Elsbethen
Mühlstein
1053
Gröding
Gletschergarten
2.25
Weißbach
Bayr.-Gmain
DEUTSCHLAND
Predigtstuhl
1607
B.-Winkl
Untersberg
1769
Schneizlreuth
Schn.-Melleck
Schn.-Unterjettenbg.
Hallein
1961
Steinpaß
615
Maria Gern
Dürnbg.
Sonnenbg.
Bischofswiesen
Unken
Salzbg.
2.02
Berchtesgaden
Brunnhaus
Kuchl
Saalach
2.14
Reit
A.
2.10
Au
Ramsau
2.03
747
Grubhörnl
Königssee
Hoher Göll
2522
Golling a.d.S.
Reiter
Lofer
Strub-P. 704
2.08
Wimbach
2.06
2.07
Paß Lueg 573
St. Martin
Hirschbichel
1152
Hochkalter 2607
Naturschutzgebiet
Königs-
see
Hagen-Geb.
2522
Hocheis-Sp.
Watzmann
2713
St. Bartholomä
Kahlersberg
2350
Tristkopf
2110
Ochsenhorn
2.17
Königsee
2594
2.16
Weißbach
Gr. Rothorn
2405
Gr. Hundstod
Obersee
Gr. Teufelshorn
2363
Tenneck
ÖSTERREICH
Steinernes
Meer
LAND
Birnhorn
2634
2.20
Werfen
Schönfeld-Spitze
2653
2655
Selbhorn
Eibleck
2354
Leoganger
Steinberge
Hütten
Leogang
Saalfelden
a. St. Meer
SALZBURG
Hochkönig
2941
Bischofshofen
Asitz-K.
1914
2.18
Harham
Maria Alm
Hinterthal
Arthur H.
Mühlbach
Viehhofen
Dienten
2.21
2.22
Alpen
Gerling
1921
Schneebg.
St. Johann
Maishofen
Schober
St. Veit
Hundstein
2117
Schmittenhöhe
1964
Schwarzach
Zell am See
Thumersbach
Zeller See
Eschenau
Goldegg
i. P.
Piesendorf
Bruck a. d.
Großglocknerstr.
St. Georgen
Taxenbach
Lend
Niedernsill
2

1. Ferienorte und touristische Zentren

Im Berchtesgadener Gebiet:

1.01 **Bad Reichenhall,** 472 m, internationales Heilbad
1.02 **Bischofswiesen,** 796 m, Erholung, Spaziergänge, Wandern
1.03 **Berchtesgaden,** 550–650 m, Tourismus, Kur, Kultur
1.04 **Königssee,** 600 m, Erholung, Wandern, Wintersport (Rodeln, Bob)
1.05 **Ramsau,** 650–800 m, Erholung, Wandern

Im Saalachtal:

1.06 **Lofer,** 626 m, Erholung, Wandern
1.07 **Weißbach,** 665 m, Erholung, Wandern
1.08 **Saalfelden,** 744 m, Tourismus, Kultur, Wintersport
1.09 **Leogang,** 797 m, Wandern, Wintersp.
1.10 **Maishofen,** 760 m, Erholung, Wandern
1.11 **Saalbach,** 1003 m, Wintersport, Wandern

Im Gebiet des Hochkönigs:

1.12 **Tennek-Blühnbach,** 816 m, Erholung, Wandern
1.13 **Maria Alm,** 802 m, Erholung, Wintersport
1.14 **Hintertal,** 1016 m, Wintersport, Hochtouren
1.15 **Dorf Dienten,** 1078 m, Erholung, Wandern, Hochtouren
1.16 **Mühlbach am Hochkönig,** 859 m, Erholung, Wandern, Hochtouren

In den Chiemgauer Bergen:

1.17 **Inzell,** 693 m, Erholung, Wandern, Wintersport
1.18 **Ruhpolding,** 691 m, Spazierg., Wandern, Erholung
1.19 **Reit im Winkl,** 695 m, Erholung, Wandern, Wintersport
1.20 **Niederaschau,** 615 m, Wandern, Erholung

Im Inntal:

1.21 **Kufstein,** 500 m, Tourismus, Spazierg., Wandern
1.22 **Kiefersfelden,** 506 m, Erholung, Spazierg., Wandern

Am Kaisergebirge:

1.23 **Kössen,** 591 m, Erholg., Wandern
1.24 **Scheffau,** 752 m, Erholg., Wandern
1.25 **Ellmau,** 812 m, Erholg., Wandern
1.26 **St. Johann in Tirol,** 660 m, Erholung, Wandern, Sport (Segelflug)

Im Gebiet der Loferer u. Leoganger Steinberge:

1.27 **Fieberbrunn,** 790 m, Erholg., Wandern
1.28 **Waidring,** 775 m, Erholg., Wandern

2. Besondere Ausflugsziele und Berghütten

Im Berchtesgadener Gebiet:

2.01 **Predigtstuhl,** 1607 m, Kabinenseilbahn von Bad Reichenhall; Panoramablick
2.02 **Roßfeldhütte,** 1461 m, hervorrag. Panorama (Roßfeld-Ringstr.)
2.03 **Kehlsteinhaus,** 1837 m, Fahrstr. v. Berchtesgaden, zu Fuß 3 1/2 Std.; Blick a. Königssee, Watzmann, H. Göll.
2.04 **Obersee,** 613 m, 15 Min. v. Anlegestelle d. Königssee-Schiffahrt; herrl. Talschluß m. Teufelshörnern.
2.05 **St. Bartholomä,** 605 m, Anlegest. d. Königssee-Schiffahrt; Wallfahrtskapelle, Watzmann-Ostwand, Eiskapelle 1 Std.
2.06 **Malerwinkel,** 620 m, 20 Min. von Königssee; hervorrag. Seeblick
2.07 **Jenner,** 1874 m, Gondelbahn von Königssee; hervorrag. Rundblick
2.08 **Watzmannhaus,** 1914 m, 4 1/2 Std. v. Irlach; Ausg.-P. Watzmann-Gipfel: Hocheck, 2651 m, 2 Std., leicht, Mittelspitze, 2713 m, m. Drahtseil vers. Weg 2 3/4 Std.
2.09 **Wimbachklamm,** 765 m, 1/2 Std. von Irlach
2.10 **Hintersee,** 789 m, am Fuße des Hochkalters, Fahrstraße oder 1 Std. v. Ramsau d. d. Zauberwald
2.11 **Alpenstraße (Taubensee)** ca. 900 m, Blick z. Hochkalter u. Watzmann
2.12 **Schellenberger Eishöhle,** 1671 m, 3 1/2 Std. v. Marktschellenberg
2.13 **Salzbergwerk** (Besichtigung) Fahrstraße v. Berchtesgaden

Im Saalachtal:

2.14 **Schönblick-Haus,** 1550 m, Fahrstr. v. Lofer; Blick auf Loferer Steinberge u. Reiteralpe
2.15 **Hirschbichl,** 1148 m, Fahrstr. v. Weißbach (nicht öffentlich) u. Ramsau; Blick auf Loferer und Leoganger Steinberge
2.16 **Lamprechtsofenhöhle,** an der Fahrstr. b. Weißbach
2.17 **Seisenbergklamm,** 1/2 Std. von Weißbach
2.18 **Biebergalm,** 1434 m, Sessellift v. Bieberg b. Saalfelden; Aussicht
2.19 **Schattberg,** 2020 m, Kabinenseilb. v. Saalbach; hervorrag. Rundbl. Stein. Meer, Leog. Steinb., Tauernkette
2.20 **Häuslalm,** 1249 m, Fahrstr. von Blühnbach; hervorrag. Aussicht auf Hochkönig m. Gletscher
2.21 **Whs Gabühel,** 1634 m, Sessellift v. Dorf Dienten; Blick zum Hochkönigmassiv
2.22 **Tiergartenalm,** 1450 m, 1 1/2 Std. v. Dientner Sattel; hervorrag. Ausblick zum Hochkönig
2.23 **Arthurhaus,** 1502 m, am Fuße d. Mandlwand; Fahrstr. v. Mühlbach; Höhenweg z. Birgkarhaus 3 1/2 Std.

In den Chiemgauer Bergen:

2.24 **Zwieselalm-Haus,** 1386 m, 2 1/2 Std. v. Inzell; Rundblick; Gipfeltour: Zwiesel 1781 m, 1 1/4 Std.

Erläuterung Seite 87

2.25 **Whs Rauschberg,** 1626 m, Sessellift v. Taubensee südl. Ruhpolding; Rundblick
2.26 **Hochfelln,** 1671 m, Kabinenseilb. v. Maximilianshütte bei Bergen; Rundblick
2.27 **Weitsee,** 753 m, Fahrstr. v. Ruhpolding u. Reit im Winkl
2.28 **Winklmoos-Alm,** 1155 m, Fahrstr. Abzw. Weitsee; Gipfeltour Dürrnbachhorn, 1776 m, 2 Std. – Übergang Steinplatten-Haus 2½ Std.
2.29 **Kampenwand,** 1565 m, Gondelbahn v. Hohenaschau, hervorrag. Rundblick

Vom Inntal aus:

2.30 **Hans-Berger-Haus,** 936 m, 3½ Std. v. Kufstein; hervorrag. Lage zw. d. Zahmen und Wilden Kaiser

Am Kaisergebirge:

2.31 **Walchsee,** 658 m, am Fuße d. Zahmen Kaisers; Fahrstr. v. Niederndorf/Inntal und Kössen
2.32 **Stripsenjoch-Haus,** 1580 m, 3 Std. v. Griesenau, Fahrstr. v. Kössen; hervorrag. Blick a. d. Gipfel d. Zahmen u. Wilden Kaisers
2.33 **Astenberg,** 1267 m, Sessellift v. Going b. Ellmau; Ausblick auf Kaisergebirge
2.34 **Hartkaser,** 1555 m, Standseilb. v. Ellmau; Ausblick auf Kaisermassiv
2.35 **Hintersteiner See,** 883 m, Fahrstraße von Scheffau
2.36 **Angereralm,** 1295 m, Standseilbahn v. St. Johann in Tirol; hervorrag. Ausblick auf Kaisergebirge
2.37 **Wildseeloder-Haus,** 1854 m, Sessellift v. Fieberbrunn bis Streuböden, v. dort 2½ Std.; Gipfeltour Wildseeloder, 2117 m, ¾ Std.; Auss. a. Loferer u. Leoganger Steinberge u. Kitzbüheler Alpen
2.38 **Pillersee,** 848 m, am Fuße d. Loferer Steinberge, Fahrstraße v. Waidring u. Fieberbrunn

3. Die höchsten und markantesten Berge

Berchtesgadener Berge:
Watzmann, 2713 m + 2712 m, 1.02, 1.03, 2.03, 2.04, 2.07, 2.11
Hochkalter, 2607 m, 2.03, 2.10, 2.11
Hoher Göll, 2522 m, 1.03, 1.04, 2.03, 2.07, 2.08, 2.11
Reiteralpe, Stadelhorn 2287 m, 2.10, 2.11
Untersberg, Berchtesgadener Hochthron, 1972 m, 2.02, 2.03, 2.07, 2.08
Jenner, 1874 m, 1.02, 1.03, 1.04, 2.03, 2.05, 2.08
Kehlstein, 1837 m, 1.02, 1.03, 1.04, 1.05
Hochstaufen, 1771 m, 1.01
Predigtstuhl, 1607 m, 1.01

Steinernes Meer:
Selbhorn, 2655 m, 1.08, 1.13, 1.14, 2.21
Schönfeldspitze, 2653 m, 1.04, 1.13, 2.03, 2.07
Gr. Hundstod, 2594 m, 1.06, (1.08)
Funtenseetauern, 2579 m, 2.03, 2.05, 2.07
Breithorn, 2504 m, 1.08, 1.13
Gr. Teufelshorn, 2363 m + Kl. T. 2283 m, 1.12, 2.04
Seehorn, 2321 m, (1.06)
Gr. Palfelhorn, 2222 m, 1.06

Hagengebirge:
Kahlersberg, 2350 m, 1.02, 2.07, 2.08
Schneibstein, 2276 m, 2.07, 2.08
Rifflkopf, 2254 m,
Raucheck, 2215 m, 2.20

Hochkönig, 2941 m, 1.12, 1.14, 1.16, 2.21, 2.23

Leoganger Steinberge:
Birnhorn, 2634 m, 1.07, 1.08, 1.13, 2.15, 2.37
Kuchelhorn, 2505 m, 2.15
Jauzkopf, 2492 m, 1.08, 1.13
Dreizinthörner, 2486 m, 2.37
Gr. Rothorn, 2405 m, 2.15

Loferer Steinberge:
Gr. Ochsenhorn, 2511 m, 1.06, 2.15, 2.37
Hinterhorn, 2508 m, 1.28, 2.37
Breithorn, 2413 m, 1.06, 2.15

Kaisergebirge: WK = Wilder Kaiser, ZK = Zahmer Kaiser
Ellmauer Halt, 2344 m, WK 1.25, (2.30), 2.33, 2.34, 2.36
Ackerlspitze, 2329 m, WK 1.26, 2.33, 2.36
Treffauer, 2304 m, WK 2.33
Pyramidenspitze, 2002 m, ZK 1.23, 2.30, 2.31
Roßkaiser, 1970 m, ZK 2.31
Einserkopf, 1924 m, ZK 1.22, 2.31

Chiemgauer Berge:
Sonntagshorn, 1961 m, 1.06, 2.25, 2.28
Kammerköhrplatte, 1869 m, 2.37, 2.38
Geigelstein, 1808 m, 1.20, 2.29
Zwiesel, 1781 m, 1.17, 2.24
Dürrnbachhorn, 1776 m, 2.25, 2.27, 2.28
Fellhorn, 1765 m, 1.28
Gamskogl, 1749 m, 1.17
Hochgern, 1744 m, (Chiemsee), 2.26
Hochfelln, 1671 m, (Chiemsee)
Kampenwand, 1669 m, (Chiemsee) 1.20

Besonderheiten

Salzbergwerk Berchtesgaden
Führungen (Dauer ca. 1 Std.)
in den Wintermonaten nur an Sonn- und Feiertagen, von Mai bis Oktober an allen Tagen.
Attraktionen: Grubenbahn, Rutschen, Salzsee mit Möglichkeit zur Kahnfahrt.

Naturschutzgebiet Königssee
Das weite Gebiet um den Königssee bis zu den Gipfellagen ist zum Naturschutzgebiet erklärt. Das Pflücken von Pflanzen ist streng verboten; Hunde sind anzuleinen.
Fahrplanmäßige Motorschiffahrt mit elektrisch angetriebenen Booten.
Anlegestellen: St. Bartholomä (Weg zur Eiskapelle 1½ Std.)
Obersee (15minütiger Spaziergang)

Erläuterung Seite 87

Skelettfunde aus späteren Epochen belegt werden. Bis in die Zeit der Aunjetitzer Kultur läßt sich der Kupferabbau bei Bischofshofen und Kitzbühel (frühe Bronzezeit) zurückverfolgen. Nach dem Vordringen der Lausitzer Kultur, die mit den Veneto-Illyrern in Verbindung gebracht wird, entstehen die bekannten Inntaler Urnenfelder. Von abgewanderten Zweigen wurde die Hallstatt-Kultur geprägt. Als Träger der La-Tène-Kultur drangen die Kelten um 400 v. Chr. zum Ostalpenraum vor. Gegen Ende des 2. vorchristlichen Jahrhunderts schlossen sich die keltischen Stämme der östlichen Gebiete zu einem Verband zusammen, der später in der römischen Provinz Noricum mit Juvavum, dem heutigen Salzburg, aufging. Es würde zu weit führen, wollte man die weitere Entwicklung auch nur einigermaßen vollständig wiedergeben, zumal besonders im Mittelalter überregionale Zusammenhänge dominieren. Von tiefgreifender Bedeutung für den gesamten nördlichen Alpenraum war die Besiedlung durch die Bajuwaren um 500 nach Christus, die deshalb abschließend wenigstens noch kurz Erwähnung finden soll.

Geologie. Von früher Zeit an wurde im Berchtesgadener Raum, wie im gesamten Gebiet des österreichischen Salzkammergutes, die Salzgewinnung betrieben. Mit diesem Erwerbs- und Handelszweig wird zugleich eine geologische Besonderheit dieser Region angesprochen, die auch bei der Abhandlung des Salzkammergutes einen hervorragenden Platz einnimmt.

Die Vielzahl tektonischer Deckenkörper im Bereich der Nördlichen Kalkalpen mit ihren Überlagerungen und Überschiebungen – in diesem Gebiet besonders ausgeprägt – erfordert eine differenzierte Betrachtung, die sich jedoch in diesem Rahmen nicht ermöglichen läßt. Wie in den Abhandlungen anderer Gebiete muß deshalb auch in diesem Falle eine stark vereinfachte Form der Aussage gewählt werden.

Zwischen den steilen Felsgipfeln der Kalkberge und dem Alpenhauptkamm ist im Süden der Region eine breite Grauwackenzone eingelagert. Vor allem östlich der Saalach gewinnt die Werfener Schuppenzone, von schiefriger Beschaffenheit, zunehmend Bedeutung. Dachsteinkalk und Dolomit der Höllengebirgsdecke bestimmen die Gebirgszüge vom Hochkönig bis zu

Watzmann bei Berchtesgaden

den Loferer Steinbergen sowie Teile der Berchtesgadener Berge. In der Reiteralpdecke tritt Wettersteinkalk hervor, der sich in den Chiemgauer Bergen zusammen mit Hauptdolomit und Juraformationen der Lechtaldekke wiederfindet. Die Steinsalzvorkommen der Hallstatt-Serie im Berchtesgadener Raum wie anderenorts weisen eine starke Verformung und Durchmischung mit Ton, Anhydrit, Gips und bituminösen Stoffen auf. So muß bei der Kochsalzgewinnung der Umweg der Entmischung über die Auflösung in Sole gewählt werden.

Wettergeschehen. Hierin unterscheidet sich die Region kaum von den östlich und westlich angrenzenden Gebieten des nördlichen Alpenraumes. Im dreiseitig von hohen Bergen umschlossenen Talkessel des Königssees sind jedoch Gewitter zuweilen stärker ausgeprägt als anderenorts.

Pflanzen- und Tierwelt sind im weiteren Umkreis des Königssees unter besonderen Naturschutz gestellt. Es bleibt zu hoffen, daß durch Neuansiedelung vom Aussterben bedrohter Alpentiere und die Hege vorhandener Wildbestände auch in den angrenzenden Zonen des östlichen deutschen Alpenraumes wieder die Vielfalt erreicht wird, wie sie in den Nationalparks anderer Staaten heute schon gelegentlich anzutreffen ist. Im Pflanzenwachstum ist dank der strengen gesetzlichen Regelungen bereits heute ein größerer Artenreichtum festzustellen.

Mineralienfundstätten sind in den Gebieten von Berchtesgaden (Halit, Schwefel und Gips), Leogang (Witherit) und Werfen (Wagnerit, Lazulith und Ferromagnesit) bekannt.

Berchtesgadener Land

Großartig und vielfältig ist das Landschaftsbild des Berchtesgadener Landes, voller Höhepunkte das Erlebnis einer Rundfahrt, die sich zum Zwecke des ersten Kennenlernens empfiehlt. Dabei bietet sich vor anderen folgender Routenverlauf an:
Bad Reichenhall – Bischofswiesen – Berchtesgaden – Roßfeldstraße – Königssee – Schönau – Ramsau – Alpenstraße bis Unterjettenberg.

Bad Reichenhall 472 m, Kreisstadt und bayerisches Staatsbad, bildet die Pforte zur alpinen Region.
Sehenswert: Stadtpfarrkirche St. Nikolaus, Münster St. Zeno, Alt-Reichenhall mit Resten der Stadtmauer, Pulverturm, Heimatmuseum, Quellenbau, Schloß Gruttenstein 15 Min.
Vom Stadtrand führt eine Kabinenseilbahn zum Predigtstuhl, 1607 m, mit Blick auf Reiteralpe, Hochkalter und das sich zur Ebene hin weitende Saalachtal.
Zwischen Lattengebirge und Untersberg verläuft, parallel zur Bahnlinie, die Straße nach Berchtesgaden und berührt

Bischofswiesen, 796 m, einen Luftkurort, der sich durch seine Lage im unmittelbaren Gegenüber zur Berchtesgadener Bergwelt auszeichnet.

Berchtesgaden, 550–650 m, Marktgemeinde und Kurort, ist im Süden von den »Hörnern« des Watzmanns gekrönt.
Sehenswert: Stiftskirche St. Peter und Johannes, Pfarrkirche St. Andreas, Franziskanerkirche, Schloß mit Schloßmuseum, Kreuzgang, Fassadenmalerei am Hirschenhaus (1600), Heimatmuseum, Salzbergwerk (Führung ca. 1 Stunde).

Roßfeld. Die direkte Straße nach Salzburg führt über Marktschellenberg. Zum Roßfeld gelangt man wahlweise über Oberau oder den Obersalzberg. Der Ausblick von der mautpflichtigen Scheitelstrecke ist überragend und wird nur von dem Ahornbüchsenkopf, 1604 m, unweit der Straße, übertroffen (bis zum Dachstein).

Kehlsteinhaus, 1834 m, ein empfehlenswertes Ausflugsziel (nur Postbusse); von hier genießt man eine noch umfassendere Aussicht, vor allem über den Königssee und zum Hohen Göll (2522 m).

Königssee. Zielort vieler Ausflugsfahrten ist die Gemeinde Königssee, 604 m, Kur- und Wintersportzentrum (Kunsteis-, Bob- und Rodelbahn), nur 6 km von Berchtesgaden entfernt. Ein 25minütiger Spaziergang zum »Malerwinkel« wird durch den einzigartigen Seeblick belohnt. Zum außergewöhnlichen Erlebnis wird die Bootsrundfahrt auf dem 8 km langen Alpensee

Watzmannostwand vom Königssee

(1½ Stunde), die an jeder der nachfolgend erwähnten Anlegestellen beliebig lange unterbrochen werden kann. *St. Bartholomä,* eine frühe Wallfahrtsstätte, wird von der steilen Watzmann-Ostwand überragt. Märchenhaft mutet der *Obersee* an, den man in einem viertelstündigen Spaziergang von der Anlegestelle aus erreicht. Den Talschluß des durch einen Bergsturz vom Königssee abgetrennten stillen Bergsees bilden die Teufelshörner (2363 m), Röthbachfall und Fischunkelalm.

Jennergipfel, 1876 m, ein Aussichtsberg par excellence; zu ihm gelangt man mit der Gondelbahn und einem 10minütigen leichten Anstieg.

Ramsau. Die direkte Straßenverbindung nach Ramsau, 650–800 m, Kur- und Wintersportort, berührt den Ort Schönau am Fuße des Grünsteins (1304 m).
Sehenswert in Ramsau: Pfarrkirche, Mesnerhaus und alte Flachsbrecherstube. Die 1¼stündige Wanderung durch den Zauberwald zum *Hintersee* ist einer Fahrt mit dem Wagen vorzuziehen; zur Einsattelung *Hirschbichl* an der österreichischen Grenze, die sich durch eine hervorragende Aussicht zu den Gipfeln des Steinernen Meeres und der Loferer Steinberge auszeichnet, kann man vom See aus auch mit dem Autobus (bis Engertalm) gelangen. Der Besuch der *Wimbachklamm* stellt ein weiteres lohnendes Ausflugsziel dar.
Von der *Alpenstraße* zwischen Ramsau und Unterjettenberg, 517 m, sind die Ausblicke zum Hochkalter (2607 m) mit Blaueisferner, zur Westseite des Watzmanns und zum Felsmassiv der Reiteralpe mit ihrem östlichen Gipfelgrat besonders hervorzuheben.
Zwischen Unterjettenberg und Reichenhall ist die Salzach zu einem länglichen See aufgestaut, der die waldgesäumte Talsohle ausfüllt.

Chiemgauer Berge

Im weiträumigen Gebiet der Chiemgauer Berge sind die Erscheinungsformen des jeweiligen Landschaftsbildes so verschieden, daß der Aufenthalt an einem bestimmten Ort, in eng abgegrenzter Umgebung, kaum einen um-

Wagendrischlhorn und Hochkaltergruppe vom Groß-Häuslhorn

fassenden Überblick gestattet. Deshalb sollte auch hier einer informativen Rundtour besondere Bedeutung beigemessen werden, zumal die Fahrt mit dem eigenen Wagen die Rückkehr vor Ablauf eines Tages erlaubt. Zwei Möglichkeiten bieten sich an. Will man sich auf den östlichen Gebietsteil beschränken und dabei das deutsche Staatsgebiet nicht verlassen, wäre folgender Routenverlauf zu empfehlen:
Inzell – Ruhpolding – Weitsee – Reit im Winkl – Marquartstein – Maximilianshütte – Siegsdorf.
Eine weiterführende Unternehmung, an zwei Stellen grenzüberschreitend, würde die westlichen Gebietsteile einbeziehen:
Inzell – Ruhpolding – Reit im Winkl – Kössen – Walchsee – Hausern – Sachrang – Niederaschau – Bernau – Grassau – Maximilianshütte – Siegsdorf.
Selbstverständlich kann die Rundtour auch in umgekehrter Richtung und von jedem beliebigen Ort an der Strecke unternommen werden.

Inzell, 693 m, Luftkurort, Wintersportgebiet und internationales Eisschnellauf-Zentrum, ist ein beliebtes Urlaubsziel.
Sehenswert: Pfarrkirche, Nikolauskirche, Gasthof Post (16. Jahrh.).
Die landschaftliche Lage im breiten Talbecken der Roten Traun ist durch die südlichen Bergkämme (Hinterstaufen, Zwiesel, 1781 m, und Rauschberg, 1636 m) markiert. Eine Wanderung zum Zwieselalmhaus, 1386 m ($2^1/_2$ Stunden), oder zum Gipfel des Zwiesel (4 Stunden) wird durch die schöne Aussicht auf Reiteralpe und Sonntagshorn belohnt.

Untersberg (Salzburger Hochthron) von Puch bei Hallein

Ruhpolding. Am Falkenstein zweigt die Alpenstraße nach Ruhpolding, 691 m, Luftkurort im Tal der Weißen Traun, ab. Sehenswert: Pfarrkirche St. Georg, Wallfahrtskirche St. Valentin, Schloßkapelle, Staubbachfall, Märchenpark u. a. Mit einer Kabinenseilbahn ist das Rauschberghaus, 1626 m, zu erreichen (Aussicht: Berge um Sonntagshorn u. a.).
Von Seegatterl an der Straße von Ruhpolding über Weitsee nach Reit im Winkl gelangt man auf einer Mautstraße zur *Winklmoosalm.* (Von dort Sessellift zum Dürrnbachhorn, 1776 m, mit Aussicht auf Loferer Steinberge.)

Reit im Winkl, 695 m, ein bekannter Luftkurort, liegt an der deutsch-österreichischen Grenze.
Sehenswert: Pfarrkirche, Ortsbild mit alten Bauernhäusern.
Des Rundblicks wegen ist eine Fahrt mit dem Walmberg-Sessellift, 1060 m, zu empfehlen.

Kössen, 591 m, grenznaher österreichischer Bergort im breiten Talbekken der Kössener Ache, ist an der Straße nach St. Johann und dem Abzweig zum Walchsee gelegen.
Sehenswert: Pfarrkirche, Wallfahrtskapelle Klobenstein 3 km.
Ein Sessellift erschließt das Skigebiet um das Unterberghorn.

Aschau, 615 m, Luftkurort an der Prien, markiert von der Ebene her die Pforte zur Alpenlandschaft.
Sehenswert: Pfarrkirche, Schloß Ho-

henaschau. Die Gondelbahn zur Kampenwand erreicht 1470 m Höhe (Aussicht zum Chiemsee).

Marquartstein, 600 m, Luftkurort an der breiten Talmündung der Tiroler Ache, ist näher noch zur Ebene hin gelegen.
Sehenswert: Alte Burg.

Bergen, 554 m, reiht sich in die Randgebiete des Voralpenlandes ein. Die Kabinenseilbahn zum Hochfellnhaus, 1650 m, eröffnet eine hervorragende Aussicht auf Chiemsee und die nahegelegenen Alpengipfel.

Kaisergebirge

Eine Autorundfahrt von Kufstein über Scheffau – Ellmau – St. Johann i. T. – Kirchdorf – Erpfendorf – Kössen – Walchsee – Niederndorf vermittelt das lückenlose Bild der verschiedenen Landschaftsformen im Gebiet des Wilden und Zahmen Kaisers.

Kufstein, 500 m, Tiroler Grenzstadt am Inn, ist Luftkur- und Wintersportort, dem Kaisergebirge westlich vorgelagert.
Sehenswert: Festung mit Heldenorgel und Heimatmuseum, Pfarrkirche St. Vitus, Dreifaltigkeitskirche, Wallfahrtskirche im Stadtteil Kleinholz, Burgruine auf dem Thierberg.
Der Sessellift zum Aschenbrenner-Haus erschließt die gipfelnahe Region. Das Kaisertal, das sich je nach Ausdauer unterschiedlich weit durchwandern läßt, birgt besondere landschaftliche Reize.

Scheffau. Von der Straße nach Ellmau zweigt bei Kohlstatt die Zufahrt zum Bergort Scheffau, 752 m, ab. Die Pfarrkirche des Ortes ist sehenswert. Eine schmale Fahrstraße führt zum Hintersteiner See in 883 m Höhe hinauf, dessen prächtige Bergkulisse die Eigenart dieser Landschaft eindrucksvoll darbietet.

Ellmau, 812 m, liegt etwas abseits der Bundesstraße.
Sehenswert: Pfarrkirche St. Michael. Mit einer der modernsten Schienenseilbahnen gelangt man zum Hartkaser, 1555 m, mit hervorragender Aussicht auf die Vielzahl der Gipfel des

Going gegen Wilden Kaiser

Dienten gegen Hochkönig

Wilden Kaisers (Ellmauer Halt 2344 m). Einen ähnlich schönen und umfassenden Ausblick genießt man vom Astenberg, 1267 m, den man mit dem Sessellift von *Going* 773 m oder zu Fuß in 1½ Stunden von Ellmau aus erreichen kann.

St. Johann in Tirol, 660 m, Ferien- und Wintersportzentrum, liegt an der Straße Erpfendorf – Kitzbühel.
Sehenswert: Pfarrhof mit Fresken, Pfarrkirche Mariä Himmelfahrt, Antoniuskapelle.
Eine Standseilbahn und verschiedene Sessellifte erschließen das Gebiet um das Kitzbüheler Horn und eröffnen eine umfassende Aussicht zum Kaisergebirge. Vom Wh Griesenau aus läßt sich das Kaiserbachtal durchwandern.

Kirchdorf, 640 m, und **Erpfendorf,** 630 m, sind beliebte Urlaubsziele im Tal der Kössener Ache und grenzen an die Ausläufer der Loferer Steinberge.
In die Landschaft nördlich des Zahmen Kaisers ist der *Walchsee,* 658 m, eingebettet, an dessen Nordufer der Ort gleichen Namens liegt. Wenige Kilometer weiter, westlich von Durchholzen, 684 m, führt ein Sessellift zum Gruberberg, 1040 m (Aussicht zur Pyramidenspitze).

Stripsenjochhaus, 1580 m. Es zeichnet sich durch seine besondere Lage inmitten der Bergwelt des Kaisergebirges aus. Wer den mehrstündigen Anmarschweg, entweder durch das Kaiser- oder das Kaiserbachtal, nicht scheut, wird durch wechselnde landschaftliche Eindrücke reichlich belohnt. Von dort lassen sich auch weiterführende Wanderungen in die Gipfelregionen auf markierten Wegen durchführen.

Loferer und Leoganger Steinberge

Zu Berggruppen vereinigt, ähneln die Felsmassive der Loferer und Leoganger Steinberge einander und sind nur durch den 1207 m hohen Römersattel getrennt, so daß sie sich im Blickfeld der Perspektive zur Einheit formieren.
Will man nicht die eine oder andere Unternehmung mit einer das Landschaftserlebnis einleitenden Rundtour verbinden, so läßt sich diese mit dem eigenen Wagen bequem in einem halben Tag absolvieren. Bei Benutzung öffentlicher Verkehrsmittel dauert die in Etappen aufgeteilte Exkursion zwar etwas länger, doch sollte auch dann der Zeitraum eines Tages ausreichen. Ungeachtet einer möglichen Richtungsänderung bietet sich folgender Routenverlauf an:
Lofer – Saalfelden – Leogang – Hochfilzen – Fieberbrunn – Hütte – Pillersee – Waidring – Paß Strub.

Lofer, 626 m, Luftkurort, in der Talweitung der Saalach gelegen, wird von den Gipfeln des Ochsenhornes, 2511 m, des Gr. Reifhorns und Breithorns überragt.
Sehenswert: Gemeindeamtshaus, Pfarrkirche mit Resten gotischer Fresken.
Auf schmaler Fahrstraße ist die Loferer Alm zu erreichen; nach einem Fußweg von wenigen Minuten gewinnt man nahe der Bräukaser-Skihütte eine hervorragende Aussicht auf die Loferer Steinberge.
Wenige Kilometer südlich erreicht man *St. Martin* (Pfarrkirche). Dort zweigt ein Sträßchen nach *Kirchenthal,* 879 m, mit der Wallfahrtskirche Hl. Maria ab.
Von *Weißbach,* 659 m, sind Ausflüge zur Lamprechtsofenhöhle und zur Seisenbergklamm zu empfehlen. Schöne Ausblicke zu den Leoganger Steinbergen eröffnen sich von der Straße zum Hirschbichl (s. auch Berchtesgadener Land).

Leogang, 797 m, Höhenluftkur- und Wintersportort, ist am Fuße des Birnhorns, 2634 m, gelegen. Sehenswert ist die Pfarrkirche.

Reiteralpe von Ramsau ▷

Der lohnende Aufstieg zur Passauer Hütte, 2033 m, ist steil und erfordert Ausdauer (3½ bis 4 Stunden).
Die Straße im Tal der Leoganger Ache steigt allmählich zum Paß Grießen an. Am Grießensee weitet sich das Tal. Über *Hochfilzen,* 959 m, Ausgangsort für eine Wanderung zum Römersattel, 1207 m, zwischen Loferer und Leoganger Steinbergen, wird *Fieberbrunn,* 790 m, Luftkurort und Wintersportort, erreicht.
Ein Sessellift zum Lärchfilzboden, 1654 m – erste Teilstrecke bis Whs Streuböden –, erschließt das Gebiet um den Wildseeloder, 2117 m, in den Kitzbüheler Alpen, dessen Gipfel eine herrliche Aussicht zu den Loferer und Leoganger Steinbergen gewährt. In *Hütte,* 783 m, zweigt die Straße zum *Pillersee bei St. Ulrich,* 848 m, ab. Eine Wanderung zum Kirchberg, 1678 m, (2½ Stunden), im unmittelbaren Gegenüber zu den hohen Gipfeln der Loferer Steinberge, ist der hervorragenden Aussicht wegen äußerst lohnend.

Waidring. Die Straße vom Pillersee und die von Erpfendorf vereinigen sich in Waidring, 775 m, einem schönen Urlaubs- und Wintersportort.
Sehenswert: Pfarrkirche St. Veit mit vier Kuppelfresken (1761).
Eine Wanderung zum 1122 m hohen Hausberg (1½ Stunden) eröffnet den Ausblick zu den Gipfeln der Loferer Steinberge und zur Sonnwendwand an der nördlichen Talseite.
Zwischen *Paß Strub,* 677 m, und Lofer zweigt eine schmale Fahrstraße nach *Rauchenberg* ab. Von hier aus kann man mit etwas Ausdauer die Schmidt-Zabierow-Hütte erreichen (3½ Stunden), inmitten der Felsregion, umgeben von Gr. Ochsenhorn, 2511 m, Reifhorn, 2488 m, Hinterhorn, 2508 m, und Breithorn, 2413 m.

Steinernes Meer, Pinzgauer Saalachtal

Hinter den im Süden aus dem breiten Talbecken der Saalach steil aufragenden Wänden dehnt sich ein breites Gebirgsmassiv, das zusammen mit dem Hagengebirge eine Besonderheit unter der Vielfalt alpiner Landschaftsformen darstellt, wie sie nirgends sonst so ausgeprägt anzutreffen ist. Von der Ursprünglichkeit einer kargen, felsdurchsetzten Einöde geprägt, wird die Hochregion nur von dem Bergwanderer geschaut, der sie auf den Hüttenwegen durchquert.
So wird zu Beginn der Abhandlung keine Autorundtour stehen, vielmehr wird eine ausgedehnte Wanderung zu empfehlen sein, die von 1500 m Seehöhe ausgeht und sich im weiteren Verlauf an der Zweitausendmetermarke orientiert. Die Höhenlage bringt es mit sich, daß diese Unternehmung nur in den Sommermonaten, Ende Juni bis September, durchgeführt werden kann, sichere Witterungsbedingungen vorausgesetzt:
Von der Verkehrsverbindung Weißbach-Hirschbichl bei Hinterthal (nicht Hintertal bei Maria Alm) abzweigend, führt eine Fahrstraße zum Dießbach-Stausee, 1415 m – an einigen Wochentagen auch Zubringerdienst. Dort beginnt der Weg zum Ingolstädter Haus, 2119 m, (2½ Stunden), am Fuße des Gr. Hundstods, 2594 m. Von dieser Hütte läßt sich die weite Hochregion bis zur höchsten Erhebung (Schönfeldspitze, 2653 m) im Osten überblicken. Hat man ein kurzes Stück weiter auf dem Weg nach St. Bartholomä zurückgelegt, eröffnet sich der Ausblick zum Watzmann.

Saalfelden. Touristisches Zentrum des Steinernen Meeres, am Fuße der Gipfelwelt gelegen, ist Saalfelden, 744 m, Hauptort des Pinzgauer Saalachtales.
Sehenswert: Von mehreren Schlössern der Umgebung besonders hervorzuheben Schloß Ritzen mit Krippenmuseum und Mineraliensammlung.
Der Sessellift zur Schultersbachhöhe, 1434 m, eröffnet in einem Wintersportgebiet einen umfassenden Ausblick zu den Gipfellagen des Steinernen Meeres bis hin zu den Leoganger Steinbergen und zum Hochkönig, 2941 m.

Maria Alm mit *Hintermoos* und *Hintertal,* 800–1000 m, Sommerfrische und Wintersportzentrum, liegt am Fuße der Schönfeldspitze und des Selbhorns, 2655 m.
Sehenswert: Wallfahrtskirche mit Gnadenmadonna und prachtvollem Hochaltar.
Sowohl der Sessellift nach Natrun, 1150 m, als auch der am Aberg, 1045 m, eröffnen hervorragende Ausblicke zum Steinernen Meer und zum Hochkönig.

Maishofen. Unweit des Zeller Sees bietet sich Maishofen, 765 m, im breiten Talbecken des mittleren Pinzgaues als Urlaubsziel an, im Norden von der Bergkulisse des Steinernen Meeres, im Süden von der gewaltig aufsteigenden Tauernkette gerahmt.
Sehenswert: Schloß Prielau 2 km, Schloß Kammer 3 km.
Badegelegenheit und Wassersport im Zeller See 2 km.
Als Ausflugsziel empfiehlt sich eine Fahrt durch das Glemmtal nach **Saalbach,** 1003 m, Wintersportzentrum und Luftkurort in den Kitzbüheler Alpen. Die Kabinenseilbahn zum Schattberg, 2018 m, eröffnet die Fernsicht zu den Leoganger Steinbergen, zum Steinernen Meer und zum Hochkönig. Über den Bergen der Kitzbüheler Alpen ragt im Süden das Kitzsteinhorn auf.

Hochkönig, Hagengebirge und Dientner Berge

Nirgends sonst tritt der Gegensatz alpiner Landschaftsformen deutlicher in Erscheinung als im unmittelbaren Gegenüber der steil bis an die Dreitausendmetermarke aufragenden Felsbastion des Hochkönigs zu den wald- und wiesengesäumten Hanglagen der Dientner Berge. Weiter südlich gesellt sich die gletschergerahmte Gipfelregion der Tauernkette dazu.
Anders als im Gebiet des Steinernen Meeres ist es nicht erforderlich, einen mühevollen Aufstieg zu den Felsregionen zu unternehmen, um die typischen Wesensmerkmale des Landschaftsbildes kennenzulernen. Daher sei hier wieder die Empfehlung einer Autorundtour an den Anfang gestellt. Diese dürfte, durch eine kaum belastende Wanderung oder eine Fahrt mit dem

Leoganger Steinberge

Kaisergebirge von Kitzbühel

Hoher Göll von Norden

Sessellift ergänzt, zu den Höhepunkten im Landschaftserleben gerechnet werden.
Routenverlauf: Maria Alm – Hintertal – Filzensattel – Dientner Sattel – Mühlbach – Bischofshofen – salzachaufwärts bis Bruck – Thumersbach – Maishofen.
(Die Orte im Salzachtal finden in der Abhandlung der Nachbargebiete Erwähnung, Maria Alm, Hintertal und Maishofen wurden unmittelbar zuvor erörtert.)
Die Straße über den *Filzensattel,* 1291 m, eröffnet schöne Ausblicke zum Hochkönig und zu den Bergen des Steinernen Meeres.

Dienten, 1078 m, ist ein ruhiger Bergort. Ein Sessellift führt zum Whs Gabühel, 1634 m, mit hervorragender Aussicht zum Hochkönig, zum Steinernen Meer und den Höhenlagen der Dientner Berge.
Landschaftlich reizvoll mit Ausblicken zum Hochkönigmassiv und dessen höchster Erhebung, 2941 m, ist die Straße über den *Dientner Sattel.* Eine Wanderung vom Birgkarhaus, 1379 m, zur Tiergartenalm, 1450 m, vermittelt eine noch prächtigere Aussicht.

Mühlbach am Hochkönig, 853 m, ein Luftkur- und Wintersportort, zeichnet sich durch die landschaftlich hervorragende Lage am Fuße der von Felszakken gekrönten Mandlwand aus.
Sehenswert ist die gotische Pfarrkirche. Ein Sessellift führt am Brennerköpfl in eine Höhe von 1300 m. Höchst lohnend ist auch die Fahrt auf der Panoramastraße (mautpflichtig) zum Arthurhaus, 1502 m, Ausgangspunkt für die Wanderung zur Mitterfeldalm und weiterführende Hochtouren. Für Mineralienfreunde dürften die Abbaustätten von Kupfererzen am Ortsrand von Interesse sein.
Die Talstraße von Dienten ins Salzachtal unweit Lend bietet wenig Gelegenheit für schöne Ausblicke.
Der vergletscherte Teil des Hochkönigs, die »Übergossene Alm«, ist nur von den nördlichen Hängen des Blühnbachtales aus zu überblicken. Dieses, bei Tenneck, nahe Werfen, vom Salzachtal abzweigende Seitental ist kaum besiedelt und wenig begangen. Ein Fahrsträßchen – nicht für jeden Pkw und Fahrer geeignet – führt bis zum Jagdhaus an der Häuslalm, 1249 m. Die Wanderung durch das Tal bis zur unbewirtschafteten Eckberthütte, 1144 m ($3^1/_2$ Stunden), ist der Aussicht wegen lohnend und nur mäßig ansteigend.
Auch die Hochregion des Hagengebirges mit ihrem eigenen Gepräge ist nur vom Salzachtal bei Golling zu erreichen, will man nicht den Übergang vom Jenner über das C.-v.-Stahl-Haus, 1736 m, und die Gipfelbesteigung des Schneibsteins, 2276 m ($2^1/_2$ Stunden), ins Auge fassen.

Thumersbach, 756 m, am Ostufer des Zeller Sees, zeichnet sich durch seine Lage, mit freiem Blick über den See zum Kitzsteinhorn und anderen Gipfeln der Tauernkette aus.

3
Vom Wendelstein zur Zugspitze
Gebiete nördlich des Inntales

Der deutsche Alpenraum zwischen Inn und Loisach, südlich der Linie Degerndorf – Schliersee – Bad Tölz – Murnau, eröffnet eine Landschaft, die aus dem bayer. Voralpenland aufsteigt zu den bis nahe an die Dreitausendmetermarke heranreichenden Gipfeln der Nördlichen Kalkalpen, gekrönt vom höchsten Berg Deutschlands, der 2962 m hohen Zugspitze.
Die zahlreichen Seen dieser Region bilden nur eine Variantenvielfalt landschaftlicher Erscheinungsformen. In die Grenzzone zwischen Hügelland und über 1200 m aufsteigenden, bewaldeten Bergen sind Schliersee und Tegernsee eingebettet. Der am Ende der Hochebene gelegene Kochelsee und der Walchensee sind durch einen Höhenunterschied von 200 m getrennt. Deutlich alpinen Charakter weist der Achensee auf, flankiert von den Ausläufern des Karwendelgebirges am westlichen Ufer und des Rofangebirges an der Ostseite. In landschaftlich reizvoller Lage wurde die Isar zum Sylvensteinsee künstlich aufgestaut.
Als weit zur Ebene hin vorgelagerter Ausläufer der Schlierseer Berge markiert der Wendelstein, 1838 m, die Inntalmündung und bildet gleichsam einen Eckpfeiler im Landschaftsbild. Der hervorragenden Aussicht wegen wurde der Felsgipfel sehr früh schon durch die Anlage einer Zahnradbahn erschlossen, die von Waching bei Degerndorf ausgehend den Berg erreicht. Außerdem ist von Osterhofen nahe Bayrischzell eine Kabinenseilbahn zum Gipfel geführt.
Weiter westlich ragt der Wallberg, 1722 m, über dem Südende des Tegernsees in ähnlich exponierter Lage auf. Eine Wallfahrtskapelle ziert die Schulter des Berges, an dessen westlichem Hang eine Straße den Aufstieg verkürzt.
Im Mangfallgebirge überschreiten die

(Fortsetzung auf Seite 126)

Zeichenerklärung auf Seite 88/89

nach München
Bad Tölz
Gmund
Hundham
Hausham
Sterneck
1239
Großholzhsn.
Brannenburg
Schliersee
Fischbachau
Degerndorf
Tegernsee
Tegernsee
Schl.-Fischhausen
Bad Wiessee
Schliersee
Wendelstein
1838
Lenggries
Fockenstein
1562
Rottach-Egern
F.-Aurach
Oberaudorf-Tatzelwurm
2.10
Deutsche Alpenstraße
Wallberg
1722
Schl.- Bayrischzell
Spitzing A.
Brünnstein
1619
Nd.-Audorf
L.-Hohenreuth
Kreuth
2.04
Rotwand 1885
2.03
2.02
Jachen
K.-Wildbad
Risser Kogel
1826
Mangfall-Geb.
Hinterbichl
Kr.-Glashütte
Weißbach
Schl.-Valepp
Ursprungpaß
849
Kiefersfelden
Isar
Hint. Sonnwendjoch
1986
Kufstein
Achenpaß
941
Halser Spitze
1863
Landl
Fall
Ragstatt-J.
1545
Veitsberg
1789
Thiersee
Demeljoch
1926
Achenwald
Pendling
1565
Guffertspitze
2195
ÖSTERREICH
Jaifen
1987
Achenkirch
Mariastein
Schrecken-Sp.
2022
Steinberg
2.06
Kienberg
1788
Schönau
Achensee
Aschau
nach St. Johann
Brandenberg
Breitenbach
Seebergspitze
2086
Hochiss
2299
Rofanspitze
2260
TIROL
2026
Hagelhütte
Kramsach
Gams-J.
2452
Sonnjoch
2457
Pertisau
2.08
Buchau
Münster
Maurach
Eng
Stanser-J.
2102
2.09
Jenbach
St. Georgenberg
2661
Stans
Inn
Inn
Vomp
2725
Terfens
St. Martin
Absam
Fritzens
Hall i. T.
N
10 km

3

1. Ferienorte und touristische Zentren

Im Gebiet der Schlierseer und Tegernseer Berge:

1.01 **Degerndorf,** 480 m, Erholung, Spaziergänge, Wandern
1.02 **Nieder- u. Oberaudorf,** 480 m, Erholung, Spaziergänge, Wandern
1.03 **Bayrischzell,** 800 m, Erholung, Spaziergänge, Wandern
1.04 **Vd. Thiersee-Alm,** 677 m, Erholg., Spaziergänge, Wandern
1.05 **Schliersee,** 784 m, Erholung, Spazierg., Wandern, Wassersport
1.06 **Josefstal, Spitzingsee,** 780 – 1130 m, (höchstgeleg. bayer. See), Erholg., Spazierg., Wandern, Skizentrum
1.07 **Tegernsee,** 730 m, tour. Zentrum, Erholg., Wandern, Wassersport, Kultur
1.08 **Rottach-Egern,** 730 m, tour. Zentr., Kur, Wandern, Wassersport
1.09 **Bad Wiessee,** 730 m, Kur, Wassersport, Wandern
1.10 **Wildbad Kreuth,** 850 m, Kur, Wand.
1.11 **Bad Tölz,** 659 m, Kurzentrum, Spazierg., Wandern, Kultur
1.12 **Lenggries,** 679 m, Wand., Spazierg.

Rofangebirge, Achensee (A):

1.13 **Achenkirch,** 916 m, Tourismus, Spazierg., Wandern
1.14 **Steinberg,** 1000 m, Erholung, Spazierg., Wandern
1.15 **Brandenberg,** 920 m, Erholung, Spazierg., Wandern
1.16 **Achensee,** 925 m, Erholung, Spazierg., Wandern, Wassersport
1.17 **Pertisau,** 930 m, Erholung, Wandern, Wassersport
1.18 **Maurach,** 958 m, Erh., Wandern

Im Gebiet der Walchenseeberge:

1.19 **Jachenau,** 790 m, Erh., Wandern
1.20 **Kochel,** 605 m, Wassersport, Spazierg., Wandern
1.21 **Walchensee,** 804 m, Wassersport, Erholung, Spazierg., Wandern
1.22 **Wallgau,** 868 m, Erholung, Spazierg., Wandern
1.23 **Vorderriß,** 805 m, Erholung, Naturpark, Wandern
1.24 **Oberau,** 650 m, Tourismus

Karwendelgebirge:

1.25 **Mittenwald,** 913 m, Kultur, Erh., Spazierg., Wandern, Hochtouren
1.26 **Scharnitz** (A), 964 m, Tourismus, Erholung, Wandern, Hochtouren
1.27 **Hinterriß** (A), 900 m, Naturpark, Spazierg., Wandern, Touren
1.28 **Seefeld** (A), 1180 m, Tourismus, Wandern, Erholung, Hochtouren
1.29 **Absam,** (A), 632 m, Erholung, Wandern, Tourismus

Wettersteingebirge, Mieminger Kette:

1.30 **Garmisch-Partenkirchen,** 700 m, internat. Zentrum f. Tourismus und Wintersport
1.31 **Grainau,** 750 m, Erholung, Wandern, Hochtouren
1.32 **Ehrwald** (A), 1000 m, Erholung, Wandern, Hochtouren
1.33 **Leutasch** (A), 1150 m, Erholg., Wandern, Hochtouren
1.34 **Barwies** (A), 881 m, Erh., Wandern

2. Besondere Ausflugsziele u. Berghütten

Schlierseer und Tegernseer Berge:

2.01 **Wendelstein,** 1838 m, Zahnradbahn v. Waching b. Degerndorf, Kabinenseilbahn v. Osterhofen b. Bayrischzell; hervorrag. Rundblick v. Chiemsee z. d. Hohen Tauern, Zillertaler Alpen u. z. Karwendelgebirge
2.02 **Brunnsteinhaus,** 1360 m, $2^3/_4$ Std. v. Oberaudorf (bis Buchau auch Fahrstr.), Brunnsteingipfel m. Rundbl. 1 Std.
2.03 **Rotwandhaus,** 1760 m, 3 Std. v. Valepp (bis Elendsattel auch Straße), $3^1/_2$ Std. v. Geitau oder Osterhofen b. Bayrischzell üb. Soinsee; Aussicht Sonnwendjoch, Rotwandgipfel, 1885 m, 1 Std.
2.04 **Stümpfling,** 1506 m, Sessellift v. Spitzingsee u. Rottachtal; Rundblick
2.05 **Wallberg,** 1722 m, 1 Std. v. Sessellift – Bergstation v. Oberach b. Rottach; Rundblick!

Rofangebirge, Achensee (A):

2.06 **Erzherzog-Johann-Klause,** 4 Std. v. Brandenberg (schmale Fahrstraße); romantische Schluchten
2.07 **Steinberg,** 1010 m, Fahrstr. v. Achental b. Achenkirch; Blick z. d. höchsten Gipfeln d. Rofangebirges
2.08 **Gramai-Alm,** 1265 m, mautpflicht. Fahrstr. v. Pertisau; hervorrag. Talschluß im Karwendel, zur Lamsenjochhütte, 1953 m, 2 Std.
2.09 **Bärenkopf,** 1989 m, 3 Std. v. Pertisau; hervorrag. Tiefblick z. See u. Blick z. Rofangebirge u. Karwendel

Walchenseeberge:

2.10 **Brauneck,** 1555 m, Seilbahn v. Lenggries; schöner Panoramaweg z. Bayernhütte, 1362 m, $^1/_2$ Std.
2.11 **Herzogstandhäuser,** 1570 m, Sessellift v. Walchensee z. Fahrenbergkopf, 1625 m, 10 Min. v. dort Tiefblick z. Walchen- und Kochelsee

Karwendelgebirge:

2.12 **Westl. Karwendelspitze,** 2385 m, Kabinenseilbahn v. Mittenwald bis 2244 m; hervorrag. Aussicht
2.13 **Krinner-Kofler-Hütte,** 1401 m, Fahrstr. v.

Erläuterung Seite 87

Mittenwald; hervorrag. Aussicht auf Karwendelkamm u. Soiernspitze, Weg z. Jöchl, 1801 m, 1 Std.

2.14 **In der Eng** (A), 1218 m, Naturpark Gr. Ahornboden, Mautstr. Vorderriß – Hinterriß, Abzweig Kl. Ahornboden m. Blick auf Birkkarspitze, 2749 m, äußerst lohnend

2.15 **Karwendelhaus,** 1765 m, 5 Std. v. Scharnitz, Zufahrt m. Jeep möglich; Hochgebirgslandsch. Ödkarspitze, 2743 m, Birkkarspitze, 2749 m.

2.16 **Gh Amtsäge,** 1193 m, Straße v. Scharnitz; hervorrag. Auss. auf Nordkette

2.17 **Hafelekarspitze,** 2334 m, Kabinenseilbahn v. Innsbruck; hervorrag. Auss. auf Ötztaler u. Zillertaler Alpen

2.18 **Roßhütte,** 1754 m, Bergstat. Seefelder Jochbahn, Seilbahn z. Härmelekopf, 2034 m, m. noch umfass. Aussicht

2.19 **Hallthal,** 1500 m, Fahrstr. v. Solbad Hall, Salzbergwerk i. Talschluß v. hohen Gipfeln d. Karwendel gerahmt

Wettersteingebirge u. Mieminger Kette:

2.20 **Wank,** 1780 m, Kabinenseilbahn v. Garmisch, Blick auf Zugspitzmassiv u. Stadt

2.21 **Höllentalklamm,** 1/2 Std. v. Hammersbach; romantische Gebirgsklamm

2.22 **Kreuzeckhaus,** 1650 m, Kabinenseilbahn v. Garmisch; Ausbl. a. Alpspitze 2620 m, Waxenstein 2277 m u. Höllentalkar

2.23 **Eibsee,** 972 m, Fahrstr. v. Grainau, Stat. d. Zugspitzbahn; idyllischer Bergsee m. hervorr. Blick a. Zugspitze

2.24 **Zugspitze,** 2962 m, Zahnradbahn v. Garmisch, Kabinenseilbahn v. Eibsee u. Ehrwald; eine der schönsten Aussichtsstellen im ges. Alpenraum, Blick v. d. Hohen Tauern bis z. Berner Oberland, Ötztaler Alpen naheliegend; nahezu ganzjähr. Skigebiet auf dem Schneeferner. Abstieg v. Schneefernerhaus, 2650 m üb. Knorrhütte, 2052 m, Reintalangerhütte, 1366 m, u. Partnachklamm 6–7 Std.

2.25 **Tillfußalm,** 1398 m, **u. Igelsee,** 1543 m, Sträßchen v. Leutasch; Aussicht auf Wettersteingebirge u. Mieminger Kette. V. Tillfußalm zum Gatterl, 2023 m, 3 Std. m. Aussicht auf Zugspitzgipfel, Höllentalspitzen u. Schneefernerkopf. V. Tillfußalm z. Niederen Munde, 2055 m, 2 Std. m. Aussicht auf Ötztaler u. Stubaier Gipfelwelt sowie z. Wettersteingebirge.

2.26 **Rauthhütte,** 1600 m, Sessellift v. Moos b. Leutasch; Aussicht a. Wettersteingeb., Stubaier Alpen u. Inntal

3. Die höchsten und markantesten Berge

Schlierseer und Tegernseer Berge:
Hinteres Sonnwendjoch, 1986 m, 1.06, 2.03
Rotwand, 1885 m, 1.06, 2.03
Hochmiesling, 1883 m, 1.03, 2.01, 2.04, 2.05
Halserspitze, 1863 m, 1.10, 2.05
Wendelstein, 1838 m, 1.01, 1.02, 1.03, 1.06 (Rosenheim), 2.05
Risserkogl, 1826 m, 1.10, 2.04, 2.05
Trausnitzberg, 1808 m, 1.06, 2.03
Jägerkamp, 1746 m, 1.03, 1.05, 1.06, 2.01, 2.04, 2.05
Wallberg, 1722 m, 1.08, 1.09, 2.01, 2.04
Roßstein, 1697 m, 1.10, 1.12
Brecherspitze, 1684 m, 1.05
Breitenstein, 1622 m, 1.06, 2.01

Rofangebirge:
Hochiß, 2299 m, 2.07, 2.09
Rofanspitze, 2260 m, 2.07
Guffertspitze, 2195 m, (1.13), 1.14
Kotalpenjoch, 2110 m, 1.13, 2.09
Hochunutz, 2075 m, 1.13, 1.17

Walchenseeberge:
Krottenkopf, 2086 m, 1.22
Hohe Kisten, 1922 m, 2.11
Benediktenwand, 1803 m, 1.21, 2.10
Heimgarten, 1790 m, 1.21, 2.11
Wank, 1780 m, 1.30, 1.31, 2.22
Herzogstand, 1731 m, 1.20, 1.21
Achselköpfe, 1707 m, 2.10

Karwendelgebirge:
Birkkarspitze, 2749 m, 2.14, 2.15
Ödkarspitze, 2743 m, 2.12, 2.15
Gr. Bettelwurf, 2725 m, 2.19
Gr. Lafatscher, 2695 m, 2.19
Seekarspitze, 2679 m, (b. Scharnitz) 2.12, (2.15)
Grubenkarspitze, 2661 m, 2.14
Nördl. Sonnenspitz, 2655 m, 2.14
Praxmarerkarspitze, 2642 m, 2.16
Gr. Solstein, 2540 m,, 1.26, 2.16
Östl. Karwendelspitze, 2537 m, 2.13, 2.15
Lamsenspitze, 2508 m, 2.08, 2.14
Hochgleirsch, 2491 m, 1.26
Sonnjoch, 2475 m, (1.17, 2.08)
Rumerspitze, 2453 m, 2.16, 2.17
Tiefkarspitze, 2430 m, 1.22, 1.25
Wörner, 2416 m, 1.25, 2.13
Westl. Karwendelspitze, 2385 m, 1.22, 1.25, 2.15
Hafelekarspitze, 2334 m, 2.16
Soiernspitze, 2259 m, 2.13
Seefelder Spitze, 2220 m, 1.26, 1.28
Schafreuter, 2102 m,, 1.27
Seebergspitze, 2086 m, 1.13, 2.09
Schöttelkarspitze, 2050 m, 1.22, 2.12
Seekarspitze, 2050 m, (a. Achensee) 1.13
Dristkogel, 2005 m, 1.17, 2.09

Wettersteingebirge und Mieminger Kette:
Zugspitze, 2962 m, 1.30, 1.31, 1.32, 2.12, 2.20, 2.22, 2.23
Schneefernerkopf, 2875 m, 1.32, 2.24, (2.25)
Hochplattig, 2758 m, 2.25
Wetterspitze, 2747 m, 1.32
Hochwanner, 2744 m, 1.33, 2.25
Griesspitzen, 2743 m, (Inntal), 2.24
Höllentalspitzen, 2740 m, 2.22, 2.24, 2.25
Hochwand, 2721 m, 2.25
Hochblassen, 2696 m, (2.25)
Plattspitze, 2679 m, 2.25
Grünstein, 2660 m, (Inntal, Fernpaß)
Hohe Munde, 2659 u. 2592 m, 1.26, 1.28, 1.33
Dreitorspitze, 2634 m, 1.30, 1.33
Alpspitze, 2620 m, 1.30, 2.20, 2.22, 2.24
Wanneck, 2495 m, (Fernpaß)
Wettersteinkopf, 2485 m, 1.25, 1.30, 2.12
Öfelekopf, 2479 m, 1.33, 2.26
Ehrwalder Sonnspitze, 2412 m, 1.32, (Fernpaß)
Tschirgant, 2372 m, (Inntal)
Waxenstein, 2277 m, 1.30, 1.31, 2.22

Erläuterung Seite 87

Gipfel nirgends die Zweitausendmetermarke, auch im Österreichischen nicht, obgleich der Sonnenspitze mit 1986 m nur wenige Meter fehlen. Deutlich alpine Dimensionen werden im Rofangebirge (höchste Erhebung Hochiß, 2290 m), erreicht, dessen Ausläufer sich bis in die Gegend von Achenkirch erstrecken.

Das Wiesental der Isar zwischen Sylvensteinsee und Bad Tölz trennt die Tegernseer Berge von den westlich ansteigenden Walchenseebergen, die in der Benediktenwand 1803 m Seehöhe erreichen, den Walchensee in weitem Bogen umschließen, im Krottenkopf, 2086 m, gipfeln und mit dem Wank bei Garmisch enden. Eine mautpflichtige Straße führt von Wallgau nach Hinterriß durch ein Naturschutzgebiet im bayerischen Staatsforst, das sich zum Karwendelgebirge hin erstreckt und auf österreichischem Gebiet im Naturpark Ahornboden seine Fortsetzung findet. Die Berggruppe um die Schöttelkar- und Soiernspitze (2259 m) ist den Gebirgszügen des Karwendelgebirges vorgelagert und verläuft parallel zum Hauptkamm, der aus dem Isartal als zerklüftetes, hohes Felsmassiv aufragt und sich, vom Einschnitt des Karwendeltales durchbrochen, bis zum Achensee hinzieht. Die Westliche Karwendelspitze, 2385 m, im unmittalbaren Gegenüber zum reizenden Bergort Mittenwald, ist Teil des Grates, der zur Östlichen Karwendelspitze, 2537 m, hinüberleitet. Über dem Inntal ragen die steilen Felswände der Nordkette auf mit der Hafelekarspitze, 2334 m, dem Hausberg von Innsbruck, und dem Großen Solstein, 2540 m, als höchster Erhebung. Die beste Aussicht zur Birkkarspitze, mit 2749 m höchster Gipfel des Karwendelgebirges, bietet die für den allgemeinen Verkehr gesperrte Fahrstraße durch das Karwendeltal zum Hochalmsattel, 1791 m.

Das Wettersteingebirge mit dem Zugspitzmassiv und dem höchsten deutschen Alpengipfel (2962 m) steigt im Osten nahe Mittenwald aus dem Leutaschtal auf und erstreckt sich bis Ehrwald. Zu Füßen des Massivs liegt in 972 m Höhe der waldumschlossene, idyllische Eibsee, überragt von den gewaltigen Felsbastionen der Zugspitze mit den Riffelwänden. Von Garmisch-Partenkirchen aus kann man die Zugspitze mit der Zahnradbahn erreichen; außerdem sind vom Eibsee und von

Wettersteingebirge mit Alpspitze und Zugspitze, 2962 m (rechts im Bild), vom Barmsee

Obermoos bei Ehrwald Kabinenseilbahnen in schwindelnde Höhe zum Gipfel geführt. Die Aussicht ist – günstige Witterungs- und Sichtverhältnisse vorausgesetzt – eine der umfassendsten im gesamten Alpenraum und reicht vom Großglockner bis zu den Viertausendern des Berner Oberlandes in der Ferne sowie den vergletscherten Gipfeln der Ötztaler Alpen in unmittelbarer Nachbarschaft. Garmisch-Partenkirchen zunächst gelegen, markieren der Waxenstein und die wohlgeformte Pyramide der Alpspitze die Pforte des Höllentales mit der wilden Höllentalklamm. Den oberen Bereich des Kares füllt der Höllentalferner aus; vom Zugspitzplatt mit dem Schneeferner erstreckt sich in östlicher Richtung das von der Partnach durchflossene Reintal. Die wildromantische Klamm der Partnach bildet im Sommer wie im Winter einen beliebten Anziehungspunkt in der unmittelbaren Nähe von Garmisch-Partenkirchen.
Dem Wettersteingebirge südlich vorgelagert und zum Inntal hin steil abfallend, erstreckt sich die Mieminger Kette von Leutasch aus bis zum Fernpaß, der in Verbindung mit den Lechtaler Alpen (siehe dort) ausführlich abgehandelt wird. Die Hohe Munde (2659 und 2592 m) beherrscht das Gebiet um Seefeld, während der Hochplattig, 2758 m, als höchste Erhebung südlich vom Igelsee im Gaistal aufragt. Zum Inntal hin erstreckt sich inselgleich der Bergrücken des Tschirgants, 2372 m, südwestlich des Holzleitensattels, 1126 m, der Telfs und Nassereith verbindet.
Sowohl im Gebiet des Achensees als auch im Seefelder Sattel eröffnen sich zwei landschaftlich reizvolle Übergänge aus dem oberbayerischen Raum ins Inntal, von denen der letztgenannte zusammen mit dem Brenner bereits in römischer Zeit besondere Bedeutung besaß.

Geschichte. Die Berichte und Dokumentationen geschichtlicher Vorgänge in dieser Region sind so umfangreich, daß im Rahmen dieser Abhandlung nur auf die wesentlichen Fakten früher Epochen eingegangen werden kann. Soweit sie überregional für die angrenzenden Gebiete Gültigkeit besitzen, werden sie dort nicht wiederholt Erwähnung finden können.
Der Nachweis steinzeitlicher Siedlun-

gen am Starnberger See weist auf das dritte vorchristliche Jahrtausend hin. Die Bronze- und Eisenzeit bis etwa 500 v. Chr. wird durch die Stammesgeschichte der Illyrer geprägt. Keltische Vindeliker und Noriker bestimmen die Zeit, ehe das Gebiet in der römischen Provinz Rätien aufgeht. Um 500 kennzeichnet die Einwanderung der Bajuwaren aus böhmischen Landen das Zeitgeschehen. Die ausgeprägte mittelalterliche Kultur in weiten Teilen des Gebietes zeugt von hervorragender historischer Bedeutung. Die geschichtliche Entwicklung Partenkirchens, 1935 mit Garmisch vereint, gründet sich auf das zum Schutze des römischen Verkehrsweges Bozen – Augsburg über Reschen- und Fernpaß errichtete Kastell Parthanum. Garmisch 803, Mittenwald 1080 erstmals urkundlich erwähnt, sind mittelalterliche Gründungen. Vom 15. bis zum 17. Jahrhundert gewinnt Mittenwald als Marktzentrum venezianischer Handelsherren hervorragende Geltung. Die Geigenbaukunst des Ortes geht auf Matthias Klotz, einen Schüler Amatis, zurück. Das Geigenbau- und Heimatmuseum stellt eine einzigartige Informationsquelle dar. Nach der Grafschaft Werdenfels – bis 1803 – wird der räumlich begrenzte Landesteil dieser Region noch heute Werdenfelser Land genannt. Flößerei auf Loisach und Isar sind überlieferte Erwerbszweige aus früher Zeit.

Geologisch ist dieser Teil der Nördlichen Kalkalpen von mächtigen Felsmassiven aus Wettersteinkalk und Hauptdolomit bis zu den Ausläufern der Benediktenwand und des Wendelsteins geprägt. Unter den überschobenen Decken der Trias kommt – in der Partnachklamm sichtbar – Muschelkalk zum Vorschein.
Der »Allgäu-Decke«, die sich in einem schmalen Band der »Lechtal-Decke«, zu der auch das Zugspitzmassiv zu rechnen ist, nördlich anschließt, ist die ostalpine Flyschzone vorgelagert, weit ins Vorland reichend. Die Molasse beginnt erst nördlich der Linie Murnau – Bad Tölz. Mieminger Kette und Teile der Gipfelwelt des Karwendel-Hauptkammes sowie der Nordkette sind geologisch der »Inntal-Decke« zuzurechnen.

Witterungsbedingungen. Sie werden im gesamten deutschen Alpenraum das ganze Jahr über durch ausgesprochene Westwetterlagen geprägt. Vom Frühjahr bis in den Sommer führen Kaltlufteinbrüche aus nördlichen Breiten im Stau der Alpen zu ergiebigen Niederschlägen, die nach Osten hin und mit fortschreitender Jahreszeit an Häufigkeit und Intensität abnehmen. Spätsommer und Herbst zeichnen sich durch beständigere Schönwetterperioden aus. Der Föhn beeinträchtigt begrenzte Gebiete dieser Region und setzt sich an vielen Tagen bis München fort.

Pflanzenwachstum. Gegenüber anderen Regionen des nördlichen Alpenraumes gibt es im Wetterstein- und Karwendelgebirge keine außergewöhnlichen Arten, sieht man einmal von den Ahornbeständen des Karwendelgebirges oder den ausgedehnten Waldungen ab, die vom Vorland her weite Teile des Gebietes bedecken.

Tierwelt. Große Bestände an Rot- und Rehwild. Im nördlichen Karwendelgebirge wurden Steinböcke ausgesetzt. Der Auerhahn hat sich mehr nach den einsamen Hochmooren des Vorlandes zurückgezogen. Ganz selten kommt noch der Uhu vor, während der Steinadler ohne besondere Hege in vereinzelten Exemplaren horstet.

Mineralien. Wie im gesamten Bereich der Nördlichen Kalkalpen sind schöne Mineralstufen auch in dieser Region selten zu finden. Bleierze bei Nassereith und Imst, Steinsalzvorkommen bei Hall und das Kupferarsenat Tirolit, zusammen mit Calcit, Aragonit und Malachit bei Schwaz sollen andeutungsweise Erwähnung finden, ungeachtet der Seltenheit heute noch möglicher Funde.

Kochelsee vom Herzogstand ▷

Im Gebiet der Schlierseer und Tegernseer Berge

Das Landschaftsbild im Voralpengebiet zwischen Isar und Inn wird vom 1838 m hohen Wendelstein beherrscht. Nicht daß es sich um den höchsten Gipfel dieser Gegend handelt, in exponierter Lage markiert er, von weitem zu erkennen, als Eckpfeiler die Mündung des Inntales und hebt sich felsgekrönt deutlich von den bewaldeten Hängen der Umgebung ab. Schliersee und Tegernsee, an der Pforte des Alpenraumes, prägen ein Landschaftsbild, das sich durch liebliche Talpartien ebenso auszeichnet wie es andererseits einen eher romantischen Charakter aufweist.

So unterscheidet sich dieses Gebiet deutlich von den alpinen Hochregionen, und selbst auf österreichischem Boden überschreitet bis zu den Ausläufern des Rofangebirges hin kein anderer Gipfel die Zweitausendmetermarke.

Zwei Autorundtouren vermitteln einen Gesamteindruck von den Wesensmerkmalen dieses Bereichs. Rund um den Wendelstein verläuft folgende Route, in die sich eine Fahrt mit der Zahnradbahn und anschließende 30minütige Gipfeltour bequem einbeziehen lassen:

Bayrischzell – Whs Tatzelwurm (Wasserfälle) – Mautstraße nach Brannenburg – Degerndorf am Inn – Feilnbach – Hundham – Fischbachau – Aurach.

Eine andere Rundfahrt schließt das Seengebiet mit ein und orientiert sich an folgendem Routenverlauf, der durch eine Sesselliftfahrt zum Stümpfling oder eine Fahrt mit der Wallbergbahn und anschließendem 40minütigen Gipfelanstieg ergänzt werden kann:

Schliersee – Josefstal – Spitzingsee – Mautstraße über das Forsthaus Valepp nach Rottach-Egern – Tegernsee – Gmund.

Bayrischzell, 800 m, Luftkurort und Wintersportzentrum, liegt am Fuße des Wendelsteins, im Streckenverlauf der Deutschen Alpenstraße.

Die Talstation der Kabinenseilbahn zum Wendelsteinhaus ist nahe beim Ort Osterhofen gelegen. Von der Bergstation erreicht man in halbstündiger Wanderung den Gipfel, auf dem

Achensee

ein Sonnenobservatorium, eine Wetterwarte und Sendeanlagen des Bayerischen Rundfunks errichtet wurden. Der unschwierige Aufstieg von Bayrischzell erfordert mindestens 3 Stunden und wird durch eine überragende Aussicht belohnt, die vom Kaisergebirge bis zum Karwendel und in der Ferne von den Hohen Tauern bis zur Zugspitze reicht.

Die Straße über den Ursprungpaß, 849 m, verbindet Bayrischzell mit den österreichischen Orten *Landl*, 687 m, und *Vorder-Thiersee*, 677 m. Von *Hinter-Thiersee*, 862 m, etwas abseits des Bergsees gelegen, eröffnet sich ein schöner Ausblick zum Kaisergebirge. Die Pfarrkirche ist sehenswert.
Beim *Whs Tatzelwurm* endet die Deutsche Alpenstraße oberhalb des Inntales von Bayrischzell aus. Von hier können die Orte *Degerndorf* und *Niederaudorf*, 476 m, über Mautstraßen erreicht werden.

Oberaudorf, 500 m, und Niederaudorf, zwei Ortsteile einer Gemeinde, liegen in der Nähe von Kiefersfelden, nur wenige Kilometer von der österreichischen Grenze entfernt.
Sehenswert: Ruine Auerburg, Kloster Reisach und die Pfarrkirche in Niederaudorf.

Brannenburg, 476–700 m, mit den Orten Degerndorf und St. Margarethen, liegt am westlichen Hang des Inntales. In Waching befindet sich der Talbahnhof der Wendelstein-Zahnradbahn.

Schliersee. Am Nordufer des 3 km langen und mehr als 1 km breiten Schliersees ist der Luftkurort gleichen Namens gelegen. Sehenswert: Pfarrkirche, St. Nikolauskapelle, Rathaus und Heimatmuseum mit voll eingerichteten alten Bauernstuben. *Fischhausen,* 785 m, und *Josefstal*, 800 m, sind Orte der Gemeinde Schliersee.

Spitzingsee, 1100 m, eines der beliebtesten Wintersportgebiete an der Deutschen Alpenstraße. Die Kabinenseilbahn zum Taubenstein, 1693 m, und der Sessellift zum Stümpfling, 1506 m, erschließen geschätzte Aussichtspunkte. Der Stümpfling ist auch vom Rottachtal aus mit einem Sessellift zu erreichen. Über eine Mautstraße gelangt man zum *Forsthaus Valepp* und weiter ins Rottachtal.

Kochelsee

Am Sylvensteinsee

Mittenwald mit Wettersteinspitze (2297 m)

Bad Wiessee. Am 6,5 km langen und 2 km breiten Tegernsee liegen Bad Wiessee, 735 m, ein internationales Heilbad mit Jod- und Schwefelquellen und der heilklimatische Kurort *Tegernsee*, 732 m, einander gegenüber. Sehenswert in Tegernsee: Schloß und ehemalige Benediktinerabtei mit Klosterkirche.

Rottach-Egern. Die Südseite des Sees, an dessen Ufer der Kurort Rottach-Egern, 740 m, liegt, wird von der 1722 m hohen Kuppe des Wallbergs überragt.
In Rottach-Egern ist die Pfarrkirche sehenswert. Hier befinden sich auch die Grabstätten von Ludwig Thoma, Olaf Gulbransson, Ludwig Ganghofer und Leo Slezak.
Die Talstation der Wallbergbahn liegt in Oberach. Neben der Kleinkabinenbahn vermag auch die Fahrt auf der Wallbergstraße bis zum Pförner Moos den Aufstieg zum Gipfel zu verkürzen.

Kreuth – Wildbad Kreuth, 850 m. Die Gemeinde erstreckt sich entlang der Straße zum Achenpaß; eisenhaltige Schwefelquellen; sie umfaßt insgesamt 16 Ortschaften.
Sehenswert: Leonhardikirche in Kreuth, Hl.-Kreuz-Kirche in Wildbad Kreuth.
Eine Gondelbahn zum Hirschberg, 1652 m, ist z. Z. noch im Bau.

Brandenberg. Östlich des Rofangebirges, zum Inntal hin, dominiert eine besondere Erscheinungsform im alpinen Landschaftsbild. Vom Wildwasser zerfurcht, durchzieht eine Reihe von Klammen das Gebiet um *Brandenberg*, 920 m, einem idyllischen Bergort, der auf der Straße nur von Kramsach im Inntal aus zu erreichen ist. Eine Wanderung durch die Kaiserklamm zur Erzherzog-Johann-Klause gehört mit zu den großen Erlebnissen (2 Stunden).
Für den Fußweg zum Voldöppberg,

Im Karwendelgebirge, Großer Ahornboden mit Spitzkarspitze (2605 m)

1510 m, mit hervorragenden Ausblikken ins Inntal und zu den Zillertaler Alpen, benötigt man $1^1/_2$ Stunden.

In der Umgebung der Walchenseeberge

Das Landschaftsbild dieses Gebietes wird bestimmt von dem berggesäumten Walchensee und dem 200 m tiefer gelegenen Kochelsee, der sich zur Ebene hin ausbreitet. Beide Seen verbindet eine Straße über die Einsattelung, die den langgestreckten Bergzug unterbricht. Aus dem Isartal zwischen Bad Tölz und Lenggries aufsteigend, erreichen die Berge in der Benediktenwand mit 1803 m im Osten die größte Höhe. Westlich des Walchensees überschreiten einige Gipfel die Zweitausendmetermarke und leiten über zu den Hochregionen des Wettersteingebirges.

Ohne die Benutzung von Mautstraßen wäre eine Rundtour in diesem Gebiet nicht anzuraten, da die einzige Ost-West-Verbindung weit im Vorland verläuft. So aber bietet sich folgender Routenverlauf an, in den man eine Sesselliftfahrt zu den Herzogstandhäusern einbeziehen kann:
Lenggries – Sylvenstein-Speichersee – Vorderriß – Mautstraße nach Wallgau – Walchensee – Mautstraße am südlichen Seeufer entlang nach Jachenau – zurück zum Ausgangspunkt.

Bad Tölz, 600 m, Kreisstadt und internationales Heilbad, beiderseits der Isar gelegen, u. a. Heimstatt des Tölzer Knabenchores.
Sehenswert: Altes Stadtbild mit freskengeschmückten Häusern, Pfarrkirche, Mühlfeldkirche, Leonhardkapelle (Kalvarienberg), Heimatmuseum.
Mit einem Sessellift ist der Blomberg, 1200 m, zu erreichen, Talstation etwas abseits der Stadt.

Lenggries, 680 m, beliebter Luftkur- und Wintersportort, liegt an der Straße Bad Tölz–Achensee.
Sehenswert: Pfarrkirche, Mariahilfkapelle. Mit einer Kabinenseilbahn gelangt man zum Brauneck, 1530 m.
Vom Sylvenstein-Speichersee führt eine Straße nach Vorderriß. Hier beginnt die Mautstraße durch das Naturschutzgebiet nach **Wallgau**, 868 m, im breiten Isartal zwischen den Ausläufern des Karwendelgebirges und den Walchenseebergen gelegen. Die alten Häuser des Ortsbildes, freskengeziert, sind sehenswert.
Nur ca. 12 km nördlich wird an dem 7 km langen und bis 5 km breiten **Walchensee** das schmucke Bergdorf gleichen Namens erreicht.
Sehenswert: Pfarrkirche, St.-Anna-Kapelle. Am Ortsausgang liegt die Talstation des Sesselliftes zum Fahrenbergkopf, 1621 m.
Von der Bergstation gelangt man in wenigen Minuten zu den Herzogstandhäusern oder in bequemer Wanderung zum Gipfel des Herzogstands, 1731 m, mit hervorragendem Rundblick.
Die Straße am südlichen Seeufer ist mautpflichtig, aber lohnend wegen des ausgezeichneten Blicks auf Benediktenwand und Herzogstand.

Jachenau, 790 m, ein ruhiger Bergort, ist von bewaldeten Bergen umgeben.

Achensee und Rofangebirge

Das Landschaftsbild um den Achensee mit Karwendel- und Rofangebirge stellt sich als typisch alpine Komponente im östlichen Teil der Region dar, deutlich unterschieden von den waldgesäumten Vorbergen nördlich des Achenpasses und östlich des Brandenberger Tales. Pflanzenwachstum und Tierbestand sind stärker von hochalpinen Arten geprägt, die Wälder enden an steilem Fels, und an der Baumgrenze beginnt, wo dies Geröll und Bodenbeschaffenheit zulassen, der Krummholzgürtel.
Der Achensee, Überbleibsel des eiszeitlichen Inntalgletschers, vermittelt das Bild eines freundlichen Bergsees, der durch die teilweise steil zum See hin abfallenden Bergwände eine besondere Charakteristik aufweist.
Bereits in ihren Ausläufern, den Unutzgipfeln und der Guffertspitze, überschreiten die Berge des Rofangebirges die Zweitausendmetermarke und erreichen in der höchsten Erhebung – Hochiß – 2299 m Seehöhe.
Das Achental bildet den eigentlichen Siedlungsraum, ergänzt durch die im Seitental der Steinberger Ache verstreut liegende und über eine vor Achenkirch abzweigende Fahrstraße von Norden her erschlossene Gemeinde Steinberg.

Steinberg, 1015 m. Sehenswert ist allein die Pfarrkirche, dafür eröffnet sich vom Ort eine Vielzahl von Wanderungen, die bis zu den Gipfelregionen hinaufführen.

Achenkirch, 916 m, mit dem Ortsteil Achensee, 924 m, ist der erste größere Bergort südlich des Achenpasses.
Sehenswert: Pfarrkirche und Kapelle zur Hl. Anna auf dem Dollenhügel. Der Sonnberg-Sessellift eröffnet in 1222 m Höhe einen hervorragenden Ausblick ins Achental, zum Achensee und zur Gipfelwelt des Karwendelgebirges.

Pertisau. Am westlichen Ufer des 9 km langen und bis zu 1 km breiten Achensees liegt, landschaftlich überaus reizvoll, der Luftkurort Pertisau, 930 m. Die Straßenanbindung erfolgt von Süden her. Im Sommer verkehren Personenschiffe zwischen Scholastika, Gaisalm, Buchau, Seespitz und Pertisau. Mit dem Sessellift erreicht man den Zwölferkopf, 1463 m, von dem man einen hervorragenden Ausblick zu den Gipfeln des Rofangebirges und auf den See genießt. Beim Hotel Seeblick befindet sich die Endstation der dampfbetriebenen Zahnradbahn, die von Jenbach, 562 m, im Inntal ausgehend den Achensee erreicht, eine der

Zugspitze vom Weißensee ▷

Zugspitze
2962 m
Schneeferner-Kopf
2875 m

ältesten ihrer Art und somit eine besondere Attraktion.

Maurach, 963 m, ein Luftkurort und Wintersportzentrum, erstreckt sich über die gesamte Talweite bis zum Südufer des Sees. Sehenswert ist die Pfarrkirche Hl. Notburga im südlich gelegenen Ortsteil Eben. Die Rofan-Kabinenseilbahn endet in 1834 m Höhe bei der Erfurter Hütte und eröffnet eine hervorragende Rundsicht bis zum Zillertaler Hauptkamm.

Karwendelgebirge

Sanft ansteigende und bewaldete Hänge, wie sie selbst noch die bis über 2000 m aufsteigenden Walchenseeberge schmücken, stehen in strengem Kontrast zu den Wesensmerkmalen dieser Landschaft, die im wahrsten Sinne des Wortes alpin zu nennen ist – ein in vier Kämmen hintereinander aufgereihtes Felsengebirge mit steilen Flanken, hohen Gipfeln und einsamen Tälern, Zeugen der Urgewalt gebirgsbildender Kräfte, Eldorado für Bergtouristen und Alpenwanderer.
Mit ihren nördlichen Ausläufern bindet die Felsregion noch in die Wälder des bayerischen Staatsforstes – Naturschutzgebiet – ein, vom Inntal aus steil aufragend vermittelt die »Nordkette« den Eindruck einer endlosen Gipfelfluh.
Wer die herbe Schönheit dieser Landschaft in der Aneinanderreihung von Höhepunkten erleben möchte, sollte sich einen Tag Zeit nehmen, um in einer grenzüberschreitenden Rundtour den Gebirgszug zu umfahren – schönes Wetter und gute Sichtverhältnisse vorausgesetzt – und früh am Morgen aufbrechen.
Den Ausgangs- und Zielort im oberen Inntal oder östlich von Garmisch angenommen, ist folgender Routenverlauf in Vorschlag zu bringen, wobei die Fahrtrichtung ausnahmsweise nicht umgekehrt werden sollte:
Wallgau – Mautstraße nach Vorderriß – Hinterriß – zum Großen Ahornboden (uralte Ahornbestände im Naturpark) – zurück nach Vorderriß – Sylvensteinspeicher – Achensee – Jenbach – Autobahn bis Ausfahrt Solbad Hall – Abstecher ins Halltal – an Innsbruck vorbei nach Zirl – Seefeld – Scharnitz – Mittenwald. Im letzten Teilstück sind die abendlichen Stunden bei tiefstehender Sonne vom Zauber des Farbenspiels geprägt.

Mittenwald, 913 m, Luftkurort und Touristenzentrum am Fuße der Westl. Karwendelspitze (2385 m). Sehenswert: Alte Häuser mit Fassadenmalerei, Geigenbau- und Heimatmuseum, Pfarrkirche, St.-Nikolaus-Kirche.
Mit der Karwendel-Kabinenseilbahn läßt sich an der Westflanke der Westl. Karwendelspitze 2244 m Höhe erreichen – hervorragende Aussicht auf Wettersteingebirge und Mieminger Kette.
Von der Straße nach *Wallgau* (siehe Walchenseeberge) zweigt eine Fahrstraße in Richtung Ochsenalm, 1176 m, ab; von hier aus gelangt man zur unbewirtschafteten Krinner-Kofler-Hütte, 1401 m, am Fuße der Soiernspitze (2259 m) in max. 2stündiger Wanderung. Die Aussicht vom Weg und Zielpunkt auf den Berggrat zwischen Westl. und Östl. Karwendelspitze (2537 m) ist hervorragend.

Hinterriß, 931 m, ein kleiner österreichischer Bergort, ist nur auf der mautpflichtigen Fahrstraße von Vorderriß im bayerischen Staatsforst zu erreichen. Die Straße endet im Naturpark Gr. Ahornboden – äußerst lohnendes Ausflugsziel – am *Whs In der Eng*, 1218 m; landschaftlich reizvoller Talschluß mit alten Ahornbeständen, überragt von der Grubenkarspitze, 2661 m, und anderen Gipfeln.
Außerdem empfiehlt sich eine Wanderung durch das Johannestal zum Kleinen Ahornboden, 1403 m, auf schmalem Fahrweg oder bezeichneten Wanderwegen (2 Stunden von Whs Alpenhof); Aussicht auf die höchsten Gipfel

Bei Hinterriß im Karwendelgebirge. Blick auf Bettelkarspitze und Schaufelspitze ▷

des Karwendelgebirges, Birkkarspitze, 2749 m, und andere.

Scharnitz, 954 m, österr. Grenzort und Wintersportgebiet, liegt an der Straße Mittenwald–Seefeld.
Sehenswert: Reste der Befestigungsanlagen (Porta Claudia).
Vom Ort aus bietet sich eine Vielzahl ausgezeichneter Wanderwege: Karwendelhaus, 1765 m, 5 Stunden zu Fuß, auch Personenbeförderung mit Jeep bis zum Haus in hervorragender landschaftlicher Lage am Fuße der Ödkarspitzen (2743 m). Whs Amtsäge, 1193 m, durch das Gleirschtal 2½ Stunden, auch Straße.

Seefeld, 1180 m, Höhenluftkurort mit Heilquelle und Olympiaschanze an der Straße nach Zirl (Seefelder Sattel). Die Pfarrkirche ist sehenswert. Eine große Anzahl von Bergbahnen und Sesselliften erschließt die Bergwelt des Karwendelgebirges. Hervorzuheben: Standseilbahn zur Roßhütte, 1750 m, weiter mit Kabinenseilbahn zum Härmelekopf, 2041 m, mit hervorragender Aussicht auf Ötztaler Alpen, Mieminger Kette, Wettersteingebirge und ins Inntal.

Solbad Hall, 574 m. Hier zweigt eine Fahrstraße ins *Halltal* bis ca. 1500 m (Naturschutzgebiet) ab, von der das ehemalige Salzbergwerk zu erreichen ist (teilweise Bus-Anfahrt).

Pertisau, 930 m, Luftkurort in hervorragender landschaftlicher Lage am Achensee (s. auch Achenseegebiet), ist Ausgangspunkt ausgezeichneter Wanderwege in die Täler des Karwendelgebirges. Gramai-Alm, 1265 m, mautpflichtige Fahrstraße; Gernalm, 1172 m, mautpfl. Fahrstraße, Aufstieg zum Plumsenjochhaus, 1610 m, 1–1½ Stunde, hervorragende Aussicht auf Grubenkarspitze, 2661 m, über dem Gr. Ahornboden.

Wettersteingebirge, Mieminger Kette

Wie kein anderer Gebirgszug im nördlichen Alpenraum ragt das Wettersteingebirge mit dem höchsten deutschen Gipfel in den bayerischen Alpen, der 2962 m hohen Zugspitze, allseitig frei aus den offenen, breiten Tallagen auf, so daß kein Vorgebirge den

Alpspitze vom Kramer

Blick versperrt. Mit dem Firnfeld des Schneeferners, mehr noch mit dem zerklüfteten, spaltendurchsetzten Höllenkarferner sind Wesensmerkmale hochalpiner Landschaftsbilder angedeutet. Die Mächtigkeit des Felsmassivs wird in den Westabstürzen besonders deutlich, im Osten dominiert die Alpspitze als ebenmäßig ausgebildete, formschöne Pyramide, während sich im Norden der Waxenstein als wuchtiger Eckpfeiler erhebt.

Nur die Südkette des Wettersteingebirges schließt sich im Osten dem Karwendelgebirge an, durch die breite Talmulde der Isar bei Mittenwald von diesem getrennt. Parallel dazu verläuft die Mieminger Kette, die im Westen eine geradlinige Fortsetzung in den Lechtaler Alpen findet und im Osten mit der Hohen Munde bei Seefeld endet.

Ob Bergsteiger, Hochtourist, Wanderer oder Spaziergänger, alle haben dank ausgezeichneter Erschließung Anteil an der Großartigkeit alpiner Landschaft in diesem Gebiet. Den Vorzug eines sich ständig wandelnden Panoramas bietet eine grenzüberschreitende Autorundfahrt, die sich den Ausleuchtungseffekten des Sonnenlaufes anpaßt und daher kaum eine Richtungsumkehr duldet. Routenverlauf: Garmisch-Partenkirchen – Mittenwald – Seefeld – Telfs – Holzleitensattel – Imst – Nassereith – Fernpaß – Ehrwald – Eibsee – Grainau. Die Nachmittagsstunden der am frühen Vormittag begonnenen Unternehmung sollte der Tourist am Blindsee, die Abendstunden in Ehrwald und am Eibsee verbringen.

Der Zugspitzgipfel läßt sich mit der Bayerischen Zugspitzbahn von Garmisch-Partenkirchen, der Kabinenseilbahn vom Eibsee und der Tiroler Zugspitzbahn von Ehrwald aus erreichen.

Die Besteigung durch das Höllental setzt unbedingt Bergerfahrung und Schwindelfreiheit voraus; der Anstieg über das Reintal verlangt mit 10 Stunden bis Schneefernerhaus ein hohes Maß an Ausdauer und die Übernachtung auf einer der Berghütten am Weg. Wohl aber kann die letztgenannte Route bei guten spätsommerlichen Witterungsbedingungen als Abstiegsroute empfohlen werden.

Wesentliches über die bedeutendsten Urlaubsziele sei nachfolgend in Kürze erwähnt:

Hohe Munde von Osten

Inntal mit Tschirgant

Blick ins Inntal von Mösern

Garmisch-Partenkirchen, 700–800 m, Kreisstadt, heilklimatischer Kurort, internationales Tourismus- und Wintersportzentrum, im weiten Talkessel am Zusammenfluß von Partnach und Loisach gelegen. Sehenswert: Alte, mit Fassadenmalerei geschmückte Häuser im Stadtbild, Alte Apotheke, Alte Kirche an der Fürstenstraße, Pfarrkirche St. Martin, Sebastianskirche, Wallfahrtskirche St. Anton, Werdenfelser Heimatmuseum. Außerdem lohnt sich ein Besuch der Olympia-Sportstätten. Bergbahnen: Bayerische Zugspitzbahn, Zahnradbahn von Garmisch über Grainau und Eibsee zum Schneefernerhaus, 2650 m, Gipfelseilbahn vom Schneefernerhaus zum Gipfel, 2930 m; Eibsee–Zugspitzgipfelbahn, Kabinenseilbahn von Hotel Eibsee, 980 m, zum Zugspitzgipfel, 2930 m; Wankbahn, Kabinenseilbahn von Partenkirchen, Bergstation, 1780 m; Kreuzeckbahn, Kabinenseilbahn von Garmisch, Bergstation, 1652 m; dazu eine ganze Reihe weiterer Bergbahnen.
Eine Vielzahl von Spazier- und Wanderwegen erschließt die Umgebung.
Höllentalklamm, eindrucksvoll und wildromantisch, 2 Stunden von Garmisch.

Grainau, 750 m, Höhenluftkurort am Fuße des Waxensteins mit den Ortsteilen Ober- und Untergrainau, Hammersbach, Schmölz und Eibsee.

Eibsee, 972 m, Station der Zugspitzbahn, Fahrstraße von Grainau, auch Linienbus. Spazierweg um den See mit hervorragender Aussicht zum Zugspitzgipfel. Talstation der Kabinenseilbahn zum Zugspitzgipfel.

Ehrwald, 1000 m, österr. Luftkurort am Fuße der Zugspitze. Talstation der Tiroler Zugspitzbahn (Kabinenseilbahn zum Westgipfel, 2950 m) in Ehrwald-Obermoos. – Gondellift zur Ehrwalder Alm, 1493 m, von dort lohnende Wanderung zum Igelsee, 1543 m, mit schönen Ausblicken, 1/2 Stunde.

Leutasch, 1050–1130 m, österr. Berggemeinde mit mehreren Ortschaften im Leutaschtal am Fuße des Wettersteingebirges und der Hohen Munde (2659 m, Mieminger Kette). Ausgangspunkt für zahlreiche Wanderungen und Bergtouren.
Sessellift Moos–Rauthhütte, 1600 m, hervorragende Aussicht auf Wetterstein- und Karwendelgebirge. – Sessellift Weidach, 1145–1369 m, ausgezeichneter Rundblick.
Die Wanderung zur Tillfußalm, 1391 m (2 Stunden, auch Fahrstraße), ist äußerst lohnend; von hier zum Gatterl, 2023 m (3 Stunden), mit Aussicht auf Zugspitzgipfel und Mieminger Kette.
Der Mieminger Kette ist im Südwesten der Tschirgant, ein schmaler Bergrükken bis 2372 m, vorgelagert. An der Paßstraße über den Holzleitensattel sind reizende Bergorte gelegen, so *Barwies,* 881 m, *Fronhausen,* 900 m, *Obsteig,* 995 m, und *Holzleiten,* 1085 m.

4
Vom Weideland zur Gipfelfluh
Allgäuer und Lechtaler Alpen

Ohne merkliche Abstufung vollzieht sich im westlichen deutschen Alpenraum der Übergang von wiesen- und waldbedecktem Hügelgelände zu den hohen Felsregionen des Allgäuer Hauptkammes. Das sommerlich satte Grün ausgedehnter Weideflächen, bestückt mit der Vielzahl bunter Blüten, ziert die Hänge der Alpentäler selbst in den Hochlagen und gestaltet das Landschaftsbild freundlich und anmutig. Im Gegensatz dazu steht die Herbheit vegetationsarmer, geröllbedeckter Hänge, wie sie unterhalb der hochaufragenden, zerklüfteten Dolomit- und Kalkgipfel in den Talenden der Lechtaler Alpen anzutreffen sind.
Auf das mittelgebirgsähnliche Alpenvorland, das sich weit nach Norden und Westen erstreckt, kann in diesem Buch nicht näher eingegangen werden.
Mit der Nagelfluhkette westlich von Sonthofen ist eine natürliche Abgrenzung des eigentlichen Alpenraumes zum Vorland hin deutlich markiert. Vom Hohen Ifen aus, das Kleine Walsertal miteinbeziehend, verläuft die Trennungslinie der Region über Hochtannbergsattel, Flexen- und Arlbergpaß zum Inn und weiter über Imst, den Fernpaß zum Loisachtal.
Vorarlberg, Ötztaler Alpen und Wettersteingebirge mit Mieminger Kette markieren die Grenzbereiche benachbarter Regionen.
Die Hügellandschaft westlich der Iller erstreckt sich bis nach Oberstdorf und wird nur von den um 1800 m hohen Felspartien der Nagelfluhkette durchbrochen. Östlich des Flußlaufes nimmt die Höhe der angrenzenden Berge schnell zu und gipfelt im Nebelhorn, 2224 m, und dem Großen Daumen, 2280 m. Das breite Tal der Iller endet bei Oberstdorf in einem weiten Kessel. Als östlicher Quellfluß entspringt die Breitach am Starzeljoch, durchzieht

(Fortsetzung auf Seite 146)

Zeichenerklärung auf Seite 88/89
nach Kempten
Sibratshofen
Niedersonthfn.
Martinszell
Grünten-See
Nesselwang
Wertach
Missen-Wilhams
Pfr.-Weißbach
I. Stein
Pfronten
Bühl
Rettenberg
Pfronten-Steinach
Immenstadt
Jungholz
Oberstaufen-Thalkirchdf.
Blaichach
H.-Unterjoch
Burgberg
Sonthofen
H.-Oberjoch
Oberjochpaß 1180
Schattwald
Hindelang
Rindalphorn 1822
Ofterschwang
H.-Bad Oberdorf
Tannheim
Altstädten
BUNDESREPUBLIK
Balderschwang
Bolsterlang
H.-Hinterstein
Riedberg-Horn 1822
Fischen
Gr. Daumen 2280
Obermaiselstein
F.-Rubi
Lailachs
DEUTSCHLAND
Nebelhorn 2224
O.-Tiefenbach
Piesen-K. 1629
Oberstdorf
Walsertal
Hochvogel 2594
Stanzach
Vorder-
Fellhorn 2039
Himmelschrofen 1790
Höfats 2258
Hornbach
Hoher Ifen 2232
Riezlern
Gerstruben
Hinter-
Hirschegg
Stillach
O.-Spielmannsau
Elmen
Urbeleskarspitze 2636
Kl.
Mittelberg
O.-Einödsbach
Baad
Gr. Krottenkopf 2657
Häselgehr
Lichtspitze 2357
Mädelegabel 2649
Widderstein 2536
Elbingenalp
Hochtannbergpaß 1679
Hohes Licht 2651
Holzgau
Bach
Gramais
Warth
Schröcken
Ht. Sonnenk. 2324
Steeg
Torspitze 2623
Dremelspi
Madau
Leitersp. 2750
Krabachsp. 2524
Kaisers
Freispitze 2887
Wetterspitze 2898
Lech
Silbers
Zürs
Vorderseespitze 2888
Parseierspitze 3036
Flexenpaß 1784
Valluga 2809
Fallesin-Sp. 2769
Pettneu
Schnann
Flirsch
Stanz
Grins
Stuben
Arlbergpaß 1793
Pians
nach Feldkirchen
St. Anton a. Arlberg
Strengen
Landeck
St. Christoph a. Arlberg

Hohe Bleick
1638
Hint.-Hörnle
1548
Forggen-See
Buching
Hopferau
Hopfen
Bannwald-See
Unterammergau
Oberammergau
Ammer-Geb
nach München
Füssen
Schwangau
Linderhof
E.-Graswang
Oberau
Ettal
Neuschwanstein
Hohenschwangau
2.15
Hochplatte
2081
Pinswang
Säuling
2047
Ammer-Sattel
1118
Farchant
Kreuzspitze
2185
Kramerspitze
1982
Pflach
Geierkopf
2163
Garmisch-Partenkirchen
nach Innsbruck
2.19
Reutte
Plansee
Griesen
Höfen
Grainau
Plansee
Heiterwang
Heiterwanger See
Weißenbach a. L.
Plattberg
2248
Schanz
Thaneller
2343
Bichlbach
Berwang
Ehrwald
Lermoos
Knittelkarspitze
2378
2.32
Fernpaß 1209
Biberwier
Loreakopf
2471
Namlos
ÖSTERREICH
Heiterwand
2638
Nassereith
2554
Hahntenn-J. 1884
Muttekopf 2777
Tarrenz
Imst
2.30
nach Innsbruck
Inn
Mils
Schönwies
N
10 km
29
4

1. Ferienorte und touristische Zentren

Allgäuer Alpen, Kl. Walsertal, Tannheimer Gruppe:

1.01 **Immenstadt,** 730 m, Wandern, Wintersport, Kur
1.02 **Sonthofen,** 745 m, tour. Zentrum, Wandern, Kultur, Wintersport
1.03 **Hindelang – Bad Oberndorf,** 825 m, Kur, Wandern
1.04 **Oberstdorf,** 815 m, tour. Zentrum, Wandern, Hochtouren, Wintersport
1.05 **Fischen,** 760 m, Erh., Wandern, Wintersport
1.06 **Riezlern** (A), 1088 m, Kl. Walsertal, Wandern, Wintersport, Erholung
1.07 **Hirschegg** (A), 1125 m, Kl. Walsertal, Wandern, Wintersport, Erholung
1.08 **Mittelberg** (A), 1230 m, Kl. Walsertal, Wandern, Wintersport, Erholung
1.09 **Baad** (A), 1250 m, Kl. Walsertal, Wandern, Wintersport, Erholung
1.10 **Pfronten,** 870 m, Wandern, Wintersport, Erholung
1.11 **Füssen,** 800 m, tour. Zentrum, Kultur, Wandern, Wintersport
1.12 **Schwangau,** 800 m, Kultur, Wandern
1.13 **Vils** (A), 830 m, Wandern, Erholung
1.14 **Tannheim,** 1097 m, Wandern, Wintersport, Erholung
1.15 **Nesselwängle,** 1147 m, Wandern, Wintersport, Erholung

Lechtaler Alpen (A):

1.16 **Reutte,** 850 m, tour. Zentr., Wand., Wintersp.
1.17 **Weißenbach,** 887 m, Wandern, Spazierg., Erholung
1.18 **Elmen,** 978 m, Wandern, Spaz., Erh.
1.19 **Elbigenalp,** 1040 m, Wand., Spaz., Erh.
1.20 **Holzgau,** 1103 m, Wandern, Spaz., Erh.
1.21 **Steeg,** 1122 m, Wandern, Hochtouren, Erh.
1.22 **Warth,** 1500 m, Wandern, Hochtouren, Wintersport
1.23 **Lech,** 1447 m, tour. Zentrum, Wintersport, Erholung
1.24 **Zürs,** 1717 m, Wintersport
1.25 **St. Christoph a. Arlberg,** 1765 m, Wandern, Wintersport
1.26 **St. Anton a. Arlberg,** 1300 m, Erholung, Wandern, Wintersport
1.27 **Pettneu,** 1240 m, Erh., Wandern
1.28 **Pians,** 859 m, Erh., Wandern
1.29 **Landeck,** 800 m, tour. Zentr., Kultur, Wand.
1.30 **Imst,** 828 m, Erholung, Wandern
1.31 **Nassereith,** 860 m, Erh., Wandern
1.32 **Biberwier,** 987 m, Erh., Wandern
1.33 **Lermoos,** 995 m, Erholung, Wandern, Wintersport
1.34 **Heiterwang,** 922 m, Erholung, Wandern, Wintersport

Ammergebirge:

1.35 **Oberammergau,** 837 m, Kultur, Erholung, Wandern

2. Besondere Ausflugsziele und Berghütten

Allgäuer Alpen, Kl. Walsertal, Tannheimer Gruppe:

2.01 **Zaumberg,** 861 m, Ort a. Fahrstr. v. Immenstadt, Blick z. Alpsee u. Gipfeln d. Nagelfluhkette
2.02 **Ettensberg,** 1452 m, Sessellift v. Immenstadt, Rundbl. z. Allgäuer Gipfeln
2.03 **Grüntenhaus,** 1535 m, Kabinenseilb. v. Altach b. Wagneritz oder 2 Std. v. Burgberg; umfass. Ausbl. z. Allgäuer Gipfelwelt; Übelhorngipfel 3/4 Std.
2.04 **Oberjoch,** 1100 m, Verbindungsstr. Hindelang – Reutte
2.05 **Mitterhausalm,** 1081 m, 2 Std. v. Hindelang, Aussicht z. Bergkulisse d. Nebelhorns, Gr. Daumen u. a.
2.06 **Giebelhaus,** 1100 m, (Fahrstraße) v. Hinterstein 2 1/2 Std.; hervorrag. landschaftl. Lage, Bergkulisse vom Hochvogel b. z. Nebelhorn u. Gr. Daumen
2.07 **Nebelhorngipfel,** 2224 m, *Kabinenseilb. v. Oberstdorf b. Edm.-Probst-Haus, 1929 m, v. dort Sessellift oder 1 Std. zu Fuß, v. Oberstdorf 4 1/2 Std.; Aussichtsberg m. umfass. Rundblick
2.08 **Fellhorn,** 2039 m, Kabinenseilb. v. Faistenoy im Stillachtal; hervorrag. Panoramablick, u. a. Mädelegabel, Hohes Licht, Hoher Ifen – Trettachspitze, Madelegabel auch v. Talstation
2.09 **Einödsbach,** 1142 m, Fahrstr. f. allgem. Verkehr b. Faistenoy, v. dort 1 1/2 Std.; schöner Talschluß unterh. der Mädelegabel
2.10 **Gerstruben,** 1154 m, 1 1/2 Std. v. Oberstdorf (Fahrstr.); großart. landschaftl. Umgebg., u. a. Höfats, Rauheck, Kreuzeck
2.11 **Breitachklamm,** 826 m, Fahrstr. v. Tiefenbach; romantische, enge Klamm
2.12 **Kanzelwand (Warmatsgundkopf),** 2038 m, Kabinenseilb. von Riezlern b. Bergstation, 1957 m, v. dort 1/2 Std. zu Fuß; hervorrag. Ausbl. Madelegabel, Widderstein, H. Ifen
2.13 **Anhöhe westl. Riezlern,** Fahrstr. z. Schwarzwassertal (Abzweig Hirschegg); hervorrag. Ausbl. a. Kl. Walsertal m. Widderstein i. S., Nebelhorn talauswärts
2.14 **Falkenstein,** 1268 m, Fahrstr. v. Pfronten; Blick a. Ammergebirge, Tannheimer Gr., Zugspitze u. Mieminger Kette
2.15 **Tegelberg,** 1707 m, Kabinenseilb. v. Schwangau, Blick z. Ammergebirge u. z. Zugspitze
2.16 **Neuschwanstein,** 964 m, Fahrstr. v. Hohenschwangau; Blick auf Alpsee, ins Vorland u. z. Säuling. – Schloßbesichtigung
2.17 **Pfrontner Hütte,** 1790 m, Gondelbahn b. Bergstat. Hochalm 1500 m, v. dort 1 1/2 Std.; hervorrag. Rundblick
2.18 **Vilsalpsee,** 1168 m, Fahrstr. v. Tannheim; in wunderschönem Talkessel a. Fuße v. Geißhorn, 2249 m, u. Rauhhorn; Wanderung z. Landsberger Hütte, 1810 m, über Rauhalpsee 2 1/2 Std.; **Neunerkopf,** 1864 m, Sessellift v. Tannheim, Auss. Tannh. Gruppe

Erläuterung Seite 87

Lechtaler Alpen:

2.19 **Hahnenkamm,** 1940 m, Kabinenseilb. v. Holz b. Reutte, Ausbl. a. Lechtaler Alpen
2.20 **Namlos,** 1263 m, Straße v. Stanzach; hervorrag. landschaftl. Lage a. Fuße d. Knittelkarspitze, 2378 m
2.21 **Hahntennjoch,** 1884 m, Paßstr. Elmen i. Lechtal–Imst; wechselnde landschaftliche Eindrücke
2.22 **Wh Bernhardseck,** 1802 m, 2½ Std. v. Elbigenalp; überrag. Auss. a. Allgäuer Hauptkamm m. Gr. Krottenkopf, 2657 m, ins Lechtal u. z. d. Lechtaler Alpen b. z. Parseierspitze
2.23 **Edelweißhütte,** 1530 m, Fahrstr. v. Steeg; Auss. z. Allgäuer Hauptkamm u. Lechtaler Alpen
2.24 **Hochtannbergpaß,** 1679 m, Warth–Bregenzer Wald, a. Fuße d. Widdersteins, 2536 m, ausgez. Rundblick
2.25 **Rüchikopf,** 2362 m (Schafalpe), Kabinenseilb. v. Lech; Ausbl. z. Lechtaler Alpen u. d. Gipfeln d. Bregenzer Waldes
2.26 **Spullersee,** 1826 m, Fahrstr. v. Zug; einmaliger Talschluß a. Fuße d. Spuller Schafberges, 2679 m
2.27 **Kriegerhorn,** 2173 m, Sessellift v. Zug; umfass. Rundblick v. d. Lechtaler Alpen b. z. Braunarlspitze
2.28 **Valluga,** 2809 m, Kabinenseilb. v. St. Christoph bzw. St. Anton a. Arlberg; hervorrag. Aussichtsberg, Blick z. Verwall- u. Silvrettagruppe, Lecht. Alpen, Bregenz. Wald
2.29 **Gh Thialzaun,** 1349 m, Sessellift v. Landeck–Perfuchs oder 2 Std. z. Fuß; hervorrag. Aussicht z. Parseierspitze u. ins Inntal
2.30 **Drischlhütte,** 2050 m, Sessellift v. Imst; Blick a. Ötztaler Bergwelt u. ins Inntal
2.31 **Fernpaß,** 1209 m, einer d. reizvollsten Alpenübergänge i. Bereich d. Nördl. Kalkalpen i. landschaftl. hervorrag. Lage mit Fernstein- u. Blindsee; Auss. z. Zugspitze, Mieminger Kette u. Lechtaler Alpen
2.32 **Grubigsteinhaus,** 2118 m, Sessellift v. Lermoos; hervorrag. Blick auf Ehrwald u. Zugspitzmassiv

Ammergebirge:

2.33 **Plansee,** 976 m, Fahrstr. v. Reutte, Griesen u. Oberammergau (Schloß Linderhof); Spazierweg v. Heiterwang über Heiterwanger See 1 Std. Idyllischer Bergsee in landschaftl. hervorrag. Lage am Fuße der Spießwand
2.34 **Rundfahrt** Füssen – Königsschlösser – Steinach – Wieskirche – Oberammergau – Kloster Ettal – Schloß Linderhof – Plansee – Reutte: Besuch bedeut. Kulturstätten u. landschaftlicher Höhepunkte.

3. Die höchsten und markantesten Berge

Allgäuer Alpen:
Gr. Krottenkopf, 2657 m, (1.19), 2.07, 2.22
Hohes Licht, 2651 m, 2.08, 2.12
Mädelegabel, 2649 m, 2.07, 2.08, 2.09, 2.12
Hochfrottspitze, 2648 m, 2.08, 2.09, 2.12
Urbeleskarspitze, 2636 m, 1.18, 2.22
Marchspitze, 2610 m, 2.22
Bockkarkopf, 2608 m, 2.08, 2.09, 2.12
Noppenspitze, 2596 m, 1.19, 2.22
Trettachspitze, 2595 m, 2.07, 2.08, 2.09, 2.12
Hochvogel, 2594 m, (2.06), 2.07
Wilder Mann, 2578 m, 2.08, 2.09, 2.12
Gr. Widderstein, 2536 m, 1.08, 1.09, 2.13, 2.24
Linkerskopf, 2455 m, 2.08, 2.09, 2.12
Elferkopf, 2387 m, 1.07 (1.09)
Rauheck, 2385 m, 2.10
Kreuzeck, 2375 m, 2.10
Gr. Daumen, 2280 m, 2.03, 2.04, 2.05, 2.06
Höfats, 2258 m, 1.04, 2.07, 2.08, 2.10
Geißhorn, 2249 m, 2.18
Hoher Ifen, 2232 m, 1.06, 2.08, 2.12
Nebelhorn, 2224 m, 2.03, 2.04, 2.05, 2.06, 2.08, 2.13
Rotspitze, 2033 m, 1.03, 2.03, 2.04
Breitenberg, 1887 m, 1.02, 1.03, 2.03, 2.04
Rindalphorn, 1822 m
Stuiben, 1748 m, (1.02), 2.02
Übelhorn, 1738 m, 1.01, 1.02, 2.03

Tannheimer Gruppe:
Köllenspitze, 2240 m, 1.14, 2.14
Gimpel, 2176 m, 1.13, 1.14, 2.14
Rote Flüh, 2111 m, 1.14, 2.14
Aggenstein, 1987 m, 1.10, 2.14, 2.17

Lechtaler Alpen:
Parseierspitze, 3036 m, (1.29), 2.29
Dawinkopf, 2968 m, (1.29), 2.29
Gatschkopf, 2945 m, (1.29), 2.29
Wetterspitze, 2898 m, 1.19, 2.22
Vorderseespitze, 2888 m, 2.23
Freispitze, 2887 m, (1.19, 1.20), 2.22
Valluga, 2809 m, 1.23, 1.25
Muttekopf, 2777 m, 1.30, 2.30
Leiterspitze, 2750 m
Dremelspitze, 2741 m
Trittkopf, 2719 m, 1.23, 1.24
Spuller Schafberg, 2679 m, 2.26
Potschallkopf, 2589 m, 1.18, 2.21
Reichspitze, 2586 m, 2.21
Omeshorn, 2560 m, 1.23
Loreakopf, 2471 m, 1.31, 2.31
Pfeilspitze, 2433 m, 1.18, 1.19, 2.21, 2.22
Karhorn, 2416 m, (1.22), 1.23, 2.24
Knittelkarspitze, 2378 m, 1.16, 2.19, 2.20
Lichtspitze, 2357 m, 1.18, 1.19, 2.21, 2.22

Ammergebirge:
Daniel, 2342 m, 1.33, 2.32
Upsspitze, 2334 m, 1.33, 2.32
Plattberg, 2248 m, 2.32
Kuchelbergspitze, 2022 m, 2.34
Zigerstein, 2205 m, 2.32, 2.33
Kreuzspitze, 2185 m, 2.34
Säuling, 2047 m, 1.11, 2.14, 2.15, 2.16
Klammspitze, 1925 m, 2.34

Erläuterung Seite 87

die breite Mulde des Kleinen Walsertales, durchbricht in einer malerischen Klamm die Felsbarriere und wird beim Zusammenfluß mit Stillach und Trettach zur Iller. Das Tal, gekrönt vom eindrucksvollen Widderstein, 2536 m, ist auf seiner gesamten Länge von Riezlern bis Baad österreichisches Staatsgebiet, jedoch nur von deutschem Boden aus zu erreichen und deshalb dem bundesdeutschen Wirtschaftsraum angegliedert.

Trettachtal und Stillachtal sind enge, waldgesäumte Zuflußtäler, die sich zum Allgäuer Hauptkamm hin erstrecken, von einer prächtigen Bergkulisse gerahmt. Die 2649 m hohe Mädelegabel überragt deutlich die anderen Gipfel dieser Szenerie.

Die höchsten Erhebungen der Allgäuer Alpen, Gr. Krottenkopf, 2657 m, und Hohes Licht, 2651 m, sind, obwohl nur wenige Kilometer voneinander entfernt, von den Tallagen aus nicht zu sehen. Eine umfassende Aussicht erlangt man in unschwieriger Bergwanderung zum Nebelhorn – oder dem Fellhorngipfel; als hervorragende Aussichtsberge sind beide jedoch auch durch Kabinenseilbahnen erschlossen.

Der Allgäuer Hauptkamm trennt den deutschen Alpenraum vom Lechtal und endet mit seinen Ausläufern im Tannheimer Tal, das über Oberjoch und Gaichtpaß die direkte Verkehrsverbindung zwischen Sonthofen und Reutte im Lechtal darstellt. Nordöstlich des Tales erstreckt sich die Tannheimer Gruppe, zu der die markanten Felsgestalten des Gimpels, 2176 m, der Roten Flüh und der Köllenspitze, 2240 m, zu rechnen sind, die steil aus dem Talgrund aufragen.

Der Säuling, 2047 m – Hausberg von Füssen –, zu dessen Füßen sich der Alpsee mit den Königsschlössern breitet, gehört zusammen mit Hochplatte, Geierköpfen, Kreuzspitze, Plattberg und Daniel, 2342 m, zu den höchsten Erhebungen des Ammergebirges, das sich nach Norden hin nur allmählich zur Hügellandschaft des Alpenvorlandes absenkt.

Als landschaftlich reizvoll soll der waldumschlossene Plansee unterhalb der Spießwand nahe Reutte Erwähnung finden.

Von den hohen Bergkämmen der Lechtaler Alpen im Südosten und dem Allgäuer Hauptkamm im Nordwesten gerahmt, vermittelt das breite Lechtal

Lechtal mit Reutte und Lechtaler Alpen

zwischen Steeg und Reutte den Eindruck eines sich ständig wandelnden, lieblichen Landschaftsbildes. In den höheren Regionen der südlichen Seitentäler wie im weiteren engen Verlauf nach Warth dominiert der herbe Charakter vegetationsarmer Hänge und schroffer Gipfel. Infolge des Schneereichtums sind die Orte Lech und Zürs – durch den Flexenpaß mit Arlberg und Klostertal verbunden – zu ausgesprochenen Wintersportzentren geworden. Mit ihren Lawinengalerien an steilem Felshang erreicht die Paßstraße trotz ihrer Höhe von »nur« 1784 m hochalpine Dimensionen. Die Valluga, 2809 m, überragt das Pässedreieck und gewährt einen umfassenden Rundblick. Sowohl von St. Christoph als auch von St. Anton aus läßt sich der Gipfel in drei Etappen mit der Kabinenseilbahn erreichen. Als höchste Erhebung der Lechtaler Alpen beherrscht die Parseierspitze, 3036 m, das Landschaftsbild des breiten Inntales bei Landeck. Über das Hahntennjoch kann man von Imst aus direkt ins Lechtal gelangen, jedoch ist die Scheitelstrecke dieser Straße landschaftlich wenig reizvoll. Dagegen kann der Fernpaß zu den schönsten Übergängen des nördlichen Alpenraumes gerechnet werden. Lärchen- und Fichtenwälder säumen die Straße und umschließen die Seen entlang der Strecke, von denen Fernstein- und Blindsee besondere Erwähnung verdienen. Der Ausblick zum Zugspitzmassiv über den Blindsee hinweg, besonders an herbstlich klaren Abenden, wenn die Lärchen sich zu verfärben beginnen, kann zu einem unvergeßlichen Erlebnis werden.

Geschichte. Auch die Geschichte dieser Region ist stark von der Bedeutung des Fernpasses als römische Heerstraße und mittelalterlicher Handelsweg geprägt. Nicht nur entlang der Straße ist man auf Überreste römischer Befestigungsanlagen und Siedlungen gestoßen; so entstand Füssen an der Stelle eines Römerkastells. Oberstdorf wird im 5. Jahrhundert von den Alemannen gegründet, Sonthofen 839 erstmals urkundlich erwähnt. Zahlreiche Baudenkmäler verschiedener Epochen zeugen von kultureller Blüte, von Handel und Gewerbe. Im 16. Jahrhundert war das Allgäu ein Schauplatz des Bauernkrieges und wurde auch von den Auswirkungen des Dreißigjähri-

Stillachtal mit Mädelegabel (2649 m)

gen Krieges wiederholt schwer betroffen.

Geologisch bieten das Allgäu und die Lechtaler Alpen ein recht vielschichtiges Bild alpidischer Gebirgsauffaltung. Besonders im Allgäuer Hauptkamm lassen die horizontalen Überlagerungen und Überschiebungen sedimentärer Decken der Trias und des Jura auf die Vorgänge während der Gebirgsbildung schließen. Der Hauptbestandteil beider Gebirgszüge ist Dolomitgestein, doch auch Jurakalke und Flekkenmergel sind hier anzutreffen. Im östlichen Teil der Tannheimer Gruppe, dem steil aufragenden Gimpel beispielsweise, herrscht der Wettersteinkalk vor. Die Flyschzone zieht sich von hier bis zum Bregenzer Wald hinüber, ebenso die Schrattenkalke des Hohen Ifen mit dem Gottesackerplateau und die Molasse, die weite Gebiete des gesamten Alpenvorlandes ausfüllt.

Wetter. Das Wetter ist im Frühjahr, besonders aber im Herbst am beständigsten. Im Sommer nimmt die Niederschlagsneigung zu, und bei Kalteinbrüchen aus nördlichen Breiten können im Nordstau der Alpen die Niederschläge auch länger anhalten. Bis Ende Mai sind die Bergregionen mit Ausnahme einiger begünstigter Vorgipfel noch tief verschneit, und es besteht zu dieser Zeit verbreitet Lawinengefahr.

Pflanzenwachstum in dieser Region ist durch einen großen Artenreichtum gekennzeichnet. Fast alle für das Hochgebirge typischen Blumen, Enziane, Berganemonen, Mannsschilder, Aurikeln und Orchideengewächse haben eigene und seltene Spielarten hervorgebracht. Der Almenrausch, die kalkliebende Gattung der Alpenrose, blüht im Frühsommer an felsigen Schattenhängen nahe der Baumgrenze. Nicht zu vergessen das Edelweiß, das die grünen Steilhänge der Hochlagen bevorzugt. Die Wälder beherbergen Fichte und Tanne. Buchen sind die vorherrschenden Laubbäume der niederen Zonen, während der Ahorn weit höher anzutreffen ist.

Tiere. Der Tierbestand ist der gleiche wie im übrigen deutschen Alpenraum. In den Hochregionen sind Gemse, Schneehase, Murmeltier, Kolkrabe und Bergdohle heimisch. Vereinzelt wird auch der Steinadler gesichtet.

Allgäuer Alpen

Allmählich nur wandelt sich das Landschaftsbild des Allgäus vom weiten Alpenvorland her, das als Wiesen- und Weideland mit sanft gewellten Hügeln weite Gebietsteile prägt, über bewaldete und mit zunehmender Höhe immer stärker felsdurchsetzte Bergkuppen bis zu den alpinen Regionen steil aufragender Gipfel. Es wird daher kaum gelingen, eine allgemeingültige Abgrenzung des eigentlichen Alpenraumes nach Norden und Westen vor-

Oberstdorf im Allgäu

zunehmen. Dennoch kann man die Gebiete nördlich einer imaginären Trennungslinie Immenstadt – Wertach – Nesselwang – Pfronten – Füssen sicherlich nicht mehr als Alpenland bezeichnen.
Eine Rundtour, die dem Touristen nahezu alle Wesensmerkmale dieses überwiegend lieblichen Landschaftsbildes eröffnen könnte, müßte am Bodensee beginnen, sich bis Füssen und Reutte ausdehnen und schließlich ihren rückläufigen Routenverlauf durch das Lechtal und den Bregenzer Wald nehmen. Die eigentlich alpine Region im deutschen Gebiet des Allgäuer Alpenraumes, die Gegend von Oberstdorf, bliebe jedoch ausgespart. Daher kann eine solche Exkursion nur im Zusammenhang mit einem längeren Aufenthalt und anderen touristischen Unternehmungen empfohlen werden.

Alpsee, 725 m. Von seinen Hanglagen am nördlichen Ufer genießt man einen schönen Ausblick auf die Ausläufer der Nagelfluhkette. Er soll die Erörterung touristischer Ziele am Alpenrand eröffnen.

Immenstadt, 730 m, Erholungs- und Wintersportzentrum, liegt am Fuße des Immenstädter Horns, 1490 m, einem niederen Ausläufer der Nagelfluhkette.
Sehenswert: Schloß (Behördensitz), Rathaus, Friedhofskapelle St. Georg, Heimatmuseum, Wallfahrtskirche St. Loretto und St. Stephan im Ortsteil Bühl am Alpsee.
Mit dem Sessellift auf den Ettensberg (Mittag), 1452 m, ist ein Aussichtspunkt zu erreichen, der Ausblicke zu den Bergen der Umgebung gestattet.
Ein Ausflug nach Wagneritz und die anschließende Fahrt mit der Kabinenseilbahn zum Grüntenhaus, 1535 m, eröffnen eine umfassende Aussicht auf die Gipfel der Allgäuer Alpen vom Breitenberg bis zum Nebelhorn.

Wertach, 915 m, Luftkurort, in einer Talweitung gelegen, die zum Grüntensee führt. Sehenswert: St.-Sebastians-Kapelle und Heimatmuseum.

Nesselwang. Nur wenige Kilometer entfernt liegt Nesselwang, 867 m, Luftkurort und Wintersportzentrum. Der Sessellift zum Stellenbichl-Haus und weiter zum Edelsberg, 1625 m, erschließt ein Skigebiet und ermöglicht einen herrlichen Rundblick, der bis zur Zugspitze reicht.

Pfronten, 870 m, ist eine Gemeinde, die aus 13 Ortschaften besteht, Kur und Wintersport dominieren. Sehenswert sind Pfarrkirche und Martinskirche (im Ortsteil Kappel). Die Breitenberg-Kleinkabinenbahn und der sich anschließende Sessellift zum Sattel, 1750 m, ermöglichen die leichte Wanderung zur Pfrontner Hütte, 1790 m, in 1¾ Stunden über den Aggensteingipfel, 1987 m, mit hervorragender Aussicht auf Allgäuer und Ammergauer Berge und die Gipfel der Tannheimer Gruppe.

Füssen, 800 m. Die Stadt ist landschaftlich reizvoll am Fuße des Säulings, 2047 m, einem Gipfel des Ammergebirges, gelegen.
Sehenswert: das Hohe Schloß, Pfarrkirche, St.-Anna-Kapelle, Kloster St. Mang mit Heimatmuseum, Stadtmauer und alte Giebelhäuser.
Ausflugsziele in der näheren Umgebung sind vor allem die Königsschlösser Neuschwanstein und Hohenschwangau, der Alpsee und die Tegelberghäuser (Kabinenseilbahn von Schwangau).

Sonthofen. Am Straßenknotenpunkt Hindelang–Oberjoch–Reutte Oberstdorf liegt die Kreisstadt Sonthofen, 745 m, mit schönem Blick auf die Oberstdorfer Bergwelt.
Sehenswert: Pfarrkirche und Heimatmuseum. Empfehlenswert ist ein Spaziergang zur Starzlachklamm.

Hindelang – Bad Oberndorf, 825 m. Wenige Kilometer von Sonthofen entfernt in reizvoller Lage; Heilbad und Wintersportzentrum.
Sehenswert: Bauernhäuser und Nagelschmieden in Bad Oberndorf, Rathaus (ehem. Jagdschloß), Hindelanger Altar in der neu erbauten Kirche von Bad Oberndorf.
Von der Vielzahl hervorragender Spazier- und Wanderwege sind Retterschwangtal und *Hinterstein,* 865 m, als Ausgangspunkt für Hochtouren besonders zu empfehlen, Fahrweg bis Gh Giebelhaus in unmittelbarer Nähe von Gr. Daumen und Nebelhorn.
Auf halber Strecke zwischen Sonthofen und Oberstdorf liegt *Fischen,* 760 m, im oberen Illertal als Luftkur- und Wintersportort. Ausblick auf die Oberstdorfer Bergwelt.

Oberstdorf, 815 m, heilklimatischer Kurort, touristisches Zentrum und Wintersportgebiet, liegt im breiten Talbecken zwischen Trettach und Stillach, von Geißalphorn und Schattenberg flankiert.
Sehenswert: Madonna (15. Jahrh.) und Mutter Anna (14. Jahrh.) in der Pfarrkirche, altes und neues Rathaus, Allgäuer Holzhäuser, Heimatmuseum, Nikolauskapelle. Außerdem besuchenswert die Skiflugschanze.
Einen wildromantischen Eindruck vermittelt ein Spaziergang durch die Breitachklamm (ca. 2 km lang, mit eigenem Kfz und mit Linienbus zu erreichen). Mit der Kabinenseilbahn zum Edmund-Probst-Haus und anschließender Sesselliftfahrt gelangt man zum Nebelhorngipfel, 2224 m (bis zu 4½ Stunden zu Fuß von Oberstdorf), einem Aussichtsberg par excellence, von dem nahezu die gesamte Allgäuer Gipfelwelt zu überblicken ist.
Ein gleichschöner Ausblick, der Mädelegabelgruppe etwas näher gelegen, bietet sich vom Fellhorn, das mit einer Kabinenseilbahn von Birgsau zu erreichen ist (Zufahrt mit Pkw oder Linienbus). Schon von Birgsau hat man einen schönen Blick auf Mädelegabel, 2649 m, und die benachbarten Gipfel. Lohnende Wanderungen führen

Rote Flüh, Köllenspitze und Gehrenspitze ▷

Rote Flüh
2111 m
Köllenspitze
2240 m
Gehrenspitze
2164 m

durchs Trettachtal nach Spielmannsau (2 Stunden), durchs Stillachtal nach Einödsbach (1 Stunde von Birgsau) und nach Gerstruben.
An den westlichen Hängen führt die Straße ins **Kleine Walsertal** (österr. Staatsgebiet), vorbei am Ort Reutte (herrlicher Blick auf Oberstdorf mit Bergumrahmung) zur Walserschanze (Grenzstation ohne Formalitäten) und weiter nach *Riezlern,* 1088 m, österr. Luftkur- und Wintersportort, *Hirschegg,* 1125 m, und *Mittelberg,* 1230 m, Höhenluftkurort und Wintersportzentrum.
Sehenswert: Kirche aus dem 14. Jahrh. mit gotischem Schnitzwerk.
Von Mittelberg aus erreicht eine Kabinenseilbahn das Walmendinger Horn, 1999 m, mit hervorragendem Ausblick auf Widderstein, 2536 m, und Hohen Ifen, 2232 m, auf der gegenüberliegenden Seite.
Baad. Die Straße führt weiter nach Baad, 1250 m, dem letzten Ort des Tales, in einem lieblichen Talschluß gelegen, überragt vom Widderstein.
Die Kabinenbahn zur Kanzelwand von Riezlern aus und eine kurze Wanderung zum Gipfel eröffnen einen Ausblick, der dem des Fellhorns gleicht.

Tannheimer Gruppe, Tannheimer Tal

Die Tannheimer Gruppe, mit Gimpel, 2176 m, Köllenspitze, 2240 m, und dem markanten Berggipfel der Roten Flüh, 2111 m, als höchsten Erhebungen, bildet die nordöstliche Fortsetzung und den Abschluß des Allgäuer Hauptkammes, von dem sie durch das Tannheimer Tal getrennt ist.
Das Hochtal, von Hindelang über Oberjoch, 1136 m, von Reutte aus über den Gaichtpaß zu erreichen, ist ein hervorragendes Wintersportgelände und bietet auch für den sommerlichen Aufenthalt einen besonderen landschaftlichen Reiz.

Tannheim, 1097 m, der Hauptort, ist in das weite, von der Vils durchzogene Tal zwischen den Ausläufern der Tannheimer Gruppe und des Allgäuer Hauptkammes eingebettet.
Sehenswert: Pfarrkirche, Kapelle in Untergschwend, Kapelle in Innergschwend und Kapelle in Berg, alle im Ursprung auf 14. bis 17. Jahrh. zurückreichend. Am Ortsrand liegt die Talstation des Sesselliftes zum Neu-

Gehrenspitze, Tannheimer Gruppe

nerkopf, 1864 m, mit hervorragendem Ausblick auf Tannheimer Gruppe und nahe Gipfellagen des Allgäuer Hauptkammes.
Besonders lohnend ist ein Ausflug zum *Vilsalpsee,* 1168 m, einem idyllischen Bergsee, von Geißhorn, 2249 m, und Rauhhorn, 2240 m, überragt (Fahrstraße bis zum See). Vom See aus empfiehlt sich eine Wanderung zum Traualpsee, 1631 m, und zur Landsberger Hütte, 1810 m (2½ Stunden).
Die Straße nach Reutte führt am Haldensee, 1124 m, vorbei und erreicht

Nesselwängle, 1147 m, einen weiteren bedeutenden Ort des Tales, am Fuße der steil aufragenden Köllenspitze.
Den schönsten Ausblick auf die zerklüfteten Gipfel gewinnt man von der Bergstation des Sesselliftes zur Krinnenalpe, 1500 m.
Zum Oberjoch hin sind die Orte *Zöblen,* 1086 m, und *Schattwald,* 1072 m, gelegen. Nördlich der Tannheimer Gruppe liegt im breiten Tal der Vils der Bergort *Vils,* 830 m, mit schönen Tiroler Häusern, Pfarrkirche und Annakapelle, wenige Kilometer entfernt von den Grenzstationen bei Pfronten und Füssen.

Lechtaler Alpen

In den Hochlagen der Lechtaler Alpen begegnet man einem Landschaftsbild, dessen herbe Eigentümlichkeit sich in den stark gegliederten Bergformen, den mit Gesteinstrümmern bedeckten Hängen, vegetationsarmen Zonen und den von schluchtartigen Engstellen geprägten Talstufen widerspiegelt.
Im Kontrast dazu zeigen die Talniederungen freundliche Züge und wirken einladend mit dem frischen Grün üppiger Wiesen und dichten Wäldern. Es scheint, als wären einzelne Zwischenstufen der Vegetationszonen nicht vorhanden. So mag denn auch in der Gegensätzlichkeit der eigentliche Reiz dieses langgestreckten, stark gegliederten Gebirgszuges begründet sein, dessen Gipfel sich nicht selten über 2800 m Seehöhe erheben und in der Parseierspitze die Dreitausendmetermarke überschreiten.
Eine Fülle außergewöhnlicher Eindrücke und ein gutes Bild der starken landschaftlichen Kontraste wird eine Autorundtour vermitteln, die verschiedene Höhenstufen überwindet, trotz ihrer nicht unerheblichen Strek-

Schloß Fernstein an der Fernpaßstraße

kenlänge aber bequem an einem Tag zu absolvieren ist.
Ein Routenverlauf in der Reihenfolge Reutte – Elbigenalp – Steeg – Warth – Lech – Flexenpaß – Arlbergpaß – von Landeck durch das Inntal nach Imst – Nassereith – über den Fernpaß nach Lermoos und über Heiterwang zurück nach Reutte – bietet als Zugabe von Lermoos aus den Anblick des sich im Widerschein der sinkenden Sonne verfärbenden Zugspitzmassivs.

Reutte, 850 m, Hauptort im Lechtal, Sommerfrische und Wintersportgebiet, liegt im breiten Talbecken, nur 12 km von der deutsch-österreichischen Grenze entfernt.
Sehenswert: Rathaus, Franziskanerkloster mit Heimatmuseum, alte, z. T. mit Fresken gezierte Bürgerhäuser, Ruine Ehrenberg. Die Kabinenseilbahn von Höfen zur Höfener Alm, 1740 m, eröffnet einen hervorragenden Ausblick auf die Lechtaler Alpen. Ein beliebtes Ausflugsziel mit dem Pkw und zu Fuß ist der waldgesäumte Plansee, 976 m.

Weißenbach am Lech, 887 m. Hier zweigt der Gaichtpaß ins Tannheimer Tal ab. Bei *Stanzach,* 940 m, mündet das Namloser Tal, an dessen Hängen sich eine Bergstraße nach *Namlos,* 1263 m, in reizvoller Umgebung gelegen, hinzieht.
Nahe *Elmen,* 978 m, zweigt die Straße zum Hahntennjoch ab, eine in 1884 m Höhe hinaufführende direkte Verkehrsverbindung nach Imst. Das Landschaftsbild bei Elmen wird von der Lichtspitze, 2357 m, geprägt.

Häselgehr, 1003 m, ist ein langgestreckter Ort im an dieser Stelle sich verengenden Lechtal, von der Wannespitze, 2327 m, im Süden überragt. Die Fassadenmalerei an einigen Häusern ist sehenswert.

Elbigenalp, 1040 m. Hier erreicht die Straße eine Landschaft, die von den hohen Gipfeln der Lechtaler Alpen (Wetterspitze 2898 m) und des Allgäuer Hauptkammes (höchste Erhebung Gr. Krottenkopf, 2657 m) geprägt ist.
Sehenswert: Pfarrkirche und Kapelle St. Martin. Im Ort befindet sich eine bedeutende Holzschnitzerschule.
Die Wanderung zum Bernhardseck, 1802 m, ist besonders zu empfehlen; Aussicht zum Gr. Krottenkopf mit der Vielzahl angrenzender Gipfel der Allgäuer Alpen und zur Wetterspitze und Freispitze (2887 m) der Lechtaler Alpen.

Holzgau, 1103 m, liegt an der Mündung des Höhenbachtales, einem kurzen nördlichen Seitental an der Flanke des Gr. Krottenkopfes.
Freskengeschmückte Häuser, der Marktplatz und die Friedhofskapelle (Fresken 15. Jahrh.) sind sehenswert.

Steeg, 1122 m, ist der letzte Ort, bevor sich das Tal schluchtartig verengt. Eine Wanderung durch das Kaiserbachtal nach Kaisers, 1530 m, mit Rückblikken auf Gipfel des Allgäuer Hauptkammes ist lohnend.

Warth, 1500 m. Bei Warth blickt man auf den südlichsten Punkt des deutschen Staatsgebietes, den 2602 m hohen Biberkopf in den Allgäuer Alpen. Nur 190 m Höhenunterschied sind bis zum Schrofenpaß (markierter Fußweg) zu überwinden, um in $3^1/_2$ Stunden Einödsbach im Stillachtal zu erreichen.
Hier zweigt die Straße über den Hochtannbergpaß, 1679 m, zum Bregenzer Wald ab, während die Straße nach Lech durch die schluchtartige Enge nunmehr in südlicher Richtung verläuft.

Lech, 1447 m, Wintersportzentrum und Kurort, ist am Zufluß des Zürser Baches von einer großartigen Bergkulisse umgeben (Omeshorn, 2560 m). Die Kirche St. Nikolaus ist sehenswert.
Eine Kabinenseilbahn zum 2362 m hohen Rüchikopf erschließt einen Aussichtspunkt mit hervorragendem

Pettneu gegen Parseierspitze ▷

Lechtaler Alpen bei Nassereith

Grubenspitze von Flexenpaßstraße

Blick zur Gipfelwelt (bis Braunarlspitze, 2648 m).

Zug. Den Bergort Zug, 1510 m, Ausgangspunkt für Ausflüge und Wanderungen zum *Spullersee*, 1826 m, und in die Umgebung der »Lechquelle«, erreicht man nach wenigen Kilometern. Ein Sessellift führt zum Kriegerhorn, 2173 m, das einen hervorragenden Ausblick zur Valluga (2809 m) gewährt.

Zürs. Die Straße verläßt den Flußlauf des Lechs und erreicht, durch das enge Tal des Zürser Baches ansteigend, das Wintersportzentrum Zürs, 1717 m. Von hier aus läßt sich eine ganze Reihe von Bergtouren in die Hochregionen unternehmen. – Die Kabinenseilbahn zum Vorgipfel des Trittkopfes soll durch eine weiterführende zur Valluga ergänzt werden.
Von Zürs steigt die Straße nur noch wenig zum *Flexenpaß*, 1784 m, an. Die im Süden von langen Lawinengalerien überdeckte Straße bietet einen hervorragenden Tiefblick auf Stuben am Arlberg.
Mit wenig Gefälle mündet die Flexen- in die *Arlberg*-Paßstraße ein, die eine Scheitelhöhe von 1793 m aufweist.

St. Christoph, 1765 m, Skidorf mit Hospiz, ist unmittelbar unterhalb der Paßhöhe gelegen. Von hier aus, wie von St. Anton, erreicht man mit der Kabinenseilbahn über Galzig den *Vallugagipfel,* 2809 m, der einen großartigen Rundblick gewährt.

St. Anton am Arlberg, 1300 m, Luftkurort und Skizentrum von internationalem Rang in landschaftlich reizvoller Lage.
Sehenswert: Kirche und Stienegg-Kapelle. Neben der Kabinenseilbahn zur Valluga erschließt eine andere das gegenüberliegende Skigebiet am Gampberg (Ausblick zur Valluga). Ein Ses-

Flexenpaßstraße mit Lawinenschutzgalerien

sellift ist über Whs Gampen zum Kapall, 2333 m, geführt.

Pettneu am Arlberg, 1240 m, mit sehenswerter Pfarrkirche, und *Flirsch,* 1157 m, sind ebenfalls bevorzugte Urlaubsorte im Stanzer Tal.

Pians, 859 m, Sommerfrische unweit Landeck. Hier mündet die Straße vom Paznaun (Silvretta-Hochalpenstraße). Besonders sehenswert: Trisannabrükke, Schloß Wiesberg und Rosannaschlucht. Der Ort liegt am Fuße der Parseierspitze, 3036 m, der höchsten Erhebung der Lechtaler Alpen.

Landeck, 800 m, am Inn, Bezirkshauptstadt und touristisches Zentrum, bildet den Straßenknotenpunkt Arlberg – Engadin – Reschen, Fernpaß und Innsbruck (s. a. Ötztaler Alpen).
Der Sessellift Thialzaun eröffnet einen hervorragenden Ausblick auf Parseierspitze und Inntal.

Imst, 828 m, Bezirkshauptstadt, Sommerfrische und Wintersportplatz, ist am Straßenabzweig des Fernpasses aus dem Inntal gelegen.
Sehenswert: Stadtbild mit alten Häusern, Pfarrkirche, St.-Johannes-Kirche, St.-Lorenz-Kirche, Schloß Neu-Starkenberg und Ruine Alt-Starkenberg, vieles andere. Sessellift zum Alpjoch, 2050 m, mit hervorragender Aussicht auf Ötztaler Alpen.

Nassereith, 860 m, Sommerfrische und Wintersportort, ist Ausgangspunkt zum Fernpaß und der Straße über den Holzleitensattel. Besuchenswert ist das Volksbrauch-Museum.

Die Straße über den *Fernpaß,* 1209 m, weist folgende Höhepunkte auf: *Fernsteinsee* mit Schloß Fernstein (1540), Ruine Sigmundsburg, *Paßhöhe* mit. Ausblicken zu den Lechtaler Alpen und Gipfeln der Mieminger Kette (etwas abseits der Straße) und schließlich

Kleines Walsertal bei Baad

der *Blindsee*, 1105 m, mit Ausblick zum Zugspitzmassiv.

Biberwier, 987 m, ein schöner Bergort, ist an der Nordseite des Fernpasses gelegen; hier war der höchste Standort von Bibern in Mitteleuropa (letzte Exemplare 1810). Die Pestkapelle ist sehenswert.

Lermoos, 995 m, Sommerfrische und Wintersportort, liegt zwischen Mieminger Kette, Lechtaler Alpen und Wettersteingebirge eingebettet; schöner Blick zum Zugspitzmassiv. Die Pfarrkirche ist sehenswert.
Einen hervorragenden Aussichtspunkt erreicht man mit dem Sessellift zum Grubigstein, Bergstation, 2035 m.

Heiterwang, 922 m, ein Bergort am Rande der Straße nach Reutte, empfiehlt sich als Ausgangspunkt für Spaziergänge und Wanderungen (Heiterwanger See, Plansee u. v. a.).

Ammergebirge

Das Ammergebirge (Ammergauer Alpen) im Gebiet des Werdenfelser Landes – somit strenggenommen nicht zum Allgäu oder den Lechtaler Alpen zu rechnen – besitzt aufgrund der unmittelbaren Nachbarschaft des mächtigen Zugspitzmassivs bei weitem nicht die Bedeutung, die es seiner landschaftlichen Eigenart wegen verdient. Alpin ist eigentlich nur die Gegend südlich von Füssen und Oberammergau zu nennen, doch erreichen hier die felsgekrönten Gipfel sehr bald schon die Zweitausendmetermarke.

Oberammergau, 837 m, vielbesuchter Luftkurort und Wintersportplatz, ist weltbekannt durch die Passionsspiele. An der Straße nach Schloß Linderhof und zum Plansee liegt der Wallfahrts- und Luftkurort *Ettal*, 900 m, mit der Benediktinerabtei.

5
Anstieg vom Bodensee
Vorarlberg, Rätikon, Silvretta

Die Landschaftsformen dieser Region, vom Bodensee bis zum Inntal reichend, sind grundverschieden und werden vom Mittelgebirgscharakter des vorderen Bregenzer Waldes ebenso bestimmt wie von den schroffen Kalkbergen, die sich den Lechtaler Alpen anschließen oder den eisflankierten Dreitausendern der Silvrettagruppe.
Die Begrenzung des weiträumigen Gebietes orientiert sich im Norden an der Trennungslinie zwischen Allgäu und Bregenzer Wald, verläuft vom Bodensee entlang des Rheines bis zur Mündung des Prättigaues südlich von Liechtenstein, wendet sich östlich den Kurorten Klosters und Davos zu, überschreitet den Flüelapaß, folgt dem Flußlauf des Inns bis Landeck und schließt über Arlberg und Flexenpaß die Verwallgruppe sowie den hinteren Bregenzer Wald mit ein. Nationalstaatliche Grenzen vermögen ebensowenig landschaftsbezogene Eigentümlichkeiten abzutrennen, wie sie Ausdruck unterschiedlicher ökonomischer Belange, historischer Entwicklung und überlieferten Brauchtums sein können. Es darf deshalb niemanden wundern, wenn in diese Abhandlung die Gebiete gleich dreier Staaten – Österreich, Schweiz und Liechtenstein – einbezogen werden. Sanftgeschwungenen Wald- und Wiesenhügeln begegnet der Besucher des Bregenzer Waldes, wenn er vom Bodensee aus, am weithin sichtbaren Pfänder vorbei, dieses Gebiet bereist. Ähnlich dem nördlichen Alpenvorland nimmt die Höhe der Berge nur allmählich zu, Felspartien lösen die Vegetationszonen ab, liebliche Täler verengen sich zu wildromantischen Schluchten, bis hinter Au der eigentlich alpine Charakter hervortritt. Die Seitentäler, wie das des Argenbaches mit Damüls als beliebtem Urlaubsziel, zeichnet das glei-

(Fortsetzung auf Seite 164)

Zeichenerklärung auf Seite 88/89

ÖSTERREICH
TIROL
Landeck
Fließ
Inn
Stanz
Grins
Pettneu
St. Anton a. Arlberg
St. Christoph a. Arlberg
Strengen
Pians
Trisanna Viadukt
H. Riffler 3168
Gr.
Verwall-
Tal
Arlbergpaß 1793
Madaun Sp. 2961
Kappl
See
Kegel K. 2914
Bad Obladis
Ladis
Ried i. Oberinntal
Fiß
Schönjöchl 2493
Furgler
Habigen
Vd. Kreuz-J. 2845
Trisanna
Ebne
Kuchen-Sp. 3170
Paznaun
Ischgl
Vertines-Berg 2855
Mathon
Vesulsp. 3089
Hexenkopf 3035
3004
Serfaus
Tösens
Lafairs
Grübele-K. 2894
Pfunds
Galtür
Compatsch
Spiss
Hch. Finstermünz
Gemsbleis Sp. 3017
Samnaun
P. Mondin
Muttler 3146
Vinadi
Stammerspitz 3254
Bieler Höhe 2032
3399
Fluchthorn
2934
Hohes Rad
Martina
3294
Piz Arina 2832
Tschlin
P. Tasna 3179
Vnà
Strada im Engadin
Silvretta
Val Sinestra
Ramosch
Inn
P. Minschun 3072
Sent
Crusch
Ftan
Scuol/Schuls
Guarda
Ardez
Vulpera
Tarasp
Giarsun
Kaltenberg
2896
Schröcken
2649
Lech
Warth
Zürs
Valluga 2809
Stuben
2.11
2.16
2.22
2.23
2.29
Cotschen
Linard 3030
5

1. Ferienorte und touristische Zentren

Bregenzer Wald, Walgau, Gr. Walsertal, Klostertal, Arlberg:

1.01 **Bregenz,** 400 m, Kultur u. tour. Zentrum
1.02 **Dornbirn,** 430 m, Kultur u. tour. Zentr.
1.03 **Hohenems, Altach, Götzis,** 410–450 m, Kultur u. tour. Zentrum
1.04 **Rankweil,** 500 m, Kultur u. tour. Zentrum
1.05 **Feldkirch,** 450 m, Kultur u. tour. Zentr.
1.06 **Alberschwende,** 721 m, Erholung, Wandern, Wintersport
1.07 **Hittisau,** 790 m, Erh., Wandern, Wintersp.
1.08 **Andelsbuch,** 613 m, Erh., Wandern
1.09 **Bezau,** 650 m, Kur, Erh., Wintersport
1.10 **Au, Schoppernau,** 791–850 m, Erholung, Wandern, Wintersport
1.11 **Damüls,** 1428 m, Erh., Wandern, Wintersport
1.12 **Hopfreben, Schröcken,** 1000–1270 m, Erholung, Wandern, Wintersport
1.13 **Laternser Tal,** 600–1050 m, Kur, Wandern, Wintersport
1.14 **Bludesch, Thüringen, Ludesch,** 560 m, Erholung, Wandern, Tourismus
1.15 **Raggal,** 1015 m, Erh., Wandern, Wintersport
1.16 **Faschina, Fontanella,** 800–1480 m, Erholung, Wandern, Wintersport
1.17 **Bludenz,** 580 m, Kultur u. tour. Zentrum
1.18 **Mühleplatz,** 710 m, Erh., Wandern
1.19 **Dalaas,** 850 m, Erh., Wandern, Wintersp.
1.20 **Wald,** 950 m, Wandern, Erholung
1.21 **Klösterle,** 1075 m, Erholung, Wandern, Wintersport
1.22 **Stuben,** 1407 m, Erh., Wandern, Wintersp.
1.23 **St. Christoph a. Arlberg,** 1765 m, Erh., Wandern, Hochtouren, Wintersport
1.24 **St. Anton a. Arlberg,** 1300 m, Erh., Wandern, Wintersport

Montafon, Paznaun:

1.25 **Schruns, Tschagguns,** 690 m, Wintersport- u. tour. Zentrum
1.26 **St. Gallenkirch,** 880 m, Erholung, Wandern, Wintersport
1.27 **Gaschurn,** 1000 m, Erh., Wandern, Wintersport
1.28 **Partenen,** 1050 m, Erholung, Wandern, Wintersport, Hochtouren
1.29 **Galtür,** 1580 m, Erholung, Wandern, Wintersport, Hochtouren
1.30 **Ischgl,** 1375 m, Erholung, Wandern, Wintersport, Hochtouren
1.31 **Kappl,** 1200 m, Erh., Wandern
1.32 **See,** 1060 m, Erh., Wandern

Liechtenstein, Prättigau:

1.33 **Mauren,** 450 m, tour. Zentrum
1.34 **Vaduz,** 500 m, Landeshauptstadt, Kultur u. tour. Zentrum
1.35 **Triesen,** 500 m, tour. Zentrum
1.36 **Balzers,** 525 m, Erh., Wandern
1.37 **Bad Ragaz, Maienfeld,** 520–700 m, Kur, Erholung, Wandern
1.38 **Landquart,** 530 m, tour. Zentrum
1.39 **Grüsch,** 630 m, Erholung, Wandern, Hochtouren
1.40 **Schiers,** 660 m, Erholung, Wandern, Hochtouren
1.41 **Küblis,** 814 m, Erholung, Wandern, tour. Zentrum
1.42 **Klosters,** 1200 m, Kur, Wandern, Hochtouren
1.43 **Davos,** 1660 m, internat. Kurort, Wandern, Wintersport

Engadin, Samnaun:

1.44 **Susch,** 1430 m, Erh., Wandern
1.45 **Scuol (Schuls), Tarasp,** 1200 m, tour. Zentrum, Kur, Wandern, Hochtouren
1.46 **Samnaun, Compatsch,** 1835 u. 1715 m, Erholung, Kur, Wandern, Hochtouren

2. Besondere Ausflugsziele und Berghütten

Bregenzer Wald, Walgau, Großes Walsertal, Klostertal, Arlberg:

2.01 **Pfänder,** 1063 m, Kabinenseilbahn von Bregenz, Fahrstr.; hervorrag. Rundbl. z. Bodensee, Schesaplana, Braunarlspitze, Hoher Ifen
2.02 **Brüggelekopf,** 1182 m, Sessellift v. Alberschwende; Blick a. Gipfel d. Bregenzer Waldes
2.03 **Sibratsgfäll,** 929 m, Fahrstr. v. Hittisau; Blick z. H. Ifen u. z. Winterstaude
2.04 **Vordere Niedere,** 1620 m, Kabinenseilb. v. Bezau; Gipfeltour z. Winterstaude, 1877 m, 2 Std. m. hervorrag. Auss. a. H. Ifen u. Gipfel d. Bregenzer Waldes
2.05 **Hirschbergalm,** 1501 m, Sessellift v. Hütten b. Bizau, Fahrstr. v. Schnepfau; Rundblick auf Gipfel und Tallagen.
2.06 **Diedamskopf,** 2090 m, Sessellift v. Niederau; Blick z. H. Ifen u. Fellifluh
2.07 **Uga,** 1783 m, Sessellift v. Damüls; Gipfeltour Damülser Mittagspitze, 2095 m, 2 Std., oder Eisenkopf, 1940 m, 1¼ Std.; schöner Rundblick.
2.08 **Furkajoch,** 1760 m, schmale Fahrstr. v. Damüls ins Laternser Tal in reizv. landschaftl. Umgebung; Gipfelbest. Hoher Freschen, 2004 m, üb. Freschenhaus, 1846 m, v. Bad Innerlaterns 3½ Std.
2.09 **Faschinajoch,** 1486 m, Übergang v. Damüls i. Gr. Walsertal in reizv. Umgebg.; ¾ Std. v. Damüls, Fahrstr. v. Gr. Walsertal
2.10 **Biberacher Hütte,** 1846 m, 2 Std. v. Fahrstr. Hopfreben–Schröcken; hervorrag. Aussicht ins obere Gr. Walsertal u. auf die Gipfelwelt.
2.11 **Körbersee,** 1667 m, 1½ Std. v. Neßlegg oberh. Schröcken; Aussicht a. d. Berge um die Braunarlspitze.
2.12 **Hochtannbergpaß,** 1679 m, Paßstr. Bregenzer Wald – Lechtal; Aussicht a. Gr. Widderstein, 2536 m, u. Gipfelw. b. Warth.
2.13 **Whs Rongelonsch,** 1213 m, Kabinenseilb. v. Düns (oberh. d. Einfahrt z. Gr. Walsertal); hervorrag. Ausblick zur Schesaplana.
2.14 **Buchboden,** 910 m, a. d. Fahrstr. d. d. Gr. Walsertal; hervorrag. Bergkulisse, Ausgangspunkt schöner Wanderungen. (Bad Rotenbrunnen, Eisenquelle).

Erläuterung Seite 87

2.15 **Frassenhaus,** 1725 m, Kabinenseilb. v. Bludenz b. Mittersberg, 1402 m, v. dort 1¹/₄ Std.; hervorrag. Ausblick auf Walgau u. zur Schesaplana.

2.16 **Albonagrat,** Whs 2358 m, Sessellift v. Stuben a. Arlberg, Aussicht auf Lechtaler Alpen mit Valluga, 2809 m, Montafon, Paznaun.

2.17 **Palüdhütte,** 1720 m, Fahrstr. v. Bludenz bis Brand, v. dort 2¹/₂ Std. oder Sessellift b. Niggenkopf u. ³/₄ Std.; hervorrag. Auss. z. Schesaplana, 2965 m, Brandner Gletscher.

2.18 **Kapellalpe,** 1873 m, Kabinenseilb. v. Schruns; hervorrag. Rundblick. Sessellift z. Aussichtspunkt unterh. Wormser Hütte, 2289 m.

2.19 **Gargellen,** 1423 m, Fahrstr. v. St. Gallenkirch; Bergort in hervorrag. Lage im Rätikon.

2.20 **Bieler Höhe,** 2071 m, Scheitelpunkt d. mautpfl. Silvretta-Hochalpenstraße mit hervorrag. Ausblick auf vergletscherte Gipfel d. Silvrettagruppe – Vermunt-Stausee, 1747 m, mit Litznergruppe (3121 m) – Silvretta-Stausee mit Piz Buin, 3312 m.

2.21 **Wiesbadener Hütte,** 2443 m, 2 Std. v. Bieler Höhe am Fuße d. Piz Buin m. d. Vermuntgletscher. Rückweg üb. Radsattel, 2652 m, auf Edm.-Lorenz-Weg ca. 3 Std. Alle weiteren Übergänge über Gletscher nur mit Führer.

2.22 **Jamtalhütte,** 2165 m, Fahrweg b. Scheibelenalm, v. dort 1¹/₂ Std. oder 3 Std. v. Galtür; hervorrag. Hochgebirgswelt, Blick z. Fluchthorn, 3399 m, Dreiländerspitze m. Jamtalferner.

2.23 **Alpenhaus Id-Alpe,** 2307 m, Kabinenseilb. u. Fahrstr. v. Ischgl; umfass. Aussicht auf Verwallgruppe m. Kuchenspitze, 3170 m, und Samnaungruppe. Abzweig v. Fahrstraße in das Fimbertal bis Gh. Bodenalpe; schöner Blick zum Fluchthorn, 3399 m.

2.24 **Seewis,** 947 m, Fahrstr. v. Grüsch i. Prättigau; Blick a. Schesaplana mit Alpstein.

2.25 **Whs Gotschnagrat,** 2285 m, Kabinenseilb. v. Klosters, hervorrag. Auss. auf Silvrettagruppe u. Rätikon.

2.26 **Silvretta-Hütte,** 2341 m, Straße bis Sardascaalp, 1648 m, v. dort 2¹/₄ Std. oder 5¹/₂ Std. v. Klosters; hervorrag. Lage am Fuße d. Silvrettagletschers m. Blick auf Silvrettahorn, 3244 m.

2.27 **Weißfluh,** 2843 m, Zahnradbahn v. Davos bis Weißfluhjoch, 2693 m, oder Kabinenseilbahn v. Wolfgang z. Gipfel. Überrag. Rundblick v. Piz Kesch üb. Silvrettagruppe b. z. Schesaplana.

2.28 **Flüelapaß,** 2383 m, Paßstr. zw. Davos u. d. Engadin bei Susch (Wintersperre); Blick z. Flüela-Weißhorn, 3085 m, u. Schwarzhorn, 3150 m.

2.29 **Chamanna Tuoi,** 2250 m, Fahrstr. bis Guarda, 1653 m, üb. dem Engadin, v. dort 2¹/₂ Std.; in hochalpiner Lage zw. Piz Fliana, 3281 m, Piz Buin, 3312 m, und Dreiländerspitze, 3197 m.

3. Die höchsten und markantesten Berge

Bregenzer Wald u. Großes Walsertal:
Rote Wand, 2704 m (Lechtaler Alpen)
Braunarlspitze, 2649 m, 2.10, 2.11, 2.12
Hochlichtspitze, 2600 m, (v. Zug) 2.10
Mohnenfluh, 2542 m
Widderstein (Allgäuer A.), 2536 m, 2.11, 2.12
Zitterklapfen, 2403 m, (1.10), 1.15, 2.06, 2.07, 2.10
Hochkünzelspitze, 2397 m, 1.12
Hochberg, 2324 m, 2.11, 2.12
Hoher Ifen (Allgäuer A.), 2230 m, 2.01, 2.03, 2.04
Üntschenspitze, 2135 m, 1.10, 2.06
Glatthorn (Damülser Horn), 2134 m, 1.11, 2.07
Damülser Mittagsspitze, 2095 m, 1.11, 2.07, 2.09
Diedamskopf, 2090 m, 1.10, 2.05
Breithorn, 2081 m, 2.09
Wasserkluppe, 2081 m, 1.12
Hoher Freschen, 2004 m, (1.09), 2.04, (2.08)
Sonnenspitze, 1965 m (Kanisfluh), 1.10, 2.05, 2.06
Winterstaude, 1877 m, 2.03, 2.05, 2.06

Klostertal, Lechtaler Alpen:
Wasenspitze, 2665 m, 2.16
Grubenspitze, 2659 m, 2.16
Schafberg, 2413 m, 1.17
Weißes Rößle, 2214 m, 1.17
Gamsfreiheit, 2211 m, 2.15

Verwallgruppe:
Kuchenspitze, 3170 m, 1.23, 1.24, 2.23
Hoher Riffler, 3168 m, 1.24
Küchelspitze, 3147 m, 2.23
Madaunspitze, 2961 m, 1.23, 1.24
Großgfallkopf, 2939 m
Kaltenberg, 2896 m (1.21)
Eisentaler Spitze, 2753 m, 2.16
Stubner Albonakopf, 2654 m, (1.21, 1.22), 2.16
Hochjoch, 2520 m, 2.18, 2.19

Rätikon:
Schesaplana, 2965 m, (1.17), 2.17, 2.24, 2.25, 2.27
Drei Türme, 2830 m, 1.25
Madrisahorn, 2826 m, (2.19), 2.25
Sulzfluh, 2818 m, 1.25, 2.25
Madrisa, 2770 m, 2.19
Zimba, 2643 m, (1.17), 1.25
Naafkopf, 2571 m, (1.34), 1.38
Falknis, 2560 m, (1.34), 1.37, 1.38
Galinakopf, 2198 m, 1.14

Silvrettagruppe:
Piz Linard, 3411 m, v. Zernez
Fluchthorn, 3399 m, 2.22
Piz Buin, 3312 m, 2.20, 2.21, 2.29
Verstanklahorn, 3298 m, (2.26)
Piz Fliana, 3281 m, 2.29
Silvrettahorn, 3244 m, 1.42, 2.25, 2.26, 2.27
Augstenberg, 3228 m, (2.22)
Schattenspitze, 3202 m, 2.21
Dreiländerspitze, 3197 m, 2.20, 2.21, 2.29
Gr. Litzner, 3121 m, 2.26, 2.27
Klostertaler Egghorn, 3120 m, 2.20, 2.21
Flüela-Weißhorn, 3085 m, 2.18 (Albula)

Samnaungruppe:
Muttler, 3294 m, 1.46 (Nauders)
Stammerspitze (Piz Tschütta), 3254 m, 1.46
Piz Mundin, 3146 m, (1.46, Inntal)
Vesilspitze (Piz Roz), 3097 m, 1.46
Vesulspitze, 3089 m, (1.46)
Hexenkopf, 3035 m, (b. Pians/Arlberg)
Furgler, 3004 m, (b. Pians/Arlberg)

Erläuterung Seite 87

che wechselvolle Landschaftsbild aus. Braunarlspitze, 2649 m (höchste Erhebung des Bregenzer Waldes), und Widderstein, 2536 m, auf der gegenüberliegenden Seite markieren die Pforte zum Lechtal im 1679 m hoch gelegenen Hochtannbergsattel. An den nördlichen Hanglagen des Walgaues vollzieht sich von Feldkirch aus der Übergang von der Hügellandschaft zur Gebirgsregion viel abrupter, und das Große Walsertal, das sich zum Bregenzer Wald hin erstreckt, darf in seiner gesamten Länge sicherlich schon zu den typischen Alpentälern gezählt werden. Die Talstraße, von ca. 540 m Seehöhe ausgehend, erreicht am Ende etwa 1000 m. Die Straße zum Faschinajoch windet sich bis in eine Höhe von nahezu 1500 m hinauf. Sind die Gebiete des Walgaues, des Bregenzer Waldes und des Großen Walsertales im Landschaftsbild noch als Einheit zu betrachten, so ändert sich dies mit dem Eintritt ins Klostertal, im Montafon oder gar in der Umgebung des Arlberges mit dem naheliegenden Flexenpaß. In der Verwallgruppe erreichen die Berge 3000 m Höhe und überschreiten diese deutlich mit der höchsten Erhebung, der Kuchenspitze, 3170 m. Am Westabfall des Rätikons, zum Rhein hin, erstreckt sich das Fürstentum Liechtenstein entlang einer Bergkette, die im Norden mit 2000 m Höhe beginnt und in der Vorderen Grauspitz, 2599 m, gipfelt. Über das Gebirgsmassiv des Rätikons verläuft die Trennungslinie der Länder Österreich, Schweiz und Liechtenstein, deren Grenzen auf dem Naafkopf, 2571 m, aneinanderstoßen. Der Gebirgszug wird von der Schesaplana, 2965 m, mit ihrem nach Norden gelegenen Eisfeld, dem Brandner-Gletscher, geschmückt. Der durch die Pionierleistung des Pfarrers Nikolaus Sererhard weithin bekannte Gipfel tritt im engen Landquart-Tal von Süden her weniger in Erscheinung als von Bludenz im Norden aus. Rätikon, Silvretta- und Samnaungruppe bilden einen langgestreckten Gebirgszug, der sich am Flüelapaß mit der Albulagruppe vereinigt.

In den gletschergerahmten Gipfellagen um den Großen Litzner, 3121 m, den Piz Buin, 3312 m, oder mit dem 3399 m hohen Fluchthorn erreicht die Silvrettagruppe hochalpine Dimensionen. Früher schon von Klosters im Prättigau her erschlossen, wurde die Schönheit dieser Hochgebirgswelt mit der Anlage des Silvretta-Stausees und der mautpflichtigen Silvretta-Hochalpenstraße auch dem weniger bergtüchtigen Touristen nahegebracht. Wer bei wolkenlosem Himmel die Wanderung von der Staumauer aus entlang dem Westufer bis zum Ende des Sees unternommen hat, wird die Großartigkeit des Landschaftsbildes bestätigen. Doch bedarf es dazu nicht unbedingt eines stundenlangen Fußmarsches – von der Bieler Höhe und der Straße am Vermunt-Stausee eröffnen sich hervorragende Ausblicke. Die nur in den Sommermonaten durchgehend befahrbare Straße verbindet die reizvollen Täler des Montafon und des Paznaun. Weiter nördlich, in parallelem Verlauf, führt das nicht minder reizvolle Klostertal als vielbefahrene Hauptverkehrsroute zum Arlbergpaß, von dem man, wie vom nahen Flexenpaß, bei entsprechenden Wetterverhältnissen eine schöne Aussicht auf die obere Talstufe und die Gipfelwelt der Verwallgruppe und Lechtaler Alpen genießt. Dieser Panoramablick wird nur übertroffen von dem Aussichtspunkt unterhalb des Vallugagipfels, 2809 m, den man mit der Kabinenseilbahn von St. Anton aus erreicht. Das vom Arlberg gegen Osten führende Stanzer Tal und das von der Trisanna durchflossene Paznauntal vereinigen sich unweit von Landeck. Die stark frequentierte Arlbergstraße mußte in den Wintermonaten oft bis zu 25 Tagen gesperrt werden. Der mit fast 14 km derzeit längste Straßentunnel der Welt, am 1. 12. 78 eröffnet, gewährleistet die ganzjährig sichere Verbindung. Die Arlberg-Bahn unterfährt den Paß seit jeher in einem Tunnel von Langen bis St. Anton. Die kühne Trassierung, in der hohen Brücke, welche

Piz Fliana und Großer Piz Buin ▷

Piz Fliana
3281 m
Großer Piz Buin
3312 m

die Trisanna überspannt, besonders deutlich, stellt ein frühes Meisterwerk der Technik dar. Um vieles später errichtet, gestatten die aneinandergereihten Lawinengalerien des Flexenpasses das Befahren der Straße in den Wintermonaten und haben dazu beigetragen, daß die Orte Zürs und Lech zu Zentren des Wintersportes wurden. Weniger stark frequentiert, führt die Flüelapaßstraße als Verkehrsverbindung zwischen Davos und dem Engadin hinauf in die Bergeinsamkeit von 2383 m Höhe. Nur in den Sommermonaten freigegeben, eröffnet sie am Schottensee den Ausblick zum Flüela-Weißhorn, 3085 m, und zum Schwarzhorn, 3150 m. Dennoch ist die Aussicht von der Paßhöhe bei weitem nicht so umfassend wie vergleichsweise von der Bieler Höhe oder dem Arlbergpaß. Der weltbekannte Kurort Davos mit seinen Heilstätten und besonderen klimatischen Vorzügen zeichnet sich auch durch eine reizvolle landschaftliche Lage aus.

Eindrucksvoll und die Gegend von Zernez bis Susch im Engadin beherrschend, erhebt sich die Pyramide des Piz Linard, 3411 m, als höchster Gipfel der Silvrettagruppe hoch über den Talgrund. Samnaun, dessen Zufahrtsstraße hoch über dem Spißertal verläuft, ist als Zollausschlußgebiet in die Hochregion der Samnaungruppe eingebettet. Im Winter und Frühjahr, wenn die Lawinen in die Innschlucht donnern, ist dieses Schweizer Gebiet von Pfunds in Österreich zu erreichen. Es versteht sich von selbst, daß im Rahmen dieser allgemeinen und zusammenfassenden Abhandlung nicht alle besonderen Wesensmerkmale dieser vielgestaltigen Region Erwähnung finden können. Ebensowenig kann auf Einzelheiten in der geschichtlichen Entwicklung eingegangen werden.

Geschichte. Bis heute fühlen sich die Bewohner des Bregenzer Waldes ihren Schweizer Nachbarn näher verwandt als ihren österreichischen Landsleuten. Ein eigener Baustil (holzverschindelte Häuser) und unterschiedliche Siedlungsformen zeugen von der Eigenständigkeit des Gebietes. Bis heute, da man versucht, die Straßenverbindung über den Hochtannbergsattel winterfest zu machen, sind die Orte und Städte in den Wintermonaten nicht auf direktem Weg vom Lechtal in Tirol zu erreichen. Auf Schweizer Seite be-

Litzner-Seehorn-Gruppe von der Silvretta-Hochalpenstraße

wahrt sich im Gebrauch der rätoromanischen Sprache für die Bevölkerung des Unterengadins der eigene Kulturraum gegenüber dem deutschsprachigen Prättigau. Erste Zeugnisse der Geschichte mit Ansiedlungen im Rheintal und Walgau gehen auf die erste Hälfte des 2. vorchristlichen Jahrtausends zurück. Bereits um 1000 v. Chr. werden über den Julierpaß Handelswege erschlossen. Zu dieser Zeit wird das Gebiet von den Rätern bewohnt, bis um 400 v. Chr. Kelten vom Norden her zum Rheintal vordringen. In der Römerzeit entsteht aus einem Kastell die römische Siedlung Brigantium (Bregenz) als wichtigster Punkt der Provinz Raetia Prima. Im 5. Jahrhundert wird Bregenz alemannisch. Im Mittelalter erhalten Grafen die Macht über weite Gebiete der Region. Das Geschlecht der Montfort herrscht mehr als zwei Jahrhunderte über das Land. In dem heute schweizerischen Gebiet üben die mächtigen Bischöfe von Chur neben der klerikalen auch die weltliche Macht aus. Nur kurzzeitig fällt im 19. Jahrhundert das Gebiet Vorarlberg an Schwaben.

Auf Zentren einer jahrtausendealten Kultur trifft man entlang des gesamten Rheintales in Städten, Orten und Wehranlagen. Sakralen Kulturdenkmälern wie Profanbauten aus früher Zeit begegnet man noch in den hohen Tallagen.

Geologisch schließt sich das Gebiet von Vorarlberg mit dem Bregenzer Wald dem Allgäu an. Von Nordwest nach Südost trifft man zunächst auf die Molasse des Voralpenlandes, die Flyschzone und auf das ausgeprägte Erscheinungsbild der Nagelfluh, einem aus großkörnigem Geröll bestehenden Konglomerat. Schrattenkalke, die im Argenbachtal bei Damüls deutlich den Richtungsverlauf der Faltung erkennen lassen, gehen in das Kalkgestein der Nördlichen Kalkalpen allgemein, besonders aber in die von Dolomit durchzogene Decke der Lechtaler Alpen über. Die kristalline Silvretta-Decke erstreckt sich über weite Gebietsteile südlich des Arlberges und öffnet sich in der Samnaungruppe zum »Engadin-Fenster«, das ähnlich dem »Tauern-Fenster« tiefere Deckenteile zutage treten läßt. In der gesamten Region ist also eine nahezu unvergleichbare Vielfalt unterschiedlichster Gesteinsarten anzutreffen.

Widderstein vom Hochtannbergpaß

Wetter. Im Wettergeschehen unterscheidet sich besonders der Bregenzer Wald deutlich von anderen Regionen des Alpenraumes. Nach Nordwesten zum Bodensee hin geöffnet, liegt das Gebiet bei Westwetterlagen im Stau der Gipfelregionen. Kaltlufteinbrüche aus polaren Breiten führen im Sommer verbreitet zu ergiebigen Niederschlägen, in Tallagen als Regen, in den Hochregionen mit Schnee vermischt. Im Winter gilt der gesamte Vorarlberger Raum als ausgesprochen schneesicher und bietet ausgezeichnete Wintersportmöglichkeiten. Nach Süden, zum Prättigau hin, und Südosten nehmen Intensität der Niederschläge und Niederschlagsneigung in allen Jahreszeiten deutlich ab. Vom Einfluß des Föhns sind Engadin, Rheintal und auch Prättigau beeinträchtigt, Montafon, Klostertal und oberer Bregenzer Wald jedoch weitgehend abgeschirmt.

Pflanzen. Die gesteigerten Niederschlagsmengen wirken sich günstig auf das Pflanzenwachstum aus, doch sind neben allen Arten der einzelnen Vegetationszonen besondere Vorkommen seltener Exemplare nicht bekannt. Entsprechend der Bodenbeschaffenheit sind im Gebiet nördlich des Klostertales kalkliebende Pflanzen vorherrschend, während kalkfliehende, wie etwa die Rostrote Alpenrose, im Silvrettagebiet und in der Verwallgruppe anzutreffen sind.

Tiere. Bezüglich des Bestandes wildlebender Alpentiere können keine Besonderheiten Erwähnung finden, zumal der Siedlungsraum das Verbreitungsgebiet stark einengt.

Bregenzer Wald, Großes Walsertal und Walgau

Sanftgeschwungene Hügel, saftiggrüne Wiesen und dunkle Wälder, schroffe

Felswände und romantische Schluchten prägen das Landschaftsbild des Bregenzer Waldes. Der am Ostufer des Bodensees aufragende, weithin sichtbare Pfänder, 1063 m, vermag ebensowenig über die Vielfalt der Erscheinungsformen auszusagen wie die sich anschließende Hügelkette als östliche Begrenzung des Rheintales. Den Besucher empfängt zunächst eine mittelgebirgsähnliche Szenerie, und nichts deutet auf die alpine Komponente, die sich mit dem allmählichen Anstieg der Berge bis an die Zweitausendmetermarke im Südosten des Gebietes eröffnet und in der höchsten Erhebung, Braunarlspitze, die stattliche Höhe von 2649 m erreicht.

Um das vielgestaltige Landschaftsbild des Bregenzer Waldes und der angrenzenden Regionen kennenzulernen, empfiehlt sich eine Autorundtour, die in den lieblichen Tallagen ihren Ausgang nimmt und die einzelnen Höhenstufen berührt. Ausgespart soll dabei die mehr mittelgebirgsähnliche Hügellandschaft bleiben; deshalb bietet sich folgender Routenverlauf an:

Au – Schoppernau – Schröcken – Hochtannbergpaß – Warth – Lech – Flexenpaß – Arlbergstraße Stuben – Klösterle – Bludenz – Abstecher ins Große Walsertal bis zum Faschinajoch – Satteins – Rankweil – Laternsertal – Furkajoch – Damüls – Au.

Wenn die Straßenverbindung Faschina – Damüls in nicht allzuferner Zukunft hergestellt ist, läßt sich der Umweg über Rankweil und Furkajoch vermeiden.

Bregenz, 400 m, Hauptstadt von Vorarlberg am Fuße des Pfänders, bildet die Pforte zum Bregenzer Wald.

Sehenswert: Seekapelle, St.-Martins-Turm, Kapuzinerkloster, Pfarrkirche St. Gallus, Kloster Thalbach, Kloster Mehrerau, Heimatmuseum.

Mit der Kabinenseilbahn zum Pfänder, Bergstation 1022 m, und kurzem Anstieg ist ein Aussichtspunkt mit hervorragendem Rundblick zu erreichen (Hoher Ifen, Braunarlspitze, Hoher Freschen, Schesaplana, Säntis und über den Bodensee – bei besonders günstigen Sichtverhältnissen bis zum Tödi und zu den Viertausendern des Berner Oberlandes). Zum Pfänder führt auch eine schmale Fahrstraße.

Damüls

Die Bregenzer-Wald-Bahn, die das Gebiet bis Bezau erschließt, nimmt ihren Ausgang ebenfalls in Bregenz.

Dornbirn, 430 m, bedeutendste Textilstadt Österreichs, liegt an der Hauptstraße zum Bregenzer Wald.

Sehenswert: Rotes Haus, Glockenturm der Stadtpfarrkirche, Naturkundliches Museum.

Die verhältnismäßig dichte Besiedelung des Gebietes erlaubt nur die Erörterung einiger weniger Schwerpunkte, die sich vom Landschaftsbild her auszeichnen und in geringerem Maße der Wertung anderer Kriterien unterliegen.

Alberschwende, 721 m, Luftkur- und Wintersportort, ist in einem Hochtal zwischen Rhein und Bregenzer Ache

gelegen. Bei gutem Wetter reicht der Blick bis zum Säntis. Eine bessere Aussicht gewährt die Wanderung oder eine Fahrt mit dem Sessellift zum Brüggelekopf, 1182 m.
Kurz bevor die Straße das Tal der Bregenzer Achc erreicht, zweigt die Verkehrsverbindung nach *Hittisau,* 790 m, Luftkurort und Wintersportzentrum, ab. Lohnender Ausflug nach *Sibratsgfäll,* 929 m, (Fahrstraße) mit Blick auf Winterstaude und Hohen Ifen.

Bezau. Vorbei an *Andelsbuch,* 613 m, im breiten Talbecken der Bregenzer Ache, wendet sich die Straße *Bezau,* 650 m, dem Hauptort des Bregenzer Waldes, zu. Die Pfarrkirche, das Kapuzinerkloster und das Gerichtsgebäude sind sehenswert. Mit dem Sessellift gelangt man zur Baumgartner Höhe (Vordere Niedere), 1620 m, mit Ausblick zum Hohen Ifen und anderen Gipfeln der Umgebung. Der Aufstieg zur Winterstaude, 1877 m, die eine noch umfassendere Aussicht bietet, nimmt ca. 2 Stunden in Anspruch.
Von Hütten bei *Bizau,* 681 m, ist mit dem Sessellift die Hirschbergalm, 1501 m, zu erreichen (auch Fahrstraße von Schnepfau).

Mellau, 688 m, **Hirschau,** 720 m, und **Schnepfau,** 734 m, stehen ganz im Zeichen der Kanisfluh mit ihren bis über 2000 m aufsteigenden Gipfeln.
Im Gebiet von **Au,** 791 m, und **Schoppernau,** 852 m, beginnt die eigentlich alpine Region des Gebietes. Von Au zweigt eine Fahrstraße nach **Damüls,** 1428 m, ab, einem beliebten Urlaubsziel und Wintersportort. Die Fahrt mit dem Sessellift zur Uga-Alp, 1783 m, eröffnet eine hervorragende Aussicht und die Möglichkeit einer Gipfeltour zur Damülser Mittagsspitze, 2095 m (2 Stunden).
Von *Schoppernau,* 852 m, führt ein Zwei-Sektionen-Berglift zum Diedamskopf, 2090 m, mit umfassendem Ausblick zum Hohen Ifen, zum Widderstein und zur Braunarlspitze.

Durch die Talenge hinter *Bad Hopfreben* erreicht man den Bergort **Schröken,** 1270 m, in landschaftlich reizvoller Umgebung.
Im Sommer ermöglicht der *Hochtannbergpaß,* 1679 m, das Überwechseln ins Lechtal. Die Aussicht von der Paßhöhe wird vom 2536 m hohen Widderstein (Allgäuer Alpen) beherrscht und erstreckt sich außerdem auf hohe Gipfel des Bregenzer Waldes und der Lechtaler Alpen, die auch die Szenerie des Großen Walsertales bestimmen. Über *Raggal,* 1015 m, an der südlichen Talseite oder *Innerberg* und *Blons* gegenüberliegend ist **Faschina,** 1480 m, zu erreichen, ein beliebtes Wintersportziel, das jedoch auch zum sommerlichen Aufenthalt einlädt. Eine schmale, ab *Sonntag,* 890 m, geschotterte Fahrstraße führt zum Talschluß bis *Buchboden,* 910 m.

Das breite Talbecken des Walgaus öffnet sich hinter **Feldkirch,** 450 m, der an der Pforte zum Rheintal hin gelegenen Bezirkshauptstadt.
Sehenswert: Stadtbefestigung Schattenburg, Pfarrkirche, St.-Johannis-Kirche, Heiligkreuzkapelle, Rathaus, Wohlwendhaus in Levis, Schloß Amberg u. a.
Hier zweigt auch die Straße nach *Rankweil,* 500 m, ins Laternser Tal und weiter zum *Furkajoch,* 1760 m, ab.

Bludenz. Der zuweilen stark befahrene Verkehrsweg durch den Walgau führt an Frastanz und Nenzing vorbei nach Bludenz, 580 m, der Bezirkshauptstadt an der Talverzweigung Klostertal–Montafon.
Sehenswert: Stadtbild mit Schloß Gayenhofen, Pfarrkirche, Spitalkirche, Kloster St. Peter.

Brand. Höchst lohnend ist ein Ausflug nach Brand, 1030 m, in Verbindung mit einer Sesselliftfahrt zum Niggenkopf und 3/4stündiger Wanderung zur Palüdhütte, 1720 m, (2 1/2 Stunden von Brand) mit hervorragender Aussicht zur Schesaplana und zum Brandnergletscher.

Scheienfluh, Rätikon ▷

Klostertal, Montafon und Paznauntal

Die Dreitausender der Verwallgruppe, vor allem jedoch die hochalpinen Regionen gletschergerahmter Gipfel in der Silvrettagruppe und die Berge des Samnauns, bestimmen das Landschaftsbild dieses Gebietes, das sich in vielerlei Hinsicht vom Alpenvorland des Bregenzer Waldes unterscheidet.
Eine schon als klassisch zu bezeichnende Rundtour vermag dem aufmerksamen Beobachter die große Vielfalt alpiner Erscheinungsformen zu eröffnen:
Bludenz – Tschagguns, Schruns – St. Gallenkirch – Abstecher nach Gargellen – Partenen – Silvretta-Hochalpenstraße (mautpflichtig) zur Bieler Höhe – Galtür – Ischgl – Pians – das Stanzer Tal aufwärts bis St. Anton und über den Arlbergpaß (s. auch Lechtaler Alpen) – durch das Klostertal zurück zum Ausgangsort.

Schruns, 690 m. Vom Hauptort des Montafons blickt man auf eine Vielzahl hoher Gipfel. Die Fahrt mit der Kabinenseilbahn zur Kapellalpe, 1873 m, und mit dem Sessellift weiter zur 2289 m hoch gelegenen Anhöhe unterhalb der Wormser Hütte eröffnet eine Aussicht, die von der Schesaplana bis zu den Gipfeln der Silvrettagruppe reicht. An der gegenüberliegenden Talseite ist die Talstation der zum Whs Grüneck, 1890 m, führenden Standseilbahn auf einer Fahrstraße von Tschagguns aus zu erreichen.
Unmittelbar vor *St. Gallenkirch,* 880 m, zweigt die Straße nach **Gargellen,** 1423 m, in schöner landschaftlicher Lage am Fuße des Madrisagipfels, 2770 m, ab. Vom Schafberghüsli, 2100 m, das mit dem Sessellift zu erreichen ist, eröffnet sich eine hervorragende Aussicht auf die Gipfel der Umgebung.

Gaschurn, 1000 m, und **Partenen,** 1050 m, sind Luftkur- und Wintersportorte, wenige Kilometer von der Mautstelle der Silvretta-Hochalpenstraße entfernt.
In 25 nahe beieinanderliegenden Kehren steigt die Straße bis zur *Bieler Höhe,* 2036 m, an. Bereits vom Vermunt-Stausee genießt man eine hervorragende Aussicht zur Litzner-Gruppe (3121 m). Der Blick über den Silvret-

Schesaplana von Seewis

ta-Stausee reicht zum vergletscherten Talschluß, über dem sich Piz Buin, 3312 m, und benachbarte Gipfel erheben. Von hier, wie auch von *Galtür,* 1580 m, eröffnen sich zahlreiche Möglichkeiten für schöne Wanderungen und Hochtouren. Nur in den Monaten Juni bis November stellt die Silvretta-Hochalpenstraße die Verkehrsverbindung zwischen Montafon und Paznaun dar.

Ischgl, 1375 m, ein zwischen Verwall- und Samnaungruppe gelegener Luftkurort. Von hier führt eine Kabinenseilbahn zum Alpenhaus Id-Alpe, 2307 m, mit einem einmaligen Ausblick auf Fluchthorn, 3399 m, auf die 3147 m hohe Küchelspitze der Verwallgruppe und die umliegenden Gipfel der Samnaungruppe. Auch eine Fahrstraße zum Haus ist angelegt.

Kappl, 1200 m, ist eine der vielen Siedlungen des unteren Paznauns.
Unmittelbar vor dem Zusammenfluß von Trisanna und Rosanna ist, als frühes Meisterwerk der Technik, die Trisannabrücke der Arlbergbahn zu bewundern.
Die Orte im Klostertal – *Stuben,* 1407 m, oder *Klösterle,* 1075 m, und *Dalaas,* 850 m, – sind außer ihrer landschaftlich reizvollen Lage auch der zahlreichen Sehenswürdigkeiten ihrer Ortsbilder wegen besuchenswert. Als Aussichtspunkt empfiehlt sich der Albonagrat, 2358 m, von Stuben aus mit dem Sessellift zu erreichen.
(Arlberg und Stanzer Tal siehe Lechtaler Alpen).

Liechtenstein

Trotz seiner geringen Ausdehnung (158 qkm) besitzt das Fürstentum Liechtenstein viele Wesensmerkmale alpiner Landschaftsformen. Es würde zu weit führen, wollte man alle Orte im Rheintal und an den hoch aufsteigenden Hängen mit ihren baulichen Zeugnissen eines alten Kulturraumes einzeln aufführen.

Vaduz. In vielerlei Hinsicht ist die Hauptstadt Vaduz, 500 m, von besonderer Bedeutung.
Sehenswert: Schloß (als Residenz nicht zu besichtigen), Postmuseum, Gemäldeausstellung, historisches Mu-

Paznaun vom Predigberg

seum, Rotes Haus und, etwas abseits, Ruine Wildschloß (schöner Ausblick). Von Vaduz aus kann man auf einer Fahrstraße nach *Steg,* 1303 m, – mit Blick auf Naafkopf und Grauspitz, 2599 m – und weiter nach *Malbun,* 1599 m, gelangen. Von hier aus erschließt ein Sessellift zum Kuhgrat eine hervorragende Aussicht, die bis zur Schesaplana, 2965 m, reicht.

Rätikon, Prättigau, Flüelapaß, Unterengadin und Samnaun

Den Reiz landschaftlicher Vielfalt weist das Schweizer Gebiet zwischen Rhein und Inn auf, mit der Schesaplana, 2965 m, als höchster Erhebung des Rätikons, der Silvrettagruppe als hochalpiner Komponente, dem lieblichen Tal bei Davos und Klosters und der Einsattelung des Flüelapasses in der Albulagruppe. Unterengadin und Samnaun, von Dreitausendern gerahmt, vermitteln den Eindruck eines herbromantischen Landschaftsbildes. Eine Autorundtour, die zwar die Gebietsabgrenzung überschreitet, dennoch bequem an einem Tage durchgeführt werden kann, gewährt einen umfassenden Überblick: Landquart – Küblis – Klosters – Davos – Flüelapaß, 2383 m – Susch – Zernez – Zuoz – Albulapaß, 2312 m – Tiefencastel – Chur.

Bei **Landquart,** 530 m, zweigt die Straße zum Prättigau vom Rheintal ab und führt durch die Enge einer Schlucht nach *Grüsch,* 630 m. **Seewis,** 947 m, am Sonnenhang über Grüsch gelegen, wird durch eine in Kehren aufwärts führende Fahrstraße erreicht. Die Wanderung taleinwärts über Wiesenhänge eröffnet schöne Ausblicke zu den Wänden des Alpsteins, den Südabstürzen der Schesaplana.

Klosters. Über *Schiers,* 660 m, und *Küblis,* 814 m, gelangt man nach Klosters, 1200 m, dem bekannten Luftkurort und Wintersportzentrum. Während der Fahrt taleinwärts zum Ortsteil Monbiel hat man die Gipfel der Silvrettagruppe vor Augen. Der Gotschnagrat, 2288 m, mit hervorragender Aussicht zur Silvrettagruppe, ist mit einer Kabinenseilbahn von Klosters aus zu erreichen. In mehreren Kehren steigt die Straße zum 1633 m hohen Wolfgangpaß an. Eine Kabi-

Schattenspitze und Klostertaler Egghorn

Piz Linard von Zernez ▷

Lavin gegen Verstanklahörner

nenseilbahn führt von hier zum Weißfluhjoch, 2693 m, das man auch mit einer Standseilbahn von Davos aus erreicht. Von dort gelangt man mit einer Kabinenseilbahn zum Weißfluhgipfel, 2843 m, mit einem einmaligen Rundblick auf die Gipfelwelt der Verwall- und Silvrettagruppe, zu den Albulagipfeln und – bei besonders günstigen Sichtverhältnissen – zum Tödi und zu den Viertausendern des Berner Oberlandes im Westen.

Davos. Am Davoser See vorbei erreicht die Straße das bedeutende, internationale Kur- und Wintersportzentrum Davos, 1660 m. Zahlreiche Bergbahnen führen zu Aussichtspunkten der Umgebung, von denen jedoch der Weißfluhbahn der absolute Vorrang eingeräumt werden muß.
Die *Flüela*-Paßstraße verbindet Davos mit dem Engadin. Im Flüelatal ansteigend, ist der Übergang in 2383 m Höhe nur in den Sommermonaten zu benutzen. Das Flüela-Hospiz liegt am Schottensee, von Weißhorn, 3085 m, und Schwarzhorn, 3150 m, beiderseits der Einsattelung überragt. Die Straße führt im Val Susasca abwärts nach *Susch,* 1430 m, im Unterengadin. Von

Samnaun

Guarda, 1653 m, mit schönem Ortsbild über dem Tal gelegen, zweigt der markierte Wanderweg durch das Val Tuoi zur 2250 m hoch am Fuße von Piz Buin und Dreiländerspitze gelegenen Chamanna Tuoi ab, die man in 2½ Stunden erreicht.

Scuol (Schuls) und **Tarasp,** 1200 bis 1250 m, sind Ortsteile eines internationalen Heilbades (Glaubersalzquellen). Schöne dörfliche Ortsbilder und vor allem Schloß Tarasp sind sehenswert.
Die Straße in das Zollausschlußgebiet Samnaun zweigt unweit der österreichischen Grenze in Vinadi, 1087 m, ab.

Samnaun. Der Ort Samnaun, 1835 m, ist am Ende des Hochtales gelegen; den Talschluß überragen Muttler, 3294 m, im Süden und Vesilspitze, 3097 m, im Westen. Die Dörfchen und Weiler des Samnauntales, darunter Compatsch, liegen an steilen Hängen. Besonders im Anfangsteil der Straße, mit Tunneln und Schutzgalerien an den Steilhängen des Spißertales, können sich bei bergungewohnten Fahrern Schwindelgefühle einstellen.

Klostertal in der Silvrettagruppe

Speicher Kops vom Fädner

6
Gletschergerahmt
Ötztaler und Stubaier Alpen

Die scheinbar unerreichbare Ferne hochaufragender, eisgekrönter Gipfel, von breiten Gletscherströmen umschlossen, kennzeichnet die Besonderheit dieser Region. Sind diese Wesensmerkmale hochalpiner Landschaftsformen in den Dreitausendern der Silvretta-, Samnaun- und Verwallgruppe westlich des Inntales nur angedeutet, so gewinnen sie östlich der Linie Landeck–Pfunds zunehmend an Bedeutung, handelt es sich doch um die größte Flächenerhebung der Ostalpen, die – vom Einschnitt des Brennerpasses durchbrochen – in den Zillertaler Alpen bis zu den Hohen Tauern ihre Fortsetzung findet. Ohne Übertreibung darf man diese Gegend zu den reizvollsten Alpenlandschaften zählen, in ihrer Großartigkeit sicherlich nur von den höchsten Erhebungen des Westalpenraumes übertroffen. Die Grenzmarkierung dieser Region erstreckt sich von Innsbruck ausgehend entlang des – zunächst – breiten Inntales zur schluchtartigen Enge bei Landeck, um bei Pfunds den Flußlauf zu verlassen, sich nahe Nauders dem Reschensee und Vintschgau zuzuwenden bis Meran, dann durch das Passeiertal und am Jaufen- und Brennerpaß ansteigend, schließlich wieder abwärts in die Tiroler Landeshauptstadt einzumünden. Die Staatsgrenze zwischen Italien und Österreich verläuft über die Gipfel des Schnalskammes, des Weißkammes und der Stubaier Alpen.

Das Landschaftsbild ist geprägt von der Vielzahl Dreitausender, darunter die Ötztaler Wildspitze, mit 3772 m der zweithöchste Berg Österreichs, die eisbedeckte Kuppe der 3739 m aufragenden Weißkugel und das Zuckerhütl, 3507 m, der Stubaier Alpen. Reizvolle, liebliche und wildromantische Seitentäler führen zu den ausgedehnten Gletscherregionen hinauf. Stufentäler mit dem sie kennzeichnenden Wechsel von breiten Niederungen

Innsbruck

und schluchtartigen Engstellen oder sanft ansteigende Talmulden sind für die Vielfalt landschaftlicher Erscheinungsformen ebenso charakteristisch wie die baumlosen Hochregionen und dichten Nadelwälder, die sich zwischen Talsohle und Krummholzgürtel ausbreiten. Gletscherfreie Übergänge als Einsattelungen zwischen den Gipfelpartien sind selten und durch geschichtliche Reisewege oder neu angelegte Bergstraßen markiert.

Der Siedlungsraum reicht im Ötztal an die Zweitausendmetermarke heran und wird in zunehmendem Maße vom Tourismus geprägt. So ist es nicht verwunderlich, wenn in den Niederungen die Kulturlandschaft vorherrscht und natürliche Ursprünglichkeit nur in den Hochlagen anzutreffen ist.

Über die landschaftlichen Besonderheiten ist folgendes festzustellen: Das Inntal zwischen Innsbruck und Landeck trennt den Alpenhauptkamm von den Nördlichen Kalkalpen. Vom Inntalgletscher der Eiszeiten geformt, bildet die breite Talmulde eine einzigartige Verkehrsader zu den Übergängen des Seefelder Sattels, des Fernpasses, zum Arlberg und Reschenpaß und leitet weiter zur Brennerstraße, nach Kufstein und ins obere Engadin. Nicht ohne eigenen landschaftlichen Reiz sind die Städte und Orte entlang des Flußlaufes und außerdem Zentren kultureller Blüte. Südlich von Landeck wechseln sich schluchtartige Engstellen und breite Talstufen ab. Wildromantisch ist der Aufstieg vom Inntal nach Nauders, vorbei an der Festung Hochfinstermünz.

Vom Reschensee und aus dem Vintschgau – die an anderer Stelle erörtert werden – führen schmale Seitentäler zu den Gipfellagen der Ötztaler Alpen. Wenig bekannt, jedoch durch eine hervorragende Aussicht zur Weißkugel gekennzeichnet, soll das

(Fortsetzung auf Seite 184)

Zeichenerklärung auf Seite 88/89

Telfs
Oberpettnau
Innsbruck
Zirl
Pfaffenhofen
Hatting
2798
Hocheder
Inzing
Kematen
Inn
Götzens
Igls
Roßkogel
2649
Axams
Mutters
Sellraintal
Haggen
Sellrain
Axamer Lizum
2403 Saile
Europabrücke
Mühltal
St. Sigmund
Gries im Sellrain
2340
Hoadl
Schönberg i. St.
Innerellbögen
3060
2703 Telfes
Praxmar
Kalkkögel
Mieders
Schwarzhorn
Fulpmes
Pfons
2813
Matrei am Brenner
Lüsens
2.33
Neustift i. S.
Stubaital
Kessel-Sp.
2728
3287
Stubaier Alpen
Oberrißhütte
TIROL
Milders
Steinach
Trins
Gries
Kerach-Sp.
2919
Krößbach
Schrankogl
3496
Habicht
3277
Gschnitz
Gschnitztal
Gries a. Br.
Amberger H.
Ranalt
Vinaders
Mutterbergalm
Obernberg am Brenner
Maierspitze
2781
Windacher Daunkogl
Brennero
3351
2.32
Nürnberger H.
Tribulàun
3096
Terme di Brennero/ Brennerbad
Zuckerhütl
3507
3268
Fléres/Boden
3250
Montarso/ Feuerstein
Brunnenkg.
2780
M. Capro/ Botzer
Colle Isarco/ Gossensass
Untergurgl
Massèria/ Maiern
ITALIEN
Timmelsjoch 2483
Belprato/ Schönau
Ridanna/ Ridnaun
Vipiteno/ Sterzing
Mereta/Mareit
M. Altacroce/ Hohe Kreuz-Sp.
2744
Corvara/ Rabenstein
Colle/Bichl
2.27
Moso in P./ Moos
3286
Váltina/Valten
Plata/ Platt
St. Leonhard/ S. Leonardo in P.
A. Hofer
Plan/ Pfelder
3479
La Clava/ Kolben-Sp.
2865
Passeier Tal Val Passiria
N
10 km
Tessa
3337
Rifiano/ Riffian
Tirolo/ Tirol
Scena/ Schenna
Merano/Meran

6

1. Ferienorte und touristische Zentren

Im Inntal:

1.01 **Innsbruck,** 600 m, intern. Zentrum f. Fremdenverkehr, Wintersport und Kultur
1.02 **Axams,** 880 m, Erholung, Wintersp.
1.03 **Zirl,** 625 m, Abzweig Seefeld
1.04 **Telfs,** 630 m, Abzweig Holzleiten-Sattel
1.05 **Stams** (Kloster), 670 m, Kultur
1.06 **Imst,** 830 m, Abzweig Fernpaß – siehe dort –
1.07 **Landeck,** 800 m, Abzweig Arlberg
1.08 **Prutz,** 870 m, Wandern u. Erholung
1.09 **Pfunds,** 970 m, Abzweig Samnaun, Engadin, Reschenpaß

Am Reschenpaß:

1.10 **Nauders,** 1360 m, Wintersp. Erholung

Im Kaunertal:

1.11 **Feichten,** 1290 m, Erholung, Hochtourismus u. Wintersport

Im Pitztal:

1.12 **Arzl,** 890 m, Wandern, Erholung
1.13 **Wenns,** 980 m, Abzweig Piller Höhe
1.14 **Jerzens,** 1100 m, Wandern, Wintersp.
1.15 **St. Leonhard,** 1370 m, Hochtouren
1.16 **Plangeroß,** 1617 m, Hochtouren

Im Ötztal:

1.17 **Ötz,** 820 m, Wandern u. Erholung
1.18 **Umhausen,** 1000 m, Wandern, Erhol.
1.19 **Längenfeld,** 1180 m, Wandern, Erh.
1.20 **Huben,** 1200 m, Wandern u. Erholung
1.21 **Sölden,** 1370 m, tour. Zentrum, Hochtouren, Sommerski, Wintersport
1.22 **Hochsölden,** 2000 m, Erholung, Wintersp.
1.23 **Obergurgl,** 1910 m, Wandern, Wintersp. Hochtouren, Abzweig Timmelsjoch
1.24 **Hochgurgl,** 2100 m, Wintersport
1.25 **Vent,** 1900 m, Hochtouren, Wandern

An der Brennerstraße:

1.26 **Matrei,** 990 m, Tourism. Wandern
1.27 **Steinach,** 1050 m, Wandern, Erhol.
1.28 **Gries,** 1160 m, Tourism. Wandern
1.29 **Gossensaß** I (Colle Isarco), 1100 m
1.30 **Sterzing** I (Vipiteno), 950 m, Tour. Abzweig Jaufenpaß, Penser Joch, Pfitschtal

Im Sellrain:

1.31 **Kematen,** 610 m, Tourism. Wandern
1.32 **Sellrain,** 910 m, Wandern, Erhol.
1.33 **Gries,** 1240 m, Abzweig Kühtai

Im Stubaital:

1.34 **Mieders,** 950 m, Wandern, Erholung
1.35 **Telfes,** 995 m, Wandern, Wintersp.
1.36 **Fulpmes,** 935 m, Wandern, Erholung
1.37 **Neustift,** 1000 m, Wandern, Hochtour.
1.38 **Ranalt,** 1260 m, Hochtouren, Sommerski

Im Gschnitztal:

1.39 **Trins,** 1235 m, Wandern, Wintersp.
1.40 **Gschnitz,** 1242 m, Wandern, Hochtour.

Im Pflerschtal:

1.41 **Pflersch** I, 1245 m, Wandern, Erh.

Im Passeiertal:

1.42 **St. Leonhard** I, 699 m, Abzweig Jaufenpaß u. Timmelsjoch

2. Besondere Ausflugsziele und Berghütten

Vom Oberinntal, Reschenpaß und Vintschgau:

2.01 **Serfaus,** 1427 m, mit Auto v. Prutz Ausblick Inntal u. Glockturm.
2.02 **Hohenzollernhaus,** 2123 m, mit Auto bis Radurschelhaus, v. dort 1 Std.
2.03 **Klausjungerkopf,** 2180 m, Seilbahn v. Reschenstr. – Rundblick –
2.04 **Melag** I, 1925 m, mit Auto v. Graun a. Reschensee – Ausbl. Weißkugel –
2.05 **Glieshöfe** I, 1807 m, im Matschertal v. Tartsch aus m. Auto.
2.06 **Kurzhof** I, 2011 m, im Schnalstal mit Auto. Seilbahn z. Grawand, 3250 m, mit hervorr. Rundblick.

Vom Kaunertal:

2.07 **Gepatschhaus,** 1928 m, bis Speichersee mit Auto, v. dort 1¼ Std. Ausblick Weißseesp., 3526 m, u. Gepatschferner schon v. See.
2.08 **Verpailhütte,** 2025 m, 2½ Std. v. Feichten – Ausblick Glockturmkamm

Vom Pitztal:

2.09 **Hochzeigerhaus,** 1876 m, Sessellift v. Jerzens, Gipfeltour Hochzeiger, 2582 m, 2½ Std. – Rundblick –
2.10 **Riffelseehütte,** 2293 m, Sessellift v. Mandarfen. Hervorr. Ausblick auf Taschachferner, Wildspitze und Mittelbergferner.
2.11 **Taschachhaus,** 2434 m, 3 Std. v. Mittelberg, inmitten der Gletscherwelt – Hervorrag. Rundumsicht –
2.12 **Braunschweiger Hütte,** 2759 m, 3½ Std. v. Mittelberg – Hervorrag. Aussicht über Mittelbergferner.

Erläuterung Seite 87

Vom Ötztal aus:

2.13 **Piburger See,** 915 m, Straße v. Ötz
2.14 **Kühtai,** 2017 m, Straße v. Ötz
2.15 **Stuibenfall** nahe Umhausen.
2.16 **Niederthai,** 1531 m, Straße v. Umhausen. Ausblick z. Geigenkamm.
2.17 **Gries,** 1572 m, im Sulztal, Straße v. Längenfeld. Weiter z. Amberger Hütte, 1915 m, 2½ Std.
2.18 **Rettenbachferner,** 2850 m, mautpfl. Straße v. Sölden. Sessellift z. Rettenbachjoch, 3000 m, Sommerski – Aussicht –
2.19 **Geislacher Kogl,** 3058 m, Seilb. v. Sölden. Ausblick auf Stubaier.
2.20 **Hochjochhospiz,** 2423 m, 3 Std. v. Vent. Ausbl. Weißkugel, 3739 m
2.21 **Vernagthütte,** 2768 m, 3½ Std. v. Vent. Aussicht Kreuzkamm u. Vernagtferner.
2.22 **Brandenburger Haus,** 3272 m, 6 Std. v. Vent, Gletschertour nur mit Führer. Schönster Rundblick d. Region
2.23 **Breslauer Hütte,** 2840 m, Sessellift b. Stablein, 2375 m, v. dort 1½ Std. oder 3 Std. v. Vent, Ausblick v. Ramolkogl bis Kreuzkamm (lohn. Hüttentour).
2.24 **Ramolalm,** 2215 m, 1½ Std. v. Vent, Blick z. Wildsp. u. Similaun.
2.25 **Martin-Busch-Hs.,** 2501 m, 2½ Std. v. Vent. Blick z. Mutmalsp. u. Schalfferner.
2.26 **Similaunhütte,** 3019 m, 4½ Std. v. Vent über Gletscher (spaltenfrei) bei günst. Bedingungen auch ohne Führ. Aussicht bis Ortlergruppe.
2.27 **Hohe Mut,** 2659 m, Sessellift v. Obergurgl – Hervorrag. Aussichtsberg –
2.28 **Schönwieshütte,** 2270 m, 1½ Std. v. Obergurgl, Aussicht auf Rotmoosferner mit Dreitausendern.
2.29 **Langtalereckhütte,** 2438 m, 2½ Std. v. Obergurgl, Aussicht auf Schalfkogl u. Gurgler Ferner.
2.30 **Ramolhaus,** 3006 m, 4 Std. v. Obergurgl – Hervorrag. Rundblick –

Im Sellrain:

2.31 **Lisens,** 1639 m, Straße v. Gries, Ausblick z. Lisenser Fernerkogl

Im Stubaital:

2.32 **Dresdener Hütte,** 2308 m, Seilbahn v. Mutterbergalm z. Schaufelferner, Sommerski. Hervorrag. Rundblick. (2 Std. v. Mutterbergalm)
2.33 **Starkenburger Hütte,** 2229 m, 4 Std. v. Neustift, Rundblick

3. Die höchsten und markantesten Berge

Ötztaler Alpen:
Wildspitze, 3772 m, 1.15, 2.10, 2.11, 2.12, 2.24
Weißkugel, 3739 m, 2.04, 2.20
Hinterer Brochkogl, 3635 m, 2.11
Hintere Schwärze, 3628 m
Similaun, 3606 m, 2.25, 2.26
Vorderer Brochkogl, 3575 m, 2.24
Innerer Bärenbartkogl, 3557 m, 2.04
Ötztaler Urkund, 3556 m, 2.24
Marzellspitze, 3555 m, 2.25
Schuchtkogl, 3552 m, 2.18
Gr. Ramolkogl, 3551 m, 2.23, 2.27
Schalfkogl, 3540 m, 1.23, 1.24
Hoch-Vernagtspitze, 3539 m, 2.10, 2.21
Wazespitze, 3533 m, 2.12
Langtauferer Spitze, 3529 m, 2.04
Mutmalspitze, 3528 m, 2.25
Weißseespitze, 3526 m, 2.07
Finailspitze, 3516 m, 2.20, 2.23
Innere Quellspitze, 3516 m, 2.06
Firmisanschneide, 3501 m, 1.24
Fluchtkogl, 3500 m, 2.21
Kreuzspitze, 3457 m, 2.21, 2.23
Mittl. Seelenkogl, 3428 m, 2.27
Thalleitspitze, 3407 m, 1.25
Liebener Spitze, 3400 m, 2.27, 2.28
Diemkogl, 3400 m, 1.25
Innere Schwarze Schneid, 3370 m, 2.10, 2.12, 2.18
Texelspitze, 3317 m
Mittagskogl, 3162 m, 1.15, 1.16

Stubaier Alpen:
Zuckerhütl, 3507 m, 1.37
Schrankogl, 3496 m, 2.18
Wilder Pfaff, 3458 m, 1.37
Wilder Freiger, 3418 m, 1.37
Ruderhofspitze, 3413 m, 2.32
Stubaier Wildspitze, 3348 m, 1.25, 2.32
Lisenser Fernerkogl, 3298 m, 1.33, 2.31
Feuerstein, 3268 m, 1.41
Habicht, 3211 m, 1.37
Pflerscher Tribulaun, 3096 m, 1.41
Äußere Wetterspitze, 3070 m, 1.40
Serles (Waldrastspitze), 2718 m, 1.36

4. Besondere Mineralfundstätten

Obergurgl: Granatenkogl, Verwall- u. Geisbergferner. Almandin in Glimmerschiefer, Hornblende und Aktinolith in Garbenschiefer.
Sellrain: Lisens. Staurolith und Disthen.
Sterzing: Schneeberg u. Ridnauntal. Fluorit.

Alpenzoo Innsbruck

Am Abhang der Nordkette bei der Weiherburg befindet sich der Alpenzoo, der als einmalige Einrichtung dieser Art im gesamten Alpenraum besondere Beachtung verdient.
Man trifft dort die gesamte höhere Tierwelt an, soweit sie heute die Alpen besiedelt oder früher einmal hier heimisch war: Stein- und Gamswild, Murmeltiere, Schneehasen, Fischotter, Biber, Bär, Luchs, Wolf und Wisent. Ferner werden zahlreiche Vogelarten gezeigt, darunter Adler, Alpenmauerläufer, Schneefink, Auerhahn, Waldrapp, Bartgeier, Sperlings- und Rauhfußkäuze.

Erläuterung Seite 87

Langtauferer Tal besondere Erwähnung finden. Das Matschertal entlang des Salurnkammes und das Schnalstal, zum Fuße des 3602 m hohen Similauns ansteigend, sind als Ausflugsziele zu empfehlen. Ausgesprochen lieblich ist das Passeiertal zu nennen, das von Meran aus abzweigt und über das Timmelsjoch die direkte Verkehrsverbindung zum Ötztal darstellt. Rund 60 km mißt das Ötztal von der Mündung bis zu den höchstgelegenen Siedlungen. Dicht besiedelt kann es als touristisches Zentrum gelten. In den Ursprungstälern der Gurgler und Venter Ache mit den Bergorten Obergurgl und Vent, ist bei 1900 m Ortshöhe die eigentliche Hochgebirgsregion durch die Straßenanbindung dem Tourismus erschlossen. Eine Vielzahl von Berghütten in Höhen von 2200 bis 3000 m ermöglicht ausgedehnte Bergtouren, zu denen ein verzweigtes Wegenetz einlädt. Von Zwieselstein aus abwärts sind fünf Höhenstufen bis zur Mündung zu überwinden. Sölden, Längenfeld, Ötz u. a. sind Etappen an dieser Strecke. Parallel verläuft das Pitztal, ist jedoch wesentlich kürzer und im Durchschnitt schmäler. Im oberen Teil hat man ständig den Gipfel der Wildspitze vor Augen, den man vom Ötztal aus erst nach einer ausgedehnten Wanderung zu erblicken vermag. Von dem Mündungsbereich abgesehen, steigt das Kaunertal als breites Becken zur ausgedehnten Eisfläche des Gepatschferners an. Im oberen Bereich durch den Gepatsch-Stausee ausgefüllt, eröffnet es den Ausblick zur 3526 m hohen Weißseespitze, deren Flanken eisgepanzert erscheinen. Das Radurscheltal, bei Pfunds aus dem Inntal abzweigend, ist ein unbesiedeltes, waldreiches Seitental, vom Glockturm, 3355 m, als Hintergrundkulisse gekrönt.

Die Täler der Stubaier Alpen verlaufen – von einigen schmalen Seitentälern des Ötztales abgesehen – alle in Ost-West-Richtung. Von besonderer touristischer Bedeutung ist das Stubaital mit den Hauptorten Mieders, Telfes, Fulpmes, Neustift und Ranalt, am Ende vom über dem Sulzenauferner aufragenden Zuckerhütl, 3507 m, begrenzt. Sellraintal mit Lisenser Tal, Gschnitztal mit den Wettersteinen und dem Hauptort Gschnitz oder – auf italienischem Staatsgebiet – Pflerschtal, Ridnauntal und Ratschingstal sind weitere Urlaubsziele in den Stubaier

Kreuzkamm von Breslauer Hütte bei Vent

Alpen. Das Wipptal begrenzt im Osten die Region und weist sich mit dem Brennerpaß als frühgeschichtlicher Übergang aus.
Heute werden die reizvollen Orte entlang der Strecke von der Brenner-Autobahn umgangen. Die Europa-Brükke unweit der Einmündung des Stubaitales darf als hervorragendes Beispiel moderner Straßenbaukunst gelten. Die stark frequentierte Bahnlinie, gegenwärtig noch über die Paßhöhe verlaufend und im Eisacktal von Erdrutschen vielfach bedroht, soll in nicht allzuferner Zeit in einem langen Tunnelbauwerk durch den Alpenhauptkamm geführt werden. Die Bedeutung des Jaufenpasses als Hauptzufahrtsweg der Sommermonate nach Meran ist seit Inbetriebnahme der Timmelsjochstraße (mautpflichtig) gemindert; manchen Autofahrern bereiteten die steilen Abstürze seitlich der Straße ohnehin von jeher leichtes Unbehagen.

Geschichte. Vielschichtig wie die Landschaftsformen ist auch die Geschichte der Region. Die zahlreichen Urnenfelder des Inntals deuten auf eine Besiedelung an der Wende vom zweiten zum ersten vorchristlichen Jahrtausend. Funde aus der Bronzezeit am Brenner mögen die Vermutung nähren, daß hier bereits vor dieser Zeit ein Übergang bestand. Die günstige Lage als tiefste Einsattelung im gesamten Alpenhauptkamm spricht ebenfalls für diese Theorie. Mit dem Vordringen der Kelten (um 500 v. Chr.) gelangt die La-Tène-Kultur auch in dieses Gebiet. Die Römer bauen schon im 1. Jahrhundert die Via Claudia Augusta über den Reschenpaß und den Fernpaß als Militärstraße und Handelsweg aus. Verhältnismäßig spät, wahrscheinlich erst im 3. Jahrhundert, beginnen sie einen Verkehrsweg über Brennerpaß und Seefelder Sattel anzulegen. Damit gewinnt das zum Schutze des Inntales errichtete Kastell Veldidena (Wilten) zusätzliche Bedeutung. Aus dieser Zeit leiten sich viele Orts- und Lagenamen ab (Matrei aus Matreium oder, stärker verändert, Wipptal aus Vipitenum). Auch die Völkerwanderung hinterließ deutliche Spuren; so ist, nach Scheffel, der Ortsname Gossensaß aus »Gothensitz« entstanden.
Reschen- und Fernpaß behielten über das Mittelalter hinaus ihre Bedeutung als bevorzugter Handelsweg, während

der Brennerpaß sich als deutsche Kaiserstraße behauptete.
Die Besiedelung in den Hochlagen der Seitentäler vollzog sich ziemlich unabhängig von der geschichtlichen Entwicklung entlang der Hauptverkehrswege. Über die bis zu 3000 m hohen vergletscherten Einsattelungen hinweg erfolgte die Landnahme. Noch heute treiben Almhirten aus dem Schnalstal ihre Herden im Sommer über die Firnfelder in die Hochregionen des Ötztals.
»Innspruck« wurde im 12. Jahrhundert erstmals erwähnt und gelangte als höfisches Zentrum vor allem im 18. Jahrhundert zu kultureller Blüte. In den Kämpfen Andreas Hofers gegen die napoleonischen Truppen wurde die Stadt zum Symbol patriotischer Gesinnung. Im 20. Jahrhundert durch Handel, Gewerbe und Industrie zur Großstadt geworden, erreichte Innsbruck mit der zweimaligen Ausrichtung olympischer Winterspiele Weltgeltung.

Geologie. Aus geologischer Sicht verdient die Vielfalt der Gesteinsarten dieser Region besondere Beachtung. Im gesamten Gebiet dominieren hochmetamorphe Gneise und Glimmerschiefer. An den nördlichen Rändern, zum Inntal hin, besonders aber in der Umgebung von Landeck und Pfunds trifft man auf Quarzphyllit, ebenso in der Gegend von Steinach am Brenner. Die östlichen Berge der Stubaier Alpen, Serleskamm, Tribulaun und andere, bestehen aus Kalksedimenten der Trias. Auch im Gebiet des Endkopfes bei Graun trifft man auf Kalkgestein, das Pflanzenfreunden möglicherweise ein Edelweiß beschert. Der Schneeberger Zug mit Glimmerschiefer, Marmor, Amphibolit, Quarzit, Kalkglimmerschiefer u. a. erstreckt sich von Sterzing bis zur Texelgruppe. Zink- und Bleierzgänge finden sich unweit des Ridnauntales bei Sterzing. Für Mineraliensucher sind Granatvorkommen (Almandin) bei Obergurgl von Interesse. Kristalle von Staurolith und Disthen findet man im Lisenser Tal.

Wetter. Das Wettergeschehen in dieser Region unterscheidet sich wesentlich von dem angrenzender Gebietsteile. Der von den Hochlagen des Engadins herabwehende Föhn wirkt sich besonders in den Tallagen entlang des Inns aus. Westwetterlagen beeinträchtigen das Gebiet nur in stark abgeschwächter Form, da die Wolken im Vorfeld der Lechtaler Alpen zum Abregnen gezwungen werden. Gegen Süden ist die Ortlergruppe vorgelagert, die Region daher auch von dieser Seite her begünstigt.

Pflanzen. Das Pflanzenwachstum orientiert sich an den üblichen Vorkommen im Bereich des Alpenhauptkammes. Alle Frühlingsblumen – Stengelloser Enzian, Kleines Alpenglöckchen, Frühlingsenzian und viele andere – sind in den Höhenregionen verbreitet. Im Sommer werden die Berghänge oberhalb Vents wie an vielen anderen Stellen in das leuchtende Rot der Rostroten Alpenrose gehüllt. Auch die blauen, haubenartigen Blüten des Eisenhutes sind nicht selten. Entlang der Hüttenwege trifft man bis in den Herbst hinein die am Boden aufsitzenden Körbchen der Silberdistel (Wetterdistel). Besonders hervorzuheben sind die Edelweiß-Vorkommen am Endkopf bei Graun am Reschensee. In Obergurgl gedeiht die Arve (Zirbelkiefer) in größerer Höhe, als dies durch die Baumgrenze normalerweise ausgewiesen wird.

Tiere. Der Tierbestand entspricht dem üblichen Vorkommen im Alpenhauptkamm und der jeweiligen Höhenregion.

Inntal, Reschenpaß bis Nauders

Von alters her ist das Inntal von den Hauptverkehrswegen im östlichen Alpenraum geprägt. Der Abschnitt zwischen Innsbruck und Pfunds, der die Region im Norden und Westen um-

Acherkogl, 3008 m, über dem Ötztal ▷

schließt, wird durch die Mündungsbereiche von Brenner, Fernpaß, Arlberg, Engadin und Reschenpaß markiert. Somit dominiert die Aneinanderreihung touristischer Zentren in einem durch die Ereignisse von Jahrtausenden geformten Kulturraum. Das breite Talbecken von Innsbruck bis Landeck liegt zwischen den steil aufragenden Berggipfeln des Karwendelgebirges (Nordkette), der Mieminger Kette und Lechtaler Alpen im Norden sowie den Ausläufern der Stubaier und Ötztaler Alpen im Süden eingebettet. Zwischen Landeck und Pfunds rücken die Berge des Samnauns und der Ötztaler Gipfelwelt gelegentlich so dicht zusammen, daß der Fluß sich durch die schluchtartige Enge zwängen muß. Für den Anstieg der Straße zum Reschenpaß bleibt wenig Raum; an steiler Bergflanke führt sie empor zur Pforte bei Hochfinstermünz, um hinter Nauders die italienische Grenze und kurz vor dem künstlich aufgestauten Reschensee die Paßhöhe zu erreichen. Der dichte Siedlungsraum gestattet keine ausführliche Schilderung, will man nicht andere Vorzüge dieser Region vernachlässigen. Daher sollte die stichwortartige Aussage genügen:

Bei der Alten Schludernser Alm

Innsbruck, 600 m, Landeshauptstadt von Tirol und zweimaliger Austragungsort olympischer Winterspiele, touristisches und kulturelles Zentrum. Besonders sehenswert: Dom, Hofkirche, Jesuitenkirche, Johanneskirche, Kapuzinerkirche, Maria-Theresien-Straße mit Annasäule, Triumphpforte, Hofburg, Goldenes Dachl, Schloß Grabenstein, Hauptwache, Landhaus, Landesmuseum, Tiroler Volksmuseum, Stadtturm, Zeughaus, verschiedene Palais und Brunnen, Alpenzoo, Olympiasportstätten und vieles andere mehr.
Bergbahnen: Nordkettenbahn zur Hafelekarspitze und Patscherkofelbahn.

Kematen, 610 m, mit Pfarrkirche.

Axams, 880 m, mit Pfarrkirche und Sebastianskapelle; Olympia-Standseilbahn.

Zirl, 625 m, mit Pfarrkirche, Ruine Fragenstein und St.-Martins-Kapelle, Martinsbühel.

Telfs, 630 m, mit St.-Veit-Kapelle, Heimatmuseum und schönen Giebelhäusern.

Stams, 670 m, *Zisterzienserkloster.*

Imst, 830 m (s. Lechtaler Alpen).

Zams, 775 m, mit Pfarrhaus und Ruine Kronburg.

Landeck, 800 m, Bezirkshauptstadt und touristisches Zentrum.
Besonders sehenswert: Pfarrkirche, Burschlkirche, Schloß Landeck und altes Stadtbild. Die Kabinenseilbahn zum Krahberg, 2208 m (Landeck – Zams), und der Sessellift Thialzaun, 1400 m, eröffnen hervorragende Ausblicke auf Parseierspitze, Ötztaler Alpen, Samnaungruppe und schließlich bis hinunter ins Inntal.

Serfaus, 1427 m, mit besonders schönem Ortsbild und Pfarrkirche, **Fiss,** 1436 m, und **Ladis,** 1200 m, mit Burg Laudegg sind hoch über dem Inntal an den Hängen der Samnaun-Berge gelegen.

Prutz, 870 m, an der Mündung des Kaunertales, mit Kirche und Edelsitzen.

Ried, 879 m, mit Schloß Sigmundsried.

Pfunds, 970 m, an der Mündung des Radurscheltales mit Kirche, Gerichtsgebäude und ehemaligem Brükkenturm.

Hochfinstermünz, 1137 m, ein altes Sperrfort.

Nauders, 1360 m, Wintersportzentrum und Luftkurort nahe der italienischen und Schweizer Grenze, mit Pfarrkirche und Schloß Naudersberg. Kabinenseilbahn zum Klausjungerkopf, 2180 m, (Aussicht auf Samnaungruppe).

Langtauferer Tal (Vallelunga) und Radurscheltal

Nahe Graun, dem neu am Ufer des Reschensees errichteten Ort – das alte Dorf ist im See versunken, nur der Turm ragt aus dem Wasser –, steigt ein stilles Seitental zu den Hochregionen des Ötztaler Weißkammes an, das seinen Besuchern ein einmaliges Landschaftserlebnis vermittelt. Wer die schmale Straße taleinwärts befährt, vorbei an kleinen Siedlungen, die den Weg markieren, ahnt noch nichts von der Großartigkeit, die ihn am Ende des Tales, beim letzten Weiler *Melag,* 1925 m, erwartet. Was anderenorts nur ein mühevoller Aufstieg ermöglicht, ist hier mit dem Pkw erreichbar: der Ausblick zur vergletscherten, eisgepanzerten *Weißkugel,* mit 3739 m zweithöchster Ötztaler Gipfel und dritthöchster Österreichs, dem man unmittelbar gegenübersteht. Ein umfassenderer Überblick eröffnet sich nach einer Fahrt mit dem Sessellift zur Melageralm, 2500 m, der vom Whs Weißkugel ausgeht.

Weniger großartig und auch etwas mühevoller ist die Wanderung durch das vom Glockturm, 3355 m, überragte Radurscheltal, doch führt der Weg durch Wald, und man ist in den Hochsommermonaten nicht so sehr der Sonne ausgesetzt.

Opital bei Schluderns mit Salurnkamm

Kaunertal

Der eisbedeckte Gipfel der 3526 m hohen Weißseespitze, die weite Fläche des Gepatschferners – ausgedehntester Gletscher in den Ötztaler Alpen – und der Gepatsch-Speichersee prägen das Landschaftsbild in den oberen Lagen des Kaunertales.
Von Prutz aus ist zunächst eine schluchtartige Enge zu durchfahren, ehe man die breite Talstufe erreicht. Hoch über dem Talgrund, am Sonnenhang, ist der Ort

Kauns, 1054 m hoch gelegen, den eine schmale, landschaftlich äußerst reizvolle Straße über die Pillerhöhe mit dem Pitztal verbindet. Besonders sehenswert ist Schloß Bernegg mit gotischer Burgkapelle.

Feichten. Der Hauptort des Tales, 1290 m, Wintersportzentrum und Luftkurort, liegt etwa in der Mitte der Strecke zwischen See und Abzweig Kauns. Sehenswert: Pfarrkirche und Wallfahrtskirche von Kaltenbrunn.
Die gewaltige Bergkulisse eröffnet sich allerdings erst, nachdem man die Kehren bis zur Krone des Staudammes überwunden hat. Der Gepatsch-Speichersee faßt bei einer Länge von 6 km und durchschnittlicher Breite von 500 m 140 Mill. cbm Nutzinhalt. Während einer Wanderung am Ufer des Sees hat man ständig den Talschluß vor Augen, Weißseespitze mit Gepatschferner, um nach ca. 1¼ Stunden und kurzem Anstieg das Gepatschhaus, 1928 m, zu erreichen.
Von Feichten führt eine Bergwanderung in 2½ Stunden zur Verpeilhütte, 2025 m, mit Aussicht zum Glockturmkamm.

Pitztal

Die Landschaft des Pitztales ist vielgestaltig und äußerst reizvoll. Im vorderen Teil wird das enge Tal von Wäldern gesäumt, um sich mit dem weiteren Vordringen immer mehr zu öffnen und am Ende schließlich die hochalpine Komponente eines vergletscherten Talschlusses zu präsentieren, gekrönt vom über die Vorberge aufragenden Gipfel der Wildspitze, 3772 m.
Der Talausgang wird vom Bergort *Arzl,* 890 m, markiert, hoch über der Mündung des Pitzbaches gelegen.

Wenns. Nach wenigen Kilometern erreicht die Straße Wenns, 980 m, Luftkur- und Wintersportort. Sehenswert sind die beim großen Brand von 1917 erhalten gebliebenen Gebäude – Pfarrkirche, St.-Johannes-Kapelle und das Platzhaus mit reicher Fassadenmalerei. Die Straße über die Pillerhöhe mit hervorragenden Ausblicken ins Inntal verbindet den Ort mit Kauns und dem Kaunertal.

Jerzens, 1100 m, am Osthang des Pitztales gelegen, ist ein typisches Tiroler Bergdorf. Der Sessellift zum Hochzeigerhaus, 1876 m, erschließt ein großartiges Wintersportgelände und eine Vielzahl sommerlicher Wanderwege. Die Aussicht reicht von den Gipfeln des Kaunergrates bis zu den Lechtaler Alpen. Die unschwierige Wanderung zum Hochzeiger-Gipfel, 2582 m, nimmt ca. 2½ Stunden in Anspruch.

St. Leonhard. Über verstreute Siedlungen gelangt man nach St. Leonhard, 1370 m, dem Hauptort des inneren Pitztales. Die Pfarrkirche ist sehenswert. Hinter dem Mittagskogl erhebt sich der eisbedeckte Gipfel der Wildspitze.
Einige Kilometer taleinwärts wird *Plangeroß,* 1617 m, Ausgangsort für viele Hochtouren, erreicht. Auch *Mandarfen,* 1682 m, und *Mittelberg,* 1740 m, sind als Berggasthöfe u. a. Stützpunkt für Hochtouristen. Der sich verzweigende Talschluß wird geradeaus vom Taschachferner (Taschachhaus, 2434 m, 3 Stunden), und links abzweigend vom Mittelbergferner (Braunschweiger Hütte, 2759 m, 3½ Stunden) geprägt. Ein überwälti-

Kalkkögel von Leiten ▷

Kalkkögel
2808 m

gender Ausblick eröffnet sich von der Riffelseehütte, 2293 m, die mit einem Sessellift von Mandarfen aus zu erreichen ist. Vor allem der stark zerrissene Taschachferner mit der Vielzahl eisbedeckter Gipfel, aber auch die Gletscherzunge des Mittelbergferners, über der sich Innere Schwarze Schneid und Linker Fernerkogel erheben, prägen das hochalpine Landschaftsbild – alles beherrscht vom höchsten Ötztaler Gipfel, der über dem Vorderen Brunnenkogl aufragenden Wildspitze. Von der Hütte aus gelangt man in 4 Stunden zum Taschachhaus, an den Rand der Gletscher und der eisgekrönten Gipfelwelt des Weißkammes.

Passeiertal, Schnalstal und Matscher Tal

Von den hohen Gipfellagen der Ötztaler Alpen ausgehend, erstrecken sich die südlichen Täler zum Vintschgau hin (s. Ortlergebiet), der die Begrenzung der Region bildet. Das jeweilige Landschaftsbild unterscheidet sich deutlich von dem anderer Tallagen. So ist der Charakter des Passeiertales lieblich, der des Schnalstales eher romantisch zu nennen; im Matscher Tal ist je nach Höhenlage der eine oder andere Eindruck vorherrschend.

Das **Passeiertal** ist von den Verkehrswegen der Timmelsjochstraße und des Jaufenpasses geprägt, die sich bei *St. Leonhard (S. Leonardo),* 699 m, dem Hauptort des Tales, vereinigen. Nach wenigen Kilometern wird der Sandhof, Geburts- und Wohnhaus Andreas Hofers, erreicht. Waldgesäumtes Wiesengelände begleitet die Straße über *St. Martin im Passeier,* 597 m, und andere kleine Orte nach Meran. Zwischen den Ausläufern der Texelgruppe im Westen und den Sarntaler Alpen im Osten eingebettet, weist die Talsohle ein gleichmäßiges Gefälle auf, um sich im letzten Teilstück zum Meraner Becken hin stärker abzusenken.

Der Mündungsbereich des **Schnalstales** wird, wie der gesamte untere Talverlauf, bis *Karthaus (Certosa),* 1327 m, durch eine enge Schlucht geprägt. Nur allmählich weitet sich das Tal, um bei dem Bergort Unserfrau, 1508 m, eine breitere Stufe zu erreichen. In einigen Kehren windet sich die Straße zum Vernagt-Stausee em-

Gurglerkamm von Schönwieshütte bei Obergurgl

por, der vom Salurnkamm im Westen überragt wird. Von hier kann man zur Similaunhütte, 3019 m, aufsteigen (4$^{1}/_{2}$ Stunden) und eine hervorragende Aussicht bis zum Ortlermassiv genießen. Den Talschluß in reizvoller hochalpiner Umgebung, Whs *Kurzhof*, 2011 m, erreicht man auf einer Fahrstraße. Von dort führt eine Kabinenseilbahn zu den Gletscherregionen des Hochjochferners in mehr als 3000 m Höhe. (Sommerskilauf und hervorragende Aussicht.) Das Whs Schöne Aussicht (Bella Vista), 2842 m, erreicht man in 2$^{1}/_{2}$stündigem Anstieg vom Kurzhof aus.

Matsch. Die Fahrstraße, die den schluchtartigen Mündungsbereich des Saldurbaches im *Matscher Tal* umgeht, steigt an den nördlichen Hängen des oberen Vintschgaues steil an, um nach wenigen Kilometern den Hauptort des Tales, Matsch, 1561 m, zu erreichen. Der weitere Straßenverlauf, nicht staubfrei, aber wenig ansteigend, zeichnet sich durch besonders schöne Rückblicke zu den hohen Gipfeln des Ortlermassivs aus. Die Wanderung von den Glieshöfen, 1807 m, zur Schludernser Alm ist lohnend.

Ötztal

Nur wenige Gebiete im gesamten Ostalpenraum weisen eine ähnliche Vielfalt alpiner Landschaftsformen auf wie das Ötztal, das sich in fünf Höhenstufen breiter Talbecken, durch schluchtartige Engen voneinander getrennt, über eine Distanz von 60 km den Hochregionen gletschergerahmter Gipfel zuwendet. Von den 39 Gipfeln über 3500 m in Österreich befinden sich 25 in den Ötztaler Alpen, dazu mehr als 150 Gletscher. Ein Menschenleben reicht nicht aus, jeden Winkel dieses Gebietes zu durchforschen, zwei Augen nicht, die ganze Vielfalt und Großartigkeit der Landschaft zu schauen. So kann denn jede Unternehmung, ob mit der Bergbahn, dem Pkw oder zu Fuß, nur den unvollkommenen Eindruck eines Teiles jener gewaltigen Szenerie vermitteln. Trotzdem empfiehlt sich auch in diesem Gebiet eine grenzüberschreitende Autorundtour, die geeignet ist, einen weitreichenden Überblick zu gewähren. Im Zeitraum eines ganzen Tages – frühmorgens beginnend und spät am Abend endend – wird die ausgedehnte

Äußere Salurnspitze vom Weg zum Kortscher Schafberg

Bergwelt der Ötztaler Alpen umfahren: Längenfeld – Sölden – Zwieselstein – Timmelsjochstraße (mautpflichtig) mit Halt in Hochgurgl – St. Leonhard – Meran – Naturns – Schluderns (Blick zum Ortler) – Reschensee – Abstecher ins Langtauferer Tal nach Melag (Weißkugel) – Nauders – Pfunds – Prutz – Kaunertal bis zum Gepatschspeicher – zurück zum Abzweig nach Kauns – von dort über die Pillerhöhe nach Wenns – (Variante Prutz, Landeck, Imst) – ins Inntal und ins Ötztal abzweigend über Umhausen zum Ausgangsort. Diese Rundfahrt gehört zu den schönsten im Alpenraum.

Ötz. Kurz nach der Einfahrt ins Ötztal gelangt man nach Ötz, 820 m, einem Luftkurort mit interessanter Pfarrkirche, und der Nachbargemeinde *Sautens,* 809 m. Ein Fahrsträßchen zweigt zum reizvoll gelegenen Piburger See, 915 m, ab, ein Sessellift führt zum Kühtaile, 1900 m, in den Stubaier Alpen, wie auch die Bergstraße über den Kühtaisattel, 1967 m, als Verkehrsverbindung mit dem Sellraintal.

Umhausen, 1000 m, Luftkurort der zweiten Talstufe, wird über Habichen und Tumpen erreicht.
Sehenswert: St.-Johannes-Kapelle, Totenkapelle, Pfarrkirche.
Besonders lohnend ist der Spaziergang zum Stuibenfall.
Durch die Talenge bei *Au,* 1162 m, gelangt man nach **Längenfeld,** 1180 m, auf der dritten Talstufe zusammen mit **Huben,** 1200 m.
Sehenswert: Pfarrkirche, Dreifaltigkeitskapelle und Geburtshaus von Pfarrer Franz Senn (Kurat von Vent und Mitbegründer des Alpenvereins).

Sölden, 1370 m, Luftkurort, Wintersport- und touristisches Zentrum, liegt auf der vierten Talstufe (Sommerskilauf auf dem Rettenbachferner).
Die Pfarrkirche ist sehenswert.
Von den Bergbahnen führt die bedeutendste, eine Großkabinenbahn, zum Gaislacher Kogel, 3058 m. Mit dem Sessellift und auf einer Fahrstraße ist *Hochsölden,* 2000 m über dem Ötztal gelegen, zu erreichen.
Auf der Ötztaler Gletscherstraße (mautpflichtig) gelangt man zum Rettenbachferner in 2850 m Höhe. Diese Bergstraße ist breit ausgebaut und gut zu befahren. Vom Rettenbachjoch, 3000 m, das man vom Endpunkt der Straße aus mit einem Sessellift erreicht, blickt man u. a. auf den Mittelbergferner und die eisgekrönte Gipfelwelt – eine großartige Bergkulisse. Auch kann man, gleichfalls vom Ende der Gletscherstraße, *gutausgerüstet* zum Pitztaler Jöchl, 2995 m, aufsteigen; dabei ist ein kleiner, spaltenfreier Gletscher zu überqueren. Der Übergang zur Braunschweiger Hütte, 2759 m, (Pitztal) in 2½ Stunden ist lohnend.

Zwieselstein, 1472 m. Hier verzweigt sich das Tal. Die Straße durch das Tal der Venter Ache läßt nur einen zeitlich geregelten Verkehr zu (Hinweise unbedingt beachten!), dennoch bereitet das Befahren keinerlei Unbehagen.

Vent, 1900 m, ist ein typisches Tiroler Hochalpendorf, besonders geeigneter Standort für ausgedehnte Wanderungen und Hochtouren.
Besonders empfehlenswerte Hüttenwege: Martin-Busch-Hütte, 2501 m, 2½ Stunden; Blick z. Mutmalspitze, Schalfferner und Similaun, 3606 m, letzterer bereits vom Weg aus. *Breslauer Hütte,* 2840 m, Sessellift bis Stablein, 2375 m, von dort 1½ Stunden; hervorr. Aussicht auf Gipfelwelt. (Weitere Hüttentouren s. auch Übersicht »Auf einen Blick«.)
Wer sich einer Gruppe anschließen möchte, dem sei (nur in Begleitung eines Führers) das Brandenburger Haus, 3272 m, als Unternehmung für 2 Tage, 2 × 6 Stunden, mit Besteigung Dahmannspitze, 3401 m, ½ Stunde, besonders empfohlen. *Panorama:* 34 Gipfel über 3400 m!

Obergurgl. Durch das Tal der Gurgler Ache, das bei Zwieselstein in südöstlicher Richtung abzweigt, gelangt man nach Obergurgl, 1910 m, einem hochalpinen Luftkur- und Wintersportort an vergletschertem Talschluß mit Schalfkogl, 3540 m, gelegen. Als besonderes Ausflugsziel sei die Hohe Mut, 2659 m, erwähnt, mit dem Sessellift vom Ort aus zu erreichen. Von diesem Punkt hat man einen hervorragenden Ausblick auf die gletschergerahmte Bergwelt. Der Wintersportort *Hochgurgl,* 2100 m, mit Aussicht auf Obergurgl und den vergletscherten Talschluß, ist an der Timmelsjochstraße, Scheitelpunkt 2478 m, gelegen (vom Ort aus mautpflichtig), die das Ötztal grenzüberschreitend mit dem Passeiertal und Meran verbindet.

Stubaier Alpen – Östliche Seitentäler des Ötztales und Sellraintal mit Kühtai

Das Ötztal selbst, Timmelsjoch und Südtiroler Timmelstal markieren die Trennungslinie zwischen Ötztaler und Stubaier Alpen, die somit die direkte Fortsetzung des Alpenhauptkammes nach Osten bilden. Würden nicht die geologische Besonderheit der unmittelbar westlich der Brennerlinie aufsitzenden Triasformation und die in westöstlicher Richtung verlaufenden Talstufen eine Eigenständigkeit begründen, könnte man sicherlich von einer geographischen Einheit sprechen. Mit dem Routenverlauf Ötztal – Timmelsjochstraße – Jaufenpaß – Brennerpaß und rückfahrend durch das Inntal läßt sich die Stubaier Bergwelt mit einer Autorundtour umfahren.
Vom Ötztal ausgehend, stoßen Windachtal, Sulztal und Horlachtal in die Hochlagen der Stubaier Alpen vor. Die Weiler *Gries,* 1572 m, bei Längenfeld und *Niederthai,* 1531 m, bei Umhausen sind die einzigen Siedlungen. Für Freunde unberührter Natur lohnt es, das Windachtal bis zur Siegerlandhütte, 2712 m (5 Stunden von Sölden), oder auch nur bis zur Fieglhütte, 1957 m (2 Stunden), zu durchwandern. Gleichermaßen lohnend ist die Wanderung von Gries im Sulztal (bis dort Straße) bis zur Amberger Hütte, 2135 m, am Fuße des Schrankogls, 3496 m (2½ Stunden).
Im Gegensatz zu diesen Hochgebirgstälern sind die niederen Tallagen des *Sellrains,* das über den Kühtaisattel mit dem Ötztal verbunden ist, dichter besiedelt. Der Scheitelpunkt der Stra-

Reschenstausee gegen Ortlergruppe

Pontlatzer Brücke bei Finstermünz

ße liegt bei 2017 m und markiert ein ausgesprochenes Wintersportgebiet.

Gries im Sellrain, 1240 m, Luftkur- und Wintersportort, zeichnet sich durch eine besondere landschaftliche Lage aus. In Richtung Lisenser Fernerkogel, der sich eisbedeckt im Norden erhebt, führt eine schmale Fahrstraße, vorbei an den Siedlungen Juifenau und *Praxmar*, bis zum Weiler *Lisens,* 1634 m, im bezaubernden Talschluß. Die Eismassen des Lisenser Ferners und die gewaltigen Gipfel prägen das Landschaftsbild.

Sellrain, 910 m, ist der Hauptort des Tales. Pfarrkirche und St.-Quirin-Bergkirche sind sehenswert. Die Talstraße mündet nahe dem Innsbrucker Siedlungsraum bei Kematen ins Inntal.

Stubaital

Ein Landschaftsbild von großartiger Vielfalt zeichnet das Stubaital aus. Markieren die zerklüfteten Berge der Serles oder die Kalkkögel den Mündungsbereich, so werden die inneren Tallagen von den eisgekrönten Gipfeln um das 3507 m hohe Zuckerhütl beherrscht.

Mieders, 950 m, ist der erste Ort des Tales. **Telfes,** 995 m, am gegenüberliegenden Hang, mit alten Tiroler Bauernhöfen und **Fulpmes,** 935 m, mit sehenswerter Pfarrkirche und alten Fresken, sind nur wenige Kilometer entfernt. Der Sessellift Frohneben und weiter zum Kreuzjoch, 2136 m, ist vor anderen wegen der hervorragenden Aussicht zur Serles, zum Habicht und dem weiten Talschluß zu empfehlen.

Neustift, 1000 m, touristisches Zentrum des Tales und Wintersportort mit der höchst sehenswerten Kirche, markiert die Verzweigung des Stubaitales in Unter- und Oberbergtal. Der Sessellift zur 1794 m hoch gelegenen Bergstation Elferkamm eröffnet einen schönen Ausblick zum Serleskamm.

Auf der Fahrstraße zur *Mutterbergalm,* 1721 m (auch Linienbus), über Volderau, Falbeson und Ranalt gelangt man zum Talschluß. Die Stubaier Gletscherbahn führt zunächst zur Dresdner Hütte, 2308 m, und weiter ins Sommerskigebiet des Schaufelferners (2850 m), eine von zahlreichen eisgekrönten Gipfeln gerahmte Hochregion. Bei gutem Wetter und einwandfreien Wegeverhältnissen empfiehlt sich der Übergang zur Sulzenauhütte, 2191 m, über das Peiljoch, 2676 m (2¼ Stunden), mit überwältigender Aussicht auf Zuckerhütl, 3507 m, und Sulzenauferner; der Abstieg ins Tal zur Mutterbergalm nimmt 2½ Stunden in Anspruch.

Wipptal, Eisacktal und westliche Seitentäler

Autobahn und Bahnlinie über den Brennerpaß markieren den Verlauf von Wipp- und Eisacktal. Die Fahrt auf der alten Brennerstraße vermittelt in landschaftlich reizvoller Umgebung den Anblick alter Ortsbilder entlang der »Römerstraße«. Das Landschaftsbild des Wipptales – bis zum Brenner – ist ausgesprochen lieblich, während die steilen Hänge südlich der Einsattelung das Eisacktal eher romantisch gestalten.

Patsch, 1002 m, Erholungsort an der Mündung des Stubaitales zu Füßen des Patscherkofels, ist eine alte Siedlung. Sehenswert sind Pfarrkirche und Europabrücke, die das Tal 190 m hoch überspannt.

Matrei, 990 m, ist der nächste größere Ort an der Brennerstraße.
Sehenswert: Ortsbild, Pfarrkirche, Schloßruine Trautson und Schloß Arnholz (Latschburg).

Steinach, 1050 m, mit sehenswerter Pfarrkirche; hier zweigt das reizvolle Gschnitztal zu den Stubaier Hochregionen ab. Die vorderen Tallagen werden von den Kalkgipfeln der Serles und der Tribulaungruppe flankiert, während über dem Talschluß Habicht, 3277 m, Wetterspitzen und Schneespitze (aus kristallinem Gestein) aufragen.

Trins, 1235 m, mit Pfarrkirche und Schloß Schneeburg und **Gschnitz,** 1242 m, bilden die einzigen Siedlungen des stillen Tales. Ein Sessellift, der von Steinach zum Nößlachjoch, 2005 m (Bgst.), führt, gewährt einen sehr schönen Ausblick zum gegenüberliegenden Serleskamm und zum Habicht.

Gries am Brenner, 1240 m; hier mündet das Obernbergtal, ein gern besuchtes Wintersportgebiet, das sich bis zum Obernbergsee, 1594 m, erstreckt.
Kurz hinter dem Brennersee überschreitet die Straße die österreichisch-italienische Grenze. Über *Brennerbad* wird **Gossensaß (Colle Isarco),** 1100 m, erreicht. Der vom Reichtum des einstigen Silberbergbaus geprägte Ort besitzt eine schöne Pfarrkirche und zahlreiche weitere Sehenswürdigkeiten. Die Bergstation des Sesselliftes zur Amthorspitze, 2720 m, eröffnet eine hervorragende Aussicht zur vergletscherten Bergwelt des Pflerschtales, das hier mündet.

Pflersch, 1245 m, der Luftkur- und Wintersportort am Ende des Tales und am Fuße des steil aufragenden Pflerscher Tribulauns, 3096 m, gewährt einen freien Ausblick zu den Gipfeln der Feuersteine, 3268 m, mit dem Feuersteinferner.

Sterzing (Vipiteno, 950 m), eine besuchenswerte mittelalterliche Stadt an der Stelle des römischen Vipitenum, birgt außer einem schönen Stadtbild eine Reihe weiterer Sehenswürdigkeiten, u. a. Hungerturm, Hl.-Geist-Kirche, Rathaus, Pfarrkirche, Hans-Multscher-Museum und röm. Mitrasrelief vor der Schule.
Im Mündungsbereich von Ridnauntal und Ratschingstal zweigt die Jaufenpaßstraße ab. Am Ende des Ridnauntales wurde früher die Aufbereitung der im Gebiet des Schneebergs gewonnenen Zink- und Bleierze betrieben. Die Fahrt über den *Jaufenpaß,* 2094 m, vermittelt hervorragende Ausblicke auf Stubaier und Ötztaler Bergwelt. An der Südseite genießt man den Tiefblick ins Passeiertal.

Wildspitze (3772 m) vom Vent

Im Gschnitztal/Serles

7
Weite Täler, höchste Höhen
Zillertaler, Tuxer, Kitzbüheler Alpen

Vielfältig und abwechslungsreich sind die Eindrücke, die das Landschaftsbild dieser Region vermittelt. Die breite Ebene wiesengesäumter Täler ist ebenso vertreten wie enge, wasserdurchflossene, felsige Schluchten oder die Hochregion gletschergerahmter Gipfel. Während im Zillertaler Hauptkamm die hochalpine Komponente überwiegt, erreichen die Berge der Kitzbüheler Alpen und Tuxer Voralpen nirgends die Dreitausendmetermarke.

Im Norden vom Inn- und Brixental, im Süden vom Pustertal und – lageversetzt – vom Pinzgau begrenzt, ist das Gebiet im Westen durch die Einsattelung des Brennerpasses mit Wipp- und Eisacktal von den Stubaier Alpen getrennt. Im Osten findet der Zillertaler Hauptkamm in den Hohen Tauern seine Fortsetzung, während sich die Kitzbüheler Alpen bis zum mittleren Pinzgau hin erstrecken.

In geradlinigem Verlauf, nördlich und südlich des Alpenhauptkammes einander gegenüberliegend, ähneln sich das breite, sanft ansteigende Zillertal und das nicht minder breite Tauferer Tal in vielerlei Hinsicht. So wie der nördliche Siedlungsraum scheinbar nur an den Flanken des Dristners, 2765 m, endet, sich jedoch abgewinkelt und stärker ansteigend im Tuxer Tal nach Westen hin fortsetzt, bildet das Ahrntal die nach Osten gerichtete Verlängerung des Tauferer Tales. Einem Riegel gleich verläuft zwischen den beiden Talstufen der breite Gebirgszug und bildet die Staatsgrenze zwischen Österreich und Italien. Zamsergrund, Stilluppgrund und Zillergrund sind enge, teils schluchtartige Seitentäler, die bei Mayrhofen ins Zillertal münden und in ihrem oberen Verlauf zu den Bergregionen hinaufführen. Eisgepanzert ragt der höchste Zillertaler Gipfel, der Hochfeiler (Gran Pilastro), 3510 m, über die grünlich schimmernde Wasserfläche des Schlegeisspei-

Olperer (3480 m) und Gefrorene-Wand-Spitzen (3288 m) von Schlegeissee

chers, gerahmt vom Gletscher gleichen Namens, in Gesellschaft anderer Dreitausender wie Gr. Möseler, Breitnock und Weißzint. Vom Westufer des langgestreckten Sees, den man über eine Mautstraße durch den Zamsergrund erreicht, blickt man außerdem zu den Gipfeln des Tuxer Hauptkammes, Olperer, 3480 m, Gefrorene-Wand-Spitzen und Riffler. Von hier aus erreicht man ohne große Mühe den eisfreien Übergang ins Pfitscher Tal, das gleich dem Schmirntal und dem Valser Tal gegen Westen gerichtet ist. Einen weiteren Stausee mit schöner Aussicht trifft man im Stilluppgrund an. Ein hervorragender Ausblick auf die gletschergerahmte Gipfelwelt eröffnet sich auch von der Sommerbergalm, der Mittelstation einer Gondelbahn zum Sommerskigebiet auf dem Tuxer Ferner. Olperer und Gefrorene-Wand-Spitzen, als weithin sichtbare Gipfel des Tuxer Tales, beherrschen die Szenerie.

Über dem Tauferer Tal, nahe Sand, blickt man von der Michelreiser Alm – ebenfalls mit einer Gondelbahn zu erreichen – auf die prächtige Hochgebirgskulisse mit dem Gr. Löffler, 3376 m, als höchster Erhebung. Ein ähnliches Panorama eröffnet sich von einer Aussichtsstelle bei Steinhaus im Ahrntal, zu der man, in 1600 m Höhe, mit dem Sessellift gelangen kann. Hier ist man den Dreitausendern noch um einige Kilometer näher.
Von der Gerlosstraße, die bei Zell vom Zillertal abzweigt und dieses Tal mit dem oberen Pinzgau verbindet, gelangt man zum Speicher Durlaßboden mit einem ausgezeichneten Ausblick zur Reichenspitze, 3303 m, mit dem Wildgerlos-Kees und anderen Dreitausendern.
Diese Paßstraße trennt zugleich die Zillertaler von den Kitzbüheler Alpen. In der stark kontrastierenden Erschei-

(Fortsetzung auf Seite 204)

Zeichenerklärung auf Seite 88/89

Scheffau
Weitau
St. Johann
Söll
Ellmau
Going
Hauning
Oberndorf
Zinsberg 1674
Kitzbüheler Horn
Hohe Salve 1829
1996
Brixen i.T.
Kitzbühel
N
10 km
Kirchberg i.T.
Hahnenkamm 1655
Aurach
Aschau
2032
1472
Brechhorn
Hinterwindau
Jochberg
Lengau
Saalbach
Gaißstein 2366
Hinter-glemm
Viehhofen
Maishofen
Alpen
Schmittenhöhe 1965
Gr. Rettenstein 2362
Paß Thurn 1273
2249 Hochkogel
Zell am See
2.24
Piesendorf
Wildkogel 2225
Stuhlfelden
Uttendorf
Bruck
Mühlbach
Mittersill
Bramberg
Niedernsill
Neukirchen a. G.
Hollersbach
SALZBURG
Wald i. P.
Gerlospaß
Krimmler Tauernhaus
2913
Trinkstein

7

1. Touristische Zentren

Zillertal, Gerlos:

1.01 **Strass, Schlitters,** 530 m, Tourismus, Wandern, Spazierg.
1.02 **Fügen, Uderns,** 550 m, Tourismus, Wandern, Spazierg.
1.03 **Ried, Kaltenbach, Stumm, März, Aschau,** 550–600 m, Erh., Spaz., Wandern
1.04 **Zell am Ziller,** 575 m, Tourismus, Erholung, Wandern, Wintersport
1.05 **Hippach,** 600 m, Erholg., Wandern
1.06 **Mayrhofen,** 610 m, Erh., Wandern, Wintersport
1.07 **Finkenberg,** 855 m, Erh., Wandern, Wintersp.
1.08 **Lanersbach,** 1280 m, Erh., Wandern, Wintersp.
1.09 **Hintertux,** 1494 m, Kur, Wandern, Hochtouren, Sommerski
1.10 **Ginzling,** 1000 m, Wandern, Hochtouren
1.11 **Brandberg,** 1092 m, Erh., Wandern
1.12 **Gmünd, Gerlos,** 1200–1250 m, Erh., Wandern, Hochtouren, Wintersport

Inntal:

1.13 **Wörgl, Kundl,** 520 m, Tourismus, Wandern
1.14 **Rattenberg, Kramsach, Brixlegg,** 530 m, Tourismus, Wandern, Kultur
1.15 **Jenbach,** 560 m, Tourismus, Wandern, Kultur
1.16 **Schwaz,** 538 m, Kultur, Tourismus
1.17 **Wattens,** 565 m, Tourismus, Wandern
1.18 **Solbad Hall, Absam,** 600 m, Kur, Wandern, Wintersport

Seitentäler an der Brennerstraße:

1.19 **Navis,** 1340 m, Erh., Wandern
1.20 **Schmirn,** 1422 m, Erholung, Wandern, Hochtouren
1.21 **Vals,** 1250–1300 m, Erh., Wandern, Hochtouren
1.22 **Kematen** (I) 1385 m, Erh., Wandern
1.23 **St. Jakob in Pfitsch** (I), 1452 m

Tauferer Tal und Seitentäler (I):

1.24 **Mühlen, Taufers, Sand,** 865 m, Erh., Wandern, Wintersport
1.25 **Mühlwald,** 1221 m, Erh., Wandern
1.26 **St. Johann,** 1017 m, **Steinhaus,** 1050 m, Erholung, Wandern, Wintersport
1.27 **St. Jakob, St. Peter,** 1200–1350 m, Erholung, Wandern, Hochtouren
1.28 **Prettau, Kasern,** 1480 m, Erh., Wandern, Hochtouren
1.29 **Rain,** 1595 m, Erh., Wandern, Hochtouren, Wintersport

Brixental:

1.30 **Hopfgarten,** 622 m, Erh., Wandern
1.31 **Brixen i. T.,** 795 m, Kultur, Erh., Wandern
1.32 **Kirchberg,** 840 m, Erh., Wandern

Leukental:

1.33 **Kitzbühel,** 740 m, tour. Zentr., Wandern, Wintersp.
1.34 **St. Johann,** 660 m, Tourismus, Wandern, Wintersport
1.35 **Aurach, Jochberg,** 800–925 m, Erh., Wandern, Wintersport

2. Besondere Ausflüge und Berghütten

2.01 **Spieljoch,** 1865 m, Kabinenseilb. v. Fügen; Aussicht auf Karwendelgebirge, ins Inn- und Zillertal.
2.02 **Höhenstraße Aschau–Hippach** bis 2000 m, mautpfl. Panoramastr. m. hervorrag. Rundblick
2.03 **Gschößwandhaus,** 1784 m, Penken-Kabinenseilb. v. Mayrhofen; hervorrag. Auss. auf Tuxer u. Zillertaler Hauptkamm. Gipfeltour Gschößberg, 1933 m, 1/2 Std.
2.04 **Penken,** 2095 m, Sessellift v. Finkenberg, hervorrag. Auss. auf Tuxer und Zillertaler Hauptkamm
2.05 **Spannagelhaus,** 2531 m, 2-Sektionen-Gondelbahn v. Hintertux üb. Sommerbergalm, 2000 m; Sommerskigebiet, hervorrag. Ausbl. auf Olperer, Tuxer Ferner, Gefr.-Wand-Spitze; von Sommerbergalm z. Tuxer Joch, 2340 m, 1 1/4 Std.
2.06 **Schlegeis-Stausee,** 1785 m, mautpfl. Fahrstr. v. Ginzling i. Zamser Grund; hervorrag. Auss. auf Hochfeiler, 3510 m, u. Schlegeisferner, Spazierweg z. südl. Ende d. Sees m. Rückbl. z. Olperer, Gefr.-Wand-Spitze und Riffler, 1 Std.
2.07 **Furtschagl-Haus,** 2295 m, 2 1/2 Std. v. Schlegeissee (2.06 = Teil d. Weges); einmalige Lage in hochalpiner Umgebg.; Auss. v. Olperer bis Gr. Möseler. Gipfeltour Schönbichler Horn 3 Std., weiter z. Berliner Hütte 2 Std.
2.08 **Pfitscher Jochhaus,** 2277 m, 1 3/4 Std. v. Schlegeissee, Fahrstr. v. Pfitscher Tal; lohnender Übergang.
2.09 **Berliner Hütte,** 2040 m, Fahrstr. b. Whs Breitlahner i. Zemmgrund, 1257 m; üb. Grawand-Hütte, 1680 m, 1 1/2 Std., Alpenrosehütte, 1875 m, 1 Std. – insges. 3 Std.; hervorrag. Lage m. Blick auf Waxeckkees u. Hornkees, Gr. Möseler, 3478 m, u. Schwarzenstein, 3368 m
2.10 **Stillupp-Stausee,** 1116 m, Mautstr. v. Mayrhofen; schöne Lage m. Blick auf Talschluß; weiter z. Grünewandhütte, 1413 m, (Zubringerdienst) und Kasseler Hütte, 2177 m, 2 Std. v. Grünewandhütte.
2.11 **Filzen-Alm,** 1950 m, Kabinenseilb. v. Mayrhofen; hervorrag. Rundblick. Gipfeltour Ahornspitz, 2976 m, über Edelhütte, 2238 m, 4 Std.
2.12 **Whs in der Au** (Zillergrund), 1267 m, Fahrstr. v. Mayrhofen; hervorrag. landsch. Lage
2.13 **Gerlossteinhütte,** 1644 m, Kabinenseilb. v. Hainzenberg b. Zell, umfass. Rundblick
2.14 **Speicher Durlaßboden Whs Finkau,** 1424 m, Fahrstr. Abzweig Gerlosstraße; her-

vorrag. Ausblick auf Reichenspitze, 3260 m, mit Wildgerloskees.

2.15 **Königsleiten,** 2200 m, Sessellift v. Edelweißhaus, (Fahrstr. b. dort); überrag. Auss. v. Reichenspitze, 3303 m, bis Großvenediger, 3674 m

Inntal:

2.16 **Tulfeinalm,** 2055 m, Sessellift v. Tulfes (Fahrstr. b. dort v. Solbad Hall); hervorrag. Auss. auf Karwendelgebirge u. Tuxer Voralpen; weiter zur Glungezerhütte, 2610 m, 2 Std. (Gondelbahn i. Bau).

2.17 **Patscherkofelhaus,** 2247 m, 2-Sekt.-Kabinenseilb. v. Igls b. Innsbruck; hervorrag. Rundumsicht v. Karwendel bis Stubaier u. Tuxer Alpen sowie ins Inntal.

Tauferer Tal (I):

2.18 **Neves-Stausee,** 1889 m, Fahrstr. b. Lappach (Lappago) von Mühlwald, v. dort 2 Std.; Auss. auf Gr. Möseler, 3478 m, u. Neveser Ferner.

2.19 **Michelreiseralm,** 1400 m, Korb- (Umbau Sessel-)lift v. Aschbach b. Sand; hervorrag. Auss. auf vergletscherten Zillertaler Hauptkamm.

2.20 **Klausberg,** 1600 m, Sessellift v. Steinhaus; hervorrag. Auss. auf Zillertaler Hauptkamm.

Leukental:

2.21 **Kitzbüheler Horn,** 1996 m, Kabinenseilb. v. Kitzbühel; hervorrag. Auss. a. Kaisergebirge u. Kitzbüheler Alpen.

2.22 **Hahnenkamm,** 1665 m, Kabinenseilb. v. Kitzbühel; Auss. a. Kaisergebirge u. Kitzbüheler Alpen.

2.23 **Paß Thurn,** 1274 m, winteroffene Paßstr. v. Kitzbühel n. Mittersill; hervorrag. Aussicht auf Tauernkette u. Pinzgau.

2.24 **Gh Resterhöhe,** 1728 m, Sessellift v. Paß Thurn; hervorrag. Auss. auf Venedigergruppe (3674 m) u. Tauernkette.

Einige Ausflugsziele i. d. Kitzbüheler Alpen werden der besonderen Aussicht wegen unter den Hohen Tauern (s. dort) abgehandelt.

3. Die höchsten und markantesten Berge

Zillertaler Alpen und Tuxer Hauptkamm:
Hochfeiler (Gran Pilastro), 3510 m, 2.06, 2.07
Olperer, 3480 m, 1.08, 1.21, 2.05, 2.06, 2.07
Gr. Möseler, 3478 m, 2.06, 2.07, 2.09, 2.18
Hochfernerspitze, 3463 m, 2.07, 2.08
Gr. Löffler, 3376 m, 2.10, 2.19, 2.20
Hohe Weißzint, 3371 m, 2.06, 2.07, 2.18
Schwarzenstein, 3368 m, 2.09, 2.19, 2.20
Reichenspitze, 3303 m, 2.14, 2.15
Gefrorene-Wand-Spitzen, 3288 m, 1.08, 2.05, 2.06
Wildgerlosspitze, 3278 m, 2.14, 2.15
Rauchkofl, 3252 m, 2.20
Riffler, 3228 m, 1.08, 2.03, 2.05, 2.06
Breitnock, 3215 m, 2.06, 2.07, 2.18
Wollbachspitze, 3210 m, 2.10, 2.20
Wildkarspitze, 3076 m, 2.14, 2.15
Ahornspitz, 2976 m, 1.06, 2.03
Grinbergspitzen, 2867 u. 2766 m, 1.06, 1.11
Dristner, 2765 m, 1.04, 1.05, 1.06
Brandberger Kolm, 2701 m, 1.11

Tuxer Voralpen:
Rosenjoch, 2796 m, 2.17
Grünbergspitze, 2790 m, 1.19
Rastkogel, 2761 m, 2.13
Malgrübler, 2749 m, 2.16
Hirzerberg, 2725 m, 2.16
Lizumer Reckner, 2884 m, (1.08), 2.03
Geierspitze, 2858 m, (1.08), 2.03
Lizumer Sonnenspitze, 2831 m, 1.19
Kalkwandspitze, 2824 m, (1.08), 2.03
Glungezer, 2682 m, 2.17
Marchkopf, 2500 m, (1.03), 2.13
Kellerjoch, 2344 m, 1.01
Patscherkofel, 2247 m, 1.18

Kitzbüheler Alpen:
Kreuzjoch, 2558 m, 2.13
Westl. Salzachgeier, 2469 m, (2.24)
Gr. Rettenstein, 2362 m, 2.24
Hochkogel, 2249 m
Wildkogel, 2225 m, 2.24 (s. auch Pinzgau)
Wildseeloder, 2117 m, 2.21
Ranken, 2057 m, 1.33
Schattberg, 2018 m
Kitzbüheler Horn, 1996 m, 1.31, 1.32, 1.33, 2.22
Schmittenhöhe, 1965 m
Hahnenkamm, 1655 m, 1.33, 2.21

Freilichtmuseen in Österreich

Museum Tiroler Bauernhöfe
Kramsach, Tirol.
Hofanlagen aus allen Teilen Tirols mit Nebengebäuden – »Troadkasten« von 1544, Backofen aus dem 17. Jh., Bauernhaus aus der Wildschönau aus dem Jahre 1625, Zillertaler Kleinbauernhof, 15. Jh. und anderes.

Österreichisches Freilichtmuseum
Stübing bei Graz, Steiermark.
Größtes Freilichtmuseum Österreichs mit ca. 60 Bauten, Gehöfte, Mühlen, Schmieden, Alm- und Sennhütten aus allen Landesteilen vom Bregenzer Wald bis zum Burgenland.

Kärntner Freilichtmuseum
Maria Saal bei Klagenfurt, Kärnten.
Nahe dem kulturgeschichtlich bedeutsamen Ort sind mehrere Altkärntner Bauernhöfe zu einem Dorf gruppiert. Alte Handwerkszweige wie Spinnen, Weben, Dreschen und Mahlen leben wieder auf.

Mondseer Rauchhaus
Mondsee, Oberösterreich.
Altösterreichisches Bauernhaus (Einhof) mit Nebenbauten, Inneneinrichtung, bäuerlichem Hausrat und Gerät.

Erläuterung Seite 87

nungsform der Pinzgauer »Grasberge«, jenem Teil der Kitzbüheler Alpen, der sich durch überwiegend sanft geschwungene Bergkuppen mit hervorragenden Höhenwegen auszeichnet, wird die bereits angesprochene Vielfalt dieser Landschaft besonders deutlich. Wildkogel, 2225 m, und Schmittenhöhe sind bekannte Aussichtsberge dieses Gebirgszuges, der vom Paß Thurn in 1273 m Höhe von Nord nach Süd durchschnitten wird. Wem die sonnenbeschienene Weite breiter Talebenen mit zurückweichender Bergkulisse mehr zusagt als höher gelegene Regionen, wird sich im Inntal oder in der Umgebung von Kitzbühel heimisch fühlen. In diesem Kulturraum kann man außerdem eine Vielzahl von sakralen und profanen Sehenswürdigkeiten aufspüren.

Die Tuxer Voralpen sind hauptsächlich vom Inntal aus erschlossen, doch auch die Hänge zum Zillertal hin sind relativ dicht besiedelt. Bestimmte Gebietsteile südlich des Inntales werden zeitweilig zur Sperrzone erklärt. Lizumer Sonnenspitze, 2831 m, Kalkwandspitze und Rastkogel bilden die höchsten Erhebungen der Bergkette zwischen Inn und Tuxer Tal. In den Sommermonaten lohnt sich, der hervorragenden Aussicht wegen, eine Fahrt über die von Aschau aus in 2000 m Höhe hinaufführende, mautpflichtige Zillertaler Höhenstraße. Als schöne Aussichtspunkte der Zillertaler Alpen sind Gerlosstein, Ahornspitze und die Gschößwandhütte am Penken mit Kabinenseilbahnen von Zell bzw. Mayrhofen aus zu erreichen. Eine Besonderheit dieser Region stellt außerdem die dampfbetriebene Schmalspurbahn durchs Zillertal dar, an der nicht nur Eisenbahnfreunde Gefallen finden dürften.

Geschichtliche Bedeutung gewinnt diese Region durch frühe Handelswege und Heerstraßen, ähnlich der Historie angrenzender Gebiete. Kulturelle Blüte des ausgehenden Mittelalters spiegelt sich in den Zentren des Inntales und in Kitzbühel wider. Burgen und Schlösser entlang des Donauzuflusses und im Brixental geben Kunde von jener Zeit. Funde in der Umgebung von Kitzbühel weisen darüber hinaus auf das zweite vorchristliche Jahrtausend hin. Dank seiner offenen und übersichtlichen Lage wurde das Zillertal zusammen mit dem Inntal-

Zillertaler Hauptkamm vom Gitsch

becken besiedelt. Das Brauchtum ist ausgeprägt und wird in anderen Ländern nicht selten als Beispiel alpenländischer Sitte und Gewohnheit insgemein gewertet.

Geologisch von besonderer Bedeutung sind die Zillertaler Alpen wegen des sogenannten »Tauernfensters«, das sich nahe dem Brennerpaß öffnet und bis zu den Hohen Tauern hin erstreckt. In diesem Bereich ist die oberste Schicht – »Decke« im geologischen Sprachgebrauch – nicht mehr vorhanden, so daß tiefere Gesteinslagen offen zutage treten und durch den Grad der Metamorphose Rückschlüsse auf Vorgänge während der alpidischen Faltung gestatten. Die in den einzelnen Gebietsteilen anzutreffenden Gesteinsarten lassen sich wie folgt grob umreißen: Zwischen den Nördlichen Kalkalpen einerseits und den Tuxer Voralpen wie den Kitzbüheler Alpen auf der anderen Seite ist eine breite Grauwackenzone eingelagert. Die Tuxer Voralpen und große Teile der Kitzbüheler Alpen weisen Quarzphyllit auf, der sich zum Innsbrucker Gebiet hin fortsetzt. Verschiedene Arten kristalliner Schiefer, in der Umgebung des Greiners mit eingelagerten Almandin- und Aktinolithkristallen und anderenorts mit Magnetitoktaedern, sind mit Zentralgneis vergesellschaftet. In der unmittelbaren Umgebung des Tauernfensters sind Grünsteine und Bündner Schiefer anzutreffen. Neben den Fundstellen am gewachsenen Fels können Mineraliensucher auch am Ostufer des Schlegeissees und im Zemmgrund Funde tätigen, da Korrosion und Schmelzwässer genügend Gesteinsmaterial dort anlagern.

Wetter. Bezüglich des Wettergeschehens unterscheidet sich diese Region kaum von den angrenzenden Gebieten. Im breiten, nach Norden offenen Zillertal zeichnet sich ein Wetterwechsel jedoch etwas früher als anderenorts ab.

Pflanzen. Das Pflanzenwachstum weist keine Besonderheiten auf, ist aber vom Artenreichtum der einzelnen Vegetationszonen von den tiefen Tallagen bis zu den Eisregionen geprägt.

Tiere. Der alpine Tierbestand ist durch neu angesiedeltes Steinwild im Floitengrund bereichert.

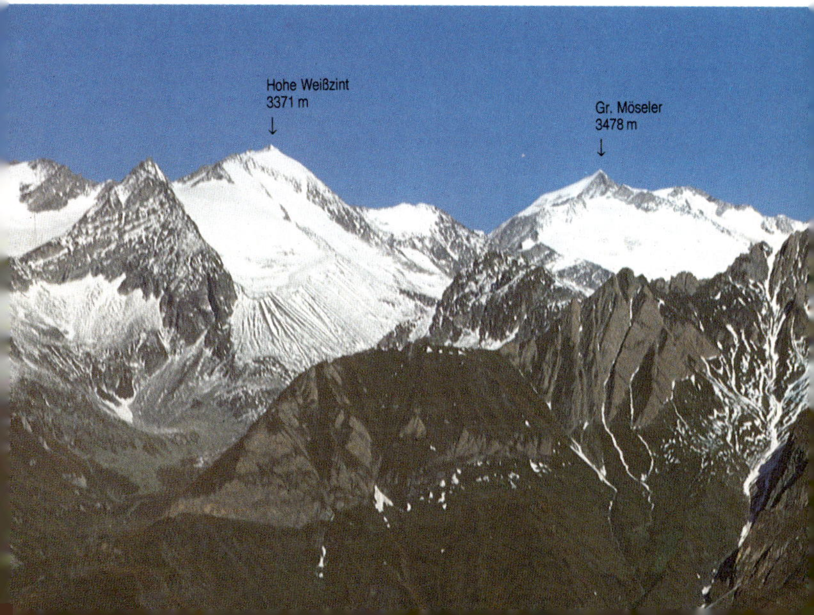

Brandberger Kolm (2701 m)

Zillertal mit Dristner (2765 m)

Zillertal

Nicht die außergewöhnliche Breite allein, die mit der des Inntales zu konkurrieren vermag, auch der geringe Anstieg zum Alpenhauptkamm hin gestattet es, dem Zillertal eine Sonderstellung unter den Alpentälern einzuräumen. Weite Wiesenflächen und bewaldete Hänge prägen das Bild der Tallandschaft, die westlich von den Bergen der Tuxer Voralpen, im Osten von den Erhebungen der Kitzbüheler Alpen flankiert wird.
Günstige klimatische Verhältnisse mögen zur Verdichtung des Siedlungsraumes beigetragen haben, der heute weitgehend dem Tourismus erschlossen ist.
Den ersten Eindruck vom Landschaftsbild dieses Gebietes mag eine Autotour erweitern, die von Aschau ausgeht, auf mautpflichtiger Höhenstraße bis 2050 m ansteigt, um bei Hippach wieder in das Zillertal einzumünden. Von der höchsten Stelle, unterhalb des Arbiskopfes, eröffnet sich ein Rundblick von den nahegelegenen Bergen der Tuxer Voralpen über die eisgekrönten Gipfel des Tuxer und Zillertaler Hauptkammes bis zu den Kitzbüheler Alpen.
Eine dampfbetriebene Schmalspurbahn durchzieht das breite Tal, verbindet die einzelnen Orte untereinander und stellt nicht nur für Eisenbahnfreunde eine besondere Attraktion dar.
Den Mündungsbereich des Zillertales markiert der Ort **Strass**, 530 m, eine alte Bergbausiedlung. **Schlitters**, 540 m, ist der nächstgelegene Ort an der westlichen Talseite.

Fügen, 550 m. Von Fügen aus gelangt man auf einer am Hang ansteigenden Seitenstraße zur Talstation der Spieljoch-Kabinenseilbahn, Bergstation 1865 m, mit hervorragender Aussicht

Schwarzenstein (3368 m) und Gr. Löffler (3376 m) von Klausberg über Ahrntal

zum Karwendelgebirge und zu den Kitzbüheler Alpen. Der Ort weist die Pfarrkirche, Wallfahrtskirche St. Pankraz und Schloß Fügen als Sehenswürdigkeiten auf.
Über *Uderns,* 550 m, gelangt man zu den Ferienzentren *Stumm, Kaltenbach, Ried* und *März,* 550–600 m, dicht beieinander gelegen.

Aschau, 575 m. Hier zweigt die mautpflichtige Zillertaler Höhenstraße ab. Auf der gegenüberliegenden Talseite, im Weiler Thurmbach, kann man eine sehenswerte Kirche (12. Jahrh.) besuchen.

Zell am Ziller, 575 m, Hauptort des Zillertales und touristisches Zentrum, wurde im Jahre 770 gegründet. Die Pfarrkirche ist sehenswert; außerdem besuchenswert Wallfahrtskapelle und Heimatmuseum am Hainzenberg. Dort befindet sich auch die Talstation der Gerlosstein-Kabinenseilbahn. Der weiterführende Sessellift zum Arbiskögerl, 1830 m, eröffnet eine hervorragende Aussicht zur Gipfelwelt des Tuxer und Zillertaler Hauptkammes.

Hippach, 600 m, mit Ramsau und Schwendau, am südlichen Abzweig der Zillertaler Höhenstraße gelegen, markiert den weiteren Verlauf des Tales, das bei **Mayrhofen**, 610–630 m, endet. Ortsbild und Pfarrkirche sind sehenswert. Ahorn-Kabinenseilbahn mit 1960 m hoch gelegener Bergstation und Penkenbahn, ergänzt durch den Sessellift zum Gschößberg, 1984 m, erschließen hervorragende Aussichtspunkte.

Das Tuxer Tal und die »Gründe«

Von Mayrhofen aus beginnt der Anstieg zu den Hochregionen des Tuxer und Zillertaler Hauptkammes. Sowohl Tuxer Tal als auch Zemmgrund und Zillergrund sind durch Fahrstraßen erschlossen.

Finkenberg, 855 m, Luftkur- und Wintersportort, liegt im Tuxer Tal über der Klamm, nur wenige Kilometer von Mayrhofen entfernt. Der Sessellift zum Penken, 2095 m, erschließt einen Aussichtspunkt mit hervorragendem Rundblick auf die Gipfelwelt des Tuxer und Zillertaler Hauptkammes.

Lanersbach, 1280 m, und das Thermalbad **Hintertux,** 1494 m, bilden zusammen die Gemeinde *Tux*. Der Talschluß wird von Olperer, 3480 m, und Gefrorene-Wand-Spitze, 3288 m, überragt. Die hochalpine Region wird durch eine Gondelbahn erschlossen, die in mehreren Sektionen zum Spannagelhaus, 2531 m, und Sommerskigebiet auf dem Tuxer Ferner geführt ist. Allein die Fahrt zur Sommerbergalm, 2000 m, ist der hervorragenden Aussicht wegen zu empfehlen (Olperer, Gefrorene-Wand-Spitze und Riffler). Eine Wanderung von der Sommerbergalm zum Tuxer Joch, 2340 m, beansprucht 1¼ Stunden (zeitweilig auch Sesselliftbetrieb).
Von den »Gründen«, die sich zu den Hochregionen des Zillertaler Hauptkammes hin erstrecken, ist der Zemmgrund – im unteren Teil auch Dornauberg genannt – der verzweigteste. Die gut ausgebaute, im Mündungsbereich gegenwärtig noch nicht fertiggestellte Straße durchzieht das enge, waldgesäumte Tal bis zum Gasthaus *Breitlahner*, 1257 m. Am kleinen Ort *Ginzling* zweigt der Floitengrund ab; in diesem engen Seitental wurde eine Steinbockkolonie angesiedelt. Zum Schlegeis-Stausee, dessen Besuch man keinesfalls versäumen sollte, führt vom Gh Breitlahner aus eine mautpflichtige Fahrstraße. Mehrere Wanderziele bieten sich von den Parkplätzen am See in 1782 m Höhe, vor allem aber sei ein Spaziergang zum Südende des Sees (ca. 1 Stunde) empfohlen. Von der Staumauer aus erblickt man über dem See Schlegeisferner, Breitnock und Weißzint. Ein wenig nur schaut der höchste Zillertaler Gipfel, der Hochfeiler, 3510 m, mit steiler Eisflanke neben den Vorbergen hervor. Während des Spazierganges gelangt der Große Möseler, 3478 m, ins Blickfeld. Erst am äußersten Südostende des Sees kann man den Ausblick zur steilen Eiswand des Hochfeilers und zum Gipfel genießen. Der Talschluß ist von den gewaltigen Eismassen des Schlegeisferners ausgefüllt, überragt vom hohen Gipfelkranz. Mineralienfreunden sei angeraten, ein Stück des Weges am Ostufer zurückzulegen, dort finden sich möglicherweise durch Frost vom Großen Greiner abgesprengte Gesteinsstücke mit Almandin oder Aktinolithkristallen.
Der Rückweg am westlichen Seeufer eröffnet den Ausblick auf Olperer, Gefrorene-Wand-Spitze und Riffler.
Das Pfitscher Joch ist vom Schlegeisspeicher aus in knapp 2stündiger Wanderung zu erreichen.
Weitere Ausflugsziele von Mayrhofen aus sollten der Stilluppgrund – ebenfalls mit schönem Stausee – und der langgestreckte Zillergrund mit wechselnder Aussicht zu den Gipfeln des Zillertaler Hauptkammes sein. Die Fahrstraße zum Luftkurort *Brandberg*, 1092 m, auf einer Anhöhe über Mayrhofen gelegen, zweigt aus dem Zillergrund ab.

Gerlostal

Die Straße nach **Gerlos**, 1250 m, Luftkur- und Wintersportort, zweigt bei Zell aus dem Zillertal ab, windet sich an den Hängen des Hainzenberges in mehreren Kehren empor und erreicht die Talsohle bei **Gmünd**, 1198 m.
Sehr zu empfehlen ist der Besuch des Wildgerlostales (Fahrstraße, Abzweig am Paß). Der Stausee Durlaßboden wird hier von einer großartigen Bergkulisse gerahmt (Reichenspitze 3303 m mit Wildgerloskees). Eine

Hochgrubach- und Eidechsspitze vom Gitsch

Hochgrubach-Spitze
2809 m
Eidechs-Spitze
2740 m

noch umfassendere Aussicht – bis zum Großvenediger, 3674 m – eröffnet sich von der Bergstation des Königsleiten-Sesselliftes, der vom Edelweißhaus, nahe dem Abzweig der alten Gerlosstraße nach Wald, ausgeht.

Seitentäler östlich der Brennerstraße

Vom Mündungsbereich im Wipp- oder Eisacktal ausgehend, erstrecken sich landschaftlich reizvolle Seitentäler zu den Bergregionen im Gebiet der Zillertaler Alpen.
Zwischen Matrei und Steinach zweigt das Navistal mit der verstreut liegenden Gemeinde *Navis*, 1340 m, ab, die von der Sonnenspitze, 2620 m, einem Gipfel der Tuxer Voralpen, überragt wird.
Bei *St. Jodok*, 1130 m, zwischen Steinach und Gries am Brenner, vereinigen sich Schmirntal und Valser Tal. Während das Schmirntal mit den verschiedenen Ortsteilen der Gemeinde *Schmirn*, 1422 m, recht dicht besiedelt ist, trifft man im Valser Tal nur gelegentlich auf kleine Weiler. Am Ende der Täler ragen die firngekrönten Gipfel des Tuxer Hauptkammes auf (Olperer, Hohe-Wand-Spitze u. a.).
Besonders im Herbst, wenn sich die Lärchenwälder zu färben beginnen, lohnt der Besuch des Pfitscher Tales, das bei Sterzing mündet und nach anfänglichen Engstellen sich zum breiten Wiesental weitet. Im Landschaftsbild wechseln herbromantische Züge mit lieblicheren ab. Die großartige Bergkulisse des Hochfeilers, 3510 m, vermittelt den Eindruck hochalpiner Regionen. Die Orte *Kematen*, 1441 m, und *St. Jakob*, 1452 m, sind Teile der Gemeinde *Pfitsch*. Von *Stein*, dem letzten Weiler des Tales, führt eine schmale Fahrstraße zum *Pfitscher Joch*, 2251 m, mit hervorragenden Ausblicken zu den faszinierenden Gipfeln des Tuxer und Zillertaler Hauptkammes.

Sommerbergalm mit Lärmstange

Im Valser Tal gegen Tuxer Hauptkamm

Dolomiten vom Gitsch (Pfunderer Vorberge)

Zillertaler Alpen, Tauferer Tal, Ahrntal

Nirgends sind Nord- und Südseite im Landschaftsbild des Alpenhauptkammes so verschieden gestaltet wie in den Zillertaler Alpen. Erreichen die Gipfellagen, aus den »Gründen« aufsteigend, im Norden allmählich nur hochalpine Dimensionen, so formieren sie sich im Süden zu einem langgestreckten Gebirgszug, der steil zum parallel verlaufenden Ahrntal abfällt.
Im Mündungsbereich des Tales ist von dieser großartigen Szenerie allerdings noch nichts zu sehen. Das Tauferer Tal, das sich von Bruneck aus als breites, waldgesäumtes Wiesental nach Norden zum Zillertaler Hauptkamm erstreckt, weist daher eher liebliche Züge auf – nur am vermeintlichen Talschluß ragt der Firngipfel der Keilbachspitze, 3093 m, auf.
Bei *Mühlen*, 862 m, zweigt in westlicher Richtung das Mühlwalder Tal mit der verstreut liegenden Gemeinde *Mühlwald*, 1221 m, ab. Es lohnt sich, den Weiler Lappach am Ende des Tales zu besuchen, um von dort in 1¼stündiger Wanderung zum Neves-Stausee, 1889 m, aufzusteigen, der von den Gipfeln des Breitnocks und des Gr. Möselers, 3478 m, mit dem Nevesferner gerahmt ist.
Am Ende des breiten Talkessels im Tauferer Tal liegt der Ort *Sand*, 865 m, mit Schloß Taufers an der Mündung des Ahrntales. In östlicher Richtung zweigt das Raintal zur Rieserfernergruppe ab (s. dort).
Der Korblift Michelreis, der nahe Sand vom Ahrntal aus in 1400 m Höhe führt, eröffnet einen hervorragenden Überblick über den Zillertaler Hauptkamm.

Steinhaus. Lohnender noch ist die Fahrt bis Steinhaus, 1052 m, Ortsteil der Gemeinde Ahrntal. Von dort ist der Aussichtspunkt Klausberg, 1600 m, mit dem Sessellift zu erreichen. Der Ausblick zum Zillertaler Hauptkamm in seiner gesamten Länge gehört zu den schönsten der Zillertaler Alpen, im unmittelbaren Gegenüber Gr. Löffler, 3376 m.

Kasern, 1600 m, liegt im Gebiet ehemaliger Kupferbergwerke. Der obere Teil des Ahrntales, Prettau genannt, endet an den Ausläufern der Venedigergruppe.

Das Inntal zwischen Brennerstraße und Wörgl

Das Landschaftsbild des breiten Tales wird vom Karwendel- und Rofangebirge im Norden, den Tuxer Voralpen und Kitzbüheler Alpen im Süden geprägt. Darüber hinaus weist sich das Inntal als frühgeschichtlicher Siedlungsraum aus, dessen mittelalterliche Blüte in vielen Kulturdenkmälern dokumentiert wird. Die Dichte der Besiedlung läßt im Rahmen dieses Buches jedoch nur eine kurzgefaßte Erörterung zu.

Igls, 870 m, an den Hängen des Patscherkofels gelegen, besitzt in der Totenkapelle und Wallfahrtskapelle Heiligwasser sehenswerte Objekte.
Die Patscherkofelbahn (1964 m) eröffnet eine umfassende Aussicht von den Stubaier Alpen bis zur Nordkette.

Solbad Hall, 600 m, liegt, nur wenige Kilometer von Innsbruck entfernt, an der Mündung des Halltales.
Sehenswert: Stadtmauerreste, Münzertor und -turm, Rathaus, Pfarrkirche, Stubenhaus, St.-Magdalena-Kapelle, Burg Hasegg, Stadtmuseum und Bergbaumuseum.

Volders, 558 m, mit Heimatmuseum, Servitenklosterkirche, Pfarrkirche, Schloß Wohlgemutsheim, und *Wattens*, 565 m, begrenzen die Ausgrabungsstätte (»Himmelreich«) einer Siedlung aus dem 3.–2. vorchristlichen Jahrhundert.

Im Patschertal, gegen Lasörlinggruppe ▶

Rotenmannspitze
3077 m
Rotenmann
Törl
2997 m
Totenkarspitze
3133 m

Schwaz, 538 m, eine alte Handels- und Bergbaustadt, ist Bezirkshauptstadt, weist Pfarrkirche, Franziskanerkloster, Heimatmuseum, Fuggerwohnhaus, Handelshaus und Burg Freundsberg als Sehenswürdigkeiten auf.

Jenbach, 560 m. Hier zweigt die Achenpaßstraße und gegenüberliegend die Straße ins Zillertal ab. Sehenswert sind Rammingerhaus und Schloß Tratzberg.
In unmittelbarer Umgebung der Orte *Brixlegg,* 538 m, und *Reith,* 657 m, stehen die Schlösser Lichtenwerth und Matzen. Bei der Schloßruine Kropfsberg mündet der Ziller in den Inn. Dort befindet sich auch das alte Kupferbergwerk von St. Gertraudi.

Kramsach, 513 m (ehemals Glashütte), mit Schloß Achenrain und der landschaftlich reizvollen Seengruppe Frauensee, Krummsee, Reintaler See und *Rattenberg,* 540 m, mit Servitenkloster, Spitalkirche, Stadtpfarrkirche St. Vigil und Burgruine liegen an den Ufern des Inns einander gegenüber.

Kundl, 526 m, mit Leonhardskirche, Pfarrkirche und Ruine Kundlburg, liegt an der Mündung der Wildschönauer Ache, die in der Nähe eine wildromantische Schlucht durchfließt.

Wörgl, 520 m, mit Pfarrkirche und Ruine Wehrburg.

Brixental, Kitzbühel und Paß Thurn

Wiesen- und Waldberge bestimmen das Landschaftsbild des Brixentales, das, von Bahnlinie und Straße durchzogen, die Verkehrsverbindung zwischen dem Inntal und Kitzbühel darstellt und als ausgezeichnetes Wintersportgelände viel besucht wird.

Hopfgarten, 622 m, Sommerfrische und Wintersportort, liegt am Fuße der Hohen Salve, 1827 m. Sehenswert sind die Pfarrkirche und die Elisabethenkapelle.
Der Sessellift zur Hohen Salve eröffnet eine weite Rundsicht vom Kaisergebirge bis zu den Loferer Steinbergen.

Brixen im Thale, 795 m, ist der älteste Ort des Brixentales und erlangte durch den ehemaligen Silber- und Kupferbergbau hervorragende Bedeutung. Sehenswert: Pfarrkirche und Friedhofskapelle.

Kirchberg, 840 m, ist als Luftkur- und Wintersportort nur wenige Kilometer von Kitzbühel entfernt an der Mündung der Aschauer Ache gelegen.

Kitzbühel. Straße und Bahnlinie führen am Schwarzsee vorbei nach Kitzbühel, 740–780 m, Bezirkshauptstadt, Kur- und Badeort sowie internationales Wintersportzentrum in unmittelbarem Gegenüber zum Kitzbüheler Horn und zum Hahnenkamm. Sehenswert: Pfarrkirche St. Andreas (dort frühgeschichtliche Gräberfunde), Liebfrauenkirche, Katharinenkirche, Pfleghof, Jochbergtor und Heimatmuseum. Von dem reichhaltigen Angebot an Bergbahnen sollen vor allem die Kabinenseilbahnen zum Kitzbüheler Horn, 1966 m, und zum Hahnenkamm, 1635 m, wegen der hervorragenden Rundsicht zu den Kitzbüheler Alpen und zum Kaisergebirge Erwähnung finden.
Die Straße über den *Paß Thurn,* 1273 m, verbindet Kitzbühel mit dem oberen Pinzgau. Nahe der Paßhöhe bietet sich ein schöner Ausblick zur Tauernkette. Vom Gh Resterhöhe, 1728 m, mit dem Sessellift von der Paßhöhe aus zu erreichen, eröffnet sich darüber hinaus die Aussicht zum Großvenediger, 3674 m.

8
Glocknerblick
Hohe Tauern und Rieserfernergruppe

Die am weitesten nach Osten reichende Hochgebirgsregion des Alpenhauptkammes wird durch den höchsten österreichischen Gipfel, den 3797 m hohen Großglockner, gekrönt. Er überragt eine Vielzahl von Dreitausendern, eingebettet in Gletscherfelder, die weite Flächen überdecken. Diese hochalpine Komponente charakterisiert das Landschaftsbild ebenso wie die engen, nadelwaldbestandenen Seitentäler, von kahlen Felswänden gesäumt, oder die breiten Talbecken mit sattgrünen Wiesen.

Nicht nur zur Zeit der Schneeschmelze führen die Bergbäche reichlich Wasser, allen voran die Salzach, die in einem ihrer Zuflüsse, der Krimmler Ache, über eine Höhe von mehr als dreihundert Metern in drei mächtigen Stufen zu Tale stürzt. Vom Wasserreichtum dieser Landschaft künden auch die zahlreichen zur Energiegewinnung aufgestauten Seen.

Reizende Dörfer und historische Städte sind Zeugen eines Kulturraumes, der heute weitgehend vom Tourismus erschlossen ist.

Die Hohen Tauern schließen sich den Zillertaler Alpen an und reichen im Osten bis zur Tauernautobahn. Die nördliche Begrenzung bilden Pinzgau und Pongau, im Süden markieren Defereggen- und Mölltal, mit Lienz und Iselsberg jedoch weiterreichend ins Drau- und Pustertal, die Gebietsabgrenzung. Als hochalpiner, südlich gerichteter Ausläufer der Venedigergruppe – im Schnittpunkt von Defereggen-, Antholzer- und Raintal – erreicht die Rieserfernergruppe im Hochgall die beachtliche Höhe von 3436 m. Somit ist der südwestlichste Grenzpunkt der Region durch Bruneck markiert.

Das breite Talbecken der Salzach, der Oberpinzgau, erstreckt sich entlang der Tauernkette, im Westen von der

(Fortsetzung auf Seite 220)

Zeichenerklärung auf Seite 88/89

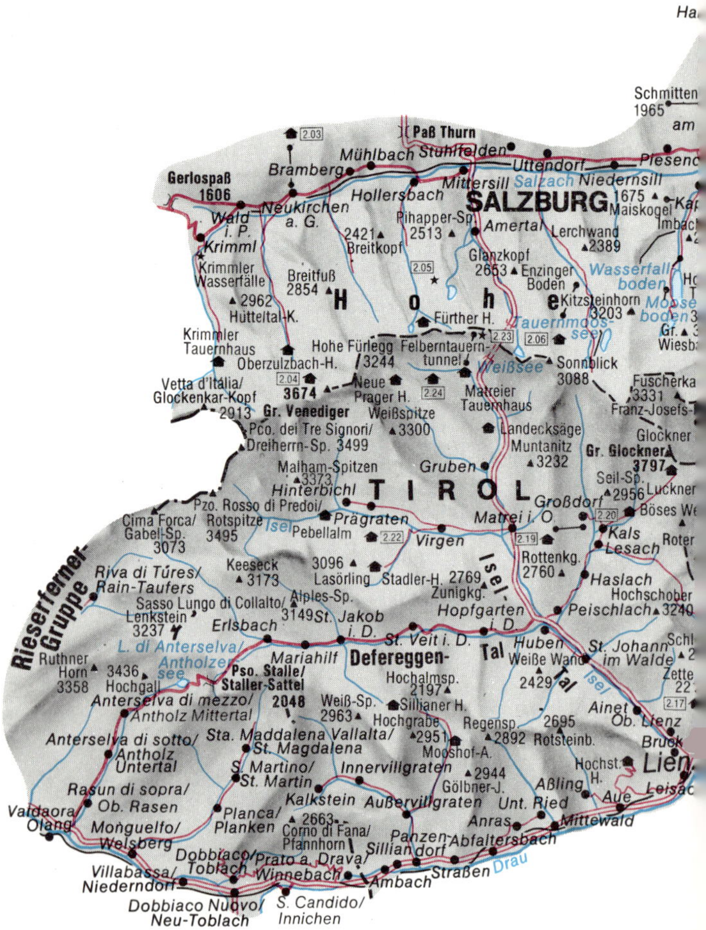

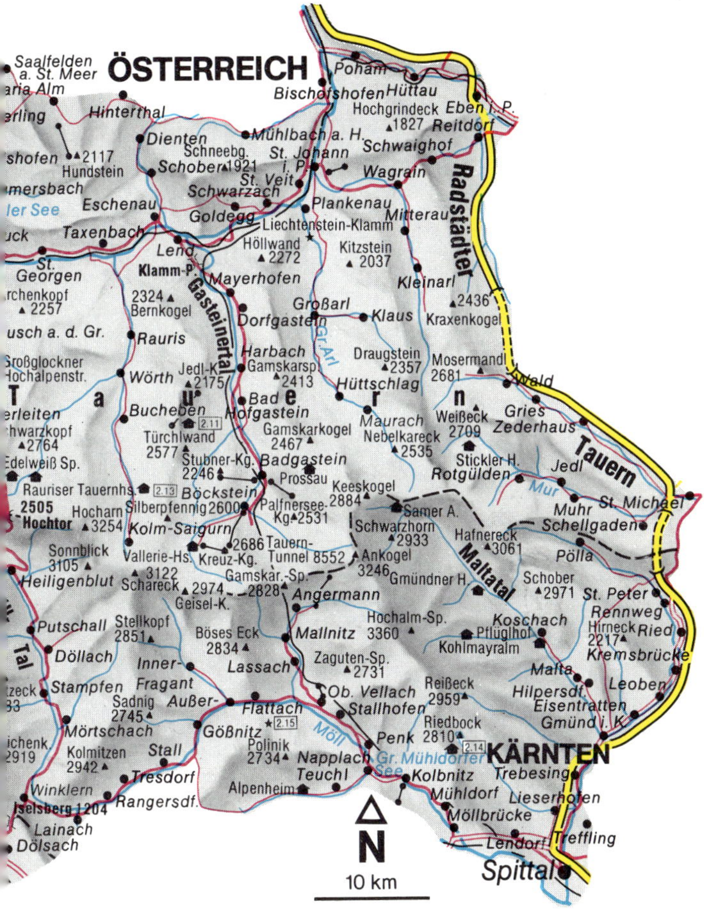
ÖSTERREICH
Saalfelden a. St. Meer
Hinterthal
Bischofshofen
Hüttau
Poham
Hochgrindeck 1827
Eben i. P.
Reitdorf
Mühlbach a. H.
Dienten
Schneebg.
Schober 1921
St. Johann i. P.
Schwaighof
Wagrain
St. Veit
Schwarzach
Hundstein 2117
Eschenau
Goldegg
Plankenau
Mitterau
Radstädter
Taxenbach
Lend
Liechtenstein-Klamm
Höllwand 2272
Kitzstein 2037
St. Georgen
Klamm-P.
Gasteinertal
Mayerhofen
Kleinarl
2436 Kraxenkogel
2324 Bernkogel
Großarl
Klaus
Dorfgastein
Gr. Arl
Rauris
Harbach
Gamskarsp. 2413
Draugstein 2357
Mosermandl 2681
Großglockner Hochalpenstr.
Wörth
Jedl-K. 2175
Hüttschlag
Wald
Tauern
Bad Hofgastein
Bucheben
Gamskarkogel 2467
Maurach
Weißeck 2709
Gries
Zederhaus
Türchlwand 2577
Nebelkareck 2535
Stubner-Kg. 2246
Badgastein
Prossau
Stickler H.
Rotgülden
Jedl
Mur
Rauriser Tauernhs.
Böckstein
Keeskogel 2884
2505 Hochtor
Hocharn 3254
Silberpfennig 2600
Palfnersee-Kg. 2531
Samer A.
Muhr
St. Michael
Kolm-Saigurn
Schwarzhorn 2933
Hafnereck 3061
Schellgaden
Sonnblick 3105
Vallerie-Hs.
Kreuz-Kg.
2686 Tauern-Tunnel 8552
Ankogel 3246
Maltatal
Pölla
Heiligenblut
Schareck 3122
Gamskar.-Sp. 2828
Geisel-K. 2974
Gmündner H.
Schober 2971
St. Peter
Angermann
Rennweg
Putschall
Stellkopf 2851
Hochalm-Sp. 3360
Koschach
Pflüglhof
Hirneck 2217
Ried
Böses Eck 2834
Mallnitz
Kohlmayralm
Kremsbrücke
Döllach
Inner-Fragant
Lassach
Zaguten-Sp. 2731
Malta
Tal
Stampfen
Ob. Vellach
Reißeck 2959
Hilpersdf.
Leoben
Sadnig 2745
Außer-Fragant
Flattach
Stallhofen
Eisentratten
Gmünd i. K.
Mörtschach
Gößnitz
Möll
Riedbock 2810
Kolmitzen 2942
Stall
Polinik 2734
Penk
KÄRNTEN
Napplach
Gr. Mühldorfer See
Trebesing
Tresdorf
Teuchl
Kolbnitz
Winklern
Alpenheim
Mühldorf
Lieserhofen
Iselsberg 1204
Rangersdf.
Möllbrücke
Lainach
Dölsach
Lendorf
Treffling
Spittal
N
10 km

8

1. Touristische Zentren

Pinzgau/Pongau:

1.01 **Krimml,** 1000 m, Erholung, Wandern
1.02 **Neukirchen am Großvenediger,** 857 m, Erholung, Wandern
1.03 **Hollersbach,** 806 m, Erholung und Wandern
1.04 **Mittersill,** 790 m, Tourismus, Erholung, Wandern
1.05 **Stuhlfelden,** 800 m, Kultur, Erholung, Wandern
1.06 **Uttendorf,** 804 m, Erholung, Wandern
1.07 **Piesendorf,** 782 m, Erholung, Wandern
1.08 **Kaprun,** 786 m, tour. Zentrum, Erholung, Wandern, Wintersport
1.09 **Zell am See,** 760 m, touristisches Zentrum, Erholung, Wandern, Wintersport, Wassersport
1.10 **Bruck,** 755 m., Erh., Wandern
1.11 **Taxenbach,** 660 m, Erholung, Wandern
1.12 **Lend,** 640 m, Erh., Wandern, (Ausflug Dienten a. Hochkönig)
1.13 **Schwarzach, St. Veit,** 600–763 m, Erholung, Wandern
1.14 **St. Johann,** 615 m, Erholung, Wandern
1.15 **Bischofshofen,** 600 m, tour. Zentrum, Kur, Wandern
1.16 **Hüttau,** 708 m, Erholung, Wandern
1.17 **Wagrain,** 898 m, Erholung, Wandern
1.18 **Großarl,** 920 m, Erholung, Wandern

Gasteiner Tal, Rauristal:

1.19 **Dorf Gastein,** 830 m, Erholung, Wandern, Wintersport
1.20 **Bad Hofgastein,** 858 m, Kur, Wandern
1.21 **Badgastein,** 1002 m, internat. Heilbad
1.22 **Böckstein,** 1131 m, Autoverladung, Erholung, Wandern
1.23 **Sportgastein,** 1588 m, Wintersport, Hochtouren
1.24 **Rauris,** 948 m, Erholung, Wandern
1.25 **Wörth,** 1000 m, Erholung, Wandern

Großglockner-Hochalpenstraße, Mölltal:

1.26 **Fusch,** 811 m, Erholung, Wandern, Hochtouren
1.27 **Ferleiten,** 1150 m, Erholung, Wandern, Hochtouren
1.28 **Heiligenblut,** 1288 m, Erholung, Wandern, Wintersport
1.29 **Döllach,** 1013 m, Erholung, Wandern
1.30 **Winklern,** 965 m, Erholung, Wandern
1.31 **Fragant,** 720–1000 m, Erholung und Wandern
1.32 **Flattach,** 695 m, Erholung, Wandern
1.33 **Obervellach, Mallnitz,** 690–1200 m, Erholung, Wandern, Autoverladung

Liesertal und Maltatal:

1.34 **Gmünd,** 732 m, Kultur, Erholung und Wandern
1.35 **Obermalta,** 838 m, Erh., Wandern

Felbertauernstraße und Seitentäler; Iselsberg; Antholzer Tal:

1.36 **Matrei i. O.,** 977 m, Erholung, Wandern
1.37 **Virgen,** 1200 m, Kur, Erholung, Wandern
1.38 **Prägraten,** 1310 m, Erholung, Wandern, Wintersport, Hochtouren
1.39 **Huben,** 814 m, Erholung, Wandern
1.40 **Hopfgarten i. Defereggen,** 1107 m, Erholung, Wandern
1.41 **St. Veit,** 1493 m, Erholung, Wandern, Wintersport, Hochtouren
1.42 **St. Jakobi-Defereggen,** 1389 m, Erholung, Wandern, Wintersport
1.43 **Kals,** 1326 m, Erholung, Wandern, Wintersport, Hochtouren
1.44 **Lienz,** 675 m, tour. Zentrum, Kultur, Erholung, Wandern, Wintersport
1.45 **Iselsberg,** 1200 m, Erholung, Wandern, Wintersport
1.46 **Dölsach,** 750 m, Kultur, Erholung, Wandern
1.47 **Antholz,** 1125–1420 m, Erholung, Wandern, Hochtouren

2. Besondere Ausflüge und Berghütten

Pinzgau/Pongau:

2.01 **Gerlosstraße,** 1606 m, mautpfl. Paßstr., Sessellift z. Plattenkogel, 2039 m, hervorrag. Ausbl. auf Venedigergruppe.
2.02 **Krimmler Wasserfälle,** 1/4 Std. v. Krimml, Weg entlang d. 3 Stufen v. 1000 bis 1350 m ansteigend, ca. 1 Std.
2.03 **Wildkogelhaus,** 2007 m, v. Bergstation Sessellift Neukirchen 20 Min.; hervorrag. Aussicht auf Tauernkette m. Großvenediger, 3674 m; Gipfeltour Wildkogel, 2225 m, 3/4 Std.
2.04 **Kürsinger-Hütte,** 2549 m, Fahrweg v. Neukirchen bis Jagdhaus im Obersulzbachtal ca. 1100 m, v. dort ca. 5 1/2 Std. üb. Gh Berndlalm; 1500 m, 1 Std., Gh Postalm, 1699 m, 1 1/2 Std., Obersulzbachhütte, 1742 m, 1/2 Std., weiter z. Kürs.-Hütte 2 1/2 Std.; hervorrag. Lage a. Fuße d. Großvenedigers. Gipfelbest. 4 Std., nur mit Führer.
2.05 **Hintersee,** 1313 m, Fahrstr. Abzweig v. Felbertauernstr.; idyll. kl. Bergsee in landschaftl. reizvoller Umgebung.
2.06 **Rudolfs-Hütte,** 2352 m, Bergstation d. Kabinenseilb. v. Enzingerboden, bis dort Fahrstr. u. Linienbusverkehr; hervorrag. hochalp. Lage am Weißsee m. Ausbl. z. Sonnblick-Kees u. Dreitausendern (u. a. Sonnblick 3088 m).
2.07 **Speichersee Mooserboden,** 2040 m, Fahrstr. v. Kaprun bis Limbergstollen, v. dort Schrägaufzug u. Busverkehr d. Tauernkraftwerke; außerordentl. schöne Lage in gletschergerahmter Umgebung, überragt v. Gr. Wiesbachhorn, 3564 m, u. a.
2.08 **Kitzsteinhorn,** 3203 m, Bergstation d. 3-Sekt.-Kabinenseilb. v. Kapruner Tal, 3029 m; hervorrag. Blick üb. d. ges. Tauernkette und bis zum Dachstein im Osten.
2.09 **Schmittenhöhe,** 1965 m, Kabinenseilb. v. Zell a. See; hervorrag. Auss. a. d. Tauernkette; Höhenwanderweg je nach Ausdauer bis Niedersill oder Uttendorf.

Erläuterung Seite 87

2.10 **Großglockner-Hochalpenstraße,** 2505 m, m. Edelweißspitze, 2577 m, (nur f. Pkw); Aussicht auf 37 Dreitausender u. 19 Gletscher; Franz-Josephs-Höhe, 2369 m, selten schöner Ausblick auf Pasterzen-Kees u. Großglockner, 3797 m, Spazierweg zur Hofmanns-Hütte, 2442 m, 1/2 Std.; Kasereck, 1904 m, schönster Blick auf vergletscherte Südostflanke d. Großglockners, Tiefblick auf Heiligenblut.

Gasteiner Tal, Rauristal:

2.11 **Hofgasteiner Haus,** 1994 m, Bergstation Sessellift v. Kitzsteinalm, b. dort Standseilbahn; hervorrag. Aussicht auf Goldberg- u. Ankogelgruppe.

2.12 **Schareck,** 3122 m, Kabinenseilb. bei Sportgastein (i. Bau); überwältig. Aussicht v. Großglockner b. z. Ankogelgruppe.

2.13 **Naturfreundehaus am Ammererhof,** 1598 m, Fahrweg u. Linienbusverkehr v. Wörth i. Rauristal; schöner Talschluß, überragt v. d. Dreitausendern d. Goldberggruppe. Ausgangspunkt f. Hochtouren, Niedersachsenhaus, 2471 m, 2 1/2 Std.

Mölltal:

2.14 **Bergstation der Reißeck-Höhenbahn,** 2287 m, v. Kolbnitz; schöne Lage in hochalpin. Umgebg.

2.15 **Raggaklamm,** b. Flattach, Rundweg 2 Std.; wildromantische Gebirgsschlucht.

2.16 **Am Iselsberg,** 1120 m, Fahrstr. v. Winklern u. Lienz; hervorrag. Auss. auf Lienzer Dolomiten, Lienz, Drau- und Pustertal.

Felbertauernstraße und Seitentäler:

2.17 **Stiegler-Haus,** 1820 m, Kabinenseilb. v. Lienz; hervorrag. Auss. a. Lienzer Dolomiten u. Defereggег Alpen.

2.18 **Stallersattel,** 2052 m, Verbindungsstr. v. Defereggen- z. Antholzer Tal; hervorrag. Auss. a. Rieserfernergruppe (Hochgall 3436 m) u. Tiefblick z. Antholzer See

2.19 **Glocknerblick,** 1941 m, Sessellift v. Kals; hervorrag. Auss. a. Großglockner u. Schobergruppe

2.20 **Neues Lucknerhaus,** 1984 m, Zubringerdienst v. Kals, 2 Std. zu Fuß; bes. schöne Lage in unmittelb. Gegenüber z. Großglockner.

2.21 **Lucknerhütte,** 2227 m, 1 Std. v. Neuen Lucknerhaus (2.20), Lage wie dort, jedoch näher am Großglockner. Aufstieg z. Stüdlhütte, 2802 m, 2 1/2 Std., auch Teil d. Weges lohnend.

2.22 **Bergeralm,** 1845 m, 2 Std. v. Bobojach an Fahrstr. n. Prägraten i. Virgental; ausgezeichn. Blick a. Venedigergruppe. Weiterweg z. Wetterkreuz ca. 1 Std. äußerst lohnend.

2.23 **Venedigerblick,** 1986 m, Sessellift v. Matreier Tauernhaus (Abzweig ca. 4 km südl. Felbertauerntunnel; hervorrag. Aussicht auf Großvenediger.

2.24 **Außergschlöß,** 1695 m, 50 Min. v. Matreier Tauernhaus (auch Zubringerdienst m. Pferdedroschke); unvergleichl. Talschluß m. Großvenediger, Kleinvenediger, Schwarze Wand u. Schlatenkees. Nach Innergschlöß 40 Min., zur Neuen Prager Hütte, 2796 m, 4 Std.

3. Die höchsten und markantesten Berge

Venedigergruppe:
Großvenediger, 3674 m, 2.03, 2.04, 2.23, 2.24
Schwarze Wand, 3511 m, 2.23, 2.24
Dreiherrenspitze, 3499 m, 2.22
Kleinvenediger, 3477 m, 2.23, 2.24
Gr. Geiger, 3360 m, 2.22

Rieserfernergruppe:
Hochgall, 3436 m, 2.18 (Rain)
Ruthner Horn, 3358 m, v. Rain, Abzw. Tauferer Tal, (2.18)
Magerstein, 3278 m, (Rain), 2.18
Wildgall, 3273 m, (Rain), 2.18

Granatspitzgruppe:
Muntanitz, 3232 m, 2.23
Sonnblick, 3088 m, 2.06
Granatspitze, 3086 m, 2.06

Glocknergruppe:
Großglockner, 3797 m, 1.28, (1.43), 2.09, 2.10, 2.19, 2.20
Hofmanns-Spitze, 3713 m, 2.19, (2.10)
Gr. Wiesbachhorn, 3564 m, 1.09, 2.07, 2.08, 2.09, 2.10
Johannisberg, 3460 m, 2.10
Klockerin, 3419 m, 2.10
Gr. Bärenkopf, 3401 m, 2.10
Hohe Riffl, 3338 m, 2.07, 2.08, 2.09
Schwerteck, 3247 m, 1.28, 2.10
Kitzsteinhorn, 3203 m, 1.04–1.09, 2.03, 2.07, 2.09

Schobergruppe:
Petzeck, 3283 m, 2.10
Roter Knopf, 3281 m, 2.10
Hochschober, 3240 m, 2.19
Glödisspitze, 3206 m, 2.19

Goldberggruppe:
Hocharn, 3254 m, (2.10), 2.12, (2.13)
Schareck, 3122 m, 2.11
Sonnblick, 3105 m, 2.12, 2.13
Goldbergspitze, 3072 m, 2.10, 2.12

Ankogelgruppe:
Hochalmspitze, 3360 m, (1.35)
Ankogel, 3246 m, (1.20), 2.11
Preimelspitze, 3138 m

Reißeckgruppe:
Gr. Reißeck, 2959 m, 2.14
Radleck, 2809 m, 2.14

Hafnergruppe:
Hafner, 3076 m, (1.35)
Gr. Sonnblick, 3030 m (1.35)
Kölnbreinspitze, 2934 m

Die Krimmler Wasserfälle stehen als Naturdenkmal unter dem Schutz des Europarates.

Erläuterung Seite 87

Venedigergruppe (Großvenediger, 3674 m), im Osten der Talstufe von der Glocknergruppe geprägt. Als westlichstes der südwärts gerichteten Seitentäler ist das Tal der Krimmler Ache mit den mächtigen Kaskaden seiner Wasserfälle von besonderem landschaftlichem Reiz. Nach Osten schließen sich die Sulzbachtäler, Habach- und Hollersbachtal an. Sie vermitteln, zumindest in den Hochregionen, stille Bergeinsamkeit und weisen darüber hinaus einen reichen Mineralbestand auf. Das Felbertal ist in seinem unteren Verlauf von der Felbertauernstraße durchzogen, die den Pinzgau mit dem Obertrautal verbindet. Alle diese Seitentäler werden von den Dreitausendern der Venedigergruppe überragt.

Zur Granatspitz- und Glocknergruppe erstrecken sich Stubachtal, Kapruner Tal und Fuschertal. Diese Gebietsteile sind reich an landschaftlichen Höhepunkten und verzeichnen daher das ganze Jahr hindurch einen mehr oder weniger starken Besucherstrom. Vom Enzinger Boden im Stubachtal führt eine Kabinenseilbahn zu den Speicherseen in gletschergerahmter Hochgebirgswelt, ähnlich den Anlagen zum Wasserfall- und Mooserboden im Kapruner Tal. Das weit nach Norden vorgelagerte Kitzsteinhorn, 3203 m, wird durch eine Mehrsektionen-Kabinenseilbahn für den Tourismus erschlossen. Auf dem Schmiedinger-Kees eröffnet eine Vielzahl von Schleppliften dem Sommerskilauf wie dem winterlichen Sport einen regelrechten Skizirkus.

Durch das Fuschertal steigt die Großglockner-Hochalpenstraße, ihrer hervorragenden Aussichtsstellen wegen wohl als einmalig im Alpenraum zu bezeichnen, auf mehr als 2500 m Seehöhe an.

Von Bruck aus verengt sich das Salzachtal. In engen Felsschluchten (Klammen) münden Rauristal und Gasteiner Tal, die im oberen Verlauf den stetigen Wechsel von Talengen und Weitungen aufweisen. Ab Lend ändert sich die Gebietsbezeichnung von unterem Pinzgau in Pongau, obwohl vom gleichen Fluß durchzogen und im gleichen Bundesland – Salzburg – gelegen.

Südlich des Alpenhauptkammes bilden Möll- und Drautal mit den nördlichen Zuflußtälern das Pendant zum Salzachtal im Norden.

Schobergruppe, Glocknerblick

An zwei Stellen wird das Gebirgsmassiv von Nord-Süd-Verkehrswegen durchbrochen, dem Bahntunnel Bad Gastein–Mallnitz und dem Straßentunnel am Felbertauern. Die Großglockner-Hochalpenstraße nutzt die gletscherfreie Einsattelung zwischen Glockner- und Goldberggruppe und verbindet Fuschertal und Mölltal. Stark verzweigt ist das Iseltal südlich des Felbertauerntunnels. Die Seitentäler führen im Westen zur Venedigergruppe (Matreier Tauerntal und Virgental) und zur Rieserfernergruppe; nordöstlich steigt das Kalser Tal zur Glocknergruppe hinan.
Inseln gleich sind die Gipfellagen der Hohen Tauern zu Berggruppen vereinigt, im Felsenmeer, von Gletscherströmen gerahmt. Im Westen dominiert die Venedigergruppe, der sich südöstlich Lasörlinggruppe (Lasörling 3098 m) und südwestlich Rieserfernergruppe anschließen. Östlich des Felbertauern erstreckt sich entlang der vielbefahrenen Verkehrsroute die Granatspitzgruppe (Gr. Muntanitz, 3232 m). Es folgen Glocknergruppe mit dem Großglockner als höchster Erhebung und Schobergruppe (Petzeck, 3283 m), durch die Glocknerstraße von der Goldberggruppe (Hocharn 3254 m) getrennt. Im Osten des Gebietes erhebt sich die Ankogelgruppe (Hochalmspitze 3360 m), den Abschluß bilden Hafner- und Reißeckgruppe.
Die Kammlagen markieren auch den Grenzverlauf der Bundesländer Salzburg, Osttirol und Kärnten.

Geschichte. Die frühe Geschichte dieser Region ist im Süden, dem heutigen Kärnten, stärker ausgeprägt als im unmittelbar nördlich des Alpenhauptkammes gelegenen Bereich. Die Hauptübergänge zu römischer und vorrömischer Zeit waren weiter östlich (am Katschberg) oder im Westen (Brenner) gelegen. Als Ost-West-Verbindung kam daher dem Drautal eine besondere Bedeutung zu. Auch im Mittelalter nahm das Gebiet um Lienz einen höheren Rang ein als beispielsweise die Siedlungen im Pinzgau. Dennoch wurde auch die Einsattelung an der Glocknerstraße schon sehr früh begangen, was die Geschichte von Heiligenblut belegen mag. Goldbergwerke wurden südlich der Tauernkette, v. a. im oberen Mölltal, und auch nördlich im Gasteiner Tal betrieben.

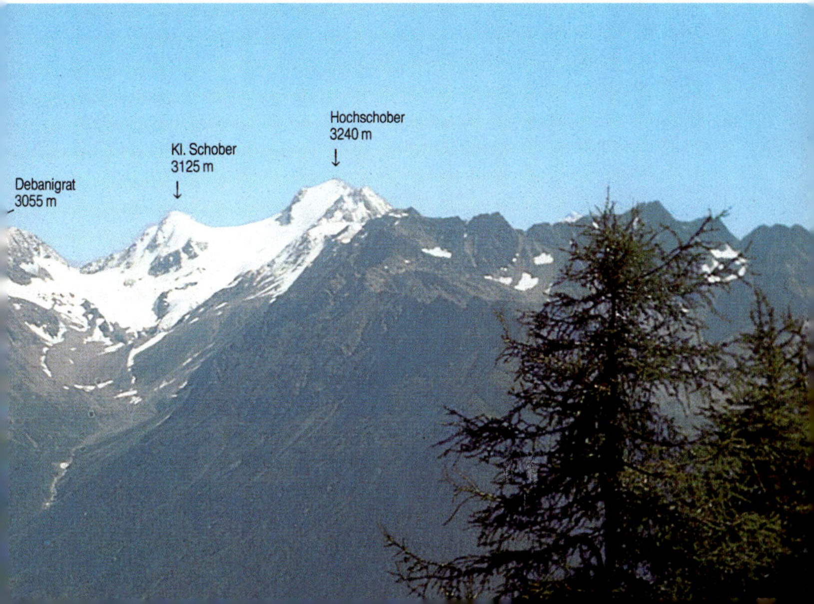

Glocknergruppe vom Kasereck

Geologie. Aus geologischer Sicht verdienen die Hohen Tauern im östlichen Bereich des »Tauernfensters« ebenfalls besondere Beachtung. Zwar weisen auch hier die kristallinen Gesteinsarten alle Merkmale der Regionalmetamorphose auf, wie sie überall im Alpenhauptkamm zu beobachten ist, lassen jedoch einen größeren Artenreichtum erkennen. Im Venediger- und Granatspitzgebiet überwiegen Zentralgneise granitischen Ursprungs. Kristalline Schiefer verschiedener Art sind in den Felbertauern, entlang des Habachtales und der Sulzbachtäler sowie den Granatspitz-Kern umgebend, anzutreffen. Der Mineralbestand läßt in Klüften und Spalten schöne Funde zu. Die Rieserfernergruppe ist aus Tonalit-Gneis aufgebaut und war nur in relativ geringem Maße der Metamorphose unterworfen.

Wetter. Als Wetterscheide weist dieser Teil des Alpenhauptkammes eine Besonderheit auf. Bei ausgesprochen schlechtem Wetter mit Niederschlägen an der Nordseite trifft man nicht selten südlich der Bergkette aufgelockerte Bewölkung und gelegentlich Sonnenschein an. Das gleiche gilt auch in umgekehrter Richtung. Die Felbertauernstraße ermöglicht es, ohne die sonst notwendige zeitraubende Paßfahrt zu einem mehr witterungsbegünstigten Standort überzuwechseln. Will man das große Erlebnis in hochalpinen Regionen suchen, so setzt dies nicht nur gutes Wetter, sondern auch ausgezeichnete Sichtverhältnisse bei nahezu wolkenlosem Himmel voraus.

Pflanzen und Tiere. Im Pflanzenwachstum und Tierbestand dominiert die hochalpine Komponente. Ein weiträumiges Gebiet um den Großglockner ist unter besonderen Naturschutz gestellt, und wer die Vielzahl der im Frühjahr aufblühenden, tiefblauen Kelche des Stengellosen Enzians an

Großglockner mit Pasterze

den Hängen des Kaserecks oberhalb Heiligenblut erblickt, wird diese gesetzliche Regelung bestimmt begrüßen. Für Tierfreunde bietet der Naturpark im Maltatal ein lohnendes Ausflugsziel.

Mineralien. Schöne Mineralstufen lassen sich in allen Teilen der Region finden, besonders erwähnt seien hier nur Epidot-, Zoisit- oder gar Smaragdkristalle in den Seitentälern des oberen Pinzgaues und Rauchquarzfunde aus den Höhenlagen des Rauristales.

Pinzgau und Pongau mit den südlichen Seitentälern

Das ausgesprochen liebliche Landschaftsbild des oberen Pinzgaues, jenes breiten Wiesentales von Krimml bis Zell am See, erfährt eine großartige Krönung durch die firngeschmückten Gipfel der Tauernkette. Die Pinzgauer Grasberge, als nördliche Begrenzung der Talstufe, gehören den Kitzbüheler Alpen an (s. dort), sind jedoch als Aussichtsberge zu den Gipfeln der Venediger-, Granatspitz- und Glocknergruppe auch von verschiedenen Orten des Salzachtales aus erschlossen. Im östlichen Verlauf verengt sich das Tal zum unteren Pinzgau und Pongau, zwischen den Dientner Bergen und den Ausläufern der Goldberg- und Ankogelgruppe eingebettet. Hier sind die weit nach Süden zu den Hochregionen ansteigenden Täler stärker ausgeprägt als im äußersten Westen des Gebietes.

Krimml. Über die mautpflichtige Gerlosstraße, höchster Punkt 1628 m, oder den Ronachweg, Gerlospaß, 1507 m (alte Gerlosstraße), ist der obere Pinzgau vom Zillertal aus zu erreichen. Der höchstgelegene Ort des Tales, Krimml, 1000–1080 m, mit sehenswerter Pfarrkirche, endet in einem waldgesäumten Talkessel, an dessen südlichen Hängen die *Krimmler Wasserfälle* über eine Höhe von 380 m in drei Stufen herabstürzen. Durch Serpentinen in der Steigung gemindert, führt ein Weg im nahen Bereich der stürzenden Wässer zum Gh Schönangerl, 1306 m, am oberen Fall (3/4 Stunden). Von dort aus läßt sich das Achental bis zum Krimmler Tauernhaus durchwandern (2 1/4 Stunden).

Über *Wald*, 885 m, an der Einmündung des Ronachweges, erreicht man **Neukirchen am Großvenediger,** 857 m, Sommerfrische und Wintersportort mit sehenswerter Kirche und Schloß Hochneukirchen. Der Wildkogel-Sessellift eröffnet in 2099 m Höhe eine hervorragende Aussicht auf Großvenediger, 3674 m, Kleinvenediger und die sich anschließenden Dreitausender. Die bewaldeten Seitentäler Obersulzbachtal, Untersulzbachtal und Habachtal werden in den oberen Regionen vorzugsweise von Mineralienfreunden besucht. Die Wanderung zur Kürsinger Hütte, 2549 m, zu Füßen des Großvenedigers durch das Obersulzbachtal (Fahrweg bis Jagdhaus) nimmt 5 1/2 Stunden in Anspruch. Bei *Hollersbach,* 806 m, mündet das Hollersbachtal.

Mittersill, 790 m, Luftkur- und Wintersportort, ist am Straßenkreuzungspunkt Paß Thurn–Felbertauernstraße gelegen. Sehenswert sind Heimatmuseum, Felber Kirche und Schloß Mittersill am nördlichen Hang. (Felbertauernstraße s. weitere Folge.)
Über **Stuhlfelden,** 800 m, mit Pfarrkirche, Antoniuskapelle, Schloß Lichtenau und weiteren Sehenswürdigkeiten, wird **Uttendorf,** 804 m, an der Mündung des Stubachtales erreicht. Besonders zu empfehlen ist die Fahrt durch das Stubachtal zum *Enzingerboden,* 1483 m. Von dort führt eine Kabinenseilbahn zum Tauernmoossee und weiter zum Weißsee, 2352 m, in hervorragender, hochalpiner Lage, überragt von Granatspitze und Sonnblick, 3088 m, mit Sonnblickkees und benachbarten Gipfeln. Von weitem sichtbar, markiert das 3203 m hohe Kitzsteinhorn die Lage des Kapruner Tales mit **Kaprun**, 785 m, als Ferienziel und Skizentrum mit sehenswerter Pfarrkirche und Schloß.
Der Skizirkus (Sommerski) am Kitzsteinhorn ist durch Bergbahnen erschlossen. Mit der Kabinenseilbahn gelangt man in mehreren Etappen bis in eine Höhe von 3029 m mit hervorragender Aussicht zu den Gipfeln der Tauernkette. Außerdem ist der Besuch des *Mooserboden-Speichersees* in ca. 2000 m Höhe mit den werkseigenen Verkehrseinrichtungen der Tauernkraftwerke sehr zu empfehlen.

Zell am See. Das breite Talbecken der Salzach querend erreicht man nach wenigen Kilometern Zell am See 760 m, Bezirkshauptstadt und Erholungszentrum am Zeller See.
Die Kabinenseilbahn zur Schmittenhöhe, 1965 m, eröffnet eine hervorragende Aussicht zur Tauernkette, zum Steinernen Meer und zum Hochkönig. Im Ort sind Pfarrkirche, Bürgerhäuser und Turm sehenswert.
Nach Norden schließt sich der mittlere Pinzgau (s. Saalachtal) an. Im Osten verengt sich das Salzachtal. Bei

Bruck an der Großglocknerstraße, 755 m, zweigt die Hochalpenstraße ab, die in der Folge noch ausführlich erwähnt wird.

Taxenbach, 660 m, markiert die Mündung des Rauristales. Unweit des Ortes durchfließt der Raurisbach die romantische Kitzlochklamm über einen hohen Wasserfall.

Rauris, 948 m, im lieblichen Wiesental gelegen, besitzt als Luftkur- und Wintersportort u. a. folgende Sehenswürdigkeiten: Pfarrkirche, schöne Häuser, Michaelkapelle und Heimatmuseum.

Bei **Wörth,** 1000 m, verzweigt sich das Tal in das südwestlich verlaufende

Seeange überm Klammljoch ▷

Schnee-Spitze
2925 m
Gabel-Spitze
3071 m
Arvental-Spitze
3083 m

Seidlwinkltal und das Hüttwinkeltal, in welchem die weiterführende Talstraße verläuft. *Bucheben,* 1143 m, über dem Tal gelegen, zeichnet sich durch einen schönen Ausblick auf den vergletscherten Talschluß aus. Ein schmaler Fahrweg, der auch von Postbussen befahren wird, führt zum *Naturfreundehaus Kolm-Saigurn* und Ammererhof in 1598 m Höhe. Der Talschluß wird von Sonnblick, 3105 m, und Hocharn, 3254 m, dem höchsten Gipfel der Goldberggruppe, überragt. Gelegentlich kann man noch schöne Mineralstufen finden. Wie im benachbarten Gasteiner Tal wurde auch hier früher Goldbergbau betrieben.
Das landschaftlich sehr abwechslungsreiche Gasteiner Tal mündet bei **Lend,** 640 m, und trennt den Unterpinzgau vom Pongau, den die Salzach östlich durchzieht.

Dorfgastein, 830 m, besitzt eine sehenswerte Kirche.

Bad Hofgastein, 858 m, Thermalbad, Luftkur- und Wintersportort, ist in einer Talweitung gelegen. Sehenswert: Pfarrkirche, Pfarrhof und Weitmoserschlößchen. Schöne Aussichtsstellen werden mit der Standseilbahn zur Mittelstation Kitzstein und weiter mit Kabinenseilbahn oder Sessellift zur Schloßalm, ca. 2000 m, erreicht.

Krimmler Wasserfälle

Wenige Kilometer taleinwärts liegt **Badgastein,** 1083 m, international bekannt durch seine radioaktiven Quellen und den Heilstollen (Böckstein). Der Kurort erstreckt sich beiderseits der Gasteiner Ache, die inmitten des Ortes in einem Wasserfall zu Tale stürzt. Von den Sehenswürdigkeiten seien Nikolauskirche und Heimatmuseum besonders erwähnt. Eine Reihe von Bergbahnen erschließt schöne Aussichtspunkte, die mit der Fertigstellung der zur Zeit im Bau befindlichen Kabinenseilbahn von Sportgastein-Naßfeld, 1924 m, zum Schareck, 3122 m, eine einzigartige Bereicherung erfahren werden (nach Sportgastein Mautstraße). Im Naßfeld befinden sich auch die stillgelegten Gold- und Silberbergwerksstollen.

Böckstein, 1131 m, ist Autoverladestelle für den Tauerntunnel nach Mallnitz.

Goldegg. 230 m über dem Salzachtal liegt auf einer Sonnenterrasse der Luftkurort Goldegg, 825 m, mit schöner Aussicht auf die Ausläufer der Goldberg- und Ankogelgruppe. Die Fahrstraße zweigt bei Schwarzach in nordwestlicher Richtung ab.

Schwarzach, 600 m, ist an der Salzach gelegen, die hier in engen Windungen das Tal durchzieht. Sehenswert ist die Missionshauskirche. Der Brandstattbühel weist sich durch Funde aus der Bronzezeit als frühgeschichtliche Siedlung aus. Wenige Kilometer weiter östlich durchfließt der Großarlbach die *Liechtensteinklamm,* eine der berühmtesten im Alpenraum. Die Zufahrtsstraße zur Klamm zweigt bei St. Johann im Pongau ab wie auch die Talstraße nach *Großarl,* 920 m, Sommerfrische und Luftkurort.

St. Johann im Pongau, 615–660 m, ist Bezirkshauptstadt, Luftkur- und Wintersportort. Sehenswert sind Annakapelle und Pfarrkirche sowie alte Pongauer Bauernhöfe der Umgebung.

Bischofshofen, 550–600 m, großer Wintersportort und touristisches Zentrum zu Füßen des Hochkönig-Massivs, ist die älteste Siedlung im Pongau (Kupferabbau). Sehenswert sind u. a. Pfarrkirche, Frauenkirche, Georgskapelle und Kastenhofturm. Lohnend ist die Fahrt nach Mühlbach und zum Arthurhaus (Mautstraße) am Fuße der Mandlwand (s. auch Hochkönig, Hagengebirge und Dientner Berge).

Wagrain, 880 m, Luftkur- und Wintersportort, ist in der lieblichen Landschaft des Kleinarltales gelegen. Direkte Straßenverbindung mit St. Johann i. P. und Radstadt. Sehenswert: Pfarrkirche, Franziskuskirche, alte Häuser und Kapelle Mariahilf.

Felbertauernstraße und Seitentäler

Wer die Felbertauernstraße befährt, sei es auf dem Wege nach Jugoslawien, an die italienische Adriaküste, zum Erreichen eines nahegelegenen Urlaubszieles oder auch nur im Rahmen eines Ausflugs, ahnt nur selten, daß ihn die Strecke nahe an den Einstiegsrouten zu den höchsten Gipfeln der Tauernkette vorbeiführt. Auch die unmittelbare Aussicht vom Straßenverlauf verrät nichts von der Großartigkeit des hochalpinen Landschaftsbildes, das in der Glockner- und Venedigergruppe beiderseits der Verkehrsachse gipfelt.
Erst 1967 wurde die winterfeste Verkehrsverbindung mit dem 5,2 km langen Tunnel – einem Meisterwerk der Technik – für die Benutzung freigegeben. Eigentlich handelt es sich um zwei parallel verlaufende Untertunnelungen, denn höhenversetzt durchbricht auch die Erdöl-Pipeline Triest–Ingolstadt an dieser Stelle den Alpenhauptkamm. Einmalig ist wohl auch der kurvenarme Straßenverlauf, der bis zu einer Höhe von 1600 m ansteigt und mit Galerien gegen Lawinen abgesichert ist. War das Matreier Tauerntal früh schon von Süden her erschlossen, konnte das Felbertal bis zum Bau der Durchgangsstraße als stillverträumtes Seitental des Pinzgaues gelten. So war

Venedigergruppe mit Schlatenkees von Außergschlöß

Mooserboden mit Klockerin, 3419 m

die Überquerung des Alpenhauptkammes an dieser Stelle Berggängern und Hochtouristen vorbehalten.
Von Mittersill aus folgt die Straße nur ein kurzes Stück dem Felbertal, um sich nach wenigen Kilometern dem Amertal zuzuwenden und an dessen Hängen über der Talsohle mäßig zum Tunnel-Nordportal anzusteigen. Die Baulichkeiten eines an der weitausholenden Straßenschleife oberhalb Mittersill gelegenen Scheelit-Werkes markieren den Abzweig ins obere Felbertal. Der in den Talschluß eingebettete Hintersee, 1313 m, spiegelt als stiller Bergsee ein Stück urtümlicher Landschaft wider. Die Überschreitung des Alpenhauptkammes über St. Pöltner Hütte, 2481 m, zum Matreier Tauernhaus nimmt insgesamt ca. 6 Stunden in Anspruch und kann mit der Besteigung des 2989 m hohen Tauernkogels (weitere 2½ Stunden für Auf- und Abstieg, im Spätsommer normalerweise nicht schwierig) verbunden werden.

Mit dem Durchfahren des Tunnels (Maut) wechselt man vom Salzburger Land nach Osttirol über.
Wenige Kilometer unterhalb des Tunnel-Südportals zweigt eine Fahrstraße zum *Matreier Tauernhaus*, 1512 m, ab, ein Abstecher, den man bei günstigem Wetter keinesfalls versäumen sollte. Auf breitem, mäßig ansteigendem Fahrweg (tagsüber für Kfz gesperrt) erreicht man zu Fuß in ca. 50 Minuten *Außergschlöß*, 1695 m, mit außergewöhnlich schönem Ausblick auf Schlatenkees, Großvenediger, 3679, Kleinvenediger, 3477 m, und Schwarze Wand, 3511 m (auch Zufahrt mit Pferdegespann). Weiter taleinwärts gelangt man in max. 45 Minuten zum Weiler *Innergschlöß*, 1691 m, Ausgangspunkt für Wanderung zur Neuen Prager Hütte, 2796 m (3½ Stunden).
Der Sessellift Venedigerblick vom Matreier Tauernhaus zur Bergstation, 1986 m, eröffnet einen ähnlich schönen Ausblick.

Matrei in Osttirol, 977 m, Höhenluftkur- und Wintersportort, liegt an der Mündung des Virgentales.
Sehenswert: Pfarrkirche, Pfarrhaus, Gerichtsgebäude, Burg Weißenstein, St.-Nikolaus-Kirche etwas außerhalb und Ruine Dirnburg.

Virgen. Der Besuch des Virgentales mit seinem lieblichen Landschaftsbild, überragt von den Dreitausendern der Venedigergruppe, ist äußerst lohnend. Virgen, 1200 m, Luftkur- und Wintersportort mit sehenswerter Pfarrkirche, Allerheiligenkapelle und Ruine Rabenstein in der Umgebung, und **Prägraten,** 1310 m, sind die Hauptorte des Virgentales und Ausgangspunkt für viele Hochtouren in das Venedigergebiet. Eine umfassende Mineraliensammlung in Prägraten zeugt vom Reichtum an schönen Stufen in besonderen Höhenlagen dieser Gegend. Von den zahlreichen Tourenmöglichkeiten sei die Wanderung zur Bergeralm, 1845 m (2 Stunden von Bobojach nahe Prägraten), und weiter zum Wetterkreuz (1 Stunde) wegen der

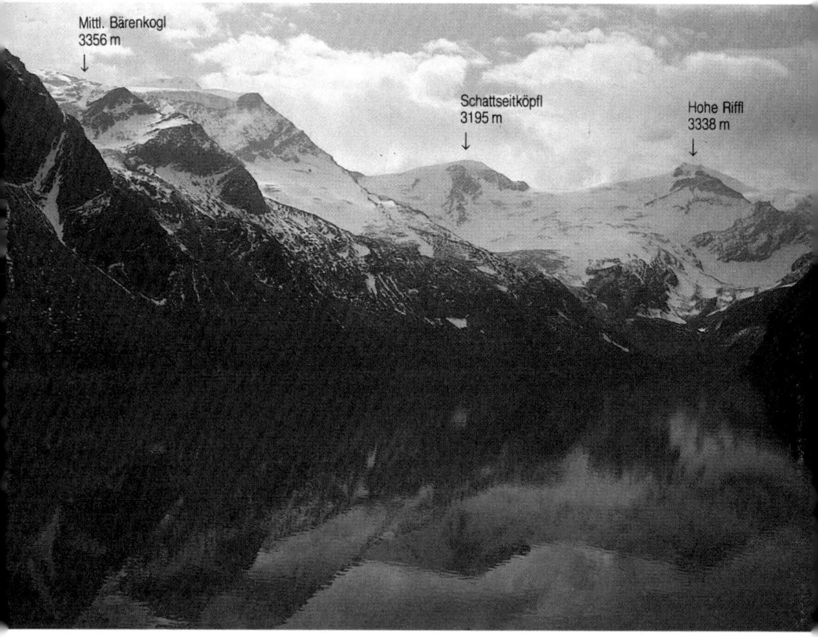

Mooserboden, Kaprun

hervorragenden Aussicht zur Venedigergruppe (u. a. Dreiherrenspitze, 3498 m) besonders empfohlen. Von dort oder über die Bergerseehütte kann der Bergerkogel, 2656 m, in 2 bis $2^1/_2$ Stunden ohne Schwierigkeit bestiegen werden (noch umfassendere Aussicht, von Venediger- bis Schobergruppe). Von *Hinterbichl,* weiter taleinwärts auf Fahrstraße, lassen sich schöne Wanderungen zu tiefen Schluchten, Wasserfällen und anderen landschaftlichen Höhepunkten unternehmen.

Bei **Huben,** 814 m, zweigt das landschaftlich reizvolle Defereggental vom Iseltal ab.

Hopfgarten, 1107 m, ist der erste Ort im Tal, nur wenige Kilometer von dem Talausgang entfernt. Etwa in der Mitte des Tales liegt auf einer Sonnenterrasse an den südlichen Hängen der Lasörlinggruppe *St. Veit,* 1493 m, Bergdorf und Wintersportgebiet. Die Pfarrkirche mit Fresken aus dem 15. Jahrh. ist sehenswert. Vom Ort aus blickt man in südlicher Richtung auf die Gipfel der Defereggor Alpen.

St. Jakob in Defereggen, 1389 m, Luftkur- und Wintersportort, ist zum Talende hin gelegen und Hauptort des Defereggentales. Sehenswert ist die Kirche von St. Leonhard. Der Talschluß wird von den Gipfeln der Rieserfernergruppe überragt, die in der Folge, wie auch die Straße über den Stallersattel, noch gesondert erwähnt wird. Vom Patscherhaus, 1675 m, zu dem eine mautpflichtige Straße führt, eröffnet sich eine Reihe vortrefflicher Hochtouren im Gebiet der Rieserfernergruppe.
Von Huben im Iseltal zweigt auch die Fahrstraße zum Kalser Tal in östlicher Richtung ab. In mehreren am Hang ansteigenden Kehren wird die schluchtartige Talmündung umgangen.

Hinter *Eggen,* 1104 m, an der Brücke über den Kalser Bach, erscheint für kurze Zeit der firnbedeckte Gipfel des Großglockners.

Kals. An Lesach vorbei erreicht man Kals, 1326 m, Luftkurort und Standort für Hochtouren in landschaftlich reizvoller Umgebung. Besonders lohnend ist die Fahrt mit dem Sessellift zum Glocknerblick, 1941 m. Hier genießt man eine hervorragende Aussicht auf die Westseite des Großglockners, 3797 m, und zur Schobergruppe.
Als Ausgangspunkt für Wanderungen im direkten Gegenüber des Großglockners empfiehlt sich das Neue Lucknerhaus, 1984 m, zu Fuß in 2 Stunden oder mit Zubringerdienst von Kals zu erreichen. Darüber hinaus bieten sich eine ganze Reihe weiterer Unternehmungen im Gebiet der Glockner-, Schober- und Granatspitzgruppe und ein ausgezeichnetes Skigelände.
Sehenswert in Kals: Pfarrkirche, St.-Jürgen-Kirche und Heimatmuseum.

Lienz. Im Iseltal abwärts gelangt man vorbei an den schönen Orten *St. Johann im Wald,* Ainet und Oberlienz nach Lienz, 675 m, Bezirkshauptstadt von Osttirol. Sehenswert sind u. a. Pfarrkirche, Franziskaner- und Dominikanerkirche, St.-Antonius-Kapelle, Reste der Stadtbefestigung, Schloß Bruck, Liebburg, Klösterleschmiede, Bildstock i. d. Kärntnerstraße, Heimatmuseum; etwas außerhalb bei Lavant die Ausgrabungsstätte des römischen Aguntum und Reste einer keltischen Siedlung. Die Kabinenseilbahn zur Zettersfeldhütte, 1820 m, eröffnet eine hervorragende Aussicht zu den Lienzer Dolomiten und in das Pustertal.

Großglockner-Hochalpenstraße und Mölltal

Die Großglockner-Hochalpenstraße darf als eine der schönsten Aussichtsstraßen im gesamten Alpenraum gelten. Vom lieblichen Ferleitental ausgehend, erreicht sie mit 2505 m hochalpine Regionen, von firn- und eisbedeckten Gipfeln überragt und an den gewaltigen Eisstrom der Pasterze herangeführt. Bei guten Sichtverhältnissen wird die Fahrt auf der gebührenpflichtigen Bergstraße zu einem unvergeßlichen Erlebnis. Die Wintersperre wird in der Regel erst Ende Mai aufgehoben und setzt je nach Witterung meist Mitte bis Ende November wieder ein.
Zusammen mit der Felbertauernstraße kann die Glocknerstraße in eine Rundtour mit dem eigenen Wagen einbezogen werden, die gut an einem Tage durchzuführen ist und mit der Felbertauernstraße, von Mittersill ausgehend, beginnen sollte, um die Aussichtsstellen Matreier Tauernhaus und Kals am Vormittag zu besuchen.
Bei *Bruck* zweigt die Straße in südlicher Richtung aus dem Salzachtal ab und erreicht nach wenigen Kilometern den Ort **Fusch a. d. Glocknerstraße,** 811 m. Hier zweigt eine Fahrstraße nach *Bad Fusch,* 1188 m, ab. *Ferleiten,* 1150 m, ist ein Ortsteil der Gemeinde Fusch und liegt unmittelbar an der nördlichen Mautstelle der Hochalpenstraße. Entlang der Fuscher Ache gelangt man bis zum Talschluß des Ferleitentales.
Die Glocknerstraße steigt unmittelbar hinter der Mautstelle am Schleierwasserfall vorbei in großzügig angelegten Kehren zum Piffkar, 1620 m, an. Hier eröffnet sich ein schöner Ausblick zum Gr. Wiesbachhorn, 3564 m. Nach einigen weiteren Kehren wird das Gebiet der »Hexenküche« erreicht. Über das Naßfeld gelangt man zum Fuscher Törl, 2428 m, mit großem Parkplatz. Die Aussicht von hier ist überragend und wird, wenn auch deutlich, nur von der Edelweißspitze übertroffen.
Die Straße zur *Edelweißspitze,* 2571 m, vor dem Fuscher Törl abzweigend, ist für Autobusse und Hängergespanne gesperrt und weist zum Teil enge Kehren bei einer Steigung bis zu 14% auf. Trotzdem sollte man den Besuch dieses einzigartigen Aussichts-

◁ Johannisberg, Pasterze

punktes – ob zu Fuß oder mit Pkw – nicht versäumen: 37 Dreitausender und 19 Gletscherfelder sind von hier aus zu überblicken. Vom Großglockner bis zum Steinernen Meer reicht die Aussicht, tief unten, etwa in Verlängerung des Ferleitentales, der Zeller See.

Die Paßstraße senkt sich ein wenig zur Fuscherlacke, 2262 m, hinab, um dann über das Mittertörl bis zum Hochtortunnel kräftig anzusteigen und in 2505 m den Scheitelpunkt zu erreichen. Vom Tunnelsüdportal blickt man auf die Gipfel der Schobergruppe. An den Hängen der Margaritzenwand, über den sanft geneigten Almboden und schließlich ins Guttal hinab überwindet die Straße in vielen Kehren den Höhenunterschied von 650 m. An der Guttalbrücke, 1859 m, zweigt die Straße zur *Franz-Josephs-Höhe*, 2369 m, einem weiteren absoluten Höhepunkt der Strecke, ab. Selbst das Parkhaus vermag dem großen Andrang gelegentlich nicht zu genügen und leert sich oft erst in den Abendstunden. Von hier blickt man direkt auf den Gletscherstrom der Pasterze hinab, der vom Johannisberg ausgeht und sich am Betrachter vorbei zum Gletschertor erstreckt. Auf der gegenüberliegenden Seite ragt majestätisch der Großglockner, 3797 m, auf. Mit einem Schrägaufzug gelangt man auf das Pasterzenkees hinunter. Lohnend ist der halbstündige Spaziergang zur Hofmannshütte, 2442 m, wenn nicht Steinschlag oder Lawinengefahr diese Unternehmung verbietet.

Während der weiteren Talfahrt lohnt sich ein Halt am Parkplatz *Kasereck,* 1904 m. Besonders in den Nachmittagsstunden, wenn die Sonne den Firngrat vom Schwerteck zum Glocknergipfel in gleißendes Licht hüllt, wird der Aufenthalt zum großartigen Erlebnis. Von einer kleinen Kapelle blickt man auf Heiligenblut und in das Mölltal hinab, das mit der Weiterfahrt nun in mehreren Kehren erreicht wird.

Heiligenblut, 1288–1310 m, Höhenluftkur- und Wintersportort in landschaftlich äußerst reizvoller Umgebung, vom eisflankierten Glocknergipfel überragt. Sehenswert sind die stilreine gotische Pfarrkirche und der Kalvarienberg mit der Ruine Kirchheimeck. Mit dem Sessellift ist das Whs Schareck, 2556 m, mit hervorragender Aussicht auf Glockner- und Schobergruppe zu erreichen.

Döllach, 1013 m, Erholungs- und Wintersportort, ehemaliges Zentrum des Goldbergbaues mit Wildpark, sehenswerter Pfarrkirche St. Andreas, Schloß Großkirchheim und Heimat- und Bergbaumuseum, liegt etwa auf halber Strecke zwischen Heiligenblut und **Winklern,** 965 m, einer Marktgemeinde mit sehenswertem Wehr- und Wohnturm.

Geradeaus gelangt man über den *Iselsberg,* 1204 m, mit ausgezeichneter Aussicht auf Lienzer Dolomiten, Drau- und Pustertal, nach Lienz.

Das Mölltal verläuft nunmehr in östlicher Richtung. An reizvollen kleinen Dörfern und dem Gößnitzsee vorbei gelangt man nach **Flattach,** 695 m. In der Ortschaft an der Mündung der 800 m langen, besuchenswerten Raggaklamm mit 8 Wasserfällen ist noch ein alter »Hochofen« vorhanden. In Innerfragant wurde früher Kupferbergbau betrieben.

Obervellach, 690 m, Schrothkurort und Marktgemeinde, ist der Hauptort des Mölltales. Hier zweigt die Straße nach Mallnitz zur Autoverladestelle für den Tauerntunnel ab. Außer Pfarrkirche und Heimatmuseum sind die Burgen Groppenstein und Falkenstein, die Ruine Oberfalkenstein und Schloß Trabuschgen in der Umgebung von Obervellach sehenswert.

Mallnitz, 1200 m, heilklimatischer Höhenluftkur- und Wintersportort, Standort für ausgedehnte Wanderungen und Hochtouren, ist Autoverladestation der Bahnlinie durch den Tauerntunnel (8,5 km) nach Böckstein (Badgastein). Die Ankogel-Kabinenseilbahn führt in zwei Sektionen in eine Höhe von 2650 m mit hervorragender Aussicht auf die Gipfel der Ankogelgruppe. Die Bergstation des Sesselliftes Häusleralm, 1900 m, eröffnet darüber hinaus den Ausblick zur Goldberggruppe.

Von **Kolbnitz,** 614 m, führt die Reißeckbahn zum Schoberboden, 2237 m, mit schönen Ausblicken zur Kreuzeckgruppe und zum Polinik. Hier befindet sich ein Speicherkraftwerk mit der gegenwärtig höchsten Gefällestufe der Welt (1770 m).
An der Einmündung des Mölltales in das Drautal liegt *Möllbrücke,* 560 m, Sommerfrische mit sehenswerter spätgotischer Pfarrkirche.

Maltatal und Gmünd

Eingebunden in die Gipfelwelt der Reißeck-, Ankogel- und Hafnergruppe – östlichste Dreitausender des Alpenraumes – weist sich das Maltatal mit seiner Vielzahl von Wasserfällen (Fallbachfall 150 m) als landschaftliche Besonderheit aus. Im Westen wird das »Tal der stürzenden Wasser« von der Hochalmspitze, 3360 m, überragt. Auf einer Mautstraße erreicht man den *Kölnbrein-Stausee* von der Fallerhütte aus. Eine Wanderung um den See zur Osnabrücker Hütte, 2022 m, nimmt vom Ende der Fahrstraße ca. 3 Stunden in Anspruch, wird aber durch eine hervorragende Aussicht zum Gr. Elendkopf, 3315 m, über der weiten Eisfläche des Großelendkeeses gelohnt. In der Nähe von Malta wurde ein Tierpark eingerichtet, der neben ausgesprochenen Alpentieren auch andere Tierarten beherbergt. Einige Weißkopfgeier mit einer Flügelspannweite bis zu 2,50 m wurden an feste Futterplätze gewöhnt; außerhalb der Fütterungszeiten fliegen die harmlosen Vögel jedoch frei im Gebirge umher.

Malta, 830 m, Hauptort des klimatisch besonders begünstigten Tales, ist nahe der Mündung gelegen. Sehenswert sind Ruine Malentein (Ödenfest), Pfarrkirche und Schloß Kronegg.

Gmünd. Das mittelalterliche Städtchen Gmünd, 732 m, markiert die Mündung des Maltatales. Sehenswert: Stadtmauer mit 4 Toren, Stadtturm,

Panorama von Edelweißspitze

Rain

Erdbeben- und Schandsäule, gotische Hallenkirche und Heimatmuseum. Gmünd liegt an der Katschbergstraße (s. dort) unweit Spittal.

Rieserfernergruppe und Stallersattel

Die Rieserfernergruppe mit dem Hochgall, 3438 m, als höchster Erhebung schließt sich gleich der Lasörlinggruppe der Venedigergruppe an. Die Deferegger Alpen sind als Ausläufer des aus Tonalitgestein bestehenden Gebirgsstockes anzusehen. Drei Täler führen zu den Hochregionen der Rieserfernergruppe: Antholzer Tal von Süden und Defereggental von Osten sind durch die Paßstraße über den Stallersattel, 2052 m, miteinander verbunden. Im Westen mündet das Raintal ins Tauferer Tal (s. Zillertaler Alpen). Über die Gipfel und die Einsattelung verläuft die österreichisch-italienische Staatsgrenze.

Als breites Wiesental mündet das Antholzer Tal (Valle di Anterselva) nahe Bruneck ins Pustertal. Die Dörfer des Tales sind bäuerliche Siedlungen, je nach Lage mehr oder weniger dem Tourismus erschlossen, und bilden zusammen die Gemeinde **Antholz (Rasun-Anterselva),** 1015–1642 m. Im Talkessel liegt, von den firngekrönten Gipfeln Wildgall, 3273 m, und Hochgall überragt, der malerische Antholzer See. Am Ende des Sees steigt die Straße zum Stallersattel in mehreren Kehren an. Vom Staller See, 2016 m, nahe der Paßhöhe hinunter ins Defereggental ist die Straße breit ausgebaut und wird hier auch von Autobussen befahren. Die Paßstraße ist jedoch nur in den Sommermonaten geöffnet.

Rain (Riva di Tures), 1595 m, im Raintal, Ortsteil der Gemeinde Sand in Taufers (s. dort). Von hier blickt man auf den gletschergeschmückten Talschluß zu Füßen des Hochgalls. Um die Aussicht zum Rieserferner mit dem krönenden Ruthner Horn, 3358 m, zu genießen, empfiehlt es sich, von Rain aus zur Kofleralm, 2192 m, aufzusteigen (ca. 2 Stunden). Der Ausblick von dort ist etwas umfassender als von der Bacheralm, 1841 m.

9

Sanfter Gipfelanstieg
Niedere Tauern und Gurktaler Alpen

Als Niedere Tauern werden jene Teile des Alpenhauptkammes bezeichnet, die sich den Hohen Tauern im Osten anschließen. Wer jedoch versucht ist, den Begriff »niedere« zu realistisch zu nehmen, wird sich getäuscht sehen, denn damit wird lediglich die Tatsache umschrieben, daß die Gipfelhöhen im Gegensatz zu den Hohen Tauern unterhalb der Dreitausendmetermarke liegen und nicht den eigentlichen, vergletscherten Hochregionen zuzurechnen sind. Mit 2863 m weist die höchste Erhebung der Schladminger Tauern, Hochgolling, immerhin eine beachtliche Höhe auf.

In den gipfelnahen Lagen unterscheidet sich das Landschaftsbild recht deutlich von dem der weiter westlich gelegenen Gebiete des Alpenhauptkammes. Ausgedehnte Wald- und Wiesenflächen überdecken Hänge und Tallagen.

Die Region umfaßt die Radstädter, Schladminger, Wölzer, Rottenmanner und Seckauer Tauern. Außerdem wird das Gebiet der Gurktaler Alpen mit einbezogen. Im Norden vom Ennstal, Palten- und Liesingtal begrenzt, erstreckt sich die Region im Osten bis zur Murschleife und der über den Perchauer Sattel verlaufenden Straßenverbindung Scheifling–St. Veit a. d. Glan. Die südliche Trennungslinie folgt der Straßenverbindung St. Veit – Feldkirchen – Radenthein – Millstatt – Spittal. Im Westen kann die Tauernautobahn als Abgrenzung zu den Hohen Tauern gelten.

Das von der Hafnergruppe im Lungau ausgehende Murtal teilt den Alpenhauptkamm in zwei parallel zueinander in östlicher Richtung verlaufende Bergkämme. Wer in Nord-Süd-Richtung diesen Teil des Gebirges überqueren will, muß den zweimaligen Anstieg in Kauf nehmen. Bei Benutzung des eigenen Kraftfahrzeuges stehen

(Fortsetzung auf Seite 240)

Zeichenerklärung auf Seite 88/89

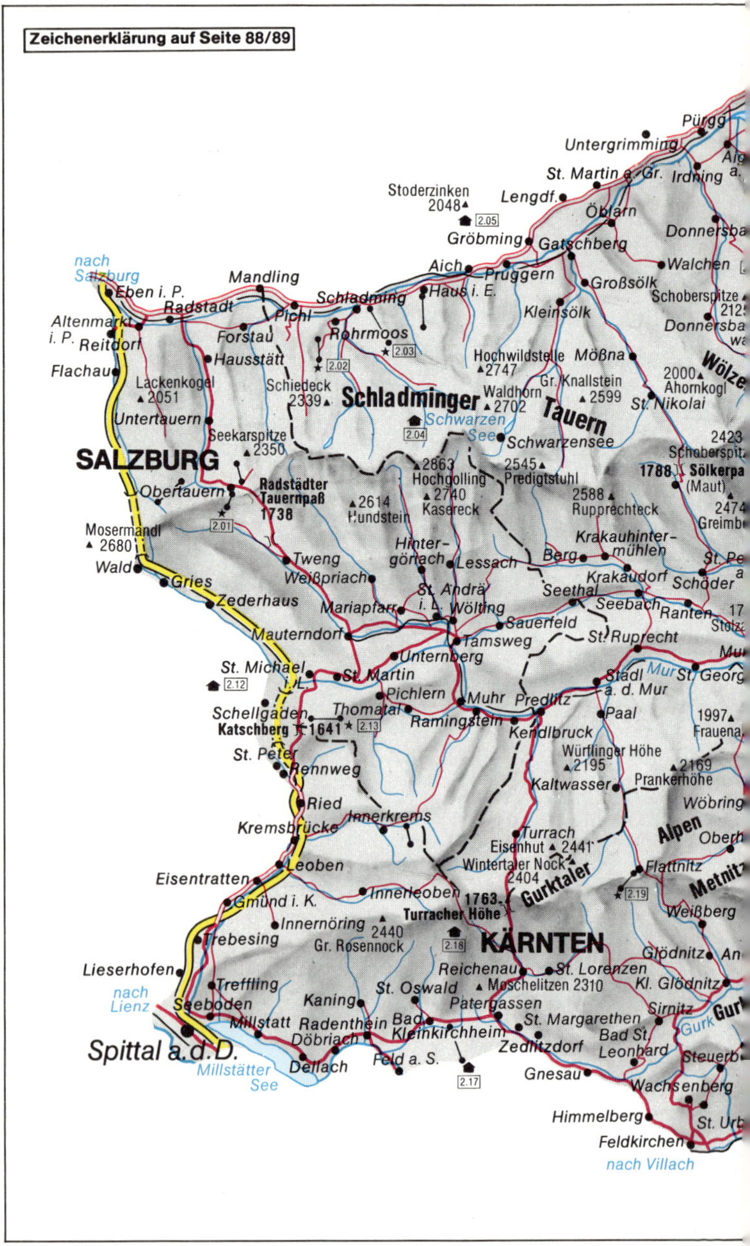

Liezen
Selzthal
Rottenmann
Lassing
St. Lorenzen
Gaishorn
Au
Treglwang
Oppenberg
Trieben
Hochhalde
2363
2.08
Rohrer
Hohentauern
Bösenstein
2449
2.09
Schober-Paß
850
Wald
Kalwang
Rottenmanner Tauern
Triebenthal
Geierhaupt
2416
Mautern
Seiz
Kammern
Timmersdorf
STEIERMARK
St. Johann
2416
Hochreichart
Seckauer Tauern
2398
Seck. Zinken
Kaisersberg
St. Michael
St. Stefan
Bretstein
Pusterwald
Luckbauerhube
2277
Gr. Ring.Kogl
Bischoffeld
Seckau
Feistritz
Mur
Tauern
Möderbrugg
St. Oswald
Preg
St. Marein
Gaal
Oberzeiring
Pöls
Kobenz
St. Lorenzen
ÖSTERREICH
Götzendorf
Sachendf.
St. Margarethen
Pöls
Frauenburg
Schönberg
Fohnsdf.
Knittelfeld
St. Georgen
Aichdf.
Zeltweg
Unzmarkt
Groß-Lobming
St. Peter
Lind
Niederwölz
Katsch
Judenburg
Groß-Feistritz
Scheifling
Weißkirchen
Ruine
Liechtenstein
Teufenbach
Puchfeld
St. Blasen
Perchau
Neumarkt
i. St.
N
10 km
1784
Wildbad
Einöd
Alpen
Dürnstein
St. Salvator
Feistritz
Friesach
Michldorf
Hirt
Straßburg
Gurk
Zwischenwässern
Tal
Pisweg
Meiselding
Dürnfeld
Kraig
1338
Schneebauer Berg
St. Veit
Liebenfels
Glan
9

1. Ferienorte und touristische Zentren

Ennstal, Palten- und Liesingtal:

1.01 **Radstadt,** 856 m, Erholung, Wandern, Wintersport, Kultur
1.02 **Obertauern,** 1738 m, Wintersport-Zentrum
1.03 **Mauterndorf,** 1121 m, Erholung, Spaziergänge, Bergwandern
1.04 **Rohrmoos-Untertal,** 850–1300 m, Erholung, Wandern, Wintersport
1.05 **Schladming,** 750 m, Erholung, Bergwandern, Wintersport
1.06 **Gröbming,** 776 m, Erholung, Spaziergänge, Bergtouren
1.07 **Irdning,** 670 m, Erholung, Spaziergänge
1.08 **Donnersbach,** 690 m, Erholung, Wandern, (Skigebiet Planneralm)
1.09 **Aigen,** 660 m, Erholung, Baden, Spaziergänge
1.10 **Rottenmann,** 674 m, Erholung, Bergtouren
1.11 **Trieben,** 708 m, Erholung, Bergtouren
1.12 **Hohentauern,** 1265 m, Bergtouren, Wintersport
1.13 **St. Johann am Tauern,** 1053 m, Erholung, Wandern, Wintersport
1.14 **St. Oswald-Möderbrugg,** 927 m, Erholung, Bergwandern
1.15 **Oberzeiring,** 930 m, Erholung, Wandern, (Silber-Schaubergwerk)
1.16 **Mautern in Steiermark,** 695 m, Erholung, Bergwandern, (Wildpark)

Murtal vom Lungau bis St. Michael in Obersteiermark:

1.17 **Muhr,** 1107 m, Erholung, Bergwandern
1.18 **St. Michael im Lungau,** 1075 m,
1.19 **Zederhaus,** 1205 m, Erholung, Bergwandern
1.20 **Tamsweg,** 1021 m, touristisches Zentrum
1.21 **Predlitz,** 922 m, Erholung, Wandern
1.22 **Stadl a. d. Mur,** 920 m, Erholung, Wandern, Bergtouren
1.23 **Murau,** 809 m, Bergwandern, Wintersport
1.24 **Oberwölz-Stadt,** 812 m, Erholung, Wandern, Bergtouren
1.25 **Scheifling** 763 m, Erholung, Spaziergänge
1.26 **Judenburg,** 737 m, Spaziergänge, Wandern, Kultur
1.27 **Zeltweg,** 677 m, Erholung, Wandern, Motorsport: Österreichring
1.28 **Knittelfeld,** 645 m, tourist. Zentrum
1.29 **St. Michael in Obersteiermark,** 596 m, Erholung, Bergwandern

Gurktal, Nockgebiet:

1.30 **Radenthein,** 746 m, mit den Ortsteilen Döbriach am Millstätter See und Kaning-Dorf am Kaninggraben: Erholung, Baden, Bergwandern
1.31 **Bad Kleinkirchheim,** 1087 m, Heilbad, Spaziergänge, Bergtouren
1.32 **Ebene Reichenau,** 1062 m, Erholung, Wandern
1.33 **Gnesau,** 973 m, Erholung, Wandern
1.34 **Sirnitz,** 790 m, Erholung, Wandern
1.35 **Flattnitz,** 1400 m, Erholung, Wandern
1.36 **Glödnitz,** 748 m, Ortsteil von Weitensfeld: Erholung, Bergtouren
1.37 **Weitensfeld,** 702 m, Erholung, Wandern
1.38 **Gurk,** 664 m, bedeutende Kunststätte
1.39 **Straßburg,** 658 m, Erholung, Spaziergänge
1.40 **Metnitz,** 847 m, Erholung, Bergwandern

2. Besondere Ausflugsziele und Berghütten

Ennstal, Palten- und Liesingtal:

2.01 **Zehnerkar,** 2192 m, Bergstation der Kabinenseilbahn von Obertauern; ausgezeichnete Rundsicht.
2.02 **Hochwurzen,** 1850 m, Sessellift von Rohrmoos-Untertal oder Mautstraße; hervorragende Aussicht zum Dachsteinmassiv.
2.03 **Planei,** 1900 m, Gondelbahn und Bergstraße von Schladming; Ausblick zum Dachsteinmassiv, zur Gipfelgruppe des Höchsteins und zum Hochgolling.
2.04 **Gollinghütte,** 1651 m, am Fuße des Hochgolling, 3 Stunden ab Gh Weiße Wand (bis dort Straße und Kleinbus-Taxi).
2.05 **Steinerhaus,** 1700 m, am Stoderzinken, Mautstraße von Gröbming; hervorragende Aussicht auf die Gipfelwelt der Schladminger Tauern.
2.06 **Schwarzensee,** 1153 m, im Kleinsölker Obertal, 1 Stunde von der Breitlahnhütte, 1104 m (bis dort Straße und im Sommer Postauto).
2.07 **Planneralm,** 1575 m, Mautstraße oder 3½ Stunden zu Fuß von Donnersbach.
2.08 **Rottenmanner Hütte,** 1578 m, am Fuße des Steinernen Mandl, 2043 m, 2½ Stunden von Rottenmann.
2.09 **Edelrautehütte,** 1708 m, Mautstraße von Hohentauern; Wanderung zum Gr. Scheibelsee ½ Stunde.
2.10 **Silberbergwerk in Oberzeiring** (Schaubergwerk). Führungen tägl. 8–12 und 14–17 Uhr.
2.11 **Wildpark Mautern,** 500000 m², Besichtigung 1. 5.–31. 10. ganztägig, 1. 11.–30. 4. Besichtigung d. Fütterung Edlingerhube. Im Sessellift über Gehege mit Rot- und Damhirschen, Hochlandrindern, Bergponys und Davidshirschen. Von Wanderwegen sind 7 Tierarten in freier Natur zu beobachten.

Murtal:

2.12 **Rotgüldenseehütte,** 1702 m, Fahrweg bis Rotgüldensee-Aufstieg, 1370 m, von dort 1 Stunde, oder 2½ Stunden zu Fuß von Mur; Ausblick zum Hafner, 3076 m, mit vergletschertem Kar über dem Rotgüldensee.
2.13 **Aineck,** 2210 m, Sessellift von Katschbergpaßhöhe; Aussicht auf Hafnergruppe, Nockberge und Niedere Tauern.
2.14 **Turracher Höhe,** 1783 m, Scheitelpunkt der bei Predlitz abzweigenden Paßstraße mit dem

reizvoll gelegenen, vom Gipfelkranz der Nockberge gekrönten Turracher See.

2.15 **Gipfel Frauenalpe,** 1997 m, Fahrstraße bis Murauer Hütte, 1583 m, von dort 1 1/2 Stunden; Aussicht ins Murtal, Fernsicht auf Schladminger und Wölzer Tauern.

2.16 **Ruine Liechtenstein** bei Judenburg; Blick auf Stadt und Talebene.

Gurktal, Nockgebiet, Metnitzer und Wimitzer Berge:

2.17 **Whs Kaiserburg,** 1915 m, Sessellift von Bad Kleinkirchheim; Aussicht auf Gipfelgruppe von Gr. Rosennock, 2440 m, bis Moschelitzen und zum Oberlauf der Gurk.

2.18 **Rosentaler Alm,** 1700 m, Mautstraße, abzweigend von der Paßstraße zur Turracher Höhe; Ausgangspunkt für schöne Höhenwanderungen.

2.19 **Hirnkopf,** 1840 m, Sessellift von Flattnitz; Aussicht auf Wintertaler Nock, 2404 m.

2.20 **Fahrstraße durch den Metnitzgraben;** reizvolles, waldreiches Tal.

3. Die höchsten und markantesten Gipfel

Radstädter Tauern:
Mosermandl, 2680 m, 1.19
Seekarspitze, 2350 m, 2.01
Steinfeldspitze, 2344 m, 2.01

Schladminger Tauern:
Hochgolling, 2863 m, 2.03, 2.04
Hochwildstelle, 2747 m, 2.05
Waldhorn, 2702 m, 2.04
Kieseck, 2681 m, 2.06
Gr. Knallstein, 2599 m, 1.06, Sölkerpaß
Höchstein, 2548 m, 2.03, 2.04
Predigtstuhl, 2545 m, 2.06
Süßleiteck, 2509 m, Sölkerpaß
Steir. Kalkspitze, 2455 m, 2.02

Wölzer Tauern:
Greimberg, 2474 m, Sölkerpaß
Schoberspitze, 2423 m, 2.07
Hochweberspitze, 2370 m, 2.07
Hohenwart, 2361 m, 2.07

Rottenmanner Tauern:
Gr. Bösenstein (Pölsenstein), 2449 m, Strechaugraben
Hochhaide, 2363 m, 1.10, Strechaugraben
Bruderkogel, 2303 m, 1.12

Seckauer Tauern:
Hochreichart, 2416 m, (1.16)
Geierhaupt, 2416 m, Schoberpaß, Liesingtal
Seckauer Zinken, 2398 m, 1.16
Gr. Griesstein, 2338 m, 1.11

Nockgebiet:
Eisenhut, 2441 m, 2.14
Gr. Rosennock, 2440 m, 2.17
Kilnprein, 2410 m, 2.14
Wintertaler Nock, 2404 m, 2.14
Rinsennock, 2334 m, 1.32, 2.14, 2.18
Königstuhl, 2331 m, 2.14
Klomnock, 2331 m, 2.17
Moschelitzen, 2310 m, 1.31, 2.17
Wöllaner Nock, 2145 m, 1.31, 2.17

Metnitzer Alpen:
Prankerhöhe, 2169 m, (2.20)

Schauhöhlen, Schaubergwerke in Österreich

Schauhöhlen:

Tropfsteinhöhle in Griffen, Kärnten. Bunteste Tropfsteinhöhle Österreichs. Zugang unmittelbar im Ort.
Ötscher-Tropfsteinhöhle, Niederösterreich. Zufahrt von Gaming; Fußweg v. Lackenhof
Dachstein-Mammuthöhle, Oberösterreich. Größte Höhle des Dachsteinmassivs. Zugang von Obertraun, mit Dachstein-Seilbahn.
Dachstein-Rieseneishöhle, Oberösterreich. Eisführende Höhle m. gewalt. Hallen und Eiskuppeln. Zugang von Obertraun, m. Seilbahn.
Koppenbrüllerhöhle, Oberösterreich. Wasserhöhle, Tropfsteingruppen; Zugang: 20 Minuten von Gh Koppenrast bei Obertraun.
Eisriesenwelt bei Werfen, Salzburg. Größte ständig eisführende Höhle der Welt. Zugang: Bergstraße v. Werfen u. Seilbahn.
Lamprechtsofen nahe Weißbach bei Lofer, Salzburg. 14 km, 740 m Höhenunterschied, Wasserfälle. Zugang: Neben Bundesstraße zw. St. Martin und Weißbach bei Lofer.
Lurgrotte bei Peggau und Semriach, Steiermark. Wasserdurchrauschte Tropfsteinlabyrinthe, Tropfsteinfiguren, »Großer Dom« u. a. Zugänge vom Ortsende von Peggau und auf kurzem Wanderweg von Semriach.
Katerloch bei Weiz, Steiermark. »Phantasiehalle«, »Seenparadies«. Zugang: Fahrstraße von Weiz, 9 km.
Kraushöhle nahe Gams bei Hieflau, Steiermark. Gipskristallhöhle. Zugang: Schmaler Fahrweg von Gams und 10 Gehminuten.
Rettenwandhöhle bei Kapfenberg, Steiermark. Gr. Tropfsteingruppen u. Sinterbildungen. Zugang: 4 km v. Kapfenbg. Richtg. Mariazell.

Schaubergwerke:

Salzbergwerk Bad Ischl, Oberösterreich. Einfahrt in Perneck, 3 km v. Bad Ischl.
Salzbergwerk in Hallstatt, Oberösterreich. Einfahrt 10 Min. v. Bergstation d. Salzbergseilbahn (Ausstellung Gräberfeld und prähistor. Salzbergbau).
Salzbergwerk Hallein, Salzburg. Eingang Dürrnberg, Seilbahn von Hallein.
Salzbergwerk in Altaussee, Steiermark. Zufahrt von Altaussee, 2,5 km.
Erzberg in Eisenerz, Steiermark. Zugang im Ort.
Silberbergwerk in Oberzeiring, Steiermark. Museum am Bergwerkseingang. Zugang im Ort.

Erläuterung Seite 87

ihm dazu drei Routen zur Verfügung. Landschaftlich reizvoll sind sowohl der Radstädter-Tauern-Paß, 1739 m, und jenseits des Murtales der 1641 m hohe Katschberg als auch der mautpflichtige Sölkerpaß, 1788 m, und südlich davon die Turracher Höhe, 1783 m. Mit der neuen Tauernautobahn wurde eine schnelle Verkehrsverbindung geschaffen, die in zwei Tunnelstrecken die jeweiligen Kammlagen durchbricht und sanft ansteigend nur 1340 m Scheitelhöhe erreicht.

Während das breite Tal der Enns als Trennungslinie zweier Regionen von Irdning bis Liezen bereits ausführlich beschrieben wurde (siehe Seite 95), lohnt es sich, die landschaftlichen Vorzüge des Talabschnittes Radstadt–Irdning im Zusammenhang mit dieser Region einer näheren Betrachtung zu unterziehen. Beiderseits der Talsohle erstrecken sich an den nördlichen und südlichen Hängen ausgedehnte Urlaubs- und Erholungsgebiete. Unmittelbar an den steilen Südabstürzen des Dachsteins ist Ramsau gelegen, an der gegenüberliegenden Talseite Rohrmoos und Ortsteile von Schladming. Bergbahnen und -straßen erschließen besondere Aussichtspunkte hoch über dem Tal bei Schladming. Weiter östlich verdienen vor allem die Seitentäler Erwähnung, die zur Tauernkette hin ansteigen.

Die Rottenmanner Tauern – höchste Erhebungen Gr. Bösenstein, 2449 m, Hochhaide, 2363 m – bestimmen das Landschaftsbild des Paltentales mit den Orten Trieben und Rottenmann im Süden. Parallel zum Liesingtal verlaufen die Seckauer Tauern, die im Hochreichart, 2416 m, im Geierhaupt, 2416 m, und im Gr. Griesstein, 2338 m, gipfeln. Das Pölstal trennt von Süden her diese Berggruppen und ist von Trieben aus über den Rottenmanner Tauernpaß, 1265 m, zu erreichen. Südlich der Rottenmanner Tauern erstrecken sich die Wölzer Tauern zum Murtal hin, das die Tauernkette von den Gurktaler Alpen trennt. St. Michael im Lungau, Tamsweg und Murau sind die Hauptorte des Tales, das erst östlich von Scheifling eine dichtere Besiedlung aufweist. Judenburg, Zeltweg mit dem Österreichring als internationaler Rennstrecke und Knittelfeld sind Zentren oberhalb der großen Flußschleife.

Die einzelnen Berggruppen der Gurktaler Alpen haben eigene Namen. Die

Bei Maria Pfarr gegen Hochgolling, 2863 m, und Kasereck, 2740 m

Gipfel der Metnitzer und Wimitzer Alpen im Osten erreichen nirgends die Zweitausendmetermarke, während im Nockgebiet Eisenhut und Gr. Rosennock bis 2440 m hoch aufragen. Das Gurktal mit den Hauptorten Gurk und Straßburg, von Osten her zum Nockgebiet ansteigend, ist über die Flattnitzer Höhe, 1400 m, mit dem oberen Murtal und dem Metnitztal verkehrsmäßig verbunden und auch von Feldkirchen aus über eine Straßenanbindung zu erreichen. Gurk besitzt mit seinem romanischen Dom ein über die Grenzen Österreichs hinaus bekanntes Bauwerk.
Die Seen südlich der Gurktaler Alpen werden an anderer Stelle zusammen mit den übrigen Kärntner Seen gesondert Erwähnung finden.

Geschichte. Die Steiermark, zu der die größten Gebietsanteile dieser Region gehören, hat an der allgemeinen geschichtlichen Entwicklung des Alpenraumes teilgenommen. Einst Teil der römischen Provinz Noricum, wurde das Gebiet Bestandteil des Ostgotenreiches und blieb es bis zum Eindringen der Awaren und Magyaren im 7. und 8. Jahrhundert. Karl der Große befriedete das Gebiet und förderte gleichzeitig die Germanisierung durch Ansiedelung fränkischer Bauern. Bis ins hohe Mittelalter hinein lenkten die Babenberger die Geschicke der Region. 1192 wurde die Steiermark Bestandteil des Herzogtums Österreich, um im 13. Jahrhundert für kurze Zeit an Ungarn zu fallen. Rudolf von Habsburg belehnte schließlich seine Söhne Albrecht und Rudolf mit den Herzogtümern Österreich und Steiermark. Erzherzog Johann (1782–1859), Sohn Kaiser Leopolds II., selbst Bergsteiger, galt als Förderer des Alpinismus, stiftete im Jahre 1811 das steirische Landesmuseum in Graz und erfreute sich im gesamten Alpenraum großer Zuneigung.

Geologisch bieten die Niederen Tauern kein einheitliches Bild. Ungefähr im Gebiet des Radstädter-Tauern-Passes und des Katschbergs verläuft die östliche Begrenzung des sogenannten Tauernfensters. Weiter östlich dominieren in der Tauernkette bis hin zu den Seckauer Tauern Gneise und Glimmerschiefer. Entlang des Enns- und Paltentales erstreckt sich an den Nordhängen der Tauern eine unter-

Grimming von Trautenfels

schiedlich breite Zone von Quarzphyllit und Grauwacke, die insbesondere im Bereich des Liesingtales durch zum Teil metamorphes Permomesozoikum ersetzt wird.

Die Gneise der Seckauer Tauern sind granitischen Ursprungs und durch die Metamorphose in ihrer Textur zum Teil nur geringfügig verändert. Während im Nockgebiet Glimmerschiefer und Gneise des Alpenhauptkammes vorherrschen, sind in den östlich angrenzenden Gebietsteilen der Gurktaler Alpen Phyllite anzutreffen. In der Umgebung des Glantales begegnet man einer Schuppenzone. An der südöstlichen Grenze dieser Region, zur Saualpe hin, ist inselgleich Kreide eingelagert.

Großräumig betrachtet, fügt sich die Region in das vertraute Bild ein, das man im metamorphkristallin geprägten Alpenhauptkamm zu sehen gewohnt ist. Mineralogen und an Vorkommen von Bodenschätzen Interessierten soll andeutungsweise das Silberbergwerk bei Oberzeiring vorgestellt werden, in dem regelmäßige Führungen für das Publikum stattfinden.

Wetter. Im Norden des Ennstales bildet das Dachsteinmassiv eine Barriere gegen das Vordringen von Störungsausläufern typischer Westwetterlagen nach Süden. Im Bereich der Niederen Tauern als Bestandteil des Alpenhauptkammes erfolgt der Luftmassenstau an der Nordseite nicht in so ausgeprägter Form wie im Gebiet der Hohen Tauern. Insgesamt ist die Niederschlagsneigung bei entsprechender Wetterlage geringer als in den westlich benachbarten Gebieten. Zeitigere Auflockerung der Bewölkung und wechselhaftes Wetter sind die Folge weniger gehemmter Luftmassenbewegung in Nord-Süd-Richtung. Allerdings sind die Gebiete südlich der Niederen Tauern im Alpenhauptkamm Schlechtwettereinflüssen dann stärker ausgesetzt als beispielsweise das obere Drautal im Bereich der Hohen Tauern. Insgesamt ist diese Region jedoch im Sommer gegenüber den weiter westlich gelegenen Gebieten bevorzugt, wenn nicht gerade die Zufuhr feuchtkalter Luftmassen polaren Ursprungs längere Zeit andauert und das Wetter bestimmt.

Pflanzenwachstum und Tierbestand sind den übrigen Regionen im Alpenhauptkamm angeglichen. Mit Ausnahme begrenzter Gebiete, da Kalkfelsen die entsprechende Verwitterungskrume bilden, sind sog. kalkliebende Pflanzen weniger vertreten, dagegen überzieht im Bereich der Baumgrenze und darüber die Rostrote Alpenrose weite Gebietsteile. Als Besonderheit soll der Gelbe Speik im Nockgebiet Erwähnung finden.

Im Liesingtal umfaßt der Wildpark Mautern eine Fläche von 500000 m^2 an den Hängen der Seckauer Tauern. Mit einem Sessellift überquert man Gehege mit kapitalen Hirschen, Damwild, Hochlandrindern aus Schottland und Bergponys.

Grimming von Pürgg

Schloß Biberstein in Himmelberg

Niedere Tauern – Ennstal, Palten- und Liesingtal

Das Landschaftsbild des oberen Ennstales von Radstadt bis Irdning wird von den konkurrierenden Gipfeln der Nördlichen Kalkalpen einerseits und andererseits von den Bergen der Radstädter und Schladminger Tauern bestimmt. Sicherlich kommt dem Dachsteinmassiv bei Radstadt und Schladming eine Vorrangstellung zu, und der Stoderzinken, 2048 m, beherrscht durch seine nahe Gipfellage die Szenerie bei Gröbming, wie auch der Grimming in der Umgebung von Irdning Akzente setzt. Die hohen Erhebungen der Tauern, die hier nicht mehr zu den Gletscherregionen aufsteigen, weichen weit nach Süden zurück und markieren die Talenden vieler landschaftlich reizvoller Seitentäler sowie den Straßenverlauf einzelner Bergpässe, die hier unterhalb der Zweitausendmetermarke den Alpenhauptkamm überqueren. Dennoch stellt sich auch die Gipfelgruppe um den Höchstein, 2548 m, als Dominante der Tallandschaft östlich von Schladming dar. Die Wölzer Tauern treten unmittelbar zum Ennstal hin weniger in Erscheinung, während im Paltental zwischen Rottenmann und Trieben die Rottenmanner Tauern mit Hochhaide, 2363 m, und Gr. Bösenstein (Gr. Pölsenstein), 2449 m, die alpine Landschaftsform prägen. Das gesamte Liesingtal, das über den 849 m hohen Schoberpaß mit dem Paltental verbunden ist, wird vom Gipfelkamm der Seckauer Tauern begleitet.

Radstadt, 856 m, Ferien- und Wintersportort mit altem Stadtbild und Pfarrkirche, Kapuzinerkirche, zwei Schlössern, Stadtmauer und Wehrtürmen als sehenswürdigen Bauten, ist Ausgangspunkt der Straße über den *Radstädter-Tauern-Paß.*

Obertauern. Die Paßstraße durchzieht zunächst das enge Taurachtal, führt an mehreren Wasserfällen, darunter Kessel- und Gnadenfall, vorbei und erreicht bei dem Ferienort und Wintersportzentrum *Obertauern* den im Sommer durch ausgedehnte Alpenrosenfelder geschmückten, 1738 m hohen Scheitelpunkt. Anfangs eröffnet sich vom Straßenanstieg ein hervorragender Blick zur Gr. Bischofsmütze des Gosaukammes. Die braungefärbten Gipfel der Seekarspitze, 2350 m, und Gamskarspitze, 2412 m, sowie die Steilhänge der Gamsleitenspitze, 2357 m, bilden die Gipfelrahmung des Passes. Zum Zehnerkar, 2192 m, mit schöner Rundsicht gelangt man mit einer Kabinenseilbahn von Obertauern aus. Die Paßstraße zwängt sich abwärts gerichtet durch die Engstelle des Twenger Talpasses und erreicht schließlich *Mauterndorf,* 1121 m.

Rohrmoos, 850–1300 m, Ferien- und Wintersportort, liegt als weit verstreute Gemeinde an den Hängen südlich des Ennstales über Schladming. Die Aussicht zum Dachsteinmassiv verdient hier besondere Erwähnung. Zum *Hochwurzen,* 1850 m, mit einem noch umfassenderen Ausblick, gelangt man auf einer Mautstraße oder mit dem Sessellift.

Schladming, 750 m, alte Stadt und landschaftlich reizvoll gelegener Luftkur- und Wintersportort im Ennstal mit sehenswerter, spätgotischer Kirche und Stadttor. Die Gondelbahn auf die Planei, 1900 m, eröffnet einen hervorragenden Ausblick zum Dachsteinmassiv, zur Gipfelgruppe des Höchsteins und zum Hochgolling, 2863 m. Der Aussichtspunkt ist auch auf einer Bergstraße zu erreichen. Ein lohnendes Ausflugsziel ist die Gollinghütte, 1651 m, am Fuße des Hochgolling, 3 Stunden ab Gh Weiße Wand (bis dort Straße und Kleinbus-Taxi).

Gröbming, 776 m, Ferien- und Wintersportort in landschaftlich reizvoller Lage über dem Ennstal, vom Stoderzinken, 2048 m, als östlichstem Ausläufer des Dachsteinmassivs überragt, ist Ausgangspunkt für Fahrten in die Sölktäler und zum *Sölkerpaß,* 1788 m, einer in stille und unberührte Alpenlandschaft führenden Paßstraße, die Ennstal und Murtal verbindet (Mautstraße). Eine Mautstraße führt auch zum *Steinerhaus,* 1700 m, am Stoderzinken, mit hervorragender Aussicht auf die Gipfelwelt der Schladminger Tauern. Als Ausflugsziel im Kleinsölktal ist der *Schwarzensee* im schönen Talschluß des Obertales zu empfehlen – 1 Std. von der Breitlahnhütte, 1104 m (bis dort Straße und im Sommer Postauto).

Irdning, 670 m. Hier prägt der nordwestlich aufragende Grimming das Landschaftsbild. Der Ferienort ist abseits der Hauptverkehrsstraße im Ennstal gelegen und besitzt in Schloß Gumpenstein, Schloß Falkenburg, dem Kapuzinerkloster und der Kirche sehenswerte Baudenkmale. In einem Seitental liegt *Donnersbach,* 690 m, Bergdorf, Wintersportort sowie Ausgangspunkt für Wanderungen und Unternehmungen im Donnersbachtal. Lohnendes Ausflugsziel ist auch die *Planneralm,* zu der eine Mautstraße führt.

Aigen, 660 m, Ferien- und Badeort am Putterersee, wie Irdning an der Südseite des Ennstales und abseits des Hauptverkehrsweges gelegen. Sehenswert ist das Putterer Schloß.

Lassing, 778 m. Aus dem Ennstal zweigt vor Liezen ein Sträßchen in das jenseits des Mitterberges gelegene, stille Tal mit einer Reihe von Siedlungen ab, deren größte Lassing ist. Das u. a. vom Lassingbach durchflossene Tal mündet unweit Rottenmann in das Paltental.

Rottenmann, 674 m, alte Stadt und Ferienort im vorderen Paltental, weist schöne Bürgerhäuser und sehenswerte Kirchen auf. Ausflüge nach Oppenberg zum Gullinggraben und zum Stre-

Deneck von der Sölkerpaßstraße

chaugraben, der von Hochhaide, 2363 m, und Gr. Bösenstein (Pölsenstein), 2448 m, überragt wird, ermöglichen ausgedehnte Wanderungen. Empfehlenswert ist auch der Besuch der *Rottenmanner Hütte* (1578 m; 2½ Stunden) am Fuße des Steinernen Mandl, 2043 m.

Trieben, 708 m, Ferienort im Paltental mit sehenswerter Pfarrkirche. Hier zweigt die Straße über den »Triebener Tauern« nach Judenburg ab. Die Paßstraße weist einige Steilstrecken auf, gewährt aber dann bei *Hohentauern,* 1265 m, am Scheitelpunkt eine ausgezeichnete Rundsicht zu den Gipfeln der Rottenmanner und Seckauer Tauern. Besonders lohnend ist die Mautstraße, die bei Hohentauern zur Edelrautehütte, 1708 m, abzweigt. Von dort führt ein markierter Höhenweg zum landschaftlich reizvoll gelegenen Gr. Scheibelsee.
Der südwärts gerichtete Straßenverlauf berührt die Orte *St. Johann am Tauern,* 1053 m, und *St. Oswald-Möderbrugg,* 927 m.
Bei Unterzeiring zweigt eine Straße nach **Oberzeiring,** 930 m, ab, dessen Silber-Schaubergwerk, einstmals das größte im Ostalpenraum, einen Besuch lohnt. Die Straße durch das Paltental führt von Trieben weiter südostwärts zum Schoberpaß, 849 m, und abwärts in das Liesingtal.

Mautern in Steiermark, 695 m, im Liesingtal zwischen Seckauer Tauern im Süden und Eisenerzer Alpen im Norden gelegen, besitzt in Pfarr- und Klosterkirche besondere Sehenswürdigkeiten. Besuchenswert ist auch der Wildpark an den südlichen Hängen, dessen Gehege man mit dem Sessellift überquert (Rothirsche, Damwild, schottische Hochlandrinder, Bergponys und Davidshirsche).
Wenige Kilometer vor *St. Michael in Obersteiermark,* 596 m, vereinigt sich die Straße mit der über den Präbichl verlaufenden Parallelverbindung Liezen – Admont – Eisenerz.

Das Murtal vom Lungau bis St. Michael in Obersteiermark

Das Landschaftsbild am Oberlauf der Mur zeigt sich vielseitig und abwechslungsreich. Wird das Hochtal im Ge-

Wolfsbachalm bei Zeltweg

biet der Murquelle noch von den an die Dreitausendmetermarke heranreichenden Gipfeln der Hafnergruppe in den Hohen Tauern beherrscht, so darf der weitere Talverlauf ab St. Michael im Lungau als ausgesprochen lieblich bezeichnet werden. Die Niederen Tauern im Norden und das Nockgebirge als Teil der Gurktaler Alpen im Süden begrenzen das Tal, doch weichen deren hohe Gipfel so weit zurück, daß die eigentlich alpine Komponente nirgends vordergründig in Erscheinung tritt und wald- und wiesenbedeckte Hanglagen den Landschaftscharakter bestimmen.

Muhr, 1107 m, Bergdorf und stiller Luftkurort im Ursprungstal der Mur an den Ausläufern der Hafnergruppe gelegen, mit sehenswerter Pfarrkirche. Sehr lohnend ist die Wanderung zur Rotgüldenseehütte, 1702 m (Fahrweg bis »Rotgüldenseeaufstieg«, von dort 1 Std.), mit prächtigem Ausblick zum Hafner, 3076 m, über dem Rotgüldensee (von Muhr, vorbei am Murfall, insgesamt 2¹/₂ Std.)

St. Michael im Lungau, 1075 m, Luftkur- und Wintersportort, mit Pfarrkirche, römischem und mittelalterlichem Grabstein sowie der etwas außerhalb auf den Resten eines Mithrastempels erbauten St.-Ägidius-Kirche. Hier mündet das Zederhaustal, das am Fuße des Weißecks, 2711 m, seinen Ausgang nimmt.
Zederhaus, 1205 m, Ferienort im Zederhaustal am Fuße des Schwarzecks, 2635 m; Auffahrt zur Tauernautobahn.
Bei St. Michael i. L. zweigt die Paßstraße über den *Katschberg,* 1641 m, ab. Von der Paßhöhe, die selbst wenig Aussicht bietet, führt ein Sessellift zum 2210 m hohen Aineck, mit schönen Ausblicken zur Hafnergruppe, zu den Niederen Tauern und den Gipfeln des Nockgebirges.
Unweit St. Michael i. L. mündet auch die Paßstraße über den Radstädter-Tauern-Paß von Mauterndorf ein.

Tamsweg, 1021 m, Bezirkshauptstadt, Luftkur- und Wintersportort mit altem Rathaus, Kirchen, Heimatmuseum und anderen Sehenswürdigkeiten, liegt an der Einmündung einer mit dem Murtal über Sauerfeld, Seetal und Ranten parallel verlaufenden Straße, die sich bei Murau wieder mit der Tal-

Unteres Maltatal Richtung Gmünd

straße vereinigt. Das Tal der Mur verengt sich nun deutlich.
Bei dem Luftkurort **Predlitz**, 922 m, zweigt die Paßstraße zur Turracher Höhe, 1783 m, ab. Die durch den sog. Turracher Graben führende Straße erreicht oberhalb *Turrach,* 1269 m, in starkem Anstieg den Scheitelpunkt mit dem landschaftlich reizvoll gelegenen Turracher See, vom Gipfelkranz der Nockberge gekrönt. Die Südrampe weist ein starkes Gefälle auf, wird jedoch auch im Winter zur Erschließung des Wintersportgebietes am Paß so weit wie möglich offengehalten.
Die bei *Stadl a. d. Mur,* 920 m, von Süden einmündende Straße stellt über Flattnitz, 1400 m, die direkte Verkehrsverbindung mit dem Metnitzgraben und weiter südlich mit dem Gurktal her.

Murau, 809 m, Kur- und Wintersportort mit Pfarrkirche, Schloß, Heimatmuseum und anderen Sehenswürdigkeiten, zeichnet sich durch eine besondere klimatische Lage aus. Die Wanderung zum Frauenalpe-Gipfel, 1997 m – bis Murauer Hütte, 1583 m, Straße, von dort 1½ Stunden –, ist wegen der Aussicht ins Murtal und zu den Schladminger und Wölzer Tauern äußerst lohnend. Bei Murau mündet auch die Straße über den Sölkerpaß (Maut), die das Ennstal mit dem Murtal verbindet.
Vor Scheifling zweigt in dem nun immer breiter werdenden Tal die Straße nach **Oberwölz-Stadt,** 812 m, im Wölzertal ab. Stadtpfarrkirche und Spitalkirche sind sehenswerte Baudenkmale.

Scheifling, 763 m, Marktflecken im breiten Murtal mit bedeutender Pfarrkirche. Hier zweigt die Straße über den Perchauer Sattel nach Neumarkt in Steiermark ab.

Judenburg, 737 m, Bezirkshauptstadt und alte Handelsstadt, liegt am Anfang des sich zu einer breiten Ebene weitenden Talbeckens der Mur. Sehenswert sind u. a. Magdalenenkirche, Stadtpfarrkirche St. Nikolaus, Reste der Stadtmauer, Stadtturm. Von der Ruine Liechtenstein blickt man auf die Stadt und die weite Talebene. Vor Judenburg mündet auch die Straße von Trieben ein, die das Paltental mit dem Murtal verbindet.
Nahe **Zeltweg,** 677 m, Industriestadt im Aichfeld, finden auf dem Österreichring internationale Formel-I- und Motorrad-Rennen statt.

Knittelfeld, 645 m, Bezirkshauptstadt, Industrie- und Tourismuszentrum, liegt nur wenige Kilometer östlich von Zeltweg am Ende des Aichfeldes. – Weiter nach Nordosten durchfließt die Mur eine Engstelle, um im weiteren Talverlauf, nunmehr wieder von bewaldeten Hängen gesäumt, in eine ansprechende Landschaft einzumünden.
Bei **St. Michael in Obersteiermark,** 596 m, Ferienort an der Mur, mündet die Straße durch das Liesingtal ein. Hier beginnt die Autobahn nach Graz. Sehenswert sind Walpurgiskirche und Pfarrkirche.

Gurktal, Nockgebiet, Metnitzer und Wimitzer Berge

Während die Gipfellagen im Nockgebiet noch deutlich alpinen Charakter aufweisen, muß die Bergrahmung des Gurktales eher einer mittelgebirgsähnlichen Hügellandschaft zugeordnet werden. So sind Fels und Steilhang, eigentliches Erscheinungsbild der Alpenberge, nur im westlichen Gebietsteil stärker ausgeprägt. Weiter nach Osten dominieren statt dessen wald- und wiesenbedeckte, abgeflachte Kuppen. Das Flüßchen Gurk durchzieht vielfach gewunden das Gebiet. Nur die Talstufe zwischen Weitensfeld und Aithofen wird mit Gurktal bezeichnet.

Radenthein, 746 m. Im Zentrum des Nockgebietes liegt die Gemeinde Radenthein, u. a. mit den Ferienorten *Döbriach* am Millstädter See und Kaning-Dorf am Kaninggraben. Die Straße, die den Ort mit Villach verbindet,

In den Nockbergen, Gr. Rosennock 2440 m ▷

führt an zwei landschaftlich reizvollen kleinen Seen vorbei, dem Brennsee und dem Afritzersee. An der Verkehrsverbindung zur Turracher Höhe liegt **Bad Kleinkirchheim,** 1087 m, Luftkurort und Heilbad, von den Gipfeln des Moschelitzen, 2310 m, im Norden und des Wöllaner Nock, 2145 m, im Süden flankiert. Eine hervorragende Aussicht auf die Gipfelgruppe mit Rosennock, 2440 m, Mallnock, 2226 m, Klomnock, 2331 m, und Moschelitzen eröffnet sich vom Whs Kaiserburg, 1915 m, das mit einem Sessellift von Bad Kleinkirchheim zu erreichen ist.

Ebene Reichenau, 1062 m, Luftkurort und Wintersportzentrum an der Straße zur Turracher Höhe. Nur wenige Kilometer nördlich des Ortes zweigt ein Mautsträßchen zur *Rosentaler Alm,* 1700 m, ab. Von dort eröffnet sich die Möglichkeit zu schönen Höhenwanderungen. In vielerlei Hinsicht lohnt sich die Wanderung von Ebene Reichenau nach *St. Lorenzen,* 1472 m, in $1^1/_2$ Stunden, wobei ein Fahrweg zum Gurkgraben die Wegstrecke verkürzt.

Gnesau, 973 m, ist als Ferienort an der Straße nach Feldkirchen gelegen. Wenige Kilometer weiter östlich zweigt bei der Prekowahöhe eine Fahrstraße ins Gurktal ab, die zunächst etwas ansteigt, um über *Bad St. Leonhard,* 1110 m, unmittelbar hinter *Sirnitz,* 790 m, Ferien- und Wintersportort mit sehenswerter Pfarrkirche, in die Gurktalstraße einzumünden.
Aus dem sich allmählich weitenden Tal zweigt nördlich die Straße nach *Deutsch-Griffen,* 847 m, im waldreichen Griffner Tal ab. Bei *Klein-Glödnitz* mündet die Straße von Flattnitz ein, die das Gurktal mit dem Metnitzer Graben und dem Murtal verbindet.

Flattnitz, 1400 m, Ferien- und Wintersportort an der Flattnitzer Höhe in landschaftlich schöner Umgebung. Vom *Hirnkopf,* 1840 m, zu dem ein Sessellift hinaufführt, blickt man zum westlichen Berggrat, der sich vom Wintertaler Nock, 2404 m, bis zur Lattersteig-Höhe, 2264 m, erstreckt.

Glödnitz, 748 m, Ortsteil von Weitensfeld, liegt im lieblichen Glödnitztal, das die von Flattnitz herabführende Straße durchzieht. Sehenswert die Pfarrkirche mit Wehrmauer.

Weitensfeld, 702 m, Marktflecken und Ferienort, ist im lieblichen, von bewaldeten Hängen gesäumten Gurktal gelegen. Sehenswert sind Pfarrkirche und St.-Magdalena-Kirche.

Gurk, 664 m, Luftkur- und Wintersportort, ist Mittelpunkt des Gurktales mit berühmtem, romanischem Dom. Fahrstraßen und Wanderwege führen beiderseits des lieblichen Tales zu Hanglagen, die einen schönen Überblick gewähren.

Straßburg, 658 m, Luftkurort im Gurktal, nur wenige Kilometer von Gurk entfernt, besitzt in dem auf einer Anhöhe gelegenen Schloß, der Pfarr- und der Spitalkirche sehenswerte Baudenkmale.

Metnitz, 847 m, Ferienort und Marktflecken, gilt zusammen mit dem Ortsteil Grades als Mittelpunkt des von Flattnitz ausgehenden und bei Friesach mündenden Metnitztales. Sehenswert sind Pfarrkirche, Wallfahrts- und ehemalige Wehrkirche St. Wolfgang, die Kirche in Grades und das über dem Fluß gelegene Schloß.
Lohnend ist die Fahrt durch den Metnitzgraben bis Flattnitz, ein von dichten Wäldern gesäumtes, stilles Tal, das sich parallel zu Mur- und Gurktal entlang der nördlichen, in der Prankerhöhe, 2169 m, gipfelnden Bergkette erstreckt. Der Mündungsbereich des Metnitztales wird vom Gipfel des Scharfen Ecks, 1831 m, markiert.

10
Fels und Hügelland
Die östlichen Randgebiete

Diese großräumige Region ist durch die unterschiedlichsten Landschaftsbilder geprägt und reicht vom Alpenvorland im Norden, in dem die Felsgipfel des Ötscher, 1893 m, und Dürrenstein, 1878 m, weit vorgelagert erscheinen, bis zur mittelgebirgsähnlichen Hügellandschaft östlich der großen Murschleife im Süden. Die eigentlich alpine Komponente ist am ehesten noch in der Aneinanderreihung von Bergkämmen in den Nördlichen Kalkalpen vertreten, die sich von den Gesäusebergen ausgehend in den Eisenerzer Alpen, dem Hochschwab, in Veitsch-, Schnee- und Raxalpe bis zum Schneeberg unweit des Wiener Beckens hinziehen und in letzterem den östlichsten Zweitausender der Alpen präsentieren. Salza, Ybbs und andere Flußläufe durchziehen im Norden dieser Bergketten das Vorland in schluchtartig engen, romantischen Tälern.

Das Gebiet von Eisenerz ist von einer Eigentümlichkeit geprägt, wie sie sonst nirgends im Alpenraum anzutreffen ist, dem 1465 m hohen und durch Tagebau zu einer Stufenpyramide geformten Erzberg als weithin sichtbarem Wahrzeichen. Zwar ist der Gebirgsraum auch anderenorts und verbreitet im äußersten Osten durch die Ausbeutung von Kupfer-, Blei- und Zinkerzen wirtschaftlich genutzt, doch die unmittelbare Beziehung Bergbau – Alpenlandschaft wird hier am deutlichsten. So weist denn auch Eisenerz selbst die Züge eines typischen Bergbauortes auf, die sich jedoch keinesfalls störend auswirken.

Der langgestreckte Gebirgskamm des Hochschwab, mit dem 2277 m hoch aufragenden Gipfel gleichen Namens als höchster Erhebung, schließt sich den Eisenerzer Alpen nach Nordosten hin an und wird nur durch das Erzbachtal und die Einsattelung des Prä-

(Fortsetzung auf Seite 256)

Zeichenerklärung auf Seite 88/89
Lunz
Kasten
2.15
Rosenau
Göstling
Kerschbaum
Lassing
Göstlinger
Erzhalden
Hochkar
1808
Palfau
Gams
Krautgraben
Wildalpen
Lainbach
Ht. Wildalpe
Eisenerzer
Höhe 1549
Hieflau
1926
2.01
Kalte Mauer
Eisenerzer
Jassingau
Radmer a. d. Stube
Steir.
Eisenerz
Radmer a. d. Hasel
Erzberg
Präbichl
692
2.02
Wegscheid
nach
Salzburg
Alpen
2044
Wildfeld
Vordernberg
Wald
Gößeck
2215
Kalwang
Trofaiach
Mautern
Traboch
Edling
Kammern
ÖSTERREICH
St. Michael
Mur
Kraubath
Alpe
Kobenz
St. Margarethen
St. Lorenzen
Glein
Knittelfeld
Glein
1988
St. Georgen
Aichdf.
Rachau
Unzmarkt
Mur
St. Peter
Zeltweg
Judenburg
Groß-
Lobming
Klein-
Sattelhaus
Weißkirchen
Groß-
Eckwirt
Scheifling
Wenzelalpe
2146
Klein-
Feistritz
Graden
Seetaler
St. Wolfgang
Perchau
Zirbitzkogl
Kathal
Stub-Alpe
Salla
2396
Amering Kogl
Salzstiegelhs.
Köflach
Neumarkt i. St.
2.28
2.29
Obdach
2186
Maria Lankowitz
St. Veit i. d. Geg.
2.26
Jakobsbg.
Pack-Alpe
Mühlen
Edelschrott
Wildbad Einöd
St. Peter i. L.
Hirschegg-
Dürnstein
1697
Rein
Pack
St. Martin
Alpen
Reichenfels
Zeltschach
Hirscheggeralpe
Packsattel
Kliening
Bad
St. Leonhard
1166
Friesach
Hüttenberg
Waldenstein
Preitenegg
2.27
KÄRNTEN
Lölling
Saualpe
Prebl
Twimberg
Hirt
Guttaring
Mösel
Zwischenwässern
Althofen
Kamp
1720
Mölbling
Wieting
Ladinger Sp.
Bärofen
Silberegg
St. Margarethen
Drucker-H.
2079
Dürnfeld
Wolfsberg
2.30
Kl. St.
St. Oswald
St. Michael
Hipfel-H.
Passering
Paul
Eberstein
St. Leonhard
St. Stefan
St. Georgen
Eitweg
2140
St. Veit
Gr. Speikkgl.
Greutschach
St. Andrä
nach Klagenfurt
Brückl
Diex
St. Jakob

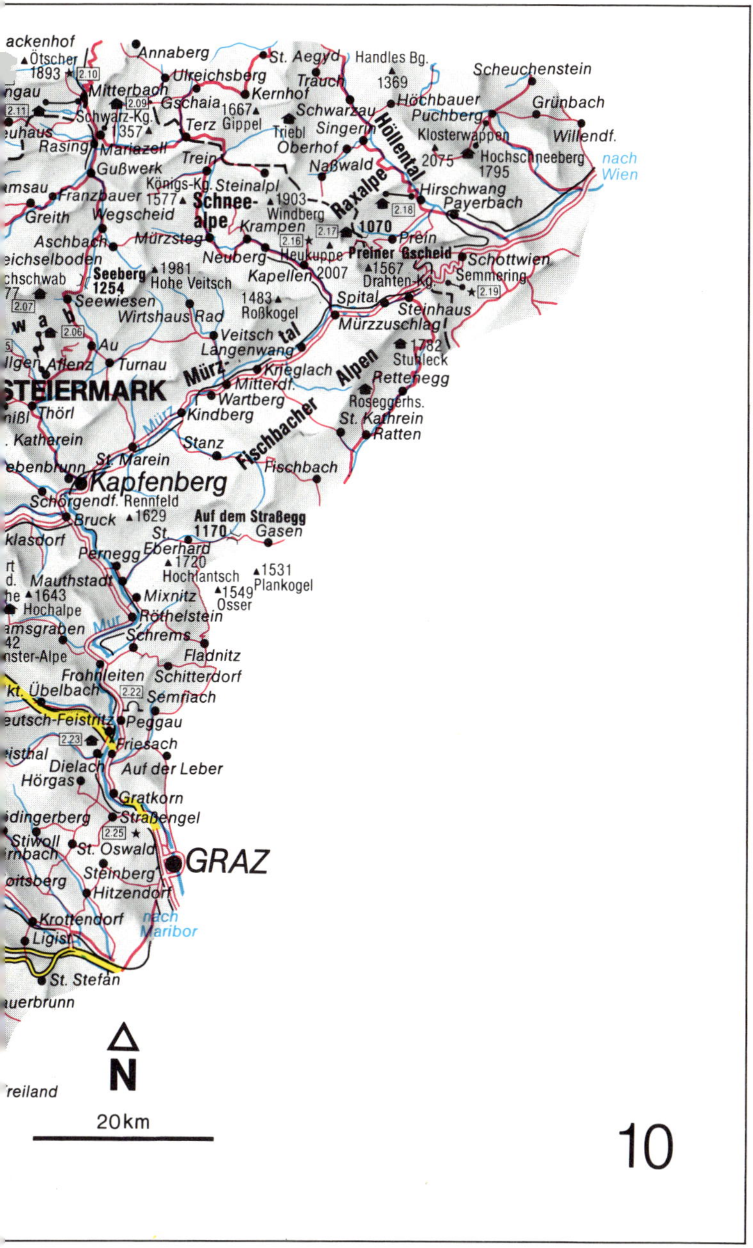
Annaberg
St. Aegyd
Handles Bg.
1369
Scheuchenstein
Ötscher
1893
2.10
Ulreichsberg
Trauch
Mitterbach
Kernhof
Höchbauer
Grünbach
2.11
2.09
Gschaia
1667
Schwarzau
Puchberg
Schwarz-Kg.
Terz
Gippel
Triebl
Singerin
Höllental
Klosterwappen
Willendf.
Rasing
1357
Mariazell
Oberhof
2075
Hochschneeberg
1795
nach Wien
Trein
Naßwald
Gußwerk
Königs-Kg.
Steinalpl
Hirschwang
Franzbauer
1577
Schnee-alpe
1903
Raxalpe
Payerbach
Greith
Wegscheid
Windberg
2.18
Krampen
2.17
1070
Aschbach
Mürzsteg
2.16
Prein
Heukuppe
Preiner Gscheid
Neuberg
Schottwien
Seeberg
1254
1981
Hohe Veitsch
Kapellen
2007
1567
Drahten-Kg.
Semmering
2.19
2.07
Seewiesen
1483
Roßkogel
Spital
Wirtshaus Rad
Steinhaus
2.06
Veitsch
Mürzzuschlag
Mürz-tal
Au
Langenwang
1782
Stuhleck
Aflenz
Turnau
Krieglach
Alpen
Rettenegg
STEIERMARK
Mitterdf.
Wartberg
Roseggerhs.
Thörl
Mürz
Kindberg
Fischbacher
St. Kathrein
Ratten
Stanz
St. Marein
Fischbach
Kapfenberg
Schörgendf.
Rennfeld
Bruck
1629
Auf dem Straßegg
1170
Gasen
St. Eberhard
Pernegg
1720
Hochlantsch
1531
Plankogel
Mauthstadt
1643
Hochalpe
Mixnitz
1549
Osser
Röthelstein
Mur
Schrems
Fladnitz
Frohnleiten
Schitterdorf
Übelbach
2.22
Semriach
Peggau
2.23
Friesach
Dielach
Auf der Leber
Hörgas
Gratkorn
Straßengel
2.25
Stiwoll
St. Oswald
GRAZ
Steinberg
Hitzendorf
Krottendorf
nach Maribor
Ligist
St. Stefan
N
20 km
10

1. Ferienorte und touristische Zentren

Hochschwab, Eisenerzer Alpen, Salzatal:

1.01 **Eisenerz,** 700 m, Bergbau- und Tourismus-Zentrum
1.02 **Trofaiach,** 650 m, Erholung, Bergwandern
1.03 **Leoben,** 540 m, kulturelles Zentrum, Industrie, Erholung, Wandern
1.04 **Bruck a. d. Mur,** 490 m, Verkehrsknotenpunkt, Industrie, Kultur
1.05 **Tragöß-Oberort,** 780 m, Erholung, Bergtouren
1.06 **Kapfenberg,** 500 m, Erholung, Bergtouren (Rettenwandhöhle)
1.07 **Thörl,** 630 m, Erholung, Bergwandern
1.08 **Aflenz-Kurort,** 765 m, Erholung, Bergtouren, Wintersport
1.09 **Turnau,** 784 m, Erholung, Bergtouren
1.10 **Seewiesen,** 968 m, Teil d. Gemeinde Turnau, Erholung, Bergtouren
1.11 **Gußwerk,** 745 m, Erholung, Bergtouren
1.12 **Mariazell,** 870 m, Wallfahrtsort, Bergtouren, Wintersport
1.13 **Weichselboden,** 677 m, Ortsteil von Gußwerk; Erholung, Bergtouren
1.14 **Wildalpen,** 607 m, Erholung, Bergtouren
1.15 **Landl,** 520 m, Erholung, Spaziergänge

Ötscher, Dürrenstein:

1.16 **Mitterbach,** 800 m, Erholung, Wandern
1.17 **Lackenhof,** 810 m, Erholung, Wandern, Wintersport
1.18 **Göstling a. d. Ybbs,** 532 m, Erholung, Wandern, Wintersport
1.19 **Lunz am See,** 601 m, Erholung, Bergwandern

Schneealpe, Raxalpe, Schneeberg:

1.20 **Mürzzuschlag,** 672 m, Verkehrsknotenpunkt, Bergtouren, Wintersport
1.21 **Neuberg a. d. Mürz,** 732 m, Erholung, Bergtouren, Wintersport
1.22 **Kapellen,** 704 m, Erholung, Bergtouren, Wintersport
1.23 **Reichenau a. d. Rax,** 500 m, Erholung, Bergwandern
1.24 **Semmering,** 985 m, Wandern, Wintersport
1.25 **Puchberg am Schneeberg,** 580 m, Wintersportzentrum, Wandern, (Schneebergbahn)

Gleinalpe und Umgebung von Graz:

1.26 **Frohnleiten,** 434 m, Erholung, Spazierwege, Bergtouren (Alpengarten)
1.27 **Peggau,** 420 m, Erholung, Spaziergänge, Tropfsteinhöhlen (Lurgrotte)
1.28 **Semriach,** 707 m, Erholung, Wandern, (Lurgrotte)
1.29 **Deutschfeistritz,** 470 m, Erholung, Spaziergänge, (Österreich. Freilichtmuseum)
1.30 **Übelbach,** 580 m, Erholung, Wandern, Bergtouren
1.31 **Gratwein,** 380 m, Erholung, Spaziergänge
1.32 **Graz,** 364 m, Landeshauptstadt der Steiermark und kulturelles Zentrum

Seetaler Alpen, Saualpe, Packalpe und Koralpe:

1.33 **Neumarkt in Stm.,** 840 m, Erholung, Bergtouren
1.34 **Hüttenberg,** 786 m, Erholung, Bergwandern, Mineralien, Kulturelles
1.35 **Althofen,** 718 m, Heilbad, Erholung, Wandern, Sehenswertes
1.36 **Guttaring,** 642 m, Erholung, Wandern
1.37 **Eberstein,** 568 m, Erholung, Spaziergänge
1.38 **Klein-St. Paul,** 633 m, Erholung, Wandern, Sehenswertes
1.39 **Obdach,** 877 m, Erholung, Bergwandern
1.40 **Bad St. Leonhard im Lavanttal,** 715 m, Schwefelheilbad, Kulturdenkm., Wandern
1.41 **Wolfsberg,** 463 m, Tourismus-Zentrum, Wandern, Bergtouren

2. Besondere Ausflugsziele und Berghütten

Hochschwab, Eisenerzer Alpen, Salzatal:

2.01 **Leopoldsteiner See,** Straßenabzweig von Bundesstr. 115 nordwestlich Eisenerz. Schöner Bergsee, überragt von Seemauer und Pfaffenstein.
2.02 **Steirischer Erzberg,** 1465 m, b. Eisenerz. Riesige Tagebau-Abbaustätte (Spateisenstein, Siderit). Tägliche Führungen von Mai bis Oktober.
2.03 **Präbichl,** Paßhöhe 1227 m, Ausblick auf den Steirischen Erzberg, Eisenerz, Eisenerzer Alpen und Ausläufer des Hochschwabs.
2.04 **Grüner See,** 772 m, smaragdgrüner Bergsee, von steilen Felswänden überragt; Spazierweg von Tragöß in 40 Minuten.
2.05 **Alpengh Bodenbauer,** 877 m, Fahrstraße von Thörl über St. Ilgen; Ausgangspunkt schöner Wanderungen durch Trawies- oder Josertal mit hervorragenden Ausblicken zum Hochschwab.
2.06 **Bürgeralm,** 1506 m – **Schönleitenhaus,** 1810 m, Sessellift von Aflenz-Kurort; hervorragende Aussicht auf die Gipfelwelt des Hochschwabs.
2.07 **Voisthaler Hütte,** 1660 m, Wanderweg durch das Seetal über Dullwitzalm, 1295 m, 3 Stunden von Seewiesen.
2.08 **Seeberg,** Paßhöhe 1254 m; hervorragende Aussicht zu den Aflenzer Staritzen und zur Mitteralpe mit Kampl, 1993 m.
2.09 **Bürgeralpe,** 1266 m, Kabinenseilbahn oder zu Fuß 1 1/2 Stunden von Mariazell; Ausblick Ötscher, Hochschwab, Schnee- und Raxalpe.

Ötscher, Dürrenstein:

2.10 **Erlaufsee,** 827 m, Fahrstraße von Mitterbach oder Spazierweg 45 Minuten;
2.11 **Gemeindealpe,** 1626 m, Sessellift von Mitterbach; hervorragende Ausblicke auf Ötscher und die Tallandschaft bis zum Hochschwab im Süden und zur Schnee- und Raxalpe im Osten.

Erläuterung Seite 87

2.12 **Josefsberg,** 1026 m, Ortsteil von Mitterbach; Aussicht zum Ötscher.

2.13 **Ötscherhaus,** 1418 m, Sessellift von Lakkenhof; Aufstieg zum Ötscher-Gipfel, 1893 m, 1 1/2 Stunden.

2.14 **Hochkarschutzhaus,** 1481 m, Mautstraße von Göstling a. d. Ybbs; Sessellift vom Ende der Straße zur Hochkar-Bergstation, 1800 m.

2.15 **Lunzer See,** 608 m, Fahrstraße von Lunz am See; Wanderung durch das wildromantische Seetal zum *Obersee*, 1117 m, am Fuße des Dürrensteins.

Schneealpe, Raxalpe, Schneeberg:

2.16 **Schneealpenstraße,** Mautstraße von Neuberg a. d. Mürz; landschaftlich reizvoll; Aussicht; Höhenwanderungen.

2.17 **Waxriegelhaus,** 1361 m, 1 1/4 Stunden zu Fuß vom Preiner Gscheid; Gipfel Preiner Wand, 1788 m, von hier in 2 Stunden, Predigtstuhl, 1902 m, in 2 1/4 Stunden.

2.18 **Ottohaus,** 1644 m, 40 Minuten zu Fuß von der Bergstation, 1547 m, der Raxbahn (Talstation Hirschwang bei Reichenau); weiter zum Gipfel des Jakobskogels, 1738 m, mit hervorragender Aussicht zum Schneeberg und Semmeringgebiet.

2.19 **Sonnwendstein,** 1523 m, Sessellift von Maria Schutz (Ortsteil v. Schottwien am Semmering) oder Privatstraße (Maut) von der Semmeringpaßhöhe abzweigend; ausgezeichnete Rundsicht.

2.20 **Friedrich-Haller-Haus,** 1250 m, 2 Stunden zu Fuß von Kaiserbrunn im Höllental oder 2 1/2 Stunden von Reichenau; weiter zum Baumgartnerhaus, 1447 m, in 1 1/2 Stunden.

2.21 **Hochschneeberg,** 1795 m, Bergstation der Schneebergbahn, Zahnradbahn von Puchberg am Schneeberg, 580 m.

Gleinalpe und Umgebung von Graz:

2.22 **Lurgrotte,** größte Tropfsteinhöhle Österreichs, rund 5 km lang. Zugang vpn Peggau und von Semriach; Teilbesichtigungen und Führung durch das gesamte Höhlensystem ganzjährig, letztere beansprucht ca. 3 1/2 Stunden bei Überwindung eines Höhenunterschiedes von 220 m.

2.23 **Österreichisches Freilichtmuseum** in Klein-Stübing bei Deutschfeistritz. Historische Bauernhäuser mit Nebengebäuden und Inneneinrichtung aus allen Landesteilen Österreichs.

2.24 **Gleinalpenhaus,** 1589 m, am Fuße des Speikkogels; 1 Stunde zu Fuß vom Ende der Fahrstraße von Übelbach in 1100 m Höhe; zum Gipfel unschwierig, jedoch steil in 1 1/2 Stunden.

2.25 **Fürstenstand,** 763 m, auf dem Plabutsch; Berglift oder eine Stunde zu Fuß von Gösting; Blick auf Graz und die weitere Umgebung.

Seetaler Alpen, Saualpe, Packalpe und Koralpe:

2.26 **Zirbitzkogelhaus,** 2376 m, unmittelbar unterhalb des Gipfels; 5 Stunden von Neumarkt, bei Fahrt mit Bus nach Mühlen oder mit Pkw zum Weiler See entsprechend kürzer.

2.27 **Klippitztörlhaus,** 1644 m, Bergstraße von Hüttenberg durch den Löllinggraben. Ausgangspunkt für Höhenwanderungen.

2.28 **Sabathyhütte,** 1616 m, Fahrweg von Obdach; zum Gipfel des Zirbitzkogels, 2396 m, in 2 Stunden.

2.29 **Weißensteinhütte,** 1706 m, zu Fuß in 2 1/2 Stunden von Obdach; Weißenstein-Gipfel 2162 m, 1 Stunde, Ameringkogel, 2186 m, 1 1/2 Stunden.

2.30 **Wolfsberger Hütte,** 1825 m, Fahrstraße bis Gießl-Hütte am Hochkofel, von dort 2 Stunden; zum Gipfel der Gr. Saualpe (Ladingerspitze), 2079 m, in 1 1/2 Stunden.

2.31 **Koralpenhaus,** 1962 m, Güterstraße bis Hipfelhütte, 1650 m, von dort 1 Stunde; Aufstieg zum Gr. Speikkogel, 2140 m, in 45 Minuten.

3. Die höchsten und markantesten Gipfel

Eisenerzer Alpen:
Gößeck/Reiting, 2215 m, 1.02
Reichenstein, 2166 m, 1.01, 1.02, 2.03
Kaiserschild, 2085 m, (1.01, 2.01)

Hochschwab:
Hochschwab, 2277 m, 2.05, 2.06
Krautgartkogel, 1989 m, 1.10, 2.08
Trenchtling, 1981 m, 1.05
Pfaffenstein, 1871 m, 2.01

Ötscher, Dürrenstein:
Ötscher, 1893 m, 1.17, 2.09, 2.11, 2.12
Dürrenstein, 1878 m, 2.09, 2.11, 2.15

Schneealpe:
Windberg, 1903 m, 1.21, 2.19
Schauerkogel, 1785 m, 1.22, 2.19

Raxalpe:
Heukuppe, 2007 m, 1.22, 2.19
Scheibwaldhöhe, 1943 m, 2.18
Waxriegel, 1913 m, 2.18
Predigtstuhl, 1902 m, 1.23, 2.17, 2.19

Schneeberg:
Klosterwappen, 2075 m, 2.18, 2.19
Kaiserstein, 2061 m, 1.25

Gleinalpe:
Speikkogel, 1988 m, 2.24

Seetaler Alpen:
Zirbitzkogel, 2396 m, 1.33, 1.39
Scharfes Eck, 2367 m, 1.33, 1.39
Wenzelalpe, 2146 m, Judenburg

Saualpe:
Gr. Saualpe (Ladingerspitze), 2079 m, 1.36, 1.41, 2.30
Gertrusk, 2044 m, 1.36
Geierkogel, 1917 m, 2.27

Packalpe:
Ameringkogel, 2186 m, (1.39), 2.29
Weißenstein, 2162 m, (1.39), 2.29

Koralpe:
Gr. Speikkogel, 2140 m, 1.41, 2.30

bichl von diesen getrennt. Waren Blickfeld und Aussicht von der alten, steilen Paßstraße stark eingeengt, so eröffnet die mit viel Aufwand auf Pfeilerkonstruktionen neu trassierte Bundesstraße einen besseren Überblick.

An den Südosthängen des Hochschwabs, dessen Ausläufer, die Zeller Staritzen, bis nahe an das Gebiet von Mariazell heranreichen, liegen bekannte Kur- und Wintersportorte, darunter Aflenz und Turnau. Landschaftlich reizvoll gelegen ist auch der Bergort Seewiesen unweit des Seebergsattels, einer direkten Straßenverbindung nach Mariazell und ins nördliche Alpenvorland.

Bewaldete und mit gipfelnahen Almwiesen bedeckte Berge stellen die Verbindung zur Veitschalpe her, deren höchster Gipfel, die Hohe Veitsch, eine Höhe von 1982 m aufweist. Mit 1903 m Seehöhe nur um weniges niedriger, präsentiert sich der Windberg als höchste Erhebung der Schneealpe jenseits des abgewinkelten Oberlaufes der Mürz.

Die Raxalpe mit der 2007 m hohen Heukuppe und der Schneeberg mit Klosterwappen, 2075 m, als höchster Erhebung sind durch das tiefeingeschnittene Höllental voneinander getrennt. Nach Osten, zum Wiener Bekken hin, nimmt die Höhe der Berge schnell ab, obgleich auch hier die Wald- und Wiesengebiete noch gelegentlich von Felshängen durchsetzt erscheinen.

Wie der Name des sich unmittelbar südlich anschließenden Gebietes, »Bucklige Welt«, verrät, ist die alpine Komponente hier bereits einer mittelgebirgsähnlichen Hügellandschaft gewichen. Auch weiter westlich und nach Süden, über die steirische Landeshauptstadt Graz hinaus bis zur jugoslawischen Grenze, erreichen die Berghöhen nirgends alpine Dimensionen. Dementsprechend zeigt das Landschaftsbild liebliche Züge im Gegensatz zu den herb-romantischen Felsgipfeln des westlich benachbarten Alpenhauptkammes.

In weitem Bogen umzieht das Murtal den Gebirgskamm der Gleinalpe mit dem 1988 m hohen Speikkogel und der bis 1643 m ansteigenden Hochalpe.

Die Gipfel der Seetaler Alpen mit dem 2396 m hohen Zirbitzkogel und die Saualpe mit Gr. Saualpe (Ladingerspitze), 2079 m, als höchster Erhebung erreichen zusammen mit den östlich des Lavanttales gelegenen und bis nahezu 2200 m ansteigenden Bergen der Pack- und Koralpe deutlich alpine Dimensionen. Dennoch dominiert auch hier der liebliche Charakter und formt ein Landschaftsbild von eigenem Reiz. Die neue Autobahnverbindung St. Michael – Graz mit einem 8 km langen Tunnel unter den Kammlagen der Gleinalpe stellt eine erhebliche Verkürzung der bisherigen Straßenverbindung dar, die in weitem Bogen dem Flußlauf der Mur folgt. Landschaftlich reizvoll ist sowohl die Straße über den Packsattel, 1166 m, die in der Einsattelung zwischen Pack- und Koralpe verläuft, als auch die Verkehrsverbindung über das Klippitztörl, 1642 m, zwischen Seetaler Alpen und Saualpe.

Als natürliche Sehenswürdigkeiten der Region verdienen die Rettenwandhöhle bei Kapfenberg an der Mürz, die Lurgrotte zwischen Peggau und Semriach nahe Graz und die Tropfsteinhöhle in Griffen besondere Erwähnung.

Geschichte. Für die Geschichte dieser Region, die sich im wesentlichen über Gebietsteile der Steiermark erstreckt, gilt das bereits in der vorangehenden Gebietszusammenfassung Ausgesagte.

Aus geologischer Sicht fügen sich die östlichen Randgebiete, soweit sie in dieser Region Erwähnung finden, in das bisher zur Anwendung gebrachte Schema ein. Im Unterschied zur bisherigen Gebietsaufteilung werden jedoch auch die östlichen Bezirke der Nördlichen Kalkalpen in die Betrachtung einbezogen. Dabei handelt es sich in erster Linie um den Hochschwab, jenen langgestreckten Gebirgszug, der sich den Gesäusebergen nordöstlich anschließt. Unmittelbar bei Eisenerz verläuft eine geologische Trennungslinie, da die südlichen und eigentlichen Gipfellagen der Eisenerzer Alpen mit ihrem Bestand an Grauwacke als Übergangszone zum kristallinen Alpenhauptkamm anzusehen sind. In der Gleinalpe trifft man auf Granodiorit, der zusammen mit Amphibolit und Serpentin die Beschaffenheit dieses Teiles des Gebirges bestimmt und über die Packalpe zum Gneis und Glimmerschiefer der Seetaler Alpen, der Saualpe und der westlichen Bezirke der Koralpe überleitet. Im östlichen Teil der Koralpe sind, wie im gesamten steirischen Becken, Sedimentablagerungen des Tertiär (Miozän und Pliozän) anzutreffen. Nördlich von Graz dehnt sich die als »Grazer Paläozoikum« bezeichnete Zone aus. Zwischen dieser und den Nördlichen Kalkalpen ist, besonders im Mürztal, eine so starke Gliederung festzustellen, daß sie in diesem Rahmen auch nicht andeutungsweise Erwähnung finden kann.

Witterungsabläufe. Es bleibt zu bemerken, daß sich südlich der Nördlichen Kalkalpen mehr noch als in den unmittelbar westlich angrenzenden Gebietsteilen das östliche Festlandsklima mit Winterkälte und niederschlagsärmeren Sommermonaten bemerkbar macht. Der schnelle Durchzug von Störungsfronten aus dem Nordwesten bringt zwar gelegentlich recht unbeständiges Wetter, doch kommt es durch das Fehlen hoher, als Sperriegel fungierender Gipfelreihungen, die weiter westlich zum sogenannten Nordstau führen, seltener zu langanhaltenden Niederschlägen. Insgesamt darf man diese Region als schönwetterbegünstigt ansehen.

Pflanzen. Den geologischen Verhältnissen entsprechend ist auch das Pflanzenwachstum je nach Bodenbeschaffenheit in zwei Kategorien einzuteilen. Kalkliebende Pflanzen in den nördlichen Gebietsteilen – Latschen bevorzugen die kalkigen Böden – und kalkfliehende, hier unter anderem besonders die Rostrote Alpenrose. Die Arten hochalpiner Regionen wird man jedoch nur vereinzelt antreffen.

Pflanzenfreunden sollen zwei *Alpengärten* empfohlen sein, die eine Vielzahl typischer Alpenpflanzen beherbergen: der Alpengarten Franz Mayr-Meinhof in Frohnleiten, ca. 25 km nördlich von Graz, und der Alpengarten Gaal – Knittelfeld, 10 km von Knittelfeld nach Gaal.

Tiere. Der Tierbestand unterscheidet sich nicht wesentlich von dem der angrenzenden Gebiete, erwähnenswert ist jedoch der vermehrte Bestand an Gamswild in den höheren Regionen der Nördlichen Kalkalpen, besonders im Gebiet des Hochschwabs.

Hochschwab, Eisenerzer Alpen und Salzatal

Zwischen Salza, Mur und Mürz dehnt sich das langgestreckte Bergmassiv des Hochschwabs als felsiges Hochplateau mit einer Vielzahl von um 2000 m hoch aufragenden Gipfeln, von denen der Hochschwab – namengebend für die gesamte Berggruppe – 2277 m Höhe erreicht. Wie kaum eine andere touristische Unternehmung vermag die Autorundtour einen umfassenden Gesamteindruck zu vermitteln. Daher soll der Vorschlag einer Rundreise, die sich bequem an einem Tage durchführen läßt, der eigentlichen Schwerpunktschilderung vorangestellt werden. Von Hieflau, am Gesäuseausgang im Ennstal, einem der möglichen Ausgangs- und Zielorte an der Strecke ausgehend, bietet sich folgender Routenverlauf an: Leopoldsteiner See – Eisenerz – Präbichl – Donawitz – Leoben – Bruck a. d. Mur – Kapfenberg – Aflenz – Seewiesen – Seeberg – Gußwerk – Weichselboden – Wildalpen – Gams – Lainbach – Hieflau. Der Besuch der Bürgeralm von Aflenz-Kurort aus, eine Wanderung ins Seetal bei Seewiesen oder ein Abstecher zum Wallfahrtsort Mariazell können in die Rundtour einbezogen werden.

Hieflau, 510 m, findet zusammen mit dem Gesäuse und dem Ennstal an anderer Stelle Erwähnung. Dem Tal des Erzbaches folgend, wird ein Straßenabzweig erreicht, von dem eine Seitenstraße zum *Leopoldsteiner See,* 619 m, führt. Am Nordufer des Sees ragen die Felswände der Seemauer auf, während sich am Ende des bewaldeten Tales der Pfaffenstein, 1871 m, erhebt.

Eisenerz, 700 m, ist als alte Bergbausiedlung zugleich Luftkur- und Wintersportort. Wahrzeichen der Stadt ist die weithin sichtbare Stufenpyramide des Erzberges, 1465 m; hier wird im Tagebau Spateisenstein (Siderit) als Eisenerz gewonnen. In der riesigen Anlage finden täglich Führungen statt; weiterhin sind zahlreiche Gebäude im Stadtbild sehenswert, so das alte Rathaus und der Schichtturm. Hinter dem Ort steigt die Bundesstraße zur 1227 m hoch gelegenen Einsattelung des *Präbichl* an. Von einem Parkplatz in der Nähe des Scheitelpunktes eröffnet sich ein schöner Ausblick in das von den Eisenerzer Alpen und den westlichen Ausläufern des Hochschwab flankierte Tal. Die Trassenführung mit kühnen Betonkonstruktionen erweist sich als ein Meisterwerk moderner Straßenbaukunst.

Trofaiach, 650 m, Ferien- und Wintersportort mit sehenswerter Pfarrkirche, ist unweit der Mündung des Gößgrabens gelegen, der sich nördlich der Gebirgsgruppe des Reiting mit dem 2215 m hohen Gößeck entlangzieht.

Leoben, 540 m. Die Bezirkshauptstadt Leoben mit einer Vielzahl sehenswerter Bauten, darunter das ehemalige Dominikanerkloster, Stadtpfarrkirche und Stadtturm, wird von der Mur in einer weiten Schleife umzogen.

Bruck a. d. Mur, 490 m. Dem Tal der Mur flußabwärts folgend, gelangt man zu der einst aus einer römischen Siedlung entstandenen Stadt. Pfarrkirche, Kornmesserhaus und verschiedene andere Baudenkmale künden von der frühen geschichtlichen Bedeutung der Stadt. Unweit des Mündungsbereiches der Mürz zweigt von dem Verkehrsweg durch das Mürztal eine Straße nach **Tragöß-Oberort,** 780 m, ab, Gebirgsdorf und Luftkurort mit ursprünglich romanischer Kirche in landschaftlich reizvoller Lage am Fuße von Meßnerin, 1836 m, und Trenchtling, 1926 m. Auf ebenem Spazierweg gelangt man in 40 Minuten zum Grünen

Felsgerahmte Tallandschaft

See, 772 m, einem von steilen Felswänden überragten, grünlich schimmernden Bergsee. Bei **Kapfenberg,** 500 m, verläßt die Straße nach Mariazell das Mürztal. Wenige Kilometer vom Stadtende entfernt, führt ein Fußweg zur *Rettenwandhöhle* mit schönen Tropfstein- und Sinterbildungen.

Thörl, 630 m, Ferien- und Industrieort. Hier zweigt eine Straße durch das Ilgner Tal nach *St.Ilgen,* 731 m, mit hervorragenden Ausblicken zur Gipfelgruppe des Hochschwabs, und weiter zum *Alpengasthof Bodenbauer,* 877 m, ab. Von hier eröffnen sich schöne Wanderwege durch das Trawiestal zur Trawiesalm, 1252 m, am Fuße der Stangenwand oder durch das Josertal, das ebenfalls schöne Ausblikke zum Hochschwab, 2277 m, gewährt.

Aflenz-Kurort, 765 m, liegt als Luftkur- und Wintersportort auf einer Bergterrasse, der sich ein weites Wiesental anschließt. Einen hervorragenden Ausblick auf die Gipfelwelt des Hochschwabs gewinnt man vom *Schönleitenhaus,* 1810 m, das mit dem Sessellift vom Ort aus zu erreichen ist.

Turnau, 784 m, Luftkur- und Wintersportort, liegt etwas abseits des Verkehrsweges am Ende des breiten Tales. Die Straße nach *Seewiesen,* 968 m, Luftkur- und Wintersportort mit sehenswerter gotischer Kirche, führt durch den Seegraben. Flankiert von den Felswänden der Aflenzer Staritzen im Norden und der Großen Gschirrmauer im Süden, erstreckt sich das Seetal westwärts zu den Gipfellagen des Hochschwab. Ein schöner Wanderweg führt über die Dullwitzalm, 1295 m, in 3 Stunden zur *Voisthaler Hütte,* 1660 m. Die Paßstraße zum *Seeberg,* 1254 m, steigt in mehreren Kehren zum Scheitelpunkt an. Vor der Paßhöhe eröffnen sich schöne Ausblicke zu den Aflenzer Staritzen und zur Mitteralpe mit dem 1993 m hohen Kampl. Zunächst durch das Gollrader Tal abwärts ziehend, vereinigt sich die Straße in **Gußwerk,** 745 m, mit dem Verkehrsweg durch das Salzatal. Ein früheres Hüttenwerk verlieh dem Ort seinen Namen. Zur heutigen Gemeinde, die sich als Sommerfrische und Touristenstandort präsentiert, gehört unter anderem auch der Ort Weichselboden am landschaftlich reizvollsten Abschnitt des Salzatales.

Mariazell, 870 m. Nur wenige Kilometer von Gußwerk entfernt liegt der berühmte Wallfahrts-, Luftkur- und Wintersportort Mariazell mit der vielbesuchten Wallfahrtskirche, anderen sehenswerten Bauten und einem Heimatmuseum, in lieblich anmutender Landschaft. Von der *Bürgeralpe,* 1266 m, die zu Fuß in 1½ Stunden oder mit einer Kabinenseilbahn zu erreichen ist, eröffnet sich eine hervorragende Ötscher, Hochschwab, Schnee- und Raxalpe umfassende Aussicht.

Der landschaftlich reizvollste Streckenabschnitt des Salzatales liegt zwischen *Weichselboden,* 677 m, Luftkurort und Tourenausgangspunkt, und *Wildalpen,* 607 m. Aus der Klaus-Schlucht hervortretend, durchzieht die Salza das enge, romantische Tal, flankiert von den steilen, bewaldeten und felsigen Hängen des Hochschwabs im Süden und jenen des Türnach und der Kräuterin im Norden.
Bei *Landl,* 520 m, mündet die Salza in die Enns. Die Straße nach Hieflau zweigt jedoch bereits vor Palfau in südwestlicher Richtung ab, verläßt das Salzatal bei Gams, um ab Lainbach der Enns flußaufwärts zu folgen.

Das Gebiet um Ötscher und Dürrenstein

Mit Ötscher und Dürrenstein werden zwei zum Alpenvorland hin vorgelagerte, benachbarte und von Felsgipfeln gekrönte Bergregionen angesprochen, die inselgleich aus der bewaldeten, mittelgebirgsähnliche Züge aufweisenden Landschaft aufragen und noch deutlich alpin geprägt sind. Die Quellgebiete von Ybbs und Erlauf kennzeichnen darüber hinaus ein freundliches Landschaftsbild im Wechsel mit den wildromantischen Talengen der Tormäuer und stillen, in bewaldete Hanglagen gebetteten Bergseen.

Mitterbach, 800 m, Sommerfrische und Wintersportort, ist Ausgangspunkt für eine Reihe von Unternehmungen im südlichen Ötschergebiet. Wenige Kilometer entfernt, auf einer Fahrstraße zu erreichen, ist der *Erlaufsee,* 827 m. In lieblicher Landschaft ausgebreitet, gilt er als beliebtes Ausflugsziel. Hervorragende Ausblicke auf den Ötscher und die Tallandschaft bis hin zum Hochschwab im Süden und zur Schnee- und Raxalpe im Osten eröffnen sich von der *Gemeindealpe,* 1626 m, zu der von Mitterbach aus ein Sessellift führt. Die Straße nach Annaberg steigt in Kehren zum Ortsteil *Josefsberg,* 1026 m, an. Hier wie auch vom wenige Minuten entfernten Bärenkogel, 1061 m, kann man die Aussicht zum Ötscher genießen.

Lackenhof, 810 m, Ferien- und Wintersportzentrum, ist der dem Ötscher nächstgelegene Ort. Das *Ötscherhaus,* 1418 m, ist mit einem Sessellift von Lackenhof aus zu erreichen und ermöglicht den Aufstieg zum 1893 m hohen Gipfel in nur 1½ Stunden.

Göstling a. d. Ybbs, 532 m, Sommerfrische und Wintersportort, ist Ausgangspunkt verschiedener Unternehmungen zu den Göstlinger Alpen und zum Dürrenstein. Eine Mautstraße führt zum *Hochkarschutzhaus,* 1481 m; ein Sessellift erschließt die gipfelnahe Region in 1800 m Höhe.

In Lunz am See, 601 m, zweigt eine Fahrstraße zum *Lunzer See,* 608 m, ab. Eine ausgedehnte Wanderung führt von hier durch das wildromantische Seetal, vorbei am Ludwigsfall, zum *Obersee,* 1117 m, am Fuße des Dürrensteins, 1878 m. Die Straße von Lunz am See nach Mariazell führt durch das zwischen Ötscher und Dürrenstein sich erstreckende Tal der Ybbs (auch Ois genannt) und erreicht am Zellerrain 1100 m.

Schneealpe, Raxalpe, Schneeberg und Semmering

Als östliche Ausläufer der Nördlichen Kalkalpen erstrecken sich östlich des

Eisenerz mit Eisenerzer Alpen

Erzberg bei Eisenerz

Mürzbogens Schneealpe, Raxalpe und Schneeberg mit ihren die Zweitausendmetermarke überschreitenden höchsten Erhebungen Heukuppe, 2007 m, Klosterwappen, 2075 m, und Kaiserstein, 2061 m, bis nahe an das Wiener Becken. So ist es verständlich, daß dieses Alpengebiet mit dem Semmering im Süden ein beliebtes Ausflugs-, Erholungs- und Wintersportziel im näheren Bereich der Großstadt und vielbesucht ist.

Mürzzuschlag, 672 m, Verkehrsknotenpunkt, Bezirkshauptstadt, Luftkur- und Wintersportort im Mürztal, ist zugleich Touristenstandort für Unternehmungen im Gebiet der Schnee- und Raxalpe.

Neuberg a. d. Mürz, 732 m, an den Südwestabstürzen der Schneealpe, mit sehenswertem ehemaligem Zisterzienserkloster, Sommerfrische, Touristenstandort und Wintersportgebiet, liegt an der Straßenverbindung Mürzzuschlag – Mürzsteg. Landschaftlich besonders reizvoll und lohnend ist die Fahrt auf der mautpflichtigen *Schneealpenstraße.* Sie eröffnet großartige Wanderwege in den Hochlagen der Schneealpe. Bei *Kapellen,* 704 m, zweigt vom Mürztal eine Verbindungsstraße über den Preiner Gscheid nach Reichenau ab, die nahe an den Südabstürzen der Raxalpe vorbeiführt. Vom Preiner Gscheid kann man in $1^1/_4$ Stunden zum *Waxriegelhaus,* 1361 m, aufsteigen, Ausgangspunkt für die Gipfelbesteigungen der Preiner Wand, 1788 m (2 Stunden), und des Predigtstuhls, 1902 m ($2^1/_4$ Stunden).

Reichenau a. d. Rax, 500 m, Kur- und Wintersportort, liegt am Ausgang des wildromantischen, von der Schwarza durchflossenen und von Steilhängen flankierten Höllentales. Bei *Hirschwang,* nur wenige Kilometer von Reichenau entfernt, befindet sich die

Festlbeilstein vom Norden, Hochschwabgruppe

Talstation der Raxbahn. Von der 1547 m hoch gelegenen Bergstation kann man in 40 Minuten zum *Ottohaus,* 1644 m, wandern und von hier in 1/2 Stunde zum Gipfel des Jakobskogels, 1738 m, aufsteigen. Dort eröffnet sich eine hervorragende Aussicht zum Schneeberg und zum Semmeringgebiet. Vom *Naßwald* – Straße aus dem Höllental in westlicher Richtung abzweigend – führen schöne Wanderungen zur Schneealpe und Raxalpe.

Über den Semmering, 985 m, Wintersport- und Touristenzentrum, verläuft die direkte Straßenverbindung zwischen Wien und der nördlichen Steiermark. Den *Sonnwendstein,* 1523 m, erreicht man entweder vom Wallfahrtsort Maria Schutz mit einem Sessellift oder auf einem mautpflichtigen Privatsträßchen, das unweit der Paßhöhe abzweigt. Der Gipfel eröffnet einen großartigen Ausblick, der von den Gipfeln der Schneealpe über die Raxalpe bis zum Schneeberg reicht. Zu Fuß benötigt man von der Semmering-Paßhöhe ca. 2 Stunden.
Unternehmungen im westlichen oder südlichen Schneeberggebiet lassen sich am besten vom *Friedrich-Haller-Haus,* 1250 m, durchführen, das von Kaiserbrunn im Höllental in zweistündigem Anstieg oder von Reichenau in 2 1/2 Stunden erreicht wird. Der weitere Aufstieg zum Baumgartnerhaus, 1447 m, nimmt 1 1/2 Stunden in Anspruch. Die Zahnradbahn zur Bergstation *Hochschneeberg,* 1795 m, nimmt ihren Ausgang in *Puchberg am Schneeberg,* 580 m, heilklimatischer Kurort und Wintersportzentrum.

Gleinalpe und Umgebung von Graz

Während sich die Gleinalpe als langgestreckter Gebirgsrücken mit nur einem

Eisenerzer Reichenstein und Grüblmauer von Norden

nahe an die Zweitausendmetermarke heranreichenden Gipfel, dem 1988 m hohen Speikkogel, präsentiert, ist das breite Flußtal der Mur in eine waldreiche Berg- und Hügellandschaft eingebettet, die kaum mehr alpinen Charakter erkennen läßt. Die Ostabdachung der Alpen wird eigentlich nur im Tal des Übelbaches deutlich, das bei Deutschfeistritz in das Murtal mündet und im stillen Talschluß zur Einsattelung zwischen Roßbachalpe und Gleinalpe ansteigt.

Frohnleiten, 434 m, Sommerfrische und Marktflecken mit interessantem altem Ortsbild, sehenswerten Baudenkmalen und einem schönen Alpengarten, ist die nächstgrößere Siedlung, wenn man der Mur von Bruck a. d. Mur (s. S. 258) flußabwärts durch die waldgesäumte Tallandschaft folgt. Ein phantastisches Naturschauspiel bietet sich dem Besucher in den riesigen Höhlen und Tropfsteinbildungen der *Lurgrotte* zwischen *Peggau,* 420 m, und *Semriach,* 707 m. Von beiden Orten aus sind Teilabschnitte oder die gesamte, knapp 5 km lange Grotte zu besichtigen. Die große Führung nimmt ca. 3½ Stunden in Anspruch, wobei 220 m Höhenunterschied zu überwinden sind. (Größte Tropfsteinhöhle Österreichs, benannt nach dem Lurbach.)

Deutschfeistritz, 470 m, gegenüberliegend am westlichen Murufer, besitzt neben sehenswerten Baudenkmalen nahe beim südlichen Ortsteil *Klein-Stübing* ein Freilichtmuseum mit historischen Bauernhäusern nebst Nebengebäuden und entsprechender Inneneinrichtung aus allen Landesteilen Österreichs. Deutschfeistritz liegt an der Mündung des Übelbaches, dessen wald- und wiesenreichem Tal auch die Trassenführung der neuen Autobahn mit Untertunnelung des Gleinalpe-Gebirgskammes folgt.

Übelbach, 580 m, Markt und Luftkurort, ist die einzige größere Siedlung des im oberen Teil stillen und einsamen Tales. Eine Fahrstraße folgt dem Bachlauf bis in eine Höhe von 1100 m. Vom Ende der Straße gelangt man in ca. einstündiger Wanderung zum *Gleinalpenhaus,* 1589 m, am Fuße des Speikkogels. Der unschwierige, jedoch steile Anstieg zum 1988 m hohen Gipfel nimmt mindestens 1½ Stunden in Anspruch.

Graz, 364 m. *Über Gratwein,* 380 m, Marktflecken und Ferienort, mit dem 3 km entfernt liegenden Zisterzienserkloster *Rain* an der Mündung des Mühlbachgrabens, erreicht man, der Mur flußabwärts folgend, die in eine liebliche Landschaft eingebettete steirische Landeshauptstadt Graz, mit gegenwärtig 250000 Einwohnern zweitgrößte Stadt Österreichs. Die beste Aussicht auf die von der Mur durchflossene Stadt, in deren Mitte sich der Schloßberg erhebt, bietet sich vom *Fürstenstand,* 763 m. Diesen Aussichtspunkt auf dem Plabutsch erreicht man zu Fuß in 1 Stunde oder mit dem Berglift von Gösting aus. Als mittelalterliche Gründung und kulturelles Zentrum empfiehlt sich Graz für einen längeren Aufenthalt. Über die zahlreichen Sehenswürdigkeiten und die geschichtliche Bedeutung der Stadt wird man sich am besten anhand eines Kulturführers orientieren. Auf den Besuch des Joanneums (Landesmuseum) sollte unter keinen Umständen verzichtet werden.

Seetaler Alpen, Saualpe, Packalpe und Koralpe

Die Seetaler Alpen und die Saualpe, westlich des Obdacher Sattels mit dem sich südlich anschließenden Lavanttal gelegen, sowie Packalpe und Koralpe östlich davon präsentieren sich als zwei langgestreckte, in Nord-Süd-Richtung verlaufende Gebirgsrücken. Während die Gipfel der Seetaler Alpen im Zirbitzkogel bis 2396 m aufsteigen, erreichen die höchsten Erhebungen der Saualpe 2079 m (Ladingerspitze, Gr. Saualpe), der Packalpe 2186 m (Ameringkogel) und der Koralpe 2140 m (Gr. Speikkogel). Die Bergformen mit den sanft ansteigenden bewaldeten unteren Hanglagen prägen ein Landschaftsbild, das einen eigenen Typus alpiner Erscheinungsformen aufweist, wie er weder den Felsgipfeln der Kalkalpen noch den hochalpinen Regionen zu eigen ist. So sind die meisten Berggipfel mühelos zu ersteigen, und markierte Wege verbinden die Berggipfel untereinander. Bevorzugte Touristenstandorte für Unternehmungen in diesem Teil der Alpen sind vor allem Siedlungen im Görtschitztal und am Perchauer Sattel westlich der Seetaler Alpen und Saualpe sowie Orte im Lavanttal und am Obdacher Sattel östlich des Gebirgsrückens.

Neumarkt in Stm., 840 m, Ferienort südlich des Perchauer Sattels an der Straßenverbindung Scheifling – St. Veit a. d. Glan und unweit vom Straßenabzweig nach Hüttenberg, ist Standort für Unternehmungen in den Seetaler Alpen. Ein lohnendes Ausflugsziel, das allerdings etwas Ausdauer voraussetzt, ist die Wanderung zum *Zirbitzkogelhaus,* 2376 m, unmittelbar unterhalb des Gipfels gelegen – 5 Stunden von Neumarkt, durch Fahrt mit dem Bus nach Mühlen oder dem eigenen Pkw zum Weiler See erheblich zu verkürzen.

Hüttenberg 786 m, Ferienort, Markt und Zentrum im Görtschitztal, besitzt eine interessante Mineraliensammlung und in Schloß Süßenstein sowie der Kirche sehenswerte Baudenkmale. Alte Hochöfen im Mosinztal. Das *Klippitztörlhaus,* 1644 m, ist auf einer schmalen und nicht unschwierigen Bergstraße durch den Löllinggraben zu erreichen. Von hier aus bieten sich schöne Wanderungen auf dem Höhenweg, der die nördlichen und südlichen Gipfel der Saualpe erschließt.

Beilstein-Ostkante mit Blick nach Süden, Hochschwabgruppe ▷

Althofen, 718 m. Das Heilbad besitzt in Schloß, Pfarrkirche, Riederhaus und verschiedenen Bürgerhäusern hervorragende Baudenkmale.

Guttaring, 642 m, am Rande des Krappfeldes gelegen, ist eine beliebte Sommerfrische mit mehreren sehenswerten Sakralbauten am Ort und in der Umgebung.
Eberstein, 568 m, und **Klein St. Paul,** 633 m, sind Touristenstandorte am Fuße der Gr. Saualpe (Ladingerspitze), 2079 m, im Görtschitztal.

Obdach, 877 m, Sommerfrische und Wintersportort mit sehenswerten Baulichkeiten, liegt wenige Kilometer unterhalb des Obdacher Sattels, 954 m, an der Straßenverbindung Zeltweg – Lavanttal. Den Zirbitzkogelgipfel, 2396 m, erreicht man in 2 Stunden von der *Sabathyhütte,* 1616 m, zu der ein Fahrweg von Obdach führt. Die *Weißensteinhütte,* 1706 m, zu Fuß in $2^1/_2$ Stunden von Obdach zu erreichen, ermöglicht den Aufstieg zum Weißensteingipfel, 2162 m, in 1 Stunde und zum Ameringkogel, 2186 m, in $1^1/_2$.

Bad St. Leonhard im Lavanttal, 715 m, ist ein Heilbad in landschaftlich reizvoller Umgebung mit schöner gotischer Kirche (eine der stilreinsten Österreichs). Eine schmale Bergstraße über den Klippitztörlpaß, 1644 m, die nicht leicht zu befahren ist, verbindet das schöne Lavanttal mit dem Görtschitztal.

Wolfsberg, 463 m, Bezirkshauptstadt im Lavanttal, zeichnet sich durch ein mildes Klima aus, das den Obstanbau dieser Gegend fördert. Sehenswert sind u. a. Pfarrkirche, Kapuzinerkloster, verschiedene Bürgerhäuser, Schloß Bayerhofen. Die *Wolfsberger Hütte,* 1825 m, in 2 Stunden von der Gießl-Hütte am Hochkofel (bis dorthin Fahrstraße) zu erreichen, ermöglicht den Aufstieg zum Gipfel der Gr. Saualpe (Ladingerspitze), 2079 m, in $1^1/_2$ Stunden. Über eine ca. 15 km lange Güterstraße bis Hipfelhütte, 1650 m, mit anschließender einstündiger Wanderung erreicht man das *Koralpenhaus,* 1962 m, Ausgangspunkt für den Aufstieg zum Gr. Speikkogel, 2140 m, in 45 Minuten.

Weichselboden im Salzatal mit Zeller Staritzen, Hochschwabgruppe

11
Grenzgebirge
Der Südosten

Die Landschaftsbilder des südöstlichen Alpenraumes zeichnen sich durch Vielfalt und Abwechslung aus. In den Seen Kärntens, der Karawankenkette mit dem vorgelagerten Hochobir, den Julischen Alpen im jugoslawischen Slowenien, den Karnischen Alpen an der Grenze Österreichs zur italienischen Provinz Friaul, den Gailtaler Alpen und den Lienzer Dolomiten Osttirols begegnet man unterschiedlichen alpinen Erscheinungsformen. Auf der Fahrt zu den sonnigen Küsten der Adria werden mitunter mehrere Gebietsteile dieser Region durchfahren. In diesem Falle empfiehlt sich die eine oder andere dieser schönen Landschaften als Etappenziel. Kenner werden markante Höhepunkte zu einem längeren Aufenthalt nutzen, wie sich die gesamte Region in der unterschiedlichsten Weise als lohnendes Ferienziel anbietet. Vom erfrischenden Bad in einem der zahlreichen, sauberen Seen zu den alpinen Regionen sind es oft nur wenige Kilometer Wegstrecke, und besuchenswerte Ausflugsziele liegen nahe beieinander. In einem halben Tag läßt sich eine Dreiländerfahrt (Österreich – Jugoslawien – Italien) mit dem Kraftwagen von Villach aus über den Wurzenpaß und Tarvisio absolvieren, allerdings kann man in dieser kurzen Zeit nicht alle landschaftlichen Höhepunkte wahrnehmen.

Das Tal der Drau von Villach bis Völkermarkt, das entlang der Karawankenkette verläuft, wurde durch mehrfaches Aufstauen des Flußlaufes in eine einzigartige Seenlandschaft verwandelt. Die großen natürlichen Seen – Wörther, Ossiacher und Millstätter See –, daneben die nicht minder reizvollen kleineren – Faaker, Keutschacher und Klopeiner See –, sind in die wald- und wiesenbedeckte Hügellandschaft zwischen den Ausläufern des Alpenhauptkammes und den Kara-

(Fortsetzung auf Seite 272)

Zeichenerklärung auf Seite 88/89
ÖSTERREICH
ITALIEN
KÄRNT
nach Salzburg
nach Kufstein
nach Brunico/Bruneck
Millstatt
Seeboden
Spittal
Mühldorf
Ober-Vellach
Penk
Gößnitz
Polinik 2784
Sachsenburg
2142 Goldeck
Kreuzeckgruppe
Stall
Fellbach
Weißenbach
Steinfeld
Neusach
Rangersdf.
Hochkreuz 2708
Greifenburg
Gailtaler Alpen
Waisach
Weißbriach
Winklern
Vellach
Hermagor
Zwickenbg.
Lengberg
Dölsach
Dellach
Reißkofel 2371
Oberdrau-burg
Lienz
Tristach
Nikolsdorf
Tröpolach
Kirchbach
2195 Gartner Kofel
Malborgh
Amlach
Lavant
Gailbergsattel
Leisach
2772 Sandsp.
Kötschach
2189 Hochwipfel
Naßfeld-H.
Spitzkofel 2718
Lienzer Dolomiten
St. Jakob
Mauthen
Pontebba
Mittewald a. d. D.
Drau
St. Lorenzen
Kornat
Straniger A.
M. Paularo 2045
2145 M. Zérmula
Anras
Luggau
Plöcken-H.
2780 Hohe Warte
Timau
Paularo
Abfaltersbach
Obertilliach
Plöckenpaß 1360
Ligosullo
Chiusafor
Außervillgraten
Straßen
Collina
Cercivento
Paluzza
Grauzária
Leiten
Ravascletto
Sútrio
Moggio Udinese
Sillian
Kartitsch
2693 M. Peralba
Rigolato
Comeglians
Arta
Cedàrchis
Illegio
Pfann.-Sp. 2678
Cima-S.
Prato-Carn.
Ovaro
Vinàio
Terzo
Carnia
Sappada
Mione
Muina
Amaro
S. Giuseppe/ Moos
S. Nicolò di Com.
Tolmezzo
Comélico sup.
Campolongo
Raveo
S. Stéfano di Cad.
Sauris d. Sotto
Villa Santina
Enemonzo
Karnische Alpen
Ampezzo
Cima Gogna
Pelos d. Cad.
Forni di sopra
Forni di sotto
Lorenzago di Cadore
Andrazza
N
20 km
2.16
2.17
2.19
2.20
2.22
2.23
2.26

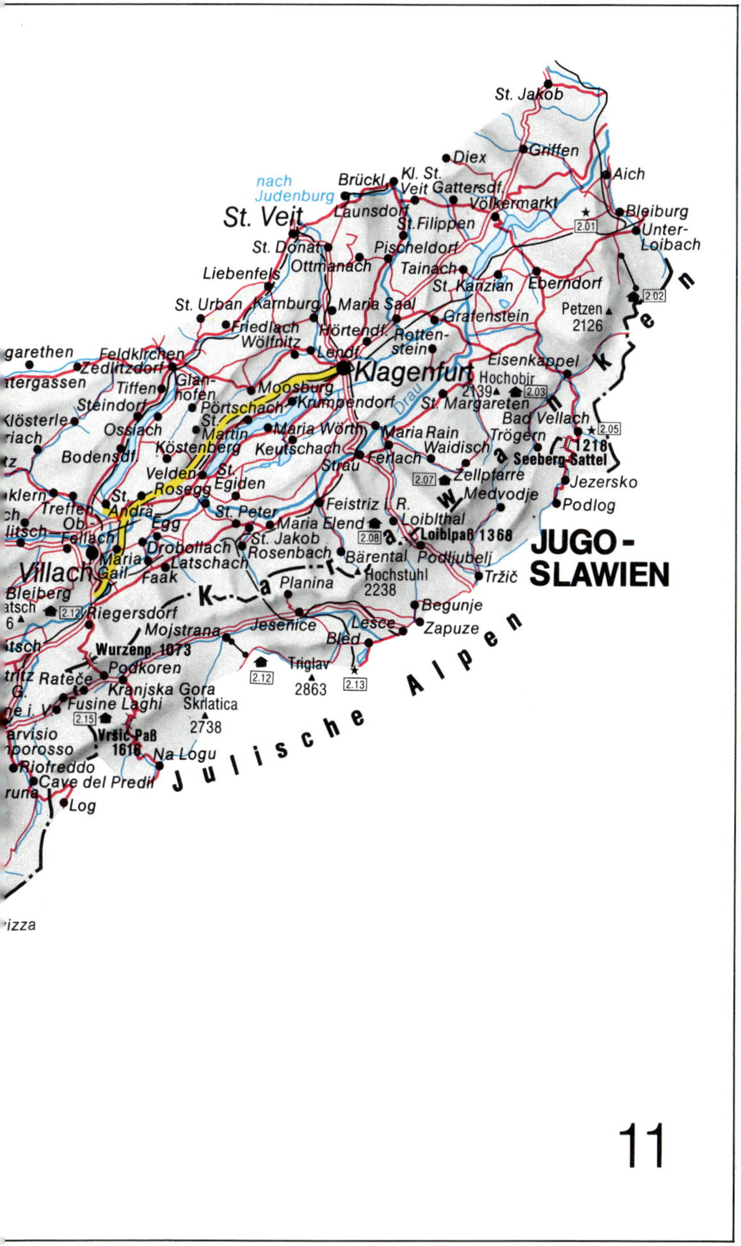
St. Jakob
Diex
Griffen
Aich
nach Judenburg
Brückl
Kl. St. Veit
Gattersdf.
Völkermarkt
Bleiburg
Unter-Loibach
St. Veit
Launsdorf
St. Filippen
2.01
St. Donat
Pischeldorf
Ottmanach
Liebenfels
Tainach
St. Kanzian
Eberndorf
St. Urban
Karnburg
Maria Saal
Grafenstein
Petzen 2126
2.02
Friedlach
Wölfnitz
Hörtendf.
Rotten-stein
garethen
Feldkirchen
Zedlitzdorf
Lendf.
Klagenfurt
Eisenkappel
tergassen
Tiffen
Glan-hofen
Moosburg
Hochobir 2139
2.03
Steindorf
Pörtschach
Krumpendorf
Drau
St. Margareten
Klösterle
Ossiach
St. Martin
Maria Wörth
Maria Rain
Bad Vellach
2.05
riach
Köstenberg
Keutschach
Waidisch
Trögern
1218
Bodensdf.
Ferlach
Seeberg-Sattel
Velden
St. Egiden
Strau
2.07
Zellpfarre
Jezersko
klern
Rosegg
St. Andrä
Feistriz i. R.
Medvodje
Podlog
Treffen
St. Peter
Loiblthal
Ob.-Fellach
Egg
Maria Elend
2.08
Loiblpaß 1368
St. Jakob
Rosenbach
JUGO-SLAWIEN
Drobollach
Bärental
Podljubelj
Villach
Maria Gail
Latschach
Faak
Hochstuhl 2238
Tržič
Bleiberg
Planina
Karawanken
2.12
Riegersdorf
Begunje
Mojstrana
Jesenice
Lesce
Zapuze
Bled
Wurzenp. 1073
Triglav 2863
2.12
2.13
Podkoren
Rateče
Kranjska Gora
Skrlatica 2738
Fusine Laghi
2.15
Vršič Paß 1616
arvisio
Na Logu
Riofreddo
Cave del Predil
Julische Alpen
Log
11

1. Ferienorte und touristische Zentren

Karawanken, Rosental, Jauntal:

1.01 **Bleiburg,** 479 m, Erholung, Spaziergänge, Bergwandern, Baudenkmale
1.02 **Griffen,** 484 m, Erholung, Wandern, Tropfsteinhöhle
1.03 **Völkermarkt,** 462 m, Wandern, Wassersport
1.04 **Eisenkappel,** 555 m, Erholung, Bergtouren, Kur in Bad Vellach
1.05 **St. Margareten im Rosental,** 607 m, Erholung, Wandern, Bergtouren
1.06 **Ferlach,** 466 m, Wandern, Bergtouren, Waffenmuseum
1.07 **Feistritz im Rosental,** 545 m, Wandern, Bergtouren
1.08 **Rosegg,** 483 m, Erholung, Bergtouren
1.09 **Faak am See,** 565 m, Seebad, Wassersport, Bergtouren

Gebiet von Klagenfurt und Villach (mit Wörther und Ossiacher See):

1.10 **Klagenfurt,** 445 m, Landeshauptstadt von Kärnten, kulturelles u. tourist. Zentrum
1.11 **Maria Wörth,** 458 m, Seebad u. tourist. Zentrum, Wassersport, Spaziergänge
1.12 **Velden,** 450 m, Wassersport, Spaziergänge
1.13 **Pörtschach,** 458 m, Alpenseebad, Wassersport, Wandern
1.14 **Krumpendorf,** 446 m, Seebad, Spaziergänge, Wassersport
1.15 **Feldkirchen in Kärnten,** 560 m, Erholung, Wandern, Segel- u. Motorflug
1.16 **Steindorf am Ossiacher See,** 517 m, Erholung, Baden, Wandern
1.17 **Ossiach,** 508 m, Alpenseebad, Wassersport, Spaziergänge
1.18 **Villach,** 501 m, Verkehrsknotenpunkt u. tourist. Zentrum, Kur, Bergwandern

Julische Alpen, oberes Savetal:

1.19 **Bled,** 500 m, internat. Fremdenverkehrsort am Blejsko-See
1.20 **Jesenice,** 550 m, Eisenhütte
1.21 **Kranjska gora,** 800 m, Erholung, Bergtouren, Wintersport

Karnische Alpen, Lesach- u. Gailtal, Gailtaler Alpen:

1.22 **Obertilliach,** 1450 m, Erholung, Bergtouren, Wintersport
1.23 **St. Lorenzen im Lesachtal,** 1128 m, Erholung, Bergtouren
1.24 **Kötschach-Mauthen,** 710 m, Erholung, Bergtouren, (Gailtaler Dom)
1.25 **Kirchbach,** 642 m, m. d. Ortsteilen Reisach und Rattendorf, Erholung, Bergtouren
1.26 **Hermagor,** 603 m, Zentrum des Gailtales, Bergtouren, Wintersport
1.27 **Weißbriach,** 802 m, Kur, Bergwandern
1.28 **Nötsch im Gailtal,** 564 m, Erh., Wandern
1.29 **Bleiberg ob Villach,** 892 m, Kur, Erholung, Bergwandern

Drautal, Kreuzeckgruppe und Millstätter See:

1.30 **Paternion – Feistritz,** 530 m, Erholung, Wandern, Bergtouren
1.31 **Millstatt,** 610 m, Seebad, Wassersport, Bergwandern, (Benediktinerstift)
1.32 **Seeboden,** 580–850 m, Alpenseebad, Wassersport, Bergwandern
1.33 **Spittal a. d. Drau,** 560 m, Verkehrsknotenpunkt u. tourist. Zentrum, (Teurnia)
1.34 **Möllbrücke,** 556 m, Erholung, Bergtouren
1.35 **Sachsenburg,** 559 m, Kur, Bergtouren
1.36 **Steinfeld a. d. Drau,** 616 m, Erholung, Wandern, Bergtouren
1.37 **Greifenburg in Kärnten,** 645 m, Zentrum des oberen Drautales, Erholung, Bergtouren
1.38 **Dellach i. Drautal,** 606 m, Erh., Bergtouren
1.39 **Oberdrauburg,** 629 m, Erholung, Bergtouren

Lienzer Dolomiten, Pustertal:

1.40 **Lienz,** 675 m, Bezirkshauptstadt von Osttirol, touristisches Zentrum
1.41 **Tristach,** 672 m, Ortsteil v. Lienz, Touristenstandort für Lienzer Dolomiten
1.42 **Mittewald a. d. Drau,** 885 m, Ortsteil d. Gemeinde Anras, Erholung, Bergtouren
1.43 **Abfaltersbach,** 982 m, Erholung, Wandern
1.44 **Sillian,** 1103 m, Hauptort d. österreichischen Pustertales, Bergtouren, Wintersport
1.45 **Arnbach,** 1097 m, österr.-ital. Grenze
1.46 **Außervillgraten,** 1279 m, **Innervillgraten,** 1402 m, Erholung, Bergtouren

2. Besondere Ausflugsziele und Berghütten

Karawanken, Rosental, Jauntal:

2.01 **Libitsch,** 630 m, Fußweg v. Bleiburg 30 Minuten; Blick auf die Petzen u. in das Jauntal
2.02 **Siebenhüttenalm,** 1662 m, am Fuße v. Feistritzer Spitze, 2114 m, und Kordeschkopf, 2126 m, Mautstraße v. Bleiburg, Sessellift v. Feistritz ob Bleiburg; Markierte Höhenwege z. Gipfel Feistritzer Spitze und Knieps, 2139 m
2.03 **Eisenkappeler Hütte,** 1604 m, Fahrweg v. Eisenkappel oder 3 Std. zu Fuß a. d. Prüggersteig; z. Gipfel des Hochobir, 2139 m, in 1½ Stunden
2.04 **Seeberg-Paß,** 1218 m, Fahrstraße Eisenkappel – Kranj
2.05 **Vellacher Kotschna** (bis 1472 m), schöner Talschluß, überragt v. Kaltenberg, 2204 m; Talweg in Bad Vellach v. Seeberg-Paßstraße abzweigend
2.06 **Freibach-Stausee,** Fahrstraße von St. Margareten im Rosental
2.07 **Koschuta-Hütte,** 1279 m, am Fuße d. Koschutnikturmes, 2136 m, Mautstraße von Ferlach
2.08 **Whs Bodenbauer,** 1052 m, Fahrstraße v. Ferlach; großartiger Talschluß, überragt v. Vertatscha, 2181 m
2.09 **Klagenfurter Hütte,** 1663 m, am Fuße d. Hochstuhls, 2238 m, 2–2½ Std. v. Gh Stauhütte, 963 m; bis dort Fahrstr. v. Feistritz im Rosental

Erläuterung Seite 87

Gebiet von Klagenfurt und Villach (mit Wörther und Ossiacher See):

2.10 **Gerlitzen,** 1909 m, Sessellift v. Kanzelhöhe, 1500 m, und Mautstraße von Bodensdorf zum Hotel Berger; zur Kanzelhöhe Kabinenseilbahn v. Annenheim und Mautstraße von Treffen; hervorragender Aussichtsberg.

2.11 **Villacher Alpe,** Mautstraße v. Villach z. Roßtratte, 1743 m; der Sessellift Höhenrain v. Ende der Mautstraße zur Bergstation, 1957 m, verkürzt den Aufstieg z. Dobratsch, 2166 m; hervorragende Ausblicke zu den Hohen Tauern, der Karawankenkette, den Julischen Alpen (Triglav) und den nahegelegenen Gipfeln der Karnischen Alpen.

Julische Alpen, oberes Savetal:

2.12 **Aljažev dom – Aljazhaus,** 1015 m, a. d. Abstürzen d. Triglav-Nordwand; Fahrstraße v. Mojstrana oder 3 Std. zu Fuß.

2.13 **Bohinjsko-See,** 523 m, Straße v. Bled.

2.14 **Vršič-Paß,** 1616 m, Fahrstraße v. Kranjska gora in das Tal der Soča (Isonzo). Landschaftl. hervorragend, Ausblick auf Mojstrovka, 2369 m, u. Škrlaticawand (Gipfel 2738 m).

2.15 **Planinski dom – Planicahütte,** 1108 m, Fahrweg v. Rateče oder 2 Stunden zu Fuß.

Karnische Alpen, Lesach- und Gailtal, Gailtaler Alpen:

2.16 **Scheibe,** 2016 m, 2 Stunden von Obertilliach; Aussicht z. Gipfelkette der Karnischen Alpen, zu den Lienzer Dolomiten und in das Lesachtal.

2.17 **Hochweißsteinhaus,** 1905 m, am Fuße d. Hochweißsteins (Monte Peralba), 2693 m; 3 Std. v. St. Lorenzen im Lesachtal.

2.18 **Plöckenpaß,** 1360 m, Fahrstraße Kötschach-Mauthen – Tolmezzo.

2.19 **Untere Valentinalm,** 1220 m, Spazierweg v. Plöckenhaus a. d. Plöckenpaßstraße; Ausblick zur Kellerwand (Gipfel 2769 m).

2.20 **Mauthner Alpe,** 1782 m, Sessellift v. Mauthen, Bergstation, 1504 m; Ausblick auf Lienzer Dolomiten u. Kellerwand. Wanderung zur Unteren Valentinalm über Hinterjoch, 1879 m, 2½ Stunden, b. Abstieg Blick z. Hohen Warte, 2780 m. Rückfahrt ab Plöckenpaßstr. m. Postbus.

2.21 **Garnitzentörl,** 1885 m, Sessellift v. d. Watschiger Alm a. d. Naßfeldstraße; Blick auf Gartnerkofel und in das Gailtal.

2.22 **Weißensee,** 930 m, landschaftlich hervorragend inmitten d. Gailtaler Alpen gelegen, 11,5 km lang; Fahrstraße von Hermagor im Gailtal u. v. Greifenburg im oberen Drautal an das Westufer; Ostufer über Windische Höhe a. d. Gailtal u. v. Paternion im unteren Drautal.

Drautal, Kreuzeckgruppe und Millstätter See:

2.23 **Lammersdorfer Alm,** 1644 m, Zufahrt a. d. Millstätter Höhenstraße; Aussicht auf z. Reißeck-, Kreuzeck- und Latschurgruppe, Karawanken; Gipfeltour zur **Millstätter Alpe,** 2091 m, 1¾ Stunden.

2.24 **Goldeck,** 2142 m, Kabinenseilbahn v. Spittal a. d. Drau, v. d. Bergstation, 2050 m, zum Gipfel in 1 Stunde; Ausblick auf Hohe Tauern, Kreuzeckgruppe.

2.25 **Aguntum,** Ausgrabungsstätte einer röm. Siedlung; 6 km östl. v. Lienz und **Lavant,** 675 m, Reste einer kelt. Siedlg., einer röm. Fliehburg u. einer frühchristl. Kirche; 7 km südöstl. v. Lienz

2.26 **Karlsbader Hütte,** 2260 m, am Fuße d. Gr. Sandspitze, 2772 m; 2½ Stunden von d. Lienzer Dolomitenhütte, 1620 m, bis dort Kleinbus-Taxi von Tristach.

2.27 **Höhenstraße im Pustertal** von Bannberg bis Asch; hervorragende Aussicht auf Lienzer Dolomiten.

3. Die höchsten und markantesten Gipfel

Karawanken und vorgelagerte Berge:
Hochstuhl, 2238 m, 2.09
Kaltenberg, 2204 m, 2.05
Mittagskogel, 2143 m, 1.08, 1.09
Hochobir, 2139 m, 2.03, 2.06
Koschutnikturm, 2136 m, 2.07
Petzen: Kordeschkopf, 2126 m, 2.02
– Feistritzer Spitze, 2114 m, 2.02

Julische Alpen:
Triglav, 2863 m, 1.19, 2.12
Škrlatica, 2738 m, 2.14
Monte Mangart, 2678 m, Predilpaß (S. 272)
Jalovec, 2643 m, 2.15
Razor, 2601 m, 2.14
Mojstrovka, 2369 m, 2.14

Karnische Alpen:
Hohe Warte, 2780 m, (2.20)
Kellerwand, 2769 m, (1.24), 2.18, 2.19, 2.20
Hochweißstein, 2693 m, 2.17
Pfannspitze, 2678 m, 2.16
Porze, 2589 m, 1.22
Roßkarspitze, 2511 m, 1.22
Gartnerkofel, 2195 m, 1.26, 2.21

Gailtaler Alpen:
Reißkofel, 2371 m, 1.24
Torkofel, 2275 m, 2.19
Dobratsch, 2166 m, 2.11
Spitzegel, 2118 m, 1.26

Latschurgruppe:
Latschur, 2236 m, 1.36, 2.24
Goldeck, 2142 m, 2.23

Kreuzeckgruppe:
Polinik, 2784 m, 2.23
Hochkreuz, 2708 m
Kreuzeck, 2702 m, 2.24
Gr. Grakofel, 2551 m, 2.23, 2.24

Lienzer Dolomiten:
Gr. Sandspitze, 2772 m, Iselsberg, 2.26
Spitzkofel, 2718 m, Iselsberg, 1.40
Kreuzkofel, 2694 m, 2.27
Hochstadel, 2680 m, Iselsberg, 2.25
Eggenkofel, 2590 m, 2.16

Erläuterung Seite 87

wanken eingebettet, nicht weit entfernt von den Städten und touristischen Zentren Villach und Klagenfurt. Südwestlich von Villach steigen die Karawanken langsam in östlicher Richtung an, um nahe dem Loiblpaß deutlich die Zweitausendmetermarke zu überschreiten und sich östlich des Seeberges mit der oststeirischen Hügellandschaft zu verbinden. Als höchste Erhebung erreicht der Hochstuhl eine Seehöhe von 2238 m. Der Kette weit nach Norden vorgelagert, überragen die Gipfelgruppe des Hochobir, südöstlich von Klagenfurt, mit 2139 m Seehöhe und der Kordeschkopf, 2126 m, bei Bleiburg deutlich die Hügellandschaft ihrer Umgebung.

Als stark gegliederter Gebirgszug erstrecken sich auf jugoslawischem Staatsgebiet jenseits des Savetales die Julischen Alpen weit nach Süden, mit dem 2863 m hohen Triglav als höchstem Gipfel. Der Blejsko Jezero (Veldeser See) bei Bled zeichnet sich nicht nur durch seine landschaftlich reizvolle Lage aus, von seinen Ufern eröffnet sich ein schöner Ausblick zu den steil aufragenden Gipfeln. Besonders eindrucksvoll ist auch die sommerliche Fahrt über den Vršič-Sattel, 1611 m, mit prächtiger Aussicht auf die hohen Kalkberge und ins Tal der Soča. In einem Rundkurs schließt sich, grenzüberschreitend nach Italien, die Fahrt über den Predilpaß, 1123 m, an.

In den Karnischen Alpen finden die Karawanken eine geradlinige Fortsetzung nach Westen. Über die Kammlagen verläuft die österreichisch-italienische Grenze. Die Gipfelhöhen bewegen sich in der Regel um 2000 m, allmählich nach Westen hin ansteigend, um im Hauptgipfel, der Hohen Warte, unweit des 1360 m hohen Plöckenpasses stattliche 2780 m zu erreichen.

Zwischen dem Tal der Drau und dem Gailtal erstrecken sich parallel zur nördlichen Gipfelkette der Karnischen Alpen die Gailtaler Alpen mit dem Roßkofel, 2371 m, als höchster Erhebung. Eingebettet in die Bergregionen stellt der 930 m hoch gelegene Weißensee einen Schwerpunkt im Landschaftsbild dar und ist, wie auch der Dobratsch, 2166 m, als »Hausberg« von Villach ein beliebtes Ausflugsziel. Das östliche Hochtal mit dem Bergort Bleiberg präsentiert sich als Bergbaugebiet (Blei- und Zinkgewinnung).

Den Gailtaler Alpen schließen sich westlich die zerklüfteten Gipfelpartien

Steiner Alpen von Norden

der Lienzer Dolomiten an, mit Gr. Sandspitze, 2772 m, Spitzkofel, 2718 m, Kreuzkofel, 2694 m, und Hochstadel, 2680 m.
Zwischen dem Drau- und dem Mölltal erhebt sich die Kreuzeckgruppe mit Hochkreuz, 2708 m, Kreuzeck, 2702 m, und dem weit nach Norden vorgelagerten Polinik, 2784 m, als höchstem Gipfel. Die enge Raggaklamm mündet bei Flattach in das Mölltal. Über die Einsattelung zwischen der Kreuzeckgruppe und den Ausläufern der Schobergruppe verläuft der Iselsbergpaß, der Drau- und Mölltal verbindet.
Weiter westlich durchzieht die Drau, von den Lienzer Dolomiten und den Deferegger Alpen flankiert, das landschaftlich reizvolle Pustertal auf Osttiroler Gebiet. Unweit der Mündung des Lesachtales als geradliniger Verlängerung des Gailtales zwischen den Karnischen Alpen und den Lienzer Dolomiten verläuft die österreichisch-italienische Grenze, die westlichste Tallage dieser Region markierend.

Geschichte. Die Besiedelung dieser Region, überwiegend Kärntner Gebiet, reicht bis in die Steinzeit zurück. Von geschichtlicher Bedeutung erweist sich die Ansiedelung der Veneto-Illyrer und der im 3. vorchristlichen Jahrhundert im gesamten Alpenraum vordringenden Kelten. Der Stamm der Noriker begründete eine Art Königreich, das eine gewisse Vormachtstellung errang und weit über Kärnten hinausreichte. Goldfunde und Eisenerzvorkommen weckten das Interesse der Römer, die das Gebiet schließlich kampflos in eine römische Provinz umwandelten. Ausgrabungen in der Nähe von Lienz und anderenorts bestätigen die Bedeutung dieses Raumes für das römische Imperium. Sehr früh schon, im 4. Jahrhundert, verbreitete sich das Christentum. Die Zeit der Völkerwanderung sah das Gebiet unter ostgotischer und langobardischer Herrschaft. Die Schlacht auf dem Lechfeld setzte dem Vordringen der Magyaren in den Alpenraum vor der Jahrtausendwende ein Ende. Um diese Zeit wurde durch Otto II. das Herzogtum Karantanien gegründet. Im 11. Jahrhundert entstanden eine ganze Reihe von Klöstern, darunter auch Gurk und Ossiach. Reformation und Gegenreformation wirkten sich in dieser Region besonders stark aus und beeinträchtig-

Montasch aus dem Dognatal

ten Goldbergbau und Eisenerzgewinnung. Erst die Einrichtung des Freihafens Triest brachte eine wirtschaftliche Gesundung. Nach dem ersten Weltkrieg waren die Gebietsteile Kärntens umstritten, eine Volksabstimmung im Jahre 1920 sorgte für ein überwältigendes Resultat mit einem Treuebekenntnis zum österreichischen Staat. Jene Zeit mag für die Intoleranz verantwortlich sein, die noch heute den slowenischen Volksgruppen entgegengebracht wird.

Aus geologischer Sicht ist der Südosten der Alpen stark gegliedert. Die kristallinen Schiefer des Alpenhauptkammes erstrecken sich bis zum Flußlauf der Drau und beziehen Defereggengebirge und Kreuzeckgruppe mit ein. Auch an den Südhängen der Lienzer Dolomiten und Gailtaler Alpen sind im Lesachtal Gneise und Glimmerschiefer, im östlichen Verlauf des Gailtales Phyllite anzutreffen. Der Gebirgszug selbst besteht, wie das Gebiet Friauls und der Julischen Alpen, überwiegend aus Kalksedimenten der Trias. Die Karnischen Alpen und in Fortsetzung die Karawanken entstammen dem Paläozoikum. Nicht nur in den Gailtaler Alpen (Bleiberg), auch weiter östlich trifft man auf Erzvorkommen und Gewinnungsstätten der verschiedensten Metalle und Schwermetalle. Der geologische Aufbau der Gebietsteile dieser Region ist viel zu differenziert, um auf Einzelheiten im Rahmen einer Übersicht näher eingehen zu können. Dies gilt auch für Mineralfundstätten, die sich verstreut an verschiedenen Orten anbieten – nicht selten auf privatem Betriebsgelände, und nur mit ausdrücklicher Genehmigung zu erreichen. Mineralienfreunde, die Funde nicht nur dem Zufall überlassen wollen, sollten sich einen broschiert im Handel erhältlichen Fundstätten-Nachweis zulegen, um ihre Suche gezielt durchführen und erfolgreich gestalten zu können.

Das Wetter im südöstlichen Alpenraum ist vom Einfluß des östlichen Festlandsklimas geprägt. Kalte Winter, dafür aber warme und niederschlagsarme Sommermonate sind die Folge. Daneben bilden sich im Hochsommer gelegentlich stärkere Gewitter aus, die jedoch in der Regel eine lokale Wetterentwicklung darstellen. Das Wettergeschehen des Mittelmeerraumes macht sich mit Störungsausläufern stärker bemerkbar als typische Westwetterlagen, die besonders den nördlichen Alpenraum beeinflussen.

Pflanzen. Die unterschiedlichen klimatischen Bedingungen der jeweiligen Höhenzonen bestimmen, wie überall im Alpenraum, das Pflanzenwachstum. Als Besonderheit soll das Vorkommen der gelben Alpenrose bei Lendorf in der Umgebung von Spittal, vor allem aber das der Wulfenia carinthiaca in der Gegend des Gartnerkofels im Naßfeldgebiet bei Hermagor (Gailtal) Erwähnung finden. Es ist das einzige Vorkommen dieser wahrscheinlich als Reliktpflanze aus dem

Maria Wörth am Wörther See

Tertiär zu wertenden, blaublühenden Blume in Mittel- und Westeuropa. Ein weiteres Vorkommen konnte bisher in Montenegro entdeckt werden. Verwandte Arten gedeihen in Albanien, Syrien und im Himalajagebiet. Es versteht sich von selbst, daß der Naturschutz ein Pflücken dieser seltenen Pflanzen streng verbietet. Die Blütezeit ist im Juni.

Der Tierbestand gleicht dem des übrigen Alpenraumes. Erfreulicherweise ist das vereinzelte Auftreten von Steinböcken nach Wiederansiedelung zu verzeichnen. Auch der Flug des Steinadlers ist gelegentlich zu beobachten.

Karawanken, Rosental, Jauntal

Das Landschaftsbild im Südosten Kärntens wird von den alpinen Regionen der Karawankenkette bestimmt, die in der Petzen mit Kordeschkopf, 2126 m, Knieps, 2110 m, und Feistritzer Spitze, 2114 m, Akzente setzt und das Jauntal nach Süden begrenzt.

Bleiburg, 479 m, im Wiesental der Feistritz gelegenes Grenzstädtchen, wird von den bewaldeten Hängen des Libitschs und des Kömmels gesäumt. Sehenswert sind u. a. das Renaissanceschloß Thurn über der Stadt und die Pfarrkirche Peter und Paul. Als nahes Ausflugsziel bietet sich der *Libitsch,* 630 m, an – 30 Minuten zu Fuß – mit Blick auf die Petzen und in das Jauntal. Die *Siebenhüttenalm,* 1662 m, am Fuße der Feistritzer Spitze und des Kordeschkopfes, ist auf einer mautpflichtigen Bergstraße über Penk oder mit dem Sessellift von einer Anhöhe nahe Feistritz ob Bleiburg zu erreichen. Markierte Höhenwege führen zum Gipfel der Feistritzer Spitze und zum Knieps (an der jugoslawischen

Grenze). Eine Straße überquert die Drau in nördlicher Richtung und verbindet Bleiburg mit **Griffen,** 484 m, Sommerfrische und Marktgemeinde, in landschaftlich reizvoller Umgebung an den Ausläufern der Saualpe gelegen. Der steile Schloßfelsen, den die Burgruine Griffen krönt, birgt eine bunte Tropfsteinhöhle mit Spuren steinzeitlicher Besiedelung. In der Umgebung empfiehlt sich das Stift Griffen mit romanischer Pfeilerbasilika als besondere Sehenswürdigkeit.

Völkermarkt, 462 m, etwa 10 km südwestlich an einem langgestreckten und breiten Stausee der Drau gelegene Bezirksstadt. Sehenswert sind die Reste der Herzogsburg im heutigen Rathaus, der Stadtturm und andere Baudenkmale. Der Straße über den Völkermarkter Stausee in südlicher Richtung folgend, gelangt man über die Orte *Kühnsdorf,* 438 m, und *Eberndorf,* 477 m, nach **Eisenkappel,** 555 m, in den Karawanken, mit Pfarrkirche, Schloß Hagenegg und der Türkenschanze am Trobefelsen als Sehenswürdigkeiten. Der vorgelagerte Hochobir, 2139 m, ein dominierender Aussichtsberg, ist von der *Eisenkappeler Hütte,* 1604 m, in 1$^1/_2$stündigem Aufstieg zu erreichen. Zur Hütte gelangt man von Eisenkappel auf einem Fahrweg oder zu Fuß in 3 Stunden auf dem Prüggersteig. Äußerst lohnend ist auch die Fahrt zum *Seeberg-Paß,* 1218 m, an der jugoslawischen Grenze, oder ein Ausflug zum Talschluß der *Vellacher Kotschna* (bis 1472 m), vom 2204 m hohen Kaltenberg überragt. Der Talweg zweigt in Bad Vellach, 840 m, von der Paßstraße ab.

St. Margareten im Rosental, 607 m, Sommerfrische über der Drau, liegt nordwestlich des Obir. Als Ausflugsziel ist der *Freibach-Stausee,* im Osten vom Obir überragt, mit dem Pkw zu erreichen.

Ferlach, 466 m, südlichstes Städtchen Österreichs und touristisches Zentrum, an der Hauptverkehrsverbindung Klagenfurt – Jugoslawien über den Loiblpaß gelegen, ist durch seine schon vor 400 Jahren gegründete Jagdwaffenproduktion international bekannt. Von der Vielzahl möglicher Unternehmungen im Gebiet steiler Karawankengipfel verdienen die *Koschuta-Hütte,* 1279 m, am Fuße des

Breter Wand

Koschutnikturmes, 2136 m (Mautstraße bis zur Hütte), das Bodental mit *Whs Bodenbauer,* 1052 m, (Fahrstraße) und einem großartigen Talschluß, von der Vertatscha, 2181 m, überragt, und nicht zuletzt die Loiblpaß-Scheitelstrecke, 1368 m (grenzüberschreitend für Kfz gesperrt), besondere Erwähnung.
Ein hervorragender Überblick über die Karawankenkette eröffnet sich auch von *Maria Rein,* 542 m, einem am Südhang des Sattnitzrückens gelegenen Wallfahrtsort mit barocker, doppeltürmiger Kirche.

Feistritz im Rosental, 545 m, Erholungsort, liegt an der Mündung des Bärentales in landschaftlich reizvoller Umgebung und dient als Ausgangspunkt für alpine Unternehmungen. Besonderes Ausflugsziel ist die *Klagenfurter Hütte,* 1663 m, am Fuße des Hochstuhls, 2238 m, vom Gh Stauhütte, 963 m, (bis dort Straße) in 2–2½ Stunden zu erreichen. Windungsreich durchzieht die Drau das Rosental zwischen Rosegg und St. Jakob.

Rosegg, 483 m, beliebte Sommerfrische, besitzt einen schönen Naturpark, der eine Burgruine umgibt. Schloß Rosegg (keine Besichtigung) und Ruine Liechtenberg sind besondere Baudenkmale. In der Nähe befindet sich eine Ausgrabungsstätte von Illyrergräbern. Der Faaker See mit dem am westlichen Ufer gelegenen Luftkur- und Badeort **Faak am See,** 565 m, ist ein beliebtes Ferienziel. Besuchenswert ist u. a. die Burgruine Alt-Finkenstein, 841 m, die südlich des Sees liegt.

Gebiet von Klagenfurt und Villach (mit Wörther und Ossiacher See)

Das Gebiet zwischen Klagenfurt und Villach ist berühmt durch seine Seen und die reizvollen Orte an deren Ufern mit der Karawankenkette als großartiger Hintergrundkulisse. Ein besonders eindrucksvolles Bild bietet die am Horizont aufsteigende Gebirgskette, wenn man sich von St. Veit a. d. Glan her der Landeshauptstadt Kärntens nähert oder vom nahen Falkenberg, der 671 m hoch ist, auf die Stadt blickt.

Millstätter See und Nockberge

Klagenfurt, 445 m, am Ostufer des Wörther Sees gelegene Kongreßstadt, besitzt einen Flughafen und eine Vielzahl von Sehenswürdigkeiten, über deren kulturelle und geschichtliche Bedeutung man sich am besten anhand eines Kultur- oder Städteführers orientiert, so u. a. Domkirche St. Peter und Paul, bischöfliche Residenz, Landhaus, Stadtpfarrkirche St. Egyd, Marien- und Heiliggeistkirche, Lindwurm-Brunnen, Kärntner Landesmuseum, Botanischer Garten und »Minimundus«, eine Miniaturstadt mit maßstabgetreuen Nachbildungen berühmter Gebäude aus aller Welt im Europapark. Zwischen Klagenfurt und den Orten am **Wörther See** besteht Schiffsverkehr. *Maria Wörth,* 458 m, mit der auf einer Halbinsel gelegenen Kirchengruppe und den großen Ortsteilen *St. Anna, Reifnitz* u. a. am Südufer, *Velden,* 450 m, am Westufer, *Pörtschach,* 458 m, mit Blumeninsel, und *Krumpendorf,* 446 m, am Nordufer sind die bedeutendsten Bade-, Ferien- und Luftkurorte am Wörther See. Nördlich der Verkehrsverbindung Klagenfurt – Villach weitet sich bei der Stadt **Feldkirchen in Kärnten,** 560 m, mit zahlreichen sehenswerten Baudenkmalen, das Tal des Triebelbaches zum Ossiacher See hin, der sich an den Südhängen der Gerlitzen bis nahe Villach erstreckt.

Steindorf, 517 m, ist ein Bade- und Ferienort am Nordostende des Ossiacher Sees, am Nordufer liegen *Bodensdorf, St. Urban, Sattendorf* und *Annenheim.* Als hervorragender Aussichtsberg ist die *Gerlitzen,* 1909 m, durch einen Sessellift von der Kanzelhöhe, 1500 m, und durch eine Mautstraße von Bodensdorf zum Hotel Berger erschlossen. Von Annenheim führt eine Kabinenseilbahn zur Kanzelhöhe, außerdem eine Mautstraße von Treffen nordwestlich des Ossiacher Sees.

Ossiach, 508 m, Alpenseebad und Ferienort am Südufer des Sees, weist in der ehemaligen Benediktinerabtei und der Stiftskirche besondere Sehenswürdigkeiten auf.

Villach, 501 m, Bezirksstadt zu beiden Seiten der Drau, ist Kreuzungspunkt internationaler Verkehrslinien. So führt die Straße über den Wurzenpaß, 1075 m, nach Jugoslawien, und bei Unterthörl erreicht man die italienische Grenze unweit Tarvisio. Das Stadtbild weist schöne Renaissancehäuser und andere Baudenkmale, so z. B. die Stadtpfarrkirche St. Jakob, auf. Beliebtes Ausflugsziel, auf einer Mautstraße zu erreichen, ist die *Villacher Alpe* mit dem Dobratsch, 2166 m, als vielbesuchtem Aussichtsberg, mit Ausblicken zu den Hohen Tauern, der Karawankenkette, zum Triglav in den Julischen Alpen und zu den nahegelegenen Gipfeln der Karnischen Alpen. Der Aufstieg von der Villacher Alpe wird durch einen Sessellift erleichtert, der vom Ende der Mautstraße in 1743 m Höhe ausgeht.

Julische Alpen, oberes Savetal

Eingebettet zwischen den Karawanken im Norden und den Julischen Alpen im Süden erstreckt sich das Tal der Sava Dolinka auf jugoslawischem Staatsgebiet. Zwei Paßstraßen erschließen von Österreich aus über Einsattelungen in den Karawanken das Gebiet: Bei Villach führt der Wurzenpaß, 1075 m, in das obere Savetal, südlich von Klagenfurt bildet der Loibltunnel einen winteroffenen Übergang nach Kranj, 385 m.
Als höchste Erhebung der Julischen Alpen präsentiert sich der 2863 m hohe Triglav dem Besucher von Bled als Hintergrundkulisse über dem westlichen Seeufer. Zum *Aljazhaus* (*Aljažev dom,* 1015 m) an den gewaltigen Abstürzen der Triglav-Nordwand, gelangt man auf einer bei Mojstrana vom Savetal abzweigenden Fahrstraße (zu Fuß ca. 3 Stunden). Großartig ist der Ausblick zum höchsten jugoslawischen Alpengipfel auch vom südlich gelegenen Bohinjsko-See, 523 m, den man auf einer Straße von Bled aus erreicht.

Skuta vom Feistritzhaus, Süden ▷

Bled, 500 m, internationaler Fremdenverkehrsort, ist in landschaftlich besonders reizvoller Umgebung im breiten Savetal und am malerischen Blejsko-See gelegen, in dessen Mitte sich auf einer kleinen Insel eine alte Kirche, ein Museum und eine Gaststätte befinden. Zwar wird in dem sich flußaufwärts verengenden Savetal bei *Jesenice,* 550 m, die Luft vom rötlichen Rauch eines Hüttenwerkes erfüllt, doch wandelt sich das Landschaftsbild schnell zu einem lieblichen Gebirgstal, je weiter man flußaufwärts nach Westen gelangt. **Kranjska gora** und **Podkoren,** 847 m, liegen an der Straße, die Bled mit dem Wurzenpaß verbindet. Ein besonderes Erlebnis ist die sommerliche Fahrt über den *Vršič-Paß,* 1616 m, in das Tal der Soča (Isonzo). Während der Fahrt gewinnt man hervorragende Ausblicke auf die Mojstrovka, 2369 m, und die Škrlaticawand (Gipfel 2738 m). Die Strecke läßt sich auch in eine Rundtour einbeziehen, die von Villach ausgeht, über den Wurzenpaß Kranjska gora als Talort erreicht und jenseits des Vršič-Passes aus dem Sočatal zum Predilpaß, 1156 m, an der jugoslawisch-italienischen Grenze aufsteigt, um über Tarvisio zum Ausgangsort zurückzuführen. Gute Sichtverhältnisse bei beständiger Witterung vorausgesetzt, sollte die Rundreise am frühen Morgen beginnen.

Durch internationale Wettbewerbe ist die Skiflugschanze von *Planica* bekannt, doch auch der sommerliche Ausflug durch das bei Rateče, 870 m, über dem Savetal abzweigende Tal bis zur *Planicahütte* (*Planinski dom,* 1108 m, 2 Stunden) ist landschaftlich äußerst lohnend.

Karnische Alpen, Lesach- und Gailtal, Gailtaler Alpen

Das Landschaftsbild dieses Gebietes wird vom Gebirgskamm der Karnischen Alpen im Süden ebenso geprägt wie von den Gailtaler Alpen mit der zur Drauschleife vorgelagerten Latschurgruppe im Norden und den im Westen aufragenden Lienzer Dolomiten, die an anderer Stelle besondere Erwähnung finden. Die Gipfelkette der Karnischen Alpen steigt mit dem 2433 m hohen Helm aus dem Pustertal an der italienisch-österreichischen

Svatyduh gegen Steiner Alpen

Grenze auf, begleitet das Lesach- und Gailtal nach Osten bis zur tiefen Einsattelung bei Tarvisio, um jenseits des Taleinschnittes in den Karawanken eine geradlinige Fortsetzung zu finden. Die Gail entspringt am Kartitscher Sattel, durchfließt im oberen Talabschnitt des Lesachtales Osttiroler Gebiet bis Maria Luggau in Kärnten, und markiert den Talverlauf des breiten Gailtales von Kötschach-Mauthen bis zur Mündung.

Obertilliach, 1450 m, der höchstgelegene Ort im Lesachtal, Sommerfrische und Wintersportgebiet, zeichnet sich durch ein schönes Ortsbild mit Pfarrkirche und Kapelle zum hl. Nikolaus als sehenswerten Baudenkmalen aus. Südlich des Ortes erstreckt sich das Obertilliachtal, zum Fuße von Roßkarspitze, 2511 m, und Porze, 2589 m, ansteigend, zwischen den vorgelagerten Gipfeln des Hohen Bösring und Spitzköfele. Lohnend ist der Aufstieg zur *Scheibe,* 2016 m, in ca. 2 Stunden über die nördlichen Hänge. Dort eröffnet sich eine hervorragende Aussicht zur Gipfelkette der Karnischen Alpen, zu den Lienzer Dolomiten mit dem Eggenkofel, 2590 m, und in das Lesachtal. *Maria Luggau,* 1179 m, ist der erste Ort auf Kärntner Gebiet und Ortsteil der neugebildeten Gemeinde Lesachtal, wie alle Siedlungen dieser Talstufe.

St. Lorenzen im Lesachtal, 1128 m, Luftkurort auf einem Plateau über der Gail, empfiehlt sich als Touristenstandort für zahlreiche Unternehmungen im Gebiet der Karnischen Alpen und der Lienzer Dolomiten. Lohnend ist die Wanderung zum *Hochweißsteinhaus,* 1905 m, am Fuße des Hochweißsteins (Monte Peralba), 2693 m, (3 Stunden). Während des Aufstieges genießt man schöne Rückblicke zu den Gipfeln der Lienzer Dolomiten. Talabwärts berührt die Straße die Orte *Liesing,* 1043 m, *Kornat,* 1032 m, und andere, um bei Kötschach-Mauthen in die beide Ortsteile verbindende Hauptstraße einzumünden. Über den Gailbergsattel, 982 m, gelangt man in das Drautal.

Kötschach-Mauthen, 710 m, Luftkur- und Touristenstandort; hier beginnt das obere Gailtal, das sich als breites Wiesental deutlich vom Ursprungsgebiet des Flüßchens unterscheidet. Die

Im Antholzer Tal

Marktgemeinde besitzt in der Kötschacher Pfarrkirche (Gailtaler Dom), der Pfarrkirche von Mauthen und in Schloß Mandorf besondere Baudenkmale. Die Straße über den 1360 m hohen *Plöckenpaß* stellt zusammen mit dem Gailbergsattel die kürzeste Verkehrsverbindung zwischen Lienz und Udine dar. Die Paßfahrt ist jedoch auch wegen des Landschaftserlebnisses äußerst lohnend, besonders, wenn man damit einen Spaziergang zur *Unteren Valentinalm,* 1220 m – vom Plöckenhaus abzweigend – verbindet. Dort bietet sich ein hervorragender Ausblick zur Kellerwand (Gipfelhöhe 2769 m). Die *Mauthner Alpe,* 1782 m, ist mit dem Sessellift von Mauthen zu erreichen – Bergstation, 1504 m. Neben dem Ausblick auf Lienzer Dolomiten und Kellerwand bietet sich von dort eine Wanderung zur Unteren Valentinalm über das Hinterjoch, 1879 m, die 2½ Stunden in Anspruch nimmt, im Abstieg jedoch den Blick zur Hohen Warte, 2780 m, dem höchsten Gipfel der Karnischen Alpen, ermöglicht. Die Rückfahrt kann ab Plökkenstraße (½ Stunde) mit dem Postbus erfolgen.
Am Fuße des Reißkofels, 2371 m, dem höchsten Gipfel der Gailtaler Alpen, liegt die Sommerfrische **Kirchbach,** 642 m, mit den Ortsteilen *Reisach* und *Rattendorf* in landschaftlich reizvoller Umgebung. Hinter Rattendorf zweigt aus dem Gailtal die Paßstraße zum *Naßfeld,* 1552 m, ab. Von der Watschiger Alm, etwas unterhalb der Scheitelstrecke, kann man mit dem Sessellift zum *Garnitzentörl,* 1885 m, in nächster Nachbarschaft zum Gartnerkofel, gelangen und einen besonderen Tal- und Gipfelblick genießen. Im Gebiet um den Gartnerkofel ist die blaublühende Wulfenia carinthiaca, wie schon erwähnt, beheimatet, eine Reliktpflanze, die nirgends sonst im gesamten Alpenraum vorkommt.

Hermagor, 603 m, Bezirksstadt und Wintersportort, ist im Zentrum des Gailtales und an der Mündung des Gitschtales gelegen. Dem Seitental in nordwestlicher Richtung folgend, gelangt man über *Weißbriach,* 802 m, und den 1077 m hohen Kreuzberg zum Westufer des Weißensees oder in das Drautal. Der 11,5 km lange *Weißensee,* 930 m, zeichnet sich durch eine besondere Lage inmitten der Gailtaler Alpen aus. Während das flache südliche Wiesenufer kaum besiedelt ist, liegen am schmalen nordwestlichen Küstenraum unter bewaldeten Hängen die Ortsteile der Gemeinde Techendorf nahe beieinander. Das Ostufer des Sees ist über die südlich der Latschurgruppe verlaufende Straßenanbindung vom Drautal aus oder über die Windische Höhe, 1110 m, vom Gailtal aus mit dem Pkw zu erreichen.
Die Hauptstraße des Gailtales führt von Hermagor an den Hängen des Spitzegels und der Graslitzen vorbei, verläßt die Talsohle, um auf 750 m Höhe anzusteigen und senkt sich bei *Nötsch im Gailtal,* 564 m, wieder ins Tal hinab. Hier zweigt die Straße zum Bergbaugebiet des Bleiberger Tales ab, mit dem Ort *Bleiberg ob Villach,* 892 m, als gewerblichem und touristischem Zentrum nördlich des Dobratsch und der Villacher Alpe.

Drautal, Kreuzeckgruppe und Millstätter See

Die Engstelle an der Drauschleife bei Sachsenburg unterteilt das von der Drau durchzogene Tal in zwei Abschnitte, die sich im Landschaftsbild deutlich unterscheiden. So wird das Oberdrautal im Norden von den bis 2700 m aufsteigenden Gipfeln der Kreuzeckgruppe überragt, während die hohen Gipfel des Nockgebirges, dessen Ausläufer das Unterdrautal begleiten, weit zurückweichen und sanft ansteigende, bewaldete Hänge den breiteren Talabschnitt säumen. Den Gailtaler Alpen nach Norden vorgelagert, zwingen die Berge der Latschurgruppe den Fluß zu einer weit ausholenden Richtungsänderung, so daß man, von Villach kommend, eher im Mölltal die flußaufwärts gerichtete Fortsetzung des Tales vermuten möch-

Oberdrautal mit Lienzer Dolomiten vom Iselsberg

te, als in der abgewinkelten Engstelle, die beide Abschnitte des Drautales trennt. Auch oberhalb von Villach durchzieht der Fluß eine waldgesäumte Enge, die sich jedoch wenige Kilometer flußaufwärts deutlich weitet und zur Kulturlandschaft eines dichten Siedlungsraumes wandelt.

Paternion-Feistritz, 530 m. Hier, im engeren Bereich der Gemeinde, ist diese Besiedlungsdichte besonders deutlich ausgeprägt. Einige Schlösser und die Reste einer frühgeschichtlichen Fliehburg bei Feistritz gehören zu den Sehenswürdigkeiten des Ortsverbandes. In einer Entfernung von nur 2 km Luftlinie erstreckt sich, parallel zum Unterdrautal und nur durch eine Hügelkette von diesem getrennt, der Millstätter See, eingebettet in die Waldlandschaft des auslaufenden Nockgebirges. Es empfiehlt sich, bei einer in Richtung Spittal verlaufenden Fahrtroute, in Feistritz das Unterdrautal zu verlassen und auf gut ausgebauter Straße zum Südostufer des 11,5 km langen Sees überzuwechseln. Die nach Millstatt führende Uferstraße verläuft nördlich des Millstätter Sees über Dellach und Pesenthein.

Millstatt, 610 m, Marktgemeinde und Badeort in sonniger, landschaftlich besonders schöner Lage. Sehenswert ist vor allem das Benediktinerstift, ein Denkmal romanischer Baukunst in Kärnten. Zur *Lammersdorfer Alm,* 1644 m, führt die Millstätter Höhenstraße hinauf. Der hervorragende Ausblick reicht von der Reißeckgruppe im Nordwesten über die Gipfel der Kreuzeckgruppe bis zur Latschurgruppe, im direkten Gegenüber hinter dem See aufsteigend, und letztlich zur Hintergrundkulisse der Karawanken. Eine sich anschließende Gipfeltour zur *Millstätter Alpe,* 2091 m, 1¾ Stunden, vermittelt eine noch bessere Übersicht. Über *Seeboden,* 580–850 m, am

Pustertal bei Lienz

Nordwestufer des Sees, erreicht man Spittal a. d. Drau. Auch die unmittelbare Zufahrt zur Tauernautobahn ist möglich.

Spittal a. d. Drau, 560 m, empfiehlt sich als Erholungsort mit zahlreichen Sehenswürdigkeiten, darunter Schloß Porcia mit Bezirksheimatmuseum, Pfarrkirche und Rathaus. Die Verkehrsströme aus dem oberen Drautal, dem Mölltal und vom Katschberg werden auf der neuen Autobahn um die Stadt geleitet, so daß die Beeinträchtigung durch den Durchgangsverkehr entfällt. Als stadtnahes Ausflugsziel ist das *Goldeck,* 2142 m, zu erwähnen, ein Aussichtspunkt, der bei guten Sichtverhältnissen einen hervorragenden Blick zu den Gipfeln der Hohen Tauern gewährt. Eine Kabinenseilbahn, deren Bergstation in 2050 m Höhe liegt, reduziert den Gipfelaufstieg auf 1 Stunde. Drauaufwärts gelangt man in 3 km Entfernung bei St. Peter im Holz zu den Überresten der einstigen Römerstadt Teurnia; im überdachten Seitenbau der altchristlichen Friedhofskirche ist ein Museum mit Funden eingerichtet. Beim Ferienort **Möllbrücke,** 556 m, zweigt die Straße in das Mölltal ab. Das Oberdrautal wird über *Sachsenburg,* 559 m, erreicht.

Die alte Bergbausiedlung *Steinfeld a. d. Drau,* 616 m, die heute eine beliebte Sommerfrische ist, und der Kurort *Greifenburg in Kärnten,* 645 m, wo die Straße zum südöstlich gelegenen Weißensee abzweigt, markieren zusammen mit *Dellach i. Drautal,* 606 m, weitere Streckenabschnitte der attraktiven Talstraße.

Oberdrauburg, 629 m, Sommerfrische und Marktgemeinde, ist der letzte bzw. erste Kärntner Ort im Oberdrautal. Schloß Stein mit romanischer Kapelle, außerhalb des Ortes, Ruine Flaschberg und Ruine Hohenburg sind besondere Sehenswürdigkeiten. Hier zweigt auch die Straße in das Gailtal über den *Gailbergsattel,* 982 m, ab.

Lienzer Dolomiten, Pustertal

Das Landschaftsbild in den von der Drau durchzogenen Gebietsteilen Osttirols wird von den bizarr aufragenden Gipfeln der Lienzer Dolomiten beherrscht, deren höchste Erhebung, die Gr. Sandspitze, die Höhe von 2772 m erreicht.

Der schönste Ausblick auf die Gipfelwelt eröffnet sich von der Straße zum Iselsberg, 1120 m (zusammen mit Lienz b. Hohe Tauern erwähnt), die nahe Lienz aus dem Drautal aufsteigt und dieses mit dem Mölltal verbindet. Im Osten, an der Grenze von Kärnten, ragen der Hochstadel, 2680 m, mit der etwas vorgelagerten Freiung, 2396 m, über dem Drautal auf.

Lavant, 675 m, ist ein ruhiges Bergdorf, auf einem Hügel über der Drau gelegen. In unmittelbarer Umgebung die Reste einer keltischen Hausanlage, einer römischen Fliehburg und eines frühchristlichen Kirchenbaues. Auf die Ausgrabungsstätte der römischen Siedlung *Aguntum* trifft man unterhalb der Straße zum Iselsberg bei Dölsach. Der Lienzer Stadtteil *Tristach,* 672 m, ist Ausgangspunkt für Unternehmungen in der Bergwelt der Lienzer Dolomiten. Mit dem Kleinbus-Taxi kann man von Tristach zur Lienzer Dolomitenhütte, 1620 m, gelangen, um in 2½ Stunden zur *Karlsbader Hütte,* 2260 m, am Fuße der Gr. Sandspitze, aufzusteigen.

Lienz, 675 m (s. Hohe Tauern S. 231), markiert die Mündung des Iseltales. In das Lienzer Becken mündet von Südwesten das Pustertal ein, jener romantisch enge, von bewaldeten Hängen gesäumte Talabschnitt an der Drau, über dem im Süden die Lienzer Dolomiten aufragen und dessen Siedlungen an den südlichen Sonnenhängen der Deferegger Alpen gelegen sind.

Mittewald a. d. Drau, 885 m, ist die einzige größere Siedlung im engen Talabschnitt, während sich entlang der Höhenstraße Ort an Ort reiht, zu den Gemeindeverbänden *Aßling,* 980 bis 1270 m, und *Anras,* 885–1330 m, zusammengeschlossen. Wegen der reizenden Ortsbilder einerseits, zum anderen der hervorragenden Aussicht auf die bizarre Gipfelwelt zuliebe, sollte die Fahrt über die Höhenstraße zum Urlaubsprogramm gehören, will man nicht einen der Orte zum längeren Aufenthalt wählen. Bei *Abfaltersbach,* 982 m, beginnt die westliche Rampe der Höhenstraße. Weiter nach Westen, zur italienischen Grenze hin, weitet sich das Tal.

Sillian, 1103 m, Luftkur- und Wintersportort, ist der Hauptort des österreichischen Pustertales. Wenige Kilometer östlich des Marktfleckens zweigt die Straße über *St. Oswald,* 1364 m, *Kartitsch,* 1358 m, und den Kartitscher Sattel, 1526 m, in das Lesachtal ab. Bei *Arnbach,* 1097 m, überragt vom 2433 m hohen Helm, dem am weitesten nach Nordwesten vorgeschobenen Gipfel der Karnischen Alpen, erfolgt der Grenzübertritt nach Italien. Als Tourengebiet und Sommerfrische gleichermaßen von Bedeutung, verdient das Tal von Villgraten, bei Sillian aus dem Pustertal abzweigend und weit nach Nordwesten in die Bergregionen der Deferegger Alpen eingeschnitten, Erwähnung. An den Hängen reiht sich eine Vielzahl von Dörfchen und Weilern aneinander. *Außervillgraten,* 1279 m, an der Einmündung des Winkeltales, und *Innervillgraten,* 1402 m, am Fuße des Grumauer Berges, 2670 m, sind die Hauptorte des Tales.

12
Phantastische Felsgestalten
Die Dolomiten

Die Natur verfügt über einen unbegrenzten Formenreichtum, und die Spielarten alpiner Erscheinungsformen sind unerschöpflich. Trotzdem lassen sich gelegentlich Ähnlichkeiten im Landschaftsbild zweier räumlich getrennter Regionen feststellen. Die Dolomiten in ihrer unverwechselbaren Eigenart dulden keinen Vergleich. Gewiß mag man mancherorts versucht sein, in bestimmten Bergformen andeutungsweise die Merkmale der Dolomitenlandschaft zu sehen, den einmaligen Zauber exotisch-märchenhaft anmutender Felsgestalten wird man jedoch nur am Ort der Ursprünglichkeit erleben können – seien es die gleich Riesenfingern aufragenden Vajolett-Türme, der eisgepanzerte Rükken der Marmolada, das zur Gipfelregion angehobene Plateau des Sellastockes oder die festungsartig wehrhafte Form der Drei Zinnen. Sagenumwoben sind Berge und Talstufen. Liebliche Flußniederungen wechseln im Landschaftsbild mit engen, schluchtartigen Tälern. In stillen Bergseen spiegeln sich die bizarr geformten Gipfel, Phantasiegestalten erstehen aus den windbewegten Wellen.

Ein nicht endender Besucherstrom breitet sich in den Sommermonaten über die bekanntesten Bergpässe, und dennoch ist genügend Raum vorhanden, auch die Bergeinsamkeit auf wenig begangenen Wanderwegen zu erleben. Es wird sich niemand finden, der nicht beeindruckt wäre vom landschaftlichen Zauber in König Laurins Reich.

Die Region grenzt im Osten an die Lienzer Dolomiten und Karnischen Alpen, erstreckt sich vom Pustertal an südlich bis zur Poebene und endet im Westen an Eisack- und Etschtal. Als höchste Erhebung präsentiert sich die vergletscherte Marmolada mit Punta Penia, 3342 m, als Haupt- und Punta di Rocca, 3305 m, als Zweitgipfel. Sie überragt die Vielzahl anderer Dreitau-

Sorapis vom Lago d'Antorno

sender dieses Gebietes nur um wenige hundert Meter, diese Höhendifferenz genügt jedoch zu einer stetigen Erneuerung des Gletschereises.

Durch die starke Gliederung der Bergregionen ergibt sich die größere Anzahl von Tälern und ein dichteres Straßen- und Wegenetz als anderenorts in den Alpen.

Als bevorzugtes Ausflugszentrum in den Dolomiten ist das Gebiet um den Sellastock zu betrachten, mit den Paßstraßen Sella-, Grödner, Pordoijoch und Campolongopaß, die diesen Gebirgsstock ringförmig umschließen und Fassatal, Grödner Tal, Abteital und Livinallongo miteinander verbinden. Die »Große Dolomitenstraße« bezieht das Pordoijoch mit in den Routenverlauf ein, verbindet das Fassatal über den Karerpaß mit Bozen und stellt über den Falzaregopaß und das Livinallongo den Anschluß an das Ampezzaner Tal mit Cortina d'Ampezzo her. Von den Bergmassiven des Sorapis, der Tofane und des Monte Cristallo gerahmt, weist die ehemalige Olympiastadt in hervorragender landschaftlicher Lage alle Vorzüge eines touristischen Zentrums auf.

Die Sextener Dolomiten schließen sich den Karnischen Alpen und Lienzer Dolomiten im Osten an. Im Gebiet des malerischen Misurinasees, der an der Verkehrsverbindung Toblach–Auronzo liegt, dominieren die Drei Zinnen, der Monte Cristallo, Sorapis und die Marmarolegruppe sowie das Massiv des Antelao. Westlich von Cortina erheben sich die Tofane, die Cinque Torri und Monte Averau, südwestlich Monte Pelmo und Civetta. Nördlich der Marmolada ragen der Sellastock und jenseits des Grödner Tales die Geislerspitzen auf, südlich präsentiert sich in einigem Abstand zu den vorgenannten die Palagruppe als landschaftlicher Schwerpunkt. Grödner Tal und

(Fortsetzung auf Seite 292)

Zeichenerklärung auf Seite 88/89

Brunico/
Bruneck
Olang
Alb. al vento
Monguelfo/
Welsberg
Villabassa/
Niederndorf
Dobbiaco/
Toblach
nach
Lienz
2.11
2.12
2.14
Bagni di Pervalle/
Bad Bergfall
Bráies/
Prags
S. Candido/
Innichen
2.02
Dobbiaco
Nuovo/
Neu-Toblach
2.01
2937
Haunold
Sesto/
Sexten
S. Giuseppe/
Moos
L. di Bráies/
Pragser Wildsee
L. di Dobbiaco/
Toblacher See
Dreischuster-
spitze 3152
2.03
2.04
2.15
Pso. di Comélico
(Kreuzberg) 1638
Prato Piazza/
Plätzwiese
Landro/
Höhlenstein
3139
Hohe Gaisl
Elferkofel
3092
Carbonin/
Schluderbach
2998
Drei Zinnen
TALIEN
2367
Croda del Ancona
Pádola
Comélico sup.
Cima Dieci/
Zehner-Sp.
3023
Beechei/
Parei-Sp.
2793
3216
Cristallo
Misurina
Giralba
S. Nicolò di Com.
10
Cassiano/
Kassian
Tre Croci Paß
1809
2839
Grpo. dei
Cadini
Danta
Auronzo
di Cad.
S. Stefano
di Cad.
Le Tofane
3244
2.07
Cortina
d'Ampezzo
Somprade
Cella
Stabiziane
Pso. di Falzárego
2105
Poco
Cima
Gogna
2963
Zuel di Sopra
M. Averau
2648
3205
Sorapis
Gruppo delle Marmarole
Pelos d. Cad.
Pso. di Giau
2236
Lozzo
Cadore
Pieve di Liv.
Cr. da Lago
2709
S. Vito di C.
2.06
Selva di C.
3263
Antelao
Calalzo
Piave
Borca di Cad.
Caprile
M. Pelmo
3168
Tai d. Cad.
Pieve di
Cadore
Vodo
Alleghe
Fll. Staulanza
1773
Boite
Valle di C.
Masare
M. Civetta
3218
Perarolo
Avoscan
Alto
Val
Fll. Cibiana
1536
2413
M. Sassolungo
Serpentine
Cencenighe
Dont
Forno di Zoldo
2865
M. Moiazza
di
L. di
Pontesei
Ospitale
di Cad
Pso. Duran 1601
2546
M. Tamer
Zoldo
Taibon
Val
2409
Cima di Prámper
Agordo
Voltago
La Valle
Longarone
12

1. Ferienorte und touristische Zentren

Östliche Dolomiten:

1.01 **Innichen (San Candido),** 1175 m, Kur, Wandern, Wintersport
1.02 **Sexten (Sesto),** 1310 m, Kur, Wandern, Bergtouren, Wintersport
1.03 **Auronzo di Cadore,** 869 m, Erholung, Wandern, Bergtouren
1.04 **San Vito di Cadore,** 1010 m, Erholung, Wandern, Bergtouren
1.05 **Cortina d'Ampezzo,** 1210 m, Tourismus- und Wintersportzentrum
1.06 **Schluderbach (Carbonin),** 1437 m, Erholung, Wandern, Bergtouren
1.07 **Toblach (Dobbiaco),** 1241 m, Erholung, Wandern, Bergtouren, Wintersport
1.08 **Niederdorf (Villabassa),** 1158 m, Erholung, Wandern, Bergtouren
1.09 **Welsberg (Monguelfo),** 1090 m, Erholung, Wandern
1.10 **Olang (Valdaora),** 1023–1083 m, Erholung, Wandern, (Ausfl. Antholzer Tal)
1.11 **Bruneck (Brunico),** 835 m, Kur, Wandern, (Ausfl. Tauferer Tal)

Zentrum der Dolomiten:

1.12 **St. Lorenzen (San Lorenzo di Sebato),** 810 m, Erholung, Wandern, Bergtouren
1.13 **St. Vigil in Enneberg (San Vigilio di Marebbe),** 1210 m, Kur, Bergtouren, Wintersport
1.14 **St. Martin in Thurn (San Martino in Badia),** 1127 m, Erholung, Wandern, Bergtouren
1.15 **St. Leonhard (San Leonardo),** 1371 m, Ortsteil d. Gemeinde Badia, Erholung, Wandern, Wintersport
1.16 **Stern (La Villa),** 1483 m, Ortst. wie 1.15, Erholung, Wandern, Bergtouren, Wintersport
1.17 **St. Kassian (San Cassiano),** 1537 m, Ortst. wie 1.15, Erholung, Wandern, Bergtouren, Wintersport, (Ausfl. Valparolapaß)
1.18 **Corvara in Badia,** 1568 m, Tourismus- und Wintersportzentrum
1.19 **Kolfuschg (Colfosco),** 1645 m, Ortsteil von Corvara, s. d.
1.20 **Arabba,** 1602 m, Ortsteil d. Gem. Livinallongo del Col di Lana, Erholung, Bergtouren, Wintersport
1.21 **Pieve di Livinallongo,** Ortsteil wie 1.20, Wandern, Bergtouren
1.22 **Andraz,** 1413 m, Ortsteil wie 1.20, Wandern, Bergtouren
1.23 **Rocca Pietore,** 1160 m, Erholung, Wandern, Bergtouren
1.24 **Malga Ciapela,** 1446 m, Ortsteil v. Rocca, Pietore, Skizentrum, Kabinenseilb. zur Marmolada, (Sommerski)
1.25 **Alleghe,** 979 m, Erholung, Wandern, Bergtouren
1.26 **Falcade,** 1297 m, Erholung, Wandern, Bergtouren, Wintersport
1.27 **Cavalese,** 1000 m, Kur, Wandern, Wintersport
1.28 **Predazzo,** 1014 m, Erholung, Wandern, Wintersport, (Ausfl. Rollepaß)
1.29 **Moena,** 1185 m, Kur, Wandern, Bergtouren
1.30 **Vigo di Fassa,** 1391 m, Erholung, Wandern, Bergtouren, Wintersport
1.31 **Pozza di Fassa,** 1290 m, Erholung, Wandern, Hochtouren, Wintersport
1.32 **Canazei,** 1463 m, Tourismus- und Wintersportzentrum

Westliche Dolomiten und Eisacktal:

1.33 **Kiens (Chienes),** 830 m, m. Ortsteil Ehrenburg u. St. Sigmund, Erholung, Wandern
1.34 **Mühlbach (Rio di Pusteria),** 777 m, Erholung, Wandern
1.35 **Brixen (Bressanone),** 561 m, Kur, Kultur- und Tourismuszentrum
1.36 **Klausen (Chiusa),** 523 m, Erholung, Wandern
1.37 **Waidbruck (Ponte Gardena),** 468 m, Erholung, Wandern
1.38 **St. Ulrich (Ortisei),** 1240 m, Kur, Wandern, Wintersport, Brauchtum
1.39 **St. Christina in Gröden (Santa Cristina Val Gardena),** 1427 m, Erholung, Bergtouren, Wintersport
1.40 **Wolkenstein (Selva di Val Gardena),** 1571 m, Wintersportzentrum, Wandern, Bergtouren
1.41 **Seiseralm,** 1800–2100 m, Erholung, Wandern, Bergtouren, Wintersport
1.42 **Kastelruth** (Castelrotto), 1060 m, Erholung, Wandern, Wintersport
1.43 **Seis (Siusi),** 1000 m, Erholung, Wandern, Bergtouren, Wintersport
1.44 **Bozen (Bolzano),** 262 m, Kur, Erholung, Kulturdenkm., Ausflugsfahrten
1.45 **Welschnofen (Nova Levante),** 1180 m, Erholung, Wandern, Bergtouren, Wintersport

2. Besondere Ausflugsziele und Berghütten

Östliche Dolomiten, Cadore, Pustertal von Innichen bis Bruneck:

2.01 **Haunoldhütte,** 1499 m, Sessellift von Innichen; Aussicht auf Pustertal, Deferegger und Karnische Alpen.
2.02 **Hahnspielhütte,** 2200 m, Fahrweg oder 3 Stunden zu Fuß von Sexten; Ausblick auf Sextener Dolomiten.
2.03 **Rotwandwiesen,** 1924 m, Korblift von Bad Moos; Ausblick auf Sextener Dolomiten.
2.04 **Talschlußhütte,** 1540 m, 3/4 Std. von Hotel Dolomitenhof, bis dort Fahrstraße; großartiger Talschluß im Fischleintal.
2.05 **Kreuzbergsattel,** 1638 m, Paßstraße mit prächtiger Aussicht.
2.06 **Rifugio Senes,** 1209 m, Sessellift nahe San Vito di Cadore, Aussicht auf Antelao, Sorapis, Monte Pelmo.
2.07 **Col Druscie,** 1778 m, Sessellift und Bergstraße von Cortina d'Ampezzo; Aussicht Monte Cristallo, Sorapis, Talblick.

Erläuterung Seite 87

2.08 **Falzaregopaß,** 2105 m, Paßstraße Cortina d'Ampezzo–Andraz, mit Aussicht auf Sorapis, Cinque Torri, Averau, Col di Lana und andere.
2.09 **Tre-Croci-Paß,** 1809 m, lohnende Paßstraße – Gondelbahn zum Monte Cristallo, 3216 m.
2.10 **Misurinasee,** 1735 m, Zufahrt von Cortina d'Ampezzo und Toblach; prachtvolle Aussicht auf Sorapis, Antelao, Marmarole, Drei Zinnen.
2.11 **Innicher Eck,** 1911 m, Fahrstraße von Toblach; Aussicht auf Sextener Dolomiten.
2.12 **Radsberg,** 1600 m, Sessellift von Toblach; Aussicht auf Dolomitengipfel.
2.13 **Pragser Wildsee,** 1493 m, Fahrstraße von Niederdorf; landschaftl. reizvoller Bergsee.
2.14 **Kronplatz,** 2272 m, Kabinenseilbahn von Bruneck; hervorragende Aussicht auf Dolomiten und Zillertaler Hauptkamm.

Zentrum der Dolomiten:

2.15 **Pederühütte,** 1548 m, Fahrweg von St. Vigil in Enneberg, hervorragender Talschluß.
2.16 **Würzjoch,** 2006 m, Fahrweg von St. Martin in Thurn; hervorragender Rundblick.
2.17 **Piz La Villa,** 2077 m, Kabinenseilbahn von Stern; Aussicht auf La Gardenaccia und Sella.
2.18 **Piz di Sorega,** 2003 m, Sessellift von St. Kassian; Aussicht Tofane, Sella.
2.19 **Campolungopaß,** 1875 m, Paßstraße mit Aussicht auf Marmolada, Sella.
2.20 **San-Pellegrino-Paß,** 1910 m, schnelle Verkehrsverbindung Fassatal – Falcade.
2.21 **Rifugio Pradazzo,** 2245 m, 2 Stunden vom San-Pellegrino-Paß, im Winter Korblift von Falcade; Aussicht Palagruppe.
2.22 **Rollepaß,** 1970 m, landschaftlich reizvolle Paßstraße mit hervorragender Aussicht zur Palagruppe.
2.23 **Doss Capello,** 2266 m, Sessellift von Predazzo; hervorragende Aussicht auf Latemar und Palagruppe.
2.24 **Val San Nicolo,** Fahrstraße von Pozza di Fassa; landschaftlich reizvolles Tal mit schönen Wanderwegen.
2.25 **Vajolethütte,** 2243 m, 1¼ Std. von Rifugio Stella Alpina, bis dort Fahrweg, nördl. Pera abzweigend; Blick auf Rosengartengruppe mit Vajolettürmen; Ausgangspunkt für Hochtouren.
2.26 **Fedaiasee,** 2044 m, Paßstraße von Canazei und Rocca Pietore; hervorragende Aussicht auf Marmolada mit Gletscher.
2.27 **Pordoijoch,** 2239 m, Paßstraße Canazei–Arabba mit schöner Aussicht auf Sellagruppe und Langkofel.
2.28 **Sellajoch,** 2214 m, Paßstraße Canazei–Wolkenstein; hervorragende Aussicht auf Sella, Marmolada, Fassatal, Rosengarten, Langkofel.

Westliche Dolomiten und Eisacktal:

2.29 **Plosehütte,** 2445 m, Kabinenseilbahn und Korblift oder Höhenstraße von Brixen; hervorragende Aussicht auf Zillertaler Alpen und Dolomiten.
2.30 **Gr. Pfannberg,** 2547 m, Sessellift vom Sporthotel sowie halbstündiger Anstieg von der Plosestraße; eine der schönsten Aussichten im Ostalpenraum: Ortler, Ötztaler und Stubaier Alpen, Zillertaler Hauptkamm, Dolomiten.
2.31 **Seceda,** 2480 m, Kabinenseilbahn von St. Ulrich; Aussicht Geislerspitzen, Langkofel, Sella.
2.32 **Ciampinoi,** 2255 m, Seilbahnen von St. Christina in Gröden und Wolkenstein; Aussicht auf Geislerspitzen, Grödner Tal, Sella.
2.33 **Grödner Joch,** 2121 m, Paßstraße Grödner Tal–Corvara mit hervorrag. Aussicht.
2.34 **Ritten, Oberbozen,** 1225 m, Großkabinenseilbahn und Bergstraße von Bozen; Aussicht Rosengarten, Schlern, Latemar.
2.35 **Rosengartenhütte,** 2337 m, Korblift von Welschnofen; Ausgangspunkt f. Hochtouren (u. a. Vajolethütte).
2.36 **Karersee,** 1534 m, an der Karerpaßstraße; landschaftlich reizvoller Bergsee mit Aussicht auf Rosengartengruppe und Latemar.
2.37 **Karerpaß,** 1758 m, Paßstraße Bozen–Fassatal; Aussicht Rosengartengruppe, Latemar, Fassatal.
2.38 **Tscheinerhaus,** 1775 m, Straßenabzweig Karerpaß; Aussicht Rosengartengruppe.

3. Die höchsten und markantesten Gipfel

Östliche Dolomiten:
Haunold, 2937 m, 1.01, 2.01
Dreischusterspitze, 3152 m, 2.03, 2.11
Elferkofel, 3092 m, 2.04, 2.05
Zwölferkofel, 3091 m, 1.02, 2.02, 2.04
Marmarolegruppe (Pala di Meduce, 2963 m, Cimon del Froppa, 2933 m), 1.03, 1.21, 2.10
Antelao, 3263 m, 1.04, 2.06, 2.10
Sorapis, 3205 m, 1.04, 1.05, 2.06, 2.07, 2.08, 2.10
Monte Pelmo, 3168 m, 1.04, 2.06, 2.07
Monte Cristallo, 3216 m, 1.05, 1.06, 2.07, 2.09
Tofane (Tofana di Mezzo), 3244 m, 1.04, 1.05, 2.08
Drei Zinnen (Gr. Zinne), 2998 m, 2.10
Hohe Gaisl, 3139 m, 1.06
Birkenkofel, 2922 m, 1.07
Seekofel, 2810 m, 2.13
Cinque Torri, 2361 m, 2.08
Monte Averau, 2648 m, 2.08

Zentrum d. Dolomiten:
Sass Songher, 2665 m, 1.16, 1.18, 2.19
Cunturinesspitze, 3077 m, 1.17
Marmolada (Punta Penia), 3342 m, 2.19, 2.26, 2.28
Monte Civetta, 3218 m, 1.21, 1.25
Palagruppe (Cima di Vezzana, 3196 m, Cimone della Pala, 3185 m), 2.21, 2.22
Langkofel, 3181 m, 1.32, 1.39, 1.40, 2.27, 2.28
Sella (Piz Boé), 3151 m, 1.16, 1.18, 1.20, 1.32, 1.40, 2.27, 2.28, 2.32
Geislerspitzen (Furchetta, 3026 m) 2.16, 2.28, 2.29, 2.31, 2.32

Westliche Dolomiten:
Schlern (Petz), 2564 m, 1.41, 1.44, 2.34
Rosengartengruppe (Rosengartenspitze), 2981 m, 1.44, 1.45, 2.25, 2.36, 2.37, 2.38; Vajolettürme, 2813 m, 2.25
Latemar, 2846 m, 1.28, 1.45, 2.23, 2.36, 2.37, 2.38

Erläuterung Seite 87

Fassatal werden gleichermaßen vom Langkofel beherrscht. Entlang des Eisack- und Etschtales erstrecken sich Rosengartengruppe und Latemar. Nicht zu vergessen hier die Seiseralm, das flächenmäßig größte zusammenhängende Almgebiet im gesamten Alpenraum, gekrönt vom Schlern. Deutlich ausgeprägt bleibt das Landschaftsbild auch weiter nach Süden, im Raum Belluno– Trient, doch nimmt die Höhe der Berge zur Ebene hin schnell ab, so daß diese Gebiete – zu Unrecht vielleicht – dem Sommertourismus weniger aufgeschlossen sind.

Geschichte. Anders als im Bereich der alten Heer- und Handelsstraßen in Etsch-, Eisack- und Pustertal, die in den wechselvollen Ablauf der Geschichte einbezogen waren, liegt die frühe Vergangenheit der Siedlungen in den Bergregionen ein wenig im Dämmerlicht sich schattenhaft abzeichnender Kulturen. Der Ausdruck eines alten Brauchtums, wie es die ladinische Sprache darstellt, die sich über mehr als tausend Jahre erhalten hat – verformt zwar, doch in ihrer verwandtschaftlichen Beziehung zum rätoromanischen Sprachraum deutlich zu erkennen –, deutet auf die Anfänge der Besiedelung. Etrusker, Illyrer und Räter können sicherlich als Stammväter der frühen Siedler gelten. Heute noch erstreckt sich das ladinische Sprachgebiet über einen Teil des Dolomitenraumes und konzentriert sich auf die oberen Talstufen des Grödner, Fassa- und Abteitales sowie auf das Gebiet des Buchenstein rund um den Gebirgsstock der Sella. Im Ampezzotal sprechen heute nur noch ganz wenige alte Leute auf abgelegenen Bauernhöfen diese Sprache. Dort deutet sich heute die Entwicklung an, die zuvor unter anderem in den Räumen der Trentiner Alpen westlich des Etschtales stattgefunden hat, denn ursprünglich bestand eine Sprachbrücke zwischen dem Graubündner Raum und dieser Region. Zeitiger schon haben sich die Bewohner der Talmündungen der Sprache ihrer unmittelbaren Umgebung angepaßt. So wurde im Abtei- und Grödner Tal das Deutsch übernommen, während das Fassa- und zur Gänze das Ampezzotal italienisch beeinflußt waren. Mit dem Sprachgebrauch änderten sich auch die Lebensgewohnheiten. Dennoch bleibt zu bewundern, wie sich die Eigenständigkeit dieser

Latemar

Region gegen Fremdherrschaft und äußere Einflüsse über Jahrhunderte hinweg behaupten konnte. Auch Kriege und fremde Eroberungen vermochten nicht altes Brauchtum und Kulturgut zu zerstören. Wie wenige andere Gebiete Europas waren die Dolomiten im ersten Weltkrieg heiß umkämpft. Es tobte eine Materialschlacht, bei der Unmengen von Sprengstoff eingesetzt wurden, um gegnerische Bastionen – Mensch und Gerät – zu vernichten. So zeugt der Col di Lana noch heute von jenem entsetzlichen Geschehen, in dessen Verlauf ein ganzer Berggipfel gesprengt wurde, um den unüberwindlichen Widerstand des Gegners zu brechen und strategische Vorteile zu erringen. Stollensysteme wurden in das Eis des Marmoladagletschers getrieben und so natürliche Gegebenheiten zum Ausbau einer Festung genutzt.
Doch nicht nur kriegerische Auseinandersetzungen, von denen auch frühere und früheste Generationen der einheimischen Bevölkerung sicher nicht verschont blieben, kennzeichnen das Geschichtsbild dieser Region. Von hier gingen starke Impulse für das Kunst- und Kulturgeschehen des Abendlandes aus, wie Minnelied und Dichtung eines Oswald von Wolkenstein oder des Walther von der Vogelweide zu belegen vermögen, und wie es Siedlungsformen und viele wertvolle Baudenkmäler bezeugen.

Geologisch bieten die Dolomiten kein einheitliches Bild, und der Bestand an Dolomitgestein ist weitaus geringer, als man dem Namen nach vermuten könnte. Beide – Dolomiten und Dolomitgestein – sind nach dem französischen Mineralogen Dolomieu benannt, der in jenem Gebiet intensive Forschungen durchführte. In den östlichen Gebietsteilen trifft man Kalk- und Dolomitgestein an, während weiter westlich, im Gebiet des Fassatales, der Seiser Alm und im Grödner Tal Vulkanite vorhanden sind. Der Raum um Bozen schließlich weist Quarzporphyr auf. Besonders in den Ergußgesteinen sind schöne Mineralstufen von Calcit, Heulandit, Analcim, Quarz, Amethyst und Vesuvian zu finden. Der blaue Calcit des Fassatales erfreut sich besonderer Beliebtheit. Die Felsen der Dolomitberge zeigen ein ausgeprägtes Farbenspiel, das dieser Landschaft einen zusätzlichen Reiz verleiht.

Das Wetter ist in den Dolomiten wie anderenorts weitgehend von der Großwetterlage abhängig. Bei ausgesprochenen Westwetterlagen mit Störungsausläufern von Tiefdruckgebieten, die an der Alpennordseite vorbeiziehen, herrscht in den Südlichen Kalkalpen meist noch schönes Wetter vor. Dann bildet sich jedoch gelegentlich Dunst, der die Berge in die Ferne entrückt erscheinen läßt. Störungen, die sich von Süden dem Alpenraum nähern, führen in dieser Region zu ergiebigem, meist jedoch nicht lange anhaltendem Regen. Da Westwetterlagen in der Regel häufiger sind, dürfen die Dolomiten als wetterbegünstigt gelten. Luftmassen polaren Ursprungs, die von Norden her bis zum Alpenhauptkamm vordringen und dort wie im Alpenvorland zu ergiebigen Niederschlägen führen, können ihre Wolkenfelder nur in aufgelockerter Form zu den Gipfelregionen dieses Gebietes lenken. Dann ist zwischen Aufheiterungen gelegentlich mit Schauerneigung zu rechnen, ausgesprochen langanhaltendes Schlechtwetter ist in den Sommermonaten kaum zu erwarten.

Das Pflanzenwachstum orientiert sich wie anderenorts an den für die jeweiligen Höhenzonen charakteristischen Arten. Laubbäume sind in größerer Höhe als nördlich des Alpenhauptkammes anzutreffen, und günstige klimatische Verhältnisse führen zu einem besonderen Artenreichtum der Bergflora.

Wild. Die dichte Besiedlung und der Mangel an ausgedehnten Waldungen sind dem Wildbestand nicht zuträglich. Über den Almregionen sind lediglich noch Murmeltier und Alpendohle verbreitet. Die Bestände an Gemsen sind stark reduziert.

Brauchtum. Als Besonderheit im Brauchtum ist die Holzschnitzkunst im Grödner Tal hervorzuheben.

Wanderwege. Ein weites Netz markierter Wanderwege zu einer Vielzahl von Hütten und besonderen Aussichtspunkten steht dem Touristen in den Sommermonaten zur Verfügung, wie für den Skisport im Winter überall Vorsorge getroffen ist. Am Marmoladagletscher sind Einrichtungen für Sommerski geschaffen. Freunde bergsteigerischer Aktivitäten finden ein

Heiligkreuz bei St. Lorenzen

Hohe Gaisl von Misurinapaßstraße

reiches Betätigungsfeld mit allen Schwierigkeitsgraden vor. Möchtegernkletterer seien ausdrücklich vor Alleingängen ohne kundige Führung gewarnt. Die Tücken des besonders gearteten Felses und Witterungsunbilden sind nicht leicht vorherzusehen.

Östliche Dolomiten, Cadore, Pustertal von Innichen bis Bruneck

Zwar gelegentlich auch anderenorts in ähnlichen Bergformen anklingend, präsentieren sich die Dolomiten in ihren bis über 3000 m aufragenden, bizarr zerklüfteten Gipfeln als einmaliges Erscheinungsbild alpiner Landschaftsformen. Besonders deutlich wird dies den Besuchern der Südtiroler Regionen, wenn sie, von der österreichisch-italienischen Grenze kommend und die Lienzer Dolomiten noch in Erinnerung, bei Innichen im Pustertal mit den Felsbastionen der Sextener Dolomiten konfrontiert werden.

Innichen (San Candido), 1175 m, Luftkur- und Wintersportort im oberen Pustertal, mit romanischer Stiftskirche und anderen Baudenkmälern, liegt nahe dem Drau-Ursprung an der Einmündung des Sextentales und am Straßenabzweig in das Cadore über den Kreuzberg. Sowohl der östliche, von der Drau durchzogene Teil des Tales als auch der westliche, dem Flußlauf der Rienz bis zur Mündung in den Eisack folgend, tragen den Namen Pustertal. Von der *Haunoldhütte,* 1499 m, mit dem Sessellift von Innichen zu erreichen, blickt man auf Haunold, 2937 m, und Gantkofel, 2690 m, in das Pustertal mit den Deferegger Alpen und in das Sextental mit den westlichen Gipfeln der Karnischen Alpen.

Sexten (Sesto), 1310 m, Luftkur- und Wintersportort, mit Blick auf Elferkofel, 3092 m, Zwölferkofel, 3091 m, und andere in einzigartiger landschaftlicher Umgebung gelegen, ist Standort für Wanderungen und Touren in die Felswelt der Sextener Dolomiten. Während der Zufahrt von Innichen erscheint dann die Dreischusterspitze, 3152 m, kurzzeitig im Blickfeld. Bei guten Witterungsbedingungen ist die Fahrt auf dem Burgweg zur *Hahnspiel-*

Drei Zinnen

hütte, 2200 m, wegen des hervorragenden Ausblickes auf die Sextener Dolomiten äußerst lohnend (zu Fuß 3 Stunden); ebenso der Besuch der Rotwandwiesen, 1924 m, Korblift von *Bad Moos.* Besonders eindrucksvoll ist auch die Wanderung zur Talschlußhütte, 1540 m, am Ende des Fischleintales – 3/4 Stunde vom Dolomitenhof-Hotel, bis dort Straße, auch Zubringerdienst bis zur Hütte.
Die Straße über den *Kreuzbergsattel,* 1638 m, eröffnet anfangs bei Moos schöne Ausblicke auf Dreischusterspitze, später auf Elferkofel, senkt sich hinter der Paßhöhe in das Val Comelico und erreicht bei *S. Stefano di Cadore* das Piavetal, aus dem weiter südlich die Straße über **Auronzo di Cadore,** 869 m, zum Misurinasee abzweigt.

Lozzo di Cadore, 753 m, Ferien- und Luftkurort, liegt oberhalb des aufgestauten Lago di Pieve di Cadore, der sich unterhalb der Talstraße bis **Pieve di Cadore,** 879 m, Ferien- und Wintersportort mit dem Geburtshaus Tizians, erstreckt. Hier vereinigt sich die Straße von Cortina d'Ampezzo mit der Verkehrsverbindung vom Kreuzbergsattel und von Auronzo, um über *Longarone* (1963 anläßlich des Bergsturzes in den Vaiont-Stausee völlig zerstört) *Belluno* und *Treviso* zu erreichen. Die Straßenverbindung Pieve di Cadore–Cortina führt an zwei Stauseen und den Südhängen des Monte Antelao, 3263 m, vorbei und durchzieht bei **San Vito di Cadore,** 1010 m, Ferien- und Wintersportort, einen landschaftlich besonders reizvollen Talabschnitt, der von den hoch aufragenden Gipfelgruppen des Antelao, Monte Pelmo, 3168 m, und Sorapis beherrscht wird. Das *Rifugio Senes,* 1209 m, mit dem Sessellift zu erreichen, empfiehlt sich als lohnender Aussichtspunkt.

Cortina d'Ampezzo, 1210 m, Olympiastadt, Luftkur- und Wintersportort, ist touristisches Zentrum, im weiten Tal am Fuße der Tofane-Gipfel gelegen. Zahlreiche Bergbahnen und -liftanlagen erschließen besondere Aussichtspunkte, darunter vor allem *Tofana di mezzo,* 3244 m (3-Sektionen-Kabinenseilbahn), Col Druscie, 1778 m (Sessellift und Bergstraße), Rifugio Mietres, 1710 m (Sessellift). Unter den Ausflugszielen, die z. T. noch in anderem Zusammenhang Erwähnung finden, soll der *Falzaregopaß,* 2105 m, besonders hervorgehoben werden. Die Paßstraße verbindet Cortina mit Andraz im Livinallongo (Buchenstein) und gewährt hervorragende Ausblicke auf Sorapis, Cinque Torri, Monte Averau und den Col di Lana. Für die Fahrt von Cortina nach Toblach im Pustertal stehen zwei Straßenverbindungen zur Wahl; die Strekke durch das Gemärk stellt den kürzeren Weg dar. Die landschaftlich reizvollere Route verläuft jedoch über den **Tre-Croci-Paß** (1809 m; mit Gondelbahnstation zur Forcella Staunies, 2898 m, am Monte Cristallo, 3216 m) und den *Misurinasee,* 1735 m. Dieser Bergsee darf als einer der schönsten im Dolomitenraum gelten. Vom Südufer blickt man über den See zu den Drei Zinnen, 2998 m, die hier als doppelgipfliges Massiv in Erscheinung treten, während vom Nordufer aus Sorapis, Antelao und Marmarolegruppe die Szene beherrschen. Nur wenige hundert Meter sind es vom See bis zum Misurinapaß, 1756 m, wo eine Fahrstraße zur Auronzohütte (Rif. Auronzo), 2320 m, am Fuße der Drei Zinnen abzweigt. Die in Kehren abwärts führende Straße mündet bei *Schluderbach,* 1437 m, in die Verkehrsverbindung durch das Gemärk ein. In Richtung Toblacher See durch das Höhlensteintal eröffnet sich am Dürrensee ein schöner Rückblick auf die zerklüfteten Gipfel des Monte Cristallo.

Toblach (Dobbiaco), 1241 m, Ferien- und Wintersportort, ist in einem landschaftlich reizvollen, weiten Becken des Pustertales gelegen und Touristenstandort; Herbstenburg und Pfarrkirche gelten als besondere Sehenswürdigkeiten. Von der in Toblach abzweigenden Fahrstraße in das Silvestertal

Tofana di dentro 3238 m ▷

eröffnet sich schon unterhalb des Scheibenecks, 1789 m, besser jedoch vom *Innicher Eck,* 1911 m, eine überwältigende Aussicht auf die Sextener Dolomiten. Ein schöner Ausblick bietet sich auch vom *Radsberg,* 1600 m, der von Toblach mit dem Sessellift zu erreichen ist. Hinter dem wenige km weiter westlich gelegenen Ferien- und Wintersportort *Niederdorf* (Villabassa), 1158 m, zweigt eine Fahrstraße ab nach Innerprags und weiter zum *Pragser Wildsee,* 1493 m, in landschaftlich besonders reizvoller Lage, überragt vom Seekofel, 2810 m. Der Luftkur- und Wintersportort **Welsberg (Monguelfo),** 1090 m, an der Einmündung des Gsieser Tales, mit Schloß Welsberg, Schloßruine Thurn, Liebfrauen- und St.-Georgs-Kirche als sehenswerten Bauten, und *Olang (Valdaora)* als verstreut an der Mündung des Antholzer Tales (s. Rieserferner-Gruppe) gelegener Luftkur- und Wintersportort markieren weitere Streckenabschnitte des Pustertales.

Bruneck (Brunico), 835 m, Stadt und Luftkurort an der Talweitung im Mündungsbereich des Tauferer Tales (s. Zillertaler Alpen) gelegen, darf als Zentrum im Pustertal gelten. Sehenswert sind Schloß Bruneck (keine Innenbesichtigung), Pfarrkirche, die romanische Pfarrkirche in Gais und andere Baudenkmäler. Der *Kronplatz,* 2272 m, zu dem eine Kabinenseilbahn von Bruneck hinaufführt, eröffnet eine hervorragende Aussicht auf die Dolomitenberge und den Zillertaler Hauptkamm. Der Besuch des Ahrn- und Raintales (s. Zillertaler Alpen) sollte auf keinen Fall im Reiseprogramm fehlen.

Zentrum der Dolomiten

Im Zentrum der Dolomiten erhebt sich eisgepanzert die Marmolada mit der 3342 m hohen Punta Penia als Hauptgipfel. Um diesen höchsten Gebirgsstock aller Dolomitenberge gruppieren sich jenseits tiefeingeschnittener Täler mächtige Felsmassive: die Tofane (3244 m), Civetta (3218 m), Palagruppe (3196 m), Langkofelgruppe (3181 m) und Sella (3151 m). Vom Pustertal erstreckt sich die im nördlichen Bereich Enneberg, im Hauptabschnitt Gader-, im südlichen Teil Ab-

Gr. Vernel, 3205 m

Alpe Venegia

teital genannte Talschaft zu diesen Hochregionen.

St. Lorenzen (San Lorenzo in Sebato), 810 m. Die Straße durch das Ennebergtal zweigt nahe Bruneck bei St. Lorenzen, Ferienort im Pustertal, ab. Der Ort weist mit Pfarrkirche und den Ausgrabungsstätten Sebatum Besonderheiten auf. Bei *Montal (Montana),* 866 m, tritt die Straße in die Enge des vom Gaderbach durchflossenen Tales ein und steigt kurvenreich zum Straßenabzweig bei Zwischenwasser an.

St. Vigil (San Vigilio di Marebbe), 1201 m, beliebter Luftkur- und Wintersportort, wird auf der östlich abzweigenden Talstraße erreicht. Ein 11 km langer Fahrweg führt durch das Rautal zur *Pederühütte,* 1548 m, im wildromantischen Talschluß.
Die südwärts durch das Gadertal verlaufende Straße erreicht nach wenigen Kilometern den von Schloß Thurn markierten Ferien- und Luftkurort *St. Martin in Thurn (San Martino in Badia),* 1127 m. Empfehlenswertes Ausflugsziel ist das *Würzjoch,* 2006 m, auf einem Fahrweg über Untermoi zu erreichen; hervorragender Rundblick, vor allem zum naheliegenden Peitlerkofel, 2875 m. Im weiteren Straßenanstieg gelangt man, mit Vorausblick auf den Kreuzkofel, 2908 m, nach **St. Leonhard (San Leonardo),** 1371 m, Ferien- und Wintersportort, Teil der Gemeinde Abtei (Badia) mit Sitz in Pedratsch (Pedraces) wie *Stern (La Villa),* wo die Straße über *St. Kassian (S. Cassiano),* 1537 m, zum Valparolapaß, 2192 m, abzweigt. Nahezu gleichwertig hervorragende Aussichtspunkte sind der *Piz La Villa,* 2077 m, mit Kabinenseilbahn von Stern, und der *Piz di Sorega,* 2003 m, mit Sessellift von St. Kassian zu erreichen. Der weitere Streckenabschnitt nach Corvara zeichnet sich durch den Vorausblick auf das Sellamassiv aus.

Corvara in Badia, 1568 m, mit dem Ortsteil Kolfuschg (Colfosco), 1645 m, ist touristisches Zentrum im Abteital, Luftkur- und Wintersportort. Hier vereinigen sich die Straßen über das Grödner Joch, 2121 m, und den Campolungopaß, 1875 m, Teil der Sellaumfahrt, die durch Pordoijoch, 2239 m, und Sellajoch 2214 m, vervollständigt wird.
Die Straße über den *Campolungopaß,*

Castello-Fanis-Gruppe

1875 m, mit einem Ausblick zur Marmolada verbindet das Abteital mit dem Livinallongo (Buchenstein), jenem tiefeingeschnittenen Talabschnitt, der in Arabba am Fuße des Pordoijoches beginnt und in Andraz am Anstieg zum Falzaregopaß endet. Im Ferien- und Wintersportort **Arabba,** 1602 m, mündet die Campolungopaßstraße in die Große Dolomitenstraße ein. Letztere verläuft an den Hängen hoch über dem Cordevole-Bach in südöstlicher Richtung, berührt *Pieve di Livinallongo,* 1475 m, am Fuße des Col di Lana, 2462 m (Gipfel mit Besatzung im ersten Weltkrieg gesprengt), und verläßt bei *Andraz,* 1413 m, mit dem Anstieg zum Falzaregopaß das Tal. Bei **Caprile,** 1023 m, vereinigen sich die östlich an den Hängen des Cordevoletales verlaufende und die am Westufer des Stausees angelegte Straße. Die westliche, sich hinter Pieve zum Talgrund hinabsenkende Verkehrsverbindung ist die kürzere der beiden Routen, besonders, wenn man über *Rocca Pietore* den Fedaiapaß, 2041 m, befahren will. Zur Gemeinde Rocca Pietore, 1160 m, gehören die Ortsteile Col, 1130 m, Sottoguda, 1252 m, und nicht zuletzt *Malga Ciapela,* 1446 m, Skizentrum und Ausgangspunkt der in 3 Etappen zur Marmolada in 3270 m Höhe geführten Seilbahn. Hier beginnt auch die in engen Kehren angelegte, eigentliche Paßstraße zum *Fedaiapaß,* 2041 m, mit dem nahe am Scheitelpunkt gelegenen Stausee als hervorragender Aussichtsstelle, die man heute jedoch leichter vom Fassatal aus erreicht (s. dort).
Während der weiteren Talfahrt hat man vorausschauend das gewaltige Bergmassiv der Civetta, 3218 m, vor Augen. **Alleghe,** 979 m, ist ein Ferienort, zu Füßen dieser Gipfelgruppe und am Lago d'Alleghe gelegen, der im 18. Jahrhundert durch einen Bergsturz entstand. Bei *Cencenighe,* 773 m, an der Mündung des Val Canale in das Cordevoletal, zweigt die Straße zum San-Pellegrino-Paß, 1910 m, ab. Am Ferien- und Wintersportort *Canale d'Agordo,* 978 m, vorbei gelangt man nach **Falcade,** 1297 m, Ferien- und Wintersportort im Norden der Palagruppe. Da der Korblift von Falcade zum *Rifugio Pradazzo,* 2245 m, meist nur im Winter in Betrieb ist, empfiehlt sich der Aufstieg vom San-Pellegrino-Paß aus über Lago di Cavia in 2 Stunden. Von der Hütte eröffnet sich ein hervorragender Ausblick zur Palagruppe im Süden und den hohen Ausläufern der Marmolada im Norden. Der *San-Pellegrino-Paß,* 1910 m, verbindet Falcade mit Moena im Fassatal. Als landschaftlich schönere und durch die hervorragende Aussicht zur nahen Palagruppe gekennzeichnete Strecke verdient der *Rollepaß,* 1970 m, als Ausflugsziel aus dem Fleims- und Fassatal den Vorzug.

Cavalese, 1000 m, Luftkur- und Wintersportort an sonnigem Hang über dem Avisio, ist der Hauptort des traditionsreichen Fleimstales. Sehenswert ist der ehemalige Bischofspalast, heute Sitz der Generalgemeinde Fleimstal mit eigenem administrativem Status.

Predazzo, 1010 m. In diesem Ferien- und Wintersportort zweigt die Rollepaßstraße durch das Travignolotal mit dem Lago di Forte Buso und einem großen Hirschgehege im Staatsforst Paneveggio nach Osten ab. Vom *Doss Cappello,* 2266 m, über 3 Sektionen eines Sesselliftes von Predazzo zu erreichen, genießt man einen hervorragenden Ausblick auf Latemar und die im Osten über dem Rollepaß aufsteigende Palagruppe.

Bei Moena, 1185 m, Luftkur- und Wintersportort, beginnt die obere Talstufe des Avisio, das Fassatal. Westlich des Ortes erheben sich Latemar, 2846 m, und Rosengartengruppe. Eine besonders schöne Aussicht auf die zerklüfteten Gipfel dieser zu beiden Seiten des Karerpasses aufragenden Bergmassive und die oberen Tallagen gewinnt man während der Fahrt mit der Kabinenseilbahn zum Piavac, 2222 m. Die Straße zum Karerpaß, der an anderer Stelle noch erwähnt wird,

Am Weg zur Croda-da-Lago-Hütte ▷

zweigt von der Talstraße unterhalb *Vigo di Fassa,* 1391 m, ab. **Pozza di Fassa,** 1290 m, Ferien- und Wintersportort an der Einmündung des San-Nicolo-Tales in das Fassatal, ist Ausgangspunkt vielseitiger Unternehmungen in der Rosengartengruppe und im Gebiet des Monzoni (Fundort schöner Mineralien). Spaziergänge im *Val San Nicolo* (Zufahrtsstraße) sind ebenso zu empfehlen wie die Wanderung zur *Vajolethütte,* 2243 m, in landschaftlich hervorragender Lage am Fuße der Rosengartengruppe, 2981 m, mit den Riesenfingern der Vajolettürme. Der Weg zur Hütte vom Rifugio Stella Alpina, 1960 m, beansprucht 1¹/₄ Stunden (Fahrweg bis Rif. Stella Alpina wenige km nördlich Pera abzweigend). Über Campitello di Fassa erreicht man den Hauptort des oberen Fassatales, das Ferien-, Touristen- und Wintersportzentrum **Canazei,** 1463 m, am Fuße der Sella und des Langkofels. Dem Avisio flußaufwärts folgend, wird über den Ortsteil Alba die Paßstraße zum *Fedaiasee,* 2044 m, erreicht. Vom schönen Spazierweg am Nordufer des Stausees genießt man hervorragende Ausblicke zur vergletscherten Marmolada, 3342 m, im unmittelbaren Gegenüber und zum Gr. Vernel, 3205 m, der dem Massiv westlich vorgelagert ist. Zusammen mit den Paßstraßen, die den Sellastock umschließen, gehört der Besuch des Fedaiasees zu den schönsten alpinen Erlebnissen.

Die Straße zum *Pordoijoch,* 2239 m, beginnt unmittelbar in Canazei. Von einem kleinen See rechts der Straße eröffnet sich nach wenigen km ein schöner Ausblick zur Sella. In 1819 m Höhe zweigt die Straße zum *Sellajoch,* 2214 m, in nördlicher Richtung ab. Der Besuch dieses besonderen Aussichtspunktes sollte in keinem Reiseprogramm fehlen. Im Nordwesten ragt steil das Langkofelmassiv auf, mit Langkofel, 3181 m, Grohmannspitze, 3146 m, und Plattkofel, 2964 m; steil aufwärts der Blick zu den Sellatürmen, 2688 m, im Osten. Eindrucksvoll auch die Aussicht zur Marmolada und über das Fassatal hinweg bis zur Rosengartengruppe. Lohnend in dieser gewaltigen Szenerie ist auch die Wanderung zur *Rodella,* 2485 m, in ca. 1 Stunde. Jenseits der Paßhöhe gelangt man zum Grödner Joch, 2121 m, und in das Grödner Tal, das in der Folge noch erwähnt wird.

Rotwand, Rosengarten

Westliche Dolomiten und Eisacktal

Das untere Pustertal zwischen Bruneck und Brixen ist von einem ausgesprochen lieblichen Landschaftsbild geprägt. Die bewaldeten Hanglagen im Süden sind sanft ansteigend und gewährleisten das ganze Jahr über sonnenbeschienene Tallagen.

Kiens (Chienes), 830 m, mit den Ortsteilen St. Sigmund und Ehrenburg, besitzt in Schloß Ehrenburg (keine Besichtigung), der Gruftkapelle und der Pfarrkirche von St. Sigmund sehenswerte Bau- und Kunstdenkmäler. Der Ferienort *Vintl (Vandoies),* 740 m, an der Mündung des Pfunderer Tales, und *Mühlbach (Rio di Pusteria),* 777 m, markieren weitere Streckenabschnitte des westlichen Pustertales, bevor die Rienz bei *Brixen* in den Eisack mündet.

Brixen (Bressanone), 561 m, Kurstadt und touristisches Zentrum. Die alte Bischofsstadt weist zahlreiche Sehenswürdigkeiten auf, darunter sind Dom, Kreuzgang und Johanneskirche, Diözesanmuseum, Burg, Pfarrkirche und Pfaundlerhaus besonders hervorzuheben. Die *Plose* (Plosehütte, 2445 m), ein hervorragender Aussichtsberg, kann sowohl mit der Kabinenseilbahn und anschließendem Korblift als auch auf einer Höhenstraße über St. Georg erreicht werden. Eine der schönsten Aussichtsstellen im gesamten Ostalpenraum, der *Große Pfannberg,* 2547 m, ist in halbstündiger Wanderung von einer der letzten Straßenschleifen – Scharte, 2382 m – zu erreichen. Das Panorama umfaßt u. a. Ortlergruppe, Ötztaler und Stubaier Alpen, Zillertaler Hauptkamm, Lienzer und Sextener Dolomiten, Geislerspitzen, Langkofelgruppe und Schlern. Zum Aussichtspunkt gelangt man auch mit dem Sessellift vom 1911 m hoch gelegenen Sporthotel.

Klausen (Chiusa), 523 m, eines der schönsten mittelalterlichen Städtchen, mit Burg Branzoll, Kloster Säben, Heiligkreuzkirche und anderen Baudenkmälern. Der Ferienort markiert einen Streckenabschnitt der Straße und Autobahnverbindung durch das Eisacktal. Hier zweigt auch, an den östlichen Hängen über dem Tal entlanggeführt, die Zuwegung in das Grödner Tal ab, dessen Mündungsort *Waidbruck (Ponte Gardena),* 468 m, mit Schloß Trostburg auf der Brenneranbindung umgangen wird.

St. Ulrich (Ortisei), 1240 m, Hauptort im Grödner Tal. Den Luftkur- und Wintersportort erreicht man, an St. Peter vorüberfahrend, etwa im mittleren Streckenabschnitt des Tales in besonnter Hanglage. Der Ort ist durch seine Holzschnitzkunst bekannt und besitzt im Ladinischen Heimatmuseum mit Funden aus der La-Tène-Zeit, Mineralien- und Gesteinssammlungen, Gemälden und Schnitzstücken eine reichhaltige Informationsstätte. Ausflugsziele der unmittelbaren Umgebung sind durch Bergbahnen und Wanderwege erschlossen. Hervorzuheben sind die Seiseralm (2005 m; Kabinenseilbahn; die Raschötzer Alpe

Langkofelgruppe mit Grohmannspitze

(2107 m; Sessellift) und *Seceda* (2480 m; Kabinenseilbahn) mit hervorragender Aussicht auf Geislerspitzen, Langkofel und Sella.

St. Christina (S. Cristina), 1427 m, Ferienort und Wintersportzentrum, und *Wolkenstein (Selva),* 1570 m, Luftkur- und Wintersportort am Ende des Grödner Tales, werden von den Geislerspitzen im Norden und dem Langkofelmassiv im Süden überragt. Die Burgruine Wolkenstein markiert die Mündung des Langentales, das zum Fuß der Gardenaccia, 2665 m, ansteigt. Die Bergstation *Ciampinoi,* 2255 m, ist von Wolkenstein mit der Kabinenseilbahn erschlossen. Auch von St. Christina gelangt man mit Kabinenseilbahn und anschließendem Sessellift zu diesem Aussichtspunkt unterhalb der Nordabstürze des Langkofelmassivs, der einen schönen Ausblick vor allem über das Grödner Tal und zu den Geislerspitzen eröffnet. Gleich der bereits erwähnten Sellajoch-Straße gewährt auch das *Grödner Joch,* 2121 m, hervorragende Ausblikke zu den mächtigen, imponierenden Dolomitmassiven mit ihrer Vielzahl bizarrer Gipfel.

Die Seiseralm, 1800–2100 m, riesiges Alm- und Wintersportgebiet westlich der Langkofelgruppe, überragt vom Schlern, wird vom Eisacktal über *Kastelruth (Castelrotto),* 1060 m, Ferien- und Wintersportort mit schönem Ortsbild und dem Ortsteil *Seis (Siusi),* 1000 m, erreicht. Ein dichtes Netz von Wanderwegen erschließt diese Hochregion. Wie der Schlern (Petz, 2564 m) die östliche Seite des Eisacktales mit den Orten Völs, Prösels, Steinegg markiert, so prägt der Ritten (Rittner Horn, 2260 m) mit einer Vielzahl hoch über dem Taleinschnitt gelegener Orte das Landschaftsbild im Westen.

Bozen (Bolzano), 262 m, Hauptstadt der gleichnamigen autonomen Provinz, in einem weiten Talkessel am Zusammenfluß von Eisack und Etsch gelegen, präsentiert sich als kulturelles Zentrum Südtirols und ist besonders im Frühjahr und Herbst klimatisch begünstigt. Die alte Stadt weist eine große Anzahl von Sehenswürdigkeiten auf, als wichtigste sollen Obstmarkt, Laubengasse, Dom, Dominikanerkirche und Johanniskapelle, Franziskanerkirche und Stadtmuseum, dazu

Marmolada mit Fassatal vom Sellajoch

Burg Rafenstein und die Schlösser Runkelstein, Ried und Sigmundskron in der Umgebung namentlich erwähnt werden. Als stadtnahes Ausflugsziel und Aussichtspunkt zu Schlern und Rosengartengruppe ist das Gebiet des *Ritten* bevorzugt, das durch die Großkabinenseilbahn nach *Oberbozen,* 1225 m, und durch Bergstraßen erschlossen ist.

Die *Karerpaß*-Straße stellt die West-Ost-Verbindung des Bozener Raumes mit dem Fassatal dar. Vom Eisacktal aus durchzieht sie zunächst die von roten Porphyrfelsen gerahmte, schluchtartige Enge des Eggentales und erreicht die Talweitung von **Welschnofen (Nova Levante)**, 1180 m, Ferien- und Wintersportort in hervorragender landschaftlicher Lage unterhalb der Wände von Rosengartengruppe und Latemar. Inmitten der Bergwelt der Rosengartengruppe gelegen, eröffnet die *Rosengartenhütte,* 2337 m, eine hervorragende Aussicht, Wanderwege und Einstiegsrouten in die gipfelnahen Regionen. Mit einem Korblift – 2 Sektionen – gelangt man von Welschnofen zur Hütte. Die Paßstraße steigt in mehreren Kehren kräftig an und führt am *Karersee,* 1534 m, einem stillen, waldgesäumten Bergsee, in dem sich je nach Standort Latemar oder Rosengartengruppe spiegeln, vorbei zur 1758 m hoch gelegenen *Paßhöhe.* Auf der Fahrstraße, die vor der Paßhöhe zum Nigerpaß abzweigt, erreicht man nach wenigen km das *Tscheinerhaus,* 1775 m, mit hervorragendem Ausblick zur Rosengartengruppe (Rosengartenspitze, 2981 m), deren Wände in nächster Nähe mächtig aufragen. Die Talfahrt nach Vigo di Fassa wird von wechselnden Ausblicken geprägt. Die Karerpaß-Straße ist Teil der Großen Dolomitenstraße, die Bozen mit Cortina d'Ampezzo verbindet. Die südlichere Verkehrsverbindung zwischen Etsch- und Fassatal (Fleimstal) von *Auer (Ora),* 241 m, nach Predazzo über den San Lugano (1100 m) erreicht nicht die Höhe des Karerpasses, vermag auch nicht ein so großartiges Landschaftserlebnis zu vermitteln.

Sellagruppe von der Sellajochstraße

13
Gegensätze in Landschaft und Klima Sarntaler Alpen, Brenta, Gardasee

Das Landschaftsbild dieser Region ist von deutlichen Gegensätzen geprägt. So schließen sich die Sarntaler Alpen den Hochregionen des Alpenhauptkammes an, ohne selbst hochalpine Dimensionen zu erreichen, während man an den nördlichen Ufern des von Gipfeln gerahmten Gardasees bereits den Formen mediterraner Vegetation begegnet. Das breite Tal der Etsch, mit dem auf einer Terrasse in hügeligem Gelände gelegenen Überetsch, steht im Kontrast zu der schluchtartig engen, seitlich von steil aufragenden Porphyrfelsen begrenzten Mündung des Sarntales. Brixen, Bozen, Trient und Rovereto mit ihren alten Stadtbildern markieren den Verlauf geschichtlicher Verkehrswege in den Tälern von Eisack und Etsch und fügen sich harmonisch in das jeweilige Landschaftsbild ein. Die bizarren Gipfelformen der Brenta schießlich spiegeln die Charakteristika der Dolomitenlandschaft wider.

Die östliche Begrenzung der Region wird durch den Verkehrsweg im Eisack- und Etschtal markiert. Im Westen bilden der Jaufenpaß, das Passeiertal, Nonsberg, Val di Sole, Campo Carlo Magno und der Flußlauf des Sarca die Trennungslinie zu den angrenzenden Gebieten.

Die Straße über das Penser Joch und durch das Sarntal nach Bozen ist sicher weit weniger bekannt als die durch eine Autobahn markierte Brennerlinie oder die Paßfahrt über den Jaufen nach Meran, führt jedoch mitten durch das Gebiet der Sarntaler Alpen und zeichnet sich durch landschaftlichen Reiz mit einer Vielzahl unterschiedlicher Eindrücke aus. Von Sterzing steigt die Straße bis zum 2211 m hoch gelegenen Penser Joch kräftig an und eröffnet hervorragende Rückblicke auf das Eisacktal und die Gipfelwelt der Ötztaler und Stubaier Alpen. Das sich anschließende Sarntal ist im oberen Abschnitt lieblich zu nennen, mün-

Brentagruppe von Panoramablick unterhalb Madonna di Campiglio

det jedoch in einer engen Schlucht nahe Bozen.
Die Bergterrasse von Hafling über Meran ist ebenso zu den Sarntaler Alpen zu rechnen wie das Gebiet des Ritten bei Bozen oder die weiter nördlich aufragenden Gipfel von Hochwart, 2746 m, Weißhorn, 2705 m, und Tagewaldhorn, 2706 m.
Auf einer Terrasse über dem Etschtal erstreckt sich südlich von Bozen das Weinbaugebiet des Überetsch mit dem Kalterer See und den Orten Eppan und Kaltern, überragt vom Nonsberg, dessen bekannter Aussichtsgipfel, der 1742 m hohe Penegal, von der Mendelstraße abzweigend mit dem Kraftwagen zu erreichen ist.
Wenn man sich ausschließlich am Südufer des Gardasees in der Umgebung von Desenzano oder Sirmione aufhält, wird man kaum geneigt sein, den Gardasee als Alpensee zu begreifen, da die Kette der Alpenberge in Horizontnähe schemenhaft nur im Dunst wahrzunehmen ist. Mit zwei Dritteln seiner Längenausdehnung bindet der See jedoch in die Alpenlandschaft ein und wird im Osten von den bis 2200 m hohen Gipfeln des Monte Baldo überragt. Im Nordwesten wird das Seeufer von den Steilhängen der Rocchetta geprägt. Die geschützte Lage läßt an den Ufern mediterrane Flora mit Zypressen, Zitrusbäumen, Ölbäumen und Oleander gedeihen, so daß der oft zitierte Vergleich mit der Riviera gar nicht so abwegig erscheint.
Das mächtige Bergmassiv der Brenta präsentiert sich in der zerklüfteten Form der Dolomiten mit über 3000 m aufragenden Gipfeln, die bedeutendsten darunter Cima Brenta, Cima Tosa und der Crozzon.
Eine auch im Laufe eines Tages zu absolvierende Autorundtour ist geeignet, die landschaftliche Vielfalt dieser Region in hervorragender Weise zu ver-

(Fortsetzung auf Seite 312)

Zeichenerklärung auf Seite 88/89
ITALIEN
Campo
Carlo Magno
1682
Dimaro
Madonna di
Campiglio
S. António
Mavignola
2.13
L. di Tóvel
2.14
M. Corno
Carisolo
Sarca
2.15
Pinzolo
Brenta-Gr.
2.16
Mortaso
Cma. Brenta
3150
Vigo Rendena
Spiazzo
Cma. Tosa
3173
Spormaggiore
Villa Rendena
Tione di Trento
Binio
2422
Molveno
Saone
Cast. d. Camosci
Andalo
Breguzzo
Sténico
S. Lorenzo in Ban.
2.12
Pieve di
Bono
Lardaro
Cavrasto
L. di
Molveno
Zambana
Terme
di C.
Nave S.
M. Cádria
2254
Pte. d. Arche
Bleggio
Vezzano
Terlago
Condino
Cologna
Tiarno d.
Sotto
Tofino
2153
Fiavè
Vigo
Sarche
2.10
Padergnone
Paló
Ballino
Cádine
Bezzecca
Sarca
L. di
Cavédine
Campi
Drò
Cavédine
Riva
Arco
Braila
Cornetto
2179
Ravina
Adige
M. Stivo
2059
Matarello
Nago
Ronzo
Villa
Lagarina
Aldeno
10 km
Tórbole
Nomi
Limone
Calliano
2.09
Navene
M. Altiss.
2078
di Nago
Lóppio
Sacco
Volano
Gargnano
Malcésine
S. Giácomo
Mori
Brentónico
Rovereto
Porto di
Brenzone
M. Baldo
Marco
Lago di
Garda
(Gardasee)
Castelletto
Cma. Valdritta
2218
Serravalle all'Ádige
Avio
S. Margherita
Torri d. B.
Pai
Pruda
Ferrara di
M. Baldo
Sabbionara
Pilcante
Lumini
Ala
Castione
Veron.
Costen-
mano
Spiazzi
Madonna d.
Corona
Borghetto
Garda
Bardolino
Caprino
Veron.
Adige
Peri
Affi
Dolce
Ceraino
Lazise
Volargne
Pastrengo

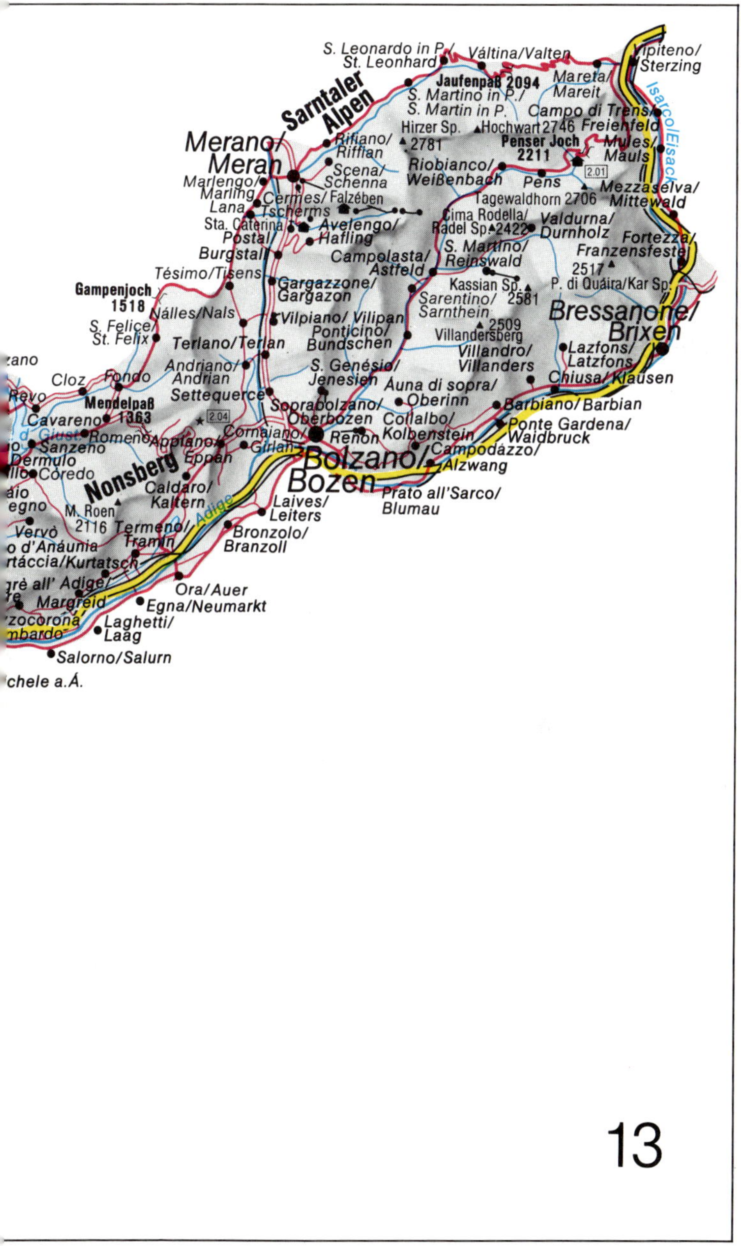

S. Leonardo in P./
St. Leonhard
Váltina/Valten
Vipiteno/
Sterzing
Sarntaler
Alpen
Jaufenpaß 2094
Mareta/
Mareit
S. Martino in P./
S. Martin in P.
Campo di Trens/
Freienfeld
Isarco/Eisack
Hirzer Sp.
Hochwart 2746
2781
Penser Joch
2211
Mules/
Mauls
Merano/
Meran
Rifiano/
Riffian
Scena/
Schenna
Riobianco/
Weißenbach
Pens
2.01
Mezzaselva/
Mittewald
Marlengo/
Marling
Lana
Cermes/
Tscherms
Falzében
Tagewaldhorn 2706
Sta. Caterina
Avelengo/
Hafling
Cima Rodella/
Radel Sp.
2422
Valdurna/
Durnholz
Postal/
Burgstall
Campolasta/
Astfeld
S. Martino/
Reinswald
Fortezza/
Franzensfeste
Tésimo/Tisens
2517
Gampenjoch
1518
Gargazzone/
Gargazon
Kassian Sp.
2581
P. di Quáira/Kar Sp.
Sarentino/
Sarnthein
Bressanone/
Brixen
Nálles/Nals
Vilpiano/ Vilipan
S. Felice/
St. Felix
Ponticino/
Bundschen
2509
Villandersberg
Terlano/Terlan
Villandro/
Villanders
Lazfons/
Latzfons
Cloz
Fondo
Andriano/
Andrian
S. Genésio/
Jenesien
Áuna di sopra/
Oberinn
Chiusa/Klausen
Mendelpaß
1363
Settequerce
Soprabolzano/
Oberbozen
Barbiano/Barbian
Cavareno
2.04
Collalbo/
Klobenstein
Ponte Gardena/
Waidbruck
Romeno
Appiano/
Eppan
Cornaiano/
Girlan
Renon
Sanzeno
Dermulo
Bolzano/
Bozen
Campodázzo/
Atzwang
Nonsberg
Coredo
Caldaro/
Kaltern
Prato all'Sarco/
Blumau
M. Roen
2116
Adige
Laives/
Leiters
Vervò
Termeno/
Tramin
Bronzolo/
Branzoll
Ora/Auer
Margreid
Egna/Neumarkt
Laghetti/
Laag
Salorno/Salurn
13

1. Ferienorte und touristische Zentren

Sarntaler Alpen:

1.01 **Pens (Penneș),** 1450 m, Wandern, Touren
1.02 **Astfeld (Campolasta),** 1023 m, Erholung, Wandern
1.03 **Reinswald (S. Martino),** 1492 m, Wandern, Wintersport
1.04 **Sarnthein (Sarentino),** 961 m, Erholung, Wandern, Wintersport

Etschtal, Überetsch, Nonsberg, Nonstal:

1.05 **Auer (Ora),** 241 m, Erholung, Ausflüge
1.06 **Salurn (Salorno),** 226 m, Erholung, Ausflüge
1.07 **Trento (Trient),** 194 m, Hauptstadt der autonomen Provinz, Stadtbesichtigung, Tourismus
1.08 **Rovereto,** 212 m, Stadtbesichtigung, Ausflüge
1.09 **Eppan (Appiano),** 411 m, Erholung, Wandern
1.10 **Kaltern (Caldaro),** 426 m, Erholung, Wandern
1.11 **Tramin,** 276 m, Erholung, Wandern
1.12 **Cles,** 658 m, Erholung, Wandern
1.13 **Tuenno,** 630 m, Erholung, Wandern

Gardasee und Sarcatal:

1.14 **Gargnano,** 67 m, Baden, Wassersport, Ausflüge
1.15 **Limone,** 67 m, Baden, Wassersport
1.16 **Riva,** 78 m, Baden, Wassersport, Ausflüge
1.17 **Torbole,** 83 m, Baden, Wassersport, Ausflüge
1.18 **Malcesine,** 90 m, Baden, Wassersport, Ausflüge
1.19 **Nago,** 222 m, Erholung, Wandern, Ausflüge, Aussicht
1.20 **Arco,** 91 m, Kur, Wandern, Ausflüge

Brenta-Dolomiten:

1.21 **Molveno,** 864 m, Erholung, Wandern, Hochtouren
1.22 **Andalo,** 1041 m, Erholung, Wandern, Wintersport
1.23 **Madonna di Campiglio,** 1522 m, Erholung, Wandern, Hochtouren, Wintersport

2. Besondere Ausflugsziele und Berghütten

Sarntaler Alpen:

2.01 **Penser Joch, Gh. Alpenrose,** 2211 m, Paßstraße zwischen Sterzing und Sarnthein, Ausgangspunkt für Gipfelwanderungen.
2.02 **Durnholzer See,** 1558 m, Fahrweg von Astfeld, landschaftlich reizvolle Lage.

Etschtal, Überetsch, Nonsberg, Nonstal:

2.03 **Mendelpaß,** 1363 m, Paßstraße zwischen Überetsch und Nonstal, Aussicht auf Rosengartengruppe, Latemar und Überetsch.
2.04 **Penegal,** 1742 m, Fahrstraße vom Mendelpaß, Aussicht auf Ortlergruppe, Ötztaler Alpen, Dolomiten, Bozen und Überetsch.
2.05 **Kalterer See,** 214 m, Fahrstraße von Kaltern ins Etschtal, landschaftlich besonders reizvolle Lage.
2.06 **Gampenjoch,** 1518 m, aussichtsreiche Paßstraße von Meran ins Nonstal.
2.07 **Lago di S. Giustina,** 560 m, Fahrstraße durchs Nonstal, landschaftlich reizvolle Lage.
2.08 **Lago di Tovel,** 1178 m, Fahrstraße von Tuenno, landschaftlich besonders reizvolle Lage mit Blick auf Brenta.

Gardasee und Sarcatal:

2.09 **Pieve,** Ortsteil v. Tremosine, 414 m, Straßenabzweig von Uferstraße, Aussicht auf Gardasee und Monte Baldo.
2.10 **Limaroschlucht,** Straße von Riva nach Tione, wildromantische Schlucht.

Brenta-Dolomiten:

2.11 **Lago di Molveno,** 823 m, Talstraße, landschaftlich reizvolle Lage mit Ausblick auf Brenta.
2.12 **Paganella,** 2125 m, Gondelbahn von Andalo, Aussicht auf Brentagruppe, Etschtal und Dolomiten.
2.13 **Panoramablick** bei Madonna di Campiglio, an der Fahrstraße nach Tione, Aussicht auf Brentagruppe.
2.14 **Monte Spinale,** 2093 m, Kabinenseilbahn, Aussicht auf Brenta und Presanella.
2.15 **Rifugio Maria e Alberto ai Brentai,** 2120 m, dreistünd. Fußwanderung v. Rif. Vallesinella, Aussicht auf Cima Brenta, Cima Tosa und Campanile basso.
2.16 **Rifugio Graffer,** 2250 m, 2 Std. vom Monte Spinale (2.14), Aussicht auf Cima Brenta.
2.17 **Campo Carlo Magno,** 1682 m, Paßstraße von Madonna di Campiglio nach Male, Aussicht auf nördlichen Teil der Brentagruppe.

3. Die höchsten und markantesten Gipfel

Sarntaler Alpen:
Hirzer Spitze, 2781 m, (1.04)
Hochwart, 2746 m
Tagewaldhorn, 2706 m, 2.01
Weißhorn, 2705 m, 2.01
Radelspitze, 2422 m, 1.02, 1.04

Nonsberg:
Monte Roen, 2116 m, 1.05, 2.04
Penegal, 1742 m, 1.10, 2.05

Erläuterung Seite 87

Im Gebiet des Gardasees:
Monte Baldo – Cima Valdritta, 2218 m, 1.15, 2.09
Monte Baldo – Monte Maggiore, 2200 m, 1.14, 2.09
Monte Altissimo di Nago, 2078 m, 1.16, 2.09
Rocchetta, 1575 m, 1.17, 1.19
Monte Carone, 1591 m, 1.18, 1.19

Brentagruppe:
Cima Tosa, 3173 m, 2.13, 2.14, 2.15
Cima Brenta, 3150 m, 1.21, 2.11, 2.12, 2.13, 2.14, 2.15, 2.16, 2.17
Crozzon di Brenta, 3135 m, 2.13, 2.14, 2.15
Torre di Brenta, 3008 m, 2.11
Cima d'Agola, 2953 m, 1.22
Pietra Grande, 2936 m, 2.08, 2.12, 2.14, 2.16, 2.17
Cima Molveno, 2911 m, 1.21, 2.11
Cima di Grosté, 2897 m, 2.14, 2.16, 2.17
Campanile basso, 2877 m, 2.15
Cima Roma, 2827 m, 2.11
Cima Rocca, 2827 m, 2.08, 2.17
Sasso Alto, 2804 m, 2.17
Cima di Ghez, 2713 m, 1.21, 1.22, 2.11

Naturschutzgebiete und Naturparks in den italienischen Ostalpen

Auch außerhalb der besonders ausgewiesenen Naturschutzgebiete und Naturparks stehen alle seltenen Alpenblumen und Tiere, wie in den anderen Ländern, im gesamten italienischen Alpenraum unter Naturschutz.

Naturschutzgebiet Stilfser Joch (Stelvio)

Provinzen: Bozen, Trento.
Größe: 95250 ha.
Zufahrt: V. Vintschgau u. v. Bormio a. d. Stilfser-Joch-Str., v. Trento a. Tonalepaßstr.
Tiere: Hirsche, Gemsen, Rehe, Murmeltiere, Haselhühner, Bergfasane.
Flora: Pflanzen aller Vegetationszonen.

Naturpark Schlern (Sciliar) – Südtirol

Provinz Bozen.
Größe: 6385 ha.
Zufahrt: V. Eisacktal üb. Völs, Seis od. Tiers.
Tiere: Rehe, Gemsen, Steinadler, Uhu, Schneehase.
Flora: Pflanzen aller Vegetationszonen.

Naturpark Texelgruppe (Tessa) – Südtirol

Provinz Bozen.
Größe: 33000 ha.
Zufahrt: V. Vintschgau, Passeier- u. Schnalstal.
Tiere: Gemsen, Murmeltiere, Hirsche, Rehe, Birkwild, Uhu, Steinadler u. a.
Flora: Pflanzen d. Waldzone u. Hochregionen.

Naturpark Puez-Geisler – Südtirol

Provinz Bozen.
Größe: 9500 ha.
Zufahrt: V. Eisacktal über Grödnertal und über Villnößtal.
Tiere: Murmeltiere, Gemsen, Steinadler, Rehe u. a.
Flora: Pflanzen d. Waldzone u. Hochregionen.

Naturpark Adamello-Brenta – Trentino

Provinz Trento.
Größe: 43600 ha.
Zufahrt: Val di Sole, Moena, aus dem Val Rendena üb. Val di Genova u. Valle di Campiglio.
Tiere: Braunbären, Steinböcke, Gemsen, Murmeltiere, Rehe, Marder, Füchse u. Steinadler.
Flora: Pflanzen d. Waldzone u. Hochregionen.

Naturpark Paneveggio-Pale di San Martino

Provinz Trento.
Größe: 15700 ha.
Zufahrt: Aus dem Etschtal oder aus dem Fassatal über Fleimstal und Rollepaß.
Tiere: Gemsen, Murmeltiere, Rehe, Hirsche, Hasen, Auerhähne, Steinhühner.

Im Gebiet des Monte Baldo gedeihen verschiedene seltene, zum Teil einzigartige Pflanzenarten, daher wird es von Botanikern gerne besucht. Der Zugang erfolgt entweder im Anstieg vom Gardasee oder aus dem Etschtal.

Sarcatal. Als gleichermaßen bevorzugtes Gebiet mit seltenem Pflanzenwachstum darf auch das Sarcatal nahe der Flußmündung in den Gardasee gelten.

Erläuterung Seite 87

mitteln. Als Ausgangspunkt sei das Gebiet um Bozen in Ansatz gebracht, da die sich hieraus ergebende Fahrtrichtung und der zeitliche Ablauf optimale Sicht- und Aufnahmeverhältnisse, dem jeweiligen Sonnenstand entsprechend, gewährleisten – günstige Witterungsbedingungen vorausgesetzt.

Für die erste Etappe durch das Etschtal empfiehlt sich die Benutzung der gebührenpflichtigen Autobahn bis zur Ausfahrt bei Pastrengo, um den zeitlichen Aufwand zu mindern. In westlicher Richtung wird nach ca. 10 km das Ostufer des Gardasees bei Lazisa erreicht. Die Uferstraße mit hervorragenden Aussichtsstellen befährt man in nördlicher Richtung bis Torbole. Es empfiehlt sich, den Aufenthalt am See nicht über 14.30 Uhr (Sommerzeit) hinaus auszudehnen, will man die Rundtour noch am gleichen Tage beenden und das folgende Programm nicht einengen. Für den weiteren Routenverlauf wählt man am besten die Strecke *Nago* – Arco, da sich von der Anhöhe ein ausgezeichneter Rückblick auf den Gardasee bietet. Bei Sarche verläßt die Straße das breite Talbecken und begleitet den Sarca an Berghängen flußaufwärts, der hier, zum Lago Ponte Pia aufgestaut, eine schluchtartig enge Talstufe durchzieht. Unmittelbar vor Erreichen des Ortes Tione erblickt man über vorgelagerten Berghängen den Carè Alto, einen Hauptgipfel der Adamellogruppe.

In Tione zweigt man, den Hinweisschildern nach Madonna di Campiglio folgend, in das Rendenatal ab. Wenige Kilometer hinter Pinzolo (Abzweig des Genovatales) eröffnet sich von einer Serpentinenstrecke ein großartiger Rückblick auf die ausgedehnten Eisflächen des Laresgletschers, von hohen Gipfeln der Adamellogruppe gerahmt (Gegenlicht). Nur einige Kilometer weiter bergwärts genießt man von einem Parkplatz die überwältigende Aussicht zum Brentamassiv mit der Vielzahl seiner bizarr geformten Gipfel. Noch vor Erreichen des Ortes Madonna di Campiglio wird die Berggruppe durch einen vorgelagerten Höhenzug wieder verdeckt.

Die Fahrt über den Campo-Carlo-Magno-Paß, 1682 m, in das Val di Sole läßt sich recht zügig gestalten. Von Dimaro in östlicher Richtung fahrend, erreicht man den Lago di Santa Giustina, einen landschaftlich äußerst reiz-

Brentagruppe vom Campigliotal aus

vollen, langgestreckten Stausee im Nonstal. Nun folgt man der Straße zum Mendelpaß, um unweit der Paßhöhe zum Penegal, 1742 m, abzuzweigen. Von diesem hervorragenden Aussichtsberg überblickt man das gesamte Überetsch mit dem Bozener Kessel. Die sinkende Sonne verwandelt die Gipfel der Rosengartengruppe, des Schlern und des Latemar – Hintergrundkulisse der gegenüberliegenden Talseite – in einem lebhaften Spiel von Licht, Farbe und Schatten. Bis Bozen sind anschließend noch ca. 30 km Wegstrecke zurückzulegen.

Das Geschichtsbild dieser Region ist äußerst vielfältig und, bedingt durch ihre strategische Lage, von einer Aneinanderreihung bedeutender Ereignisse geprägt, die hier im einzelnen nicht dargestellt werden können. So sollen nur jene geschichtlichen Vorgänge in diesem Teil der Alpen Erwähnung finden, die darüber hinaus für den gesamten Alpenraum von Bedeutung sind.
War die Landnahme durch Etrusker, Illyrer und Kelten in erster Linie auf die Besiedlung ausgerichtet, so diente der Vorstoß der Römer der Expansion des Imperiums und der Sicherung ihrer Vorherrschaft in den eroberten Gebieten. Heerstraßen und Handelswege wurden angelegt und deren Verlauf natürlichen Gegebenheiten angepaßt. Das Etschtal, bis tief in den Alpenraum nur mäßig ansteigend, bot ideale Voraussetzungen. Mit dem Ausbau der Via Claudia Augusta über den Reschen- und Fernpaß im 1. Jahrhundert mußte der Sicherung vorhandener Verkehrswege Vorrang eingeräumt werden. Zusätzliche Bedeutung gewann das Tridentum (Gebiet zwischen Rovereto und Bozen) mit dem Ausbau des Brennerpasses.
Als das Römische Reich zerfiel, wurde das Gebiet im 5. Jahrhundert von den Ostgoten beherrscht, denen im 6. Jahrhundert die Langobarden folgten. Bayern und Alemannen drangen bis in den südlichen Alpenraum vor. Kriegerische Auseinandersetzungen zwischen Langobarden und Bayern waren die Folge, bis Karl der Große das Langobardenreich vernichtete und wenig später auch das Herzogtum Bayern seine Selbständigkeit verlor. In zunehmendem Maße gewannen dann die Bischöfe politischen Einfluß, der mit der Einsetzung weltlicher Verwaltungen

durch Kaiser Friedrich II. endete. In jener Zeit entstanden viele der Burgen, die den Besitzstand des durch die geistlichen Herren mit Macht ausgestatteten Adels sichern sollten. Die Burgen am Gardasee dagegen entstammen jener Zeit, als das Geschlecht der Skaliger von Verona aus seinen Herrschaftsbereich ausdehnte. Im 15. Jahrhundert fiel dann Verona mit den von ihm beherrschten Gebieten an Venedig. Trient erlangte im 16. Jahrhundert weit über den Alpenraum hinaus Bedeutung durch das 3. Tridentinische Konzil und die Gegenreformation, die sich darauf begründete.
Über Jahrhunderte hinweg konnte sich in den abgelegeneren Seitentälern rätoromanisches Sprach- und Kulturgut erhalten. Zwischen den ladinischen Gebieten in den Dolomiten und Graubünden bestand in früher Zeit eine Sprachbrücke, die in der Dialekteinfärbung des Italienischen verschiedener Gebietsteile noch anzuklingen scheint. Die zahlreichen Baudenkmäler dieser Region und der angrenzenden Gebiete Südtirols zeugen vom großen Reichtum eines Kulturraumes, der durch den sehr oft wechselvollen Ablauf der Geschichte geprägt wurde.

Geologisch erweist sich die Region als nicht minder interessant. Die Verschiedenartigkeit der Gesteine und ihre unterschiedliche Entstehungszeit sind auch in lokal begrenzten Räumen deutlich ausgeprägt. So begegnet man im Gebiet der Brenta wie auch im Etschtal Sedimenten aus der Trias neben solchen, die der Kreide entstammen. Der Monte Baldo im Gebiet des Gardasees und Gebietsteile am Unterlauf des Sarca bestehen aus Jura. Im südlichen Teil der Sarntaler Alpen und im Gebiet des Überetsch trifft man verbreitet Quarzporphyr an, am Penser Joch im Norden dagegen herrscht Ötztaler Kristallin vor. Auch Brixener Granit ist dort anzutreffen. Nach Süden hin schließt sich eine Zone mit Quarzphyllit an.

Wettergeschehen und klimatische Verhältnisse sind recht unterschiedlich. Von einer gelegentlichen Niederschlagsneigung sind allenfalls noch die Sarntaler Alpen, Eisack- und Passeiertal betroffen, während die übrigen Gebietsteile als regenarm zu bezeichnen sind. Am Gardasee darf man sich dagegen schon in den sonnigen Süden versetzt fühlen. Die Niederschläge dieser Region, vor allem in den Wintermonaten, resultieren fast ausschließlich aus von Südwinden begleiteten Wetterlagen. In den Tallagen von Bozen und Meran wie weiter südlich hält der Frühling bereits im März Einzug, entsprechend lange währt der Sommer, der im Bozener Kessel eine lastende Schwüle aufkommen läßt. Das Klima des Gardasees dagegen ist auch in den Hochsommermonaten durch eine stetige Luftbewegung der im Halbtagsrhythmus wechselnden Winde als angenehm zu empfinden. Einige Durchschnittstemperaturen mögen die klimatischen Unterschiede verdeutlichen:

Monat	St. Ulrich Grödner Tal	Bozen	Trento	Riva del Garda
Jan.	–7,3/–1,8	–5,1/ 5,2	–2,4/ 4,3	–2,3/ 3,4
März	–2,8/ 7,7	1,6/15,1	3,6/14,1	4,1/11,7
Juni	8,5/20,6	12,9/26,9	14,7/27,1	16,3/26,9
Aug.	10,3/23,1	13,9/28,5	16,0/28,8	16,2/23,8
Okt.	3,3/14,6	5,3/18,9	8,5/18,0	13,1/18,1
Dez.	–5,6/–1,2	–3,7/ 6,6	0,6/ 5,0	1,5/ 7,3

Das Pflanzenwachstum dieser Region weist den Artenreichtum nahezu aller im Alpenraum vorkommenden Alpenblumen auf. In den geschützten und klimatisch begünstigten südlichen Tallagen gedeiht darüber hinaus eine mediterrane Vegetation. Als Kulturpflanzen verdienen hier vor allem Ölbaum, Zypresse, Zitrusbäume und Oleander Erwähnung. Auch der intensive Weinbau zeugt von besonders günstigen klimatischen Verhältnissen. In der Übergangszone wird verbreitet die Edelkastanie angetroffen. Pflanzenfreunde seien auf den Monte Baldo hingewiesen, der das Ostufer des Gardasees beherrscht und in Fachkreisen einen weltweiten Ruf wegen seiner überaus reichen, zum Teil einzigartigen Flora genießt.

Der Tierbestand der Region wurde im Laufe der Zeit durch Abschuß stark reduziert. So sind Hirsche in den Wäldern, Schneehase und Schneehuhn in den Hochregionen weitgehend verdrängt. Gemsen sind im Bestand weiterhin gefährdet. Im Gebiet der Brenta, Adamello- und Presanellagruppe kommen dagegen noch einige wenige streng geschützte Alpenbären vor. Es sind dies die einzigen Exemplare im gesamten Alpenraum.

Sarntaler Alpen

Als Oase stiller Bergeinsamkeit zwischen den im Sommer wie in den Wintermonaten von Touristenströmen überfluteten Urlaubszentren des Alpenraumes bietet das Sarntal mit seiner Gipfelrahmung besonders dem mobilen Touristen Gelegenheit für eine Reihe lohnender Unternehmungen. Darüber hinaus empfiehlt es sich als weithin unbekannte dritte Variante der Zufahrt von Sterzing nach Bozen neben der Schnellverbindung durch das Eisacktal und dem Jaufenpaß.

Die Fahrt über das *Penserjoch,* 2211 m, beansprucht jedoch von der Straßenanlage her einen nicht unerheblichen Zeitaufwand und ist für eilige Autotouristen wenig geeignet. Die Auffahrt beginnt unmittelbar hinter Sterzing an den bewaldeten Hängen des Eisacktales und bietet im weiteren Verlauf an verschiedenen Stellen den Rückblick auf die Zillertaler Alpen oder einen Tiefblick in das Eisacktal. Über der Baumgrenze breiten sich die im Juni und Juli in leuchtendes Rot gehüllten Alpenrosenfelder aus. Die Paßhöhe selbst vermittelt nur eine begrenzte Aussicht; eine Wanderung vom *Gh Alpenrose,* 2211 m, zum Gipfel der Gänsekragenspitze (2322 m; in 30 Minuten), besser noch zum Zinseler (2422 m; 1½ Stunden), eröffnet einen hervorragenden Rundblick von den Ötztaler bis zu den Zillertaler Alpen und auf die nördlichen Dolomitenberge. Während der Talfahrt auf der Südrampe erscheint zunächst das Weißhorn, 2705 m, später das Tagewaldhorn, 2706 m, im Vorausblick. Dem Talferbach folgend, erreicht die Straße *Pens (Pennes),* 1450 m, und, in einer Talweitung gelegen, *Weißenbach (Riobianco).* An einem Bleibergwerk, Weilern und Gasthäusern vorüber gestaltet sich die weitere Talfahrt bis *Astfeld (Campolasta)* an der Mündung des Durnholztales recht abwechslungsreich. Ein Fahrweg ermöglicht die Zufahrt zum *Durnholzer See,* 1558 m, den eine hohe Gipfelreihe überragt. Über dem See ist das Dörfchen *Durnholz (Valdurna)* gelegen. *Reinswald (S. Martino),* 1492 m, mit ausgezeichnetem Skigelände und einem Sessellift, der in ca. 2200 m Höhe Wanderungen am sonnenbeschienenen Hang erschließt, wird durch einen Abzweig im Durnholzer Tal erreicht.

Sarnthein (Sarentino), 961 m, der Hauptort des Sarntales, Luftkur- und Wintersportort, liegt in einer Weitung abseits der Talstraße. Sehenswert sind Cypriankirche und Schloß Reineck (privat). Im weiteren Verlauf der Talfahrt wandelt sich das Landschaftsbild allmählich zu einem romantischen Streckenabschnitt. Das Johanneskirchlein auf einem hohen Felsen markiert den Beginn einer von steilen Porphyrwänden gerahmten Schlucht. Der

Altes Mauthaus im Sarntal

Straßenverlauf ist durch 26 Tunnel gekennzeichnet, ehe man nahe Bozen die Enge der Talmündung verläßt.

Etschtal, Überetsch, Nonsberg, Nonstal

Die Gebiete südlich von Bozen zeigen deutlich Spuren mediterranen Klimas und südlicher Vegetation. Im Osten begleiten die Ausläufer der Dolomiten das Tal der Etsch, während sich westlich zunächst die Sonnenterrasse des Überetsch anschließt, die ihrerseits gegen Westen durch den Höhenrücken des Nonsberges abgeschirmt wird. Etappen des geschichtsträchtigen Siedlungsraumes entlang des südwärts gerichteten Flußlaufes stellen sich schwerpunktmäßig wie folgt dar:

Auer (Ora), 241 m, größerer Ort in den Obst- und Weingärten des Etschtales, liegt am Straßenabzweig zum San-Lugano-Paß, der Ort und Tal mit Cavalese im Fleimstal verbindet. Sehenswert sind die Reste einer mittelalterlichen Burganlage, die auf römischen Ursprung zurückzuführen ist, St.-Daniels- und St.-Peters-Kirche. Ein Straßenabzweig führt zum Kalterer See im Gebiet des Überetsch.

Salurn (Salorno), 226 m, an der Engstelle des Etschtales – Salurner Klause – gelegener Ferienort, markiert die Sprach- und Provinzgrenze von Bozen. Der Ort wird von der Ruine Haderburg überragt; sehenswert sind auch die Wasserfälle des Titschbaches.

Trento (Trient), 194 m, Hauptstadt der gleichnamigen autonomen Provinz, ist Verkehrsknotenpunkt und Zentrum im unteren Etschtal. Das alte Stadtbild wird von hervorragenden Baudenkmälern geprägt: Dom, Palazzo Pretorio, Palazzo Sardagna, Palazzo Geremia, Basilika Santa Maria Maggiore; etwas außerhalb: Castello del Buon Consiglio. Besuchenswert sind auch Nationalmuseum, naturwissenschaftliches Museum und Museo del Risorgimento.

Rovereto, 212 m. Das Gebiet der Stadt wird im Etschtal von ausgedehnten Industrieanlagen bestimmt. Dessenungeachtet bildet das alte, am Hang gelegene Stadtbild mit Palästen, Kirchen und dem Kastell einen besonderen Anziehungspunkt. Hier zweigt auch ein Hauptverkehrsweg über Loppio und Nago zum Gardasee ab.
Das Gebiet des Überetsch, oberhalb Bozens als Sonnenterrasse von Eppan bis Kaltern mit dem Kalterer See ausgebreitet, ist durch hohen landschaftlichen Reiz und günstige klimatische Bedingungen geprägt.

Eppan (Appiano), 411 m. Der Ferienort, Teil einer Großgemeinde mit dem Hauptort St. Michael (S. Michele), liegt an der Mendelstraße, die das Überetsch über den *Mendelpaß,* 1363 m, mit dem Nonstal verbindet. Der *Penegal,* 1742 m, hervorragender

Gardasee bei Torbole mit Sarcamündung

Aussichtsgipfel des Nonsberges, ist auf einer nahe der Mendelpaßhöhe abzweigenden Fahrstraße zu erreichen. Herrliche Aussicht auf die Ortlergruppe wie über die Tallagen von Bozen bis zum Kalterer See, auf Rosengartengruppe und Latemar.

Kaltern (Caldaro), 426 m, Sommerfrische und Hauptort im Weinbaugebiet des burgengekrönten Überetsch unterhalb des Mendelpasses gelegen, wenige Kilometer südlich der *Kalterer See,* 214 m, eingebettet in eine von Wäldern gesäumte Wiesenlandschaft. Die Straße setzt sich in das Etschtal fort und berührt den Weinort *Tramin,* 276 m, an den Hängen des Nonsberges, vom Monte Roen, 2116 m, als höchster Erhebung überragt. Nördlicher Zufahrtsweg zum Nonstal ist die von Meran ausgehende *Gampenjochstraße,* 1518 m. Von Osten durch die Mendelstraße mit dem Überetsch verbunden, mündet das Tal zwischen Salurn und Trento in das Etschtal ein. Landschaftlich äußerst reizvoll gelegen, bildet der verzweigte, langgestreckte Stausee *Lago di Santa Giustina* die Attraktion des Nonstales. Hauptort des Tales ist **Cles,** 658 m, an den Hängen der nördlichen Brentaausläufer. Wenige Kilometer südlich, am Straßenabzweig zum Tovelsee, der Ferienort *Tuenno,* 630 m. Der *Lago di Tovel,* 1178 m, besonders reizvoll inmitten der Brentagruppe gelegen, bildet ein bevorzugtes Ausflugsziel, obgleich die berühmte, auf Einwirkung von Mikroorganismen zurückgeführte Rotfärbung seit 1965 nicht mehr eingetreten ist.

Gardasee und unteres Sarcatal

Seine außergewöhnliche Beliebtheit als Urlaubsziel verdankt der Gardasee wohl weniger der unmittelbaren Einbindung in die Alpenlandschaft als vielmehr dem mediterranen Klima. Dennoch ist er, zumindest mit seinem Trentiner Gebietsteil, Bestandteil des Alpenraumes, und wer eine der Uferstraßen in nördlicher Richtung befährt, wird in der Gipfelrahmung die Besonderheit des unvergleichlichen Landschaftsbildes entdecken. Die eigentlich alpine Dimension beginnt im Osten mit den Gipfellagen des Monte Baldo (Monte Maggiore, 2200 m – Cima Valdritta, 2218 m) und im Westen mit den Steilhängen der Cima Comer unterhalb des Monte Denervo, 1460 m. Bei einer Höhenlage von 65 m Seehöhe ragen die Gipfel über dem Seespiegel vergleichsweise um 200–400 m höher auf als in anderen niederen Tallagen der Alpen bei gleicher Gipfelhöhe.

Gargnano, 67 m, Seebad und Ferienort, eröffnet im Westen die schmale, von steilen Hängen geprägte Uferzone bis zum Nordende. Eine in vielen Kehren gewundene Bergstraße zweigt von der Uferstraße nach Narvazzo und Formago ab und bietet hervorragende Tiefblicke auf den See und den Ausblick zum Monte Baldo über dem Ostufer. Eine gleichwertige Aussicht genießt man von der zwischen Campione del Garda und Porto di Tremosine nach *Pieve,* 414 m, abzweigenden Bergstraße.

Limone, 67 m, liegt als Badeort unter schroff abstürzenden Felswänden in einer Bucht. Ein malerisches Ortsbild zeichnet den alten Dorfkern aus. Parallel zur Uferstraße verläuft die von Riva ausgehende Verkehrsverbindung zum Lago di Ledro, 650 m, bevor sie westwärts in das Ledrotal einbiegt.

Riva, 78 m, Badeort und touristisches Zentrum am Nordwestufer des Gardasees, besitzt in Castel la Rocca (Staatsmuseum), Torre Apponale, Palazzo Pretorio, Pfarrkirche, Rathaus und Laubengängen sehenswerte Baudenkmäler. In der nördlichen Uferzone dringt der Tafelberg des Monte Brione bis zum See vor und trennt Riva von der Sarcamündung. Am Nordostufer des Sees ist der malerische Ort **Torbole,** 83 m, gelegen. Der Badeort **Malcésine,** 90 m, in herrlicher Lage am Fuße des Monte Baldo, wird von einer Scaligerburg gekrönt. Sehenswert sind außerdem Kirche und Palazzo dei Capitani. Ganz in der Nähe ragt die Isola dell'Olivo aus dem See. Unterhalb des Ortes **Nago,** 222 m, an der Verbindungsstraße nach Rovereto, eröffnet sich von einem Zypressenhain ein ausgezeichneter Tiefblick auf den Gardasee und die Sarcamündung. Im Zusammenhang mit der Bergregion verdient der Monte Baldo noch in anderer Hinsicht Erwähnung. Von alters her suchen und finden Botaniker seltene und zum Teil nur dort vorkommende Pflanzenarten.

Arco, 91 m, Kurstadt und Sommerfrische, ist der Hauptort des unteren Sarcatales, das sich durch eine üppige Vegetation mit mediterraner und subtropischer Flora auszeichnet. Rathaus, Palazzo Giuliani, Stiftskirche und andere Baudenkmäler der Stadt lohnen den Besuch. Die Reste des Schlosses krönen den Felsen über dem Tal. Als Ausflugsziel bietet sich die großartige *Limaro-Schlucht* an. Die Straße nach Tione di Trento verläuft hoch über der Schlucht und ist am Lago Ponte Pia streckenweise durch Tunnel geführt.

Brenta-Dolomiten

Geprägt von einer Vielzahl bizarrer und zerklüfteter Felsgipfel, ist der gewaltige Gebirgsstock der Brenta nicht nur nach der Gestalt, sondern auch aufgrund seiner geologischen Beschaffenheit den Dolomiten zuzurechnen. Aus dem Val di Sole im Norden aufsteigend, erreicht die Gipfelreihe mit der eisgekrönten Cima Tosa, 3173 m, und der Cima Brenta, 3150 m, im südlichen Teil ihre größte Höhe, um schließlich am Sarcaflußlauf zu enden.

Molvenosee mit Brentagruppe ▷

Brentagruppe
Massodistock
2600 m
C. Roma
2827 m
Campanile
Vallesinella
2940 m

Das Campigliotal im Westen und das Gebiet um Molveno östlich des Gebirgszuges sind Erschließungsräume der Hochregionen. Es bedarf nicht einmal weiter Wanderungen oder einer Seilbahnfahrt, um zu hervorragenden und umfassenden Ausblicken auf das Massiv zu gelangen – schon an den Zufahrtsstraßen der Urlaubszentren eröffnen sich ausgezeichnete Aussichtsstellen.

Molveno, 864 m. Die Landschaft des *Lago di Molveno,* 823 m, wird von der gewaltigen, am Westufer zu höchster Höhe aufsteigenden Bergkulisse geprägt. *Molveno,* Luftkur- und Wintersportort, am nördlichen Seeufer gelegen, ist zugleich Ausgangspunkt für verschiedene Unternehmungen in den Hochregionen, von Wanderungen auf markierten Wegen bis zu Kletterpartien im steilen Fels. Der Sessellift zur *Croz dell'Altissimo,* 1900 m, oder die Seilbahn zum *Massodi,* 2200 m, verkürzen den Aufstieg und führen in die unmittelbare Nähe mächtig aufragender Felstürme.

Andalo, 1041 m, das an der Straße nach Mezzolombardo gelegene Ferien- und Wintersportzentrum, wird ebenfalls von der gewaltigen Gipfelwelt beherrscht. Der entferntere Aussichtsgipfel der *Paganella,* 2125 m, mit einer Gondelbahn zu erreichen, gewährt einen hervorragenden Überblick und dazu einen außergewöhnlichen Tiefblick in das Etschtal.

Sarntheim im Sarntal

Madonna di Campiglio, 1522 m, hat sich aus einem Bergsteigerdorf zum Luftkurort und bedeutenden Wintersportzentrum entwickelt. Vom Ort selbst ist die Brenta nicht zu sehen, sie verbirgt sich hinter dem vorgelagerten *Monte Spinale,* 2093 m, der mit einer Kabinenseilbahn zu erreichen ist. Doch wenige Kilometer talwärts eröffnet sich von der Straße ein hervorragender *Panoramablick* auf die höchsten Gipfellagen. Von den zahlreich zur Wahl stehenden Hüttentouren zeichnet sich die Wanderung zum *Rifugio Maria e Alberto ai Brentai,* 2120 m, vom Rifugio Vallesinella (bis dort Fahrweg) in 3 Stunden durch die Nähe zu den höchsten Gipfeln aus. Die nötige Ausdauer vorausgesetzt, genießt man – Alleingang wird nicht empfohlen – den Ausblick zur Cima Tosa und auf die Südabstürze der Cima Brenta. Die Überquerung des Val Brenta alta ermöglicht den Blick zum Campanile Basso, 2877 m, dem flammenartig gewundenen, berühmtesten Gipfel des Gebietes. Ein geringerer Höhenanstieg ergibt sich beim Besuch des *Rifugio Graffer,* 2250 m, von der Seilbahn-Bergstation des Monte Spinale in ca. 2 Stunden.
Über den *Campo-Carlo-Magno-Paß,* 1682 m, verläuft die winteroffene Straßenverbindung mit dem Val di Sole und weiterführend mit Bozen. Von der Paßhöhe blickt man hauptsächlich auf die nördlichen Gipfellagen der Brenta mit Cima Sassora, 2892 m, und Pietra Grande, 2936 m.

14
Unberührte Bergwelt Presanella-Adamello-Gruppe

Zu Unrecht wohl besitzt dieser Teil der Alpen in Deutschland und Österreich nicht den Bekanntheitsgrad anderer Alpengebiete. Das mag daran liegen, daß diese Region etwas abseits der Hauptverkehrswege liegt, die den Alpenraum von Nord nach Süd durchziehen. Das Landschaftsbild weist alle typischen Charakteristika alpiner Erscheinungsformen auf, bereichert durch das Hinzutreten einer südlichen Vegetation. So sind in der Presanella-Adamello-Gruppe die Hochgebirgsregionen ebenso vertreten wie ausgedehnte Wald- und Wiesenflächen, liebliche oder wildromantische Täler. Darüber hinaus begegnet man in manchen Seitentälern noch jener Ursprünglichkeit, die im Alpenraum schon relativ selten geworden ist. Wie anders wäre es sonst zu verstehen, daß hier die letzten Vorkommen des braunen Alpenbären zu verzeichnen sind – einige wenige streng geschützte Exemplare –, obwohl die Haupttäler eine dichte Besiedelung aufweisen. Auch verkehrstechnisch sind die Gebietsteile ausgezeichnet erschlossen. Klima und Wettergeschehen begünstigen die Tallagen und bieten dem Alpinisten Gewähr für Beständigkeit.

Als Grenzverlauf zu den benachbarten Gebieten werden im Norden Val di Sole, Tonalepaß, Val Camonica, Apricapaß und Valtellina gewählt. Im Osten verläuft die Trennungslinie über den Campo-Carlo-Magno-Paß, durch Valle Rendena und Valli Giudicarie. Die westliche Begrenzung stellt der Comer See dar.

Die 3556 m hohe Presanella in der nach ihr benannten nordöstlichen Gipfelgruppe und der Adamello, 3554 m, im westlichen Teil des Massivs sind die höchsten Erhebungen der Hochregion, die, vom Gletschereis geziert, als Schwerpunkt im Landschaftsbild gelten kann. Während sich die schönsten

(Fortsetzung auf Seite 326)

Zeichenerklärung auf Seite 88/89

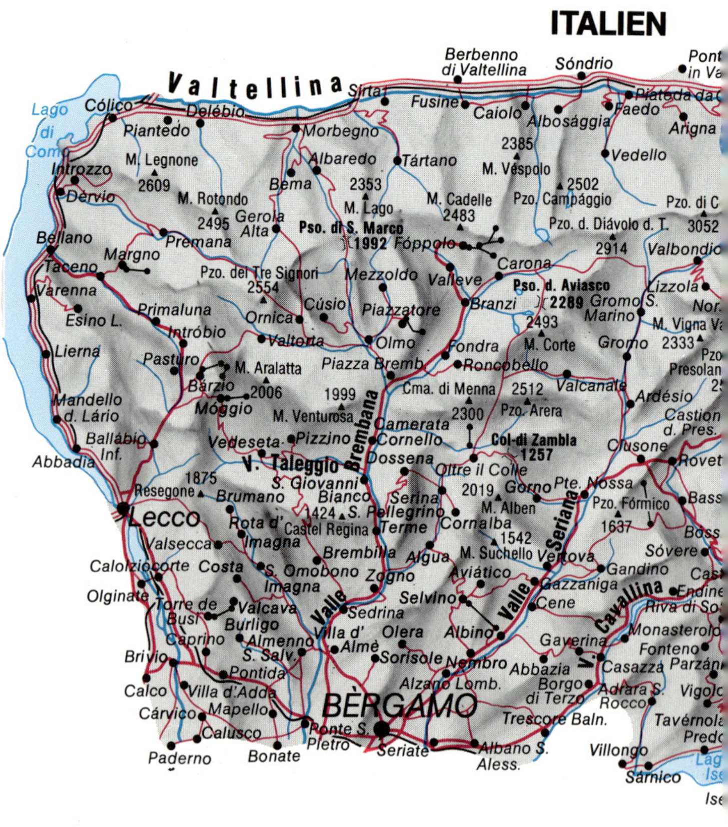

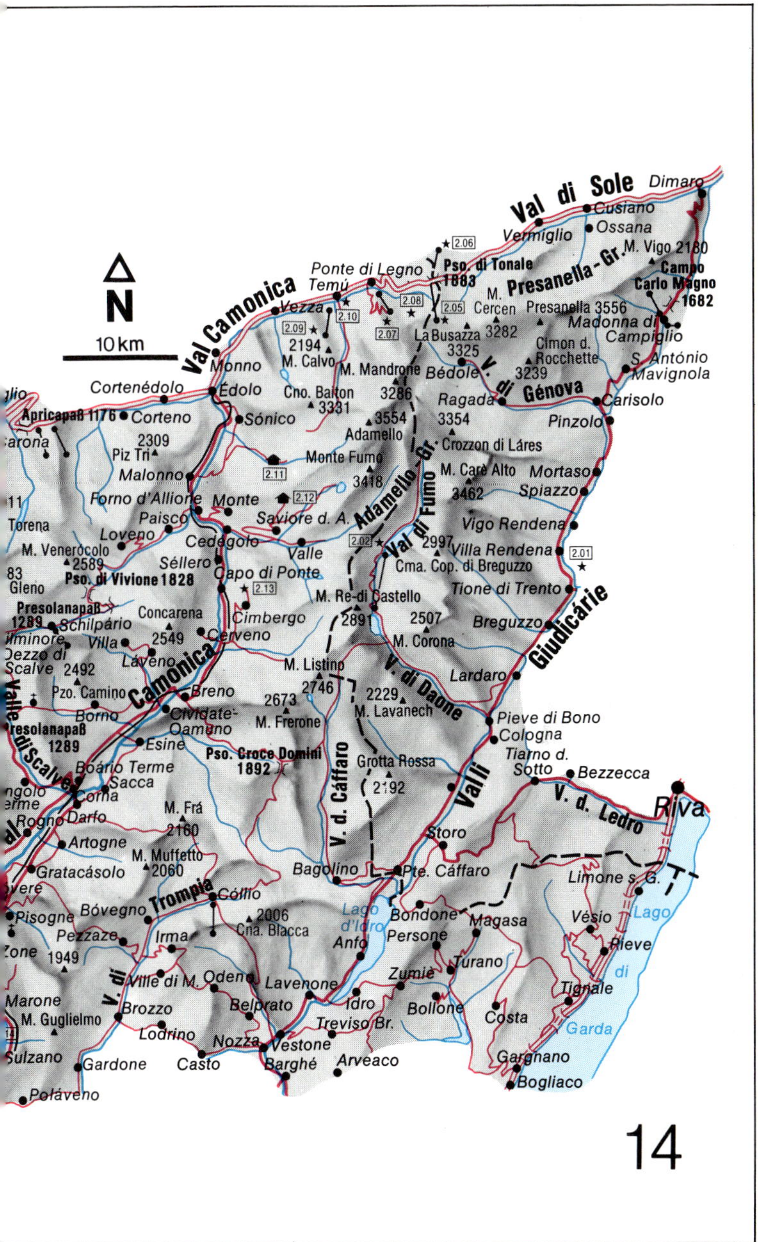
N
10 km
Val di Sole
Dimaro
Cusiano
Ossana
Vermiglio
M. Vigo 2180
Campo
Carlo Magno
1682
Pso. di Tonale
1883
2.06
Ponte di Legno
Temú
Presanella-Gr.
M. Cercen
Presanella 3556
Madonna di Campiglio
Val Camonica
Vezza
2.09
2.10
2.08
2.05
2.07
2194
M. Calvo
La Busazza
3325
3282
Cimon d. Rocchette
3239
S. António
Mavignola
Monno
M. Mandrone
3286
Bédole
V. di Génova
Ragada
Carisolo
Cortenédolo
Édolo
Cno. Baitone
3331
Aprica
Apricapaß 1176
Corteno
Sónico
3554
Adamello
3354
Pinzolo
2309
Piz Tri
Crozzon di Láres
Malonno
2.11
Monte Fumo
Adamello-Gr.
M. Carè Alto
Mortaso
3418
3462
Spiazzo
Forno d'Allione
Monte
2.12
Torena
Paisco
Saviore d. A.
Val di Fumo
Vigo Rendena
Loveno
Cedegolo
2.02
2997
Villa Rendena
2.01
M. Venerócolo
2589
Valle
Cma. Cop. di Breguzzo
Pso. di Vivione 1828
Séllero
Capo di Ponte
Gleno
2.13
Tione di Trento
Presolanapaß
1289
Concarena
M. Re di Castello
Cimbergo
2891
2507
Schilpário
Breguzzo
Giudicárie
Vilminore
Villa
2549
Cerveno
M. Corona
Dezzo di Scalve
2492
Láveno
Camonica
M. Listino
Lardaro
Pzo. Camino
2746
V. di Daone
Breno
2673
2229
Borno
M. Lavanech
Pieve di Bono
Cividate-Camuno
M. Frerone
Cologna
Valle di Scalve
Presolanapaß
1289
Esine
Pso. Croce Domini
1892
V. d. Cáffaro
Grotta Rossa
Tiarno d. Sotto
Bezzecca
Boário Terme
Sacca
2192
Valli
Angolo Terme
Corna
V. d. Ledro
Riva
M. Frá
Rogno
Darfo
2160
Storo
Artogne
M. Muffetto
2060
Gratacásolo
Bagolino
Pte. Cáffaro
Limone s. G.
Trompia
Cóllio
Lago d'Idro
Bondone
Lago
Pisogne
Bóvegno
2006
Cna. Blacca
Magasa
Vésio
Pezzaze
Irma
Anfo
Persone
Pieve
Zone
1949
Turano
di
V. di
Ville di M. Odeno
Zumiè
Tignale
Marone
Lavenone
Idro
Belprato
Bollone
M. Guglielmo
Brozzo
Costa
Garda
Treviso Br.
Lodrino
Nozza
Vestone
Sulzano
Gardone
Casto
Barghé
Arveaco
Gargnano
Bogliaco
Poláveno
14

1. Ferienorte und touristische Zentren

Val Rendena, Val di Genova, Val di Fumo, Val di Sole:

1.01 **Tione di Trento,** 565 m, Erholung, Wandern
1.02 **Creto,** 514 m, Erholung, Ausflüge
1.03 **Strembo,** 714 m, Erholung, Wandern
1.04 **Pinzolo,** 780 m, Erholung, Wandern, Hochtouren
1.05 **Male,** 730 m, Erholung, Wandern, Ausflüge
1.06 **Dimaro,** 767 m, Erholung, Wandern
1.07 **Mezzana,** 940 m, Erholung, Wandern
1.08 **Vermiglio,** 1260 m, Wandern, Bergtouren, Wintersport

Val Camonica, Seitentäler und Lago d'Iseo:

1.09 **Ponte di Legno,** 1260 m, Erholung, Wandern, Wintersport
1.10 **Temu,** 1144 m, Erholung, Wandern, Wintersport
1.11 **Vezza d'Oglio,** 1007 m, Erholung, Wandern
1.12 **Edolo,** 699 m, touristisches Zentrum, Erholung, Wandern, Ausflüge
1.13 **Sonico,** 670 m, Erholung, Wandern
1.14 **Cedegolo,** 425 m, Erholung, Wandern
1.15 **Capo di Ponte,** 362 m, Erholung, Wandern
1.16 **Breno,** 330 m, tourist. Zentrum
1.17 **Marone,** 189 m, am Lago d'Iseo, Erholung, Wandern, Baden, Wassersport
1.18 **Sulzano,** 200 m, am Lago d'Iseo, Erholung, Wandern, Ausflüge, Baden, Wassersport
1.19 **Iseo,** 198 m, Erholung, Wandern, Baden, Wassersport
1.20 **Castro,** 200 m, Erholung, Wandern, Baden, Wassersport
1.21 **Tavernola Bergamasca,** Erholung, Baden, Wassersport
1.22 **Sarnico,** 197 m, Baden, Wassersport

Bergamasker Alpen:

1.23 **Cortenedolo,** 907 m, Erholung, Wandern
1.24 **Aprica,** 1181 m, Erholung, Wandern, Wintersport
1.25 **Tresenda,** 377 m, Erholung, Wandern, Ausflüge
1.26 **Sondrio,** 310 m, städtisches Zentrum
1.27 **Morbegno,** 255 m, Erholung, Ausflüge
1.28 **Gerola Alta,** 1051 m, Erholung, Wandern, Bergtouren
1.29 **Foppolo,** 1508 m, Erholung, Wandern, Wintersport
1.30 **Valbondione,** 900 m, Erholung, Wandern

2. Besondere Ausflugsziele und Berghütten

2.01 **Monte Amolo,** 1332 m, 30 Minuten v. Fahrweg nach Larzana; Aussicht auf Carè Alto.
2.02 **Lago Malga Bissina,** 1788 m, Fahrstraße durch Val di Daone und Val di Fumo; Aussicht auf vergletscherten Talschluß, Carè Alto u. a.
2.03 **Val di Genova, Rifugio Malga Bedole,** 1700 m, Fahrstraße von Carisolo; romantisches, von Wasserfällen geprägtes Tal mit hervorragender Aussicht auf Gletscher und Gipfel der Adamellogruppe.
2.04 **Tonalepaß,** 1883 m, Paßstraße Val di Sole – Val Camonica; Wintersportzentrum, Sommerskilauf; Aussicht auf Presanellagruppe.
2.05 **Presenagletscher,** Kabinenseilbahn mit anschließendem Korblift von Tonalepaß; hochalpine Lage, Sommerski.
2.06 **Cima di Cadi,** Bergstation, 2395 m, Sessellift von Tonalepaß; Aussicht auf Presanella- und Adamellogruppe.
2.07 **Corno d'Aola,** Bergstation, 2000 m, Sessellift von Ponte di Legno, Aussicht auf Calotta, 3225 m, und auf Gipfel der Ortlergruppe.
2.08 **Valle Narcanello,** zweistündige Talwanderung; Aussicht auf vergletscherten Talschluß mit Monte Mandrone, 3286 m, und Monte dei Frati, 3283 m.
2.09 **Monte Calvo,** 2209 m, Sessellift v. Temu; Aussicht auf Adamello, 3554 m.
2.10 **Lago dell'Avio,** 1907 m, dreistündige Wanderung; Aussicht auf Adamello und hochalpinen Talschluß; weiterer Anstieg zum Rif. Garibaldi 2½ Stunden.
2.11 **Malga Premassone,** 1540 m, Fahrstraße von Sonico; landschaftlich reizvoller Talschluß am Fuße des Adamello.
2.12 **Malga Fabrezza, Val di Saviore,** 1435 m, Fahrstraße; Wanderweg zum Lago di Salarno, 2070 m, 2 Stunden; Ausblick auf hochalpinen Talschluß.
2.13 **Nationalpark Incisioni Rupestri,** mit frühgeschichtlichen Felsritzzeichnungen, Fahrstraße von Capo di Ponte.
2.14 **Montisola,** 599 m, Berginsel im Lago d'Iseo, Überfahrt von Sulzano.
2.15 **Teglio,** 898 m, Städtchen über dem Tal der Adda, Fahrstraße. Aussicht auf Bergamasker Alpen.
2.16 **Passo di Vivione,** 1828 m, Paßstraße Val Camonica – Bergamo; Aussicht auf Adamellogruppe.
2.17 **Presolanapaß,** 1289 m, Paßstraße Val Camonica – Bergamo mit prachtvoller Aussicht.

3. Die höchsten und markantesten Gipfel

Adamellogruppe:
Adamello, 3554 m, 1.23, 2.09, 2.10, 2.11
Carè Alto, 3462 m, 1.01, 2.01, 2.02
Corna Bianco, 3434 m, 2.09, 2.10
Monte Fumo, 3418 m, (2.02, 2.12)
Corno di Cavento, 3402 m, 2.02
Corno Miller, 3373 m, 2.09, 2.11, 2.12
Crozzon di Lares, 3354 m, (1.04) 2.01, 2.03
Monte Folletto, 3338 m, 2.02
Monte Mandrone, 3286 m, (1.09) 2.08
Monte dei Frati, 3283 m, 2.08
Corna di Bedole, 3278 m, 2.08
La Calotta, 3225 m, 2.07
Corno Triangolo, 3102 m, 2.12

Erläuterung Seite 87

Presanellagruppe:
Presanella, 3556 m, (1.08) 2.04, 2.06
Monte Gabbiol, 3465 m, 2.04, 2.06
Cima di Vermiglio, 3458 m, (1.08) 2.04, 2.06
La Busazza, 3325 m, 2.04, 2.06
Monte Cercen, 3282 m, 2.03, 2.04, 2.06
Cima di Scarpaco, 3254 m, 2.04, 2.06
Cimon d. Rocchette, 3239 m, 2.03
Cima Palu, 3017 m, 1.08

Bergamasker Alpen:
Pizzo di Coca, 3052 m, 1.30, 2.15, 2.16
Pizzo di Diavolo (Tenda), 2914 m, 1.30
Monte Legnone, 2609 m, 1.27, Comer See
Pizzo dei Tre Signori, 2554 m, 1.27, 1.28
Monte Gleno, 2883 m, 1.30, 2.16
Corna di Concarena, 2549 m, 1.16
Pizzo Badile, 2435 m, 1.16
Monte Guglielmo, 1949 m, 1.17, 1.20, 1.21

Naturparks, Wildgehege und Naturschutzgebiete in Österreich

Naturpark Ötscher – Tormäuer
Niederösterreich.
Größe: 90 km².
Lage: Zwischen Ötscher und den vorgelagerten Bergen, 15 km südlich von Scheibbs bei Gaming.
Größtes im Naturzustand erhaltenes Wildwassergebiet Österreichs; Treffling- u. Hundsbachfall, Kerschbaumtropfsteinhöhle, Toreck-Klause. Rehe, Gemsen, Fischotter, Steinadler, Auerhahn, Birk- u. Haselhuhn. Naturlehrpfad.

Naturpark Schwarzau im Gebirge
Niederösterreich.
Größe: 180000 m².
Lage: Westlich des Schneebergmassivs, 30 km von Gloggnitz.
Höhlen und Karstquellen; seltene Falter, Steinadler, Gemsengehege; Alpinum.

Naturpark Untersberg
Salzburg.
Größe: ca. 27 km².
Lage: Ca. 12 km südlich von Salzburg.
Wildgehege mit Rothirschen, Mufflons, Damwild. Gondelseilbahn v. Grödig zum Geiereck.

Wulfenia-Schongebiet bei Hermagor
Kärnten.
Größe: Mehrere Standorte mit ca. 65000 m² in einem Gebiet von 10 km² Ausdehnung.
Lage: Bei Hermagor im Gailtal, Zufahrt über Naßfeldstraße.
Einziges Vorkommen in Mittel- u. Westeuropa. Blütezeit im Juni.

Gelbe Alpenrose (Wunderblume von Lendorf)
Kärnten.
Einziger Standort in Mittel- u. Westeuropa.
Lage: Nahe Lendorf, auf halbem Weg zwischen Möllbrücke und Spittal a. d. Drau.
Blütezeit etwa Mitte bis Ende Mai.

Ahornböden im Karwendel
Tirol.
Größe: Teil des 720 km² großen Naturschutzgebietes Karwendel.
Zufahrt über Vorder- u. Hinterriß (Mautstraße).
Etwa 400–500 Jahre alte Ahornbestände in 1100–1400 m Höhe.

Cumberland-Wildpark Grünau im Almtal
Oberösterreich.
Größe: 550000 m².
Lage: 8 km südlich von Grünau im Almtal.
Einheimische Tiere von mehr als 60 Arten in Gehegen: Fuchs, Dachs, Wolf, Luchs, Bär, Schalenwild, Wald-, Raub- u. Wasservögel, Fischotter, Biber u. a.

Wildpark Mautern
Steiermark.
Größe: 550000 m².
Lage: Bei Mautern, Bundesstr. Salzburg–Graz.
Gehege mit Rot- u. Damhirschen, Hochlandrindern aus Schottland, Bergponys. Sondergehege mit Davidshirschen aus China. Über 100 Tiere von 7 Wildarten sind von Wanderwegen aus zu beobachten.

Wildpark Aurach
Tirol.
Größe: 500000 m².
Lage: 7 km nördlich von Kitzbühel.
Gehege mit Damhirschen, Rotwild, Füchsen, Wildschweinen, Alpensteinböcken, Murmeltieren, Zebus, Jaks aus Tibet, Wasserwild.

Wildpark Rosegg
Kärnten.
Größe: 350000 m².
Lage: 10 km südl. v. Velden am Wörther See.
Wildschweine, Dam- u. Rotwild, Bisons aus USA, Muntjaks a. d. Mandschurei, Mufflons aus Sardinien, Rehe aus Sibirien. Stelzvogelwiese.

Wildpark Jagdhof Schloß Fuschl
Salzburg.
Größe: 180000 m².
Lage: 20 km v. Salzburg Richtg. St. Gilgen.
Gehege mit Rot- u. Damwild, Mufflons und Steinwild. Jagdmuseum im Jagdhof.

Wildpark Hochkreut
Oberösterreich.
Größe: 140000 m².
Lage: Zwischen Attersee und Traunsee, Zufahrt von Steinbach und Altmünster.
Rotwild, Dam- u. Steinwild, Wisente, Mufflons u. a. in großräumigen Wildgattern.

Wildpark Feldkirch
Vorarlberg.
Größe: 90000 m².
Lage: Unmittelbar über dem Stadtzentrum von Feldkirch auf dem Ardetzenberg.
Gehege mit vielerlei Alpentieren und Wildbestand.

Erläuterung Seite 87

Ausblicke zu den Gipfeln der Presanella und ihren Gletscherströmen von der Tonale-Paß-Straße eröffnen, empfiehlt sich für die Adamellogruppe der Besuch des Genovatales. Erste Eindrücke von der Großartigkeit dieser Gebirgsgruppe gewinnt man schon vom Rendenatal aus, dort ragt bei Tione der formschöne Carè Alto, 3462 m, über die bewaldeten Hänge auf. Von der in Kehren nach Madonna di Campiglio ansteigenden Straße nimmt man Einblick in die Eisflächen des Laresgletschers, der vom Carè Alto links und dem Crozzon di Lares rechts flankiert wird. Auf einer zunächst gut ausgebauten, dann etwas schmaleren Straße kann man das Genovatal bis zum Rifugio Bedole in 1700 m Höhe durchfahren und zum großartigen Talschluß am Fuße der Gletscherströme Vedretta del Mandrone und Vedretta della Lobbia gelangen. Einen Eindruck von der Größe des Adamello-Hauptgipfels erhält man vom Rifugio Garibaldi, einer Berghütte, die vom Lago dell'Avio im Aviotal in ausgedehnter Bergwanderung zu erreichen ist. Das stille Seitental mündet bei Temu in das Val Camonica. Der Presenagletscher ist vom Tonalepaß aus durch Kabinenseilbahn und Korblift erschlossen und ermöglicht den Sommerskilauf in 2700–3000 m Höhe. Als sonnenbeschienenes, liebliches Tal erweist sich, wie es der Name bekundet, das Val di Sole, zwischen Ortlergruppe und Presanella gelegen und sich dem Tonalepaß in östlicher Richtung anschließend. Die landschaftlich reizvollen Seitentäler Valle di Rabbi und Valle di Peio werden an anderer Stelle Erwähnung finden. Westlich des Tonalepasses beginnt das Camonicatal, das, vom Oglio durchflossen, sich ab Edolo in südlicher Richtung dem Lago d'Iseo zuwendet. Trotz zunehmender Industrialisierung gehört der Iseosee zu den lieblichsten italienischen Alpenseen. Aus seiner Mitte ragt der 3 km lange, mit dichten Kastanienwäldern bestandene Inselberg (Montisola, 599 m) auf. Vom nördlichen Ufer, wo um die Mittagszeit wie am Gardasee die Ora weht, blickt man bei klaren Sichtverhältnissen auf die Gipfel der Adamellogruppe. Die am Ostufer entlanggeführte Straße verläuft ab Iseo ziemlich geradlinig nach Brescia am südlichen Alpenrand. Die Straßenverbindung des Sees mit Bergamo verläßt schon nach wenigen Kilometern das Westufer.

Die Haupttäler der Bergamasker Alpen nehmen von den Alpi Orobie südlich des Valtellina ihren Ausgang und verlaufen stark verzweigt in südlicher Richtung, um sich bei Bergamo fast zu vereinigen. Die Höhe ihrer Berge nimmt deutlich ab, je mehr man sich der Ebene und der Stadt Bergamo nähert.

Die Straßenverbindung zwischen Val Camonica und Valtellina verläuft über die nur 1176 m hohe Einsattelung des Apricapasses. Dennoch muß im Abstieg nach Tresenda in zahlreichen Kehren der beträchtliche Höhenunterschied von 800 m überwunden werden.

Die Geschichte dieser Region, soweit sie die südlichen Gebietsteile betrifft, ist eng mit derjenigen Norditaliens verknüpft. So war Brescia als Colonia Augusta Civia schon zur Zeit des Augustus römische Kolonie. Bergamo, einst gallische Siedlung, wurde bereits 200 v. Chr. als römisches Municipium Bergomum erwähnt. Beide Städte waren im Mittelalter Mitglied des lombardischen Städtebundes. Baudenkmäler in den Zentren des Val Camonica und im Valtellina zeugen von geschichtlicher Bedeutung, die hier im einzelnen nicht angesprochen werden kann.

Geologie. Von Bedeutung ist diese Region auch aus geologischer Sicht. Die Gneiszone, die sich über die Alpi Orobie erstreckt, ist im Osten vom spätalpidischen Adamello-Pluton durchbrochen. So besteht die Adamello-Presanella-Gruppe aus Tonalitgestein, dessen Textur in den Randgebieten eingeregelt erscheint. In den Bergamasker Alpen, die sich den Alpi

Busazza vom Tonale-Paß ▷

Orobie südlich anschließen, sind verbreitet klastische Sedimente des Perm, aber auch Sedimente aus der Trias anzutreffen. Die südliche Randzone besteht zum Teil aus tertiärer Molasse. Das gesamte Gebiet der Bergamasker Alpen ist deutlich von Überschiebungen und Aufschiebungen bei zum Teil recht erheblichen Transportweiten durchzogen.

Das Wettergeschehen dieser Region zeigt sich in den Sommermonaten zumeist recht beständig. Während zu dieser Zeit in den Gebieten nördlich der Alpen ausgesprochene Westwetterlagen vorherrschen, kann man am südlichen Alpenrand mit längeren Schönwetterperioden rechnen. Bei von südlichen Winden begleitetem Schlechtwetter hingegen werden gelegentlich erhebliche Niederschlagsmengen in kurzen Zeitabständen gemessen, die in den Sammelbecken der Täler zu Überschwemmungen führen können. Doch sind solche Unwetter selten. Dagegen können lokale Gewitter unter Umständen stärker ausgeprägt sein.

Klimatisch sind alle Gebiete dieser Region bevorzugt, ausgenommen die Hochregionen über der sommerlichen Schneegrenze. Im Hochsommer sind mittlere Tallagen dem südlichen Alpenrand vorzuziehen. Die Durchschnittstemperaturen entsprechen in etwa den in Trento gemessenen, wobei die Minimalwerte im Januar bei −2° C, die Maxima im Juli und August bei 28° C liegen.

Das Pflanzenwachstum orientiert sich in den mittleren bis tiefen Tallagen an den Merkmalen südlicher Vegetation. Bei den Gehölzen nimmt die Edelkastanie einen besonderen Rang ein. In den südlichen Tälern und Randgebieten ist der Weinanbau verbreitet. Ölbaum und Zypressen sind vielerorts anzutreffen. Zu den Alpenblumen gesellen sich Arten, die im Mittelmeerraum heimisch sind. Die Baumgrenze liegt im Durchschnitt in 2200 m Seehöhe, kann jedoch stark variieren.

Tiere. Abgesehen von den letzten Vorkommen des Alpenbären im Gebiet der Presanella-Adamello-Gruppe, vorzugsweise in den abgelegenen Höhen des Genovatales, sind Besonderheiten im Tierbestand nicht zu erwähnen. Es ist unwahrscheinlich, bei ei-

Presanella-Adamello-Gruppe

nem Ausflug eines der letzten Exemplare dieses scheuen Braunbären zu Gesicht zu bekommen.

Presanella-Adamello-Gruppe – Val Rendena, Val di Genova, Val di Fumo, Val di Sole

Nirgends wird der Kontrast alpiner Erscheinungsformen deutlicher erkennbar als in der Grenzzone der Adamello-Presanella-Gruppe zu den benachbarten Regionen. Markiert der Tonalepaß nur eine unwesentliche Unterbrechung des hochalpinen Landschaftsbildes der Ortlergruppe, das jenseits der Einsattelung in der Presanellagruppe seine Fortsetzung findet, so formieren sich die bizarren Felstürme der Brentagruppe zu einer gänzlich andersgearteten Dominanten. Nicht minder gegensätzlich erscheint das subtropische Pflanzenkleid mediterraner Klimaeinflüsse in den tiefen Tallagen zu den Eisflanken der hohen Gipfel. Das Tal des Oglio, Val Camonica, begrenzt das Gebiet nach Westen; im Südosten markieren die Judikarien, Valli Giudicarie, und das Rendenatal zugleich eine geologische Trennungslinie.

Noch bevor man, von Osten kommend, den Hauptort **Tione di Trento,** 565 m, Sommerfrische und Touristenstandort, erreicht, erscheint über der Mündung des Rendenatales als eisgeschmückter Eckpfeiler der Carè Alto, 3462 m, im Blickfeld, in der Form einem ruhenden Adler mit halbausgebreiteten Schwingen ähnlich.

Ein besserer Ausblick zu diesem südlichen Gipfel der Adamellogruppe eröffnet sich vom *Monte Amolo,* 1332 m, der in knapp 30 Minuten zu erreichen ist, wenn man den Aufstieg durch die Anfahrt auf dem nach Larzana, 1004 m, führenden Fahrweg verkürzt.

Südlich Tione zweigt von der Verkehrsverbindung nach Brescia bei *Creto,* 514 m, eine Asphaltstraße in das Val di Daone ab, das bis zum Stausee *Lago Malga Bissina,* 1788 m, im Val di Fumo zu durchfahren ist. Bereits vom Seeufer aus eröffnet sich ein hervorragender Ausblick zum Talschluß, über dem unter anderen seitlich der Carè Alto aufragt; Gletscher zieren die östlichen Steilhänge.

Im **Val Rendena,** das sich westlich der

Presanella

Adamellogruppe erstreckt, ist nur an einigen Stellen ein Ausblick zu hohen Gipfeln möglich. Reizende Orte in dem von bewaldeten Hängen gesäumten Talgrund laden zu längerem Aufenthalt ein, so *Strembo,* 714 m, oder *Pinzolo,* 780 m. Pinzolo ist neben *Carisolo,* 808 m – am Straßenabzweig –, als Standort für Touren in das Genovatal besonders geeignet.

Das stille **Val di Genova** besitzt den Reiz einer unberührten Landschaft, die sich bis zu den Gletscherregionen erstreckt. Rauschende Wasserfälle markieren Streckenabschnitte der Talstraße, die bis zu den Cascate di Nardis gut befahrbar, im weiteren Verlauf, am *Rifugio Malga Bedole* in 1700 m Höhe endend, schmal und steil ist. Der Talschluß, gerahmt von den Gletscherströmen Vedretta del Mandrone und Vedretta della Lobbia sowie hohen Gipfeln der Adamello- wie der Presanellagruppe, vermittelt das Erlebnis eines prächtigen, hochalpinen Landschaftsbildes. Einem besonders glücklichen Zufall wäre es zu verdanken, sollte ein Besucher des Val di Genova einen der seltenen und äußerst scheuen Braunbären zu Gesicht bekommen – immerhin sind es die wenigen freilebenden und streng geschützten Exemplare dieser Tierart im gesamten Alpenraum.

Ein hervorragender Ausblick auf den Laresgletscher mit seinem Gipfelkranz vom Carè Alto bis zum Crozzon di Lares, 3354 m, eröffnet sich nach wenigen km Fahrstrecke in Richtung Madonna di Campiglio (s. Brentagruppe) von einer Straßenkehre aus. Über den *Campo-Carlo-Magno-Paß,* 1682 m, verläuft, mit prachtvoller Aussicht zur Brentagruppe, die Straßenverbindung zum Val di Sole.

Der Hauptort des breiten, sonnigen, vom Noce durchflossenen Tales ist **Male,** 730 m. Die Gebietsbezeichnung Commezzadura bezieht sich auf jenen Teil des Val di Sole, der von den Orten *Mezzana,* 940 m, im Westen und *Dimaro,* 767 m, im Osten begrenzt wird. Bei Custiano zweigt eine Straße in das Valle di Peio ab, das im Zusammenhang mit der Ortlergruppe Erwähnung findet. Die obere Talstufe des Val di Sole wird auch **Val Vermiglio** genannt, nach der Gemeinde gleichen Namens, die aus den Ortsteilen Cortina, Fraviano und Pizzano, 1260 m, besteht. Von der Steigungsstrecke zum *Tonalepaß,* 1883 m, eröffnen sich immer wieder

Adamello vom Vivionepaß

Valcamonica gegen Concarena

Ausblicke zu den gletschergezierten Gipfeln der Presanellagruppe. Von einem talseitig angelegten kleinen Parkplatz blickt man zum 3556 m hoch aufragenden Presanella-Hauptgipfel. Die Paßhöhe, zum Wintersportgebiet ausgebaut, ermöglicht eine schöne Aussicht auf die Presanellagruppe sowie eine Wanderung zum *Presenagletscher,* der als Sommerskigebiet auch mit Kabinenseilbahn und anschließendem Korblift erreicht werden kann. Darüber hinaus lohnt die Fahrt mit dem Sessellift zur Cima di Cadi (Bergstation, 2395 m). Das Blickfeld zu den vergletscherten Hochregionen reicht von der Adamellogruppe über dem Pisganagletscher bis zum Presanellagipfel, 3556 m.

Val Camonica, Seitentäler und Lago d'Iseo

Die vom Oglio durchflossene Tallandschaft Val Camonica erstreckt sich, vom Tonalepaß im Nordosten ausgehend und die Adamellogruppe in weitem Bogen umziehend, bis zum Lago d'Iseo am südlichen Alpenrand. Schon von einigen Kehren der Tonalepaßstraße eröffnen sich schöne Ausblicke zu hohen Gipfeln der Adamellogruppe und, rückblickend, zur Presanellagruppe.

Ponte di Legno, 1260 m, ist der höchstgelegene Ferien- und Wintersportort im breiten Tal. Der Sessellift zum *Corno d'Aola* (Bergstation, 2000 m) erschließt einen Aussichtspunkt, der freien Blick zur Calotta, 3225 m, vor allem aber zu fernen Gipfeln der Ortlergruppe gewährt. Noch oberhalb des Ortes befindet sich der Straßenabzweig zum in der Regel von Mitte Juni bis September offenen Gaviapaß, der im Zusammenhang mit der Ortlergruppe (s. dort) besondere Erwähnung verdient. Die Wanderung in das *Valle Narcanello* an der gegenüberliegenden Talseite bis zum Beginn des steilen Anstiegs am östlichen Hang in ca. 1750 m Höhe – 2 Stunden – ist wegen des vom Pisganagletscher geprägten und von Monte Mandrone, 3286 m, und Monte dei Frati, 3283 m, überragten Talschlusses besonders lohnend.

Wenige km talabwärts zweigt bei **Temu,** 1144 m, eine Fahrstraße als Aus-

Carè Alto bei Tione

Laresgletscher vom Valle di Campiglio

gangspunkt für zwei empfehlenswerte Unternehmungen ab. Der Sessellift zum *Monte Calvo,* 2209 m, erschließt ein gipfelnahes Hochplateau mit hervorragender Aussicht zum Adamello-Hauptgipfel, 3554 m, am Ende des Valle dell'Avio, das sich vom Straßenabzweig in 3 Stunden bis zum *Lago dell'Avio,* 1907 m, und weiter bis zum Lago Benedetto bequem durchwandern läßt.

Von Temu aus dem Flußlauf folgend wird über *Vezza d'Oglio,* 1007 m, Hauptort im oberen Val Camonica, das Städtchen **Edolo** am Fuße des Monte Aviolo, 2881 m, erreicht. In westlicher Richtung zweigt hier die Straße über den 1181 m hohen Apricapaß ab, die Val Camonica und Valtellina miteinander verbindet. Vom östlichen Streckenabschnitt bieten sich gelegentlich eindrucksvolle Rückblikke zum Adamello. Wenige km südlich von Edolo beginnt, bei *Sonico,* 670 m, abzweigend, eine Fahrstraße, die sich zunächst an den östlichen Hängen emporwindet, um dann in ein bewaldetes Seitental einzutreten und bei *Malga Premassone,* 1540 m, zu enden. Der Talschluß wird u. a. vom Adamello überragt. Auch weiter südlich, bei *Cedegolo,* 425 m, bietet sich noch einmal die Möglichkeit, zu den Hochregionen der Adamellogruppe vorzudringen. Im besiedelten Seitental Val di Saviore zweigt eine Fahrstraße zur *Malga Fabrezza,* 1435 m, ab, die als Ausgangspunkt für die zweistündige Wanderung zur Seengruppe des Lago di Salarno, 2070 m, in einem von hohen Gipfeln gerahmten Talschluß, dienen mag. Die Wanderung zum Adame-Hochtal ist mit größerem Zeitaufwand verbunden, da man zunächst die Talenge unterhalb der Malga Adame durchschreiten muß, um einen Ausblick zum vergletscherten Talschluß und zum Gipfel des Monte Fumo, 3418 m, zu gewinnen.

Der Nationalpark *Incisioni Rupestri* mit Tausenden von Felsritzzeichnungen aus der Bronze- und Eisenzeit (1800–200 v. Chr.), ist auf einem schmalen Zufahrtssträßchen zu erreichen, das bei *Capo di Ponte,* 362 m, abzweigt.

Breno, 330 m, mit einer Burgruine und den sehenswerten Kirchen S. Salvatore und S. Antonio, ist der Hauptort im unteren Val Camonica. Die markanten Berggipfel Pizzo Badile, 2435 m, und Corna di Concarena, 2549 m, prägen das Landschaftsbild der Umgebung. Bei *Corna,* 222 m, gabelt sich die Straße. Die östliche Verkehrsverbindung führt über Darfo und Pisogne am Ostufer des Lago d'Iseo nach Brescia, der westlichen Talseite folgend gelangt man über Lovere nach Bergamo.

Trotz zunehmender Industrialisierung in verschiedenen Orten bleibt der **Lago d'Iseo** einer der lieblichsten italienischen Alpenseen. An der Nordseite blickt man bei günstigen Sichtverhältnissen auf die Adamellogruppe, deren eisbedeckte Gipfelregionen sich kontrastierend aus der vordergründigen Szenerie herauslösen. In der Mitte des Sees ragt die steile Montisola, 599 m, ein 3 km langer Inselberg, auf. Das Ostufer wird vom 1949 m hohen Monte Guglielmo überragt. Die wichtigsten Orte dieser Seeseite sind *Pisogne,* 199 m, Marone, 189 m, *Sulzano,* 200 m – Überfahrt zur Montisola – und *Iseo,* 198 m, mit einer Scaligerburg. Am Westufer liegen die Orte *Lovere,* 200 m, Industrieort mit Straßenabzweig nach Bergamo, *Castro,* 200 m, *Tavernola Bergamasca,* nach Bergrutsch im Jahre 1906 wieder aufgebaut, und *Sarnico,* 197 m.

Bergamasker Alpen

Die Bergamasker Alpen gipfeln in dem Gebirgszug südlich des Valtellina und des Apricapasses, der sich vom Comer See im Westen bis zum Val Camonica im Osten erstreckt, im Pizzo di Coca 3052 m Höhe erreicht und mit seinen Ausläufern die nach Süden gerichteten Tallagen von Valle Brembana und Valle Seriana flankiert.

Von Edolo im Osten ausgehend, steigt die Straße zum Apricapaß über *Corte-*

Castell Poggio gegen Castellaccio ▷

nedolo, 907 m, und mehrere kleine Orte allmählich nach *Aprica,* 1181 m, an. Der Ferien- und Wintersportort markiert die Scheitelstrecke, Gondelbahnen erschließen Skipisten und Aussichtspunkte am Baradello, 1677 m, und Palabione, 1671 m. In mehreren Kehren senkt sich die Straße am bewaldeten Hang in das Tal der Adda, Valtellina, hinab und vereinigt sich bei *Tresenda,* 377 m, mit dem Verkehrsweg von Bormio und dem Stilfser Joch. Von der Fahrstraße zum Städtchen *Teglio,* 898 m, eröffnet sich eine hervorragende Aussicht

Sondrio, 310 m, ist als Provinzhauptstadt zugleich Hauptort des Veltlins. Nach Norden zweigt eine Straße in das Val Malenco ab. Weiter östlich mündet, von der Disgraziagruppe ausgehend, das Masinotal, bevor man das Städtchen *Morbegno,* 255 m, erreicht. Über eine südlich verlaufende 16 km lange Talstraße – Valle del Bitto – gelangt man zur Sommerfrische *Gerola Alta,* 1051 m, in reizvoller landschaftlicher Lage am Fuße des Pizzo dei Tre Signori, 2554 m. Der Monte Legnone, 2609 m, ist der nordwestliche Eckpfeiler der Bergasmasker Alpen.

Von **Bergamo** aus sind Valle Brembana und Valle Seriana verkehrstechnisch erschlossen. Höchstgelegener Ort ist *Foppolo,* 1508 m, Ferien- und Wintersportort mit einer Kabinenseilbahn und 3 Sesselliften, am Fuße des Monte Cadelle, 2483 m.

Valbondione, 900 m, liegt am Fuße des Pizzo di Coca, 3052 m, am Ende des Valle Seriana. Zwei Bergpässe im Osten des Gebietes, vom Val Camonica ausgehend, sind einzeln oder auch hintereinander zu befahren und verdienen als Ausflugsziele Erwähnung. Der *Passo di Vivione* zweigt unweit Cedegolo aus dem Tal des Oglio ab und steigt in dem hervorragende Aussicht u. a. zum Adamello gewährenden Streckenabschnitt bis zur Scheitelstrecke, 1828 m, kräftig an. Die Paßstraße ist in der Regel von Juni bis Oktober zu befahren. Bei Dezzo mündet sie in die Verkehrsverbindung über den ganzjährig offenen *Presolanapaß,* 1289 m, ein. Die Aussicht von dieser bei Corna ebenfalls in das Val Camonica einmündenden Paßstraße erstreckt sich auf die Gipfel der Südlichen Kalkalpen, die weithin das Landschaftsbild prägen.

Ponte di Legno im Val Camonica

15

Der Ortler
Vom Vintschgau zum Val di Sole

Die Landschaft dieser Region gehört zweifellos zu den eindrucksvollsten im gesamten Ostalpenraum. Verschwenderisch gibt sich hier die Natur bei der Verbreitung von Anmut und Schönheit. Von der fruchtbaren, klimatisch begünstigten Niederung bis zu den Gletscherregionen sind alle Zonen alpiner Höhenstufung anzutreffen.
Nirgends sonst wird der Übergang zwischen hochsommerlicher Wärme im Tal, frühlingshafter oder auch herbstlicher Frische an den Hängen und der ungebrochenen Kraft des Winters in den Gipfellagen so deutlich erkennbar wie hier.
Die Siedlungsgebiete dieser Region sind überwiegend von Südtiroler Brauchtum, Lebensgewohnheiten und besonderer Gastlichkeit geprägt.
Die hochalpine Szene wird vom Ortler beherrscht, dem höchsten unter der Vielzahl eisbedeckter Gipfel, der mit 3902 m nahe an die Viertausendmetermarke heranreicht. Auch die formschöne Königsspitze (Gran Zebru) weist mit 3859 m eine beachtliche Höhe auf und überragt damit deutlich alle Gipfel des Alpenhauptkammes im Gebiet der Ostalpen. Zwischen die Hochregionen der Ötztaler Alpen im Norden und das Ortlermassiv im Süden eingebettet, erstreckt sich das obere Etschtal, der Vintschgau, von Meran bis zum Reschenpaß. Das Landschaftsbild des breiten Tales ist ausgesprochen lieblich zu nennen. Noch in den Lagen über 900 m Seehöhe gedeihen Obstbäume.
Die zu den Ötztaler Gipfeln ansteigenden nördlichen Seitentäler wurden schon an anderer Stelle ausführlich beschrieben.
Bei Lana, südlich von Meran, zweigt das dicht besiedelte Ultental ab und wendet sich in südwestlicher Richtung den östlichen Ausläufern der Ortlergruppe zu. St. Gertraud, im Talschluß

(Fortsetzung auf Seite 340)

Zeichenerklärung auf Seite 88/89

2.01
Tirol
Partschins
Merano/
Meran
2.02
Naturno/
Naturns
Ciárdes/
Tschars
Plaus
Marling
Córzes/
Kortsch
Castelbello/
Kastelbell
Silandro/
Schlanders
Etsch
Tabla/
Tabland
St. Vigil
Cermes/Tscherms
Lana
Láces/Latsch
Val Venosta/
Vinschgau
Morter
Martell
Martello/Gand
Nazionale
St. Maria
Val Martello/Martelltal
Il Gran Ladro/
Hoher Dieb
2728
St. Walburg
S. Pancrázio/
St. Pankraz
Tésimo/
Tisens
Val d'Ultimo/Ultental
Bagni di mezzo/
Mitterbad
L'Orécchia/
Hasenöhrl 3256
Valsura
S. Nicolò/
St. Nikolaus
Senale
Le Palade/
Gampenjoch 1518
Hochwart 2626
S. Felice/
St. Felix
2.03
2.04
St. Gertraud
Ortler
3438
Zufrittspitze
Provés
Lauregno/
Laurein
Dovena
Mocenigo
Fondo
Marcena
Cloz
Cevedale
2.17
Cma. Tuatti 2699
ITALIEN
2.19
Brésimo
Preghena
Bagni di Rabbi
Cma. Lac
2431
Bozzana
Revo
S. Bernardo
L. d.
Giust.
Caldes
Cma. Vegáia
2890
Cma. Mezzana
2845
Malé
Noce
Cusiano
Dimaro
Ossano
Vermiglio
Val di Sole
15

1. Ferienorte und touristische Zentren

Ortlergruppe, Vintschgau und Seitentäler:

1.01 **Meran (Merano),** 320 m, internat. Heilbad, Kur, Wandern, Stadtbesichtigung
1.02 **Tirol (Tirolo),** 596 m, Kur, Wandern
1.03 **Lana,** 330 m, Erholung, Wandern
1.04 **St. Pankraz,** 736 m, Erholung, Wandern
1.05 **St. Walburg (S. Valburga),** 1131 m, mit Blick auf Talschluß, Erholung, Wandern
1.06 **St. Gertraud (S. Geltrude),** 1512 m, Erholung, Wandern, Wintersport
1.07 **Partschins (Parcines),** 626 m, Erholung, Wandern
1.08 **Naturns (Naturno),** 540 m, Erholung, Wandern, Ausflüge, (St. Prokulus)
1.09 **Kastelbell (Castelbello),** 600 m, Erholung, Wandern, Ausflüge
1.10 **Latsch (Laces),** 639 m, Erholung, Wandern, Ausflüge
1.11 **Morter,** ca. 720 m, Erholung, Wandern, Ausflüge
1.12 **Martell (Martello), Gand,** 1200–1500 m, Erholung, Wandern, Wintersport
1.13 **Schlanders (Silandro),** 721 m, Erholung, Wandern
1.14 **Laas (Lasa),** 870 m, Wandern, Ausflüge
1.15 **Prad (Prato allo Stelvio),** 920 m, Erholung, Wandern
1.16 **Stilfs (Stelvio),** 1311 m, Erholung, Wandern, Naturpark
1.17 **Sulden (Solda),** 1906 m, Erholung, Wandern, Hochtouren, Wintersport
1.18 **Trafoi,** 1543 m, Erholung, Wandern, Hochtouren, Wintersport
1.19 **Schluderns (Sluderno),** 921 m, mit Churburg, Erholung, Wandern, Ausflüge
1.20 **Glurns (Glorenza),** 920 m, mit Stadtbefestigung, Erholung, Wandern
1.21 **Tartsch (Tarces),** 1030 m, Wandern
1.22 **Mals (Malles),** 1045 m, Erholung, Wandern, (Ortsbild, St. Benedikt)
1.23 **St. Valentin a. d. Haide (S. Valentino alla Muta),** 1470 m, Erholung, Wandern, Wintersport
1.24 **Graun (Curon),** 1500 m, Erholung, Wandern, Ausflüge
1.25 **Reschen (Resia),** 1497 m, Erholung, Wandern, Wintersport

Val di Rabbi, Valle di Peio:

1.26 **Rabbi – S. Bernardo,** 1222 m, Kur, Wandern, Hochtouren
1.27 **Peio,** 1400–1600 m, Kur, Wandern, Hochtouren, Wintersport

Valtellina und Gaviapaß:

1.28 **Bormio,** 1217 m, Kur, Wandern, Wintersport
1.29 **Santa Caterina Valfurva,** 1737 m, Erholung, Wandern, Wintersport
1.30 **Sondalo,** 899 m, Kur, Spaziergänge, Ausflüge
1.31 **Grosio,** 661 m, Wandern, Ausflüge
1.32 **Tirano,** 429 m, tourist. Zentrum, Wandern, Ausflüge

2. Besondere Ausflugsziele und Berghütten

Ortlergruppe, Vintschgau und Seitentäler:

2.01 **Hochmuter,** 1300 m, Kabinenseilbahn v. Dorf Tirol, Aussicht auf Gipfel der Ortlergruppe und in das Meraner Becken.
2.02 **St. Kathrein** bei Hafling, 1235 m, Kabinenseilbahn von Meran, Aussicht auf Gipfel der Ötztaler Alpen und der Ortlergruppe.
2.03 **Hotel Enzian,** 1850 m, im Ultental. Fahrweg von St. Gertraud; landschaftlich reizvoller Talschluß.
2.04 **Grünseehütte,** 2504 m, 2½ Stunden von Hotel Enzian (2.03), hochalpine Lage mit Aussicht auf Eggen- und Zufrittspitze.
2.05 **Enzianhütte,** (Martelltal), 2020 m, Fahrstraße; schöne landschaftliche Lage, Ausgangspunkt für Wanderungen.
2.06 **Zufallhütte,** 2264 m, 1 Stunde von Enzianhütte (2.05); in der Umgebung Aussicht auf Zufallspitzen, Zufrittspitze u. a.
2.07 **Schaubachhütte,** 2573 m, Kabinenseilbahn von Sulden oder 2½ Stunden zu Fuß; großartige landsch. Lage mit hervorragender Aussicht z. d. Hochregionen.
2.08 **Rifugio K 2,** 2330 m, Sessellift von St. Gertraud (Sulden); Aussicht auf Ortler und Ende-der-Welt-Ferner.
2.09 **Furkelhütte,** 2250 m, Korblift von Trafoi; großartige Aussicht auf Ortler und Talschluß.
2.10 **Stilfser Joch,** 2757 m, Paßstraße Vintschgau – Bormio; hervorragende hochalpine Lage m. großartiger Aussicht; Sommerski.
2.11 **Dreisprachenspitze,** 2838 m, 20 Minuten v. Stilfser Joch; großartige Aussicht auf Gipfel der Ortlergruppe, Umbrail u. a.
2.12 **Monte-Livrio-Hütte,** 3174 m, Korblift und anschließende Kabinenseilbahn von Stilfser Joch; hervorragende Aussicht in Gletscherlage.
2.13 **Tartscher Bichl,** 1077 m, wenige Gehminuten v. Tartsch; hervorragender Rundblick.
2.14 **Burgeis (Burgusio),** 1216 m, mit Fürstenburg und Kloster Marienberg, Fahrstraße; Besichtigung.
2.15 **Haideralm,** 2120 m, Gondelbahn von St. Valentin a. d. Haide; Ausblick auf Ortler, Sesvenna, Ötztaler Alpen.
2.16 **Reschenpaß,** 1510 m, Hauptverkehrsweg und ganzjährig befahrbarer Paß zwischen Inntal, Engadin und Etschtal.

Val di Rabbi und Valle di Peio:

2.17 **Rifugio Saent,** 2436 m, 5 Stunden von Rabbi; hochalpine Lage.
2.18 **Lago di Pian Palu,** ca. 1800 m, Fahrweg von Peio; landschaftlich hervorragende Lage, Aussicht u. a. auf Punta S. Matteo, 3684 m.
2.19 **Lago del Careser,** 2599 m (oder Teilstrecke), Fahrweg von Cogolo bis Malga della Mare, von dort 2½ Stunden; hervorragende

Erläuterung Seite 87

Aussicht auf Talschluß mit Monte Cevedale, 3778 m.

Valtellina und Gaviapaß:

2.20 **Cima Bianca,** 3012 m, Kabinenseilbahn von Bormio; hervorragende Aussicht auf Ortlergruppe.

2.21 **Lago Bianco,** 2609 m, unweit des Scheitelpunktes der Gaviapaßstraße, 2621 m; großartige Aussicht auf Gipfel der Ortlergruppe und der Adamellogruppe jenseits der Paßhöhe.

3. Die höchsten und markantesten Gipfel

Ortlergruppe und Ausläufer:

Ortler, 3902 m, 1.19–1.24, 2.08–2.15
Königsspitze (Gran Zebru), 3859 m, 1.16, 1.17, 2.07
Monte Cevedale, 3778 m, 1.16, 2.19
Zufallspitzen, 3764 m und 3687 m, (1.16) 2.06
Monte Zebru, 3740 m, 2.11
Palon della Mare, 3704 m, 2.19
Punta S. Matteo, 3684 m, 2.18, 2.20, 2.21
Thurwieserspitze, 3652 m, 1.18, 2.09, 2.11
Monte Vioz, 3644 m, (1.27), 2.19
Cima Taviela, 3615 m, (1.27)
Pizzo Tresero, 3602 m, 1.29
Trafoier Eiswand, 3563 m, 1.18, 2.09, 2.11
Vertainspitze, 3544 m, 1.17
Monte Mantello, 3537 m, 2.18
Punta S. Caterina, 3526 m, (1.27)
Punta Cadini, 3524 m, 1.27, 2.18
Hoher Angelus, 3520 m, (1.13), 2.13
Kristallspitze, 3480 m, 2.11, 2.12
Geisterspitze, 3465 m, 2.11, 2.12
Schildspitze, 3459 m, 2.05
Hint. Eggenspitze, 3442 m, 1.05, 2.04, 2.17
Zufrittspitze, 3438 m, 1.06, 2.04–2.06
Hint. Madatschspitze, 3432 m, 1.18, 2.09–2.12
Hohe Schneide, 3431 m, 2.11, 2.12
Tschenglser Hochwand, 3378 m, 1.20–1.24
Monte Confinale, 3370 m, 1.28, 2.20
Corno dei Tre Signori, 3359 m, 2.18,2.21
Laaser Spitze, 3304 m, (1.14)
Hasenöhrl, 3256 m, 1.06, 1.10, 1.13, 2.01, 2.02
Monte Gavia, 3223 m, 2.21
Hochwart, 2626 m, 1.04
Laugenspitze, 2433 m, 1.04

Einrichtungen für Sommerskilauf im Ostalpenraum

Österreich:

Ötztaler Alpen, Sölden
Sommerskilauf auf dem Rettenbachferner, 2800–3000 m. Zufahrt auf Mautstraße; Sessellift zum Rettenbachjoch vom Ende der Gletscherstraße.

Stubaier Alpen, Mutterbergalm
Sommerskilauf auf dem Schaufelferner, 2880–3200 m. Zufahrt bis Talstation Stubaier Gletscherbahn. Kabinenseilbahn zum Schaufelferner über Dresdner Hütte 2290 m.

Zillertaler Alpen, Hintertux
Sommerskilauf auf dem Tuxer Ferner, 2660–3250 m. Zufahrt bis Hintertux, Gondelbahn, Sessel- u. Doppelsessellift über Sommerbergalm und Spannagelhaus.

Hohe Tauern, Kaprun
Skizirkus am Kitzsteinhorn, 3203 m, auf dem Schmiedingerkees. Zufahrt mit Gletscherbahn aus dem Kapruner Tal.

Dachsteinmassiv, Ramsau
Sommerskigebiet auf dem Schladminger und Hallstätter Gletscher, 2500–2900 m. Zufahrt mit Gletscherbahn Ramsau zum Hunerkogel 2700 m.

Italien:

Dolomiten, Canazei und Malga Ciapela
Sommerskigebiet auf dem Marmoladagletscher, 2800 m. Zufahrt zum Fedaiasee und Sessellift oder zur Malga Ciapela und Kabinenseilbahn zur Marmolada.

Schnalstal (Vintschgau)
Sommerskigebiet auf dem Hochjochferner (Ötztaler Alpen), 2800 m. Zufahrt bis Gh Kurzhof im Schnalstal, von dort Kabinenseilbahn.

Adamello-Presanella-Gruppe, Tonalepaß
Sommerskigebiet auf dem Presenagletscher, 2700 m. Zufahrt zum Tonalepaß und weiter mit Kabinenseilbahn und Korblift.

Ortlergruppe, Stilfser Joch
Ausgedehntes Sommerskigelände am Stilfser Joch, 2700–3180 m. Zufahrt zum Stilfser Joch, von dort Korblift zur Naglerhütte und weiter mit Kabinenseilbahn zur Monte-Livrio-Hütte.

Schweiz:

Berninagruppe, St. Moritz und Silvaplana
Sommerskigebiet auf dem Corvatschgletscher, 3200 m. Kabinenseilbahn von Surlej bei Silvaplana.

Berninagruppe, Diavolezza bei Pontresina
Sommerskilauf an der Diavolezza, 3000 m. Kabinenseilbahn von Berninapaßstraße.

Erläuterung Seite 87

gelegen, wird von den Gipfeln der Zufrittspitze, 3438 m, der Eggenspitze, 3386 m, und anderen überragt.

Weiter westlich, bei Goldrain zwischen Latsch und Schlanders, mündet das Martelltal ins Etschtal ein, ein schmales stilles Seitental, von bewaldeten Hängen begleitet. Der Talschluß wird durch den aufgestauten Zufrittsee markiert. Cevedale, 3778 m, und Zufallspitzen, 3687 m, bilden den Hintergrund des sich dem Martelltal bergwärts anschließenden Hochtales mit der Zufallhütte, 2264 m, als Ausgangspunkt verschiedener Hochtouren.

Die Stilfser-Joch-Straße zweigt bei Spondinig aus dem Vintschgau ab und durchzieht das Trafoier Tal, um sich in vielen Kehren der hochalpin gelegenen Paßhöhe in 2757 m Höhe zuzuwenden. Die Aussicht von der zweithöchsten Alpen-Paßstraße auf die von Gletscherströmen gerahmte Gipfelwelt ist überragend. Von der Dreisprachenspitze, 2838 m, wenige Gehminuten von der Paßhöhe entfernt, oder der Monte-Livrio-Hütte, 3174 m, dem Zentrum des durch Seilbahn erschlossenen Sommerskigebietes, hat man eine noch bessere Rundsicht.

Gleichermaßen großartig ist der Talschluß bei Sulden am Fuße des Ortlers, mit dem Suldenferner, von der Königsspitze überragt.

Im Münstertal, das bei Glurns ins Etschtal mündet, verläßt man wenige Kilometer hinter Taufers italienisches Staatsgebiet. Im schweizerischen Sta. Maria zweigt die Umbrailpaßstraße ab, die sich jenseits des 2502 m hoch gelegenen Scheitelpunktes mit der Südstrecke der Stilfser-Joch-Straße verbindet.

Die Straße des oberen Vintschgaues steigt nur mäßig an, erreicht dennoch am Reschenpaß hinter dem Reschensee 1504 m Scheitelhöhe. Der Reschensee wurde bereits vor langer Zeit aufgestaut. Die ursprüngliche Lage des im See versunkenen und an den Hängen des Ostufers neuerrichteten Ortes Graun wird durch den noch heute aus der Wasserfläche aufragenden Kirchturm markiert. Reschen ist der letzte Ort auf italienischem Staatsgebiet, unmittelbar unterhalb der Paßhöhe verläuft die österreichische Grenze.

Die Straße über das 1518 m hohe Gampenjoch verbindet Meran und den unteren Vintschgau mit dem Val di Sole am Südrand der Ortlergruppe.

Ortlergruppe von Anhöhe über Mals

Die nördlichen Seitentäler dieses sich zum Tonalepaß erstreckenden breiten Tales, Val di Rabbi und Valle di Peio, führen ebenfalls zu den Gipfellagen der Ortlergruppe. Das Valle di Peio verzweigt sich in die Ursprungstäler Valle del Monte (mit Punta S. Matteo, 3684 m, und Monte Vioz, 3644 m, als aufragenden Eckpfeilern) und Val della Mare, an den Ostabhängen des Cevedale endend.

Im Westen der Ortlergruppe führen Valfurva von Norden und Valle delle Messi von Süden zu den Hochregionen. Die beiden einander gegenüberliegenden Täler sind durch die in 2621 m Höhe hinaufführende, schmale und nicht leicht zu befahrende Gaviapaßstraße miteinander verbunden. Die Straße gewährt hervorragende Ausblicke, windet sich jedoch, besonders an der Südrampe, an steilen Felshängen hoch über dem Abgrund entlang. Wie die Stilfser-Joch-Straße ist sie in der Regel nur in den Monaten Juni bis September zu befahren.

Geschichte. Die frühe Geschichte dieser Region ist durch die Bedeutung des Reschenpasses als römischer Heerstraße und wichtigem Handelsweg geprägt – Teilabschnitt der Via Claudia Augusta. Im Mittelalter wie in den nachfolgenden Epochen waren die Tallagen des oberen Vintschgaues wiederholt Kriegsschauplatz, wie es beispielsweise die Chronik von Schluderns zu berichten weiß. Um so bemerkenswerter, daß eine Fülle von Bau- und Kunstdenkmälern über viele Jahrhunderte hinweg noch heute von früher geschichtlicher Bedeutung und kultureller Blüte künden. Die St.-Prokulus-Kapelle in Naturns mit Fresken aus vorkarolingischer Zeit, die Johanneskirche in Taufers aus dem 8. Jahrhundert, Kloster Marienberg bei Burgeis mit Fresken aus dem 12. Jahrhundert als Zeugen früher christlicher Kultur, dazu die Vielzahl der Burgen entlang der Etsch, darunter vor allem Schloß Churburg mit der berühmten Rüstkammer und dem schönen Loggienhof, seien als wenige Beispiele angeführt. Die im 16. Jahrhundert entstandene und vollständig erhaltene Stadtmauer von Glurns mit ihren mächtigen Tortürmen ist ein nahezu einmaliges Dokument der Vergangenheit.

Aus geologischer Sicht sind einzelne Ergebnisse örtlicher Untersuchungen

sicherlich von Bedeutung und sollen deshalb kurz umrissen werden.
Das Ötztaler Kristallin aus Glimmerschiefer und Gneisen, das in den nördlichen Hanglagen des Vintschgaues anzutreffen ist, findet sich zunächst auch an den südlichen Hängen, weicht weit nach Osten aus und reicht bis zur Tonalelinie. In den Gipfellagen der Ortlergruppe trifft man auf Phyllit des sogenannten Vintschgauer Schiefers (mit Ausnahme des engeren Ortlergebietes, wo Triassedimente auf- und eingelagert vorherrschen). In der Umgebung des Hasenöhrl östlich des Martelltales zeichnet sich im Tonalit-Pluton eine eng begrenzte spätalpidische Intrusion ab. Der weiße Marmor bei Laas weist in den Randbezirken häufig Glimmereinlagerungen auf. In den östlichen Gebietsteilen nahe Bozen trifft man auf Quarzporphyr, der sich beiderseits des Flußlaufes der Etsch bis nach Meran erstreckt.
Mineralienfreunde, die schöne Stufen aufspüren möchten, sollten die Grenzbereiche der jeweiligen Gesteinsart bevorzugen, besonders in der Umgebung des obenerwähnten Tonalit-Plutons und der Marmorvorkommen bei Laas.

Im Wettergeschehen herrschen im allgemeinen die gleichen Voraussetzungen wie an der gesamten Südseite der Alpen. Darüber hinaus gehört der Vintschgau zu den niederschlagärmsten Gebieten im gesamten Alpenraum und ist in vielerlei Hinsicht mit dem Wallis in den Westalpen zu vergleichen. Hier wie dort wird zur Bewässerung der Anbauflächen das komplizierte System kilometerlanger Wassergräben, Waale genannt, benötigt. Der Wasserzufluß zu den verschiedenen Ländereien wird nach uralten Rechten zeitlich geregelt. Die »Waalglocke« (oder ein klopfendes akustisches Signal) verkündet, daß der Hauptzufluß nicht unterbrochen ist.
Im März, wenn der Frühling seinen Einzug in die Tallagen hält, wird der obere Vintschgau von einem mehrere Tage dauernden kalten »Sieben-Tage-Wind« durchweht, vergleichbar der Bora, die als kalter Fallwind den Jugoslawienurlaubern in der frühen Jahreszeit begegnet.
Die klimatische Begünstigung der Tallandschaft ist bei abnehmender Höhe im engeren Gebiet von Meran am deutlichsten ausgeprägt. Die frühe Obstbaumblüte lockt viele Besucher

Meran mit Zielspitze (3006 m)

an. Weltweit bekannt sind auch die Traubenkuren zur Zeit der Weinlese.

Pflanzen. Das trockene und warme Klima beeinflußt auch das Pflanzenwachstum. So sind in den Hanglagen die anspruchslosen, bei wenig Wasser gedeihenden Alpenblumen der Hochregionen vorherrschend, während in den Tallagen ein größerer Artenreichtum festzustellen ist. Im Gebiet von Graun, am Jockel, der eigentlich noch zu den Ötztaler Alpen zu rechnen ist, trifft man relativ häufig das Edelweiß an. Auch das Brändlein (Nigritella nigra), stark nach Vanille duftend, kommt als geschützte Alpenblume häufiger als andernorts in den Alpen vor. Im Gebiet des Ortlers (wo unterschiedliche Gesteine den geeigneten Untergrund bilden) sind kalkliebende Pflanzen neben kalkflüchtenden anzutreffen. Die gesamte Ortlergruppe bis hin zum Münstertal wurde zum Naturpark erklärt, und zwar nicht nur wegen der dort vorkommenden Pflanzen, mehr noch, um den Schutz der Alpentiere zu gewährleisten.

Tiere. Im Bereich der Mündung des Münstertales in das Etschtal – Taufers/Glurns – sind wiederholt Vorkommen der Aspisviper (Vipera aspis), einer nicht ungefährlichen Giftschlange, bezeugt. Diese Schlangenart flüchtet bei geringsten Zeichen der Annäherung, so daß bei Wanderungen auf geebneten Wegen eine Furcht vor Schlangenbiß unbegründet ist. Auch die Smaragdeidechse, 30–40 cm lang, ist an sonnigen Hängen des Vintschgaues anzutreffen und bietet mit ihrer deutlichen Färbung einen schönen Anblick. Darüber hinaus sind die meisten heute noch im Alpenraum vorkommenden Tierarten vertreten.

Ortlergruppe, Vintschgau und Seitentäler

Mit dem nahe an die Viertausendmetermarke heranreichenden Ortlergipfel und der Vielzahl von Dreitausendern dieser vergletscherten Hochregion südlich des Alpenhauptkammes wird das Landschaftsbild des von der Etsch durchzogenen Vintschgaues von einer primär hochalpinen Komponente geprägt. Gleichermaßen bedeutungsvoll ist jedoch auch die klimatisch

Ortlergruppe von Dreisprachenspitze (2838 m)

günstige Lage tiefer und mittlerer Talstufen, so daß sich der Kontrast jahreszeitlicher Gegensätze von den ersten Frühlingstagen bis zum späten Herbst in den einzelnen Höhenzonen deutlich verfolgen läßt. Vielfältig präsentiert diese Region nahezu alle Varianten des alpinen und mittelgebirgsähnlichen Landschaftsbildes – Obst- und Weinanbau im Meraner Becken, liebliche Wiesentäler, Wälder und romantische Talengen in den Seitentälern und stufenlos gleitenden Höhenanstieg zu den schnee- und eisbedeckten Gipfellagen. Zwei Zeitabschnitte im Ablauf eines Jahres sind für den Aufenthalt im Gebiet von Meran besonders zu bevorzugen: Obstbaumblüte und Traubenlese.

Meran (Merano), 320 m. Von den Gipfeln der Texelgruppe und anderen gekrönt, besitzt die Stadt Meran internationale Geltung als Heilbad und Kurort. Außer den Gebäuden der Laubengasse, charakteristisch für den alten Stadtkern, verdienen Passeier-, Vintschgauer und Bozener Tor, Spatzenturm, Pulverturm, Landesfürstliche Burg, Zenoburg (in privatem Besitz), Renaissancepalast, Pfarrkirche und St.-Barbara-Kapelle als Sehenswürdigkeiten besondere Erwähnung. Auch der Besuch des städtischen Museums ist bei längerem Aufenthalt zu empfehlen.

Dorf Tirol (Tirolo), 596 m, Luftkurort hoch über der Stadt auf dem Küchelberg gelegen, mit Schloß Tirol (etwas außerhalb) als besonderer Sehenswürdigkeit. Eine Kabinenseilbahn (Bergstation Hochmuter, 1300 m) erschließt einen Aussichtspunkt mit hervorragendem Blick, unter anderem auf hohe Gipfel der Ortlergruppe und in das Meraner Talbecken. Weitere stadtnahe Ausflugsziele sind *St. Kathrein* bei Hafling, 1235 m, Kabinenseilbahn, und Marlinger Berg, zu dem eine Fahrstraße ca. 5 km oberhalb Meran bei Töll abzweigt. Das Etschtal zwischen Meran und Bozen wird von der Kulturlandschaft weiter Obst- und Weinanbaugebiete bestimmt. *Andrian (Andriano),* 280 m, *Terlan (Terlano),* 248 m, mit Burg Maultasch und *Nals (Nalles),* 331 m, sind reizende Orte dieser Gegend.

Lana, 330 m, Luftkurort mit den Ortsteilen Ober-, Mitter- und Niederlana liegt an der Mündung des Ultentales. In der Pfarrkirche von Niederlana ist ein prächtiger Flügelaltar von Hans Schnatterpeck (1503–1511 geschaffen) zu besichtigen.

Das Ultental (Val d'Ultimo) weist im Mündungsbereich eine enge Schlucht auf, die von der Straße in kehrenreichem Anstieg über dem Ort Lana und weiter am Hang taleinwärts verlaufend umgangen wird. Bei *St. Pankraz,* 736 m, überragt von der Laugenspitze, 2433 m, im Süden, verbreitert sich das Tal. Die Streusiedlung *St. Walburg (Santa Valburga),* 1131 m, ist der Hauptort der mittleren Tallage, unterhalb des Lago-di-Zoccolo-Stausees gelegen. Weithin sichtbar wird der Talschluß von der Eggenspitze überragt. Letzte Talsiedlung ist *St. Gertraud (Santa Geltrude),* 1512 m, am Fuße des Hasenöhrl, 3256 m. Im Vorausblick erscheint die Zufrittspitze, 3438 m, über dem Talschluß. Auf einem Fahrweg kann das Enzianhotel (ca. 1850 m), Ausgangspunkt für weiterführende Wanderungen, erreicht werden. Zur *Grünseehütte,* 2504 m, in hochalpiner Landschaft zu Füßen von Eggenspitze, 3386 m, Zufrittspitze und anderen Dreitausendern gelegen, gelangt man vom Ende des Fahrweges in 2½ Stunden, von St. Gertraud in 3½ Stunden.

Vintschgau (Val Venosta) wird das obere Etschtal vom Reschenpaß bis Meran genannt. Die nördlichen Seitentäler, zu den Hochregionen der Ötztaler Alpen ansteigend, sind im Zusammenhang mit diesen (s. S. 192 ff.) ausführlich beschrieben. Unmittelbar hinter Meran steigt die Straße zur nächsthöheren Talstufe an. Bei Töll zweigt eine Seitenstraße nach Partschins (Parcines, 626 m), einem

Trafoier Eiswand mit Trafoier Ferner ▷

Trafoier Eiswand
(Cima di Trafoi)
3563 m
Trafoier Ferner

Veneziaspitze aus dem oberen Martelltal

Zufallspitzen aus dem oberen Martelltal

Bauerndorf und Ferienort am nördlichen Hang, ab.
Die Talstraße erreicht über Rabland und an Plaus vorbei **Naturns (Naturno)**, 540 m, Sommerfrische und Touristenzentrum. Eine besondere Sehenswürdigkeit stellt die St.-Prokulus-Kirche mit Fresken aus dem 8. Jahrhundert im Innern und gotischen Fresken an der Außenwand dar. Schloß Dornsberg liegt südöstlich des Ortes. Als Ausflugsziel empfiehlt sich das Schnalstal (Straßenabzweig in nördlicher Richtung hinter Kompatsch), das zu den Bergen des Schnalskammes in den Ötztaler Alpen ansteigt.
Tschars (Ciardes), 627 m, und *Kastelbell (Castelbello)*, 600 m, mit Ruine Kastelbell und Schloß Kasten (privat) und **Latsch (Laces)**, 639 m, Luftkur- und Ferienorte, werden von der Talstraße umgangen. Bei Goldrain, Ortsteil von Latsch, zweigt die Fahrstraße in das Martelltal ab, an dessen Mündung der Ferienort *Morter* mit den Ruinen Ober- und Untermontan liegt. Über Bad Salt und Ennewasser steigt die Talsohle bis zum Straßenabzweig bei Gand kräftig an. Am westlichen Hang liegt verstreut der Ort *Martell (Martello)*. An der Kapelle St. Maria in der Schmelz, 1555 m, vorbei gelangt man zum Zufritt-Stausee, 1850 m, im Osten von der Zufrittspitze, 3438 m, und anderen Bergen überragt. Die Talstraße verläuft am Westufer des Sees, danach weiter ansteigend bis zur *Enzianhütte*, 2020 m, Ausgangspunkt für weiterführende Wanderungen, und zum Hotel Paradiso. Vom Ende der Fahrstraße ist in einstündiger Wanderung die *Zufallhütte*, 2264 m, zu erreichen. Vor allem das sich südwestlich anschließende Hochtal, vom Plimabach durchzogen, eröffnet schon nach wenigen Gehminuten einen hervorragenden Ausblick auf Zufallspitzen (3764 und 3687 m) als nördliche Gipfel des Monte Cevedale, mit den mächtigen Eismassen des Zufallferners. Auch in den unteren Tallagen bietet sich gelegentlich ein Durchblick zu den Gipfeln, des umfassenderen

Tabarettakamm und Tabarettaspitze ▷

Tabaretta-Spitze
3113 m
Payer-Hütte
3020 m

Tibethütte und Naglerspitze (3248 m) von Dreisprachenspitze

Überblicks wegen ist jedoch der höhergelegene Standort sehr zu empfehlen.

Schlanders (Silandro), 721 m, Ferienort im Mittelvintschgau, nur wenige km vom Straßenabzweig in das Martelltal entfernt, besitzt in seiner Pfarrkirche ein bemerkenswertes Baudenkmal. Der von spitzem Helm gekrönte Kirchturm ist einer der höchsten im gesamten Tiroler Raum. Sehenswert ist auch die Spitalkirche. Am nördlichen Ortsende mündet das Schlandrauner Tal, das zum Salurnkamm, einem Ausläufer der Ötztaler Alpen, ansteigt. In weitausholenden Kehren überwindet die Straße die Höhendifferenz zur nächsten Talstufe, bevor sie, am Dörfchen *Kartsch (Carces)* vorbei, den Ort *Laas (Lasa)*, 870 m, erreicht. Sehenswert sind die Kirchen im Ort und an der Straße nach Schlanders. In dem hier mündenden Laaser Tal wird der weiße Laaser Marmor gebrochen. Der nur aus wenigen Häusern bestehende Ortsteil von Schluderns, *Spondinig (Spondigna)*, markiert den Straßenabzweig in das Suldental, das Trafoier Tal und zum Stilfser Joch; an der gegenüberliegenden Talseite *Prad (Prato allo Stelvio)*, 920 m, Sommerfrische und Touristenstandort. Nach Durchfahren des Ortes steigt die Paßstraße in schluchtartiger Talenge bis zum Abzweig nach Stilfs über der westlichen Hangseite und jenem nach Sulden südostwärts an.

Stilfs (Stelvio), 1311 m, Bergdorf und Sommerfrische, ist landschaftlich besonders reizvoll am Ende eines Plateaus hoch über dem Etschtal gelegen. Der Blick ins Tal, auf die Gipfel der Ötztaler Alpen, zum nahen Ortler, der optisch nur ein wenig über die den Vordergrund bestimmende Hochleitenspitze hinausragt, bis zum Cevedale als Hintergrundkulisse des Suldentales ist überwältigend. Von der Zufahrt-

Die Bergrahmung um das Stilfser Joch

straße zweigt ein Fahrweg in das Platztal und zum Weiler St. Martin, 1505 m, ab. Die sich oberhalb anschließende Waldzone gehört (wie das gesamte Ortlergebiet) zum Naturpark Stilfser Joch (95 247 ha). Die Straße nach Sulden ist im Winter und Frühjahr bei Lawinengefahr zeitweilig gesperrt und wird dann nur im gesicherten Konvoi befahren.

Sulden (Solda), 1906 m, Luftkurort und Wintersportzentrum am Fuße des Ortlers, 3902 m, liegt landschaftlich besonders reizvoll im gletschergerahmten Talschluß, der von der Königsspitze (Gran Zebru), 3852 m, mit ihren steilen Eisflanken überragt wird. Lohnende Ausflugsziele sind die *Schaubachhütte,* 2573 m, in großartiger Lage über dem Suldenferner, mit Kabinenseilbahn oder in 2½ Stunden zu Fuß zu erreichen, und *Rifugio K 2,* 2330 m, Bergstation des Sesselliftes von St. Gertraud.

Die Paßstraße steigt im Trafoier Tal weiter an und erreicht **Trafoi,** 1543 m, Sommerfrische und Wintersportort in landschaftlich prachtvoller Lage, mit Blick auf den vergletscherten, von der Trafoier Eiswand, 3563 m, den Madatschspitzen (Hint. 3432 m) und anderen überragten Talschluß. Zum Kleinboden mit *Furkelhütte,* 2250 m, einem hervorragenden Aussichtspunkt, vor allem bei jahreszeitlicher Sperre des Stilfser Joches, gelangt man mit dem Korblift von Trafoi aus. Der vom Ort selbst nicht sichtbare Ortlergipfel bestimmt die Szenerie des höhergelegenen Standortes. Als letzte Siedlung des Tales ist Trafoi auch in den Wintermonaten zu erreichen. Hier beginnt der in vielen Kehren gewundene Anstieg der Paßstraße (zweithöchste der Alpen) zur hochalpinen Region des *Stilfser Joches,* 2757 m, einem stark frequentierten Sommerskigebiet. In höchstem Maße lohnend ist der geringe Anstieg zur *Dreisprachenspitze*

(2838 m; 20 Minuten) mit einer überwältigenden Aussicht zu den hohen Gipfeln der Ortlergruppe vom Ortler (3902 m) über Monte Zebru (3740 m) und Thurwieserspitze (3652 m) bis zur Hohen Schneide (3431 m), auf gewaltige Gletscherströme und zur westlich gelegenen Umbrail-Paßhöhe. Die *Monte-Livrio-Hütte,* 3174 m, inmitten des Edenferners auf einem Felsplateau gelegen, ist von der Paßhöhe mit Korblift und anschließender Kabinenseilbahn zu erreichen.
Von Prad gelangt man auf einer parallel zur Hauptverkehrsverbindung an der südwestlichen Talseite verlaufenden Straße nach Lichtenberg, einem Bauerndorf mit großer Burgruine.

Schluderns (Sluderno), 921 m, Ferienort im breiten Tal der Etsch, liegt am Straßenabzweig in das Münstertal im Mündungsbereich des Matscher Tales. Sehr zu empfehlen ist der Besuch der Churburg, eine der besterhaltenen im Alpenraum, noch heute im Adelsbesitz, mit einer großartigen Harnisch- und Waffensammlung. Der eisbedeckte Gipfel des Ortlers krönt das Landschaftsbild des Tales.
Die Straße in das Münstertal, das in anderem Zusammenhang Erwähnung findet, führt durch **Glurns (Glorenza),** 920 m, Luftkurort und alte Handelsstadt, umgeben von der noch vollständig erhaltenen Stadtmauer mit Tortürmen, das Stadtbild von Laubengängen geprägt. Während die Hauptstraße des Vintschgaues nun stärker ansteigend durch den Ort *Tartsch (Tarces),* 1030 m, geführt ist, vorbei am *Tartscher Bichl,* 1077 m, einem aus dem Tal aufsteigenden und von einem Kirchlein gekrönten Hügel und Aussichtspunkt, verläuft die direkte Straße von Glurns nach Mals in der Mitte des Tals, den Punibach begleitend. An der westlichen Talseite liegt das Bauerndorf *Laatsch (Laudes),* unmittelbar im Mündungsbereich des Münstertales. Sieben Türme kennzeichnen den Luftkurort **Mals (Malles),** 1045 m, dessen malerisches Ortsbild alte Baudenkmäler, darunter die kleine St.-Benedikt-Kirche mit Fresken aus karolingischer Zeit und Ruine Fröhlichsburg, aufweist. Wenige km nördlich an bewaldetem Hang das Dorf *Burgeis (Burgusio),* 1216 m, mit der Fürstenburg und Kloster Marienberg hoch über dem Tal. Von der am Hang ansteigenden Zufahrtsstraße nach Schlinig führt ein

Plimabach oberhalb vom Martelltal

Ossana gegen Cima Taviela und Monte Vioz

Abzweig zu einem ca. 1700 m hoch gelegenen Aussichtsplateau mit Sessellift (besonders Wintersport). Von regelmäßig wiederkehrenden Winden sind die Bäume an der nun in weitausholenden Kehren ansteigenden Straße in eine starke Schräglage gebracht. Von *St. Valentin a. d. Haide (S. Valentino alla Muta)*, 1470 m, zwischen dem flachen Haidersee, 1449 m, und dem aufgestauten Reschensee, 1480 m, gelegen, erschließt die Gondelbahn zur *Haideralm*, 2120 m, ein gutes Skigelände in der Sesvennagruppe. Die Straße nach Reschen verläuft am Ostufer des Reschensees durch Lawinen- und Steinschlagschutzgalerien. Etwa in der Mitte des Sees ragt der alte Kirchturm von *Graun* aus dem Wasser, das am hügeligen Westhang neu errichtet wurde. Hier zweigt auch die Fahrstraße in das Langtauferer Tal nach Melag ab, wo sich ein hervorragender Ausblick zur Weißkugel der Ötztaler Alpen (s. dort) eröffnet.

Reschen (Resia), 1497 m, ist ein paß- und grenznaher Luftkur- und Wintersportort am Nordufer des Reschensees. Die Reschenpaßstraße, 1510 m, ist ganzjährig befahrbar.

Val di Rabbi, Valle di Peio

Die von den östlichen Gipfellagen der Ortlergruppe nach Süden verlaufenden Seitentäler münden in das Val di Sole, das im Zusammenhang mit der Adamello-Presanella-Gruppe ausführlich erwähnt ist. Vom Torrente Rabies durchflossen, erstreckt sich das Val di Rabbi vom Mündungsbereich bei Male in nordwestlicher Richtung zum Gipfelkranz mit Hinterer Rotspitze (Cima Rossa d. Saent), 3347 m, und Eggenspitze (Cima Sternai merid.), 3442 m, als hohen Eckpfeilern. Die verstreut liegende Gemeinde *Rabbi* (1222 m; Hauptort San Bernardo) ist Heilbad, Luftkurort und Ausgangspunkt für Unternehmungen in den oberen Tallagen. Eine zweistündige Wanderung talaufwärts, am Weiler Coller vorbei, eröffnet einen schönen Ausblick zum hochalpinen Talschluß mit dem Rifugio Saent, 5 Stunden Wegstrecke vom Ortsteil Bagni di Rabbi entfernt.
Mit großartiger Bergkulisse ist das Valle di Peio lohnendes Ausflugsziel, aber auch gut für einen längeren Aufenthalt geeignet. Der Kurort *Peio,*

Vintschgau mit Tschenglser Hochwand (3378 m)

1400–1600 m, liegt am Berghang zu Füßen von Monte Vioz, 3644 m, und Cima Taviela, 3615 m, hoch über dem Tal, das sich bei *Cogolo,* 1160 m, in Valle del Monte und Val della Mare verzweigt.

In westlicher Richtung gelangt man, von der Zufahrtsstraße nach Peio abzweigend, zum **Lago di Pian Palu**, einem landschaftlich reizvoll im Talschluß des Valle del Monte gelegenen See, von der Punta San Matteo, 3684 m, und dem Corno dei Tre Signori, 3359 m, überragt. Besonders eindrucksvoll auch der Talschluß des Val della Mare, den man auf einem Fahrweg von Cogolo zur Malga della Mare erreicht.

Zur **Cevedale-Hütte**, 2616 m, am Fuße des Monte Cevedale, 3778 m, über der Zunge des Della-Mare-Gletschers, benötigt man ca. 3 Stunden vom Ende des Fahrweges.
Der Aufstieg zum *Lago del Careser,* 2599 m, in 2½ Stunden vom gleichen Ausgangspunkt wird, auch wenn nur ein Teil des Weges zurückgelegt wird, durch einen hervorragenden Ausblick zum Monte Cevedale belohnt.

Valtellina von Bormio bis Tirano und Gaviapaß

Deutlich wie nirgends sonst wird der klimatische Gegensatz beim Überqueren des Stilfser Joches in das Tal der Adda. Schon der Höhenunterschied von mehr als 1500 m an der Südwestrampe muß sich zwangsläufig bemerkbar machen. Die vom Stilfser Joch hinabziehende Straße, in einer Vielzahl von Kehren und Tunneldurchbrüchen an den Hängen des Valle del Braulio entlanggeführt, erreicht bei *Bormio,* 1217 m, die Talsohle. Vor Erreichen des Städtchens zweigt in westlicher Richtung eine sommerliche Zufahrt nach Livigno über den landschaftlich reizvollen Passo di Foscagno, 2291 m, und den nicht staubfreien Passo d'Eira, 2208 m, ab. Von Bormio nimmt auch die *Gaviapaßstraße* ihren Ausgang, die nachfolgend als zumindest im Streckenabschnitt der Nordwestrampe lohnendes Ausflugsziel gewürdigt werden soll. Die an steilen Felswänden entlanggeführte schmale Südostrampe bereitet nicht nur ängstlichen Autofahrern ein gewisses Unbehagen. Die Überquerung des hochalpinen Passes,

Vintschgau mit Churburg

2621 m, ist zudem nur bei guten Witterungsverhältnissen von Mitte Juni bis Anfang September anzuraten. Während des Anstieges im Valfurva nach *Santa Caterina,* 1737 m, erscheint voraus der Pizzo Tresero, 3602 m, im Blickfeld. Bei mäßiger Steigung windet sich die Straße in mehreren Kehren zum Gaviahochtal empor, an dessen Ende der *Lago Bianco,* 2609 m, zu Füßen des Monte Gavia, 3223 m, und des Corno dei Tre Signori, 3359 m, den nahen Scheitelpunkt markiert. Hervorragend ist die Aussicht zur Punta S. Matteo, 3684 m, und zum vorgelagerten Eisstrom der Vedretta di Dosegu. Die Gipfel der Adamellogruppe im Süden bestimmen das Blickfeld auch während der schwierigen Abfahrt nach Ponte di Legno, bevor in vielen Kehren, vorbei am Lago Nero, 2386 m, und dem kleinen Bad Sant'Apollonia, beim Abzweig nach Pezzo die Talsohle erreicht ist.

Die Bormio zugewandten Hänge der Cima Bianca sind ein vorzügliches Skigelände und haben dazu beigetragen, daß der Kurort auch zunehmende Bedeutung als Wintersportzentrum gewinnt. Eine überwältigende Aussicht zu den vielen Gipfeln der Ortlergruppe eröffnet sich von der *Cima Bianca,* 3012 m, die mit einer Kabinenseilbahn zu erreichen ist.

Das Tal der Adda – **Valtellina** – wird im Westen von den Dreitausendern um die Cima de Piazzi, 3439 m, im Osten von der Gipfelgruppe des Monte Sobretta, 3296 m, flankiert. Bedeutende Kurorte und Städtchen markieren Streckenabschnitte der Talstraße, so Sondalo, 899 m, Grosio, 661 m, Grosotto, 620 m. Die Stadt *Tirano,* 429 m, mit einem von Palästen alter Adelsgeschlechter und anderen Baudenkmälern geprägten Stadtbild liegt unmittelbar am Straßenabzweig zum Berninapaß, der nachfolgend in der angrenzenden Region ausführliche Erwähnung findet.

Valacetta von Valdidentro

16
Ein Viertausender
Bernina, Sesvenna, Disgrazia, Albula

Keineswegs zufällig ist die Region mit dem höchsten Gipfel und einzigen echten Viertausender der Ostalpen an den Schluß der landschaftsbezogenen Betrachtungen dieses Buches gestellt. Tatsächlich erweist sich die 4049 m hohe Bernina – oder richtiger der Piz Bernina – als Schwerpunkt in der Reihe ostalpiner Landschaftsbilder. Für den Alpinisten stellt die Viertausendmeterhöhenmarke eine magische Zahl dar, und er wird es als Erfüllung empfinden, wenigstens einmal im Leben einen Viertausender bezwungen zu haben. Diesen Ehrgeiz mögen nur wenige Leser dieses Buches verspüren, der Anblick eines Riesen unter den Alpengipfeln wird aber jedem eine besondere Genugtuung vermitteln.

Objektiv betrachtet ist freilich kein bemerkenswerter Unterschied zwischen einem 3900 m hohen Gipfel und einem Viertausender festzustellen, der Piz Palü beispielsweise (3902 m; der gleichen Berggruppe angehörend und ringsum eisgepanzert) steht dem höchsten Ostalpengipfel in nichts nach. Sicherlich ist es auch vertretbar, den Piz Zupo (3996 m) unter die Viertausender einzureihen und ihm der fehlenden vier Meter wegen nicht die »Qualifikation« abzusprechen.

Das Landschaftsbild dieser großräumigen Region wird nicht allein von den hochalpinen Gebietsteilen geprägt, es erweist sich vielseitig und abwechslungsreich. Die Begrenzung orientiert sich im Osten am Verlauf des Münstertales von der Mündung bis Sta. Maria, folgt der Straße über den Umbrailpaß und dem Valtellina bis zum Comer See. Die Trennungslinie zu den Westalpen verläuft über den Splügenpaß, begleitet den Flußlauf des Hinterrheines und ab Reichenau den des Rheines bis Chur. Zu den sich nördlich anschließenden Regionen wird der Grenzverlauf durch die Linie Langwies – Davos, den Flüelapaß, das Unterengadin und die Ostabhänge der

Berninagruppe mit Morteratschgletscher

Sesvennagruppe zum Vintschgau hin markiert.
Das liebliche Münstertal wird von den Gipfeln der Sesvennagruppe auf der einen und dem Piz Lad, dem Piz Umbrail und den Ausläufern der Ortlergruppe auf der anderen Seite flankiert. Über den 2149 m hohen Ofenpaß ist das Münstertal mit dem Engadin verbunden. Die Straße durchzieht im Westen den Schweizer Nationalpark und mündet bei Zernez in das vom Inn durchflossene Tal. Südwestlich des Ofenpasses beginnt jenseits der Grenzgipfel die italienische Freizone, das Zollausschlußgebiet des Livignotales. Im Winter ist das Gebiet nur von Schweizer Seite, der Straße zum Ofenpaß durch eine Tunnelstrecke nahe dem Lago di Livigno, zu erreichen. In den Sommermonaten ist die Zufahrt sowohl über den Passo di Foscagno, 2291 m, von Bormio aus als auch über eine nahe der Berninapaßhöhe abzweigende Verbindungsstraße mit der 2315 m hohen Forcola di Livigno als Scheitelpunkt möglich. Livigno ist heute ein beliebtes Wintersportzentrum mit einer großen Anzahl von Bergbahnen und Schleppliften. Die Nord- und Höhenlage (Livigno 1895 m) gewährleisten Schneesicherheit bis in den Juni.
Die Hochregion der Berninagruppe ist durch die Berninapaßstraße sowohl vom Engadin als auch vom Valtellina aus erschlossen. Während die Nordrampe von Pontresina bis Curtinatsch in den Wintermonaten nach Möglichkeit für den Kraftfahrzeugverkehr geöffnet bleibt, ist die Südrampe von November bis Mai gesperrt. Die Berninabahn überquert als höchste Adhäsionsbahn der Alpen ebenfalls die Paßhöhe. Am ersten Kreuzungspunkt von Bahn und Straße, wenige Kilometer oberhalb Pontresina, eröffnet sich der faszinierende Ausblick auf den

(Fortsetzung auf Seite 360)

Zeichenerklärung auf Seite 88/89

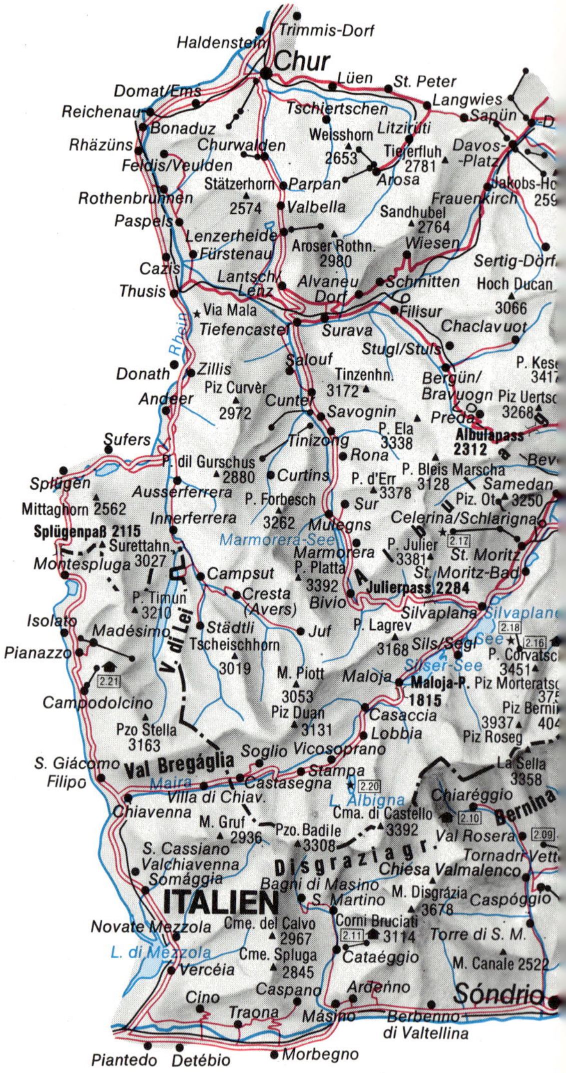

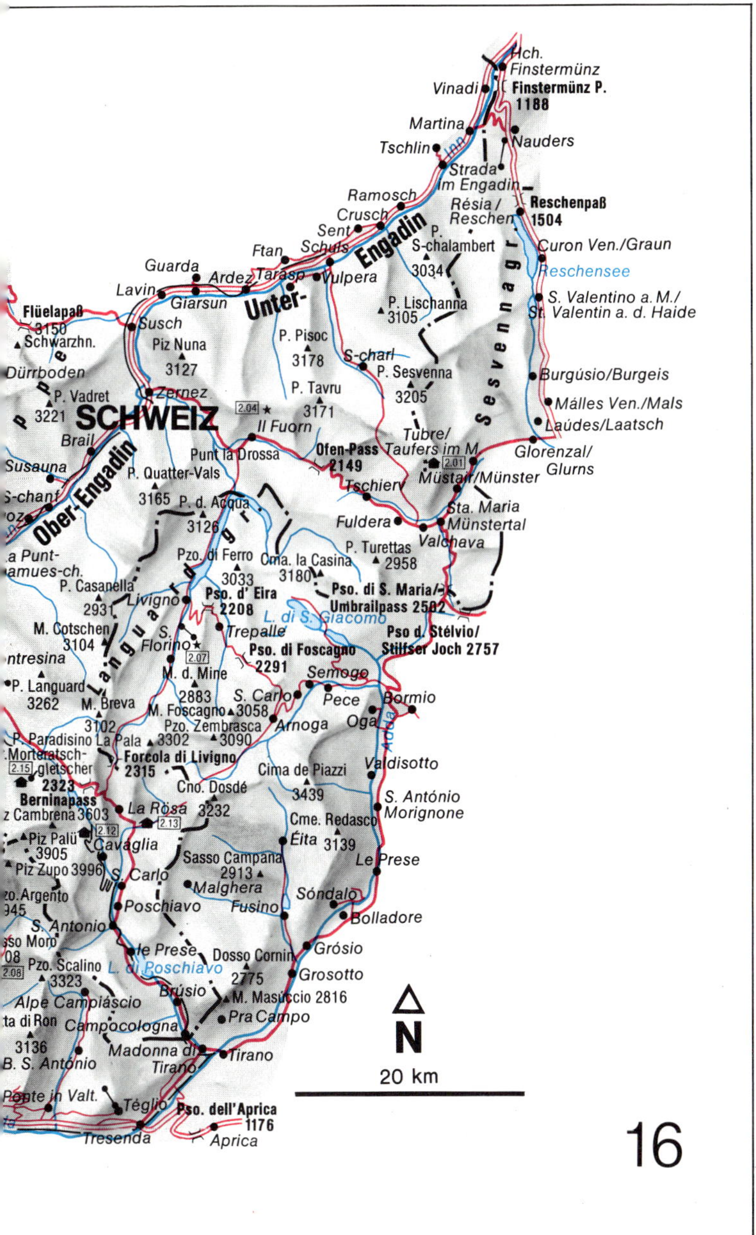

Hch. Finstermünz
Vinadi
Finstermünz P. 1188
Martina
Nauders
Tschlin
Inn
Strada
im Engadin
Ramosch
Crusch
Résia / Reschen
Reschenpaß 1504
Sent
Schuls
Engadin
P. S-chalambert
3034
Curon Ven./Graun
Reschensee
Ftan
Tarasp
Vulpera
Guarda
Ardez
Lavin
Giarsun
Unter-
P. Lischanna 3105
S. Valentino a. M./ St. Valentin a. d. Haide
Flüelapaß
Schwarzhn.
Susch
Piz Nuna 3127
P. Pisoc 3178
S-charl
P. Sesvenna 3205
Burgúsio/Burgeis
Dürrboden
P. Vadret 3221
Zernez
P. Tavru 3171
Málles Ven./Mals
SCHWEIZ
2.04
Il Fuorn
Laúdes/Laatsch
Sesvenna gr.
Brail
Punt la Drossa
Ofen-Pass 2149
Tubre/ Taufers im M.
Glorenza/ Glurns
Susauna
P. Quatter-Vals 3165
2.01
Müstair/Münster
Tschierv
S-chanf
Ober-Engadin
P. d. Acqua 3126
Fuldera
Sta. Maria Münstertal
Valchava
a Punt-
amues-ch.
Pzo. di Ferro 3033
Cma. la Casina 3180
P. Turettas 2958
P. Casanella 2931
Livigno
Pso. d' Eira 2208
Pso. di S. Maria/ Umbrailpass 2502
M. Cotschen 3104
L. di S. Giacomo
Pso d. Stélvio/ Stilfser Joch 2757
S. Florino
Trepalle
Languard
ntresina
2.07
Pso. di Foscagno 2291
M. d. Mine 2883
Semogo
P. Languard 3262
M. Breva 3102
S. Carlo
Pece
Bormio
M. Foscagno 3058
Oga
Pzo. Zembrasca 3090
Arnoga
Adda
P. Paradisino
La Pala 3302
Morteratsch-gletscher
2.15
Forcola di Livigno 2315
Valdisotto
Cima de Piazzi 3439
2323
Berninapass
Cno. Dosdé 3232
S. António Morignone
z Cambrena 3603
La Rösa
2.13
2.12
Cme. Redasco
Piz Palü 3905
Cavaglia
Éita 3139
Piz Zupo 3996
S. Carlo
Sasso Campana 2913
Le Prese
zo. Argento
945
Malghera
Sóndalo
Poschiavo
Fusino
Bolladore
S. Antonio
sso Moro
08
Le Prese
Dosso Cornin 2775
Grósio
2.08
Pzo. Scalino 3323
L. di Poschiavo
Grosotto
Brúsio
M. Masúccio 2816
Alpe Campiáscio
Pra Campo
ta di Ron 3136
Campocologna
Madonna di Tirano
Tirano
B. S. António
N
20 km
Ponte in Valt.
Téglio
Pso. dell'Aprica 1176
Tresenda
Aprica
16

1. Ferienorte und touristische Zentren

Östliches Graubünden, Livigno und Seitentäler des Veltlins:

1.01 **Taufers (Tubre),** 1260 m, Erholung, Wandern
1.02 **Müstair (Münster),** 1248 m, Erholung, Wandern, Ausflüge, Ortsbild
1.03 **Santa Maria i. Münstertal,** 1388 m, Erholung, Wandern, Ausflüge
1.04 **Punt la Drossa,** 1709 m, Straßenpunkt, Sonderstraße durch Tunnel nach Livigno
1.05 **Livigno,** 1805 m, (Zoll-Freizone), Erholung, Wandern, Hochtouren, Wintersport
1.06 **Chiesa Valmalenco,** ca. 1000 m, Erholung, Wandern, Hochtouren, Wintersport
1.07 **Chiareggio,** 1612 m, – Val Malenco – Erholung, Wandern, Hochtouren
1.08 **S. Martino,** 923 m, – Val Masino – Erholung, Wandern, Hochtouren
1.09 **Campocologno,** 553 m, Ausflüge
1.10 **Le Prese,** 965 m, am Lago di Poschiavo, Kur, Wandern, Ausflüge
1.11 **Poschiavo,** 1019 m, Erholung, Wandern, Ausflüge
1.12 **Pontresina,** 1806 m, Kur, Wandern, Ausflüge

Oberengadin – Zernez bis Maloja – und Bergell:

1.13 **Zernez,** 1472 m, Erholung, Wandern, Ausflüge
1.14 **La Punt,** 1700 m, Erholung, Wandern, Ausflüge
1.15 **Bever,** 1708 m, Erholung, Wandern, Ausflüge
1.16 **Celerina,** 1730 m, Erholung, Wandern, Wintersport
1.17 **St. Moritz,** 1822 m, internationales touristisches Zentrum, Kur, Wintersport, Wandern
1.18 **Silvaplana,** 1815 m, Kur, Wintersport, Wandern
1.19 **Pranzeira,** 1190 m, Ausflugsziel, Wandern
1.20 **Soglio,** 1088 m, Erholung, Wandern
1.21 **Chiavenna,** 333 m, Straßenknotenpunkt Maloja – Splügen, tourist. Zentrum

Splügen-, Julier- und Albulapaß, Chur – Arosa:

1.22 **Campodolcino,** 1086 m, Erholung, Wandern
1.23 **Pianazzo,** 1399 m, Erholung, Wandern, Wintersport
1.24 **Madesimo,** 1534 m, Kur, Wandern, Wintersport
1.25 **Splügen,** 1457 m, Erholung, Wandern, Ausflüge
1.26 **Zillis,** 993 m, Erholung, Wandern
1.27 **Thusis,** 722 m, Erholung, Wandern, Ausflüge
1.28 **Reichenau,** 603 m, Erholung, Wandern, Ausflüge
1.29 **Chur,** 596 m, touristisches Zentrum, Stadtbesichtigung
1.30 **Arosa,** 1800 m, internat. touristisches Zentrum, Kur, Wintersport, Wandern
1.31 **Churwalden,** 1299 m, Erholung, Wandern, Wintersport
1.32 **Lenzerheide,** 1551 m, Erholung, Wandern, Wintersport
1.33 **Tiefencastel,** 887 m, Erholung, Wandern, Ausflüge
1.34 **Filisur,** 1083 m, Erholung, Wandern, Ausflüge
1.35 **Bergün,** 1367 m, Erholung, Wandern, Wintersport
1.36 **Savognin,** 1208 m, Erholung, Wandern, Ausflüge
1.37 **Marmorera,** 1608 m, am Marmorera-Speichersee, Erholung, Wandern, Ausflüge
1.38 **Bivio,** 1769 m, Erholung, Wandern, Wintersport

2. Besondere Ausflugsziele und Berghütten

Östliches Graubünden, Livigno und Seitentäler des Veltlins:

2.01 **Mangitzer Alm,** 1836 m, 2½ Stunden von Taufers; Aussicht auf Piz Sesvenna, 3205 m.
2.02 **Umbrailpaß,** 2502 m, Paßstraße von Sta. Maria im Münstertal nach Bormio und zum Stilfser Joch; Aussicht von der Auffahrt in das Münstertal und von der Paßhöhe zur Ortlergruppe.
2.03 **Ofenpaß,** 2149 m, Paßstraße zwischen Münstertal und Engadin; Talblicke und Aussicht zum Ortler.
2.04 **Schweizer Nationalpark,** bezeichnete Wanderwege von der Paßstraße abzweigend.
2.05 **Forcola di Livigno,** 2315 m, Hauptzufahrtsstraße im Sommer, beschränkter Zubringerdienst im Winter; Aussicht auf Gipfel der Languardgruppe.
2.06 **Passo di Foscagno,** 2291 m, und **Passo d'Eira,** 2208 m, Paßstraße Bormio – Livigno; Aussicht auf Cima de Piazzi, 3439 m, u. a.
2.07 **Monte della Neve,** 2797 m, Seilbahn von S. Rocco b. Livigno; Tal- und Seeblick, Aussicht auf Languardgruppe, u. a. Munt Cotschen, 3104 m.
2.08 **Rifugio Cristina,** 2250 m, 3 Stunden von Franscia, bis dort Straße und Autobusverbindung; Aussicht auf Piz Palü u. a.
2.09 **Sasso Alto,** 2336 m, Kabinenseilbahn von Costa Batini nahe Chiesa Valmalenco; Aussicht auf Piz Palü, 3905 m.
2.10 **Rifugio Tartaglione-Crispo,** 1832 m, 1 Stunde vom Ende des Fahrweges im Malencotal; Aussicht auf Monte Disgrazia, 3678 m, und andere.
2.11 **Preda Rossa,** 1955 m, Fahrstraße aus dem Val Masino; Aussicht Monte Disgrazia.
2.12 **Alp Grüm,** 2091 m, Station der Berninabahn, 45 Minuten zu Fuß von Berninapaß; großartige Aussicht auf Piz Palü.
2.13 **Alpe Campo,** 2065 m, Fahrstraße von Berninapaßstraße abzweigend; hervorragende Tallage mit Blick zum Corno di Campo, 3302 m.
2.14 **Bernina-Paßhöhe,** 2323 m, und **Westrampe,** Paßstraße vom Veltlin zum Engadin; Aussicht v. Paßhöhe Piz Cambrena, 3603 m, von Panoramablick Morteratschgletscher mit einer Vielzahl über 3800 m aufragender Gipfel und Piz Bernina, 4049 m.

Erläuterung Seite 87

2.15 **Diavolezza-Haus,** 2973 m, Großkabinenbahn von Berninapaßstraße; schönster Hochalpenblick i. d. Ostalpen – Berninagruppe.
2.16 **Tschiervahütte,** 2580 m, 4 Stunden von Pontresina durch das Rosegtal; Aussicht auf Piz Bernina, Piz Roseg u. a.

Oberengadin – Zernez bis Maloja – und Bergell:

2.17 **Piz Nair,** 3057 m, Stand- und Kabinenseilbahn von St. Moritz; hervorragende Aussicht auf Bernina- und Albulagruppe.
2.18 **Piz-Murtel-Vorgipfel,** 3303 m, Kabinenseilbahn vom Silvaplaner See; überwältigende Rundsicht, Aussicht auf Berninagruppe.
2.19 **Malojapaß,** 1815 m, Paßstraße vom Engadin zum Comer See; Aussicht auf Disgraziagruppe.
2.20 **Lago dal'Albigna,** 2100 m, Kabinenseilbahn von Pranzeira; hervorragender, alpiner Talschluß mit Gipfelblick zur Disgraziagruppe.

Splügen-, Julier- und Albulapaß, Chur–Arosa:

2.21 **Alpe Motta,** 1719 m, Gondelbahn von Campodolcino; hervorragender Talblick.
2.22 **Splügenpaß,** 2115 m, Paßstraße zwischen Rheintal und Comer See; Aussicht von Nordrampe z. Surettahorn, 3027 m, u. a.
2.23 **Via Mala,** alte Fahrstraße von Splügenpaßstraße abzweigend; malerische, wildromantische Schlucht des Hinterrheins.
2.24 **Weißhorn,** 2653 m, Kabinenseilbahn von Arosa; großartiger Rundblick.
2.25 **Albulapaß,** 2312 m, Paßstraße zwischen Tiefencastel und Engadin; Aussicht auf Piz Üertsch u. a.
2.26 **Julierpaß,** 2284 m, winteroffene Paßstraße vom Rheintal in das Engadin; Aussicht auf Berninagruppe und Tiefblick auf Seengebiet.

3. Die höchsten und markantesten Gipfel

Sesvennagruppe:
Piz Sesvenna, 3205 m, 2.01, 2.02
Piz Lischanna, 3105 m, (Unterengadin)
Piz Cristannes, 3092 m, (2.02)
Piz Starlex, 3066 m, 1.01
Urtiolaspitz, 2910 m, 1.01

Val-Grosina-Gruppe:
Cima de Piazzi, 3439 m, 2.06
Cima Lago Spalmo, 3291 m, (Valle Grosina)
Pizzo di Dosde, 3280 m, 2.06
Corno di Dosde, 3232 m, 2.06
Corno di S. Colombano, 3022 m, 2.06

Languardgruppe:
Piz Paradisino La Pala, 3302 m, (2.05)
Piz Languard, 3262 m, 2.15
Corno di Campo, 3232 m, 2.13
P. del Acqua, 3118 m, 1.05, 2.07
Munt Cotschen, 3104 m, 2.07
Corna di Capra, 3133 m, 2.06

Berninagruppe:
Piz Bernina, 4049 m, 2.14, 2.15, 2.18, 2.26
Piz Zupo, 3996 m, 2.08, 2.09, 2.15
Piz Scerscen, 3971 m, 2.16
Piz Argient, 3945 m, 2.14, 2.15
Piz Roseg, 3937 m, 2.16
Bellavista, 3922 m, 2.14, 2.15
Piz Palü, 3905 m, 2.08, 2.09, 2.12
Piz Morteratsch, 3751 m, 2.14, 2.15, 2.18
Crast Agüzza, 3869 m, 2.14, 2.15
Piz Cambrena, 3603 m, 2.14
Piz Glüschaint, 3594 m, 1.12
Piz Corvatsch, 3451 m, 2.18, 2.26

Disgraziagruppe:
Monte Disgrazia, 3678 m, 2.10, 2.11
Ponte Pioda, 3431 m, 2.10
Cima di Castello, 3392 m, 2.20
Cima di Rosso, 3366 m, 2.10
Monte Sissone, 3331 m, 2.10
Piz Badile, 3308 m, 1.21

Bergell:
Piz Duan, 3131 m, 2.19
Gletscherhorn, 3107 m, 2.19

Südliche Albulagruppe:
Piz Kesch, 3417 m, 1.34
Piz Calderas, 3397 m, 2.17
Piz Julier, 3381 m, 2.17, 2.26
Piz d'Err, 3378 m, 2.17, 2.26
Piz Ela, 3338 m, 1.35
Piz Üertsch, 3268 m, 2.25

Plessurgruppe:
Aroser Rothorn, 2980 m, 1.30
Lenzerhorn, 2906 m, 1.32, 136

Schweizer Nationalpark

Graubünden, 168 km^2.
Naturreservat seit 1909, im Jahre 1914 zum Nationalpark erklärt.
Sitz der Verwaltung, Auskünfte und Wanderkarten in *Zernez*.
Wanderungen sind nur auf besonders markierten Wegen erlaubt, Ausnahmeregelungen vor allem bei Inanspruchnahme eines ortskundigen Führers. Die Ofenpaßstraße durchquert auf einer Länge von 12 km die schöne, weitgehend unberührte Landschaft des Nationalparks mit ihren ausgedehnten Bergföhren-, Arven- und Lärchenwäldern. Rotwild, Steinböcke, Gemsen und Murmeltiere, Adler, Uhu, Birk- und Auerhuhn werden beobachtet.
Unterkunft und Ausgangspunkte für Spaziergänge und Wanderungen: Hotel *Il Fuorn* und das Blockhaus im *Val Cluoza*.
Wanderprogramme, Führungen und Ausflüge werden von *Schuls-Tarasp* aus im nordöstlichen, von *Zuoz* aus im südwestlichen Teil des Nationalparks durchgeführt.
Höhepunkte: *Val Mingèr* mit Piz Madlain, landschaftlich hervorragend; Gemsen im *Val Müschauns; Murtèr Sattel* und *Alp Tavrü* mit Murmeltierkolonien; *Alp Grimmels* mit schöner Bergflora, Birk- und Auerwild; *Ofenpaßhöhe* mit freier Aussicht zum Ortlermassiv und zu Firngipfeln der Engadiner Berge.

Erläuterung Seite 87

Morteratschgletscher, den Piz Bernina und eine ganze Reihe von Nahezu-Viertausendern. Herausragend auch die Aussicht von der Paßhöhe zum Piz Cambrena, 3603 m, mit seinen Hängegletschern. Einen unvergleichlichen Ausblick gewinnt man jedoch von der Diavolezza, 2973 m, die mit einer Kabinenseilbahn für jedermann zu erreichen ist.

Die Gipfelgruppe der Disgrazia, mit dem 3678 m hohen Hauptgipfel gleichen Namens, schließt sich der Berninagruppe südwestlich an. Von Sondrio aus führt ein sich verzweigendes Seitental (Val Malenco) sowohl zu den Hochregionen der Berninagruppe als auch zur Disgrazia.

Das Oberengadin ist durch die internationalen Zentren St. Moritz und Silvaplana weltbekannt. Darüber hinaus ist das breite, liebliche Tal über den Malojapaß, 1815 m, ganzjährig mit den oberitalienischen Seen und über den Julierpaß, 2284 m, mit dem Rheintal verbunden. Silser See, Silvaplaner See und Champfer See prägen das Landschaftsbild bei Silvaplana zwischen St. Moritz und Malojapaßhöhe. Während zum Scheitelpunkt des Julierpasses immerhin einige Kehren in starkem Anstieg zu überwinden sind, tritt die Malojapaßhöhe als solche von dieser Seite kaum in Erscheinung. Erst die abwärtsgerichteten Kehren der Westrampe vermitteln den Eindruck einer Paßfahrt.

Westlich des Oberengadins erstrecken sich die Rätischen Alpen mit der Albulagruppe, unter deren herausragenden Gipfeln hauptsächlich Piz Calderas, 3397 m, Piz Julier, 3381 m, Piz d'Err, 3378 m, Piz Kesch, 3417 m, und Piz Vadret, 3218 m, zu nennen sind. Dieser Gebirgszug trennt die östlichen Gebietsteile Graubündens von den westlichen. Während über den Julierpaß eine ganzjährige Straßenverbindung zwischen den Kantonatsteilen besteht, ist für die Streckenführung der Rätischen Bahn die Kammlage untertunnelt. In großartigen Viadukten und vielen Kehrtunnels erweist sich die Bahnanlage als frühes Meisterwerk der Technik. Die sommerliche Fahrt über den 2312 m hohen Albulapaß eröffnet an mehreren Stellen den Ausblick auf die kühne Streckenführung. Darüber hinaus vermittelt die Paßfahrt auch besondere landschaftliche Höhepunkte, wie etwa die schluchtartige Enge am Bergüner Stein oder den

Cima de Piazzi von NO

Gipfelblick zum Piz Uertsch und zum Piz Ela auf der gegenüberliegenden Talseite.
Die in den Monaten Juni bis Oktober befahrbare Splügenpaßstraße mit dem 2115 m hoch gelegenen Scheitelpunkt stellt eine parallele Straßenverbindung zu Julier/Maloja und zum S.-Bernardino-Paß dar. Die Streckenführung berührt eine Reihe landschaftlicher Höhepunkte, von denen die Via Mala, eine vom Flußlauf des Hinterrheins bis 500 m tief eingeschnittene malerische Schlucht, besondere Erwähnung verdient. Allerdings empfiehlt es sich, zwischen Thusis und Zillis die alte Straße zu benutzen.
Im Westen der Region dringt, vom Rheintal bei der alten Bischofsstadt Chur abzweigend, die als Schanfigg bezeichnete Tallandschaft gegen die Gipfel der Plessurgruppe vor. Am Ende des landschaftlich reizvollen, vom Flüßchen Plessur durchzogenen Tales ist das international bedeutende Kur- und Wintersportzentrum Arosa gelegen, mit dem den Talschluß überragenden Aroser Rothorn, 2980 m, und dem als Aussichtsgipfel von einer Seilbahn erschlossenen Weißhorn, 2653 m.

Die Geschichte dieser Region reicht bis in die Bronzezeit zurück, Funde im Engadin und anderenorts weisen auf die frühe Besiedelung hin. Um 15 v. Chr. wurde das keltische Rätien römische Provinz. Zu jener Zeit entstand das römische Curia Raetorum anstelle einer keltischen Siedlung. Die Paßstraßen Maloja, Julier und Septimer (heute verfallen) wurden von den Römern ausgebaut – ein Teilstück der alten Straße am Malojapaß ist heute noch bei Castelmur zu sehen. Schon im 5. Jahrhundert war Chur Bischofssitz. Die Gründung des Klosters Müstair im Münstertal erfolgte wahrscheinlich unter Karl dem Großen. Um die Jahrtausendwende fiel die Ostschweiz an Schwaben. Von der unmittelbaren Folgezeit künden viele mittelalterliche Bauwerke in Graubünden. Bis in das 13. Jahrhundert waren weite Teile des Landes dem Herrschaftsanspruch von Feudalherren ausgesetzt. Das 14. Jahrhundert sah den Beitritt Glarus zum eidgenössischen Bund und den Sieg der Glarner über die Habsburgischen. Um 1500 erfolgte der Anschluß Graubündens an die Eidgenossenschaft. Wenig später, 1525, gewann die Reformation an Boden, und aus-

Cime Val Spalmo nach Cima Viola

gangs des 16. Jahrhunderts wurde die Gegenreformation eingeleitet. Von der Eroberung zu Beginn des 16. Jahrhunderts bis 1803 gehörte das Veltlin (Valtellina) zu Graubünden. Vom Dreißigjährigen Krieg blieb auch Graubünden nicht verschont, mit dem Westfälischen Frieden erhielt die Schweiz jedoch staatliche Selbstständigkeit, die lediglich in den Napoleonischen Kriegen noch einmal gefährdet war.

Geologisch zeichnet sich diese Region durch eine Vielfalt aus, die es unmöglich macht, mehr als einen groben Umriß aufzuzeigen. Ist in den östlichen Gebietsteilen eine räumlich bezogene Darstellung noch angemessen, so weist die Tektonik im Westen eine Vielzahl von Überschiebungen auf, die neben einer differenziert horizontal ausgerichteten auch eine vertikale Gliederung erfordern würde, wollte man ein lückenloses Bild vermitteln. So bleibt festzustellen, daß im Osten von der Sesvennagruppe ausgehend bis zur Bernina das Kristallin vorherrscht. Östlich des Engadins, nahe Nauders bis über Zernez hinaus, dehnt sich eine breite Zone von Kalksedimenten des Mesozoikums. Scharf zeichnet sich der spätalpidische Intrusionskörper im Bergell (Granit) ab. Auch westlich des Engadins kann man das Silvretta-Kristallin bis zum Piz Kesch verfolgen. In den westlichen Gebieten dieser Region ist jedoch die Schichtenfolge und flächenmäßige Ausdehnung von Karbonaten, Gneisen, Bündner Schiefer und Flysch so differenziert, daß aus oben erwähnten Gründen auf eine detaillierte Aussage verzichtet wird.

Der Wetterablauf zeigt sich in dieser Region recht uneinheitlich. Das Engadin gehört mit zu den niederschlagsärmsten Gebieten, erweist sich aber andererseits als das am meisten unter Föhneinfluß stehende Gebirgstal. Im

Rheintal und den angrenzenden Gebietsteilen sind die Auswirkungen der Westwetterlagen deutlich ausgeprägt, so sind wie in den Nordalpen gelegentlich ergiebige Niederschläge zu verzeichnen. Die lokalen Witterungsbedingungen sind je nach Großwetterlage starken Schwankungen unterworfen und unterscheiden sich von denen angrenzender Gebiete recht deutlich.

Pflanzenwachstum und Tierbestand dieser Region orientieren sich wie in den anderen Alpengebieten an den entsprechenden Höhenlagen. Im Schweizer Nationalpark ist darüber hinaus nicht nur vor langer Zeit schon die Ansiedlung von Steinwild gelungen, der Bestand an Alpentieren hat sich so vermehrt, daß gelegentlich ein Überwechseln in angrenzende Gebiete erfolgt. Neben der Fauna genießen auch die Alpenblumen in der Schweiz einen besonderen Schutz.

Engadiner und Rätische Alpen – Östliches Graubünden, Livigno und Seitentäler des Veltlins

Dieses von einer großartigen Hochgebirgswelt geprägte Gebiet zwischen Comer See im Südwesten und Reschenpaß im Nordosten wird parallel zu seiner Längenausdehnung vom Oberlauf des Inn im Westen, sowie von der Adda auf italienischem Staatsgebiet, anschließend vom Umbrailpaß und dem Münstertal im Süden und Osten begleitet. Ofen- und Umbrailpaß einerseits, zum anderen der Berninapaß weiter südlich unterteilen den Gebirgszug in drei ausgedehnte Berggruppen, Sesvenna-, Languard- und Berninagruppe mit der sich anschließenden Disgrazia.
Die Sesvennagruppe markiert den Verlauf des Münstertales, das sich vom Mündungsbereich im oberen Etschtal auf italienischem Staatsgebiet bis zum Ofenpaß erstreckt.

Taufers (Tubre), 1260 m, italienischer Grenzort, liegt als Sommerfrische und

Pizzo di Dosde von Arnoga

Luftkurort mit zwei bedeutenden Kirchen im unteren Münstertal, vom Urtiolaspitz, 2910 m, im Westen überragt. Eine Wanderung im Avignatal zur Mangitzer Alm (1836 m; 2½ Stunden) und weiter zur Mitteralm (1 Stunde) läßt im Talhintergrund Piz Sesvenna, 3205 m, den höchsten Gipfel der gleichnamigen Berggruppe, im Blickfeld erscheinen. Am nordwestlichen Hang stehen über dem Ort die Burgruinen Ober- und Unterreichenberg.
Unmittelbar hinter der Grenze wird der schmucke Schweizer Ferienort **Müstair (Münster,** 1248 m) erreicht, mit höchst sehenswerter ehem. Benediktinerinnen-Abtei, deren Gründung Karl dem Großen zugeschrieben wird.

Santa Maria, 1388 m, mit bündnerischer, spätgotischer Kirche, ist als Ferienort zugleich Hauptort des Tales. Hier zweigt die Straße zum *Umbrailpaß* (2502 m) ab, einem höchst empfehlenwerten, hochsommerlichen Ausflugsziel, besonders, wenn damit die Fahrt zum nur wenige km entfernten Stilfser Joch, 2757 m, verbunden wird. Von den Kehren oberhalb von Santa Maria eröffnen sich reizvolle Tiefblikke zum oberen Münstertal in Richtung Ofenpaß. Piz Lad, 2882 m, erweist sich als ein das Tal beherrschender Eckpfeiler. Die Orte *Valchava,* 1410 m, *Fuldera* und *Tschierv* markieren weitere Streckenabschnitte des nunmehr in westlicher Richtung abgewinkelten Münstertales (rätoromanischer Sprachraum), bevor die Straße in Kehren zum 2149 m hohen *Ofenpaß* ansteigt. Die Aussicht von der Paßhöhe reicht im Südosten bis zum Ortlergipfel.

In westlicher Richtung erreicht die Straße nach wenigen km das Gebiet des Schweizer Nationalparks. Hier ist das Verlassen der Straße bei Strafe untersagt, nur markierte Wege stehen den Besuchern zur Verfügung, die jedoch ausgedehnte Wanderungen ermöglichen. Unterhalb des Gasthauses Il Fuorn zweigt bei der Stelle *Punt la Drossa,* 1709 m, eine dem E-Werksverkehr dienende Tunnelstraße nach Livigno ab. Diese Straße ist im Winter die einzige Verkehrsverbindung mit der Zoll-Freizone auf italienischem Staatsgebiet. Für das Befahren der Tunnelstrecke muß man zuvor eine Genehmigung einholen. An den nördlichen Hängen des Spöltales entlangführend, erreicht die Straße bei Zernez die breite Talsohle des Engadins.

Das Livigno-Hochtal präsentiert sich als hervorragendes Skigebiet, das bis in den Juni Abfahrten zuläßt. In den Sommermonaten stehen zwei Zufahrtswege zur Verfügung. Die direkte Anbindung der Zoll-Freizone erfolgt über die Forcola di Livigno, 2315 m, vom Berninapaß in Schweizer Gebiet abzweigend. Im Winter wird dort mit Raupenfahrzeugen ein beschränkter Zubringerdienst aufrechterhalten. Die Route aus dem Veltlin (Valtellina) verläuft über den Passo di Foscagno, 2291 m, und den sich anschließenden Passo d'Eira, 2208 m. Beide Zufahrtswege bieten eine hervorragende Aussicht auf die Gipfelwelt der Languardgruppe und in die Tallagen. Die Zufahrt zum Passo di Foscagno läßt sich mit einem interessanten und von schönen Ausblicken gekennzeichneten Abstecher zu den beiden Speicherseen Lago di S. Giacomo di Fraele, 1945 m, und Lago di Cancano, 1884 m, im Ursprungsgebiet der Adda verbinden. Nur wenige km oberhalb von Bormio zweigt die Nebenstraße ab. Auf der Paßhöhe des *Foscagno* ist eine italienische Zollkontrolle eingerichtet, da hier die Zoll-Freizone beginnt. Zwischen dieser Scheitelstrecke und dem nachfolgenden *Passo d'Eira* liegen verstreute Siedlungen. Während der Straßenzustand dieses Zufahrtsweges meist nicht sehr gut ist, erweist sich die Verkehrsverbindung über die *Forcola di Livigno,* 2315 m, im Sommer als zügig befahrbar. In kurzem Anstieg wird von der Abzweigung an der Berninastraße die Scheitelstrecke mit der schweizerisch-italienischen Grenzstation erreicht. Von dort senkt sich die Straße an den Hängen des Forcolatales zur Talsohle des Valle di Livigno hinab.

Piz Cambrena (3603 m)

Piz Cambrena vom Berninapaß ▷

Piz Cambrena
3603 m

Livigno, 1805 m, Ferien- und Wintersportort, ist eine aus verstreut liegenden Siedlungen bestehende Gemeinde. Kabinenseilbahnen auf den *Monte della Neve,* 2797 m, und zu einer auf gleicher Höhe gegenüberliegenden Bergstation jenseits des Tales eröffnen hervorragende Ausblicke auf die Dreitausender der Umgebung. Auch von den höheren Tallagen bietet sich gelegentlich eine vorzügliche Aussicht, so von der Paßstraße oberhalb des Mündungsbereiches des Valle della Forcola zum Gipfel des P. Paradisino La Pala, 3302 m. Der Talbereich unterhalb von Livigno wird vom langgestreckten Livigno-Stausee ausgefüllt, an dessen Westufer die Straße zur Tunnelverbindung mit dem Engadin entlangführt. Von den westlichen Hängen über Livigno gewinnt man schöne Ausblicke zu der von Gipfeln gerahmten Seenlandschaft, die sich mit Nordlandfjorden vergleichen läßt.

Die zwischen Val Viola Bormina – von der Straße zum Passo di Foscagno berührt – und dem Veltlin gelegene Berggruppe wird auch Val-Grosina-Gruppe genannt. Mit 3439 m überragt ihre höchste Erhebung, Cima de Piazzi – von den Kehren der Paßstraße bei S. Carlo, 1580 m, besonders gut zu sehen – alle Gipfel der Languardgruppe. Von Süden steigt ein Seitental von Grosio im Veltlin zur Val-Grosina-Gruppe an, dessen Zufahrtsstraße jedoch bereits nach ca. 12 km endet – lange Anmarschwege zu den Hochregionen muß man einplanen.

Val Malenco. Abgesehen von der großartigen Erschließung der Berninagruppe durch den Berninapaß, der in der weiteren Folge noch eingehend gewürdigt wird, nimmt das Malencotal, von Sondrio im Veltlin ausgehend, einen besonderen Rang ein. Besonders Val Laterna, als Talabzweig bei *Chiesa Valmalenco* (ca. 1000 m) mündend, bildet einen günstigen Ausgangspunkt für hochalpine Unternehmungen im Gebiet des Piz Zupo, 3996 m, und des Piz Palü, 3905 m. Sehr lohnend ist der Besuch des *Rifugio Cristina,* 2250 m, wegen der hervorragenden Aussicht auf Piz Zupo, Piz Palü und andere. Der 3stündige Anstieg von Franscia (1500 m) – bis dort Autobusverbindung – kann unter teilweiser Benutzung der Fahrstraße zum Rifugio F. Zoja mit dem eigenen Pkw oder durch einen Zubringerdienst erheblich ver-

Piz da la Margna

kürzt werden. Der *Sasso Alto,* 2336 m, ein hervorragender Aussichtsberg, läßt sich ohne Mühe von Costa Batini nahe Chiesa mit Kabinenseilbahn und anschließendem Korblift erreichen. Die Bedeutung des Malencotales ist jedoch vor allem in der Straßenanbindung zur Disgraziagruppe begründet. So führt die Talstraße bis zum landschaftlich großartigen Talschluß bei Chiareggio, 1612 m. In knapp 1 Stunde kann man zum *Rifugio Tartaglione-Crispo,* 1832 m, gelangen. Hier eröffnet sich die überwältigende Aussicht zum Monte Disgrazia, 3678 m, und dem von einem Gipfelkranz gerahmten, vergletscherten Talschluß.

Val Masino. Zur Disgraziagruppe erstreckt sich auch ein südliches Seitental, das östlich von Morbegno in das Tal der Adda einmündet. Sowohl vom Weiler *Preda Rossa,* 1955 m, auf der in das Valle di Sasso Bisolo abzweigenden Fahrstraße zu erreichen, als auch vom Talschluß des *Valle di Mello* – ebenfalls Fahrstraße – gewinnt man hervorragende Ausblicke zum Monte Disgrazia. Als Touristenstandort bietet sich *S. Martino,* 923 m, an.
Die Berninapaßstraße, bei Tirano abzweigend, verbindet das Veltlin mit dem oberen Engadin und erschließt eine Hochgebirgswelt, die von den Dimensionen her einzigartig im gesamten Ostalpenraum ist, da außer Piz Bernina, 4049 m, noch weitere sechs Berge alle übrigen Gipfel der Ostalpen überragen. Es versteht sich von selbst, daß auch für alpine Unternehmungen in diesen Regionen andere Maßstäbe gelten müssen. So großartig sich die Landschaft dem Besucher dieses Gebietes an den allgemein zugänglichen Plätzen und Ausflugszielen darstellt, können andererseits Unternehmungen »auf eigene Faust« verhängnisvolle Folgen haben. Unter der sachkundigen Anleitung und Begleitung eines Bergführers aber werden hochalpine Touren zum unvergeßlichen Erlebnis.
Eine kurze Wegstrecke hinter dem Straßenabzweig bei Tirano ist vor Erreichen des Ortes *Campocologno,* 553 m, die italienisch-schweizerische Grenzstation gelegen. Über Brusio, 720 m, tritt die Straße am Südufer des Lago di Poschiavo, 962 m, in die Tallandschaft des Puschlavs ein.

Le Prese, 965 m, ein kleiner Kurort mit schwefelhaltigen Quellen, liegt am

Piz Palü (3905 m) von Berninapaßstraße

Nordwestufer des Sees, an dessen Westufer Straße und Berninabahn entlanggeführt sind. Nunmehr jedoch nehmen die Geleise der Bahn einen Teil der Straße in Anspruch, so daß erhöhte Vorsicht geboten ist.

In geringem Anstieg, an kleineren Dörfern vorbei, wird **Poschiavo,** 1019 m, Hauptort des Tales und Sommerfrische mit der sehenswerten San-Vittore-Kirche, erreicht. Während die Paßstraße zunächst dem Tal folgt, steigt die Bahn in mehreren weitausholenden Kehren am westlichen Hang, vorbei an Cavaglia, zur *Alp Grüm* (2091 m) auf, in einer vom großartigen Ausblick zum Piz Palü, 3905 m, gekennzeichneten hochalpinen Landschaft gelegen. Zum Erreichen dieses hervorragenden Ausflugszieles kann entweder die kürzere Bahnstrecke vom Berninapaß aus, oder eine 45minütige Wanderung von der gleichen Stelle empfohlen werden, geeignete Witterung mit entsprechenden Sichtverhältnissen vorausgesetzt.

Von der am östlichen Hang nun stärker ansteigenden Straße zweigt beim Gasthof Sfazu, 1666 m, ein Fahrweg in die ursprüngliche und unberührt anmutende, von reizenden kleinen Bergseen gezierte Landschaft des Val di Campo ab. Beim Ristorante *Alpe Campo,* 2065 m, am Fuße des steil aufragenden Corno di Campo, 3302 m, endet der Fahrweg.

Die Paßstraße steigt in mehreren Kehren bis zum beschilderten Straßenabzweig (2000 m) nach Livigno kräftig an und erreicht in weiterem kehrenreichem Anstieg die *Paßhöhe,* 2323 m. Die Scheitelstrecke wird durch das am Straßenrand gelegene Hospiz markiert. Über dem Lago Bianco ragt der Piz Cambrena, 3603 m, mit eindrucksvoller, von Spalten durchsetzter Gletscherflanke auf. In mäßigem Gefälle senkt sich die Straße zunächst zur Talstation der Kabinenseilbahn zum

Piz Argient (3945 m) und Crast Agüzza (3869 m)

Piz Lagalb, 2898 m, unterhalb des 2959 m hohen Gipfels, und nur wenige hundert Meter entfernt zur Station der Diavolezza-Großkabinenbahn. Vor Erreichen dieses Orientierungspunktes bietet sich, kurz nur, ein Durchblick zum Eisgipfel des Piz Palü. Vom *Diavolezza-Haus,* 2973 m, eröffnet sich der großartigste hochalpine Gipfelblick im gesamten Ostalpenraum. Das Panorama reicht vom Piz Cambrena im Südosten über Piz Palü, Bellavista (Piz Zupo, Piz Argient), Crast Agüzza und Piz Bernina bis zum Piz Morteratsch und den nördlichen Ausläufern der Berggruppe. Einen ähnlich hervorragenden Ausblick, wenn auch aus größerer Distanz und östlich etwas eingeschränkt, gewinnt man von der talwärts verlaufenden Paßstraße, unmittelbar vor der Stelle, an der die Berninabahn zum zweiten Mal die Straße kreuzt. Hier umfaßt der Blick den Gipfelkranz über dem Morteratschgletscher von der Bellavista bis zum Piz Morteratsch, überragt von der 4049 m hohen Bernina.

Pontresina, 1806 m, Hauptort des Val Bernina und Kur- und Ferienort mit verschiedenen sehenswerten Baudenkmälern. Das hier einmündende Val Roseg ist zur alpinen Ruhezone erklärt und für jeglichen Kraftverkehr gesperrt. Besonders lohnend ist eine Wanderung durch das schöne Tal mit vergletschertem Talschluß zur *Tschiervahütte,* 2586 m, vorbei am Hotel Roseg, in 4 Stunden von Pontresina aus erreichbar.
Bei Samedan oder Celerina wird die Inntalstraße erreicht.

Oberengadin – Zernez bis Maloja – und Bergell

Als ein von der Witterung besonders begünstigtes Hochtal erweist sich das

Oberengadin von Zernez bis zum Scheitelpunkt des Malojapasses, der von dieser Seite kaum einer Paßstraße ähnelt. Das breite Sonnental wird von Languard- und Berninagruppe im Osten, im Westen von den Gipfeln der Albulagruppe flankiert.

Zernez, 1472 m, liegt an der Einmündung der Ofenpaßstraße in die von Susch ankommende Talstraße. Talaufwärts gelangt man zum abseits des Hauptverkehrsweges gelegenen, mit stilreinen, sgraffitogezierten Häusern ausgestatteten Ort *Cinuos-chel,* 1613 m. *S-chanf,* 1662 m, *Zuoz,* 1716 m, und *Madulain,* 1697 m, sind Ferienorte mit alten Engadiner Häusern und anderen sehenswerten Baudenkmälern. Bei *La Punt* und *Chamues-ch,* 1700 m, Sommerfrischen und Wintersportorte, zweigt die Paßstraße zum Albulapaß (2312 m) ab, der noch gesondert erwähnt wird.

Bever, 1708 m, ist Bahnknotenpunkt, hier mündet die Albulalinie der Rhätischen Bahn ein. Der Ferienort **Samedan,** 1722 m, in großräumigem Wintersportgebiet gelegen, ist zugleich Touristenstandort für Unternehmungen in den Bergen sowohl der Berninagruppe (Straßenabzweig nach Pontresina), als auch der Albulagruppe und in den nahegelegenen Kur-, Erholungs- und Wintersportgebieten von St. Moritz oder Silvaplana.

St. Moritz, 1822 m, internationales Kur- und Wintersportzentrum, erreicht man über *Celerina,* 1730 m. Ob es sich um den romanischen schiefen Turm handelt oder das reichhaltig ausgestattete Engadiner Museum, die aus mehreren Ortsteilen bestehende Gemeinde weist viele Sehenswürdigkeiten auf. Als besonderes Ausflugsziel ist der *Piz Nair,* 3057 m, mit Stand- und Kabinenseilbahn bequem zu erreichen, ein hervorragender Aussichtspunkt mit Blick zur Berninagruppe und auf die nahen Gipfel der Albula. Der See von St. Moritz ist der südlichste einer sich über viele km erstreckenden Seengruppe, die noch Champfer See, Silvaplaner See und den Silser See als größten einschließt.

Silvaplana, 1815 m, Kur- und Wintersportort, liegt zwischen Champfer See und Silvaplaner See am Straßenabzweig zum Julierpaß. Eine Kabinenseilbahn, deren Talstation auf einer Stichstraße erreicht wird, führt in 2 Sektionen zum nahe dem *Piz-Murtel-*Gipfel gelegenen Aussichtspunkt in 3303 m Höhe. Dort genießt man einen hervorragenden Ausblick auf Piz Bernina und benachbarte Gipfel, sowie einen ungewöhnlich weiten Rundblick. Über die am Westufer des Silvaplaner und Silser Sees verlaufende Straße und am Ort Sils vorbei gelangt man zur Scheitelhöhe des *Malojapasses,* 1815 m. Die Straße senkt sich in vielen Kehren in das Tal der Mera, deren Lauf sie folgt, flankiert von den Gipfeln des Bergell. Bei *Casaccia* mündet die heute verfallene Römerstraße des Septimerpasses ein, markiert von einem viereckigen Wachtturm. Talabwärts, bei *Pranzeira,* 1190 m, kann man mit einer Kabinenseilbahn zum Lago dal'Albigna, 2100 m, einem landschaftlich besonders reizvollen Stausee, gelangen. Der vergletscherte Talschluß wird seitlich von der Cima di Castello (3382 m) der Disgraziagruppe überragt. Unterhalb des Turmes bei *Castelmur* ist noch ein kurzes Teilstück der alten Römerstraße zu sehen.

Soglio, 1088 m, auf einem Plateau abseits des Hauptverkehrsweges gelegen, gewährt einen hervorragenden Blick auf die Steilabstürze des Piz Badile. Hinter dem Ort *Castasegna* wird die italienische Grenze erreicht. Bei Chiavenna vereinigen sich Maloja- und Splügenpaßstraße.

Splügen-, Julier- und Albulapaß, Chur – Arosa

Mit dem Straßenverlauf des Splügenpasses und dem Rheintal wird die

Palpuogna-See und Albulapaß ▷

Piz d'Arpiglias von Macun

Grenzzone zwischen Ost- und Westalpen im westlichen Graubünden erreicht.

Splügenpaß, 2115 m. Vom breiten Tal der Mera bei Chiavenna auf italienischem Staatsgebiet ausgehend – Straßenabzweig Malojapaß – tritt die Straße zum Splügenpaß in das S.-Giacomo-Tal ein. Einige kleinere Orte markieren Streckenabschnitte des windungsreichen Straßenanstieges bis *Campodolcino,* 1086 m, wo eine Gondelbahn zur *Alpe Motta,* 1719 m, hinaufführt. Weiter am östlichen Hang ansteigend, gelangt man nach *Pianazzo,* 1399 m. Hier zweigt eine 2 km lange Zufahrtstraße zum Luftkur- und Wintersportort *Madesimo,* 1534 m, ab. Die 260 m hohen Scaloggia-Wasserfälle bilden einen Schwerpunkt in diesem landschaftlich reizvollen Streckenabschnitt, der von hervorragenden Ausblicken in das Tal mit dem Ort Isola gekennzeichnet ist. Ein Tunnel und insgesamt 3 Galerien markieren den weiteren Anstieg der Straße in zahlreichen Kehren zur Stüetta-Hütte, 1870 m, an einer Häusergruppe vorbei und aufwärts mit Blick auf die Staumauer des Lago di Montespluga. Am östlichen Ufer entlang gelangt man zur italienisch-schweizerischen Grenze und erreicht schließlich die *Splügenpaßhöhe,* 2115 m. Die Talfahrt eröffnet gelegentlich schöne Ausblicke, unter anderem zum Surettahorn, 3027 m, und, von den letzten Kehren vor Erreichen des Ortes Splügen (1457 m), Tiefblicke in das Tal des Hinterrheines. Beim malerischen Ort Splügen mündet die Straße in die vom S. Bernardino herabkommende Verkehrsverbindung ein und folgt dem Flußlauf des Hinterrheines. Ein Tunnel, das sogenannte Rheinwaldtörli, und die Roflaschlucht mit rauschendem Wasserfall bilden Schwerpunkte der Talfahrt nach *Zillis,* 993 m. Von hier sollte man nach Möglichkeit die alte Straße durch

Umbrailpaßhöhe (2502 m) und Livignoberge von Dreisprachenspitze

die großartige *Via Mala,* die wildromantische Schlucht des Hinterrheines, wählen. Es lohnt sich, an bezeichneter Stelle die mehr als 200 Stufen zu einer Felsengalerie mit charakteristischem Ausblick hinabzusteigen. Unmittelbar nach Verlassen der Schlucht wird *Thusis,* 722 m, erreicht. Über *Reichenau,* 603 m, wo Vorder- und Hinterrhein sich vereinigen, gelangt man zur alten Bischofsstadt Chur.

Chur, 596 m, ist die Hauptstadt Graubündens. Zahlreiche Sehenswürdigkeiten aus römischer und karolingischer Zeit wie aller nachfolgenden Epochen liegen hier nahe beieinander.

Arosa, 1800 m, Kur- und Wintersportzentrum von internationalem Rang, ist am Ende einer von Chur ausgehenden und die Orte Lüen, St. Peter, Langwies u. a. berührenden Straße in landschaftlich großartigem Talschluß gelegen, vom Aroser Rothorn, 2980 m, und anderen Gipfeln überragt. Arosa ist vor allem wegen seines Heilklimas bekannt. Obersee, 1740 m, und Untersee, 1694 m, sind heute in das Ortsbild einbezogen. Besonders lohnende Ausflugsziele sind das *Weißhorn,* 2653 m, mit einem hervorragenden Rundblick und das Hörnli, 2497 m, beide mit Kabinenseilbahnen zu erreichen.

Lenzerheide, 1551 m. Die Verkehrsverbindung von Chur nach Tiefencastel, als Ausgangspunkt der Straßen über den Julier- und den Albulapaß, steigt, unter anderen die Orte Bad Passugg (830 m), Churwalden (1299 m) und Parpan (1493 m) berührend, zum Sattel der Lenzerheide bis auf 1551 m an. Von dort blickt man auf das Lenzerhorn, 2906 m. In Lenz, 1314 m, zweigt die Straße nach Davos durch die »Züge« ab. In einigen zum Teil weitausholenden Kehren wird Tiefencastel, 887 m, erreicht.

Champfer See bei Silvaplana mit Disgraziagruppe

Wer in den Sommermonaten zwischen den beiden Bergpässen zu wählen hat, die Tiefencastel mit dem Engadin verbinden, wird sich von der landschaftlichen Vielfalt her für den Albulapaß, 2312 m, entscheiden. Die schnellere und im Ausbau bessere Verkehrsverbindung dagegen verläuft über den Julierpaß, 2284 m.

Albulapaß, 2312 m. Die Straße zweigt in Tiefencastel in östlicher Richtung ab und steigt am nördlichen Ufer des Albulaflüßchens über *Surava,* 960 m, mit einer auf dem Berge aufragenden Burgruine, nach *Filisur,* 1083 m, an. Von dieser Teilstrecke gewinnt man hervorragende Ausblicke auf die kühnen Viadukte der Albulabahn über den Schmittentobel und die Landwasserschlucht. Die Burgruine Greifenstein markiert die Lage des Ortes. Während der ersten Teilstrecke hat man Gelegenheit, Piz Kesch, 3417 m, und Piz Üertsch, 3273 m, in der Ferne zu erblicken. Schöne Engadiner Häuser zieren das Ortsbild des Luftkur- und Wintersportortes *Bergün,* 1367 m, im landschaftlich reizvollen Hochtal gelegen, das sich hinter der wilden Talenge am »Bergüner Stein« öffnet. Der weitere Anstieg wird von den großartigen Anlagen der Albulabahn mitgeprägt, die nahe *Preda,* 1792 m, in drei Kehrtunnels die Steigung überwindet. Bei Preda fährt die Bahn in den Tunnel ein, der – 6 km lang – im Val Bever, weit entfernt von der östlichen Straßenrampe, austritt. In Kehren steigt die Straße zum Palpuogna-See und weiter bis zur Scheitelhöhe des *Albulapasses,* 2312 m, zu Füßen des Piz Üertsch. Wie auf vielen Schweizer Paßübergängen wurde in früherer Zeit auch hier an der Scheitelstrecke ein Hospiz errichtet. Der relativ kurze Abstieg in das Engadin gewährt den Ausblick zu verschiedenen Gipfeln der Albulagruppe und später zu den über dem Engadin aufragenden Bergen der

Grosina-Alpen von der Berninastraße

Languardgruppe. Bei La Punt mündet die Straße in die Verkehrsverbindung Zernez – Samedan ein.

Julierpaß, 2284 m. Weniger wildromantische Eindrücke, wie sie die Albulastraße zuweilen vermittelt, als vielmehr überwiegend liebliche Landschaftsbilder begleiten den nördlichen Straßenanstieg des Julierpasses bis zum Marmorera-See. Reizende Orte, wie Cunter (1182 m), Savognin (1208 m; mit Sessellift zur Bergstation Somtgant, 2200 m, über Trigignas, 1700 m), Tinizong (1232 m), Mulegns (1486 m) und Furnatsch (1538 m) markieren Teilabschnitte des Straßenverlaufs. Der *Marmorera-Speichersee,* 1680 m, weist eine Länge von nahezu 3 km und eine Breite bis zu 850 m auf und dient der Stromversorgung von Zürich. Die Paßstraße verläuft zunächst fast eben am Ostufer des Sees entlang, um anschließend zum Ort *Bivio,* 1769 m, anzusteigen. Das lateinische Wort bivium bedeutet Scheideweg und kennzeichnet den Abzweig der Römerstraße über den heute verfallenen Septimerpaß (2310 m). Zu jener frühen Zeit und im Mittelalter besaß dieser Übergang hervorragende Bedeutung. Heute ist der Septimerpaß nur noch als Saumpfad zu benutzen. Für die Wanderung nach Casaccia im Bergell, am verfallenen Hospiz vorbei, benötigt man 4 Stunden. Aufgrund seiner verkehrstechnisch günstigen Lage empfiehlt sich Bivio als Ausgangspunkt für Touren, Wanderungen und Skiabfahrten. In Kehren und zwischengeschalteten geraden Steigungsabschnitten wird die *Julierpaßhöhe,* 2284 m, erreicht. Da keine unmittelbare Gefährdung des Kraftfahrzeugverkehrs durch Lawinen zu verzeichnen ist, wird die Paßstraße – zeitweilige Sperre möglich – auch im Winter offengehalten. Zwei römische Säulen markieren die Scheitelstrecke. Während der Abfahrt in das Engadin, bei

Silvaplana einmündend, eröffnen sich hervorragende Ausblicke, so unter anderem auch zu den vergletscherten Gipfeln der Berninagruppe, die mit dem 4049 m hohen Piz Bernina die höchste Erhebung des östlichen Alpenraumes aufweist und gleichzeitig zu der besonderen Charakteristik des Landschaftsbildes in den Westalpen überleitet. Die von mehr als 50 Viertausendern geprägten Westregionen entziehen sich als Superlative dem direkten Vergleich mit den östlichen Gebieten, deren Vorzüge vielmehr in ihrer großen landschaftlichen Vielfalt zu sehen sind.

Die Berge allein bestimmen das Landschaftserlebnis in allen Alpenregionen, von den wiesenbegrünten Kuppen und bizarr geformten Kalkfelsen – Phantasiegestalten alpenländischer Sagenwelt – bis hin zur majestätischen Erscheinungsform der eis- und firngekrönten Gipfel.

Piz Of (3246 m) von Berninapaßstraße

ORTSREGISTER

Kursive Zahlen verweisen auf Abbildungen

A

Abfaltersbach 270, 285
Absam 124, 202
Abtei (Badia) 299
Abteital 298f.
Abtenau 90, 98f., 102
Achenkirch 124, 134
Achensee 121, 124, *130*, 134ff.
Acherkogl *186*
Adamello-Brenta, Naturpark 311
Adamello-Gruppe 312, 324, *330*
Adamello-Presanella-Gruppe 321ff., *328*, 329ff.
Admont 90, 95
Aflenz – Kurort 254, 259
Aguntum (bei Lienz) 271, 284
Ahornbahn 207
Ahornboden, Kleiner 136
Ahornboden, Großer 136
Ahrntal 199, *207*, 212
Aigen 94, 238, 244
Aineck 238
Ainet 231
Alberschwende 162, 169f.
Albonagrat 163, 173
Albulagruppe, südl. 359
Albulapaß 359, *370*, 374f.
Aljazhaus 271, 278
Alleghe 290, 300
Allgäuer Alpen 140ff., 145, 148ff.
Alpe Campo 358, 368
Alpe Motta 359, 372
Alpenrose (Gh), Penser Joch 310, 315
Alpenstraße (Taubensee) 108
Alpe Venegia *298*
Alp Grüm 358, 368
Alpspitze *137*
Altach 162
Altaussee 90, 97
Altausseer See 96
Altenmarkt 95
Althofen 254, 266
Amberger Hütte 196
Amertal 228
Ammererhof, Naturfreundehaus 219
Ammergebirge 145, 146, 158f.
Amtsäge (Gh) 125, 137
Andalo 310, 320
Andelsbuch 162, 170
Andraz 290, 300
Andrian (Andriano) 344
Angereralm 109
Ankogelgruppe 219
Annaberg 90
Annenheim 278
Anras 285
Antholzer Tal 234, *281*
Antholz (Rasun-Anterselva) 218, 234
Appiano s. Eppan
Aprica 324, 334
Apricapaß 332ff.
Arabba 290, 299
Arco 310, 318
Arlberg 147, 156
Arlbergpaß 164
Arnbach 270, 285
Arosa 358, 373
Arthurhaus 108, 120
Arzl 182, 190
Aschau 114f., 202, 207
Aschau-Hippach-Höhenstraße 202
Aßling 284f.
Astenberg 109, 116
Astfeld (Campolasta) 310, 315
Attersee 100f.
Au 162, 170
Auer (Ora) 305, 310, 316
Aurach 202
Aurach, Wildpark 325
Auronzo di Cadore 290, 296
Außergschlöß 219, *227*, 228
Außervillgraten 270, 285
Axams 182, 188

B

Baad 144, 152
Bad Aussee 90, 96
Bad Fusch 231
Badgastein 218, 226
Bad Goisern 90, 97
Bad Hofgastein 218, 226
Bad Hopfreben 162, 170
Badia s. Abtei
Bad Ischl 90, 97
Bad Kleinkirchheim 238, 250
Bad Mitterndorf 90, 96
Bad Oberndorf 144, 150
Bad Ragaz 162
Bad Reichenhall 108, 112
Bad St. Leonhard im Lavanttal 250, 254, 266
Bad Tölz 124, 133
Bad Wiessee 124, 132
Bärenkopf 124
Balzers 162
Barwies 124, 139
Bayrischzell 124, 130f.
Berchtesgaden 108, 112
Berchtesgadener Berge 109
– Land 104ff., 111f.
Bergamasker Alpen 321ff., 325, 332
Bergamo 334
Bergell 359, 369f.
Bergen 115
Bergeralm 219, 228
Bergün 358, 374
Berliner Hütte 202
Bernhardseck (Whs) 145, 154
Bernina *21*, 354ff.
Berninagruppe 359
Bernina-Paßhöhe 358
– Paßstraße 367f., *368*
Bettelkarspitze *136*
Bever 358, 370
Bezau 162, 170
Biberacher Hütte 162
Biberwier 144, 158
Bieberalm 108
Bieler Höhe 163, 164, 172
Bischlinghöhe 91, 102
Bischofshofen 90, 102, 218, 227
Bischofswiesen 108, 112
Bivio 358, 375
Bizau 170
Bled 270, 280
Bleiberg ob Villach 270, 282
Bleiburg 270, 275
Blons 170
Bludenz 162, 170
Bludesch 162
Blühnbachtal 91, 102, 120
Bluntautal 102f.
Böckstein 218, 226
Bodenbauer (Alpengh.) 254, 259
Bodenbauer (Whs) 270, 277
Bodensdorf 278
Bohinjsko-See 271, 278
Bolzano s. Bozen
Bozen (Bolzano) 290, 304f.
Bormio 338, 352
Brand 170
Brandberg 202, 208
Brandberger Kolm *206*
Brandenberg 124, 132
Brandenburger Haus 183, 195
Brannenburg 131
Brauneck 124
Braunschweiger Hütte 182, 190
Bregenz 162, 169
Bregenzer Wald 163, 168ff.
Breitach 140f.
Breitachklamm 144, 150
Brennerpaß 185
Breno 324, 332
Brentagruppe 306ff., *307*, *312*
Breslauer Hütte 183, 195
Bressanone s. Brixen
Breter Wand *276*
Brixen (Bressanone) 202, 214, 290, 303
Brixlegg 202, 214
Bruck 218, 224, 231
Bruck a. d. Muhr 254, 258
Brüggelekopf 162, 170
Bruneck (Brunico) 290, 298
Brunico s. Bruneck
Brunnsteinhaus 124
Brusio 367
Buchauer Sattel 90, 95
Buchboden 162f., 170
Bucheben 226
»Bucklige Welt« 256
Bürgeralm 254
Bürgeralpe 254, 260
Burgeis (Burgusio) 338, 350
Burgusio s. Burgeis
Busazza *236*

C

Cadore 295ff.
Caldaro s. Kaltern
Campo Carlo Magno 310
– Paß 312
Campocologno 358, 367
Campodolcino 358, 372
Campolasta s. Astfeld
Campolungo-Paß 291, 299
Canale d'Agordo 300
Canazei 290, 302, 339
Capo di Ponte 324, 332
Caprile 300
Carbonin s. Schluderbach
Carces s. Kartsch
Care Alto, Tione *331*
Carisolo 330
Casaccia 370
Castasegna 370
Castellaccio *332*
Castella-Fanis-Gruppe *299*
Castellbello s. Kastellbell
Castell Poggio *332*
Castelmur 370
Castelrotto s. Kastelruth
Castro 324, 332

Cavalese 290, 300
Cedegolo 324, 332
Celerina 358, 370
Cencenighe 300
Certosa (Karthaus) 193
Cevedale-Hütte 352
Chamanna Tuoi 163, 177
Champfer See 370, *374*
Chamues-ch 370
Chiareggio 358, 367
Chiavenna 358, 370
Chiemgauer Berge 105, 109, 113ff.
Chienes s. Kiens
Chiesa Valmalenco 358, 366
Chiusa s. Klausen
Chur 358, 373
Churburg *352*
Churwalden 358, 373
Ciampinoi 291, 304
Ciardes s. Tschars
Cima d'Ambrizzola *77*
Cima Bianca 339, 353
Cima di Cadi 324, 331
Cima Viola *362*
Cime Val Spalmo *362*
Cinous-chel 370
Cles 310, 317
Cogolo 352
Col Druscie 290, 296
Colfosco s. Kolfuschg
Colle Isarco (Gossensaß) 197
Compatsch 162
Concarena *330*
Corna 332
Corno d'Aola 331
Cortenedolo 324, 334
Cortina d'Ampezzo 290, 296
Corvara in Badia 290, 299
Crast Agüzza *369*
Creto 324, 329
Croz dell'Altissimo 320
Cunter 375
Curon s. Graun

D

Dachsteingebiet 98ff.
Dachsteinmassiv 91, 92
Dachsteingruppe *92*
Dalaas 162, 173
Damüls 162, *169*, 170
Darfo 332
Davos 162, 166, 176
Defereggental 229
Degerndorf 124, 131
Dellach i. Drautal 270, 284
Deneck *244*
Deutschfeistritz 254, 263
Deutsch-Griffen 250
Diavolezza bei Pontresina 339
Diavolezza-Haus 359, 369
Dienten *115*, 120
Dientner Berge 105, 119f.
Dientner Sattel 120
Dimaro 324, 330
Disgrazia 354ff.
Disgraziagruppe 359, *374*
Diedamskopf 162
Dobbiaco s. Toblach
Döbriach 248f.
Döllach 218, 232
Dölsach 284
Dolomiten 286ff., 291
Donnersbach 238, 244
Dorf Dienten 108
Dorf Gastein 218, 226
Dornbirn 162, 169
Doss Capello 291, 300
Drautal 220, 282ff.
Dreisprachenspitze 338, 349f.
Drei Zinnen *295*
Dresdener Hütte 183, 196
Dr.-Friedrich-Oedl-Haus 102
Drischlhütte 145
Dristner *206*
Dürrenstein 251, 255
»Durch den Stein« 90
Durlaßboden-Speicher 202f., 208
Durnholz (Valdurna) 315
Durnholztal 315
Durnholzer See 310, 315

E

Ebene Reichenau 238, 250
Ebensee 90
Eberndorf 276
Eberstein 254, 266
Edelrautehütte 238, 246
Edelsberg 150
Edelweißhütte 145
Edelweißspitze 231f., *233*
Edolo 324, 332
Eggen 231
Eggental 305
Ehrwald 124, 139
Eibsee 125, 139
Eidechsspitze *208*
Einödsbach 144, 152
Eisacktal 197
Eisenerz 254, 258, *261*
Eisenerzer Alpen 251ff., 255, 257ff., *261*
Eisenkappel 270, 276
Eisenkappeler Hütte 270, 276
»Eisriesenwelt« 91, 102
Elbigenalp 144, 154
Ellmau 108, 115f.
Elmen 144, 154
Engadiner Alpen 354ff., 363ff.
Enns 86, 240
Ennstal 94ff., 243ff.
Enzianhütte 338, 346
Enzingerboden 224
Eppan (Appiano) 310, 316f.
Erlauf 260
Erlaufsee 254, 260
Erpfendorf 116
Erzberg 251ff., 258, *261*
Erzherzog-Johann-Klause 124, 132
Etschtal 316f.
Ettal 158
Ettensberg 144, 149

F

Faak am See 270, 277
Falcade 290, 300
Falkenstein 144
Falzaregopaß 290, 296
Faschina 162, 170
Faschinajoch 162, 164
Fassatal 300, *304*
Fedaiapaß 300
Fedaiasee *78*, 291, 302
Feichten 182, 190
Felbertauernstraße 227ff.
Felbertal 220, 228
Feldkirch 162, 170
–, Wildpark 325
Feldkirchen in Kärnten 270, 278
Fellhorn 144, 150
Ferlach 270, 276
Ferleiten 218, 231
Ferleitental 231
Fernpaß 145, 147
Fernstein (Schloß) *153*
Fernsteinsee *153*, 157f.
Fieberbrunn 108, 118
Filisur 358, 374
Filzen-Alm 202
Filzensattel 120
Filzmoos 90, 100
Finkau (Whs) 202f.
Finkenberg 202, 208
Fischen 144, 150
Fischhausen 131
Fischleintal 296
Fiss 188
Flattach 218, 232
Flattnitz 238, 248, 250
Flattnitzer Höhe 241
Flexenpaß 147, 156, 164
Flexenpaßstraße *157*
Flirsch 157
Floitengrund 208
Flüelapaß 163, 174
Flüelapaßstraße 166, 176
Fontanella 162
Foppolo 324, 334
Forcola di Livigno 358, 364
Fragant 218
Franz-Josephs-Höhe 232
Frauenalpe, Gipfel 238f.
Freibach-Stausee 270, 276
Friedrich-Haller-Haus 255, 262
Friesach 250
Frohnleiten 254, 263
Fügen 202, 206f.
Fürstenstand 255, 264
Frassenhaus 163
Fronhausen 139
Füssen 144, 150
Fuldera 364
Fulpmes 182, 196
Furkajoch 162, 170
Furkelhütte 338, 349
Furnatsch 375
Furtschagl-Haus 202
Fusch 218, 231
Fuschertal 220
Fuschl am See 90, 101
Fuschlsee *96*, 100f.

G

Gablonzer Hütte 98
Gadertal 298f.
Gailbergsattel 281
Gailtal 280ff.
Gailtaler Alpen 271, 272, 280ff.
Galtür 162, 173
Gampenjoch 310, 340
– straße 317
Gardasee 306ff., 307, *317*f.
Gargellen 163, 172
Gargnano 310, 318
Garmisch-Partenkirchen 124
Garnitzentörl 271, 282
Gaschurn 162, 172
Gasteiner Tal 220, 226
Gatterl 139
Gaviapaß 352f.
Gaviapaßstraße 352
Geislacher Kogl 183
Gefrorene-Wand-Spitzen *199*
Gehrenspitze *150, 152*
Gemeindealpe 254, 260
Genovatal 312
Gepatschhaus 182, 190
Gepatschspeichersee 190
Gerlitzen 271
Gerlos 202, 208
Gerlosstraße 199, 218
Gerlossteinhütte 202
Gerola Alta 324, 334
Gerstruben 144, 152
Gesäuse 90, 95, 101
Gesäuseberge 91
Gesäuse-Eingang *98*
Giebelhaus 144
Ginzling 202, 208
Gleinalpe 255, 256, 262ff.
Gleinalpenhaus 255, 264

Glieshöfe 182
Glocknerblick 219, 231
Glocknergruppe 219, *222*
Glödnitz 238, 250
Glorenza s. Glurns
Glurns (Glorenza) 338, 350
Gmünd 202, 208
Gmünd (Maltatal) 218, 233
Gmunden 90, 97f.
Gnesau 238, 250
Gößl 96
Gollinghütte 238, 244
Görtschitztal 264
Göstling a. d. Ybbs 254, 260
Götzis 162
Going *115*, 116
Goldberggruppe 219
Goldeck 271, 284
Goldegg 226
Golling 90, 102, 120
Gosau 90, 98
Gosaukamm 92
Gosausee 98
Gossensaß 197
Gossental 182
Gotschnagrat (Whs) 163, 174
Grainau 124, 139
Gramai-Alm 124, 137
Granatspitzgruppe 219
Gratwein 254, 264
Graun (Curon) 338, 351
Graz 254, 264
Greifenburg in Kärnten 270, 284
Gries (Brennerstraße) 182, 197
Gries (Sellrain) 182, 196
Gries (Sulztal) 183
Griffen 270, 276
Grimming 91, 95ff., *242, 243*
Gröbming 238, 244
Grödner Joch 291, 299
Grödner Tal 303
Grohmannspitze *303*
Grosina-Alpen *355, 375*
Grosio 338, 353
Grosotto 353
Großarl 218, 226
Großes Walsertal 163, 164, 168ff.
Großglockner 15, *220*
– mit Pasterze *223*
Großglockner-Hochalpenstraße 219, 231ff.
Grubigsteinhaus 145
Grünau 98
Grünau i. Almtal 90
Grünau i. Almtal, Wildpark 325
Grüner See 254
Grünseehütte 338, 344
Grüntenhaus 144, 149
Grüsch 162, 174
Grundlsee 87, 96
Gschnitz 182, 197
Gschnitztal 184, *197*
Geschößwandhaus 202
Gstatterboden 90, 95
Guarda 177
Gurglerkamm *192*
Gurk 238, 250
Gurktal 250ff.
Gurktaler Alpen 235ff., 240
Gußwerk 254, 259
Guttaring 254, 266

H

Habachtal 220, 224
Häselgehr 154
Häuslalm 108
Hafelekarspitze 125
Hafling 307
Hafnergruppe 219
Hagengebirge 105, 109, 119f.
Hahnenkamm 145, 203, 214
Hahnspielhütte 290, 295f.
Hahntennjoch 145, 147, 154
Haideralm 338, 351
Hallein 90, 103
Haller Mauern 91, *258*
Hallstätter See 87, 98
Hallstatt 90, 98
Hallthal 125, 137
Hans-Berger-Haus 109
Hartkaser 109, 115f.
Haunoldhütte 290, 295
Heiligenblut 218, 232
Heiligkreuz *294*
Heiterwang 144, 158
Heiterwanger See 158
Hermagor 270, 282
Hermagor, Wulfenia – Schong. 325
Herzogstandhäuser 124, 134
Hieflau 90, 95, 257f.
Himmelberg, Schloß Biberstein *243*
Hindelang 144, 150
Hinterbichl 229
Hintereggerhütte 90, 95
Hintere Tofana *296*
Hintermoos 119
Hinterriß 124, *136*
Hintersee 108, 113, 218
Hintersteiner See 109
Hintertal 108, 119
Hinter-Thiersee 131
Hintertux 202, 208, 339
Hippach 202, 207
Hirnkopf 239, 250
Hirschbergalm 162
Hirschbichl 108, 113, 118
Hirschegg 144, 152
Hirschwang 261f.
Hittisau 162, 170
Hochfelln 109
Hochfilzen 118
Hochfinstermütz 189
Hochgall 234
Hochgolling *240*
Hochgrubachspitze *208*
Hochgurgl 182, 195
Hochjochhospiz 183
Hochkaltergruppe *113*
Hochkarschutzhaus 255, 260
Hochkönig 105, 109, 119f.
Hochkreut, Wildpark 325
Hochmuter 338
Hochschneeberg 255, 262
Hochschwab 251ff., 255, 257ff.
Hochsölden 182, 194
Hochtannbergsattel 164
– paß 145, 162, 170
Hochweißsteinhaus 271, 281
Hochwurzen 238, 244
Hochzeigerhaus 182, 190
Höllengebirge 87
Höllental (Raxalpe) 261
Höllentalklamm 125, 139
Hofgasteiner Haus 219
Hofmannshütte 232
Hohe Gaisl *294*
Hohe Munde *138*
Hohe Mut 183
Hohenems 162
Hohenschwangau 150
Hohentauern 238, 246
Hohenzollernhaus 182
Hoher Göll *120*
Hohe Tauern 215ff.
Hollersbach 218, 224
Hollersbachtal 220
Holzgau 144, 154
Holzleiten 140
Hopfgarten (Brixental) 202, 214
Hopfgarten i. Defereggen 218, 229
Hotel Enzian 338
Huben 182, 194, 218, 228
Hüttau 218
Hütte 118
Hüttenberg 254, 264
Hüttwinkeltal 226
Hunerkogel 91

I

Id-Alpe, Alpenhaus 163, 173
Igelsee 125, 139
Igls 212
Immenstadt 144, 149f.
Imst 144, 157, 182, 188
Incisioni Rupestri, Nationalpark 324, 332
In der Au (Whs) 202
In der Eng 125, 136
Innerberg 170
Innergschlöß 228
Innervillgraten 270, 285
Innichen (San Candido) 290, 295
Innicher Eck 298
Innsbruck *179*, 182, 188
Inntal *138, 139*, 179, 186ff., 212f.
Inzell 108, 114
Irdning 94, 238, 244
Ischgl 162, 173
Iseltal 221
Iselsberg 218, 219, 232
Iseo 324, 332

J

Jachenau 124, 134
Jagdhof Schloß Fuschl, Wildpark 325
Jamtalhütte 163
Jaufenpaß 185, 196
Jauntal 275ff.
Jenbach 202, 214
Jenner 108
Jennergipfel 113
Jerzens 182, 190
Jesenice 270, 280
Jochberg 202
Johannisberg *231*
Johnsbach im Gesäuse 90, 95
Josefsberg 255, 260
Josefstal 124, 131
Josertal 259
Judenburg 238, 248
Julierpaß 359, 375f.
Julische Alpen 271, 272, 278ff.

K

Kärtner Seen 267ff.
Kaiserbachtal 116
Kaiserburg (Whs) 239, 250
Kaisergebirge 105, 109, 115f., *119*
Kaiserklamm 132
Kaisertal 115
Kalkkögel *190*
Kals 218, 231
Kalser Tal 221, 229
Kaltenbach 202, 207
Kalterer See 310, 316
Kaltern (Caldaro) 310, 317
Kammer-Schörfling 101
Kampenwand 109
Kanzelwand 144, 152
Kapellalpe 163, 173
Kapellen 254, 261
Kapfenberg 254, 259
Kappl 162, 173
Kaprun 218, 224, 339
Kapruner Tal 220
Karawanken 271, 272, 275ff.
Karersee 291, 305
Karerpaß 291, 305
Karlsbader Hütte 271, 284
Karnische Alpen 271, 272, 280ff.

Karthaus (Certosa) 193
Kartitsch 285
Kartitscher Sattel 285
Kartsch (Carces) 348
Karwendel, Ahornböden 325
Karwendelgebirge 125, 126, 136ff.
Karwendelhaus 125, 137
Karwendelspitze, westliche 124, 136
Kasereck *240*
Kasern 202, 212
Kastelbell (Castelbello) 338, 346
Kastelruth (Castelrotto) 290, 304
Katrinalm 90f.
Katschberg 240, 247
Kaunertal 184, 190
Kauns 190
Kehlsteinhaus 108, 112
Kematen (Pfitscher Tal) 202, 210
Kematen (Sellrain) 182, 188
Kiefersfelden 108
Kiens (Chienes) 290, 302f.
Kirchbach 270, 282
Kirchberg (Brixental) 202, 214
Kirchdorf 116
Kirchenthal 116
Kitzbühel 202, 214
Kitzbüheler Alpen 198ff., 203
Kitzbüheler Horn 203
Kitzlochklamm 224
Kitzsteinhorn 218
Klagenfurt 270, 278
Klagenfurter Hütte 270f., 277
Klausberg 203, 212
Klausen (Chiusa) 290, 303
Klausjungerkopf 182, 189
Kleines Walsertal 146, 152, *158*
Klein Glödnitz 250
Klein St. Paul 254, 266
Klein-Stübing, Freilichtmuseum 255, 263
Klippitztörl 256
Klippitztörlhaus 255, 264
Klippitztörlpaß 266
Klockerin *228*
Klockerinkees *228*
Klösterle 162, 173
Klosters 162, 174
Klostertal 163, 164, 172f., *177*
Klostertaler Egghorn *174*
Knittelfeld 238, 248
Kochel 124
Kochelsee 121, *128, 131*
Köllenspitze *150*
Kölnbrein-Stausee 233
Königsleiten 203
Königssee 104f., 108, 112f.
Königsspitze a. d. Suldental *8*
Körbersee 162
Kössen 108, 114
Kötschach-Mauthen 270, 281f.
Kolbnitz 233
Kolfuschg (Colfosco) 290, 299
Kolm-Saigurn, Naturfreundehaus 226
Koralpe 255, 256, 264ff.
Koralpenhaus 255, 266
Koschuta-Hütte 270, 276
Krahberg 188
Kramsach 202, 214
Kranjska gora 270, 280
Kreuzbergsattel 290, 296
Kreuzeckgruppe 271, 273, 282ff.
Kreuzeckhaus 125, 139
Kreuzkamm *184*
Kriegerhorn 145, 156
Krimml 218, 223f.
Krimmler Wasserfälle 218, 224, *226*
Krinner-Kofler-Hütte 125, 136
Kronplatz 291, 298
Krumpendorf 270, 278
Kruppenstein 91
Kuchl 90, 103
Küblis 162, 174
Kühnsdorf 276
Kühtai 183, 195f.
Kühtaile 194
Kühtaisattel 194, 196
Kürsinger-Hütte 218, 224
Kufstein 108, 115
Kuhgrat 174
Kundl 202, 214
Kurzhof 182, 193

L

Laas (Lasa) 338, 348
Laatsch (Laudes) 350
Laces s. Latsch
Lackenhof 254
Ladis 188
Längenfeld 182, 194
Lärmstange *210*
Lago dal'Albigna 359, 370
Lago dell'Avio 324, 332
Lago Bianco 339, 353
Lago del Careser 338f., 352
Lago d'Iseo 331f.
Lago di Ledro 318
Lago Malga Bissina 324, 329
Lago di Molveno 310, *318*, 320
Lago di Pian Palu 338, 352
Lago di Poschiavo 367
Lago di S. Giustina 310, 317
Lago di Tovel 310, 317
Lammertal 102
Lammersdorfer Alm 271, 283
Lamprechtsofenhöhle 108, 116
Lana 338, 344
Landeck 144, 147
Landeck 182, 188
Landl 131, 254, 260
Landquart 162, 174
Lanersbach 202, 208
Langkofelgruppe *71, 303*
Langtalereckhütte 183
Langtauferer Tal 184, 189
Languardgruppe 359, 366
La Punt 358, 370
Laresgletscher *331*
Lasa s. Laas
Lassing 244
Latemar *292*
Laternser Tal 162
Latsch (Laces) 338, 346
Latschurgruppe 271
Lavant (bei Lienz) 271, 284
Lavanttal 266
La Villa s. Stern
Lavin *176*
Lawinenstein 90
Lech 144, 154, 166
Lechtal *146*f., 164
Lechtaler Alpen 140ff., 145, 153ff., 163
Lend 218, 226
Lendorf, Gelbe Alpenrose – Schongebiet 325
Lenggries 124, 134
Lenzerheide 358, 373
Leoben 254, 258
Leogang 108, 116ff.
Leoganger Steinberge 105, 109, 116ff., *119*
Leopoldsteiner See 254, 258
Le Prese 358, 367f.
Lermoos 144, 158
Lesach 231
Lesachtal 280ff.
Leutasch 124, 139
Libitsch 270, 275
Liechtenstein 164, 173f.
Liechtensteinklamm 226
Liechtenstein b. Judenburg, Ruine 239
Lienz 218, 231, 270, 284
Lienzer Dolomiten 271, 273, *283*, 284f.
Liesingtal 243ff., 246
Liezen 90, 95
Limaroschlucht 310
Limone 310, 318
Linzer Haus 90, 95
Lisenser Tal 184
Lisens 183
Livigno 358, 366
Livignoberge 363ff., *373*
Livigno-Hochtal 364
Löffler, Gr. *207*, 212
Löllinggraben 264
Lofer 108, 116
Loferer Steinberge 105, 109, 116ff.
Loiblpaß 277
Loserhütte 90, 97
Lovere 332
Lozzo di Cadore 296
Lucknerhaus, Neues 219, 231
Lucknerhütte 219
Ludesch 162
Lungötz 100
Lunz am See 254, 260
Lunzer See 255, 260
Lurgrotte 255, 263

M

Madesimo 358, 372
Madonna di Campiglio 310, 320, 330
Madulain 370
März 202, 207
Mahdalm 91
Maienfeld 162
Maishofen 108, 119
Malbun 174
Malcesine 310, 318
Male 324, 330
Malerwinkel 108
Malga Ciapela 290, 300, 339
Malga Fabrezza 324, 332
Malga della Mare 352
Malga Premassone 324, 332
Malles s. Mals
Mallnitz 218, 232
Malojapaß 359, 370
Mals (Malles) 338, 350
Malta 233
Maltatal 233f., *247*
Mammuthöhle 91, 98
Mandarfen 190
Mangfallgebirge 121ff.
Mangitzer Alm 358
Maria Alm 108, 119
Maria Luggau 281
Maria Rein 277
Maria Wörth 270, *275*, 278
Mariazell 254, 260
Marmolada *78, 304*
Marmorera 358
– Speichersee 375
Marone 324, 332
Marquartstein 115
Martell (Martello) 338, 346
Marteltal 340
Martin-Busch-Haus 183, 195
Massodi 320
Matrei 182, 197
Matrei i. O. 218, 228
Matreier Tauerntal 221
– Tauernhaus 228, 231
Matsch 193
Matschertal 184, 192f.
Maurach 124, 136
Mauren 162
Mauterndorf 238, 244
Mautern in Steiermark 238, 246
–, Wildpark 325

Mauthner Alpe 271, 282
Mayrhofen 202, 207
Melag 182, 189
Mendelpaß 310, 313, 316
Meran (Merano) 338, 342, 344
Metnitz 238, 250
Metnitzer Alpen 239, 241
Metnitzgraben 250
Metnitzgraben-Fahrstraße 239
Metznitztal 241, 250
Mezzana 324, 330
Michelreiseralm 203, 212
Mieders 182, 196
Mieminger Kette 125, 127, 137ff.
Millstätter Alpe 283
Millstätter See *277*, 282ff.
Millstatt 270, 283
Misurinasee 291, 296
Misurinapaß 296
Mittelberg 144, 152, 190
Mittenwald 124, *132*, 136
Mitteralm 363
Mitterbach 254, 260
Mitterhausalm 144
Mittersill 218, 224
Mittewald a. d. Drau 270, 284
Möllbrücke 233, 270, 284
Mölltal 220, 231ff.
Moena 290, 300
Molveno 310, 320
Mondsee 87, 90, 100f.
Monguelfo s. Welsberg
Montafon 164, 172f.
Montal (Montana) 299
Montana s. Montal
Montasch, Dognatal *274*
Monte Amolo 324, 329
Monte Baldo 311
Monte Calvo 324, 332
Monte-Livrio-Hütte 338, 350
Monte della Neve 358, 366
Monte Spinale 310, 320
Montisola 324, 332
Mooserboden *228, 229*
Mooserboden-Speichersee 218, 224
Morbegno 324, 334
Morter 338, 346
Mühlbach a. Hochkönig 108, 120
Mühlbach (Rio di Pusteria) 290, 302f.
Mühlen 202, 212
Mühleplatz 162
Mühlwald 202, 212
Münster s. Müstair
Münstertal 340
Mürzzuschlag 254, 261
Müstair (Münster) 358, 363
Muhr 238, 247
Mulegns 375
Murau 238, 248
Murtal 240, 241, 246ff.
Mutterbergalm 196, 339

N

Nagelfluhkette 140
Naglerspitze *348*
Nago 310, 318
Nals (Nalles) 344
Namlos 145, 154
Nassereith 144, 157
Naßfeld 226, 282
Naturns (Naturno) 338, 346
Nauders 182, 186ff., 189
Navis 202, 210
Navistal 210
Nebelhorngipfel 144, 150
Nesselwängle 144, 153
Nesselwang 150
Neuberg a. d. Mürz 254, 261
Neukirchen a. Großvenediger 218, 224
Neumarkt in Steiermark 254, 264
Neunerkopf 144, 153
Neuschwanstein 144, 150
Neustift 182, 196
Neves-Stausee 203, 212
Niederaschau 108
Niederaudorf 124, 131
Niederdorf (Villabassa) 290, 298
Niedere Munde 139
Niedere Tauern 235ff.
Niederthal 183, 196
Niggenkopf 170
Nockberge *277*
Nockgebiet 239, 241, 250ff.
Nötsch im Gailtal 270, 282
Nonsberg 306ff., 316f.
Nonstal 316f.
Nova Levante s. Welschnofen
Nußdorf 101

O

Obdach 254, 266
Obdacher Sattel 266
Oberach 132
Oberammergau 144, 158
Oberau 124
Oberaudorf 124, 131
Oberbozen 305
Oberdrauburg 270, 284
Oberdrautal *283*
Oberengadin 369f.
Oberjoch 144
Obernbergtal 197
Obergurgl 182, 183, 195
Oberlienz 231
Obermalta 218
Oberpinzgau 215f.
Obersee 105, 108, 113
Oberstdorf 144, *149*, 150
Obersulzbachtal 220, 224
Obertauern 238, 244
Obertilliach 270, 281
Obervellach 218, 232
Oberwölz-Stadt 238, 248
Oberzeiring 238, 246
Obsteig 139
Österreichisches Freilichtmuseum, Klein-Stübing 255, 263
Österreichring 248
Ötscher 251, 255
Ötscherhaus 255, 260
Ötscher-Tormäuer-Naturpark 325
Ötz 182, 194
Ötztal 184, *186*, 193ff.
Ötztaler Alpen 178ff., 183
Ofenpaß *29*, 358, 364
Olang (Valdaora) 290, 298
Olperer *199*, 210
Opital *189*
Ora s. Auer
Ortisei s. St. Ulrich
Ortler 335ff., *340*
Ortlerferner, Unterer *344*
Ortlergruppe *18, 195*, 339, *343*
Ossana *350*
Ossiach 270, 277ff.
Ottohaus 255, 262

P

Packalpe 255, 256, 264ff.
Packsattel 256
Paganella 310, 320
Pallavicini-Rinne (Großglockner) *75*
Palpuognasee *12, 270*
Paltental 243ff.
Palüdhütte 163, 170
Paneveggio-Pale di S. Martino, Naturpark 311
Parcines s. Partschins
Partenen 172
Partschins (Parcines) 338, 344
Passeiertal 184, 192f.
Paß Strub 118
Paß Thurn 203, 204, 214
Passo d'Eira 352, 358, 364
Passo di Foscagno 352, 358, 364
Passo di Vivione 324, 334
Paternion-Feistritz 270, 283
Patsch 197
Patscherkofelhaus 203
Patschertal *212*
Paznaun 164, *173*
Paznauntal 164, 172f.
Pederühütte 291, 299
Pedraces s. Pedratsch
Pedratsch (Pedraces) 299
Peggau 254, 263
Peio 338, 351f.
Penegal 310, 317
Penken 202
Penkenbahn 207
Pennes s. Pens
Pens (Pennes) 310, 315
Penser Joch 310, 315
Perchauer Sattel 264
Pertisau 124, 134, 137
Pettneu 144, *154*, 157
Pfänder 162, 169
Pfannberg, Gr. 291, 303
Pfarrwerfen 90, 102
Pfitsch 210
Pfitscher Joch 208
– Jochhaus 202
Pfitscher Tal 199, 210
Pflersch 182, 196
Pflerschtal 184
Pfronten 144, 150
Pfrontner Hütte 144, 150
Pfunderer Vorberge *210*
Pfunds 166, 182, 189
Pianazzo 358, 372
Pians 144, 157
Piburger See 183, 194
Piesendorf 218
Pieve 310, 318
Pieve di Cadore 296
Pieve di Livinallongo 290, 300
Pillersee 109, 118
Pinzgau 220, 223f.
Pinzgauer Grasberge 204
Pinzgauer Saalachtal 118f.
Pinzolo 324, 330
Pisogne 332
Pitztal 190ff.
Piz Argient *369*
Piz Buin, Großer *164*
Piz Cambrena *22, 364, 365*
Piz Dosde *363*
Piz Fliana *164*
Piz Lagalb 369
Piz La Villa 291, 299
Piz Linard *174*
Piz dalla Margna *366*
Piz Muragl *75*
Piz Murtel-Vorgipfel 359, 370
Piz Nair 359, 370
Piz Of *376*
Piz Palü *75, 368*
Piz di Sorega 291, 299
Planei 238, 244
Plangeroß 182, 190
Planica 280
Planica-Hütte 271, 280
Planneralm 238, 244
Plansee 145, 158
Plessurgruppe 359, 361
Plimabach *350*
Plöckenpaß 271, 282
Plose 303
Plosehütte 291, 303

Plumsenjochhaus 137
Pölstal 240
Pörtschach 270, 278
Pötschensattel 97
Pongau 220, 223f.
Ponte Gardena s. Waidbruck
Ponte di Legno 324, 331, *334*, 353
Pontlatzer Brücke *195*
Pontresina 358, 369
Pordoijoch 291, 302
Poschiavo 358, 368
Pozza di Fassa 290, 302
Prad (Prato allo Stelvio) 338, 348
Präbichl 254, 258
Präbichlpaß 95
Prägraten 218, 228
Prättigau 174
Pragser Wildsee 291, 298
Pranzeira 358, 370
Prato allo Stelvio s. Prad
Preda 374
Preda Rossa 358, 367
Predazzo 290, 300
Predigtstuhl 108, 112
Predlitz 238, 248
Presanella-Gruppe 325, *329*
Presenagletscher 324, 330
Presolanapaß 324, 334
Prettau 202
Prutz 182, 189
Puchberg am Schneeberg 254, 262
Pürgg-Trautenfels 90, 96
Puez-Geisler, Naturpark 311
Punta Taviela *350*
Punt la Drossa 358
Pustertal 284f., *285*, 295ff.
Pustertal-Höhenstraße 271
Pyhrnpaß 95

R

Rabbi – S. Bernardo 338, 351
Radenthein 238, 248
Radsberg 291, 298
Radstädter Hütte 100
Radstädter Tauern 239
– Tauernpaß 240, 243
Radstadt 238, 243
Radurscheltal 184, 189
Rätikon 159ff., 163, 174ff.
Rätische Alpen 354ff., 363ff.
Raggaklamm 219
Raggal 162, 170
Rain (Riva di Tures) 202, *234*
Raintal 234
Ramolalm 183
Ramolhaus 183
Ramsau 90, 100, 108, 113, 339
Ranalt 182
Rankweil 162, 170
Rasun-Anterselva s. Antholz
Ratschingstal 184
Rattenberg 202, 214
Rauchenberg 118
Rauris 218, 224
Rauristal 220
Rauschberg (Whs) 109
Rauschberghaus 114
Rauthhütte 125, 139f.
Raxalpe 251ff., 255, 260ff.
Reichenau a. d. Rax 254, 261
Reichenau (Splügenpaß) 358, 373
Reichenberger Hütte, Croda da Lago *300*
Reichenstein *101*
Reinswald (S. Martino) 310, 315
Reißeckgruppe 219
Reißeck-Höhenbahn, Bergstation 219
Reiteralpe *117*
Reit im Winkl 108, 114
Reith 214
Rendenatal 312
Reschen (Resia) 338, 351
Reschenpaß 186ff., 338
Reschenstausee *195*, 340, 351
Resia s. Reschen
Resterhöhe (Gh) 203
Rettenbachferner 183, 194
Rettenwandhöhle 259
Reutte 144, *146*, 154
Ridnauntal 184, 196
Ried 189, 202, 207
Rieseneishöhle 91, 98
Rieserfernergruppe 215ff., 219, 234
Riezlern 144, 152
Riffelseehütte 182, 192
Rifugio Cristina 358, 366
Rifugio Graffer 310, 320
Rifugio K 2 338, 349
Rifugio Malga Bedole 324, 330
Rifugio Maria e Alberto ai Brentai 310, 320
Rifugio Mietres 296
Rifugio Pradazzo 291, 300
Rifugio Saent 338, 351
Rifugio Senes 290, 296
Rifugio Tartaglione-Crispo 358, 367
Riobianco s. Weißenbach
Rio di Pusteria s. Mühlbach
Ritten, Oberbozen 291, 304, 307
Riva 310, 318
Riva di Tures s. Rain
Rocca Pietore 290, 300
Rodella 302
Rofangebirge 125, 126, 134ff.
Rohrmoos-Untertal 238, 244
Rollepaß 291, 300
Rongelonsch (Whs) 162
Rosegg 270, 277, 325
Rosengartenhütte 291, 305
Rosennock *248*
Rosental 275ff.
Rosentaler Alm 239, 250
Roßfeld 112
Roßfeldhütte 108, 125, 137
Rote Flüh *150*
Rotgüldenseehütte 238
Rottach-Egern 124, 132
Rottenmann 238, 244
Rottenmanner Hütte 238, 246
Rottenmanner Tauern 239, 240
Rotwandhaus 124
Rotwand, Rosengarten *302*
Rotwandwiesen 290, 296
Rovereto 310, 316
Rudolfs-Hütte 218
Rüchikopf 145, 154
Ruhpolding 108, 114

S

Saalach 105
Saalbach 108, 119
Saalfelden 108, 118
Sabathyhütte 255, 266
Sachsenburg 270, 284
Salorno s. Salurn
Salurn (Salorno) 310, 316
Salurnkamm *189*
Salurnspitze, Äußere *193*
Salzachtal 92, 102f.
Salzaschlucht 96
Salzatal 257ff.
Salzburg 10, *97*, 103
Salzkammergut 86ff., 91
Samedan 370
Samnaun 162, 166, 174ff., *176*, 177
Samnaungruppe 163
Sand 202, 212
Sarcatal 311, 317f.
Sarentino s. Sarnthein
Sarnico 324, 332
Sarntal *316*
Sarntaler Alpen 306ff., 315f.
Sarnthein (Sarentino) 310, 315f.
Sasso Alto 358, 367
Sattendorf 278
Saualpe 255, 256, 264ff.
Sautens 194
Savetal 278ff.
Savognin 358, 375
Schafberg 91
S-chanf 370
Schareck 219
Scharnitz 124, 137
Schattberg 108
Schattenspitze *174*
Schattwald 153
Schaubachhütte 338, 349
Schaufelspitze *136*
Scheffau 108, 115
Scheibe 271, 281
Scheienfluh *170*
Scheifling 238, 248
Schellenberger Eishöhle 108
Schesaplana *79*, *172*
Schiers 162, 174
Schladming 238, 244
Schladminger Tauern 239
Schlanders (Silandro) 338, 348
Schlegeis-Stausee 202, 208
Schlern (Sciliar) 311
Schliersee 121, 124, 131
Schlierseer Berge 121, 125, 130ff.
Schlitters 202, 206
Schluderbach (Carbonin) 290, 296
Schluderns (Sluderno) 338, 350
Schludernser Alm *188*
Schmirn 202, 210
Schmirntal 199, 210
Schmittenhöhe 218, 224
Schnalstal (Vintschgau) 184, 192f., 339, 346
Schneealpe 251ff., 255, 260ff.
Schneealpenstraße 255, 261
Schneeberg 251ff., 255, 260ff.
Schobergruppe 219
Schoberpaß 246
Schönau 113
Schönblick-Haus 108
Schönleitenhaus 254, 259
Schönwieshütte 183
Schoppernau 162, 170
Schröcken 162, 170
Schruns 162, 172
Schuls (Scuol) 162, 177
Schwangau 144
Schwarzach 218, 226
Schwarzau im Gebirge, Naturpark 325
Schwarzensee 238, 244
Schwarzenstein *207*
Schwaz 202, 214
Schweizer Nationalpark 358
Sciliar s. Schlern
Scuol (Schuls) 162, 177
Seceda 291, 304
Seckauer Tauern 239, 240
See 162
Seeange *224*
Seeberg 254, 259
Seeberg-Paß 270, 276
Seeboden 270, 283
Seefeld 124, 137
Seegatterl 114
Seetaler Alpen 255, 264ff.
Seewalchen 101
Seewiesen 254, 259
Seewis 163, 174
Seis (Siusi) 290, 304
Seisenbergklamm 108, 116
Seiseralm 290, 304
Sellagruppe *305*

Sellajoch 291, 302
Sellrain 182, 183, 196
Sellraintal 184, 195f.
Selva di Val Gardena s. Wolkenstein
Semmering 254, 260ff., 262
Semriach 254, 263
Sengsengebirge 87
Septimer-Paß 375
Serfaus 182, 188
Sesto s. Sexten
Sesvennagruppe 359
Sexten (Sesto) 290, 295
Sextental 295
Sibratsgfäll 162, 170
Siebenhüttenalm 270, 275
Silandro s. Schlanders
Sillian 270, 285
Silser See 370
Silvaplana 339, 358, 370
Silvaplaner See 370
Silvretta 159ff.
Silvrettagruppe 163
Silvretta-Hochalpenstraße 172
Silvretta-Hütte 163
Silvretta-Stausee 172f.
Similaunhütte 183, 193
»Simonyaussicht« 90, 97
Sirnitz 238, 250
Siusi s. Seis
Skuta *278*
Sluderno s. Schluderns
Soča-Tal 280
Sölden 182, 194, 339
Sölkerpaß 240, 244
Soglio 370
Solbad Hall 137, 202, 212
Solda s. Sulden
Sommerbergalm 208, *210*
Somtgant 375
Sondalo 338, 353
Sondrio 324, 334
Sonico 324, 332
Sonntag 170
Sonnwendstein 255, 262
Sonthofen 144
Sorapis *287*
Spannagelhaus 202, 208
Spieljoch 202
Spielmannsau 152
Spittal a. d. Drau 270, 284
Spitzingsee 124, 131
Splügen 358, 372
Splügenpaß 359, 372f.
Spondinig (Spondigna) 348
Sportgastein 218
Spullersee 145, 156
Stadl a. d. Muhr 238, 248
Stainach 90, 94
Stallersattel 219, 234
Stams 182, 188
Stanzach 154
Stanzer Tal 164
Starkenburger Hütte 183
Steeg 144, 154
Steg 174
Steinach 182, 197
Steinbach am Attersee 90, 101
Steinberg 124, 134
Steindorf am Ossiacher See 270, 278
Steiner Alpen *272, 280*
Steinerhaus 238, 244
Steinernes Meer 105, 109, 118f.
Steinfeld a. d. Drau 284
Steinhaus 212
Steirischer Erzberg 254
Stella Alpina 302
Stelvio s. Stilfs
Stern (La Villa) 290, 299
Sterzing (Vipiteno) 182, 183, 196
Stieglerhaus 219
Stilfs (Stelvio) 338, 348
Stilfser-Joch (Stelvio) 311, 338, 339, 348, *349*
Stilfser-Joch-Straße 340
Stillachtal 146
Stillupp-Stausee 202
Stilluppgrund 208
Strass 202, 206
Straßburg 238, 250
Strembo 324, 330
Stripsenjoch-Haus 109, 116
Strobl 90, 101
Stubachtal 220
Stubaier Alpen 178ff., 183, 195f.
Stubaital 184, 196
Stuben 162, 173
Stümpfling 124, 131
Stuhlfelden 218, 224
Stuibenfall 183
Stumm 202, 207
Sulden (Solda) 338, 349
Sulzano 324, 332
Sulztal 196
Susch 162, 166, 176
Surava 374
Svatyduh *280*
Sylvensteinsee 121, *132*

St

St. Anton a. Arlberg 144, 156f., 162, 164
St. Bartholomä 108, 113
St. Christina in Gröden (S. Cristina Val Gardena) 290, 304
St. Christoph a. Arlberg 144, 156, 162
St. Gallenkirch 162, 172
St. Gertraud (S. Geltrude) 338, 344
St. Gilgen 90, 100f.
St. Ilgen 259
St. Jakob i. Defereggen 218, 229
St. Jakob in Pfitsch 202, 210
St. Jakob (Tauferer Tal) 202
St. Jodok 210
St. Johann (Brixental) 202
St. Johann i. Pongau 218, 226f.
St. Johann am Tauern 238, 246
St. Johann (Tauferer Tal) 202
St. Johann in Tirol 108, 116
St. Johann im Wald 231
St. Kassian (S. Cassiano) 290, 299
St. Kathrein 338, 344
St. Leonhard (Dolomiten) 290, 299
St. Leonhard (Passeiertal) 182, 192
St. Leonhard (Pitztal) 182, 190
St. Lorenz 90, 100
St. Lorenzen 250
St. Lorenzen im Lesachtal 270, 281
St. Lorenzen (S. Lorenzo in Sebato) 290, 299
St. Margareten i. Rosental 270, 276
St. Martin 116
St. Martin (Passeiertal) 192
St. Martin am Tennengebirge 90, 100
St. Martin in Thurn (S. Martino in Badia) 290, 299
St. Michael im Lungau 238, 247
St. Michael in Obersteiermark 238, 246
St. Michael, Überetsch (S. Michele) 316
St. Moritz 339, 358, 370
St. Oswald 285
St. Oswald-Möderbrugg 238, 246
St. Pankraz 338, 344
St. Peter 202
St. Ulrich 118
St. Ulrich (Ortisei) 290, 303
St. Urban 278
St. Valentin a. d. Haide (S. Valentino alla Muta) 338, 351
St. Veit (Maltatal) 218
St. Veit (Pongau) 218
St. Vigil in Enneberg (S. Vigilio di Marebbe) 290, 299
St. Walburg (S. Valburga) 338, 344
St. Wolfgang 90, 101

San

S. Bernardo 338, 351
San Candido s. Innichen
S. Cassiano s. St. Kassian
Santa Caterina Valfurva 338, 353
S. Cristina Val Gardena s. St. Christina in Gröden
S. Leonardo s. St. Leonhard (Dolomiten)
San-Lugano-Paß 316
Santa Maria i. Münstertal 358, 363
S. Martino 358, 367
S. Martino s. Reinswald
S. Martino in Badia s. St. Martin in Thurn
S. Michele s. St. Michael
San-Pellegrino-Paß 291, 300
S. Stefano di Cadore
S. Valburga s. St. Walburg
S. Valentino alla Muta s. St. Valentin a. d. Haide
S. Vigilio di Marebbe s. St. Vigil in Enneberg
San Vito di Cadore 290, 296

T

Tabarettakamm *346*
Tabarettaspitze *346*
Talschlußhütte 290, 296
Tamsweg 238, 247
Tannheim 144, 152f.
Tannheimer Alpen 145
Tannheimer Gruppe 146, 152f.
Tannheimer Tal 146, 152f.
Tarasp 162, 177
Tarces s. Tartsch
Tartsch (Tarces) 338, 350
Tartscher Bichl 338
Taschachhaus 182, 190
Tatzelwurm (Whs) 131
Taubenstein 131
Tauerntunnel 232
Tauferer Tal 198, 212
Taufers 202
Taufers (Tubre) 358, 363
Tauplitz 90, 96
Tauplitzalm 90
Tavernola Bergamasca 324, 332
Taxenbach 218, 224
Tegelberg 144
Tegelberghäuser 150
Tegernsee 121, 124, 132
Tegernseer Berge 125, 130ff.
Teglio 324, 334
Telfs 182, 188, 196
Temu 324, 331f.
Tenneck 102
Tenneck-Blühnbach 108
Tennengebirge 91, 100
Theodor-Körner-Hütte 100
Terlan (Terlano) 344
Tessa s. Texelgruppe
Texelgruppe (Tessa) 311
Thiersee-Alm 124
Thialzaun (Gh) 145, 157
Thialzaun (Sessellift) 188
Thörl 254, 259
Thüringen 162
Thumersbach 120
Thusis 358, 373
Tibethütte *348*
Tiefencastel 358, 373
Tiergartenalm 108

Tillfußalm 125, 139
Timmelsjoch 184
Timmelsjochstraße 195
Tinizong 375
Tione di Trento 324, 329
Tirano 338, 353
Tirol (Tirolo) 338, 344
Toblach (Dobbiaco) 290, 296ff.
Tonelapaß 324, 330, 339
Toplitzsee 90, 97
Torbole 310, 318
Totes Gebirge 91, 95ff.
Trafoi 338, 349
Trafoier Ferner *344*
Tragöß-Oberort 254, 258
Tramin 310, 317
Traunsee 97
Trauntal 95ff.
Trawiestal 259
Tre-Croci-Paß 290f., 296
Treffen 278
Trento (Trient) 310, 316
Tresenda 324, 334
Trettachtal 146
Trieben 238, 246
Trient s. Trento
Triesen 162
Trins 182, 197
Tristach 270, 284
Trofaiach 254, 258
Tschagguns 162, 172
Tschars (Ciardes) 336
Tscheinerhaus 291, 305
Tschengelser Hochwand *351*
Tschierv 364
Tschiervahütte 359, 369
Tschirgant *138*
Tubre s. Taufers
Tuenno 310, 317
Türlwandhütte 100
Tulfeinalm 203
Turnau 254, 259
Turrach 248
Turracher Höhe 238, 240, 248
Tux 208
– Tuxer Ferner *25*
– Tuxer Hauptkamm 203, *210*
– Tuxer Tal 207f.
– Tuxer Voralpen 198ff., 203, 204

U

Uderns 202, 207
Übelbach 254, 264
Überetsch 307, 316f.
Uga 162
Ultental (Val d'Ultimo) 334
Umbrailpaß *28*, 358, 363f.
Umbrailpaßhöhe *373*
Umhausen 182, 194
Unserfrau 193
Unterach 90, 101
Unterengadin 174ff.
Unterjochalm 91, 103
Untersberg *114*, 325
Untersulzbachtal 220, 224
Unterzeiring 246
Uttendorf 218, 224

V

Vaduz 162, 173f.
Vajolethütte 291, 302
Val Camonica 326, *330*, 331f.
Val di Fumo 329ff.
Val di Genova 324, 329ff., 330
Val-Grosina-Gruppe 359, 366
Val Malenco 334
Val Masino 367
Val di Rabbi 341, 351f.
Val Rendena 329ff.
Val San Nicolo 291, 302
Val di Saviore 324, 332
Val di Sole 312, 326, 329ff., 340
Val d'Ultimo s. Ultental
Val Vermiglio 330
Valacetta *353*
Valbondione 324
Valchava 364
Valdaora s. Olang
Valdurna s. Durnholz
Valentinalm, Untere 271, 282
Valepp-Forsthaus 131
Valle Narcanello 324, 331
Valle di Peio 341, 351f.
Valfurva 353
Valluga 145, 156
Valparolajoch *74*
Vals 202
Valser Tal 199, *210*
Valtellina 334, 352f.
Vandoies s. Vintl
Veitschalpe 251ff.
Velden 270, 278
Vellacher Kotschna 270, 276
Venedigerblick 219
Venedigergruppe 219, *227*
Veneziaspitze *336*
Vent 182, 194f.
Vermiglio 324
Vermunt-Stausee 164, 172
Vernagtferner, Vent *23*
Vernagthütte 183
Vernel, Gr. *298*
Verpailhütte 182
Verstanklahörner *176*
Verwallgruppe 163
Vezza d'Oglio 324, 332
Via Mala 359, 373
Vigo di Fassa 290, 302
Villabassa s. Niederdorf
Villach 270, 278
Villacher Alpe 271, 278
Vils 144, 153
Vilsalpsee 144, 153
Vinadi 177
Vintl (Vandoies) 302
Vintschgau 335ff., 343ff.
Vioz *350*
Vipiteno (Sterzing) 196
Virgen 218, 228
Virgental 221, 228
Völkermarkt 270, 276
Voisthaler Hütte 254, 259
Volders 212
Vorarlberg 159ff.
Vordere Niedere 162
Vorderer Gosausee 91
Vorderriß 124
Vorder-Thiersee 131
Vršič-Paß 271, 280

W

Wagendrischlhorn *113*
Wagrain 218, 227
Waidring 108, 118
Walchensee 121, 124, 134
Walchenseeberge 125, 126, 133f.
Walchsee 109, 116
Wald 162
Waidbruck (Ponte Gardena) 290, 303
Walgau 168ff.
Wallberg 124, 132
Wallgau 124, 134
Wank 125, 139
Warth 144, 154
Wattens 202, 212
Watzmann *110*
Watzmannhaus 108
Watzmannostwand *112*
Waxriegelhaus 255, 261
Weichselboden 254, 259, 260
Weißbach 108, 116
Weißbriach 270, 282
Weißenbach 90, 101, 144
Weißenbach (Riobianco) 315
Weißensee 271, 282
Weißensteinhütte 255, 266
Weißfluh 163
Weißfluhjoch 176
Weißhorn 359, 373
Weitensfeld 238, 250
Weitsee 109
Welsberg (Monguelfo) 290, 298
Welschnofen (Nova Levante) 290, 305
Wendelstein 124
Wendelsteinhaus 130
Wenns 182, 190
Werfen 90, 102
Wertach 150
Wettersteingebirge 125, *126*, 137ff.
Weyregg 101
Wiesbachhorn. Gr. *228*
Wiesbadener Hütte 163
Wildalpen 254, 260
Wildbad Kreuth 124, 132
Wildgerlostal 208
Wildkogelhaus 218
Wildseeloder-Haus 109
Wildspitze, Ötztaler *197*
Wimbachklamm 108, 113
Wimitzer Alpen 242
Windachtal 196
Winklern 218, 232
Winklmoosalm 109, 114
Wipptal 185, 197
Wölzer Tauern 239, 240
Wörgl 202, 214
Wörschach 90, 94f.
Wörth 218, 224
Wörther See 277ff.
Wolfgangsee 87, 100f.
Wolfsbachalm *246*
Wolfsberg 254, 266
Wolfsberger Hütte 255, 266
Wolkenstein (Ruine) 90, 94f.
Wolkenstein 290, 304
Wormser Hütte 172
Würzjoch 291, 299

Y

Ybbs 260

Z

Zams 188
Zaumberg 144
Zederhaus 238, 247
Zehnerkar 238, 244
Zell am See 218, 224
Zell am Ziller 202, 207
Zeltweg 238, *246*, 248
Zemmgrund 208
Zernez 358, 370
Zielspitze *342*
Zillergrund 208
Zillertal 198, *206*f.
Zillertaler Alpen 198ff., 203
– Höhenstraße 207
– Hauptkamm *204*
Zillis 358, 372
Zirbitzkogelhaus 255, 264
Zirl 182, 188
Zöblen 153
Zürs 144, 156, 166
Zufallhütte 338, 346
Zufallspitzen *346*
Zug 156
Zugspitze *16*, 125, *134*, 138, 139
Zuoz 370
Zwieselalm-Haus 108, 114
Zwischenwasser 299

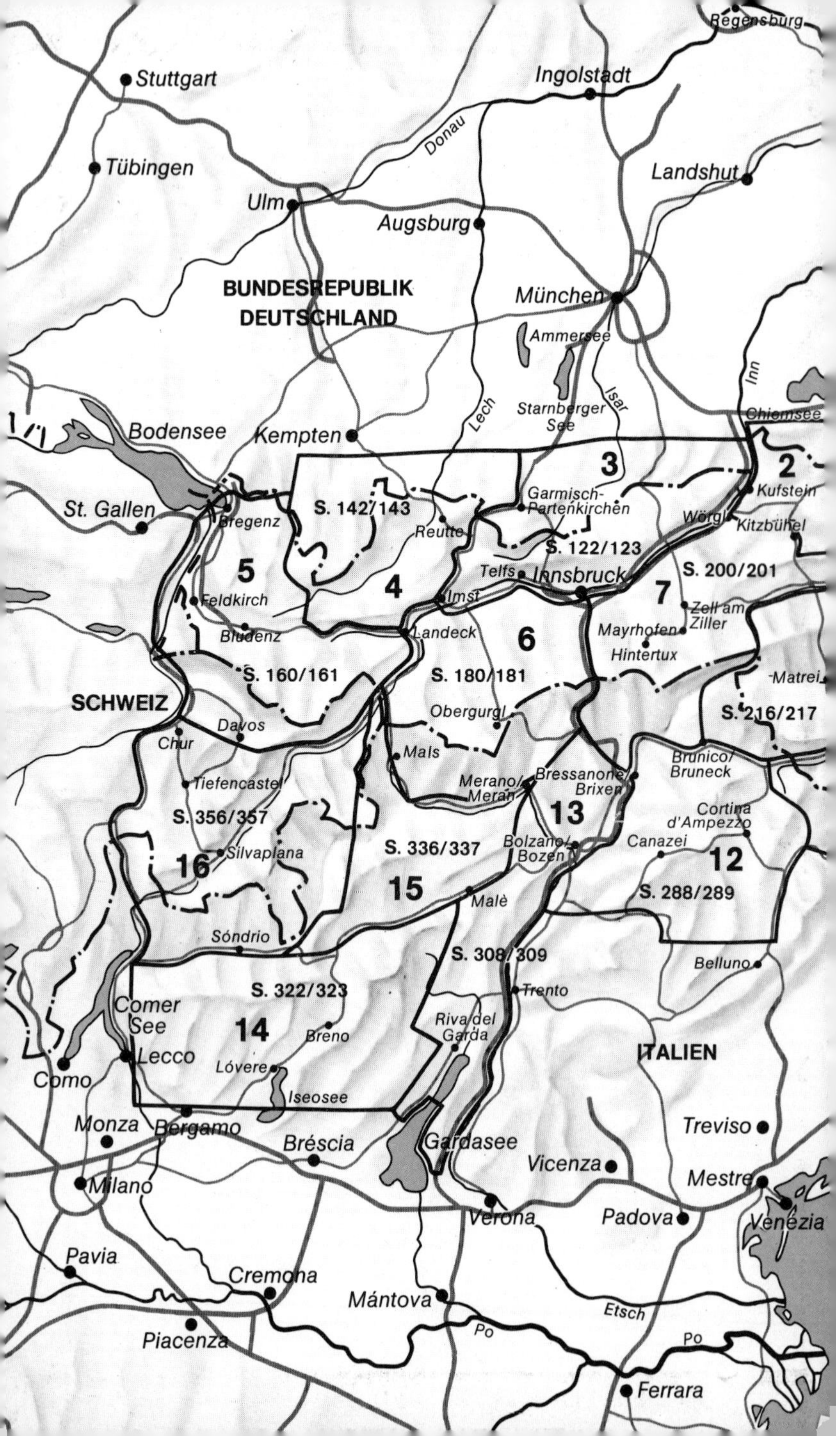
Regensburg
Stuttgart
Ingolstadt
Donau
Tübingen
Landshut
Ulm
Augsburg
BUNDESREPUBLIK
DEUTSCHLAND
München
Ammersee
Inn
Isar
Lech
Starnberger
See
Chiemsee
Bodensee
Kempten
3
2
Garmisch-
Partenkirchen
Kufstein
St. Gallen
S. 142/143
Reutte
Wörgl
Kitzbühel
Bregenz
S. 122/123
5
Telfs
Innsbruck
S. 200/201
4
Imst
7
Feldkirch
Zell am
Ziller
Mayrhofen
Bludenz
Landeck
6
Hintertux
S. 160/161
S. 180/181
Matrei
SCHWEIZ
Obergurgl
S. 216/217
Davos
Chur
Mals
Bruneck/
Bruneck
Tiefencastel
Merano/
Meran
Bressanone/
Brixen
S. 356/357
13
Cortina
d'Ampezzo
S. 336/337
Bolzano/
Bozen
Canazei
16
Silvaplana
12
15
S. 288/289
Malè
Sóndrio
S. 308/309
Belluno
S. 322/323
Trento
Comer
See
14
Riva del
Garda
Breno
ITALIEN
Como
Lecco
Lóvere
Iseosee
Monza
Bergamo
Treviso
Bréscia
Gardasee
Vicenza
Mestre
Milano
Verona
Padova
Venezia
Pavia
Cremona
Mántova
Etsch
Piacenza
Po
Po
Ferrara